KB120271

한국전쟁과
냉전의 시대

FEARING THE WORST
HOW KOREA TRANSFORMED the COLD WAR

한국전쟁과 냉전의 시대

사무엘 F. 웰스 Samuel F. Wells 지음 | 박행웅 옮김

한울
아카데미

우리를 세계의 군사·정치 강대국으로 만든 것은
제2차 세계대전이 아니라 한국전쟁이었다.

찰스 E. 볼렌 대사, 『역사의 증인, 1929~1969』의 저자

감사의 글

이 책을 저술하는 여러 해 동안 많은 도움과 지원을 받았다. 무엇보다 먼저 대학원 은사인 고(故) 어니스트 R. 메이 하버드대학 교수에게 깊이 감사드린다. 그는 현재의 공공정책 문제를 분석하기 위해 역사를 이용하는 기술, 특히 안보 문제의 다국적 연구로 나를 이끌어주었다. 그는 대학원 훈련 외에 나를 '미소 전략무기 경쟁'에 관한 연구에, 나중에는 5개국 핵의 역사 프로그램에도 참여시켰다. 국방장관실 역사실장이었던 고(故) 알프레드 골드버그 박사는 복잡한 전략무기 연구를 관리하는 데에 큰 도움을 주었다. 특히 철저하게 보관된 정부기록물에 접근할 수 있게 해주었고, 퇴직한 고위 관리들을 데려와 어찌할 바를 모르는 젊은 교수들에게 1950년대 초 국방예산의 결정과정이 실제로 어떻게 이루어졌는지 설명해주도록 했다. 또한 나는 이 연구의 정치적 결정 부분에 관한 협조자인 새뮤얼 R. 윌리엄슨 주니어와 스티븐 L. 리어든이 유용한 지원을 해주고 나의 초고를 비판해준 데 대해 감사한다.

내가 우드로 윌슨 국제센터에서 여러 해 활동하는 동안 제임스 H. 빌링턴, 리 H. 해밀턴, 그리고 제인 하먼과 같은 임원들로부터 훌륭한 지원을 받았다. 전 하원의원 하먼은 센터의 지원활동을 확장하고 역사 및 공공정책 프로그램 활동을 통해 한국과 공동 활동을 증진하는 데 특별한 리더십을 발휘했다. 또한 나는 이 프로젝트를 수행하면서 동료인 로버트 리트와크, 크리스천 오스터만, 그리고 나의 오랜 보조원인 제인 무트닉에게 신세를 많이 졌다. 센터의 도서관

직원들 ― 자네트 스파이크스, 미셸 카마리치, 캐더린 웨일러 ― 은 의회 도서관과 여타 자료보관소와 데이터베이스에서 도서, 기사, 서류를 확보하는 데에 엄청난 도움을 주었다. 윌슨 센터의 언론담당 이사인 조지프 브린리는 이 프로젝트의 초기 단계에 건전한 충고를 해주었으며, 편집자 섀넌 그랜빌은 초고의 장을 정의하는 데 중요한 도움을 주었다. 윌슨 센터 출판부의 현 편집장과 영업 책임자인 알프레드 임호프와 수잔 내퍼는 최종 원고를 준비하고 만들어내는 데 효율성이 높았으며 지원을 많이 했다.

코디네이터 크리쉬나 애니엘이 선발한 훌륭한 학생 인턴들은 나의 프로젝트를 위한 연구를 수행하는 데 특별한 도움이 되었다. 그들의 에너지, 언어기술, 그리고 세밀한 데까지 살피는 주의력이 없었다면 이 책은 나올 수 없었을 것이다. 그들을 순서대로 나열하면 다음과 같다. 아나스타샤 보스크레센스카야, 타마라 폴리야코바, 알렉시 카투코브, 조이 노이마이어, 에브제니야 킬지, 영 권, 마리아 휘틀, 알렉스 어반, 팬 장, 토머스 페닝턴, 라이언 릭스, 성 김, 크리스티 리, 잉 첸, 폴 메르칸데티, 사울 데이라바예바, 카일라 오르타, 존 인더가드, 진통 한, 브라이언 페데로브 및 제프리 녹턴이다.

콜롬비아대학교 출판부 직원들은 이 책의 생산과 프레젠테이션의 모든 단계에서 매우 훌륭했다. 탁월한 지원과 인내를 한 스티븐 웨슬리, 크리스찬 윈팅, 그리고 캐슬린 조르즈에게 특별히 감사드린다.

한국어판 서문

『한국전쟁과 냉전의 시대』는 한국전쟁의 기원과 동북아 및 그 이외 지역에서 이 전쟁이 현대 국제관계에서 차지하는 중요한 유산을 지구적 시각으로 분석한 책이다. 이 책은 모스크바, 평양, 베이징, 서울, 워싱턴에서 내린 결정이 한반도에서 전쟁을 어떻게 형성하고 궁극적으로 냉전의 성격을 어떻게 변환했는가를 보여준다. 제2차 세계대전에서 승리한 연합국들은 1947년에 이르러 냉전하의 경쟁국들이 되었다. 냉전의 특성은 유럽과 중동에서 정치적·경제적 경쟁을 벌이는 것이었다. 한국전쟁이 발발함으로써 이런 경쟁관계가 미소 대치로 격화되고 확장되었으며 그 초점은 전략무기와 그 운반 시스템으로 맞춰졌다.

북한은 한국전쟁을 주도했다. 김일성은 이오시프 스탈린에게 남침을 허가해달라고 수차례 요구했으며 속전속결을 보장하기 위해 무기와 고문관의 제공을 요청했다. 소련의 독재자는 1950년 1월까지 이런 청원을 모두 거부했다. 그런 다음 스탈린은 자기의 결정을 뒤집었다. 그 이유는 독일을 중립화하고 서부유럽 재건을 위한 마셜 플랜을 중단시키며 나토의 창설을 저지하려는 시도가 모두 좌절되었기 때문이다. 거기다 두 가지 요인이 추가되었다. 소련 과학자들이 1949년에 원자탄 실험에 성공하여 미국의 핵 독점을 무너뜨렸다. 그리고 마오쩌둥과 중소 우호동맹 상호원조 조약 체결을 위한 도전적인 협상을 벌였다. 이 조약으로 스탈린은 얄타회담에서 중국으로부터 획득한 양허가 백지화될 수 있었다. 이런 문제들을 해결하고자 스탈린은 김일성의 남침을 허가하되

조건은 마오쩌둥으로부터 남침 승인을 받고, 만약 북한군이 심각한 곤경에 처하면 완전한 군사적 원조를 제공하겠다는 동의를 받으라는 것이었다. 마오쩌둥은 자기 나름의 이유 때문에 남침에 찬동하고 문제 발생 시 개입할 것을 약속했다.

1950년 6월 25일 북한이 남한을 침공하자 전쟁 준비를 제대로 하지 못한 남한 지도자들은 일대 혼란 상태에 빠졌다. 워싱턴의 미국 관리들과 도쿄의 극동군사령관 맥아더 장군에게도 완전한 기습이었다. 1948년 점령군이 철수한 이후 남북한 정부 간 관계는 만성적인 내전에 휩싸였다. 하지만 대한민국은 전쟁이 발발하기 바로 하루 전날 밤에도 남침을 전혀 예상하지 못했고, 방어무기를 제대로 갖추지 못했다. 그 이유는 주로 미국이 대포와 탱크를 남한 정부에 제공해주면 북침을 자극하게 될지 모른다는 우려 때문이었다. 기습공격에 따른 유리한 점에도 불구하고 김일성의 전략은 금방 두 가지 예상치 못한 문제에 봉착하게 되었다. 침략군은 서울을 3일 만에 점령했지만 거기서 멈췄으며, 미국이 남한을 지원하기 위해 개입하기로 결정한 것이었다. 해리 트루먼 대통령과 그의 최고위 보좌관들은 북한의 남침문제를 유엔에 즉시 상정, 안보이사회는 회원국들에게 "무장 공격을 격퇴하고 이 지역에서 국제평화와 안보를 회복하기 위해" 남한에 대한 원조를 요청하는 결의안을 만장일치로 통과시켰다.

이후 2년 동안 전쟁 과정은 세 개의 중대한 결정과 하나의 의문의 여지가 없는 추정에 달려 있었다. 미국은 북한군의 진격을 저지하고 부산 일원에 방어선을 구축하기 위해 군대와 장비를 급파한 후 맥아더 장군의 대규모 인천상륙작전을 승인하기로 결정했다. 이 위험천만한 작전이 완벽하게 성공을 거두고 서울을 수복하자 워싱턴의 모든 고위 관리들은 38선을 넘어 북한군을 괴멸하고 한반도에 '평화와 안보를 회복'하자는 맥아더의 계획을 승인할 것으로 추정했다. 유엔군이 북한의 국경인 압록강을 향해 급속하게 진격하자 1950년 10월 제2의 중대한 결정인 중국인민지원군의 대규모 개입이 촉발되었다.

중국군의 개입이 극적으로 성공하고 소련이 이를 강력하게 뒷받침한 것이 명백해지자 미국 관리들은 충격을 받았으며, 미국 내와 유럽 동맹국들 사이에는 제3차 세계대전이 유발될지 모른다는 공포를 자아냈다. 트루먼 행정부는 장시간 동안에 걸친 전략적 검토를 한 다음 한국에서 제한전쟁을 하기로 새로운 전략을 채택했다. 이는 세 번째의 중요한 결정이었다. 이 전략에 의해 군사적 우위를 확보하기 위해 38선 이북 방위 가능한 국경까지 밀고 올라가서 휴전 협상을 제안하기로 했다. 새로운 접근방법에 포함된 것은 한국에 추가 병력을 파견하지 않으며 원자무기를 사용하지 않고 또한 중국의 기지와 도시를 폭격하지 않으며 유럽방위에 최우선을 두고 국방력을 대폭 증강하는 것이었다.

이 책에서 이러한 결정 하나하나는 3개 공산국가의 새로운 문서와 회고록을 이용하여 상세하게 검토되었다. 모스크바와 베이징에서 내린 결정을 보면 이전에 서방 정보원에서 볼 수 있었던 것보다 유엔군을 퇴치하는 데 더 높은 수준의 개입이 있었다. 이런 결론은 트루먼 행정부의 군사 증강의 성격과 규모가 정당화되었다는 주장에 상당한 무게를 실어준다. 또한 이 책은 이런 군사적인 확장 프로그램에서 중요한 조치를 논의하고 유엔의 전쟁 수행에 대한 평가를 제공한다. 그리고 소련이 대응책으로 핵무기와 장거리 폭격기 개발 계획을 가속화시킨 상황을 분석한다.

미국이 한국전쟁에 개입하고 그 이후 방위 증강을 시행한 정황을 이해하기 위해 이 책은 미국의 국내정치 현황을 분석한다. 가령 공화당이 조지프 매카시가 트루먼 행정부를 상대로 벌인 거짓 반공 선풍을 강력하게 지원한 현황과 국가안보 보고서 NSC 68을 통해 강력한 방위 확장을 자극하기 위한 노력을 다룬다. 이 책의 특색은 미국과 소련 양측에서 전시와 전략적 증강기에 활동한 주요 지도자들에 대한 약력을 기술한 것이다. 스탈린, 트루먼, 김일성 및 마오쩌둥의 프로파일이 있으며 아울러 이보다 덜 알려진 조지 C. 마셜, 딘 애치슨, 조지프 매카시, 폴 니츠, 더글러스 맥아더, 커티스 르메이, 매슈 리지웨이, 펑더화이, 안드레이 투폴레프, 이고리 쿠르차토프, 월터 베델 스미스가 다뤄졌다.

나는 한국 독자에게 이런 새로운 증거와 그 의미를 제시하게 되어 기쁘다.

나는 한국 여행을 통해 1950년 6월의 한국이 이제 상전벽해(桑田碧海)와 같이 변했다는 것을 알고 있다. 경제와 사회는 창의력과 각고의 노력을 기울이면서 머나먼 길을 걸어왔다. 오늘날 한국은 아시아에서 가장 선진적인 민주국가로 인정받고 있으며, 일인당 GDP 기준으로 세계 12위의 경제 대국이다. 한국은 OECD, G20, 파리 클럽 회원국이며 블룸버그 혁신지수는 2014년 이래 6년 동안 내리 세계에서 가장 혁신적인 국가로 그 이름을 올려놓고 있다.

21세기가 시작되면서 한국은 문화의 지도국가로 인정받고 있다. K-팝, 한국 텔레비전 프로그램 그리고 한국 영화는 광범위한 칭송을 받아왔다. 그리고 바로 금년에 봉준호 감독의 영화 〈기생충〉은 할리우드에서 아카데미상을 4개나 받음으로써 세계적인 인정을 받았다.

나는 한국 독자들이 1950년대에 발발한 한국전쟁이 어떻게 그와 같이 놀랍도록 강력하고 역동적인 국가를 탄생시키고 발전시킨 기초를 마련했는지 좀 더 완전하게 이해하는 데 이 책이 일조하기를 바란다.

2020년 2월 26일
사무엘 F. 웰스

서문

이 책은 제2차 세계대전 이후 냉전으로 인해 국제 시스템이 어떻게 형성되었는지를 보여주며, 두 초강대국 사이의 전략적 대결이 어떻게 한국전쟁으로부터 비롯되었는지를 실증한다. 또한 미국과 소련 사이의 경쟁, 각 초강대국과 그 동맹국들 간의 관계, 그리고 핵심 국가들이 결정을 내리는 데 기술, 정보, 국내 정책들이 어떤 역할을 했는지를 검토한다. 어느 다른 책보다 이 책은 드라마의 중요한 전환점에 개입한 모든 주요 참가자들을 분석한다. 독자는 워싱턴에서 런던, 파리, 본과 아울러 모스크바, 베이징, 평양, 그리고 서울에 이르게 된다.

이 연구서는 아시아, 유럽 및 미국에서 발생한 군사적·정치적 사건들이 상호작용하여 냉전을 군사화하고 고조시켜온 방식을 집중적으로 다룬다. 한국전쟁과 미국 지도자들이 소련과 중국의 동기를 해석했던 방식은 미국의 정책을 탈바꿈시키는 주요한 촉매제였다. 이 책은 새로 구할 수 있는 서류와 회고록들을 이용하여 핵심적인 결정의 순간들을 분석한다. 그리고 각 지역 주요 정책입안자들의 특성을 다룬다. 무엇보다 러시아, 중국, 북한에서 최근에 접근할 수 있게 된 아카이브의 자료들과 과거 제한적 범위에서만 제공되었던 출판물들을 특별히 이용했다. 이런 자료들은 서방측의 잘 연구된 기록들에 추가하여 공산국가 지도자들이 내린 선택의 배후 이유들에 대해 유용한 통찰을 제공한다.

이 책은 소련과 미국이 전략무기 경쟁을 최초로 대거 고조시킨 요인들을 집중적으로 다룬다. 거기에 포함되는 것은 전투작전, 미국의 국내정치, 소련과 중국의 대한국 정책, 나토의 변환, 소련과 미국의 정보, 그리고 스탈린, 마오쩌둥, 김일성, 트루먼, 애치슨, 마셜, 케넌과 같은 주요 인물들의 전기들이다. 또한 덜 유명하기는 하지만 중요한 인물들, 예를 들면 조지프 매카시, 폴 니츠, 더글러스 맥아더, 펑더화이, 매튜 리지웨이, 로버트 로벳, 안드레이 투폴레프, 커티스 르메이, 이고르 쿠르차토프, 월터 베델 스미스 등의 기록들도 포함된다.

이 책의 제목(원제) *The Worst Case: How Korea Transformed the Cold War* 는 내가 내린 해석의 주요한 양상을 돋보이게 한다. 미국은 핵무기, 전략 폭격기, 핵잠수함 건조 등을 위해 마지못해 막대한 예산을 증액했다. 왜냐하면 트루먼 행정부의 지도자들이 내린 결론은 스탈린이 아시아와 유럽에서 자기의 이익을 증진하기 위해 제3차 세계대전을 준비하고 있다는 것이었기 때문이다. 소련이나 중국의 의사결정에 관한 신뢰할 만한 정보가 없는 상태에서 행정부의 핵심인사들은 최악의 시나리오를 실제로 발생할 수 있는 가능성으로 받아들였다. 그리고 그들은 이 가능성을 이용하여 예산을 의식하는 대통령과 의회가 국방비 지출을 대폭 늘리도록 설득했다. 그들이 알지 못했던 사실은 스탈린이 미국과의 전쟁을 시종일관 회피하려 했으며, 마오쩌둥이 모스크바의 꼭두각시가 아니라 아시아에서 자신의 야심찬 의도를 갖고 있었다는 점이다. 그리고 미국 행정부의 핵심인사들은 김일성이 스탈린으로 하여금 비용을 많이 들이지 않고도 한국에서 전쟁에 승리를 거둬 소련에게 부동항과 일본 및 동남아 국가들에 전략적으로 영향을 미칠 수 있는 위치의 신뢰할 만한 의존국을 제공할 수 있다는 확신을 갖게 했다는 점도 알지 못했다.

이에 못지않게 중요한 주제는 소련 지도자들이 1943년 초 핵무기와 미국 본토에 도달할 수 있는 장거리 폭격기 개발에 착수했다는 점이다. 이와 같은 노력은 1946년 초 대폭 가속화되었으며, 기술적 결함과 원자재 부족 상황을 타개하기 위해 진력하는 가운데 부족한 자원을 대량으로 소비했다. 모스크바는 전쟁을 수행 중인 북한과 중국군에 무기, 탄약 및 보급품을 대량으로 공급하는 데 추가하여 전략무기 개발에 수십 억 루블과 엄청난 인적 자원을 쏟아 부었다. 비록 미국의 정보전문가들과 정책결정자들도 이런 프로그램을 알고 있긴 했지만 그렇게 빨리 프로그램을 실시했다는 사실은 알지 못했으며, 소련의 핵무기 개발 진전을 과소평가한 반면 생산된 폭격기의 능력은 과대평가했다. 실제로 소련 지도자들의 야망과 그들이 발전시킨 국방 프로그램은 한국전쟁에 대한 트루먼 행정부의 대응을 정당화하기 위해 제시된 최악의 시나리오에 손쉽게 필적한다.

1989년 이후 수년 사이에 서방의 연구자들은 소련과 중국의 국방계획, 지출 및 정보활동에 관한 새로운 주요 증거들을 입수했다. 데이비드 할로웨이, N. S. 시모노프, L. D. 리아베바, 에브게니 바자노프, 나탈리아 바자노바와 같은 학자들은 핵무기 분야 연구에 놀랄 만한 정도의 투자와 진전을 보여줬다. L. I. 커버와 유. A. 오스타펜코는 장거리 폭격기 개발을 위한 강력한 드라이브를 설명했다. 첸지안, 선즈화, 야평샤, 수광장과 같은 역사가들은 신생 중화인민공화국이 아시아에서의 공산혁명을 주도하기 위해 마오쩌둥이 1950년 7월 초 한국에서 미국과 전쟁을 하기로 어떻게 결정했는지를 설명했다. 나는 이런 학자들이 제시한 새로운 증거를 분석하는 가운데 미국의 정책결정에 관한 나의 기존 해석을 수정하기로 했다. 그것은 트루먼과 그의 참모들이 당면한 위협이 내가 그 이전에 서방의 기록을 갖고 내린 결론보다 더 크다는 사실을 반영하기 위한 것이었다. 그것은 나로 하여금 소련의 전폭적인 지원을 받은 북한의 침공 및 중국의 개입에 의해 제기된 위협이 최악의 시나리오였다는 결론에 도달하도록 이끌었다.

나의 전문경력은 냉전 시기 전략무기와 핵무기 연구에 상당부분 집중되었다. 내가 이런 쟁점들에 관한 기록문서 연구에 손을 대게 된 것은 제임스 R. 슐레진저 국방장관을 위한 '소련-미국 전략무기 경쟁'에 관한 대형 비밀연구를 계획하고 감독한 집행그룹의 일원으로 참여했기 때문이다. 이 프로젝트에서 나는 '미국의 전략무기에 관한 고위급의 정치적 결정, 1945~1974'이라는 특별연구를 공동으로 수행했다. 이 프로젝트를 수행하면서 국방정책을 이해하려면 필수적으로 해당 예산의 결정 과정에 정통해야 한다는 확신을 갖게 되었다. 국가전략에 관한 공개 문서들은 최종 지출 수준이 얼마인지 완전히 밝히지 않고 대개 열망을 표명하는 것들이었다. 병력 구조와 무기 획득을 결정하는 것은 의회에서 통과되고 대통령이 서명한 예산이다. 예산이 있어야 실제적인 전략과 전술에 대한 결정을 내릴 수 있다.

핵 정책에 관한 조금 더 광범위한 관점은 5개국 핵 역사 프로그램 집행위원회에 참여함으로써 갖출 수 있었다. 여기에 포함된 인사들은 영국, 프랑스, 독일, 이탈리아, 미국의 과거 핵 정책 입안자 및 학자들이었다. 이 프로그램은 1990년에 시작되어 10년 동안 활동하면서 20권 이상의 책과 논문을 생산해냈다.

국방부에서 활동한 결과 나는 워싱턴 소재 우드로 윌슨 국제센터에서 펠로우십을 갖게 되었다. 이 센터에서 나는 1977년 국제안보연구에 관한 프로그램을 수립해달라는 요청을 받았다. 그 목적은 미국 등 여러 나라들로부터 초대된 일단의 학자 및 관리들과 함께 여러 가지 동일한 이슈들에 관해 당대의 용어로 탐구하는 것이었다. 1991년 소련이 붕괴되었을 때 일단의 미국 학자들과 나는 윌슨 센터에서 냉전 국제역사 프로젝트를 창립해 모스크바와 중부 및 동부 유럽의 기록보관소에서 입수할 수 있게 된 문서들을 조사했다. 이 프로젝트는 과거 공산주의 정부들로부터 수천 건의 문서들을 수집해 윌슨 센터의 웹사이트에 디지털 기록보관소를 만들었다. 이 기록보관소는 대중이 해당 문서들을 번역된 형태로 이용할 수 있게 하고 있다. 유감스럽게도 러시아와 중국의 유용한 기록보관소들은 최근 연구자들에게 폐쇄되었음을 보고하지 않을 수 없다.

또한 나는 윌슨 센터에서 북한 국제문서화 프로젝트와 핵확산 국제역사 프로젝트에 참여하는 과정에서도 큰 혜택을 누렸다. 이 두 프로젝트는 센터 내에서 이뤄지는 학술회의와 이 센터에 거주하는 학자들을 후원하고, 그 연구결과를 책으로 발간했다. 최근 수년 동안 우리는 서울의 북한대학원대학교 및 상하이의 화둥사범대학 방문연구의 혜택을 특별히 누렸으며, 또한 센터가 운영하는 프로젝트들은 미국 등 여러 나라 출신의 광범위한 관리 및 학자들과 연구결과를 토론하는 기회들을 제공했다. 이런 학자들의 문서 및 연구물들은 주석에 인용되었고, 책에서 전개된 견해들은 유럽, 러시아, 중국, 한국의 학자 및 관리들과의 수많은 면담과 토론에 힘입은 것이었다. 냉전이 종식된 이후 나는 이런 경험들을 통해 공산 측 및 서방측의 결정과 정책을 분석함으로써 좀 더 완전하고도 통합된 서술을 할 수 있게 되었다. 특히 최근에 공산 측으로부터 정보와 통찰을 확보함으로써 몇몇 사항에 관한 해석을 수정하게 되었다.

차례

제1부 한국전쟁

제2부 냉전의 시대

제1부 한국전쟁

1

스탈린, 아시아에서 전쟁 도발을 승인하다

이오시프 스탈린(Joseph Stalin, 1878~1953)은 1950년 1월 말 운명적인 결정을 내렸다. 북한이 남한을 침공하는 데 제한적인 지원을 하기로 동의한 것이었다. 그는 이런 결단을 내림으로써 소련의 입지가 별다른 위험 없이 아시아에서 강화될 것이라는 확신을 가졌다. 소련은 제2차 세계대전에서 입은 막대한 피해에서 회복하고 있었으며 중부 및 동부 유럽의 중요한 국가들에 대한 통제를 강화하고 있었다. 중국에서 공산주의자들은 장기간에 걸친 내전에서 막 승리를 거뒀으며, 마오쩌둥은 이때 동맹 및 경제원조 조약을 협상하기 위해 모스크바에 체류하고 있었다. 북한에서는 소련이 지원하는 정권이 군건한 통제를 확립한 반면, 남한은 중앙정부에 반대하는 파당 분쟁과 음모로 분열된 상태였다. 미국에서는 해리 트루먼(Harry Truman, 1884~1972) 행정부가 경제와 외교 문제를 잘못 처리하고 있다는 공격 속에 인기가 날로 떨어지고 있었다. 대통령과 국무장관은 그 무렵 새로운 동아시아 전략을 발표했다. 여기에는 타이완과 남한으로부터의 철수가 들어 있었다.

이 소련 지도자는 또한 대(大) 조국전쟁(Great Patriotic War)의 유산이 대규모의 희생을 내포하고 있다는 사실을 잘 알고 있었다. 이 전쟁으로 적어도 2,500만 명이 희생되었다. 이 중에는 900만 명이 전사자이고 나머지는 독일 점령과 소련 숙청의 결과였다. 적어도 200만 명의 사망은 공산당 정부가 통제하는 국내에서 발생한 것이었다. 그 대부분은 소련 강제노동수용소의 열악한 여건 속에서 죽었고, 다수는 볼가 강으로 추방되는 중에 죽었다. 그들은 독일인과 체첸인들로 나치에 협력했다는 혐의를 받았다. 적어도 80만 명은 레닌그라드가 3년 동안 포위된 상태에서 죽었다. 모스크바 서부의 수많은 도시와 적어도 7만의 마을과 소도시들이 파괴되었다. 그중 다수는 스탈린의 명령으로 퇴각하면서 초토화되었다. 전쟁이 끝났을 때 소련 경제는 인구의 20%, 물리적 부의 25~33%를 잃었다.[1]

그렇지만 전쟁의 효과가 모두 부정적인 것만은 아니었다. 소련 서부 지역의 다수 산업체들은 나치가 진격해옴에 따라 해체되어 우랄 지역으로 옮겨져 야만적인 여건하에서 재조립되었다. 방위산업의 필수적인 분야들은 전후에도 내륙 지역에 그대로 머물러 어떤 지도에도 나타나지 않는 폐쇄적이고 비밀스런 도시로 개발되었다. 이런 변화로 인해 방위산업은 집중되고 필수적인 원자재에 더욱 가까이 위치하게 되어 효율성이 높아졌다. 방위산업은 또한 육상 침략으로부터 더 잘 보호되었다. 소련 지도자들은 전쟁 기간 동안 방위생산 과정을 완전히 개혁했다. 그들은 소총, 대포, 탱크, 지원차량들을 단순하면서도 견고한 디자인으로 대량생산하는 새로운 방법을 고안했다. 전쟁의 후반기에 접어들어 소련은 무기, 탄약, 장비의 생산력에서 독일을 앞질렀다. 1946년에 공표된 5개년 계획은 방위산업에 대규모 예산을 배정하는 것을 포함해 중공업 재건을 중시했다. 소비재, 주택 및 식품 공급은 1950년대 초까지도 부족한 상태였다.[2]

독재자

1945년에 이르러 스탈린은 음모와 협박과 테러로 작동하는 정치 시스템을 통해 공산당과 국가권력 모두를 완전하게 장악했다. 세르게이 키로프(Sergei Kirov, 1886~1934; 소련의 정치가, 공산당 지도자로서 1934년 암살당함. 그의 죽음은 스탈린 대숙청의 시작을 알리는 계기가 됨_옮긴이)의 암살과 더불어 1934년부터 스탈린은 자기 자신과 당 내의 소규모 심복 집단으로 권한을 점차 집중시켰다. 그는 잠재적인 경쟁자들을 단계적으로 제거했다. 당 고위 인사들을 재판에 넘겨 처형하면서 고위 군사지도자들을 숙청하라는 명령을 내렸다. 이로 인해 독일과의 전쟁 전야에 가장 유능하고 경험 많은 육군 장군들과 해군 제독들이 제거되었다.[3] 스탈린의 딸 스베틀라나 알릴루예바(Svetlana Alliluyeva, 1926~2011)는 자신의 회고록에서 1932년 자기 어머니가 자살한 이후 스탈린이 어떻게 점점 더 고립되고 모든 사람을 의심하게 되었는지를 묘사했다. 특별히 선정된 비밀경찰 요원들이 가정을 관리하고 자녀들을 돌봐주었으며 경비를 담당했다. 그가 먹는 모든 식품은 폐쇄된 농장에서 특별히 재배된 것이거나 수입품이었으며, 식품마다 의사가 실험을 해서 독약이 없음을 보증했다.[4] 전쟁 기간 동안 스탈린은 전선을 단지 한 번 시찰했다. 당시는 1943년 8월로 스몰렌스크 공격을 준비 중이었다.[5]

권력욕과 통치방법이 잔인했지만 스탈린에게는 보다 인간적인 자질도 있었다. 그의 개성은 어두운 내핵이 자주 드러나곤 했지만, 좀 더 가벼운 면도 포함하고 있었다. 많은 관찰자들이 스탈린의 연기 능력에 대해 피력했다. 그의 가장 가까운 동료들 중의 한 사람이었던 아나스타스 미코얀(Anastas Mikoyan, 1895~1978) — 모든 숙청 과정을 거쳐 핵심층으로 살아남은 원래의 볼셰비키들 중의 한 사람 — 은 회고록에서 이렇게 말했다. "그의 생각에 필요할 경우 스탈린은 완벽하게 자제할 수 있었으며, 다른 사람들을 영접하고 대화해서 자신에 대해 훌륭하고 유쾌한 인상을 주는 방법을 알고 있었다. 이는 소련 사람들과 특히 외국인들에게 모두 적용된다." 이 소련 지도자를 여러 번 방문했던 유고슬라비아의 공산주의자 밀로반 질라스(Milovan Djilas, 1911~1995)는 스탈린의 역할 연기와 실제 견해를 "구분하는 것은 불가능하다"고 말했다. 스탈린을 어린 시절 알았고 나중에 통역관 역할을 한 외교관 올렉 트로야놉스키(Oleg Troyanovsky, 1919~2003)는 이 교활한 독재자가 "타고난 연기 능력을 정치적 목적을 달성하기 위한 수단으로 활용했다"[6]고 주장했다.

스탈린은 영화를 사랑했으며, 영화 관리 담당자를 두고 자기가 좋아하는 모험영화들을 수집토록 했는데 유혈이 낭자한 영화를 대량으로 모았다. 그런 영화들은 대부분 자막 없이 영어로 제작된 것이었으며, 스탈린도 영화 담당자도 영어를 몰랐다. 그래서 영화 담당자는 플롯을 암기해서 영화 대사를 꾸몄다. 저녁식사와 영화감상회에 여러 차례 참석했던 니키타 흐루쇼프(Nikita Khru-shchev, 1894~1971)에 의하면 스탈린은 때때로 담당자의 대사를 고쳐주거나 자기 자신의 '번역'을 제공하려 했다. 미코얀은 어느 날 밤 몇몇 사람들이 스탈린이 좋아하는 영화들 중 한 편을 감상하던 모습을 기술했다. 플롯은 영국 왕이 고용한 한 범죄조직이 인도로 가서 보물을 갖고 돌아오는 이야기를 중심으로 전개되었다. 갱단의 두목은 부하들을 조직하고 사고를 몇 번 친 뒤 금, 다이아몬드, 루비를 발견했다. 두목은 큰 몫을 자기가 차지하기로 마음먹고 나머지 부하들을 살해했다. 미코얀은 이렇게 썼다. 스탈린은 "넋을 잃었다. '잘 했어! 그런 식으로 처리하다니 얼마나 멋있는가'". 다른 날 밤에 그 사람들은 이반 뇌제(雷帝, 러시아 최초의 차르)에 관한 영화를 보았다. 스탈린이 자기와 가장 닮았다고 생각한 황제였다. 이반은 토지와 권력을 장악하기 위해 수많은 고위 귀족을 제거함으로써 러시아를 통일한 것으로 잘 알려져 있다. 미코얀에 따르면, "스탈린은 이반 뇌제가 귀족들을 충분히 죽이지 않았고, 그들을 모조리 죽여버렸어야 했다고 말했다". 권력을 조기에 공고히 하기 위해서는 그랬어야 했다는 것이다. 영화감상회 참석자들은 마음 놓고 즐거워 할 수가 없었다. 미코얀의 회상에 의하면, "어느 누구도 스탈린과 함께 있으면서 완전히 편안한 감정을 가질 수 없었다".[7]

전쟁이 끝난 뒤 스탈린은 크렘린에서 일하지 않을 때가 많아졌다. 도시 밖에 있는 다차(러시아의 시골주택)들 중의 하나 또는 흑해 남쪽에 장기간 머물렀다. 정부와 당의 업무에는 시간을 덜 썼고, 혼자서 책을 읽고 고전음악을 듣는 일에 긴 시간을 보냈다. 트로야놉스키와 뱌체슬라프 몰로토프(Vyacheslav Molotov, 1890~1986)의 회고록에 의하면, 스탈린은 책 읽기를 좋아했다. 트로야놉스키는 이렇게 말했다. 그는 "두툼한 문학저널에 흠뻑 빠졌다. … 스탈린이 특히 가치 있다고 생각한 유일한 문학은 … 독자의 사상과 감정을 강화하는 것 …[그리고] 사회주의 건설에 유용한 것이었다". 스탈린은 또한 음악을 감상하는 데에 오랜 시간을 보냈다. 그는 모스크바에서 구할 수 있는 모든 레코드를 받아 하나하나 들은 다음 우수, 합격, 불량 또는 쓰레기로 등급을 분류했다. 그는 앞의 두 등급에 속하는 레코드들을 전쟁 막판에 미국인들이 그에게 선물한 주크박스에 넣어두고 반복해서 들었다.[8]

1940년대 말에 이 고립된 독재자는 극심하지만 유머러스한 강박 상태를 점점 더 보여줬다. 그와 자주 만났던 미코얀은 이렇게 말했다. "말년에 스탈린은 때때로 제멋대로의 옹고집을 부렸는데, 이는 아마도 그의 무한권력에서 비롯되었을 것이다." 한 가지 특별히 두드러진 일화는 스탈린이 바나나를 좋아한다는 사실과 관련된 것이다. 다차에 머물던 어느 날 그는 완전히 익지 않은 바나나를 먹고 미코얀에게 바나나 맛이 왜 이러냐고 물었다. 충직한 아르메니아인인 미코얀은 바나나 송이를 너무 일찍 선적하도록 허가한 관리상 잘못의 결과임에 틀림없다고 대답했다. 스탈린은 즉시 "장관직을 제대로 수행하지 못했다"고 국제무역장관인 미하일 멘시코프(Mikhail Menshikov, 1902~1976)를 질책했다. 그는 책임 소재를 밝히라고 요구했다. 하지만 대답을 기다리지 않고 다음날 아침 6시 미코얀에게 전화해 멘시코프를 파면하고 공급 통제를 제대로 하라고 명령했다. 후임자로 선택된 쿠미킨이 임명 소식을 듣고 미코얀에게 간청했다. "이런 일을 나에게 시키지 마십시오. 제발, 나를 파멸시키지 마십시오!" 장관으로 승진하는 것이 분명히 대단한 일임에도 불구하고 수령(Big Boss)과 직접 관련된 일이라면 항상 환영받은 것은 아니었다.[9]

정치국원들의 소집단은 스탈린의 다차에서 밤늦게 저녁식사를 하면서 술에 취한 채 업무를 볼 때도 종종 있었다. 흐루쇼프와 질라스는 이런 야간 행사의 모습을 상세히 묘사한다. 저녁식사는 때에 따라서 밤 10시에 시작해서 6시간 동안 지속되었는데 술을 질탕치게 마시면서 여러 차례 건배를 했고 고기는 조지아 식으로 마련되었다. 스탈린은 업무의 종류에 따라서 식사하면서 게임을 했는데 보통 음악과 춤을 곁들인 술 마시기 게임이었다. 흐루쇼프는 이렇게 썼다. "스탈린은 주위 사람들이 당혹스럽고 수치스런 상황에 빠지는 것을 즐겼다." 헝가리의 독재자 라코시 마차시(Matyas Rakosi, 1892~1971)가 흑해에서 여름휴가를 즐기고 있는 스탈린을 방문하여 화를 나게 한 데에다 저녁식사 때 누구나 할 것 없이 술에 취해 있다고 불평을 해댐으로써 사태를 더욱 악화시켰다. 다음날 밤 스탈린은 이에 대한 앙갚음으로 이 헝가리 독재자에게 와인을 퍼마시도록 강요했다. 흐루쇼프는 그가 "술독에 빠져 죽을지도 모른다"고 걱정했다. 다음날 아침 흐루쇼프의 회상은 이렇다. "스탈린은 하루 종일 기분이 좋아 농담하기를 '내가 그를 어떤 상태에 빠지게 했는지 봤지?'" 1948년 무렵 질라스가 토로한 바에 의하면 저녁식사가 점점 더 퇴폐적으로 빠져듦에 따라 스탈린과 손님들의 업무 관련 대화는 점점 줄어들었다.[10]

스탈린식 통치: 마지막 단계

스탈린은 자기의 기력이 쇠잔하고 있음을 알아채고 이미 일상 업무를 줄이기 시작했다. 1947년 2월 26일 개최된 중앙위원회 전체회의 석상에서 그는 자기가 왜 국방장관이라는 중요한 자리를 포기하는지를 이렇게 설명했다. "나는 격무에 시달리고 있습니다. 특히 전쟁이 끝난 뒤에는 민원 업무에 몰두하고 있습니다. … 동무들, 나는 격무에 시달리고 있습니다. 여러분은 내가 사퇴하는 데 반대하지 마시기 바랍니다. 내 나이도 조종을 울렸습니다." 전쟁이 끝난 뒤 스탈린을 보지 못했던 외교관 N. V. 노비코프는 1947년 4월에 통치자는 "늙고

피로 때문에 녹초가 된 노인"이 되었다고 한마디 했다. 이때 스탈린의 나이 68세였다.[11]

스탈린의 지시에 따라 1947년 2월 8일, 내각은 정부 부처들과 공산당 간의 관계를 어느 정도 합리화하는 결의안을 채택했다. 서류상으로 권한의 분리는 명확했다. 내각은 경제를 다루는 한편 정치국은 모든 정치 문제를 관장했다. 여기에는 정부 인사, 국방, 외교, 국내 보안 문제가 포함되었다. 그러나 새로운 구조의 본질적인 특성은 전쟁 발발 이후 처음으로 아무런 정부 직책을 맡지 않은 스탈린이 그가 원하는 것이면 어떤 사안이건 '정치 문제'라고 정의할 수 있다는 점이었다. 비록 내각은 위원회들에 의해, 그리고 일상적인 관료적 절차에 따라 운영되었다 할지라도 정치국은 완전히 독재자의 개인적인 결정에 따라 작동했다. 회의 참석자, 의제 그리고 회의 장소 및 빈도를 결정하는 것은 스탈린이었다.[12]

문제를 더욱 복잡하게 만든 것은 1944년 딸 스베틀라나의 첫 번째 결혼 이후 스탈린의 업무 시간이 야간으로 바뀌고 대부분의 정치국 업무를 다차에서 저녁식사를 하고 영화를 보면서 처리했다는 점이다. 그 의미는 정치국 핵심 6~8명은 낮에 정상업무를 수행하고 오후에 살짝 낮잠을 잔 뒤 야심한 시간부터 새벽 4~6시까지 소집 대기하고 있어야 했다는 것이다. 이런 야간회의에서 결정이 내려지면 전달자가 결정사항을 이 회의에 초대받지 않은 정치국원들을 방문하여 알리고 그 사항들에 대해 서명을 받았다. 이는 그 결정에 참여하지 않은 자들도 결정사항들에 대해 집단적인 책임을 지도록 묶어두는 것이었다. 이런 회의에 적어도 두 번 참석한 질라스는 다음과 같은 기록을 남겼다. "소련 정책의 상당한 부분이 이런 저녁식사 자리에서 형성되었다. … 그것은 친척들을 불안하게 만드는 변덕스런 가장이 있는 가부장제 가족과 유사했다."[13]

스탈린이 초기에 보였던 협박체제 양상들은 그의 말년까지 지속되었다. 1948~49년 사이의 겨울에 이 소련 지도자는 두 명의 최장기 정치국 동료인 몰로토프와 미코얀에 대한 공격을 진두지휘했다. 죄목은 날조되었으며, 두 사람은 그 전에도 스탈린의 잔혹성을 경험한 바 있었다. 그렇지만 몰로토프에 대한 처벌은 특히 고통스럽고 개인적인 것이었다. 1948년 10월에 일어난 몰로토프의 공식적인 잘못은 독일민주공화국(동독)의 헌법 초안을 바꾼 것이었다. 스탈린은 그 변경을 싫어했고 거부했다. 그러나 공산당 내 많은 사람들이 볼 때 몰로토프의 진짜 잘못은 스탈린의 논리적인 후계자로 보였다는 점이다. 그리고 몰로토프의 아내 폴리나 젬추지나(Polina Zhemchuzhina)가 1932년에 자살한 스탈린의 부인 나데즈다 알릴루예바(Nadezhda Alliluyeva, 1901~1932)의 절친한 친구이자 지지자였다는 사실도 영향을 미쳤다. 스탈린이 부추겨서 젬추지나에 대해 공격이 가해졌고, 1939년 결국 그녀는 당의 고위직에서 쫓겨났다. 몇 년 뒤 불행하게도 그녀의 이름이 유대인 반파시스트위원회 지도자들과 연관된 것으로 나타났다. 1948년 가을 이 지도자들은 보안기관의 악명 높은 조사의 대상이 되었다. 스탈린은 몰로토프에게 아내와 이혼하라는 명령을 내렸다. 몰로토프가 아내와 이혼한 뒤 독재자는 그녀를 당에서 축출하고 체포하여 결국 강제노동수용소에 수감했다. 1949년 3월 4일 몰로토프는 외무부 장관에서 해임되고 나중에 야금 및 지질국의 3등급 업무에 임용되었다. 그런가 하면 미코얀은 스탈린이 대외무역부 장관 자리에서 물러날 용의가 있는지 묻자 경질에 동의했다. 그래서 그는 조사와 비난을 피할 수 있었다.[14]

소련 지배집단에 관해 연구한 주요 학자들에 의하면 스탈린이 이런 수치스런 일을 고안한 목적은 장기간 그와 함께한 동료들을 다잡고 여타 당과 정부의 모든 관리들에게 어떤 메시지를 보내는 것이었다. 하지만 스탈린은 1930년대 말에 저지른 숙청 때와 달리 이 두 명의 고위 동료들에 대해서는 처벌 수위를 낮췄다. 비록 장관 자리에서는 쫓겨났을망정 몰로토프와 미코얀은 "여전히 영향력이 큰 정치국원이었으며" 곧 이전의 부처에서 여러 가지 가장 중요한 업무들을 맡았다. 더욱이 공격과 처벌의 상세한 내용은 소수의 당 고위 인사들에게만 제한적으로 알려졌다.[15]

레닌그라드와 국가계획위원회 사건은 앞에 소개한 두 고위 정치국원의 처벌 사례보다 한층 심각한 소련 통치의 일화를 보여주었다. 하지만 그런 사건들은 동일한 원인, 즉 스탈린의 끝없는 의심에서 비롯되었다. 그리고 동일한 목적에 이바지했다. 이는 독재자의 무한한 권력을 보여주는 것이었다. 관련 사건은 1949년 1월 레닌그라드에서 개최된 전 러시아 무역박람회가 내각의 승인을 받지 않은 것이 발견됨으로써 시작되었다. 조사관들은 레닌그라드 당 지도자들 사이에 후원 네트워크가 존재한다는 증거를 만들어냈다. 이 네트워크는 검찰관들이 관련자들을 반당 집단으로 기소하는 데 사용할 수 있는 자주적 성향을 보여줬다. 레닌그라드 집단과 연관된 것은 정치국원이며 국가계획위원회 책임자인 니콜라이 A. 보즈네센스키(Nikolai A. Voznesensky, 1903~1950)였다. 이 위원회는 다양한 경제 영역들의 조정 책임을 가진 경제계획 기관이었다. 스탈린은 보즈네센스키가 레닌그라드 집단과 친밀한 관계를 갖고 있을 뿐만 아니라 중앙경제계획의 일부를 변경하고 이 변경사항을 은폐한 사실을 발견했을 때 전면적인 조사를 지시했다.

조사 결과는 뻔한 것이었다. 스탈린은 보즈네센스키의 배후를 표적으로 삼았으며, 그의 정치국 내 경쟁자들인 내무장관 라브렌티 베리야(Lavrenty Beria, 1899~1953)와 중앙위원회 서기 게오르기 말렌코프(Georgy Malenkov, 1902~1988)는 발 빠르게 보안기관 내의 동조자들에게 치명적인 증거를 캐내도록 부추겼다. 8월에 중앙위원회 서기 알렉세이 쿠즈네초프(Aleksei Kuznetsov, 1905~1950)를 포함한 레닌그라드 고위 관리 5명이 체포되었다. 나중에 조사관들은 국가계획위원회 비밀서류들이 사라진 것을 발견했는데, 이 일은 10월에 보즈네센스키가 체포되는 결과를 가져왔다. 1년간에 걸친 고문과 심문 이후 레닌그라드 5인방과 보즈네센스키는 비밀재판을 받고 유죄로 1950년 10월 1일 처형되었다. 이 두 사건과 관련하여 정치국원 1명(보즈네센스키)과 중앙위원회 서기 1명(쿠즈네초프)을 포함해 모두 204명의 관리가 사형선고를 받거나 강제노동수용소로 추방되었다.[16]

스탈린은 널리 알려진 방식으로 당과 정부에 대한 자기 권위를 다시 세우는 가운데 중요하다고 생각하는 세 가지 과제를 성취했다. 그는 국가계획위원회를 새로운 리더십 아래에서 재조직하고 다시 활성화했다. 두 명의 최고위 관리를 처형함으로써 그가 "대공포시대가 10년이 지난 후에도 여전히 고위 정치지도자들을 제거할 수 있는 권력과 의지를 갖고 있음"을 의심분자들에게 실증해 보여주었다. 그리고 쿠즈네초프를 제거함으로써 보안기관에 대한 완전한 통제를 확립했다. 쿠즈네초프는 국가안보부(MGB) 장관 빅토르 아바쿠모프(Victor Abakumov, 1908~1954)의 후원자이자 보호자였다.[17]

　1950년 이후 스탈린은 소련 생활의 모든 중요한 부분들에 대한 지배를 강화하기 위해 국가안보기관들에 점점 더 의존했다. 이 통치자의 말년에 관해 가장 권위 있는 연구자인 요람 고르리즈키(Yoram Gorlizki)와 올레그 흘레브뉴크(Oleg Khlevniuk)는 이렇게 주장한다. "항상 스탈린 독재의 중심 기둥이었던 비밀경찰에 대한 직접통제는 이 지도자의 노년에 특별히 중요했다. 비록 스탈린은 부차적인 업무에서 손을 떼고 싶었지만 보안기관은 한 순간도 자기 손아귀에서 벗어나도록 내버려두지 않으려 했다."[18] 보안기관 요원들은 각종 위법의 증거를 생산하고 때로는 조작하기도 했으며, 그런 다음 당과 정부기관을 기소하면서 수시로 숙청했다. 그들은 강력한 지배집단을 포함하여 최고지도자들에 특별히 주목했다. 국가안보부는 모든 고위 관리들을 24시간 경비하고 보호했다. 고위 관리들에게는 운전기사, 특수차량, 보안전화기, 메모 및 전보의 배달과 암호해독, 식품검사 및 집사들이 제공되었다. 국가안보 요원들은 스탈린의 지시에 따라 또 다른 형태의 감시도 했다. 가령 1950년 몰로토프와 미코얀의 집에는 비밀 마이크가 설치되었다. 스탈린은 개인적인 통제를 유지하기 위해 보안기관의 최고책임자를 자주 바꿔췄다. 예를 들어 레닌그라드 사건으로 아바쿠모프의 보호자 쿠즈네초프가 제거되자 스탈린은 국가안보부에 새로운 대리인들을 앉혔다. 아바쿠모프가 테러집단에 대한 조사를 방해한 것으로 밝혀지자 그와 몇몇 충성스런 대리인들은 제거되고 처형되었다. 당 관리들이 후임자로 임명되었는데 그들은 스탈린 덕에 그 자리에 앉게 되었음을 잘 알고 있었다.[19]

레닌그라드 사건이 냉혹한 결말에 이르면서 스탈린은 정치국의 구조개편에 착수해 중간세대 중 가장 힘이 센 베리야, 말렌코프와 균형을 이루도록 새 국원들을 채웠다. 오래된 볼셰비키인 몰로토프와 미코얀은 여전히 지배집단에 머물렀지만 영향력이 줄어들었다. 알렉세이 코시긴(Aleksei Kosygin, 1904~1980)은 레닌그라드 도당과 연루되었기 때문에 힘을 쓰지 못하게 되었지만 정치국에는 남아 있었다. 스탈린은 문호를 개방해 모스크바에서 추방되어 우크라이나 당서기로 있던 흐루쇼프를 다시 데려왔다. 흐루쇼프는 1939년 이후 정치국 정위원으로서 중앙위원회 서기와 모스크바 당 지도자가 되었다. 그는 베리야와 말렌코프의 좋은 견제세력이었으며 곧 지배집단의 일원으로 합류했다. 핵심층에 마지막으로 합류한 인사는 니콜라이 불가닌(Nikolai Bulganin, 1895~1975)이었다. 그는 1947년 스탈린 후임 국방부 장관으로의 파격적인 승진 이후 업무를 잘 수행해왔다. 다음해 그는 정치국 정위원이 되었고, 1950년 4월 스탈린은 그를 내각의 수석 부의장으로 임명해 스탈린 부재 시 최고위원회 회의를 주재하며 최고간부회 정위원 자격을 부여했다. 스탈린의 목적에 비춰볼 때 불가닌은 이상적인 대리인이었다. 그는 "경험이 많으면서 순종적이며 무해한 행정가였다". 그는 개인적인 야망이 없었으며, 스탈린의 후계자로서 고려대상이 아니었다.[20]

1950년 7월까지 정치국 지배집단의 구조개편이 마무리되었으며, 1952년 봄까지 이 상태로 유지되었다. 이 집단은 7명의 고위 관리로 구성되어 종종 7인조라고 언급되기도 했는데, 여기에는 3명의 장기 구성원들과 4명의 후속 세대 당 지도자들이 포함되어 있었다. 몰로토프, 미코얀, 라자르 카가노비치(Lazar Kaganovich, 1893~1991)는 '보수파'를 대표했으며, 보다 젊은 구성원들은 베리야, 말렌코프, 흐루쇼프, 불가닌이었다. 독재자 생애의 이 단계에서 정치국은 정기회합도 없고 의제나 회의록도 없는 비공식 집단이었다. 스탈린 지배체제에 대한 주요 전문가인 고르리즈키와 흘레브뉴크는 이렇게 주장한다.

정치국의 결정은 스탈린의 사무실 또는 다차에서, 외무부 장관이 있을 때건 또는 없을 때건, 몇몇 음모단에 의해 또는 스탈린 혼자에 의해 내려진다. 정치국 결정에 응집력을 주는 것은 모두가 어떤 단계 또는 다른 단계에서 스탈린의 개인적인 승인을 받았다는 사실이었다. 스탈린은 정치국 결정의 내용뿐만 아니라 이런 결정이 내려지고 실행되는 절차를 결정했다. 스탈린의 승인은 정치국 결정의 비공식시스템을 함께 묶어주는 접착제였다. 지배집단의 구성원들은 레닌그라드 사건으로부터 중요한 교훈을 배웠다. 그들은 지도자의 자의적이고 예측불허의 행동이 갈등 보도나 당 규칙의 위배로 인해 촉발될 수 있다는 것을 알고 있었으며, 경쟁 상대들을 억제하면서 공개적인 갈등 없이 일종의 집단지도체제를 추구했다. 그것은 그들 중 어느 누군가를 쓸어버릴 수도 있는 또 다른 숙청을 야기하지 않으려는 것이었다.[21]

스탈린이 쇠약해지고 물리적으로 고립되어감에 따라 권력을 중앙집중화시킨다는 것은 그가 건전한 결정을 내리는 데 필요한 정보와 분석이 빈번하게 부족했음을 의미했다. 그의 고위 보좌진은 문제나 실패가 발생했을 경우 보고하기를 매우 주저했다. 가장 중대한 업무는 종종 충성이 입증된 자들에게 맡겨졌지만 스탈린은 고위 보좌관들을 자주 이동시켜 그들의 권력이 강해지는 것을 막았다. 고위 보좌관들은 지도자 앞에 문제를 제시하기에 앞서 정보를 검토하고 건의사항을 조율했다. 스탈린이 훌륭한 결정을 내리는 데 있어서 최종적인 한계는 그가 독일어 몇 마디 외에 외국어를 모르며 외국의 문화나 정치제도에 대해서도 문외한이라는 것이었다.[22]

1948년부터 1950년까지 중대한 시기에 소련의 정책결정 과정은 제대로 기능을 발휘하지 못했다. 최고지도자는 신체적으로, 정신적으로 결함이 있었다. 그는 최고위 관리들에게 때를 가리지 않고 제멋대로 채찍질을 가했다. 지배집단은 과거에 받았던 질책으로 상처를 입은 데에다 숙청의 공포로 인해 무슨 일이건 앞장서서 하기를 두려워했다. 소련 시민들 사이에서는 오랫동안 식량이 부족하고 주택사정이 형편없었던 데에다 신변의 안전도 보장되지 않아 불안의 징후가 늘어나고 있었다. 중부 및 동부 유럽 국가들에서도 저항 세력이 커지고 있었다. 이 국가들은 서부 유럽으로부터의 침략에 대한 중요한 장벽을 소련에 제공하는 지역이었다. 국제문제에서 중요한 관심사는 소련 지도층이 이런 도전들에 대해 어떻게 대응할 것이냐는 문제였다.

우선적인 외교정책

스탈린의 최우선 외교정책은 서방 강대국, 특히 소생한 독일로부터의 군사 위협을 저지하기 위해 중부 및 동부 유럽에 대한 통제를 유지하는 것이었다. 1947년 여름, 소련을 포함한 모든 유럽 국가들의 재건을 위해 경제원조를 제공하겠다는 미국의 제안은 동부 유럽 이웃국가들에 대한 모스크바의 지배에 일정한 도전이 되었다. 미국의 조지 C. 마셜(George C. Marshall, 1880~1959) 국무장관은 6월 5일 하버드대학의 졸업식 연설에서 마셜 플랜으로 알려진 원조 프로그램을 제안했다. 미국 국무부는 유럽 정부들이 마셜의 제안에 부응하여 특정 사항을 포함한 종합계획을 개발하도록 요청했다. 6월 말 영국과 프랑스 외무장관들은 파리에서 회담을 주선했고, 일정한 신청사항을 개발해 나가는 출발 단계에 소련이 합류하도록 초대했다. 몰로토프가 그 회담에 합류하면서 100명의 관리들로 구성된 대표단을 이끌고 왔다. 그러나 소련 외무장관의 관심은 곧 사라졌다. 왜냐하면 미국이 주장하여 영국과 프랑스는 원조 제안에 자본주의 요소를 포함시켰으며, 독일 내 서방 점령지역에 대한 원조가 그 계획의 중심 목표임을 발견했기 때문이다. 스탈린 자신은 폴란드와 체코 정부가 마셜 플랜 합류에 강력한 관심을 표명한 데 대해 분노했다. 7월 초 이 소련 지도자는 중부 및 동부 유럽 정부들에 미국의 계획에 참여하지 말라고 명령했다. 체코슬로바키아의 공산당 지도자 클레멘트 고트발트(Clement Gottwald, 1896~

1953)가 자기 정부에 설명한 바와 같이, "소련은 우리가 미국의 계획에 참가하는 것을 슬라브 국가들의 전선을 무너뜨리는 행위로, 특히 소련에 반대하는 행위로 간주할 것이다".[23]

1947년 가을에는 서방에 대한 소련의 정책이 더욱 경화되었다. 보안경찰과 검열자들은 반체제 인사들과 지식인들에게 공식 노선에 복종하도록 압력을 가중했으며, 정부와 당 관료들은 마셜 플랜에 반대하는 선전활동을 개시했다. 이 활동은 트루먼을 히틀러와 비유함으로써 새로운 극단으로 치달았다. 9월에 모스크바는 동부 유럽과 서부 유럽의 모든 공산당 활동을 조정하기 위해 공산당 정보국(Communist Information Bureau, Cominform)을 창설했다. 새로운 기구의 책임자는 안드레이 즈다노프(Andrei Zhdanov, 1896~1948)였다. 그는 소련 정치국원이고 스탈린의 심복이었다. 첫 회합에서 코민포름 지도부는 프랑스와 이탈리아 공산당에 일련의 폭력적인 파업을 일으켜 정부를 불안정하게 만들고 마셜 플랜 원조물자의 도착을 방해하라고 지시했다.[24]

스탈린의 관심은 곧 유고의 공산당 지도자 요시프 브로즈 티토(Josip Broz Tito, 1892~1980)가 독자적인 행동을 계속하는 데로 옮겨졌다. 이 발칸 반도의 강자가 저지른 잘못 중에는 그리스 정부에 대항하는 공산당의 반란을 지원한 일과 그리스의 월경 공격을 저지하기 위해 알바니아로 군대를 이동시킨 일이 있었다. 이런 군대의 이동 조치에는 나중에 유고-알바니아 연방을 창설하려는 희망도 들어 있었다. 스탈린은 질라스를 포함한 유고의 최고 관리들을 모스크바로 불러들여 이런 조치들에 대해 불쾌하다는 점을 확실하게 알려주었다. 티토가 발칸 정책을 통제하려는 소련의 요구를 거부하기로 결정하자 스탈린은 1948년 6월 유고슬라비아를 코민포름에서 축출했다. 윌리엄 타웁만(William Taubman)은 이렇게 주장했다. "스탈린은 동맹국들(유고슬라비아든 미국이든)을 적으로 돌리는 데에 천부적인 재능을 가졌다."[25]

배짱이 두둑한 티토와의 결별은 스탈린에게 지속적으로 영향을 미쳤다. 그는 티토와 같은 성향을 보이는 중부 및 동부 유럽 지도자들을 제거하기로 마음을 먹었다. 1948년 3월 체코슬로바키아 공산당 지도자들은 쿠데타를 일으켜 정부를 완전히 장악했다. 당시 모스크바는 폴란드, 불가리아, 체코슬로바키아, 헝가리에 스탈린주의 정책을 강요하기 위해 공산당 지도자들의 숙청을 단행했다. 어떤 학자의 추정에 의하면, 중부와 동부 유럽 국가들에서 공산당원의 1/4이 숙청을 당했다.[26]

중부와 동부 유럽 정부들이 철저히 통제하에 들어가자 스탈린은 자기의 에너지를 독일에 집중했다. 그의 정책 목표는 점령이 끝난 뒤에 독일을 통일시켜 비무장화하고 가능한 한 모스크바에 밀착시키는 것이었다. 연합국 점령 아래 3개 서방 강대국과 소련은 각각 이 나라와 베를린에 점령 지역을 갖고 있었으며, 베를린은 소련 점령지역의 110마일 안쪽으로 깊숙이 들어와 있었다. 소련 지도자들은 서방의 해법에 대한 증거들이 점점 늘어나는 것을 지켜보면서 우려하고 있었다. 워싱턴, 그중에서도 주로 새로 창립된 중앙정보부(CIA)로부터 지원을 받아 이탈리아에서 기독민주당은 1948년 3월 어렵사리 실시된 선거에서 공산당을 물리쳤다. 같은 달 5개 서방 국가들(영국, 프랑스, 벨기에, 네덜란드, 룩셈부르크)은 미국이 소련의 위협으로 인해 유럽에서 철수를 강요받고 있다는 공포, 특히 프랑스에서의 두려움을 잠재우기 위해 브뤼셀 조약이라는 방위동맹을 체결했다. 트루먼 행정부는 이 합의를 지원하기로 약속했고 그러한 지역 안보 조약을 지지하는 미국 상원의 초당적인 반덴버그 결의라는 것을 후원하는 데에 일조했다.

독일을 점령하고 있는 서방의 3대 강국들도 분리된 서독 정부의 창건으로 나아가는 핵심 단계로서 그들의 점령지역을 연결하기 위한 화폐개혁 협상에 큰 진전을 보였다. 소련이 3월 프라하에서 공산당 쿠데타를 부추기고 베를린에 대한 철도 접속을 제한하자 서방 강대국들은 화폐개혁을 진전시키면서, 6월 18일에는 3개 서방 국가들의 관할지역에 새로운 독일 마르크를 도입하겠다는 계획도 발표했다. 소련은 이에 즉각 대응해 베를린의 모든 지역은 새로운 소련 화폐를 사용할 것이라고 대응했다. 6월 23일 서방 강대국들은 마르크화의 사용을 자신들의 베를린 관할지역으로까지 확대했다. 그러자 소련은 바로 다음날 베를린에 대한 육로와 수로를 모두 봉쇄하고 서방 지역에 대한 전기 공급을 중단했다.[27]

베를린 봉쇄에 대한 서방의 대응은 스탈린이 원했던 것도, 예상했던 것도 아니었다. 미국과 영국은 협상을 시도하는 대신에 베를린의 관할지역에 물자 공급을 재개하기 위해 대규모 공수를 시작했다. 10개월 이상 이어진 이 공수는 200만 명이 넘는 베를린 거주민들에게 식량과 연료를 제공했다. 베를린의 템펠호프 공항으로 하루 평균 130대의 비행기가 250회 왕복비행을 했다. 소련은 결국 패배를 인정하고 1949년 5월 12일 봉쇄를 해제했다. 미국 관리들은 스탈린의 의도를 잘못 읽었다. 그가 서방 군대를 베를린에서 몰아내고, 최종적으로 독일에서 쫓아내려 한다고 생각했던 것이다. 그러나 스탈린은 독일의 장래 지위에 관해 서방과 협상해 양보를 얻어내려 했던 것이다. 회담이 열렸을 때 서방이 양보하지 않을 것이 분명해지자 소련 협상자들은 처음에는 부드럽게 나오다 차갑게 돌아서는 식으로 냉탕과 온탕을 오락가락했다.

한편, 프랑스 공산당을 통해 작업한 코민포름은 동맹에 대한 지원을 훼손하기 위해 평화공세를 폈고, 그다음에는 내셔널리즘에 대한 공격으로 전환하며 영국과 미국 제국주의 편에 서서 소련에 반대하는 투쟁을 결코 벌이지 않겠다는 약속을 요구했다. 두 가지 노력은 모두 실패하고, 베를린 봉쇄로 유발된 의구심과 걱정만 보탤 뿐이었다. 1949년 4월 서유럽 국가들은 미국, 캐나다와 함께 북대서양조약기구(North Atlantic Treaty Organization, NATO)를 창설했다. 그다음 달 서방 열강들은 유럽 방어를 위한 대전략의 수립에 있어서 또 다른 주요 조치를 취했다. 5월 23일 독일연방공화국(서독)이 기본법 공포와 더불어 수립되었다. 8월 독일 하원(Bundestag) 의원 선출을 위한 선거가 실시되었고, 새 입법부는 9월 콘라트 아데나워(Konrad Adenauer, 1876~1967)를 총리로 선출했다. 스탈린의 위협과 협박 정책은 실패했다. 독일에서 그의 두 가지 주요목표 ― 통일국가, 미국을 포함한 서방동맹의 저지 ― 는 좌절되었으며, 서독은 서방의

대서양 횡단 동맹인 나토의 중심 파트너가 되는 길로 잘 나아갔다.[28]

1949년 봄과 여름에 걸쳐 스탈린의 전후 전략은 역전되었다. 마셜 플랜 원조가 각국 공산당의 서부 유럽 불안정화 시도를 억제하는 데에 이용되고, 베를린 봉쇄가 실패했으며, 브뤼셀 조약과 나토가 창설되는가 하면, 별도의 서독국가가 수립된 것은 모두 유럽에 있어서 모스크바가 설정했던 목표들에 심대한 타격이었다. 하지만 몇 줄기 희망도 있었다. 1949년 가을까지는 그것이 더욱 밝게 빛나기 시작했다. 소련의 주도 아래 두 가지 긍정적인 발전이 이뤄졌다. 첫째는 1949년 8월 29일 소련 과학자들이 그 나라 최초의 원자탄 실험에 성공한 것이다. 미국의 트루먼 대통령은 이 사실을 9월 23일 전 세계에 공표했다. 둘째는 10월 독일민주공화국(동독)의 수립을 포함하여 중부와 동부 유럽 국가들에 대한 통제의 확립이었다. 다른 두 가지 유리한 결과가 소련 통제 밖의 행동으로부터 흘러나왔다. 중국공산당이 내전에서 승리하여 1949년 10월 1일 중화인민공화국을 수립한 것이다. 또 한 가지 소련 지도층에 대한 선물은 1950년 1월 트루먼 행정부가 아시아의 새로운 안보정책을 공표한 것이었다. 의회에서 공화당으로부터 중국을 상실하고 정부 내 요직에 공산주의자들이 건재하고 있다고 공격받은 트루먼 대통령과 딘 애치슨(Dean Acheson, 1893~1971) 국무장관은 아시아의 확고한 방어선을 천명했다. 그 방어선은 남한과 타이완을 명시된 사활적 이익 지역에서 배제하는 것이었다.[29]

마오쩌둥과의 협상

스탈린의 주요 관심 지역은 유럽이었지만, 아시아에서 새로이 나타난 도전들도 처리해야 했다. 중국 내전에서 공산당이 국민당 세력을 물리치고 승리한 것은 스탈린에게는 달갑지 않은 뜻밖의 소식이었다. 스탈린은 국민당이 계속 지배하는 데에 진작부터 상당한 관심을 갖고 있었다. 1945년 얄타회담에서 그는 프랭클린 루스벨트와 윈스턴 처칠로부터 중국 문제에서 큰 양보를 얻어냈으며, 그런 다음 국민당 지도자 장제스에게 압력을 가해 이런 특권을 보장하는 조약에 서명하도록 했다 ─ 여기에는 외몽고에 대한 지배, 만주에서의 특별 권리, 뤼순의 해군기지, 다롄의 항구 및 시베리아와 이런 항구들을 연결하는 철도의 지배 등이 포함되어 있었다. 스탈린은 이런 양허를 계속 보유하기를 원했고, 국민당 정부가 4월에 수도인 난징에서 철수한 뒤에도 국민당 정부와 공식적인 외교관계를 유지했다. 1949년 여름 중국공산당의 승리가 확실시되고 있을 때에도 스탈린은 여전히 중국공산당 지도자인 마오쩌둥과 농민에 기반을 둔 그의 게릴라 전략에 대해 못마땅하게 생각했다. 스탈린은 공산 중국을 소련 진영에 집어넣기를 원했지만 마오쩌둥을 애걸복걸하는 위치에 놓아두려고 했다. 스탈린은 마오를 냉대했으며, 그가 프랑스와 이탈리아 공산당 지도자들을 위해 사용했던 따뜻하고 동료애 넘치는 말로 그를 환영한 적이 한 번도 없었다. 스탈린은 중국공산당의 승리에 경의를 표하는 거창한 성명서를 발표한 적도 없었다. 중화인민공화국의 창건은 10월 3일 ≪프라우다≫의 전면에 보도되었다. 중국공산당의 승리가 이 신문의 첫 페이지에 처음으로 나타난 것이었다.[30]

승리 직후 마오쩌둥은 모스크바를 방문해 소련과의 동맹관계를 협상하고 경제지원을 약속받으려 했다. 중국을 벗어나서 하는 해외여행이 처음이었던 그는 1949년 12월 16일 모스크바에 도착했다(그림 1.1 참조). 그는 원대한 희망을 품고 소련에 와서 두 달 동안 머물렀다. 그는 공산국가들 중에서 인구가 가장 많은 나라의 승리한 지도자였고, 그가 성공을 거두는 과정에서 어느 나라의 공산당 지도자에 비해서도 스탈린에게 신세진 것이 거의 없었다. 마오쩌둥은 스탈린의 성격이 냉혹하고 오만하다는 것을 이미 알고 있었지만, 그렇게 냉대받으리라고는 미처 생각하지 못했다. 그를 맞이한 인사는 정치국원이며 제1부총리인 몰로토프였으며 환영연은 "크렘린의 대연회장이 아니라 오래된 메트로폴 호텔에서 열렸다. 여기는 통상적으로 중요하지 않은 자본주의 국가의 고위

그림 1.1 스탈린의 제70회 생일축하연. 1949년 12월 21일 볼쇼이 극장. 마오쩌둥은 스탈린의 오른쪽에, 니키타 흐루쇼프는 왼쪽에 서 있다. 자료: 러시아 국립 사회·정치역사 문서보관소

인사를 위한 환영연이 열리는 장소였다".[31]

마오쩌둥은 베이징과 모스크바 간에 초기에 이뤄졌던 실질적인 의사교환에 더 화가 나 있었다. 모스크바를 방문하겠다는 그의 전보에서 1945년 맺어진 중소조약을 개정하고자 하는 의사를 분명하게 표명했음에도 불구하고 스탈린은 첫 두 차례의 회담에서 이 문제의 거론을 거부했다. 서방과의 얄타합의 때문에 중국과의 조약을 변경하는 것은 바람직하지 않으며, 어쩌면 위험할 수도 있다는 것이었다. 마오쩌둥은 화가 나고 낙담하여 8일 동안 다차에서 부루퉁해 있었다. 그러자 스탈린은 몰로토프와 또 다른 부총리이자 정치국원인 미코얀을 보내 소련 지도층은 새로운 조약을 협상하는 데 동의한다고 알렸다. 소련 관리들은 3주 동안 작업하여 12개 조항의 합의문 초안을 작성하여 당 중앙위원회의 승인을 받았다. 그 핵심사항들은 1950년 1월 22일 마오쩌둥과 새로 도착한 협상책임자이자 외교관인 저우언라이에게 제시되었다. 소련의 새로운 제안은 1945년 조약의 요소들을 다시 포장한 것이지만 중국에게 양보한 것은 별로 없었다.[32]

저우언라이가 쟁점과 정치적 환경을 분석하면서 이 협상에 대한 중국의 접근방법은 극적으로 변화했다. 1월 26일 중국 측은 1945년 조약에 포함되었던 모든 양허 사항을 담은 합의서 초안을 제출했다. 이와 같은 대담한 제안으로 소련 측 협상자들은 충격을 받았다. 왜냐하면 그럼으로써 협상의 구조가 완전히 뒤바뀌었기 때문이다. 저우언라이의 지도 아래 중국 측이 소련 측에 제안한 것은 뤼순 해군기지의 조차, 다롄에 대한 권리, 시베리아로부터의 철도 연결에 대한 모든 권리를 포기하고, 그 효력은 일본과의 평화조약 체결 시 또는 무슨 일이 있어도 1952년 말까지는 발효한다는 것이었다. 저우언라이는 이렇게 새로운 제안을 하면서 소련이 요구하지도 않은 내용을 양허하는 것으로 사탕발림을 했다. 비록 마오쩌둥은 그 이전에는 몽골의 지위를 논의하지 않는 데에 동의했다고 할지라도 이제 중국은 외몽고의 독립을 인정한다고 제안함으로써 소련의 막강한 영향이 지속되는 것을 보장했다. 소련 아카이브에 보관되어 있는 합의서 사본을 보면 "스탈린은 중국 측 문서의 거의 모든 단어 하나하나에 줄을 그어 지웠다". 하지만 성질을 누그러뜨리고 1월 28일 소련 측은 약간 수정된 초안을 돌려보냈는데 사실상 중국 측의 모든 제안을 받아들인 것이었다. 근본적으로 중국 측은 협상의 거의 모든 목표를 달성했다. 그 방법은 몽골에 대한 양보를 1945년 조약의 폐기와 연계시키면서, 그러한 거래의 내용을 새로운 중소 우호동맹 상호원조 조약에 포함시킨 것이었다. 이 조약은 1950년 2월 14일 체결되었다.[33]

스탈린이 급작스럽게 기존 입장을 뒤집고 중국 북동부에서의 목표를 포기하면서 중국의 제안을 받아들이기로 한 데에는 세 가지 다른 이유가 있었다. 예기치 않았던 몽골 완충지대 제안은 그가 갖고 있던 아시아의 주요한 걱정거리들 중의 하나를 해결해주는 것이었다. 또한 그는 미국과 영국의 관리들이 중국공산당 정부를 서방과의 전략적 유대로 유인하는 활동을 증가시켜가고 있다는 점을 알고 있었다. 그리고 그는 마오쩌둥과의 동맹을 강화함으로써 아시아에서 또 한 명의 티토가 나타날 가능성을 없애려 했다. 소련 독재자가 그런 결정을 내린 최종적이면서 가장 중요한 요인은 새로운 대한국 정책 개념이었다. 그는 계획과 실행이 제대로만 된다면, 동아시아에서 부동항을 확보하는 목표를 달성하며, 한반도를 지배하는 가운데 자신에게 의존하는 동맹국을 갖게 되고, 부활한 일본이 장차 아시아 본토에 미칠 수도 있는 영향을 막아줄 방패를 구축할 수 있는 방안을 보았던 것이다.[34]

북한의 새로운 지도자 김일성은 한반도 통일에 열성적이었다. 김일성이 남한 침공을 위한 소련의 지원을 여러 차례 요청한 다음에 스탈린은 1950년 1월말 침략에 대한 논의를 시작할 의사가 있음을 알렸다. 김일성은 스탈린이 왜마음을 바꿨는지 이해하지 못했을 것이다. 스탈린은 자기가 내린 결정에 대해누구에게도 설명하는 습관이 없었다. 특히 외국의 젊은 후배에게 그렇게 했을리가 없다. 김일성은 중국군에 속한 젊은 게릴라 대장으로서 한국과 만주에서일본군대에 맞서 싸웠다. 1945년 8월 소련이 대일본전쟁을 개시한 이후 소련점령군과 함께 붉은 군대의 대위 복장을 하고 귀국했다. 소련의 정치장교 테렌티 시티코프(Terentii Shtykov, 1907~1964) 상장(Colonel-General)의 후원을 받아김일성은 1948년 9월 수립된 조선민주주의인민공화국(북한)의 총리로 급성장했다.[35] 나이가 36세에 불과했지만 자신만만한 김일성은 소련에 대고 연속적으로 요청을 했다. 1949년 3월 스탈린과 여타의 소련 관리들에게 남한 침공계획을 승인해달라는 제안이 그 최초였다. 요청을 할 때마다 이런 이유들로 거절당했다. 즉, 북한은 군사적으로 준비가 되어 있지 않으며, 중국공산당은 아직도 내전 중이고, 미국 군대가 남한에 주둔해 있다는 것이었다. 그런데 1월 17일 북한 외무장관이 주최한 오찬 석상에서 김일성은 이제 평양주재 소련대사가 된 테렌티 시티코프에게 스탈린과 남침을 논의코자 하니 모스크바 여행을 주선해달라고 간청했다. 스탈린은 1월 30일 김일성에게 전달하라고 시티코프에게 이렇게 지시했다.

> 나는 김일성 동무가 불만스러워 하는 것을 이해하지만, 그가 착수하려는 남한 관련 대형 사안에는 큰 준비가 필요하다는 것을 그는 이해해야 한다. 이런 문제는 조직이 되어야 큰 위험이 없을 것이다. 김일성이 이런 문제를 나와 의논하고자 원한다면 나는 언제나 그를 맞이하여 논의할 태세가 되어 있다. 이 모든 사항을 김일성에게 전달하고, 나는 이 문제에 있어서 그를 도와줄 준비가 되어 있다고 통보하라.[36]

스탈린이 대아시아 정책을 깜짝 놀랄 만큼 역전시킨 것은 미국의 핵독점을 깨뜨린 데서 비롯되어 새로 발견한 자신감을 반영한 것이었다. 그는 마오쩌둥, 저우언라이와의 협상에 난항을 겪으면서 새로운 중국 정부가 조종하기 녹록하지 않은 상대임을 인정하지 않을 수 없었다. 그에 반해, 그의 평양주재 정치위원은 북한의 새로운 지도자가 통제하기 훨씬 더 만만하도록 주의 깊게 다뤘다. 스탈린은 이런 정책 변화에는 위험이 수반된다는 것을 알고 있었기 때문에 김일성과의 기민한 협상을 통해 그가 가진 취약점을 제한하려고 모색했을 것이다.

2

김일성, 남침을 계획하다

　　1945년 8월 10~11일 한밤중 태평양전쟁의 종전 계획이 밤늦게 수립되고 있을 때 미국 전쟁부의 존 J. 맥클로이(John J. McCloy, 1895~1989) 차관보는 찰스 H. 본스틸(Charles H. Bonesteel, 1909~1977) 대령과 딘 러스크(Dean Rusk, 1909~1994) 소령에게 다른 사무실로 가서 소련과 미국 간에 한반도를 분할하는 제안서 초안을 작성하라고 명령했다. 그들에게 주어진 시간은 30분뿐이었고, 작업에 사용할 만한 지도도 벽걸이용 소축척 극동지도밖에 없었다. 본스틸은 북위 38도선이 역사적인 수도 서울의 북부를 통과하고 영토를 거의 균등하게 나눈다고 지적했다. 비록 논의는 없었지만 미국의 점령지역이 될 한반도의 남쪽 절반은 인구의 2/3와 대부분의 경공업, 그리고 가장 생산성이 높은 농토를 포함하고 있었다. 한반도를 북위 38도선으로 나누자는 두 장교의 건의는 미국의 정책이 되었다. 소련 지도자들의 자문은 이루어지지 않았다.[1]

　　전쟁이 끝났을 때 한국은 혼란 상태였다. 한국은 비록 전투지역은 아니었다고 할지라도 전쟁으로 인해 궁핍해지고 고향을 잃고 착취를 당했다. 한국은 독립국가로 존재한 지 1,000년이 지난 뒤 1910년에 일본의 식민지가 되어 일본 군부가 만주를 점령하고 중국과 전쟁을 일으키면서 인력과 전쟁물자 생산의 기지가 되었다. 1935년에서 1945년까지 수백만 명의 한국인 ─ 아마 전체 인구

2,500만 명의 20% — 은 만주, 일본, 북부 한국의 공장, 광산, 건설 현장으로 일자리를 찾아 고향을 떠났다. 약 20만 명의 남성은 일본군대에 징집되었으며 적어도 5만 명의 젊은 여성은 군 '위안부'로 끌려갔다. 1945년에 250만 명의 한국인이 일본에서 일하고 있었다. 1945년 8월 15일 일본이 항복한 다음 이들 고향을 떠났던 한국인 대부분은 자신이 살던 도시와 마을로 돌아왔고, 남한에서 약 3만 명의 정치범과 경제사범이 일본인의 손에서 풀려났다.[2]

남한의 불안정한 상황

전쟁이 졸지에 종료되면서 남한 점령군으로 선정된 미군부대들은 새로운 임지로 이동하기에 앞서 재편에만 수주일이 걸릴 수밖에 없었다. 9월 8일 선발대가 인천에 도착하여 서울로 진주해 일본군의 항복을 받았다. 미군부대가 남한의 대소 도시들을 점령하는 데는 한 달이 더 걸렸으며, 민사업무를 담당할 팀은 지방정부 사무소를 설치해야 했으나 10월 말까지도 도착하지 못했다. 한편, 독립을 열망하던 한국의 지도자들은 9월 6일 서울에서 조선인민공화국을 선포했고, 수백 명의 인민위원회 위원들은 남한 전역의 도시와 공장의 관리를 인수했다. 인민공화국 및 이와 연관된 인민위원회에 포함된 활동가들은 일본의 식민지 지배에 협력한 대지주와 돈 많은 사업가들을 대체하고자 했다. 이런 그룹들에는 좌파의 관점을 가진 인사들이 다수 포함되어 있었으며, 이들은 미군과 충돌할 수밖에 없었다. 미군이 인민위원회를 보다 기득권을 많이 가진 보수적인 관리들로 대체하기 시작하면서 그렇게 되었다.[3]

인민공화국의 지도력과 계획에 대응하여 서울의 또 다른 정치적 파벌은 힘을 합쳐 한국민주당을 세웠다. 이 그룹의 지도자들 중에는 독립운동을 강력하게 전개한 경력을 갖고 있는 사람도 있었지만, 일부 인사들은 전시에 친일 전력을 갖고 있었다. 다수의 지도자들은 서방과 일본의 일류대학에서 교육을 받앉으며 사업체와 교육계에서 높은 자리를 차지하고 있었다. 많은 인사들은 독실한 기독교인으로서 신앙 때문에 처벌을 받거나 투옥되기도 했다. 이승만은 미국에서 34년 동안 망명 생활을 한 뒤 귀국하여 한국민주당에 합류했다. 두 정당은 강력한 중앙정부를 가진, 민족주의적인 새로운 한국을 건설하려는 비전을 공유했다. 양 당의 최고위 지도자들은 권위주의적인 본능을 가졌으며, 어느 누구도 제퍼슨 방식의 민주주의자는 아니었다. 양 당 사이의 주요한 차이는 성격과 부의 집중에 대한 태도였다. 후자의 문제와 관련해 한국민주당은 좀 더 전통적으로 보수 성향이었다.[4]

미국의 대한국 정책은 점령기간 동안 전국에 걸쳐 미소 신탁통치를 하고 몇 년 후 선거에 의해 독립된 한국 정부를 수립하는 것을 선호했다. 이는 특히 국무부의 견해가 반영된 것이었다. 양대 점령세력은 1946년 초 공동위원회로 신탁통치의 한 형태를 만들어보았지만, 이 기구는 시작부터 불행한 결말을 맞게 되어 있었다. 왜냐하면 양대 세력 어느 쪽도 상대편이 제안한 한국 기관들의 운용 조건을 받아들이려 하지 않았기 때문이다. 한편, 점령된 두 지역에서 일어난 사건들은 단독정부를 지향하고 있었다. 북한에서는 소련 사령관이 선정한 대의원들이 점차 경찰과 보안부대의 권력을 강화하고 있었다. 남한에서는 미군사령관인 존 R. 하지(John R. Hodge, 1893~1963) 중장이 자치정부의 기반을 형성할 일련의 결정을 내렸다. 하지와 그의 막료들은 1945년 가을 한국국립경찰을 창설했다. 여기에는 일본 식민지 시대에 경찰로 재직했던 자들이 다수 포함되었다. 그리고 하지는 군대를 형성하기 시작했으며, 하와이에서 이승만을 데려다 한국 정계에서 주요한 역할을 맡도록 했다. 한국전문가 브루스 커밍스(Bruce Cumings)는 주장한다. "1946년 초까지는 한국이 실질적으로 분리되었고, 1948년 각자 다른 국가를 세운 두 개의 정권과 두 명의 지도자(이승만과 김일성)가 사실상 자리를 잡았다."[5]

만성적인 미소 대결이 냉전으로 경화됨에 따라 트루먼 행정부는 봉쇄정책을 채택했다. 트루먼은 1947년 3월 12일 상하원 합동회의 연설에서 새로운 정책의 기본요소들을 밝혔다. 트루먼 독트린으로 알려진 이 연설에서 그는 그리스 및 터키와 아울러 "소수 무장세력 또는 외부 압력에 의한 지배 시도에 저항하는" 여타 국가들에 대한 경제 및 군사 원조를 제의했다. 새로운 독트린에 무게를 더한 것은 1947년 6월 5일 하버드대학 졸업식에서 조지 C. 마셜 국무장관이 행한 연설에서 발표된 유럽 재건을 위한 경제원조의 마셜 플랜이었다. 좌파 집단과의 분쟁은 유럽보다 남한의 미국 점령군에 먼저 왔다. 하지 장군은 인민위원회 좌파 및 여타 점령 반대자들이 포함된 한반도 호남 지방에서 벌어진 소요사태에 직면해 점점 더 보수 지도자들의 뒤를 봐주고 한국국립경찰로 하여금 소요에 강경 대응토록 지원했다. 결국 워싱턴이 채택한 봉쇄정책은 미국 점령군이 1945~46년 남한에서 수립한 반좌파 정책을 보증했다. 그 뒤 몇 달 동안 남한은 비공식적으로 마셜 플랜 원조프로그램의 일부가 되었으며 군사고문단을 갖고 유엔의 지원을 받았으며 가장 크고 가장 활동적인 미국대사관 중 하나가 주재하게 되었다.[6]

1947년 초 남한 정계는 파당적 갈등과 거센 반점령 시위의 도가니였다. 미국이 새로 등장하는 파당 간의 잠재적 조정자로 귀국시킨 이승만은 곧 그 자신이 한국민주당의 은행가 및 지주들과 동맹관계를 맺고, 점령을 조기에 종식시키고 단독정부의 수립을 위한 선거를 치르도록 지칠 줄 모르고 활동했다. 9월에 항구도시 부산에서 8,000명 이상의 철도 노동자들이 일으킨 파업은 남부 지방 전역에서 광범위하게 봉기를 촉발했다. 항의시위에 학생과 농민들이 합류했다. 일부 조선공산당원들이 인민위원회 구성원들과 함께 반란을 조율하는 작업을 했지만 얼마나 많은 영향을 미쳤는지는 논란의 여지가 있다. 강력한 증거에 의하면, 대부분의 농민과 마을 시위자들이 들고 일어난 동기는 지주와 경찰에 대한 불만이었다. 여하튼 미국의 군정 당국자들은 반란들이 북한의 지령을 받은 공산주의자들의 공작이라는 기업가들과 경찰의 주장을 받아들였고, 미국 군대는 연말까지 소요사태를 억압하는 일에서 중앙 및 지방 경찰을 지원했다. 그 결과 200명의 경찰과 1,000여 명의 반란자들이 사살되고, 재산 피해가 막대했으며, 충격을 받은 미군 사령관은 남한 지역의 통제권을 가능한 한 조기에 한국 지도자들에게 이양하기를 원했다.[7]

이와 같이 정치적·사회적으로 불안한 시기이던 1948년 5월, 미국 관리들은 유엔 대표단의 동의와 지원을 받아 입법부를 구성하기 위한 선거를 조직하고 실시했다. 새로 설립된 입법부 의원들은 이승만을 의장으로 선출하고 헌법을 제정했다. 그런 다음 국회는 이승만을 대한민국의 초대 대통령으로 압도적인 표차로 선출했으며 그는 1948년 8월 15일 취임했다.[8]

남한에 새 정부가 들어섰을 때에도 반란과 시위는 계속되었으며, 이런 상태는 악화되어 많은 이 지역 전문가들이 1948년 10월까지는 내란이 있을 것이라고 결론을 내릴 정도였다. 가장 격렬하고 파괴적인 충돌은 제주도에서 일어났다. 이 섬은 한반도 남서쪽 끝에서 50마일 떨어진 아름다운 자치지역이었다. 1945년 말 이래 인민위원회는 인구 30만의 이 섬을 지배했는데 인구 대부분이 교육을 제대로 받지 못한 농부와 어부였다. 1947년 4월 미국 점령군 사령관은 보수적인 견해를 가진 인사를 새로운 지사로 임명했으며, 그는 도시와 마을에서 인민위원회의 지배를 해체하기 위해 경비대, 경찰, 민병대를 동원했다. 1948년 4월 광범위한 폭력사태가 발생해 1년 이상 지속되었다. 봉기한 주민들은 탐욕스런 지주들, 부패한 경찰, 청년단, 그리고 이 섬에 권한을 행사하게 될 새로운 남한 정부 수립을 위해 열리는 선거에 저항했다. 비록 공산주의자들이 얼마나 반란을 실질적으로 통제했는지는 논란거리라고 할지라도 이 지역 주민이 압도적으로 자치의 지속을 원하고 서울의 통치를 반대했다는 것은 확고부동한 사실이었다. 새로운 정부가 들어서자 이승만 대통령은 제주도에 대한 국가 통치를 강화하기 위한 조치를 취했다. 그가 공산주의자들의 반란이라고 부른 사태를 진압하기 위해 군대와 경찰력을 추가로 파견했다. 일 년 전 본토에서 일어났던 반란과 마찬가지로 미국의 점령 지도자들은 이런 해석을 받아들이고 중앙정부군을 자문하고 지원하기 위해 군부대를 파견했다. 제주도 반란으로 인해 8만 명이 살해되고, 4만 명이 일본으로 도주했으며, 섬 안에 있던

400개 마을 가운데 절반 이상이 파괴되었다.[9]

또 다른 폭력사태들이 1950년에 이르기까지 신생 남한 정부의 권위와 안정을 위협했다. 제주 봉기와 관련된 또 하나의 반란은 1948년 10월 한반도의 남부 항구도시 여수에서 시작되었다. 이 사태는 한국군 2개 연대의 일부가 제주도에 파견되어 수행할 강경한 진압 임무를 거부하면서 시작되었다. 반란군에 대해서는 정부군이 혹독하게 진압하도록 미군 측에서 조언을 하고 지원도 했다. 불안정한 상황은 여타 지방으로 확산되었고, 1950년 봄 진압되기 전까지 국제사회의 언론에도 광범위하게 보도되었다. 동시에 1949년 내내 38선에서는 북한군과 남한군 간에 탐색전과 공격이 있었다. 양측 지도자들은 상대편을 공격해서 하나의 정부 아래로 나라를 통일하기를 원했다. 특히 1949년 8월 서울의 북서쪽에 위치한 옹진반도에서 대규모 전투가 벌어져 남한군이 완전히 패배하는 결과를 가져왔다. 전체적으로 한국전쟁이 발발하기 이전에 신생 국가의 남한 지역에서 10만 명 이상의 한국인이 살해되었다.[10]

파당적 갈등이 끝없이 벌어지고 반란이 빈발하자 트루먼 행정부는 미국이 남한에서 발생하는 사건들을 통제할 수 없으며 한반도는 미국의 아시아 안보정책에서 사활적 이익이 아니라는 결론을 내렸다. 미국은 남한이 북한을 대규모로 공격하는 것을 저지하기 위해 남한 군대에 대포, 탱크, 전투기를 포함한 모든 중화기의 공급을 보류했다. 또한 워싱턴은 1949년 6월 말까지 남한에서 점령군을 철수시키고 약 500명의 장교와 관계자들로 구성된 경무장 고문단만 남겨놓았다. 이런 조치에도 불구하고 1949년 동안 공격적인 남한군 지휘관들이 38선에서 벌인 대부분의 선제적인 충돌이 저지되지 못한 상황에서, 미국 관리들은 이승만에게 미국이 군사원조를 고려할 수 있는 것은 남한이 도발하지 않았는데도 공격을 받아 전쟁이 발생했을 때뿐이라는 점을 명명백백하게 했다. 트루먼 대통령은 1949년 12월 30일 국가안전보장회의(National Security Council, NSC) 보고서 48/2를 결재하면서 이런 정책을 인준했고, 중국 내 또는 타이완 섬의 비공산 세력에 대한 어떤 원조도 종료한다고 확인했다.[11]

그런 한편, 한반도 북부에서는 특이한 이유들이 있었고 폭력사태가 훨씬 적었다고 할지라도 남한 지역에서와 유사한 권력 강화 과정이 진행되고 있었다.

'최고지도자'의 생성

김일성은 1945년 9월 19일 승전한 소련군 부대와 함께 귀국했다. 33살에 불과하고 붉은 군대 대위의 복장을 한 김일성은 평양의 부사령관으로 임명되었다. 일본군에 저항해 싸우다 그와 함께 귀국한 60여 명의 여타 빨치산들 외에 그가 이 새로운 도시에서 아는 사람은 아무도 없었으며, 아무런 정치조직도 갖고 있지 않았다. 하지만 1946년 2월까지 김일성은 새로운 북조선 임시인민위원회의 위원장이 되었고, 광범위한 공산개혁의 실행에 착수했다. 그를 새로운 정부의 지도자로 밀어 올려준 개인적 경험과 현지의 환경은 한 편의 흥미진진한 스토리가 된다.[12]

역사에 의하면 김일성은 1912년 평양 근처 조그만 마을에서 김성주로 태어났다. 아버지는 시간제 교사이자 기독교 활동가였고, 할아버지는 개신교 목사였다. 1917년경 아버지는 항일 민족주의 집단에 참여하게 되었고, 항일활동으로 인해 투옥되었던 것 같다. 2년 후 가족은 만주로 이주하고 어린 김일성은 중국학교에 입학해서 중국어를 배웠다. 1923년 본국으로 돌아와 할아버지가 운영하는 학교에 들어갔지만 2년 후 다시 만주로 돌아갔다. 아버지는 1926년 사망했는데 그때 김일성의 나이는 14세였다. 다음해 그는 지린의 중국 중학교에 입학했다. 그 학교에서 열성적인 마르크스주의자 교사로부터 영향을 크게 받았다. 그 교사는 김일성에게 레닌과 마르크스의 저작을 소개했다. 1928년 김일성은 일본의 철도부설계획에 반대하는 시위에 참가했으며 경찰 기록에 의하면 그는 조선공산당 청년동맹의 조직원이었다. 그는 다음해 항일운동으로 체포되어 몇 개월의 징역을 언도받았다. 검증할 수 있는 단편적인 기록에 의해 우리는 그가 17살의 나이에 반식민지 운동을 하는 공산주의 집단의 일원이었으며, 중국어를 유창하게 구사했고, 조선과 만주를 연결하는 무질서한 지역에서 학교를 떠나 자기 길을 찾아갈 태세가 되어 있었음을 알 수 있다.[13]

　김일성은 감옥에서 석방된 뒤 곧 중요한 정치적 행보를 했다. 한 민족주의 분파에서 나와 조선공산당의 일파인 서울-상하이파에 접근했다. 이 새로운 가입으로 그는 향후 북한을 점령하게 되는 소련 관리들로부터 중대한 지원을 받을 수 있는 입지를 확보했다. 새로운 관계를 강화하기 위해 그는 지린의 공산 게릴라부대에 합류했고, 1931년 9월 일본이 만주를 침략했을 때 적극적인 활동을 시작했다. 그의 집단이 일본군에 패한 뒤 생존자들은 중국공산당에 입당하라는 명령을 받았다. 김일성은 중국 게릴라부대로 옮기고 얼마 지나지 않아 1932년 4월 작은 단위의 부대장이 되었다. 그 뒤 승진을 빨리해 소규모 사단✛의 부대장이 되었다. 몇몇 조선인 지도자들이 일본의 스파이라는 혐의를 받고 처형되었을 때 김일성은 그를 모함하는 소문을 극복하고 만주에 있는 중국 지도층의 신뢰를 확보했다. 1937년 6월 김일성은 200명의 게릴라를 이끌고 조선으로 들어가 보천보라는 소도시에 있는 경찰서와 인근의 목재소를 습격하여 몇 명의 일본 경찰관을 사살하고 9명의 군인을 생포했으며 무기 몇 점을 빼앗았다. 비록 사상자 숫자와 손해 규모는 크지 않다고 할지라도 대담한 게릴라 지도자의 활동에 관한 보도가 조선 전역에서 회자되고 일본군 사령부의 주목을 받았다. 일본군이 만주의 게릴라들에 대해 통합적인 공격을 시작하자 김일성은 1940년 9월, 자기 부대원 전원을 이끌고 아무르 강을 건너 소련으로 철수했다. 2년 후 소련 관리들이 새로운 여단을 창설할 때 여기에는 중국인 지휘

✛　동북항일연군(聯軍)은 로군(路軍)-군(軍)-사(師)-단(團)-연(連)-배(排)-반(班)의 구조로 이루어져 있었으며, 군 이하는 대체로 3.3제였다. 1개사는 100명 내지 150명 정도의 병력이었다. 자료: 이명영, 『김일성 열전: 그 전설과 신화의 진상규명을 위한 연구』, 1974, 신문화사, 211쪽_ 옮긴이

아래 있던 김일성 부대와 연해주의 나나이족 군인 분견대가 포함되었다. 1942년 8월부터 김일성은 붉은 군대 88독립여단의 대위로 복무했다.[14]

북한의 공식 역사와는 반대로 김일성의 귀국은 그렇게 상서롭지 못했다. 1945년 5월 독일이 패망한 이후 88독립여단은 부대를 중국인과 조선인 부대로 나눠 각자의 나라가 일본으로부터 해방되는 데 대비했다. 한국전문가 찰스 암스트롱(Charles Armstrong)에 의하면, "조선인 집단은 1945년 여름 나이가 더 많고 경험도 많은 빨치산들을 제치고 김일성을 지도자로 선출했다. 그의 행운과 정치적 술수, 그리고 개성의 힘이 결합된 결과였다". 김일성은 1945년 9월 19일 60여 명의 게릴라 고참 대원들과 함께 평양에 도착했지만, 그의 부대는 점령군의 일부가 아니어서 소련군이 조선을 점령하기 시작한 지 한 달 후에야 도착했다. 소련 점령당국은 김일성을 평양 부사령관이라고 불렀다. 하지만 그는 모스크바가 엄선한 강자는 아니었다(미국과 남한의 주장과는 다르다). 실제로 소련은 북한에 우호적인 공산국가를 세울 계획을 갖고 있지 않았으며, 준비를 제대로 하지 못한 점령군은 임시변통으로 정책을 개발했다. 전반적으로 소련 점령군은 중부 및 동부 유럽에서 각국 공산당이 지배하던 연정을 세워 일하던 방식을 따랐다. 하지만 그들은 조선에서 1945년 후반기 동안 인민위원회가 현지 문제에 대해 권한을 행사하도록 허용했다. 김일성은 이와 같이 유동적인 상황과 대담한 게릴라 지도자라는 명성을 잘 활용해서 소련 관리들이 조기 독립을 추구하는 해당 지역 조선인 민족주의자들의 끈질긴 저항에 직면해서도 평양 지역에 대한 통제권을 확보하는 데에 일조했다. 1945년 10월 말에 이르러 김일성은 소련군 사령관들이 선호하는 조선의 지도자로 부상했다.[15]

그 이후 3년 동안 김일성은 북한 전역에 걸쳐 자기의 권력을 강화하고 다양한 영역의 인민위원회들에 대해서도 중앙의 권위를 확장하는 작업을 했다. 1945년 10월 14일 김일성은 귀국한 젊은 게릴라 지도자를 환영하기 위해 평양에 모여든 7만여 명의 군중 앞에서 연설을 했다. 붉은 군대 사령관들의 지지를 받은 김일성은 유명한 민족주의자 조만식에 의해 소개되었다. 그는 자기 자신을 조선을 개조할 준비가 되어 있는 새로운 세대의 떠오르는 지도자로 내세울 수 있는 기회를 잘 이용했다. 김일성과 조만식은 얼마간 협력했다. 김일성의 지원세력은 더욱 많은 수의 공산주의자들이 중국과 소련으로부터 귀국함에 따라 성장해갔다. 12월 17일 김일성은 조선노동당 북조선분국의 책임자가 되었다. 1946년 1월 (조만식이 위원장인 조선민주당과의) 연정이 끝나고 김일성은 소련이 점령한 북한에서 유일하게 인정받은 지도자가 되었다. 조만식은 인민위원회 위원장직에서 제거되었고, 그 전 달 모스크바의 외무장관회의에서 채택한 조선의 신탁통치를 받아들이지 않음으로써 가택연금 상태에 놓였다.✢ 새 지도자의 위상은 인민위원회, 정당 및 사회단체 대표들이 임시중앙정부 수립을 검토하기 위한 회의를 개최했을 때 공식화되었다. 1946년 2월 8일 회의에서 중앙 행정부를 수립하는 데 만장일치로 결의하고 김일성을 북조선 임시인민위원회 위원장으로 선임했다.16

김일성이 전쟁 경험, 야망, 유연성에 추가하여 권력을 신속하게 잡는 데 큰 역할을 한 것은 두 명의 소련군 핵심 장교들과 맺은 인간관계였다. 테렌티 F. 시티코프 상장은 극동전선의 정치위원인 고위 공산당 관리였다. 안드레이 란코프(Andrei Lankov)의 판단에 의하면, 그는 1945년에서 1948년까지 "북한의 실질적인 최고지배자였다". 시티코프는 소련공산당의 제2서기였으며 1945년 이후 한때 스탈린의 후계자로 지목되기도 했던 안드레이 즈다노프의 제자였다. 시티코프는 김일성이 소련의 극동에 망명하고 있는 동안 만났고, 1945년 9월부터 평양에서 자주 만났는데 이듬해 2월부터는 상주했다. 시티코프는 이

✢ 소련 민정사령관 로마넨코가 조만식에게 "후견제를 찬성하는 성명만 발표해주면, 소련은 김일성을 군부 책임자로 하고 조만식을 초대 대통령으로 모시겠다"고까지 설득했으나 조만식은 끝내 거절했다. 모스크바 결정에 대한 조만식의 반대로 조선민주당은 실질적으로 그 기능이 마비되었다. 자료: 백학순, 『북한 권력의 역사: 사상, 정체성, 구조』, 2010, 한울, 86쪽_ 옮긴이

젊은 대위를 위해 모스크바의 즈다노프, 스탈린과 평양 사이에 매우 중요한 연결고리를 제공했다. 어떤 면에서 김일성이 일상 업무를 하는 데에 더 중요한 인물은 알렉산더 M. 이그나티예프(Alexandre M. Ignatiev) 대령이었다. 그는 민간행정과 북한 정치형성의 책임을 지고 있었다. 김일성 전기의 작가인 서대숙은 "이그나티예프 대령은 북한에서 김일성이 권좌에 오르도록 조종하고, 자리를 보존하게 하며, 그를 북한에서 지원해준 핵심인물이었다"고 주장했다. 소련 군대가 1948년 말 북한에서 철수할 때 시티코프는 평양주재 소련대사가 되었고 이그나티예프는 평양대사관에 정치고문으로 합류했다.[17]

김일성은 인민위원회의 위원장으로서 소련 점령군 지휘부의 후원을 받아 개인의 권위를 확장하고 단독정부를 세우기 위해 발 빠르게 움직였다. 그는 중공업의 국유화와 농지의 재분배를 포함한 대폭적인 개혁에 착수했다. 이와 병행해 이 젊은 지도자에 대한 개인숭배 작업도 시작했다. 1946년 7월 그의 이름을 딴 새로운 대학이 세워졌다. 그다음 달 그의 영웅적인 항일 게릴라 활동을 칭송하는 노래와 시가 광범위하게 공표되었다. 이런 활동들은 농민층에서 충원된 지방경찰의 새 네트워크로부터 지원을 받았고, 김일성 휘하의 빨치산들로부터 감독을 받았다. 점령당국의 지원을 받아 김일성과 소련에서 귀국한 조선인들은 1945년 말 소규모 보안군을 창설하고 장교 훈련기관을 설치했으며, 1948년 2월에는 인민회의로부터 조선인민군(KPA) 창설을 승인받았다. 소련군은 김일성의 권위에 도전할 수 있는 유일한 무장집단을 중립화하는 데에 일조했다. 중국 옌안에서 2,000명의 조선 병사들이 귀국했을 때 김일성과 그의 보안부대는 이들을 압록강 국경에서 맞아 북한 입국 허가에 앞서 무장을 해제했다. 소련 점령군의 철수를 준비하면서 북한 정부는 1948년 9월 9일 창건되었다. 남한에 정부가 수립되고 약 한 달 후였다. 김일성은 새 정부의 총리로 임명되었다. 그리고 ― 소련의 조선인들, 수많은 노동자와 농민들, 그리고 잔존 소련의 군대와 외교관들의 지지를 받아 ― 그는 정부를 완전히 장악했다.[18]

공산당의 지도자가 되는 것은 더욱 어려운 작업이었다. 1946년 초 김일성은 조선의 공산주의자들에 대한 권위를 획득하는 데 심각한 경쟁에 직면했다. 서울에 기존 공산당 지도자들이 존재했으며, 곧 옌안에서 마오쩌둥과 함께 싸웠던 중국 동북지방 출신의 조선인 사령관들이 합류할 것이었다. 이그나티예프 대령의 지도를 받아 김일성은 북조선공산당을 서울의 본부로부터 분리하는 작업을 했다. 그다음엔 옌안 공산주의자들의 분파에 기반을 둔 신민당과의 연합을 협상했고, 1946년 8월 북조선노동당을 창립했다. 옌안파의 김두봉이 위원장이 되고 김일성은 두 명의 부위원장 중 하나가 되었다. 남한과 북한에 각각 별도의 정부가 수립된 뒤엔 남한에서 다수의 공산주의자들이 체포를 모면하기 위해 북한으로 넘어왔다. 기나긴 정치적 공작과 어느 정도의 강압에 의해 남북한의 공산당은 1949년 6월 조선노동당으로 통합되었다. 김일성은 당수가 되었고, 이때에 이르러서야 비로소 그는 북한의 정부와 집권당 양자를 모두 장악한 것이었다.[19]

전쟁 준비

김일성은 북한의 정부와 당에 자기의 권위를 확장하고 나서 남한군이 38선에서 북한을 공격하는 행위를 소련의 원조 증대를 정당화하는 빌미로 활용했다. 소련대사 시티코프는 1949년 1월과 2월, 남한 경비대의 무수한 습격을 본국정부에 보고하고 북한의 군과 경찰에 약속한 무기의 선적이 시급하다고 강조했다. 3월에 김일성은 사절단을 이끌고 모스크바를 방문해 해군 함정과 경제 개발을 위한 2억 루블의 차관을 요청했다. 3월 5일에 열린 회담에서 스탈린은 김일성에게 38선에서 일어나는 전투상황에 대해 묻고 가까운 장래에 전쟁을 회피해야 한다는 자신의 강력한 의지를 보여주면서 이렇게 천명했다. "38선은 평화로워야 합니다. 그것이 중요합니다." 5월에 38선에서의 충돌이 격화되었고, 8월에 웅진반도에서의 충돌은 특히 심각했다. 당시 남한군은 치명상

그림 2.1 북한의 총리이자 곧 조선인민군 총사령관으로 임명될 김일성이 1950년 6월 25일 한국전쟁의 발발을 전국에 공표하고 있다. 자료: AP 이미지

을 입었다. 9월 이후에는 위도선을 따라 발생하던 긴장상태가 줄어들었다. 그무렵 남한 정부는 중부와 동부 지방에서 광범위하게 활동해온 게릴라를 소탕하는 쪽으로 관심을 돌렸다. 강력한 대게릴라전은 1950년 봄까지 지속되었으며, 본토와 제주도에서 게릴라 소탕에 성공했다. 적어도 10만 명의 목숨 값으로 얻은 결과였다. 이 과정에서 김일성이 이승만 정부를 전복시키는 데에 의존하려 했던 주요 무기들 중의 한 가지, 즉 남한 지역에서의 대규모 폭동의 가능성은 제거되었다(그림 2.1 참조).[20]

김일성은 1949년 내내 인민군을 계속 강화했다. 김일성은 이미 1947년에 만주의 중국공산당을 적극 지원했다. 수만 명의 지원병을 파견하고 식량과 무기를 공급했으며 중국부대가 재편성과 보급의 필요가 있을 경우 북한에 머물

도록 했다. 중국 내전의 마지막 단계에서 10만 내지 15만 명의 조선인이 전투 경험을 얻었고, 향후 수개월 안에 유용하게 될 중요한 관계를 형성했다. 또한 북한인민군은 군대를 확장하기 위해 신병을 훈련했다. 그리고 1949년 6월부터 모스크바는 소형 무기로부터 탱크 및 전투기에 이르기까지 다량의 무기를 북한에 양도하기 시작했다. 1950년 4월 이후 소련의 북한에 대한 무기 공급이 급격히 증가했다.

1949년 동안 북한의 지원군들은 중국의 독특한 전술과 지휘형태를 배우고 무기를 소지한 채 경험을 쌓고 북한으로 돌아오기 시작했다. 1949년 10월 중국공산당의 승리와 중화인민공화국의 수립은 아시아 공산주의에 새로운 시대의 시작을 알리는 것이었다. 그해 8월 소련이 핵실험에 성공한 데다가 이와 같은 상황진전으로 김일성은 협력국들의 권력 증대를 대담하게 이용, 남한을 침공하고 그의 지도하에 한국을 통일하는 데 필요한 지원을 더욱 강력하게 요청하기에 이르렀다.[21]

이 시점에서 스탈린은 마오쩌둥과의 어려운 협상을 마무리하고 있었기 때문에 그의 아시아 정책을 수정하고 김일성이 제안한 남한 침공을 지원하기로 결정했다. 1950년 1월 30일 스탈린은 전쟁 준비를 위한 논의를 하기 위해 김일성을 초청했다. 기대에 부푼 김일성은 꽤 많은 대표단을 이끌고 3월 30일 모스크바에 도착했다. 북한 대표단은 모스크바에 3주 이상 머물면서 스탈린과 세 번에 걸쳐 실질적인 회담을 가졌다. 김일성은 미국이 개입하지 않을 것이라는 강력한 논거를 댔다. 북한군은 기습공격을 감행하여 서울을 점령하고 3일 만에 승리할 것이라고 주장했다. 남한에서 20만 명의 공산주의자들이 남한 정부를 뒤엎기 위해 봉기하고 북한인민군을 지원할 것이라고 했다. 만약 문제가 생기면 내전에서 승리하고 이제 모스크바와 동맹관계인 중국이 도울 것이라고도 했다. 스탈린은 김일성의 주장을 받아들였지만, 유럽에서 당면한 난제들 때문에 물자와 남침 계획 수립에 군사적인 원조를 제공하는 것 이상으로 전쟁에 개입할 수 없다고 말했다. 1950년 중반 여름까지 모든 준비는 완료될 예정이었다. 스탈린은 모스크바의 원조 조건으로 김일성이 마오쩌둥과 협의하여 승인과 지원을 받아야 된다는 점을 강조했다. 조선 담당 소련 외교관 카피차(M. S. Kapitsa)에 의하면 이런 요구를 직설적으로 강조하면서 스탈린은 김일성에게 이렇게 선언했다. "당신이 위기에 처한다 해도 나는 도와줄 수가 없습니다. 그러니 마오쩌둥한테 모든 도움을 요청해야 합니다."[22]

전쟁 준비를 계속하면서 김일성은 마오쩌둥으로부터 남침에 대한 지원을 받기 위해 베이징으로 중대한 방문을 했다. 그와 몇 명의 부하들은 중국 수도에 5월 13일부터 16일까지 머물면서 도착 당일 저녁에 마오쩌둥과 저우언라이를 만났다. 김일성은 스탈린과 논의한 사항을 알리고 국제정세가 변해 소련 지도자가 남침 계획에 찬동했다는 점을 강조했다. 첨가해서 이제 마오쩌둥의 승인을 요청하지만 원조는 요구하지 않는다고 했다. 마오쩌둥의 대답은 김일성이 보고한 사항을 스탈린에게 검증할 필요가 있다는 것이었다. 같은 날 밤 베이징 주재 소련대사는 마오쩌둥의 요구사항을 전보로 알리면서 마무리에 이렇게 추가했다. "중국 동무들은 신속한 답변을 요구합니다." 다음날 스탈린이 보낸 답신은 믿을 수 없을 만큼 일반적인 내용이었다. "조선 동무들과의 대화에서 필리포프[스탈린의 가명]와 그의 동무들은 국제환경의 변화로 조선인들이 통일에 착수하겠다는 제안에 동의한다는 의견을 표명했다. 이와 더불어 최종 결정은 중국과 조선 동무들이 합동으로 해야 된다는 데에 합의했다. 중국 동무들이 동의하지 않을 경우 이 결정은 새로운 논의가 [이루어질 때]까지 연기되어야 한다. 조선 동무들이 대화의 상세한 내용을 귀하에게 알려줄 것이다."[23]

그런 다음 이틀에 걸쳐 마오쩌둥과 김일성, 그리고 그들의 고위 보좌관들은 남침 계획에 대해 논의했다. 김일성은 매우 일반적인 용어로 남침 계획을 묘사했다. 마오쩌둥의 답변은 조선의 통일 문제를 다루기 이전에 타이완을 해방시키고자 했다는 것이었지만, 스탈린이 조선에서 먼저 움직이도록 승인했으므로 자기의 마음을 바꿨다고 했다. 중국의 지도자는 일본이나 미국의 개입 가능성에 대해 김일성이 어떻게 생각하느냐고 물었다. 김일성의 대답은 어느 쪽도 개입할 가능성이 전혀 없다고 했다. 미국의 개입은 대단히 심각한 문제라고 천명하면서 마오쩌둥이 말하기를, 만약 미군이 전쟁에 개입하여 38선을 넘으면 중국은 적어도 3개 군이 개입할 태세가 되어 있다고 했다. 김일성은 마오쩌둥에게 지원 제안에 감사를 표했지만 그럴 필요가 없을 것이라고 확신을 주었다. 5월 15일 김일성은 그를 위해 베풀어진 만찬 시 마오쩌둥이 있는 자리에서 베이징 주재 소련대사 로신(N. V. Roshin)에게 이렇게 알렸다. "마오쩌둥 동무와의 협상은 대단히 원만하게 진행되었습니다. 마오쩌둥 동무는 해방 계획을 완전히 승인했습니다. 그는 모스크바에서 스탈린 동무와 합의한 사항을 지지했습니다."24

스탈린은 김일성의 남침 계획을 인준하고 지원하는 데 있어서 신중한 방식으로 진행했다. 그는 소련은 오직 보급품 공급과 제한적인 공군 지원을 함으로써 무력에 의한 통일 시도가 북한군에 불리하게 돌아갈 경우 소련이 직접 참전하지 않는 것을 확실하게 했다. 정반대로 마오쩌둥은 북한 침략군에 재앙이 닥칠 경우 비상예비군으로서의 자신의 역할을 별 생각 없이 받아드렸다. 비록 마오쩌둥이 스탈린의 남침 인준에 관해 김일성의 설명을 검토했다 할지라도 스탈린이 승인했다는 매우 일반적인 진술을 받고서는 더 이상 추가조사를 하지 않았다. 또한 마오쩌둥은 김일성이 남침 계획에 대한 개략적인 설명을 듣고 더 이상 묻지 않았다. 스탈린이 강력하게 주장함에 따라 마오쩌둥은 일이 잘못되면 김일성을 도와줄 백지수표를 주기로 합의했다. 이런 도박은 그해 1~2월 간 모스크바를 방문하여 성공적으로 마무리한 힘든 조약 협상의 대가였다.

김일성은 당면한 불확실성을 고려할 때 마오쩌둥보다 더 큰 내기를 벌이고 있었다. 그의 남침 계획은 남한에서 대규모 폭동이 일어나고 트루먼 행정부가 개입을 거부할 것이라는 점에 크게 의존하고 있었다. 비록 북한 군대가 남한의 상대보다 무기와 전투 경험에서 우수하다 할지라도 상당한 도전에 직면하고 있었다. 북한인민군은 훈련이 제대로 안 된 다수의 신병과 중국 내전에서 귀국한 다수의 참전 군인을 통합해야 했다. 북한군이 소지한 소총은 각양각색이라탄환도 여러 종류가 필요했다. 육군이 보유한 지상 수송은 군대의 신속한 이동을 지원하거나 남한 영토 깊숙이 내려간 부대에 보급품을 전달하는 데에 부적합했다. 설상가상으로 김일성이 스탈린을 방문해 남침 계획을 승인받고 나서 실제 공격을 감행하기까지 북한 정부와 군에게 주어진 시간은 채 3개월도 되지 않았다.[25]

3

트루먼, 미국의 참전을 굳히다

　　1949년 가을, 해리 트루먼은 한때 전도유망하던 그의 정부가 산더미 같은 문제들에 직면하고 있음을 깨달았다. 9월에 그는 미국으로서는 소중한 핵무기의 독점이 무너져버렸다는 사실을 알게 되었다. 미 공군 정찰비행기가 소련이 원자탄 실험을 성공적으로 시행한 곳으로부터 방사선 입자가 포함된 필터를 가져온 것이었다. 10월 7일 소련은 자신의 점령지역에 독일민주공화국(동독)을 창건했고, 이렇게 해서 유럽에서 대립하는 정치진영들 간의 경계선이 강화되었다. 같은 주 초 마오쩌둥과 그의 동무들은 중화인민공화국을 건립함으로써 중국 내전에서의 승리를 축하했다. 양대 공산 강국은 1950년 2월 14일 모스크바에서 중소 우호동맹 상호원조 조약을 체결해 공동의 목적을 공표했다. 미국 내에서 발생한 사건들은 행정부에 이런 도전들을 더욱 키웠다. 2월 초 경찰은 영국 물리학자 클라우스 푹스(Klaus Fuchs, 1911~1988)를 체포했다. 전쟁 기간 중 그가 맨해튼 프로젝트에 참여하는 동안 핵 스파이 행위를 했다는 혐의였다. 상원의원 조지프 R. 매카시(Joseph R. McCarthy, 1908~1957, 공화당 위스콘신)는 이런 상황을 이용하여 트루먼 행정부가 정부 내의 공산주의자들을 보호하고 있다고 공격했다. 그는 2월 9일 서부 버지니아의 휠링(Wheeling)에서 그와 같은 연설을 했다.[1]

대통령과 내각은 이런 이슈들을 제대로 처리하지 못할 형편이었다. 경제는 1949년 봄 불황에 빠지기 시작했으며, 그해 중반에 이르러 트루먼은 자기가 제안한 증세계획을 철회하고 국방비를 삭감하여 균형예산을 실현하기로 결정했다. 관계부처 위원회가 9월에 1951회계연도의 예산삭감 제안내용을 검토할 때 국무부가 주로 반대했다. 국무부 직원들은 일본과 한국의 원조자금을 유지하고 아울러 동남아와 중동 국가들에 군사 및 경제 원조를 제공하기 위해 노력했다. 같은 시기에 영국은 국제수지 위기에 처해 9월에 파운드화가 30% 평가절하되었음에도 불구하고 미국 관리들은 1952년 이후에도 영국은 워싱턴으로부터 원조를 계속 받아야 될 것으로 확신했다. 대통령과 백악관 보좌관들은 두 개의 최우선 과제를 놓고 의견이 엇갈렸다. 즉, 강력한 국가안보 태세를 유지할 것인가, 균형예산을 실현할 것인가.[2]

사정이 더욱 악화되었다. 기자들과 상원 조사관들이 행정부의 각료들과 친구들에게 제공된 일련의 선물과 특혜를 폭로했기 때문이다. 이로 인해 언론인 로버트 도노반(Robert Donovan, 1912~2003)이 '스캔들의 분위기'라고 부른 상황이 조성되었다. 비록 관련된 사항들이 상대적으로 사소한 것이었다고 할지라도 폭로가 계속됨에 따라 트루먼의 지도 능력이 떨어지고 명성이 실추되었다. 이런 분위기 속에서 공화당 의원들과 보수적인 민주당 의원들은 연대해서 대통령의 공정거래 국내 입법 프로그램을 저지하는 데 협력했다. 거기서 예외는 저소득층을 위한 주택 지원확대 법안이었다.[3]

의도하지 않은 대통령

1944년 6월, 해리 트루먼은 미주리 주 출신 상원의원으로 계속 지내다 고향인 인디펜던스에서 은퇴할 것으로 예상했다. 다음 달, 민주당 전당대회 전날 밤에 프랭클린 D. 루스벨트(Franklin D. Roosevelt, 1882~1945) 대통령이 자신의

4선을 위한 선거에 부통령 후보로 트루먼을 선택하자 다른 사람들과 마찬가지로 그 자신 또한 깜짝 놀랐다. 루스벨트는 트루먼에 대한 전국 당 지도자들과 노동조합의 강력한 지지를 고려하여 그를 선택했다. 그가 민주당과 뉴딜 입법에 대해 보인 충성과 더불어 그가 가진 굳건한 중서부적 가치 그리고 국방프로그램 조사를 위한 상원 특별위원회 위원장으로서의 강력한 업무수행 등이 그를 선택한 이유였다. 그러나 민주당 카드인 루스벨트와 트루먼이 당선된 다음 트루먼이 부통령으로 재직한 기간은 88일에 불과했다. 루스벨트가 갑자기 세상을 떠남으로써 한때 미주리 군 위원이었던 그가 1945년 4월 12일 대통령이 되었다.[4]

비록 트루먼은 가난한 농갓집 출신으로 고등학교밖에 나오지 못했다 할지라도 쾌활하고 자신감에 차 있는 정치인으로서 가식이 없고 신념이 확고했다. 그는 양쪽에 단추를 단 양복을 깔끔하게 차려입고 왼손에 커다란 프리메이슨 반지를 끼었다. 60세의 나이에도 건강상태가 좋아서 아침마다 활기차게 산보를 했다. 가정에 헌신적이었던 그는 워싱턴의 만찬 파티보다 아내 베스, 딸 마가렛과 함께 개인적으로 저녁식사 하는 것을 좋아했다. 기분전환을 위해서는 친구들과 포커를 하며 이야기하기를 즐겼는데, 그럴 때는 늘 손에 조각 얼음을 넣은 버번위스키 잔을 들고 있었다. 그가 특별히 좋아했던 것은 방문객들을 위해 피아노를 연주하는 일과 역사책을 광범위하게 읽는 일이었다. 그는 동료들과 직원들을 매우 존중하고 그들에게 아주 충성스럽게 대응해주었으며, 때에 따라 일을 제대로 수행하지 못할 때에도 그렇게 했다. 하지만 방해를 받으면 불같이 화를 내고 독설을 퍼부었다. 그는 어렵고 때에 따라서 충동적인 결정을 내리고 결과를 감수할 태세를 갖추고 있는 것으로 유명했다.[5]

트루먼은 부통령이 되기 전에 겪은 경험으로 국내 문제를 다룰 준비가 잘 되어 있었다. 그는 어린 시절을 농장에서 보냈고, 아르바이트를 몇 번 하고 고등학교를 졸업한 다음 농장으로 돌아가 아버지와 함께 일했다. 1917년 미국이 제1차 세계대전에 참전하자 미주리 주 방위군에 입대하여 장교 훈련을 받고 프랑스에서 야포 포대 포대장으로 복무했다. 그는 전쟁이 끝난 뒤에도 주 방위군에 남아 재향군인 업무를 적극적으로 수행했고, 항상 병사들과 부사관들의 용기에 큰 존경심을 보였다. 캔자스 시에서 남성의류 상점을 2년 동안 운영하다 실패한 뒤 지방정치에 참여하게 되었고, 캔자스 시 민주당 시당 위원장인 톰 펜더거스트(Tom Pendergast)의 지원을 받아 1922년 군위원에 당선되었다. 1924년에 실시된 선거에서 재선에 실패했지만 2년 뒤 펜더거스트 조직의 강력한 후원을 받아 군위원회 의장으로 선출되었다. 지방정부의 수장으로 두 차례 재임하는 동안 공공사업 프로그램을 통해 캔자스 시 지역을 재활성화하는 10개년 계획을 시행했다. 이 계획에는 군 법원의 유명한 신청사가 포함되어 있었다. 그가 주지사 또는 의회의원 출마에 관심을 표명했을 때 펜더거스트는 말리고 다른 사람들을 지원했다. 4명의 다른 상원 후보자들이 입후보하기를 거절하자 펜더거스트는 1934년 트루먼에게 관심을 보였다. 트루먼은 그를 실망시키지 않았다. 민주당 예비경선에서 2명의 후보를 물리치고, 그런 다음 공화당 현직 의원을 상대로 20% 차이로 승리했다.[6]

미국 상원에서 트루먼은 대통령의 입법 프로그램을 충성스럽게 지지했지만, 그렇다고 뉴딜 이데올로기의 신봉자가 되지는 않았다. 1940년에 그는 예비선거에서 두 명의 중요한 정치인을 어렵사리 물리쳤고, 총선에서는 공화당 경쟁자에게 2% 차이로 신승했다. 두 번째 임기 동안 활동하기 위해 워싱턴으로 돌아왔을 때 그는 전년도에 통과된 100억 달러가 넘는 거대한 국방예산이 흥청망청 소모되고 있는 가운데 중소기업가들에게는 연방계약을 딸 적절한 기회조차 주어지지 않는다는 점에 지대한 관심을 갖게 되었다. 그가 연설을 하고 로비를 벌인 결과, 트루먼 위원회라는 특별위원회가 창설되어 전쟁 동원 프로그램을 조사하게 되었다. 이 위원회의 활동으로 트루먼은 국민적인 관심을 받게 되었다. 예컨대 그는 1943년 3월 ≪타임≫의 커버스토리에 등장하고 1944년 5월 ≪루크≫의 10대 유명 워싱턴 공직자 명단에 올랐다. 이렇게 트루먼이 새로운 명사로 떠오르자 루스벨트는 부통령 후보로 그를 지명했다. 하지만 그가 부통령으로 3개월 간 재직하는 동안 대통령과는 접촉이 별로 없었다. 그는 1945년 2월에 개최된 얄타회담에서 아무런 역할이 없었으며, 원자탄 개발 프로젝트에 대해서도 아는 바가 없었다.[7]

트루먼은 외교 경험이 전혀 없었음에도 각종 국제 위기들이 그의 첫 대통령 임기 4년 동안 가장 중요한 특징이 되었다는 것은 대단히 역설적이다. 그는 취임 3개월 만에 첫 시험대에 올랐다. 포츠담회담에 참가하여 스탈린, 처칠과 함께 독일 점령, 배상 문제, 폴란드 국경, 과거 나치 동맹국이었던 이탈리아, 헝가리, 불가리아, 루마니아의 지위 등에 대해 협상을 해야 했다. 처칠과 스탈린은 전쟁을 수행하는 기간 동안 자국의 동원과 전략을 이끌었으며, 수많은 계기를 통해 상호간 협상을 해온 처지였다. 트루먼은 대통령으로서의 업무로 보나 국제 문제로 보나 경험 없는 신출내기였다. 사정을 더욱 복잡하게 만든 것은 회담을 시작할 때 스탈린이 이제 겨우 한 나라와 정부의 수장이 된 트루먼에게 회담의 진행을 주재해달라고 부탁한 것이었다. 회의는 1945년 7월 17일 시작해서 17일 동안 계속되었다.

협상은 난항이었지만 트루먼은 자신의 위치를 고수했다. 오랫동안 예상되어온 원폭실험이 뉴멕시코 앨라모고도에서 크게 성공했다는 소식이 회담 시작 전날 전해지면서 그의 입장은 강화되었다. 트루먼은 소련과 협력을 지속할 의욕을 갖고 회담에 임했다. 그는 스탈린을 좋아했다. 스탈린은 다정다감하다는 것을 효과적으로 보여주고 심지어 사회적 사건들에 대해 농담을 하기도 했지만, 배상 문제와 중부 및 동부 유럽 국가들에 대한 지배 문제에서는 사무적이고 양보하지 않았다. 미국의 관점에서 볼 때 독일 점령 조건에 대해서는 약간의 진척을 이루었으며, 트루먼은 스탈린으로부터 일본과의 전쟁에 조기에 참가하겠다는 약속을 쉽게 얻어냈다. 하지만 여타 쟁점에 있어서는 소련의 입장이 우세했으며, 그렇지 않으면 각료회의에서 해당 문제를 계속 논의한다는 약속으로 합의 실패가 호도되었다. 회담 마지막 주간의 전체회의에서 트루먼은 우연히 스탈린에게 미국이 대단한 파괴력을 가진 신무기를 갖게 되었으며, 그

무기로 전쟁을 끝낼 수 있기를 희망한다고 알렸다. 소련 독재자는 놀라지도 않고 아무런 질문도 하지 않았다. 그저 그것은 좋은 소식이며 미국이 그 신무기로 긍정적인 결과를 거두기를 바란다고 말했을 뿐이다.[8]

트루먼은 모스크바와 협력을 어느 정도 지속하려 했지만 그런 희망은 8월 15일 일본이 항복한 이후 곧 증발하기 시작했다. 거의 즉시 독일 점령에서 한정된 자원을 할당하는 문제가 불거졌고, 워싱턴의 관리들은 모스크바가 중부 및 동부 유럽에서 자유선거를 실시하기로 한 얄타회담의 약속을 지키지 않으려는 증거가 늘어나는 것을 보았다. 1946년 2월 당시 미국의 모스크바 주재 고위 외교관이던 조지 F. 케넌(George F. Kennan, 1904~2005)은 국무부에 보낸 유명한 '긴 전보(long telegram)'에서 '확장 지향의 전체주의 정권'으로서 소련이 갖고 있던 국제정책 배후의 동기들을 설명했다. 그는 소련 권력에 대한 봉쇄정책을 꾸준히 일관되게 추진할 것을 요청했다. 중부와 동부 유럽에서 공산주의자들은 연립정부로부터 권력을 인수하기 시작했으며, 소련의 압력으로 인해 그리스, 터키와 함께 이란의 안정이 위협을 받았다. 1946년 봄까지 핵심적인 미국 관리들은 소련을 유럽과 중동에서의 주적(主敵)이자 많은 문제의 근원이라고 보게 되었고, 그해 가을에 와서 이런 태도는 전반적인 동의를 얻었으며 이렇게 해서 냉전(Cold War)이 시작되었다.[9]

소련이 그리스와 터키를 계속 위협하고 영국이 이들 정부에 대한 경제 및 군사원조를 지속할 수 없다고 발표했을 때, 1947년 3월 12일 워싱턴은 트루먼 독트린으로 알려진 대담한 조치를 발표했다. 대통령은 이 중대한 연설에서 미국은 "무장한 소수집단이나 외부 압력에 의한 지배 시도에 저항하는 자유민을 지원할 것"이라고 천명하고 경제 및 군사 원조로 4억 달러를 요청했다. 5월 15일 의회는 압도적 다수의 찬성으로 이 예산안을 승인했다. 이 전례 없는 평화 시 약속에 곧이어 유럽의 경제회복을 자극하고 지역 협력을 권장하는 마셜 플랜과 브뤼셀 협정, 즉 영국, 프랑스 및 베네룩스 3국(벨기에, 네덜란드, 룩셈부르크)의 방위동맹에 대한 행정부와 상원의 지원도 곧 나타났다. 베를린의 3개 서방 점령지역에 대한 소련의 압력으로 1948년 6월 이 도시에 대한 모든 지상 접근이 봉쇄되자 미국은 이 옛 독일 수도에 식량과 보급물자를 제공하기 위해 대량 공수로 대응했다. 1948년 늦여름까지 트루먼은 유럽과 중동에서 소련의 도전에 대응하기 위해 전망이 극히 밝은 일련의 프로그램에 착수했지만 국내에서의 재선 가도에 버거운 역경에 직면했다.[10]

트루먼 대통령이 노동절에 공식 선거운동을 시작했을 때 재선 가능성은 암울해 보였다. 민주당 대회가 열렸으며 트루먼을 당 대선 후보에서 밀어내려는 시도를 극복하고 살아남았다. 그러나 민주당 활동가들은 진보당으로 분열되어 전 상무장관 헨리 A. 월러스(Henry A. Wallace, 1888~1965)를 대통령 후보로 지명하는 한편, 보수적인 남부 파벌은 사우스캐롤라이나 주지사 스트롬 서먼드(Strom Thurmond, 1902~2003)를 주권(州權, States' Right) 민주당('Dixiecrat')의 후보로 내세웠다. 설상가상으로 대부분의 정치분석가들은 대통령의 주요 적수 ― 공화당 지명자인 뉴욕주지사 토마스 E. 듀이(Thomas E. Dewey, 1902~1971) ― 가 압승할 것이라고 내다봤다. 8월 말 일간지 편집자들을 대상으로 한 조사에 의하면 65%가 듀이를 지지하고 트루먼 지지자들은 15%에 불과했다. 뛰어난 여론조사 전문가 조지 갤럽(George Gallap, 1901~1984)은 '결과가 기정사실'인데 공화당이 무엇 때문에 광고비를 지출하겠느냐고 의문을 제기했다. 또 다른 존경받는 여론전문가인 엘모 로퍼(Elmo Roper, 1900~1971)는 9월 이후 대통령 여론조사 결과를 발표하지 않았다. 왜냐하면 듀이가 '당선이 확실시되기' 때문이었다.[11]

트루먼은 상하 양원의 다수당인 공화당에 대한 공격에 집중했다. 그는 7월 말 인플레이션과 경제 문제를 다룰 특별회의를 개최할 것을 의회에 요청했다. 그리고 그가 6월에 '초당적' 철도여행이라고 정의한 메시지 일부를 사용했다. 상하원 합동회의에서 행한 연설에서 대통령은 공화당 강령 중의 몇 가지 약속과 아울러 인플레 억제와 주택 부족 완화책 같은 경제조치를 신속하게 취해줄 것을 의회에 요청했다. 의회가 소비자 신용 제한의 회복과 연방 발행 모기지의

그림 3.1 재선을 위한 지방순회 연설 중에 해리 S. 트루먼 대통령이 1949년 6월 15일 뉴멕시코 주 갤럽에서 조 디어푸트 추장으로부터 나바호족의 담요를 선물로 받고 있다. 자료: 트루먼 도서관

조건 완화에 관한 별로 의미 없는 의안 2건만 통과시키자 트루먼은 특권 엘리트들의 이익만 챙긴다고 의회를 맹비난했다. 그런 다음 그는 '아무 일도 하지 않는' 제80회 정기의회에 대한 공격의 수위를 높였다. 10월 말 선거운동 막바지에 대통령은 공화당 후보와 의회에 대한 통렬한 공격을 가했다. 로버트 도노반에 의하면 트루먼은 듀이를 "미국의 민주주의를 파괴할 파시스트적 요소를 위해 간판 구실을 할 사람"으로 비유하면서 "제80회 정기의회는 국가의 장래를 위해 다른 어느 회기의 의회도 하지 못했던 일을 했다"고 말했다고 인용했

다. 그런 다음 그는 이렇게 비난했다. "좋습니다. 의회가 일을 했다고 칩시다. 민간권력의 로비를 위해 일을 했지요. 대석유회사의 로비를 위해 일했습니다. 철도 로비를 위해 일했습니다. 부동산 로비를 위해 일했습니다. … 공화당 지도자들은 대기업이 이 나라의 자원과 미국 국민의 권리에 대해 점점 더 통제를 강화해가도록 해줄 준비가 되어 있습니다"(그림 3.1 참조).

그럼에도 불구하고 선거 전날 밤 사실상 모든 정치평론가들과 전문가들은 듀이의 승리를 예상했다. 갤럽의 최종 여론조사는 공화당 후보가 5% 앞서는 것으로 나타났다. 트루먼은 50명의 주요 언론인을 조사한 결과를 머리기사로 보도한 ≪뉴스위크≫를 갖고 있던 클라크 클리포드(Clark Clifford, 1906~1998) 특별보좌역을 멈춰 세웠다. 그 50명 모두가 현직 대통령이 틀림없이 패할 것으로 믿고 있었다. 기사를 재빨리 정독하고 나서 트루먼은 이렇게 말했다. "나는 이들 50명 하나하나를 다 알고 있다네. 그들 중에 어느 누구 하나 머리 좋은 친구가 없지." 선거일이 다가오는 가운데 대통령은 여전히 확신을 갖고 거침이 없었다.[12]

해리 트루먼이 선거인단에서 완승을 거두자 거의 모든 사람들이 놀라자빠졌다. 선거인단 투표에서 트루먼이 303표, 듀이가 189표, 서몬드가 39표를 획득했고 월러스는 단 한 표도 얻지 못했다. 하지만 투표 결과는 선거인단 차이가 보여준 것보다 훨씬 근접했다. 유권자의 51%만 투표에 참가했고, 승리를 확신한 공화당원들은 다수가 투표하지 않고 집에 머물렀다. 일반투표에서 서몬드와 월러스 쪽으로 전향한 사람들 때문에 트루먼은 49%밖에 획득하지 못한 반면, 듀이는 45%를 차지했다. 3개 주 ─ 오하이오, 일리노이, 캘리포니아 ─ 에서 소수의 유권자들이 돌아서기만 했어도 듀이가 승리할 수 있었을 것이라는 분석도 있다. 트루먼은 남부의 민주당원과 북부의 진보주의자들을 상실했음에도 불구하고 루스벨트의 뉴딜 연합세력을 충분히 붙잡아놓을 수 있었다. 여론조사 전문가들은 선거운동 막판에 농민들의 표가 트루먼 쪽으로 이동한 것을 놓쳤으며, 중서부와 서부가 대통령선거를 이끌었다. 달콤한 대통령선거 승리에 더하여 민주당은 상하 양원을 장악했다. 그렇지만 의회와의 갈등 징조는 여전했다. 왜냐하면 소수 공화당 의원들은 당연히 자기들이 승리할 줄 알았는데 그렇게 되지 않았다고 생각했기 때문이다.[13]

산적한 국제 및 재정 문제

판세를 뒤집고 선거에 승리한 희열이 가라앉기 시작하자 트루먼은 두 번째 대통령 임기를 시작하면서 어려운 선택에 직면했다. 전 세계적으로 소련공산당을 봉쇄하는 동시에 새로운 입법 프로그램을 도입하면서 균형예산을 유지하기 바랐다. 이런 우선 사업들을 추진하자면 연간 국방비 지출이 150억 달러 이내로 철저하게 제한되어야 했다. 군부 지도자들은 1950회계연도(FY)의 지출한도를 늘리도록 압력을 가했다. 대통령이 정한 한도를 초월한 증액을 정당화하기 위한 시도로 국방장관 제임스 V. 포레스탈(James V. Forrestal, 1892~1949)은 대소련 정책의 새로운 평가를 요구했다. 매파인 국방장관은 공산당의 위협으로 인해 대통령이 돈주머니가 느슨해지기를 바랐다. 대선 직후 국가안전보장회의(National Security Council, NSC)는 포레스탈이 원했던 보고서를 완성했다. 이 위원회에서 NSC 보고서 20/4를 검토했고, 대통령은 1948년 11월 24일 이를 승인했다. 이 보고서에 의하면 미국 정책의 목표는 소련의 유라시아 지배를 저지하는 것이었다. 그렇게 하자면 "소련의 힘과 영향력이 더 이상 세계 국가들의 평화, 국가적 독립과 안정에 위협이 되지 않는 한도로" 축소되어야 했다. 이 보고서는 정책의 우선순위, 추구할 전술, 또는 국제공산주의 진영 내부의 분열 전망 등 상세한 내용을 제공하지 않았다. NSC 20/4의 수사는 대통령이 정한 한계를 넘어 국방비를 증액할 근거를 제공할 수 있었다. 그러나 포레스탈이 1950회계연도의 국방예산안을 두 가지 — 첫째는 한도액 범위 안에 들어오는 총 144억 달러의 안이었고, 둘째는 그가 개인적으로 추천하는 것으로서 169억 달러의 안이었다 — 로 제시했을 때 트루먼은 즉각 적은 액수의 안을 채택했다. 사실 대통령은 균형예산을 굳게 지키려 했으며 예산의 상세한 내역에는 세심하게 주의를 기울였지만 국가안보정책의 기본요소들에는 별 관심이 없었다. 이런 결정을 평가하면서 멜빈 레플러(Melvyn Leffler)가 내린 결론은 이렇다. "그와 같이 동시에 트루먼은 포레스탈의 예산안에 퇴자를 놓으면서 NSC 20/4를 승인함으로써 수단과 목표 사이의 격차를 영속화시켰다. 앞으로 이 격차는 그의 외교정책을 궁지에 빠뜨릴 뿐만 아니라 국내 야당의 손에 놀아나게 되었다. 야당의 증오는 1948년 패배의 상처를 핥으면서 비등하고 있었다."[14]

딘 애치슨은 트루먼의 두 번째 임기 중 1949년 1월 국무장관으로 복귀했을 때 다시 한 번 서유럽의 긴급한 현안들에 봉착했다. 애치슨을 포함해 거의 모든 고위 외교관들과 군사지도자들은 미국의 국제정책에서 서부 유럽의 안보와 안정이 최우선 과제라는 데 의견이 일치했다. 새로 부임한 국무장관은 의회에 처음 출석해서 외교위원회에서 '서부 유럽은 세계의 쐐기돌'이라고 천명했다. 행정부 관리들은 마셜 플랜의 원조 및 지도와 더불어 유럽 경제가 소생하는 것을 보고 기뻐했다. — 하지만 당시 도전은 안보 분야에 놓여 있었다. 이는 소련의 지속적인 베를린 봉쇄에 반영되어 있었다. 애치슨과 그의 고위 보좌관들은 독일을 서부 유럽 안정의 주춧돌로 보았으며, 베를린의 3개 서방국가 점령지역이 점령이 끝나기에 앞서 대서양 기구로 통합될 필요가 있음을 인식하고 있었다. 이런 목표를 달성하는 데 있어서의 도전과제는 프랑스가 부활한 독일의 위협에 대한 뿌리 깊은 안보 우려를 떨쳐내도록 설득하는 데에 달려 있었다. 1948년 겨울과 다음 해 봄 내내 베를린 공수가 지속되는 가운데 미국과 캐나다를 브뤼셀 조약 회원국들과 연계시키는 방위동맹을 창설하기 위한 협상이 진전을 보였다. 미국 관리들은 후기 단계에서 이 동맹에 서독 정부를 포함시킬 것을 기대했다.

애치슨은 협상을 하면서 프랑스 외무장관 로베르 쉬망(Robert Schuman, 1886~1963)이 독일과 화해하고 베를린의 서방 지대를 민주진영으로 통합해야 할 필요성에 대해 의견을 같이하고 있음을 알고 매우 기뻤다. 프랑스 외무장관이 대서양동맹과 서독 정부의 독립을 지원하기 위해 동료들을 설득하는 데 도움이 되도록 애치슨은 프랑스에 두 가지 큰 양보를 했다. 즉, 이웃 국가인 이탈리아를 동맹에 포함시키고(트루먼은 초기에 반대한 조치), 프랑스와 유럽 군대의 증강을 지원하기 위한 군사원조 계획을 통과시키도록 의회에 압력을 가했다. 후일 애치슨은 쉬망을 협상 파트너로 가졌던 것이 "장기적으로 나타난 최대의 행운 중 하나"[15]였다고 언명했다.

　서방의 동맹을 형성하기 위한 회담이 진전됨에 따라 미국 외교관들은 베를린 봉쇄를 풀기 위한 협상에 관심이 있음을 표명하는 모스크바의 신호를 알아차렸다. 회담이 시작되었을 때 소련은 봉쇄를 해제하는 조건으로 서독 정부의 수립을 중단하거나 적어도 지연시키는 거래를 원하고 있음이 조기에 분명해졌다. 미국 관리들의 주장에 의하면, 동맹국들이 소련 지대에 대해 취한 무역 대응 봉쇄가 소련이 서방 열강에 대해 취한 조치보다 경제적·정치적으로 타격이 더 컸다. 그리고 미국 관리들은 영국과 프랑스 정부를 설득해 독일의 미래 지위와 연결시키지 않고 소련의 봉쇄를 우선 종식시킬 것을 주장하는 데 합류하도록 했다. 또한 서방국가들은 4월 4일 북대서양조약을 체결하는 데에까지 나아갔으며, 서독 정부 수립을 위한 회담을 계속했다. 소련은 5월 12일 봉쇄를 끝냈다. 서방 3개국 점령지역을 대표하는 독일 의회위원회는 5월 8일 기본법을 승인했고, 이 법은 주 의회들의 인준을 받아 5월 23일 발효되었다.

　선거가 실시된 뒤 9월 21일 독일연방공화국이 건립되었다. 초대 총리는 콘라트 아데나워였다. 북대서양조약이 인준되자 트루먼 대통령은 상호방위원조 계획을 위한 법안을 의회에 제출했다. 이 법안은 열띤 토론을 거쳐 통과되었다. 10월 6일 대통령은 동맹국과 우방국에 대한 13억 달러의 군사원조를 승인하는 법안에 서명했다. 1949년 10월 중반까지 미국의 대(對)서부유럽 정책은 장족의 발전을 이루었다. 방위동맹이 구축되고, 새 서독 정부가 수립되었으며, 마셜 플랜 원조가 유럽의 협력과 경제회복을 촉진했고, 유럽의 방위를 강화하

기 위해 새로운 군사원조계획이 승인을 받았다.[16]

새로운 아시아 정책의 형성

아시아에서 트루먼 행정부는 유럽에서보다 훨씬 전망이 밝지 않은 상황에 맞닥뜨렸다. 딘 애치슨이 국무장관으로 정부에 복귀했을 때 중국의 국민당 정부는 붕괴 직전의 상황이었다. 그 이전에 조지 C. 마셜 장군은 중국에 13개월 체류하면서 상황을 평가하고 장제스에게 개혁을 촉구했다. 마셜이 1945년 12월 20일 중국에 도착했을 때에는 희망을 가질 만한 이유가 있었다. 하지만 논의와 협상이 진행되는 과정 속에서 자신이 제안을 해도 장제스가 거부하고 국민당 장성들의 부패는 늘어나며 군대의 무능력까지 겹치자 마셜은 대단히 화가 났다. 이런 추세는 마셜이 국무장관으로 재직한 1947년에서 1949년까지 악화일로였다. 1949년 초 그의 후임자와 국무부의 아시아 전문가들은 모두 국민당이 패배할 수밖에 없다는 데 의견의 일치를 보았다. 하지만 목소리가 크고 자금이 풍부한 중국 로비가 반공활동가들의 지원을 받아 압력을 키워갔기 때문에 행정부는 국민당 정부를 위해 공표된 지원 정책을 계속 추구하지 않을 수 없었다. 다만, 의회의 입법조건 내에서 가능한 범위 내로 원조를 제한했을 뿐이다. 애치슨과 그의 중국 문제 보좌관들은 중국공산당을 지원하는 쐐기 전략을 고려하기까지 했다. 이는 소련에 대한 의존도가 높은 중국공산당을 떼어내려는 희망으로 고려했던 것이었다. 그러나 행정부는 의회의 공격이 더욱 거세질 것이라는 두려움과 공산 이데올로기에 대한 근본적인 반대로 인해 이런 유망한 정책 선택지를 진지하게 추구하지 못했다.[17]

어느 누가 봐도 국민당 정부의 붕괴가 명백해지자 국무부는 대중국 정책의 정당성을 집대성하는 데 전력투구했다. 『중국백서』로 알려진 거대한 조사보고서는 1949년 8월 5일 발표되었다. 400쪽에 달하는 서술과 600쪽의 문서를 통해 이 보고서는 국민당 정부의 종말은 중국인의 실수와 부패에 기인한 것이었으며, 미국이 과거에 시행했거나 할 수 있었던 어떠한 행동도 이런 패배를 저지하지 못했을 것이라고 주장했다. 『중국백서』는 여론에 거의 아무런 영향을 미치지 못했지만 애치슨이 보고서에 딸려 보낸 서신은 그의 비판자들에게 총알을 제공했다. 두 개의 핵심적인 문장에서 그는 소련의 영향에 맞서 중국 민족주의를 이용해야 된다는 초기의 생각을 버리고 다음과 같이 언명했다. "중국의 심장은 공산주의자의 손 안에 있다. 공산당 지도자들은 중국의 유산을 포기하고 공개적으로 외국 열강인 러시아에 굴종한다고 공표했다." 국민당 정부의 실패는 트루먼 행정부의 반대 세력을 상호간 더욱 긴밀하게 결속시켰으며, 중국 로비는 국무부와 대통령이 자기들의 영웅 장제스를 버림으로써 반역죄를 범했다고 비난했다.[18]

워싱턴의 정책입안가들은 자기들이 중국에 대해 부여했던 우선순위를 대폭 낮춘 반면 그들의 희망을 일본으로 옮겨갔다. 공산주의자들이 극동에서 더욱 세력을 팽창하지 못하도록 하는 광범위한 목표 안에서 중심 기둥은 일본의 부활한 산업력을 미국에 연결시키는 것이었다. 조지 케넌부터 CIA의 고위 분석가들과 도쿄 주재 연합군 최고사령관 더글러스 맥아더 장군에 이르기까지 관리들은 일본이 아시아 전략 통제의 열쇠라는 데 의견이 일치했다. 국무부와 국방부로부터 경제 및 민사 업무의 지원을 받은 맥아더 점령군은 일본의 산업을 재건하고, 끈질긴 공산주의 운동을 억제하며, 일본의 미국 원조 의존도를 줄이기 위해 원자재와 식량의 공급원을 찾는 작업을 했다.[19]

일본 중심 정책의 가장 중요한 요소는 원자재의 필수적인 공급처이고 일본 제조상품 수출의 잠재적인 소비처인 동남아에서 공산 세력의 확장을 저지하는 것이었다. 동남아의 모든 국가들은 일본이 침략하여 무자비하게 점령하기 전에는 유럽의 식민지였으며, 1940년대 말 각국에서는 상당한 수의 공산주의자들을 포함한 민족주의 운동이 일어났다. 중국에서와 마찬가지로 이 나라들에서도 국무부는 공산주의자의 영향을 줄이는 정책을 수립했다. 민족주의 운동이 개입되었을 때는 독립을 달성하는 도상에 나타난 비공산주의 민족주의자들의 이익을 무시하기까지 했다. 베트남에서 미국은 프랑스를 지원해 명목상 독립된 비공산주의 정부를 수립하게 하고 파리가 군사 및 외교 정책의 통제권을 유지하도록 했다. 중국에서 공산당이 승리하고 동남아에 화교가 대단히 많다는 점은 워싱턴의 정책결정을 더욱 복잡하게 만들었다.[20]

1949년 초 미국 관리들은 남한의 안보 상황에 대한 논의에 휩쓸려 들어갔다. 국가안전보장회의는 1948년 4월 모든 전투 병력을 그해 말까지 남한에서 철수하기로 결정했다. 그 날짜가 되자 국무부는 8,000명의 증강된 연대 병력을 유지해야 한다고 주장해서 실제로 그렇게 했다. 이런 결정을 검토하면서 CIA의 비망록은 이 연대가 남한에 계속 주둔해야 한다고 주장하고, 모든 전투 병력이 남한에서 철수하면 "아마도 조만간 남침이 있을 것이며 그 시기에 남한에서 공산주의자들이 주도하는 폭동이 동시에 일어날 것"이라고 선견지명 있는 전망을 내놓았다. 맥아더 장군의 지원을 받은 육군 참모본부는 이와 같은 건의에 반대하면서 남한군은 북한의 침략을 방어하는 데 적절하며 중국이나 소련이 남침을 지원할 것이라는 증거는 없다고 주장했다.

트루먼 행정부의 기본적인 평가는 남한 안보에 대한 최대 위협은 걷잡을 수 없는 인플레, 부정부패 및 정치적 내분이라는 것이었다. 핵심적인 관리들은 북한의 남침을 두려워하지 않았다. 그들이 두려워한 것은 남한의 이승만 대통령이 내부의 문제로부터 주의를 돌리기 위해 북한을 공격하고 북침이 성공하도록 미국에 원조를 요청할지도 모른다는 것이었다. 이 대통령이 중무기로 무장한 군대를 증강하고 미국이 남한의 방어를 공개적으로 약속해야 된다고 호소하고 로비를 했음에도 불구하고 행정부는 모든 전투 병력을 6월 말까지 철수하기로 결정했다. 그 대신 500명의 군사고문단이 남한 군대의 방어 훈련을 완료하도록 되어 있었다. 남한에 대한 미국의 지원은 주로 경제를 강화하는 것이었다. 이런 정책들은 NSC 보고서 8/2에 체계적으로 정리되어 있으며, 이 보고서는 3월 22일 대통령의 승인을 받았다. 미국의 남한 점령은 1949년 6월 29일

모든 잔여 전투 병력이 철수하면서 종료되었다.[21]

예산 압력으로 개입 축소를 강요받다

트루먼이 중국 국민당 정부와 남한에 대한 개입을 제한하기로 결정하게 만든 배후의 강력한 요인은 1949년 봄 경기의 급강하였다. 4월에 예산실장 프랭크 페이스(Frank Pace)는 대통령에게 만약 현재와 같은 지출 수준이 유지된다면 불황으로 인해 향후 4년 동안 연방정부의 적자가 연간 40억 달러 내지 80억 달러에 이를 것이라고 보고했다. 추가 분석을 실시한 다음 대통령은 모든 정부기관에 예산 삭감 가능성을 통보하면서, 국방장관에게는 1951회계연도의 새로운 지출한도는 130억 달러라고 알려주었다. 비용 삭감은 물론 당해 연도에도 적용될 처지였다. 국방부에서 군부 최고위 지휘관들은 1월부터 예산요구액을 150억 달러 한도 내에서 제출하기 위해 내부 투쟁을 벌이고 있었다. 그런 마당에 이번 대통령의 지침은 아주 반갑지 않은 뉴스였다. 그러나 대통령은 3월에 루이스 존슨(Louis Johnson, 1891~1966)을 국방장관으로 임명하고 비용을 삭감하라는 명령을 내렸으며, 의회는 이 장관에게 해당 부처 예산을 수립할 수 있는 새로운 포괄적인 권한을 부여하는 법안의 초안을 고려하고 있었다. 그 결과 군부의 최고위 간부들은 더욱 낮아진 새 한도에 대해 공개적으로는 항의하지 못했지만 모든 고급장교들은 향후 수년 동안 장비와 작전을 위한 자금이 매우 빠듯할 것임을 깨닫게 되었다.[22]

트루먼은 최근의 정보 분석을 근거로 군비를 삭감해도 국가안보를 위험에 빠트리지 않을 것임을 확신했다. 분석의 결론은 소련이 산업을 재건하고 군대를 증강해야 하기 때문에 적어도 몇 년 동안은 미국과 전쟁을 벌일 가능성이 없다는 것이었다. 비록 모스크바가 1948년에 군비를 크게 늘렸다고 해도 그 군대는 주로 유럽에서의 지상전을 위한 장비를 갖추었다. 소련 공군은 실질적인 장거리 폭격기를 보유하지 않았으며, 지상군에 대한 전술 지원을 제공할 수 있을 뿐이었다. 해군은 주로 잠수함에 집중했지만 건조가 불량하여 수중에서 쉽게 탐색되었으며, 경험이 없는 선원들로 인력이 채워져 있었다. 더욱 심각한 문제는, 미국의 정보전문가들이 지적한 바에 의하면 소련의 산업과 사회간접자본에 심각한 제약이 있다는 것이었다. 유류와 기계 공구 부문은 현대 군수산업을 지원하기에 적합하지 않았으며, 전자 및 여타 기술 부문은 서방에 비해 극히 열등했다. 미국이 우수한 장거리 공격 능력, 더욱 강력한 산업 기반과 원자무기의 독점을 보유하는 한 트루먼과 그의 보좌관들은 미국이 여전히 안전하다고 믿었다.[23]

지출 삭감이 시행되기에 앞서, 그리고 동아시아에 대한 정책 우선순위가 공개적으로 발표되기 이전에 국방장관 루이스 존슨은 국무부가 중국 국민당 정부로부터 손을 떼는 정책을 공격했다. 중국 로비와 많은 견해를 공유하면서 존슨은 한동안 행정부의 중국 정책에 대해 공개적으로 비판했다. 정책토론 재개의 한 가지 수단으로서 그는 국가안전보장회의 참모진에 아시아 공산주의의 봉쇄를 위한 '종합계획'의 초안 작성을 요구했다. 새로운 보고서의 표현을 놓고 관료적 싸움이 전개되자 국방장관과 합동참모본부는 상호 국방원조 프로그램(Mutual Defense Assistance Program, MDAP)의 일정 부분에 대한 통제권을 확보하는 쪽으로 목표를 바꾸었다. 이 프로그램은 중국 본토와 바다에서 공산당과 계속 싸우다가 대부분 타이완 섬으로 밀려난 중국 국민당을 지원하는 것이었다. 국방부가 확보하려는 자금은 MDAP법 303조에 포함되어 있었다. 이 법은 대통령이 자유재량으로 '중국의 일반 분야'에서 활동할 목적으로 7,500만 달러를 사용할 수 있는 권한을 부여했다. '303자금'으로 알려지게 된 것을 만들어낸 이 조항이 대부분 유럽에 대한 군사원조에 할애되어 있던 법안에 추가된 것은 중국 로비의 지도적 인물이었던 윌리엄 노랜드(William Knowland, 1908~1974) 상원의원에 대한 일종의 양보였다. 이는 전체 법안을 위해 그와 그의 동료들의 지지를 받을 필요가 있었기 때문이다.

대통령과 국무부는 타이완의 방어나 중국 본토에서의 비밀활동을 위해 303 자금을 사용할 생각이 전혀 없었다. 그러나 국방부는 NSC 보고서 48로 지정된 NSC 서류가 303자금의 대부분을 중국 내 공산당의 지배강화를 저지하기 위한 공개 및 비밀 활동 프로그램에 사용할 것을 승인하도록 힘을 합쳐 추진했다. 이런 노력이 실패했을 때 합동참모본부는 12월에 접근방법을 바꿔 맥아더 장군의 지원을 이용해 303자금 대부분을 타이완 보호에 사용할 것을 요구했다. 국무부는 이런 책략도 저지하는 데 성공했다. 결과적으로 NSC 48/2는 중국, 한국, 역내 교역, 그리고 동남아 원조 등의 정책을 전반적으로 수정하는 것이었다. 이 문서의 중요하고도 새로운 차원은 지역 국가들이 공산주의의 확산을 저지하기 위해 내부의 안전보장을 강화하는 것을 지원하는 개입에 있었다. 이런 개입은 303자금의 이용 가능성과 더불어 아시아에 대한 봉쇄를 확장해갈 수 있는 기초를 놓았다. 트루먼 대통령은 1949년 12월 30일 그런 정책문건들에 대해 논의하는 NSC 회의에 이례적으로 참석하고 NSC 48/2를 결재했다.[24]

NSC 48/2의 승인으로 국민당 정부에 대한 지원과 타이완의 방위를 위한 행정부 내의 논의는 잠정적으로 해결되었는지 모르지만, 트루먼과 국무부에는 유감스럽게도 이런 결정은 이 문제에 대한 중국 로비와 공화당 지도자들 다수의 공격을 강화시켰을 뿐이다. 로버트 A. 태프트(Robert A. Taft, 1889~1953) 상원의원과 허버트 후버(Herbert Hoover, 1874~1964) 전 대통령으로부터 공산당이 타이완을 장악하지 못하도록 미국 해군을 이용하자는, 귀에 거슬리는 제안은 국민당 정부의 통상적인 지지자들로부터 동의를 받았다. 공화당의 공격과 허위진술에 대응하여 트루먼 대통령은 1950년 1월 5일 언론보도문을 발표해서 미국은 카이로 및 포츠담 회담에서 타이완을 중국에 돌려주기로 제2차 세계대전 동맹국들과 맺은 약속을 지킬 것이라고 언명했다. 그는 계속해서 "미국 정부는 중국의 내전 상황에 개입하는 과정을 추구하지 않을 것이다. 이와 유사하게 미국 정부는 타이완의 중국군에게 군사원조나 자문을 제공하지 않을 것이다"라고 말했다.[25]

언론과 의회 청문회에서 비판이 계속되는 가운데 애치슨은 1월 12일 내셔널 프레스클럽 오찬에서 행정부의 새로운 아시아 정책에 관해 종합적인 대중 방어 연설을 했다. 이 국무장관이 행한 연설 가운데 가장 논란이 많았던 부분은 서부 태평양에서의 방위경계선이 알류샨 열도에서 일본과 오키나와를 거쳐 필리핀에 이르도록 그어졌다는 점이었다. 거기에는 타이완이나 남한이 포함되지 않았다는 것이 주목할 만하다. 그는 아시아 국민이 식민주의와 외국의 지배로부터 최근 찾게 된 자유를 유지하기 위한 욕구의 맥락에서 방위경계선에 대해 발언했다. 그의 주장에 의하면, 이 지역 내에서 미국은 일본의 군사적인 안전보장에 관해 '직접적인 책임(direct responsibility)'을 지고 있으며, 남한에 대해서는 '정도는 낮지만 동일한 일(the same thing to a lesser degree)'을 책임진다는 것이었다. 만약 공격이 언급된 경계선 밖에서 일어난다면 대중적 저항이 유엔헌장의 조건하에서 문명세계의 원조를 받을 것이다. 타이완과 남한이 제외된 것은 이미 널리 알려져 있었기 때문에 당시 언론보도에서 주목되지 않았다. 남한 대사만이 특별논평을 통해 애치슨 장관이 자기 나라를 지지해준 데 대한 이승만 대통령과 국회의 감사의 뜻을 밝혔다. 맥아더 장군이 1949년 3월의 한 연설에서 정확하게 똑같은 용어로 방위경계선을 기술한 것은 주목할 만한 가치가 있다. 그의 연설은 국민당 중국과 남한으로부터 부정적인 논평을 받지 않았다. 애치슨의 방위경계선 연설은 북한의 남침이 있은 후에야 큰 논란거리가 되었다. 당시 공화당에서는 국무장관이 공산주의자들이 남한을 침략하도록 청신호를 보냈다고 주장했다.[26]

애치슨의 대소 정책 연설이 갖는 영향에 대한 공화당의 비난은 상당히 빗나간 것이었다. 애치슨이 내셔널 프레스클럽에서 연설을 하고 있을 때 스탈린과 마오쩌둥은 동맹과 경제원조 조약을 협상하고 있었다. 그들은 이 연설의 내용을 신속하게 들었다. 스탈린이 보인 반응은 소련이 중국공산당을 지배하기 위해 제국주의적 정책을 추구하고 있다는 애치슨의 암시에 대해 소련과 중국이 동등하게 반박하도록 정리한 것이었다. 여하튼 소련 지도층은 트루먼과 애치슨이 공개적으로 언급하기 이전에 자국의 스파이망 활동을 통해 미국의 대아시아 정책의 변화를 알고 있었음이 분명하다. 이 스파이망은 런던 소재 영국 외교부 극동국의 가이 버제스(Guy Burgess, 1911~1963)와 워싱턴 주재 영국대사관 내의 비밀정보국(나중에 MI6) 대표자였던 킴 필비(Kim Philby, 1912~1988)가 이끌고 있었다. 중국은 나름대로 미국의 정책과 능력을 주의 깊게 분석해서 미국이 군사적으로 너무 취약해 적어도 5년 동안 타이완과 남한을 방어하기 위한 행동을 취할 수 없다는 결론을 내렸다.[27]

유럽에서는 정치적 도전에 직면하고 아시아에서는 공산 세력이 상승세를 타며 국내에서는 경제적 불황에 시달리자 트루먼 행정부는 아시아 정책을 조정해 개입을 명확하게 하고, 중국의 추가 분쟁과 남한의 있을 수도 있는 공격 행동을 부추기는 일을 회피하도록 했다. 미국 행정부는 우선순위가 서부 유럽을 재건하고 방어하며, 국내 경제력을 복구하는 데 있음을 보여주려는 맥락에서 그렇게 했다. 이런 결정 하나하나는 곧 심각한 시련에 직면하게 될 것이었다.

4

조지프 매카시, 공포정치를 팔아먹다

1950년 초 트루먼 행정부는 국가가 당면한 주요한 문제들에 대해 합리적인 정책 결정을 내렸다. 지출은 억제하고, 아시아에 대한 개입을 제한했으며, 유럽의 안전보장을 유지하기 위해 기관들을 정착시켰다. 대통령은 새로 발견된 소련의 핵무기 능력에 대처해 수소무기 개발에 박차를 가하고, 소련의 위협 증대와 중국의 공산 지배 상황에 비추어 국가안보 정책을 재검토한 내용을 승인하는 쪽으로 다가가고 있었다. 그렇지만 3월 말에 와서 행정부가 공산주의에 연약하다는 비난의 선풍은 이런 정책들 중의 어느 것이든 실행할 수 있는 능력을 위협했다.

소련의 원자탄 실험과 중국을 공산주의자들의 손아귀에 '빼앗긴' 일에 추가하여 일련의 달갑지 않은 사건들이 공격에 기름을 부었다. 몇 주 안에 국무부의 고위 관리인 앨저 히스(Alger Hiss, 1904~1996)는 위증으로 유죄 판결을 받고 5년형에 처해졌다. 영국 과학자인 클라우스 푹스는 전시 맨해튼 계획에서 일하는 동안 간첩활동을 한 혐의로 체포되었다. 법무부 직원인 주디스 코플론(Judith Coplon, 1921~2011)은 소련 간첩에게 비밀을 넘겨줘 유죄 판결을 받았다. 그리고 2월 초 상대적으로 유명하지 않은 상원의원 한 명이 수많은 국무부 직원들을 상대로 반역죄 혐의를 제기하며 세상을 들끓게 하는 일련의 비난전을 시작했다.

최초의 비난

1950년 2월 9일 위스콘신 주 출신의 공화당 초선 상원의원인 조지프 매카시는 웨스트버지니아 주 휠링의 오하이오 카운티 여성 공화당 클럽에서 연설을 했다. 이 행사는 링컨의 날을 기념하기 위해 공화당이 마련한 순회연설회의 몇 차례 정차 중 첫 번째 순서였다. 이 상원의원은 두 가지 다른 연설용 메모를 갖고 왔다. 하나는 주택에 관한 것이었고, 다른 것은 공산주의의 위협에 관한 것이었다. 저녁 행사의 후원자는 그에게 두 번째 연설을 하라고 재촉했다. 저녁 식사 전에 매카시는 한 워싱턴 언론인이 수집한 최근의 반공 연설과 기사들을 활용해 메모를 짜깁기했다. 저녁식사를 마치고 이 상원의원은 메모를 들고 연설을 시작했다. ― 그는 원고가 없었으며, 그의 메모도 남아 있지 않다. 그 결과 그가 그날 저녁 말한 것에 대해 각기 다른 보도들만 남았다. 1945년 이후 냉전의 전개 양상을 묘사하면서 그는 러시아의 '공산주의적 무신론'과 기독교적 서방 사이의 도덕성과 이념 갈등을 강조했다. 그의 주장에 의하면 미국이 타격을 받은 것은 외부의 공격 때문이 아니라 가장 좋은 집과 교육의 혜택을 받고 정부의 고위 직책을 차지하고 있는 자들이 '반역행위를 했기 때문'이었고, 이런 행태는 '국무부에서 확연히 드러난다'는 것이었다. 그가 공산당원으로 또는 스파이 일당에 참여한 자로 확인된 전원의 이름을 댈 시간이 부족하다고 설명하면서 몇 명의 이름을 대고 이렇게 언명했다. "여기 내 손에 205명의 명단이 있습니다. … 이 명단은 국무장관에게 알려졌지만, 그럼에도 불구하고 아직도 국무부에서 일하고 있으며, 국무부의 정책을 수립하고 있는 사람들입니다."[1]

매카시는 연설여행을 서부로 계속하면서 말을 할 때마다 반역적인 외교관의 숫자를 다르게 언급하고 그들의 범죄행위의 성격도 바꿔 말해 그가 준비와 훈련이 제대로 되어 있지 않음을 보여주었다. 덴버 공항에서 그는 기자들에게 '207명의 신뢰할 수 없는 인물' 명단을 갖고 있다고 말했다. 솔트레이크 시티에서 그는 '공산당 당원카드 소지자' 57명의 이름을 갖고 있다고 했다. 레노에서는 트루먼 대통령에게 전보를 쳐 국무부의 충성 파일을 공개하라고 요구했다. 그렇게 하지 않으면 민주당은 '국제공산주의의 협력자'로 인식될 것으로 전망된다고 했다. 워싱턴으로 돌아와서 모순되는 진술들에 대해 해명하라는 압력을 받고 그는 2월 20일 상원 의사당에서 장시간에 걸친 두서없는 연설을 했다. 연설을 하는 동안 그는 자기가 휠링에서 205라는 숫자를 거론했다고 생각하지 않는다고 말했으며, 이어서 81명의 혐의가 있는 국무부 피고용자의 파일로부터 빼낸 의심할 만한 행동의 예를 들었다. 민주당 상원의원들로부터 공격을 받자 매카시는 조금 덜 심각한 말투로 비난을 고쳐 말하고 특별회의에서만 구체적인 이름들을 공개하겠다고 말했다.[2]

이제 우리는 이 위스콘신 주 상원의원이 새로운 명단을 갖고 있지 않지만 108명의 명단에서 관련 사항들을 선별했음을 알고 있다. 그 인물들에 대한 국무부 충성 파일은 1947년 하원 세출위원회의 직원이 국무부 충성 프로그램을 조사할 때 검토되었던 것이었다. 명단에 올라 있는 인물 108명 중 일부는 단순하게 국무부의 직책에 응모한 사람들이었고, 응모 시점에 이 명단이 작성되어 실제로는 57명만 국무부에서 일하고 있었다. 이 파일은 미가공 자료였으며, 57이란 숫자는 의미 없는 것이었다. 로버트 도노반의 주장에 의하면 매카시가 이용한 반공 열풍이 불기 시작한 것은 "듀이가 트루먼에게 패배하고 거의 동시에 [국민당 정부의 중국이 … 붕괴된 결과였다. 히스 사건으로 붉은 색칠이 된 이런 사건들은 공화당 우익과 그 동지들이 정치활동을 할 때 품위를 지키기 위해 억제하던 태도를 벗어 던지고, 선동의 문을 열어젖히게 했으며, 반공 이슈를 권력 복귀 수단으로 삼으려는 공화당의 지향성을 강화했다. 매카시가 1952년 자신의 재선 승리를 위해 쟁점거리를 찾던 중에 뿌리를 내린 곳이 바로 정원의 이 부분이었다".[3]

후방사수 조(Joe)

조 매카시는 트루먼 행정부의 근간을 뒤흔든 반공운동의 기수가 될 가능성이 가장 낮은 정치인이었다. 1908년 보통의 농촌 가정에서 태어난 그는 14살에 학업을 마치고 양계장을 시작했으나 독감에 걸리는 바람에 실패했다. 식품점을 운영해서 고등학교 과정을 1년 만에 마치고 마르케트대학에 들어가 1935년 법학사 학위를 받았다. 변호사로 활동하고 민주당원으로 선출직인 지방검사에 출마했으나 실패하고 공화당으로 옮겨 1939년 순회재판소 판사로 입후보했다. 선거운동을 열성적으로 벌이는 가운데 그는 나이가 66세이고 판사 생활을 오래 한 상대편에 대해 이 일을 하기에는 너무 늙었다고 나이를 잘못 말했다. 상대편의 나이를 73세라고도 하고 어느 때는 89세라고 했다. 그는 깜짝 놀랄 만한 승리를 거두었고, 판사로서 열심히 일해 미제사건을 해결하기도 했지만 정당한 법의 절차를 생략할 때가 종종 있었다.[4]

미국이 제2차 세계대전에 참전했을 때 매카시는 해병대에 소위로 입대하여 태평양에서 급강하 폭격기 비행중대의 정보장교로 복무했다. 그는 재판관이었기 때문에 군 복무를 면제받을 수 있었으나 해병대에 입대한 것은 더 높은 정치적 자리의 후보자가 되기를 바란 것이다. 그가 군대에서 한 역할은 정보보고를 분석하고 비행사들에게 출격 전에 브리핑을 해주는 것이었다. 좀 더 적극적인 활동을 원했기 때문에 그는 12회의 정찰비행에서 후방사수를 자원했고, 이로 인해 '후방사수 조'란 별명을 얻게 되었다. 매카시는 인생 후반부에 그랬던 것처럼, 전쟁 기록을 상당히 윤색해서 선거운동 할 때 잘 써먹었다. 자기는 '이등병'으로 입대하여 '장교'로 승진했다고 주장했다. 12회 자원봉사 출격을 32회 전투 비행으로 늘렸다. 그렇게 해야 수훈비행십자훈장을 받을 자격이 되는데 실제로 그는 1952년 이 훈장을 받았다. 그리고 그는 지휘관의 추천서를 위조했는데, 이 추천서는 해군작전사령관 체스터 W. 니미츠(Chester W. Nimitz, 1885~1966) 제독이 부서한 것이라고 했다.[5]

매카시는 정치 경력을 재개하면서 그의 윤리적·법적 비행(非行) 패턴을 지속했다. 해병대 복무 중 1944년 공화당의 상원의원 후보지명을 위한 선거운동을 하면서 주식시장 투자이익금을 사용했는데 이에 대한 세금을 내지 않았다. 태평양전쟁이 끝나기 5개월 전에 군에서 제대한 것은 자기의 판사직에 단독 입후보를 하기 위한 것이었다. 판사가 되자 1946년 공화당 상원의원 후보지명을 위한 예비선거 운동을 신속하게 조직하기 시작했다. 그는 상원의원으로 3선한 로버트 M. 라폴레트 주니어(Robert M. La Follette Jr., 1895~1953)를 꺾을 수 있는 기회를 포착했다. 라폴레트 상원의원은 공화당원으로 상원에 진출했으나 1934년 위스콘신 진보당을 창당하기 위해 떠났다. 뉴딜과 세계전쟁을 경험한 뒤 진보당에 대한 지지가 사라지자 라폴레트는 공화당 지명을 받기로 결심했다. 매카시는 많은 공화당 유권자들이 이전의 반대자가 당으로 복귀하려고 시도하는 데 대해 분개하고 있음을 감지했다. 이 순회재판소 판사는 "의회는 후방사수를 필요로 한다"는 구호를 내걸고 자신을 전쟁영웅으로 내세우는 공격적인 선거운동을 전개했다. 그는 거짓말로 공격하기도 했다. '후방사수 조'가 나라를 위해 태평양에서 군 복무를 하는 동안 라폴레트는 군대는 가지 않고 워싱턴에 앉아서 전시 투자로 큰돈을 벌었다는 것이었다. 사실 라폴레트는 진주만이 공격을 받았을 때 46세로 군대 갈 나이가 아니었으며 전쟁 기간 동안 투자해서 큰 이익을 본 것도 없었다. 라폴레트는 선거 전 초반에 여론조사에서 크게 앞서자 워싱턴에 머물면서 중요한 법안을 통과시켰으며, 상대방의 비난에 효과적으로 대응할 선거운동을 펼치지 않았다. 여론조사가 끝나고 매카시는 예비선거의 총 투표수 41만 표에서 5,400표 차이로 신승했다. 그런 다음 본선거에서는 민주당 후보를 손쉽게 이겼다. 그는 1946년의 양대 선거운동에서 주 헌법을 위반했다. 왜냐하면 그는 선거에 나서면서 초당적인 판사직에서 사임하기를 거부했기 때문이다.[6]

상원에 들어갔을 때 매카시의 배경은 평범하고 하찮은 것이었다. 또한 그는 공산주의에 대해 아는 것이 거의 없었고 공산주의에 대해 정치적 이슈로서도 거의 관심을 보이지 않았다. 처음 3년을 워싱턴에서 보내면서 그는 공산주의 이슈와 정부 내 공산주의자의 영향 문제에 대해 때때로 언급한 적이 있었다. 하지만 이런 문제는 그가 상원과 공공 회합에서 내놓던 광범위하고 때에 따라서 무질서한 문제제기와 비교하면 사소한 주제였다. 첫 임기 동안 인상적인 활동을 펼치지 못했던 것은 그의 활동이 주로 로비스트들이나 목소리 큰 선거구민들이 요구하는 임의적인 이슈들을 지지하는 일로 구성되어 있었기 때문이었다. 그는 펩시콜라 경영진을 돕기 위해 설탕가격 통제에 반대했으며, 공공주택에 반대함으로써 부동산업자의 지지를 얻었고, 벨기에 말메디에서 1944년 비무장 민간인들과 미국 포로들을 대량 학살한 나치 친위대 부대원에게 내려진 사형언도의 감형을 요청함으로써 우익 독일계 선구구민들의 지지를 받았다.

나치 학살을 방어한 뒤 얼마 지나지 않아 상원 출입기자들은 매카시를 현 임기의 상원에서 '최악의 상원의원'으로 뽑았다. 그는 분열을 일으키는 행태와 근거 없는 주장들로 동료 상원의원들의 기분을 상하게 했고, 1949년 그가 소속된 위원회들 가운데 가장 중요했던 금융통화위원회에서 배제되었다. 위원장 지명자가 여당 대표에게 매카시가 위원회에 남아 있으면 이 중요한 자리를 수락할 수 없다고 했기 때문이다. 위스콘신 주로 돌아와서 이 상원의원에 대한 비판은 과거 선거운동 때와 워싱턴에서 저지른 윤리적·법적 잘못들에 대해 매디슨의 ≪캐피털-타임스≫가 게재한 기사를 근거로 확산되었다. 이 신문의 한 기자는 매카시가 법관직을 유지한 채 상원의원에 입후보함으로써 주 법률과 변호사회 윤리강령을 위반했다고 주장하면서 소송을 제기했다. 매카시는 1952년 재선을 위한 선거운동에서 충격적인 이슈가 필요했는데 휠링에서 그것을 발견했다.[7]

중국 로비와 히스 사건

1945년 이래 작지만 지극히 열성적이었던 중국 로비 그룹은 트루먼의 아시아 정책을 공격할 논거들을 끌어 모으고 있었다. 스페인-미국 전쟁의 결과 필리핀 열도를 미국이 통치하게 된 이래 다수의 보수적인 공화당원들과 마찬가지로 중국 로비스트들은 미국의 장래가 아시아에 있다고 믿었다. 그들은 기독교를 중국과 한국에 전파한 미국 선교사 세대들의 강력한 지지자들이었다. 그리고 제2차 세계대전 기간 동안 그들 중 다수는 우선순위의 첫째를 유럽에서의 승리에 두는 루스벨트의 전략을 비판했다. 그 결과 그들은 언론에서 '아시아 우선주의자들'로 알려졌으며, 장제스와 그의 멋진 웰즐리대학 출신 아내의 강력한 지지자들이었다. 이 그룹의 거의 모든 회원들은 뉴딜의 모든 측면에 반기를 들었고, 하원 비미활동위원회(House Un-American Activities Committee, HUAC)의 설치와 더불어 1938년 시작된 연방정부 내의 공산주의자 영향조사를 지원했다.

이 로비 그룹에서 중심적인 미국 인물은 알프레드 콜버그(Alfred Kohlberg, 1887~1960)였다. 그는 중국산 레이스를 수입하는 부자로서 이 그룹의 전용 출판물이었던 ≪차이나 먼슬리: 중국에 대한 진실≫에 자주 기고하는 사람이었다. 이 로비 그룹은 루스벨트가 소련에 만주와 외몽고에서 항구, 철도 및 각종 경제적 독점 등에서 크게 양보하기로 합의함으로써 국민당 정부의 중국에 대해 '얄타 배반'을 저질렀다고 반복적으로 비난했다. 1947년 이후 국민당의 행운이 쇠퇴하자 콜버그와 여타 인사들은 그 원인이 중국의 무능력이 아니라 워싱턴의 '배반'이었다고 주장했다. 중국 로비의 활동과 입장은 헨리 R. 루스(Henry R. Luce, 1898~1967)의 강력한 지지를 받았다. 그는 ≪타임≫, ≪라이프≫, ≪포천≫은 물론이고 아울러 ≪콜리어스≫, ≪새터데이 이브닝 포스트≫, ≪리더스 다이제스트≫, ≪유에스 뉴스 & 월드 리포트≫ 등을 발행하고 있었다. 로비의 정치적 방향과 자금은 주로 미국 내의 부유한 화교들로부터 나왔다. 그들 중 다수는 쑹메이링(宋美齡, 1897~2003)의 친척이거나 그녀 남편의 가까운 정치 및 재정 파트너들이었다. 그들은 기사, 책, 의회 증언을 위한 자료를 제공했다. 아울러 미국 접촉자의 도움을 받아 중국 내 군사 및 경제 프로젝트의 계약을 따 냈다.[8]

1948년 이전 중국 로비의 주요 정치적 활동은 경제 및 군사 원조를 획득하기 위한 정상적인 외교방법에 집중되어 있었다. 토마스 E. 듀이 지사는 트루먼과의 선거전에서 민주당 행정부의 정책을 뒤집어서 국민당 정부가 공산주의와 싸우는데 군사원조와 재정지원을 훨씬 더 많이 제공하겠다고 약속했다. 듀이와 회담을 한 뒤 천리푸(陳立夫, 1900~2001) 부총통은 중국 언론에 공화당 후보의 승리가 확실하며 그가 집권하면 대중국 원조가 훨씬 더 늘어날 것이라고 말했다. 듀이가 패배한 뒤 중국 로비는 활동을 확장하고 트루먼 행정부에 대한 총공격에 나섰다. 쑹메이링은 미국에 와서 뉴욕 리버데일에 있던 시동생 집과 워싱턴의 친국민당 지지자들 및 대사관 관리들의 집에서 지지자 집단들과 무수히 전략회의를 열었다. 이런 노력을 기울이는 가운데 로비는 의회 내의 친국민당 인사들에게 행정부가 국민당 지원을 확대하도록 압력을 가해달라고 요청했다.

중국 로비에 대한 의회의 핵심 지원자들 가운데 공화당 상원의원으로는 메인 주의 오언 브루스터(Owen Brewster, 1888~1961), 뉴햄프셔 주의 스타일스 브리지스(Styles Bridges, 1898~1961), 워싱턴 주의 해리 P. 케인(Harry P. Cain, 1906~1979), 미시간 주의 호머 퍼거슨(Homer Ferguson, 1889~1982), 아이오와 주의 버크 하이켄루퍼(Bourke Hickenlooper, 1896~1971), 캘리포니아 주의 윌리엄 F. 노랜드(William F. Knowland, 1908~1974), 위스콘신 주의 조지프 R. 매카시, 뉴저지 주의 H. 알렉산더 스미스(H. Alexander Smith, 1880~1966)가 들어 있었다. 이와 함께 민주당 상원의원으로는 미시시피 주의 제임스 O. 이스트랜드(James O. Eastland, 1904~1986)와 네바다 주의 팻 매캐런(Pat McCarran, 1876~ 1954)이 함께 했다. 중국 국민당을 지원한 유명한 공화당 하원의원은 미주리 주의 O.

K. 암스트롱(O. K. Armstrong, 1893~1987), 미네소타 주의 월터 H. 저드(Walter H. Judd, 1898~1994), 매사추세츠 주의 조셉 W. 마틴(Joseph W. Martin, 1884~1966), 위스콘신 주의 로렌스 K. 스미스(Lawrence K. Smith, 1892~1958), 오하이오 주의 존 M. 보리스(John M. Vorys, 1896~1968)였다. 중국에서 공산당이 승리하고 미국 국무부가 『중국백서』를 발간한 뒤 의회 내의 중국 로비 지원 진영은 행정부에 대해 아시아에서 배신과 반역을 했다고 집중적으로 비난했으며, 정부 내의 불충(不忠)한 공산주의자들을 공격하는 데에 매카시와 합류하여 절정을 이루었다.9

트루먼 행정부에게는 유감스럽게도 1948년 12월 15일 앨저 히스가 위증 혐의로 기소된 것은 연방정부 내의 반역과 배신행위를 입증하려고 혈안이 된 자들에게 기름을 부은 격이었다. 히스는 1936년부터 10년 동안 국무부의 중간관리자로 근무했으며, 유엔을 설계하는 일에도 핵심적인 참가자였다. 그는 프랭클린 D. 루스벨트 대통령이 참석한 얄타회담에 따라갔으며, 1945년 유엔헌장 초안을 작성한 샌프란시스코 회의에서 사무총장으로 활동했다. 볼티모어의 가난한 집안 출신인 히스는 존스홉킨스대학과 하버드 법과대학에서 우수한 학생이었으며, 연방대법원 대법관 올리버 웬들 홈스(Oliver Wendell Holmes, 1841~1935) 밑에서 서기로 일했다. 그는 국무부를 그만두고 카네기 국제평화재단의 이사장이 되었다. 그러나 히스의 매우 훌륭한 경력은 급전직하했다. 스탈린의 숙청 이후 당을 떠나 열렬한 반공주의자가 된 옛 공산주의자 휘태커 체임버스(Whittaker Chambers, 1901~1961)가 1948년 8월 3일 자신과 히스가 미국공산당 내의 비밀그룹에 속한다고 하원 비미활동위원회에서 증언했기 때문이다.10

히스는 같은 위원회에 출석해 체임버스의 주장을 전면 부인하면서 체임버스가 공개된 장소에서 그런 주장을 되풀이할 것을 요구했다. 면책특권이 적용되는 의회가 아니라 그의 발언이 법정에서 다뤄질 수 있도록 떳떳하게 말해보라는 것이었다. ≪타임≫의 선임편집자였던 체임버스는 전국적인 라디오쇼 프로그램인 〈언론과의 만남(Meet the Press)〉에 출연해 다시 히스를 공산주의자라고 했다. 히스가 체임버스를 상대로 명예훼손 소송을 제기하자 체임버스는 이 분쟁의 수위를 더욱 높여 히스가 공산주의 활동을 하면서 간첩행위를 했다고 주장했다. 재판 전 증언 절차에서 체임버스는 히스가 복사해서 그에게 넘겨주었다는 국무부 문서의 복사본을 제시했다. 체임버스의 문건은 간첩행위의 극적인 증거를 보여주는 것이었기 때문에 양측 변호사들은 명예훼손 소송 담당 판사와 법무부에 문건을 넘기기로 합의했다. 법무부 관리들은 정부 내 공산주의자들의 간첩행위를 조사하기 위해 뉴욕에 구성되어 있던 대배심에 관련 문서의 복사본을 제공했다. 몇몇 증인들로부터 증언을 청취한 다음 대배심은 히스를 두 가지 위증죄로 기소했다. 그는 간첩죄로 기소될 수 없었다. 왜냐하면 그 범죄에 대해서는 시효가 소멸되었기 때문이었다. 비록 체임버스가 그 이전에 몇 번 선서하고 나서 거짓말한 사실을 인정했다 할지라도 그는 검찰에 적극 협조했기 때문에 기소되지 않았다. 히스의 재판은 5주 동안 계속되었으며 배심원단의 의견이 엇갈려 판결을 내리지 못하고 끝났다. 검찰은 항소했고, 히스는 8대 4로 위증죄의 유죄 판결을 받았다. 1950년 1월 25일 연방판사는 이 전직 외교관에게 2개 사건을 병합해 5년의 징역형을 선고했다.[11]

히스 사건은 자유주의자들과 보수주의자들 간에 강력한 논쟁을 유발했고 그 논쟁은 오늘도 계속되고 있다. 이와 관련되어 손쉽게 구할 수 있는 문헌은 적어도 20여 권의 책과 수십 건의 기사와 의견문 등이 포함된다. 소련이 붕괴된 뒤 1990년대에 상당히 많은 새로운 증거가 나타났다. KGB 문서를 포함한 소련 아카이브에 제한적이나마 접근이 가능하게 되어 미국 내에서 활동했던 소련 간첩망의 상세한 활동 내용이 다수 밝혀졌던 것이다. 또한 국가안보국은 모스크바와 미국 내의 소련 간첩 관리자 간에 교신된 메시지를 가로채 해독한 기록을 공개했다. 이는 '베노나 기록(Venona transcripts)'이라고 알려져 있다. 히스는 1996년 숨질 때까지 무죄를 주장했다. 히스는 검찰의 기소에 상세하게 반론을 제기하면서 그의 유죄를 입증하는 핵심 증거로 사용된 문서들이 위조된 것이라고 주장했다. 최근 증거에서 발견된 내용들에 의하면, 히스 재판에서 검찰과 히스 변호인단은 모두 불법행위를 저질렀고, 결정적인 문건들이 미육군 방첩대에 의해 위조되었을 가능성이 있으며, 연방수사국(FBI)의 J. 에드거 후버(J. Edgar Hoover, 1895~1972) 국장이 히스의 전화를 불법도청하라는 명령을 내려 그와 그의 아내를 2년 동안 쫓아다니면서 수집한 많은 자료들이 리처드 M. 닉슨 하원의원(HUAC의 가장 활동적인 멤버) 및 매카시 상원의원과 공유되었다는 것이다. 마지막으로 KGB의 기록들은 히스가 소련의 간첩이었음을 강력하게 암시한다는 것이다. 최상의 결론은 히스 사건과 그 영향을 연구한 주요 역사가들 중의 한 사람인 앨런 와인스타인(Allen Weinstein, 1937~2015)에게서 나왔다. 그는 히스가 과연 소련 간첩이냐 아니냐의 문제와 관련해 지금까지 밝혀진 증거들이 "설득력이 있긴 하지만 결정적이지는 않다"고 주장했다. 히스의 재판에 관해 와인스타인은 이렇게 언명한다. "비록 여론의 법정에 여러 가지 주장들이 있긴 하지만, 입수 가능한 일단의 증거들은 히스 자신이 체임버스와의 비밀거래에 대해 기술할 때 위증했음을 증명하고 있으며, 이로써 두 번째 재판의 배심원들이 앨저 히스가 기소된 대로 유죄라고 판정한 데에는 아무런 잘못이 없다."[12]

매카시에게 있어서 히스의 유죄 선고는 신의 선물이었다. 그가 휠링에서 연설을 준비하고 있던 중에 대중은 배경 좋은 국무부의 고위 관리가 위증을 하고 불충을 저질렀으며 어쩌면 소련을 위한 간첩행위로 유죄 판결을 받을지 모른다는 것을 알게 되었다. 매카시가 휠링에서 한 비난은 듣기를 원하는 귀에 쏙쏙 들어갔다. 매카시는 자기 연설이 여론의 주목을 받게 되자 자신의 공격을 수정하고 확장하여 공화당 내에서 조금 더 연배가 위이고 보다 존경 받는 반공 운동 그룹과 연결시켰다. 그가 공세를 확장해 나가면서 알프레드 콜버그, 월터 저드, 패트릭 헐리, 리처드 닉슨, 더글러스 맥아더 장군이 제공한 자료를 이용해서 트루먼 행정부가 중국 국민당을 '배반'하고 중국을 '상실'함으로써 반역행위를 했다고 비난했다.[13]

마침 같은 때에 몇 가지 쟁점들이 대중의 최고 관심사가 되다 보니 그때 재선을 위한 이슈를 찾고 있던 이 중서부 출신 무명의 상원의원은 미국에서 강력한 반공운동의 전형적인 인물이 되었다. 6개월 내에 미국인들은 소련이 원자탄 실험을 했고, 중국공산당이 승리를 거뒀으며, 클라우스 푹스가 체포되고 앨저 히스가 유죄 판결을 받았다는 사실을 알게 되었다. 매카시의 비난에 대해 행정부와 민주당이 의회에서 우왕좌왕하면서 능수능란하게 대응하지 못함으로써 그는 계속 스포트라이트를 받았다.

행정부의 대응과 티딩스위원회

트루먼은 히스와 여타 인사들이 행정부의 비호를 받아 연방정부 내에서 활동하는 공산주의자들이라는 초기 주장에 대해 방어선을 구축했다. 1948년 8월 체임버스가 HUAC에서 이런 요지로 증언한 뒤에 한 기자가 8월 5일 대통령에게 이렇게 물었다. 의회가 '스파이 공포'를 강조하는 것은 "인플레이션으로부터 대중의 주의를 딴 데로 돌리기 위한 '붉은 청어(red herring)'"가 아니냐는 것이었다. 대통령의 답변은 의회 위원회들이 인사 및 충성검토 파일들에 접근하지 못하게 하는 것이 행정부의 정책이라고 언급했으며, FBI는 청문회에서 확인된 사항들을 이미 모두 알고 있었다고 말했다. 그는 위원회가 "정부에 대한 대중의 신뢰를 훼손하고 있다"고 천명했다. 그러면서 향후 수개월 안에 손해로 돌아올 한 마디를 덧붙였다. 청문회는 "그저 해야 할 일을 하지 못하게 하는 '붉은 청어'에 불과하다"는 것이었다.[14]

매카시와 여타 공화당 연사들이 1950년 초 유사한 비난을 반복하자 국무부는 주도적으로 응답하면서 위스콘신 주 상원의원을 주 표적으로 삼았다. 휠링 연설 다음날, 국무부 대변인 링컨 화이트는 국무부 직원 중에 공산주의자는 한 명도 없으며 발견 즉시 파면될 것이라고 언명했다. 다음날 존 페우리포이(John Peurifoy, 1907~1955) ─ 국무부 보안 담당 차관대리로서 의무적인 충성검토위원회도 그의 소관 업무였다 ― 는 매카시에게 전보를 보내 그가 불충성하다고 비난한 205명의 명단을 제출해줄 것을 요청했다. 2월 13일 페우리포이는 기자들에게 충성 검토 결과 국무부에는 공산주의자들이 하나도 없다고 말하면서 위스콘신 주 상원의원에게 명단을 요구했지만 대답이 없다고 덧붙였다. 3일 후 열린 한 기자회견에서 트루먼이 "그 상원의원이 한 말 중에 진실은 한 마디도 없다"[15] 고 주장했을 때 그는 매카시의 비난이 잠잠해지기를 바랐다.

매카시는 단념하지 않았다. 2월 20일 그는 상원 의사당에서 비난을 재개했다. 그는 6시간 동안 연속해서 81명의 국무부 직원이 불충성이거나 의심스런 행동을 했다고 보고했다. 그의 주장에 의하면 이들 직원은 공산당 당원이거나 공산주의에 빠져 있다는 것이었다. 민주당 상원의원들은 그가 거론한 숫자를 문제 삼으면서 실명을 대라고 요구했다. 그러나 그들의 반격은 정곡을 찌르지 못했으며, 매카시는 또 다른 사례를 들고 나왔다. 비록 국무부가 공산주의자들로 들끓고 있다는 비난이 입증되지는 못했다 할지라도, 그날 저녁의 토의는 공화당 상원의원들이 그들의 위스콘신 주 출신 동료를 지원하는 데 힘을 합친 반면, 민주당 상원의원들은 전열을 제대로 갖추지 못했으며 반박도 아주 비효과적이었다. 양측은 공화당이 제안한 대로 상원 외교위원회로 하여금 매카시 의원이 제기한 국무부 직원들의 충성 의혹을 하나하나 조사하기로 합의했다. 상원은 2월 22일, 과거의 직원도 포함하기로 수정된 상원 결의안 231을 승인했다.[16]

상원 외교위원장 톰 코널리(Tom Connally, 1877~1963)는 메릴랜드 주 상원의원 밀라드 티딩스(Millard Tydings, 1890~1961)를 설득해서 매카시의 주장들을 조사할 소위원회의 위원장을 맡도록 했다. 상원에서 24년간 의원 생활을 한 보수적인 민주당원이었던 티딩스는 군사위원회 위원장으로서 외교 및 국방문제 전문가로 정평이 나 있었다. 그와 함께 소위원회에 합류한 의원은 민주당에서 코네티컷 주의 브라이언 맥마흔(Brien McMahon, 1903~1952)과 로드아일랜드 주의 시어도어 F. 그린(Theodore F. Green, 1867~1966)이었다. 두 의원은 모두 행정부의 강력한 지지자들이었다. 소위원회의 두 공화당 의원은 매사추세츠 주의 헨리 캐봇 로지 주니어(Henry Cabot Lodge Jr., 1902~1985)와 아이오와 주의 버크 B. 하이켄루퍼(Bourke B. Hichenlooper, 1896~1791)였다. 로지 상원의원은 당의 지도적인 국제주의자로서 우드로 윌슨과 베르사유조약 및 국제연맹을 놓고 벌인 싸움에서 그의 천적이었던 인물의 손자로서 같은 이름을 사용하고 있었다. 하이켄루퍼 상원의원은 상원에서 가장 보수적이고 고립주의 성향의 의원들 중 한 사람으로서 매카시의 자연스러운 동맹군이었다. 민주당 의원들은 매카시와 같이 호전적이고 사기성이 강하며 무책임한 적수를 상대하는 일에 제대로 준비가 되어 있지 않았다. 그들은 매카시의 비난을 공개청문회에서 완전히 검토하면 근거 없는 것으로 증명될 것으로 믿었다. 행정부는 조율된 전략을 갖고 있지 않았다. 백악관 관리들은 안일하게도 문제가 손쉽게 관리될 수 있을 것으로 보았다. 비록 국무부가 관심을 갖고 이런 비난을 반증하려고 노심초사했지만 공격 요지를 끊임없이 바꾸는 매카시를 처리하기에는 그 절차가 너무 버겁고 반응도 빨랐다. 민주당 출신의 소위 위원장은 조사를 위한 확고한 기반을 확립하지 못했다. 그는 결의안이 통과된 다음 준비가 부족한 채 2주 후에 청문회를 시작했다. 그는 공개절차를 시작하기에 앞서 매카시에게 명단이나 확실한 증거를 요구하지 않았다. 소위원회는 청문회가 진행된 첫 주에야 직원을 한 명 채용했다.[17]

공화당 의원들은 높은 기대를 갖고 청문회를 준비했다. 지난 6개월 동안 충격적인 사건들이 전개되는 가운데 나라의 여론도 움직여갔다. 보통 국제 문제에 별로 관심이 없던 많은 사람들이 워싱턴에서 일어난 반체제 사건과 더불어 중국과 소련의 승승장구에 점점 더 관심을 보였다. 1월 말 히스의 위증에 대해 유죄 판결이 나고 뒤이어 3월 7일에는 주디스 코플란이 간첩활동으로 유죄 평결을 받았다. 티딩스위원회의 청문회가 시작되기 하루 전의 일이었다. 이에 못지않게 중요한 것은 의회의 공화당 사람들이 다가오는 중간선거에서 잠재적인 승리 이슈로서 반공의 기치 아래 단결하고, 매카시를 공격수로 이용하려 했다는 점이다. 오하이오 주의 상원의원 존 브릭커(John Bricker, 1893~1986)는 동료 공화당 의원들의 정서를 간파하고 이렇게 언명했다. "조, 너는 더러운 개새끼지만 네 주위에 그런 개새끼를 가져야 할 때가 있어. 지금이 그런 때야." 그의 오하이오 동료 상원의원 로버트 A. 태프트(Robert A. Taft, 1889~1953)는 이런 감정을 공유했다. 이 공화당의 고립주의파 지도자는 개인적으로 매카시를 지원하고 그를 민주당의 공격으로부터 방어했지만 이런 태도를 당의 공식적인 입장으로 하기를 거부했다. 청문회가 시작되기 상당히 이전에 공화당원들은 의심이 가는 국무부 직원들의 충성 파일을 위원회에 내놓으라고 행정부에 총공격을 퍼붓기 시작했다. 만약 파일이 입수된다면 위원회가 악영향을 미치는 증거를 발견할 수 있을 것으로 그들은 확신했다. 반대로 파일이 비밀로 유지된다면 그들은 행정부가 전복활동과 간첩행위를 감싸주고 있다고 비난을 할 것이었다.[18]

티딩스위원회가 3월 18일 청문회를 시작했을 때 민주당원들은 매카시 상원의원의 발언을 자주 중단시키고 공격함으로써 그의 주장을 교란시키고 신빙성을 떨어뜨리려고 했다. 그들은 반대자의 지략을 과소평가했다. 왜냐하면 이 위스콘신 상원의원은 하나의 사례에서 다른 사례로 넘나들며 자기가 말한 81명의 혐의자를 넘어서 추가로 9명을 거론했는데, 이 중 일부는 국무부 또는 정부와 아무런 연관이 없는 사람들이었다. 이런 추가 사례들 중에는 도로시 케넌(Dorothy Kenyon, 1888~1972)이 있었다. 그녀는 뉴욕 변호사이자 전 판사로서 국무부와 아무런 관계가 없었다. 존스홉킨스대학의 아시아 전문가 오언 래티모어(Owen Lattimore, 1900~1989), 중국 전문가 존 스튜어트 서비스(John Stewart Service, 1909~1999)와 애치슨 국무장관을 위한 고위 외교 문제 해결사인 순회대사 필립 C. 제섭(Phillip C. Jessup, 1897~1986)이 포함되었다. 서비스는 이전에 국무부 비밀서류를 좌익잡지 《아메라시아》에게 넘겼다고 닉슨과 매카시의 공격을 받고 조사를 받았다.[19]

매카시의 활동으로 고무된 공화당 상원의원과 하원의원들은 애치슨 국무장관을 상대로 불충한 부하들을 감싸고 국무부를 유례없이 '퇴화'시킨 위험인물이라고 맹렬한 공격을 퍼부었다. 대통령이 애치슨의 방어에 나섰다. 뉴햄프셔의 상원의원 스타일스 브리지스(Styles Bridges, 1898~1961)에게 더 이상 애치슨을 공격하지 않도록 설득하려는 시도로 이렇게 편지를 썼다. "공산주의자들이 이른바 불충한 사람들로부터 아무런 도움을 받지 못한 것과 마찬가지로 애치슨에 대한 공격은 터무니없습니다." 전 국무장관이고 프랭클린 D. 루스벨트 행정부에서 전쟁부 장관이던 헨리 L. 스팀슨(Henry L. Stimson, 1867~1950)은 1950년 3월 27일자 《뉴욕타임스》에 보낸 서신에서 공화당원으로서 매카시에 대해 가장 신랄한 비판을 가했다. 그는 위스콘신 주 상원의원이 야만적인 비난을 가함으로써 무고한 사람들에게 상처를 입히고 해외에서 미국을 당혹스럽게 하고 있다고 비난했다. 이 존경받는 공화당의 아이콘이 보기에, "이 경우 비난자의 진짜 동기는 미국 국무장관의 평판을 떨어뜨리려는 것이었음이 아주 분명했다. 이 사람은 국무부 내에서 이미 알려진 공산주의자들을 제거하려고 노력하는 것이 아니다. 그는 누군가를 발견할 가망이 없는데도 희망을 계속 갖고 있다". 스팀슨은 국무장관이란 자리에 부여된 '엄청난 책임'을 지적하고 국무장관은 "정치재판에서 면제되어야 한다고 주장했다. 국무장관에 대해 개인적인 공격을 가해 정치적인 이득을 얻고자 하는 사람은 조국에 손해를 끼치고 정치적 이득을 보겠다는 자이다". 존경을 많이 받는 정치원로는 그렇게 '떠들썩한 짓거리'에 대해 '엄중한 질책'을 가할 것과 '그들이 공격대상으로 삼은 훌륭한 공직자들을 기탄없이 지지할 것'을 요청하는 것으로 편지를 마무리했다.[20]

워싱턴의 정치 담론은 3월 말까지 스팀슨이 요구한 '엄중한 질책'이 아무런 효과를 나타내지 못할 정도로 악화되었다. 브리지스는 대통령이 억압을 시도하고 있다고 말하면서 계속 나아갔다. 이에 대응하여 대통령은 3월 30일 기자회견을 열어 매카시가 '크렘린이 갖고 있는 최대 자산'이라고 주장하고, 연이어 브리지스 상원의원과 워리 상원의원은 훼방을 놓는 일에 매카시의 파트너들이

그림 4.1 조지프 매카시 상원의원(왼편)이 현명하지만 원칙이 없는 상담역 로이 콘과 1954년 4월 26일 개최된 군-매카시 청문회의 조기회의에서 상의하고 있다. 자료: AP 이미지

라고 혹평했다. 태프트 상원의원이 대통령이 위스콘신 상원의원을 "중상모략한다"고 불평하자 이번에는 대통령이 쏘아붙였다. "당신은 그것이 가능하다고 생각합니까?"[21](그림 4.1 참조)

3월 말 매카시는 중국 로비의 단골 표적이었던 래티모어에 대해 선정적인 비난을 함으로써 중단되었던 비난전을 재개했다. 미국의 중국 및 중앙아시아 최고 전문가 중 한 명인 래티모어는 존스홉킨스대학의 월터 하인스 페이지 국제문제 연구소장이었다. 1930년대에 ─ 태평양관계연구소의 저널인 ≪퍼시픽 어페어스≫의 편집자로서 ─ 래티모어는 기사를 쓰고 다른 사람들이 소련과 아시아 공산주의 운동에 관해 호의적으로 쓴 책들을 발간해주었다. 그는 프랭클린 R. 루스벨트의 아시아 및 소련 정책과 관련이 있었으며, 전쟁 중 18개월 동안 루스벨트의 고문으로 장제스를 도와주도록 했다. 그 후 존스홉킨스대학에서

아시아에 대해 학생들을 가르치고 광범위하게 글을 쓰면서 수차에 걸쳐 국무부와 유엔의 컨설턴트로 일했다. 그는 출판을 통해 소련의 정책에 대해서는 호의적이고 장제스 및 국민당의 부패한 정권에 대해서는 예리한 비판을 가하는 바람에 중국 로비와 반공 활동가들에게는 불구대천의 원수였다.[22]

4월의 상당기간 동안 매카시와 그가 선택한 증인들은 티딩스위원회에서 래티모어를 공격했다. 비밀회의에서 매카시는 이 중국 전문가가 '미국 내의 최고위 소련간첩'이라고 공언했다. 스파이 혐의가 유출되어 드류 피어슨(Drew Pearson, 1897~1969)이 매카시의 폭탄선언에 대해 칼럼을 발표하자, 민주당원들은 유출에 강력히 반발하고 이 비난에 대해 이의를 제기했다. 그런 다음 공개회의에서 매카시는 자기주장을 수정해서 래티모어가 스탈린과 소련 정책에 대한 동조자이며 장제스를 버린 아시아 정책의 '주역'이라고 단언했다. 매카시가 지속적으로 공격할 수 있는 정보의 상당량은 콜버그 또는 FBI가 소련 전향자와 비밀 면담한 자료와 1942년 이래 래티모어에 대해 수집한 자료에서 나온 것이었다. 또한 매카시는 루이스 F. 부덴츠(Louis F. Budenz, 1891~1972)의 증언을 광범위하게 이용했다. 부덴츠는 지금은 충실한 반공주의자이지만 과거 수년간 미국 공산당의 주요 출판물인 ≪데일리 워커≫의 편집자로 일했다. 부덴츠는 래티모어가 소련간첩은 아니지만 영향력 있는 활동가로서 소련 정책에 유용한 지지를 보내온 비밀 공산주의자라고 증언했다. 래티모어는 자기에 대한 혐의를 반박하기 위해 유엔에서 컨설턴트로 일하던 아프가니스탄에서 돌아왔다. 그는 위원회에서 간첩행위를 한 적이 없고 친공산주의자도 아니라고 증언했다. 하지만 공격적인 질문공세에 처하여 15년 전 수상한 공산주의자들과의 만남과 그들의 출판물에 대한 기억은 명확하지 못했으며 그의 외모는 전반적으로 위엄이 없었다.[23]

4월 내내 래티모어에 대한 증언이 계속되자 민주당 지도자들은 걱정이 많아졌다. 예상과 달리 매카시의 공세가 수그러들지 않았고, 여론조사에 의하면 상당수의 응답자들은 비난이 사실이라고 믿었다. 티딩스와 애치슨을 포함한 여타 민주당원들은 충성 파일을 비밀로 유지하는 정책을 뒤집으라고 대통령을 압박했다. 그들은 매카시가 불충성과 전복의 실제 증거를 갖고 있지 못함을 파일이 보여줄 것이라고 믿었다. 5월 4일 트루먼은 드디어 마음을 누그러뜨리고 위원들이 엄격한 조건 아래 백악관 국무회의실에서 81명의 파일을 볼 수 있게 했다 ― 회의실에서 노트를 할 수 없고 위원회 직원들은 참석할 수 없었다. 위원회의 위원들은 두터운 충성 파일을 읽느라 5월과 6월 동안 상당한 시간을 보냈다. 이 일은 어렵기만 할 뿐 보상이 별로 없는 것으로 드러났고, 상원의원들은 의사당과 출신 주에 할 일들이 많았다. 결국 그들은 이 작업을 포기하고 말았다. 롯지 상원의원은 12개 파일을 마쳤으며 히켄루퍼 상원의원은 9명밖에 보지 못했다. 공화당 의원들은 위원회에 다른 이슈를 들고 나오려 했다. 가령 5년 전 《아메라시아》에서 논의한 국무부 보고서들과 안보 위험으로서 정부 내의 동성애 문제 같은 것이었다. 하지만 이런 주제는 미디어나 대중의 관심을 끌지 못했다. 그런데 6월 25일 북한이 남한을 침공했다는 뉴스가 워싱턴에 퍼지자 미국이 공공연한 공산 침략에 어떻게 대응해야 하느냐 하는 보다 긴급한 문제로 관심이 쏠렸다.[24]

티딩스위원회는 결론을 내리지 못한 채 종료하고 말았다. 어떤 공산주의자의 정체도 밝혀진 것이 없었고, 매카시의 고발도 완벽하게 반박되지 못했다. 공화당이 반대하는 가운데 위원회에서 다수인 민주당이 보고서를 작성해 7월 17일 공표했다. 이 보고서가 전체 상원 외교위원회에 제출되었을 때 승인 받지 못하고 권고 의견 없이 상원에 보내졌다. 열띤 토론과 세 번에 걸친 투표 후에 철저히 당의 노선에 따라 보고서를 받아들이고 인쇄했다. 다수당 보고서는 매카시의 고발이 모두 근거가 없거나 시효가 지난 것이라면서 받아들이지 않았고, 비난 받은 사람들 중 어느 누구도 불충하거나 파괴적이지 않았음을 확인했다. 하지만 보고서는 래티모어, 서비스, 케넌에 대해 무분별하고 판단을 제대로 하지 못한 점을 비판했다. 다수 저자는 매카시가 상원을 속이고 '사기와 거짓'을 저질렀다고 비난했다. 그들은 매카시가 빈정거리는 말을 퍼붓고 직접 비난한 것은 "아마도 공화국 역사상 가장 사악한 절반의 진실과 거짓말의 활동"이었다고 솔직한 결론을 내렸다. 인디애나 주의 상원의원 윌리엄 E. 제너(William E. Jenner, 1908~1985)는 티딩스를 가리켜 "우리 역사 속의 배신, 음모에 대해 가장 수치스럽고 뻔뻔스럽게 백색 도료 칠"을 하도록 지시한 행정부를 위한 '훈련된 물개'라고 공격했다. 매카시즘의 열기 아래 상원의 공손하고 예절 바른 전통은 완전히 증발하고 말았다.[25]

티딩스위원회 청문회는 한국전쟁이 발발하기 이전 매카시즘의 선풍에서 가장 중요한 장을 구성했다. 학자들은 일반적으로 위원회의 다수가 트루먼 행정부 내 불충성과 전복에 대한 매카시의 고발을 기각하려는 정치적 목표를 달성하지 못했다는 점에 동의한다. 로버트 도노반은 이렇게 언급했다. "조사는 워싱턴이 여태까지 들어본 가장 큰 역효과 중의 하나를 만들어냈다." 매카시즘에 관해 가장 종합적으로 연구한 학자인 리처드 프라이드(Richard Fried)는 이렇게 결론을 내린다. "변화하는 정치적 균형점을 조정하려는 시도로서 티딩스위원회의 조사는 실패했다." 민주당은 청문회를 개최하는 데 몇몇 실수를 저질렀다. 그들은 매카시의 비난이 근거가 없고 거짓임을 손쉽게 보여줄 수 있을 것이라고 너무 안이하게 생각했다. 이로 인해 막상 청문회가 진행되는 때까지도 직원 임명이 지연되었다. 이보다 더 심각한 것은 이 위스콘신 상원의원의 고발 배후에 어떤 증거가 있는지를 확정하지 않고 청문회를 시작했다는 점이었다. ― 상원 결의안 231이 통과된 바로 다음날 기자들이 아주 부실하게 마련된 불충한 205명의 국무부 직원 '명단'이 1947년에 만들어졌다는 사실을 확인했음에도 불구하고 그렇게 했다. 이런 사실은 그 명단의 유효성에 심각한 의문을 제기하는 것이었다. 다수가 이 오류를 더 심각하게 만든 것은 공개 청문회를 열기로 합의하고, 매카시가 추가 사례를 가져와서 새로운 고발과 변경된 증언으로 초점을 확대시키도록 허용해주었기 때문이다. 하지만 매카시는 국무부가 공산주의자를 임용했다는 것을 입증하지 못했으며, 그가 거명한 사람들은 모두 그 이후의 추가 보안 검토에서 의혹이 해소되었다. 가장 균형 잡힌 평가는 래티모어의 전기 작가인 로버트 뉴먼(Robert Newman)으로부터 나왔다. 그는 이렇게 주장한다. "티딩스 보고서는 국무부 직원 전체의 충성과 보안에 관한 철저한 조사가 아니었다. 그것은 매카시가 공개적으로 비난한 10명의 개별 인사들에 대한 합리적인 검토였다. 그들 모두, 특히 래티모어는 충성스런 미국인인 것으로 확인되었다. 보고서는 그 핵심에 있어서 정확했다. 다만 최근 FBI 파일이 공개되어서야 비로소 보고서가 얼마나 정확했는지가 분명하게 되었다."26

매카시즘의 영향

1950년 봄 동안 매카시와 그의 공화당 동료들이 행한 트루먼 행정부에 대한 끈질긴 공세로 말미암아 의심과 연좌제의 환경이 조성되었다. 정부 관리들은 포위당한 느낌이었고 방어적으로 반응했다. 북한군이 6월 말 남한을 공격했을 때, 엘렌 슈레커(Ellen Schrecker)의 주장에 따르면 "미국은 매우 이념적으로 동기부여가 되어 있었기 때문에 소련의 책임에 대한 논의가 없었다. 비록 남침이 실질적으로 내란이 곪아터져 절정에 달한 것이라고 할지라도 대부분의 미국 정책 입안가들과 일반 시민은 스탈린이 미국의 결의를 테스트하고 있다고 추정했다". 한국전쟁은 행정부의 아시아 정책에 대한 초점을 이동시켰으며 트루먼과 애치슨에게 달갑지 않은 결정을 내리도록 강요했다. 아시아 정책과 래티모어에 대한 악의적인 공격이 1951년 초 재개되었다. 그 무렵 네바다 출신 보수 민주당원이고 트루먼에 대한 맹렬한 비판가인 패트릭 A. 맥카란(Patrick A. McCarran, 1876~1954) 상원의원은 태평양관계연구소의 활동에 관한 상원 국내안보소위원회의 청문회를 시작했다. 한편 티딩스 상원의원은 1950년 11월 선거에서 재선에 실패했다. 낙선 이유는 주로 매카시 사건에서 행정부를 방어하려는 시도 때문이었다.27

위스콘신 상원의원은 자기 나름대로 행정부의 아시아 정책, 애치슨, 국무부, 한국전쟁 수행, 국방장관으로 정부에 복귀하도록 압력을 받은 조지 C. 마셜 장군 등에 대한 공격을 지속적으로 수정하고 고쳐 말했다. 매카시는 1952년 재선에 성공했고, 드와이트 D. 아이젠하워(Dwight D. Eisenhower, 1890~1969)는 대통령으로 당선되었으며, 공화당은 상하 양원을 장악했다. 민주당 집권 20년 만에 공화당이 다시 집권하자 매카시는 동료들에게 별로 유용하지 않게 되었다. 그가 미군을 공격하기 위해 텔레비전으로 방영되는 일련의 무질서한 청문회를 시작했을 때 그의 과도하고 모욕적인 행태는 당혹스러운 것이었다. 그의 진짜 특성은 1954년 육군 특별상담역이던 영리한 보스턴 변호사 조지프 나이 웰치(Joseph Nye Welch, 1890~1960)에 의해서, 그리고 에드워드 R. 머로(Edward R. Murrow, 1908~1965)가 제작한 텔레비전 다큐멘터리 시리즈 〈시 잇 나우(See It Now)〉[28]에 담긴 두 가지 일화에 의해서 드러났다.

매카시는 1950년 정치상황이 불안정한 것을 발견하고 그런 상황을 무도하고 무원칙한 방식으로 이용했다. 그는 자기가 성장할 수 있는 환경을 조성하지 않았다. 프라이드는 이렇게 주장한다. "전형적인 선동가가 공산당 문제를 극단적으로 이용할 수 있도록 때가 무르익었다. 조지프 매카시라는 사람은 자기 이름을 걸고 이런 시대를 창조했다. 냉전에 대한 걱정은 … 이 기간이 — 매카시가 있든 없든 — 으스스한 때임에 틀림없다는 것을 주목하는 것이 중요하다."[29]

1950년 겨울과 봄에 중대한 사건들이 많이 펼쳐졌다. 뉴요커 작가 리처드 로베르(Richard Rovere, 1915~1979)는 중요한 지적을 했다. 이와 같이 소란스러운 때에 상원 외교위원회의 1/3을 대표하는 티딩스위원회와 다수의 행정부 고위 관리들이 사정에 의해 "여러 날과 여러 주일 그리고 여러 달 동안 줄곧 앉아서 대단한 명예욕에 사로잡힌 마당발 정치꾼(poolroom politician: 1880~1960년 동안 미국에서 당구장을 배회하며 선거구민의 민원을 들어 주고 표와 지지를 받은 저급하고 무원칙한 정치인_ 저자)의 말을 듣도록 강요받았다. … 국무부의 직원이 아닌 국무부 직원에 대해 사실이 아닌 사실을 복창하고".[30]

트루먼 행정부가 소련에 대응하기 위해 전략군을 대폭 증강하기로 한 결정의 근원을 검토할 때 결정적인 사실은 국가안전보장위원회 보고서 68을 생산한 미국 국가안보 정책의 주요한 검토와 한국전 개입 결정 등이 국내외 공산주의자들의 위협에 대한 히스테리 분위기에서 이뤄졌다는 것이다.

5

폴 니츠, 경종을 울리다

폴 니츠(Paul Nitze, 1907~2004)가 1950년 1월 국무부 정책기획실장직을 맡게 되었을 때 행정부와 의회에서는 소련의 팽창하는 위협에 대처해 국가안보전략을 조정하는 문제에 관한 중요한 논의가 한창 진행 중이었다(그림 5.1 참조). 종합계획 없이도 몇몇 중요한 조치는 이미 취해진 바 있다. 1948년 봄 샌드스톤 실험에서 확인된 놀라운 기술발전으로 원자력위원회(AEC)의 과학자들은 희소한 핵분열 물질을 덜 사용하고도 폭발력은 75% 더 큰 무기를 설계할 수 있게 되었다. 다가오는 수개월 동안 이로 인해 히로시마 투하 폭탄보다 4배 더 강력한 50킬로톤까지의 대형 전략폭탄과 더불어 전술전투 현장에서 사용할 수 있는 각종 모델의 무기를 증산할 수 있게 되었다. 루이스 존슨은 1949년 3월 국방장관직을 맡은 이후 미 해군의 뛰어난 초대형 항공모함 건조계획을 취소하고 예산을 장거리 폭격기에 할당했다. 5월 원기 왕성한 전략공군 사령관 커티스 E. 르메이(Curtis E. LeMay, 1906~1990) 중장은 새 대륙 간 폭격기 B-36의 생산을 늘리기 위해 몇몇 중거리 폭격기 프로그램을 취소한다는 대통령의 승인을 받았다. 경제가 불황에 처한 상황에서 7월 트루먼 대통령은 1951회계연도의 국방예산을 20억 달러 삭감한다고 발표했다. 이로 인해 군사 영역들 사이에 예산 쟁탈전이 벌어졌다. 소련이 원자탄 실험을 했다고 발표한 지 얼마 되지

그림 5.1 국무부 정책기획실장이며 NSC 보고서 68의 주 저자인 폴 H. 니츠는 냉전기간 내내 소련의 위협에 대한 강경책의 결출한 옹호자였다. 자료: 위키미디어(Wikimedia)

않은 10월 대통령은 핵무기 생산을 위한 핵물질의 상당한 증산을 승인했다. 아울러 이런 결정으로 인해 미국은 핵무기 비축의 확대와 대륙 간 폭격기 부대에 토대를 둔 원자력 전략을 채택하는 길을 따라 움직였다.[1]

수소폭탄 결정

1949년 가을 동안 미국이 수소무기를 만들 것이냐 하는 문제를 놓고 아주 운명적인 논의가 이뤄졌다. 일반적으로 수소폭탄 또는 H-폭탄으로 알려진 그런 무기는 핵융합 반응의 결과로 폭발하며 히로시마에서 사용된 원자폭탄보다 폭발력이 100배 더 큰 것으로 추정되었다. 광범위한 논의를 거친 다음 대표적인 과학자들은 초강력폭탄(superbomb, 핵전문가들은 종종 줄여서 '더 슈퍼(the super)'라고 부른대의 제조 가능성이 현재와 같은 개선된 유형의 핵분열 무기 생산에 큰 장애만 없다면 아마도 3년 내에 입증될 수 있다는 데에 의견을 같이 했다. 하지만 그들은 수소폭탄 개발의 정치적·윤리적 측면에 대해서는 근본적으로 동의하지 않았다. 그리고 1949년 11월 9일 원자력위원회 위원들은 당시 이 초강력폭탄의 개발에 3대 2로 반대하는 제안을 통해 이런 분열을 보여주었다. 의회 원자력합동위원회 위원들과 민간 및 군부의 국방지도자들은 이런 제안에 강력 반대하면서, 수소폭탄의 즉각적인 개발을 트루먼이 승인하도록 노력하기 시작했다. 합동위원회 의장인 브라이언 맥마흔 상원의원(민주당 코네티컷)은 대통령에게 보낸 긴 편지에서 수소폭탄 지지자의 견해를 밝혔다. 그는 이렇게 주장했다. "만약 러시아가 이 초강력폭탄을 먼저 갖도록 내버려둔다면 재앙이 아주 확실시됩니다. 반면에 우리가 그것을 먼저 갖게 된다면 우리 자신을 구할 기회가 있습니다."[2]

행정부 내에서 벌어지고 있는 이런 다툼에 대한 대중의 우려와 언론의 보도는 트루먼 대통령으로 하여금 조속히 결정을 내리도록 압박했다. 그는 11월 18일 국가안전보장회의 특별위원회에 이 초강력폭탄 이슈를 기술적 요인뿐만 아니라 정치적·군사적 요인까지 포함해 철저히 검토하도록 지시했다. 이 특별위원회는 국방장관, 국무장관과 데이비드 E. 릴리엔탈(David E. Lilienthal, 1899~1981) 원자력위원회 위원장으로 구성되었다. 존슨 국방장관은 이 새 무기의 신속한 개발을 선호했으나 릴리엔탈은 반대했다. 결정권을 쥔 애치슨은 소련이 미국의 조치와 상관없이 수소폭탄을 건조해갈 것이며, 러시아만 이 새 무기를 보유하게 되면 미국의 군사적·정치적 포지션이 심각한 위협을 받게 된다는 등의 주장에 따라 자신의 견해를 정리해갔다. 그는 이 초강력폭탄의 신속한 개발을 지지하되, 이에 반대하는 친구 릴리엔탈을 위로함으로써 그런 결정의 영향을 최소화할 수 있었다. 그렇게 하기 위해 애치슨은 니츠가 제안한 대로 이 무기의 개발과 생산의 결정을 분리하고, 미국의 전략 프로그램을 "소련이 현재 보유하고 있다고 생각되는 원자폭탄 능력과 향후 가능할 것으로 보이는 수소폭탄 능력에 비추어" 전면적으로 검토하자는 니츠의 제안을 채택했다. 니츠의 타협안에 의하면 정부는 전략정책을 대폭 검토하면서 동시에 수소폭탄의 타당성에 대한 우선 연구를 시작할 수 있었다. 수소폭탄의 생산 결정은 어떤 경우에도 그 타당성이 입증되고 정책 검토의 결론에 의해 내용이 알려진 다음에만 내려질 수 있을 것이었다.[3]

특별위원회는 1950년 1월 31일 대통령에게 이렇게 보고했다. 즉, 위원회는 수소폭탄을 포함한 모든 형태의 원자력 무기 개발의 가속화를 선호하고, 미국의 전략 프로그램을 대폭적으로 검토할 것을 제안한다는 것이었다. 트루먼은 양 제안을 받아들였고, 백악관은 그날 오후 지속적인 무기 개발에 대한 짤막한 발표를 했다. 동시에 대통령은 공표하지는 않은 가운데 전략 검토를 지시했다. 그 검토의 결과물이 NSC 보고서 68이었다.[4]

원자력 전략에 대한 반대

수소폭탄 논의는 국가안보정책 입안자들 사이에서 원자무기 전략을 선호하는 방향으로 합의를 형성해가는 최종단계를 특징지었다. 이런 개략적인 계획과 가설들은 미국의 국가적 이익과 능력을 가장 가능성이 높은 장래의 적의 그것과 주의 깊게 비교 검토해서 개발된 것이 아니었다. 오히려 그것은 미국 내의 각종 경제적·정치적·기술적 발전 동향과 1948년 이래 유럽과 아시아에서 소련의 행동에 대응하여 누적적으로 증가했다. 1949년 7월 맥마혼 상원의원이 루이스 존슨 국방장관에게 미국 방위의 제일선이 핵무기에 의한 전략적 폭격이어야 한다고 편지를 쓰면서 미국은 원자탄을 아무리 많이 가져도 지나치지 않다고 주장했을 때 원자무기 전략은 강력한 지지자를 얻게 되었다. 어니스트

로런스(Ernest Lawrence, 1901~1958), 에드워드 텔러(Edward Teller, 1908~ 2003) 및 루이스 앨버레스(Luis Alvarez, 1911~1988) 등과 같이 빼어난 과학자들이 사용한 수소폭탄 옹호 발언들도 정부 내에서 이 사안을 진전시켰다. 합동참모본부 의장인 오마르 브래들리(Omar Bradley, 1893~1981) 장군은 공개적으로 원자무기 전략을 지지했다. 그는 ≪새터데이 이브닝 포스트≫에서 원자탄은 "장차 전쟁에서 우리의 주요한 초기 공격 무기가 될 것"[5]이라고 언급했다.

하지만 핵무기를 국가방위의 주요수단으로 삼는 데 대해서는 정부 안에서 반대가 여전했다. 10월 원자력위원회의 일반자문위원회 의장이자 프린스턴의 고등과학원 의장인 J. 로버트 오펜하이머(J. Robert Oppenheimer, 1904~1967)는 그의 친구이자 자문위원회 동료인 제임스 코넌트(James Conant, 1893~1978)에게 수소폭탄이 "러시아의 발전이 제기한 문제에 대한 **해답**(원문에서 강조)으로 의회와 군부 양쪽 사람들의 상상력을 휘어잡은 것 같다"고 불평했다. 비록 "이런 무기의 탐구에 반대하는 것은 어리석은 짓이 될 것임"을 인정한다 할지라도 오펜하이머는 그것을 "나라와 평화를 구하는 길로" 받아들이는 일이 가져올 결과를 여전히 두려워하고 있었다. 10월 30일 오펜하이머와 코넌트는 일반자문위원회가 수소폭탄 개발을 만장일치로 반대하도록 이끌었다. 릴리엔탈은 그들의 결론을 환영했고, 대통령이 수소폭탄을 포기하고 대량살상무기의 국제 통제에 합류하기를 원했다.[6]

1949년 10월 국무부 자문관이 된 조지 F. 케넌은 원자무기 전략에 대한 광범위한 공격에 착수했다.[7] 1950년 1월 20일에 완성되어 국무장관에게 '개인 문서'로 제출된 '국제 원자력 통제'에 관한 장문의 보고서에서 케넌은 원자력의 국제적인 통제 문제와 수소폭탄의 개발을 미국의 전략계획이라는 광범위한 맥락 안에서 평가했다. 그는 이렇게 천명했다. 즉, "우리가 소련과 군사 분쟁에 휘말리게 되는 경우, 신중하면서도 즉각적이고 주저하지 않고 채택할 것으로 예상되는 우리 군사력의 필수적이고 극도로 중요한 요소로서 결정적인 문제는 대량살상무기에 의존할 것이냐는 것이다. 또는 우리는 우리 자신과 동맹국들에 대한 유사 무기 사용의 억지책과 그런 무기들이 사용될 경우의 보복수단으로서만 우리나라의 무기고에 그런 무기를 보유할 것인가?"

케넌은 두 가지 중요한 가설 위에서 논의를 진행했다. "첫째, 러시아에서 집권 정권의 성격의 근본적인 변화는 ⋯ 대격변이 일어나지 않는 한 일어날 수 없으며, 둘째, 원자력 무기의 국제적 통제 및 금지에 관한 어떤 시스템을 저지함으로써 ⋯ 어떤(원문에서 강조) 대량살상무기는 억지와 보복을 목적으로 국가의 무기고에 간직되어야 한다."[8]

케넌의 분석에 의하면 두 개의 길이 열려 있었다. 만약 미국 지도자들이 전략계획을 변경하고 "미래의 전쟁에서 대량살상무기 '선제 사용'의 의존을 포기하려 하지 않는다면, 우리는 현재보다 국제통제에 더 근접해서는 안 된다". 하지만 만약 군사기획자들이 원자력 무기의 선제 사용을 포기한다면, 우리나라는 전략계획을 완전히 재편할 필요가 있다. 그때 필요한 조치들은 재래식 전력을 강화하기 위해 군사계획과 능력을 완전히 수정하고, 이런 변경에 대해 나토의 승인을 획득하며, 국제통제에 대한 다른 입장을 채택하고, 핵무기의 금지를 실현할 수 있도록 진지하게 시도하는 것 등이다.[9]

케넌은 두 번째 안을 분명하게 선호한다고 밝혔다. 그것은 미국 전략의 재편을 포함하는 것이었다. 비록 그의 보고서가 원자력 무기의 선제 사용과 일차적인 의존에 반대하는 주장을 골격으로 삼고 있기는 했지만, 그의 기본적인 의도가 핵무기를 폐기하는 데에 있음은 분명했다. 그에 따르면, 그런 무기들을 갖고서는 민주주의 사회의 목표들을 결코 달성할 수 없을 것이며, "대량살상무기를 금지하는 국제협정의 부재로 인해 ⋯ 어떻게 해서든 민주주의의 목적을 달성하는 데에 결정적인 결과물은 원자무기 경쟁에서 누가 궁극적인 우위를 확보할 것이냐는 문제로부터 흘러나올 것으로 예상될 수 있다는 신념을 부추길 뿐이다". 케넌은 이런 신념의 오류를 제시했고, 핵무기가 다수의 재래식 무기와 파괴 및 공포의 정도에 있어서만 다를 뿐이라는 주장에 계속 맞섰다. 그는 원자무기의 비인간적이고 부정확한 특성을 지적했다. 그것은 "비무장이고

속수무책인 비전투원 ⋯ 아울러 무기를 내려놓을 태세가 되어 있는 전투원을 제외"하지 못한다는 것이었다. 그는, 만약 원자무기로 공격을 받는다면 미국도 동일하게 보복해야 한다는 점을 인정한 뒤에, 원자무기의 통제, 나아가 이상적으로는 금지에 찬성하는 입장을 다시 언명했다.[10]

비록 케넌이 세 달 동안 논문 작업을 하고 거기에 그의 영혼을 많이 쏟아 붓긴 했지만, 그가 제안한 행동 노선이 채택될 가능성은 대단히 희박하다는 것을 인정했다. 그럼에도 불구하고 그는 국제통제에 대한 합의가 모색될 경우 처음에는 대서양조약 국가들에, 그리고 그다음에는 소련에 어떻게 접근할 것이냐 하는 문제에 대해 가이드라인을 제공했다. 그는 국가적 목표에 대해 명료하게 사고할 것을 호소하는 가운데 논의를 마무리하면서 이렇게 언명했다. 즉, 급속하고도 위험한 국제적인 변화의 시기에 "한 국가가 행할 수 있는, 진정으로 굳건하면서 믿을 수 있는 가치를 가질 수 있는 일은 오직 한 가지뿐이며, 그것은 초기의 정책 노선이 그 나라의 전통과 그 속성이 언급한 원칙들에 가능한 한 근접한다는 사실을 확인하는 것이다. 그리고 이런 노선으로부터 벗어날 필요가 있을 경우 사람들은 이것이 **결별임**(원문에서 강조)을 인식하고 결별이 왜 필요한지 이해한다. 이런 이유로 비록 앞에 놓인 길이 고통스럽고 어쩌면 통과할 수 없을지라도 시작이 깨끗하고 올바르면 가치가 있다".[11]

케넌은 자기의 주장이 거부될 것으로 예상했는데 정확하게 맞아 떨어졌다. 다른 정책입안자들은 소련이 야망을 갖고 있긴 하지만 상대적으로 신중하고 불안정한 국가라는 케넌의 견해를 수긍하지 않았다. 존 루이스 개디스(John Lewis Gaddis)가 쓴 최상의 전기에서 주장한 것처럼 케넌의 메모는 "즉각적인 정책을 수립하는 데에는 쓸모가 없었다. 그는 예언적이 되었지만 더 이상 적절하지 않았다". 그 어느 누구도 소련과 원자력의 국제적인 통제에 합의하기 위해 추가적인 양보를 하려 하지 않았다. 하지만 그의 웅변적인 보고서는 몇 가지 소소한 성과를 얻기도 했다. 고위 국무부 관리들로 하여금 원자무기 사용 정책을 포함해 국가의 목표와 전략 프로그램에 대해 철저하게 검토할 필요성이 있음을 설득하는 데에 도움이 되었다. 또한 그는 원자무기를 적이 먼저 사용한 데 대한 보복으로 우리도 쓰는 경우로 제한하는 정책을 진지하게 고려해야 한다는 주장과 관련해 니츠로부터 지원을 받았다.[12]

원자무기 전략의 반대자들은 핵무기 의존도를 줄이려는 시도에서 실패했다. 곧 그들의 가장 강력한 옹호자들 가운데 두 사람이 정부에서 떠났다. 2월에 릴리엔탈이, 6월에 케넌이 떠난 것이다. 그들의 실패(그리고 거의 확실한 원자무기 전략의 성공)는 두 개의 외형상 모순되는 요인들이 상호작용한 결과였다. 즉, 소련의 위협에 대한 우려 증대와 대통령의 경제관에 의해 국방 프로그램에 부과된 억제가 그 두 가지 요인이었다.

트루먼의 국방비 상한선

대통령과 백악관 및 예산실 주요 보좌관들은 국가안보는 '건전한 경제'와 강력한 공군력에 똑같이 달려 있다고 믿었다. 트루먼은 1948년 선거운동 당시 우리 경제는 연간 150억 달러 이상을 국방비에 지출할 여유가 없다고 잘라 말했다. 1949년 7월 그는 불황의 압력으로 이 상한선에서 추가로 20억 달러를 삭감했다. 전문가들의 견해는 군비 지출은 경제를 자극하기보다 오히려 경제적 유출이라는 것이었고, 이런 경제적 사고에 따라 정치와 경제 지도자들이 성장을 다시 살릴 방안을 모색했다는 것이다. 국방예산소위원회의 위원장인 조지 H. 마흔(George H. Mahon, 1900~1985, 민주당 텍사스) 하원의원은 하원에서 이렇게 말했다. "무력 분쟁에 대한 완벽한 준비태세를 장기간 유지함으로써 우리나라를 파산시키고 우리 경제를 말살시키는 것보다 우리의 잠재적인 적을 더 즐겁게 하는 일은 없을 것이다." 대통령은 국방 관련 기관의 긴축을 강행하기 위해 루이스 존슨을 국방장관에 앉혔다. 1952년 민주당의 대선 후보로 지명될 야망을 키우고 있던 신임 국방 총수는 군비지출 감소와 관리 개선에서 그렇게

할 수 있는 잠재적인 기반을 보았다.[13]

　트루먼은 공군과 공군의 억지 역할에 관심이 많았음에도 불구하고 1950회계연도의 국방비 제한 변경을 거부했다. 하원 군사위원회의 신임 위원장 칼 빈슨(Carl Vinson, 1883~1981, 민주당 조지아)은 공군의 장거리 폭격기와 10개 비행단 증설에 소요되는 8억 달러를 확보하기 위해 해군과 육군의 예산을 삭감하는 투쟁에 성공했다. 소련이 최초로 원자탄 폭발 실험에 성공하여 미국에 충격을 준 것이 불과 두 달 전의 일이었다. 그렇지만 대통령은 1949년 10월 29일 예산 법안에 서명하면서 추가 자금을 지출하지 않을 것이며, 공군을 48개 비행단으로 유지할 것이라고 언명했다. 이 당시 트루먼의 긴축예산에 대한 집착은 소련의 위협보다 우선했다.[14]

　소련의 핵 능력 증대에 비추어 미국의 전략 프로그램을 평가하는 임무를 맡은 관리들에게 가장 중요한 실질적 현실은 국방예산에 대한 대통령의 상한선이었다. 이 그룹의 대부분 인사들이 자기들이 맡은 일은 국방예산을 늘려야 한다는 것임을 확신하는 가운데 그들이 표적으로 삼을 인사는 오직 한 사람, 해리 트루먼뿐임을 모든 사람이 깨닫고 있었다.

신중한 매파 만들기

　전략평가 초안을 작성하는 임무를 맡은 그룹의 과제는 명백했다. 그러나 시간이 짧았다. 니츠는 이 연구의 알맹이를 만들어내는 중심인물이었으며, 이런 도전에 대한 그의 준비태세는 전통적인 외교부 관리와 같지 않았다. 니츠는 남북전쟁 이후 볼티모어에 정착한 독일 이민자의 손자였으며, 인격 형성기를 시카고 남부에서 보냈다. 거기서 그의 아버지는 30년 동안 시카고대학의 로망스어문학부의 과장이었다. 가족과 함께 여름에 그는 유럽을 여러 번 여행했으며, 제1차 세계대전이 발발한 1914년에 오스트리아와 독일에 있었다. 뮌헨에서 그는 '애국적 열정'으로 가득 찬 군중을 헤치고 전장으로 행군해나가는 독일 병사들을 직접 목격했다. 15살에 유니버시티 고등학교(University High School)를 마치고 하버드대에 등록하기에 앞서 호치키스(Hotchkiss) 기숙학교(코네티컷 주 레이크빌에 있는 대학준비 사립학교_ 옮긴이)에서 2년을 보냈다. 하버드대에서 그는 최고 학년에서만 진지한 학생이 되었으며, 그때 경제학에 집중해 최고 학년 논문이 최우등상(summa cum laude)을 받았다.[15]

니츠는 1928년 졸업한 뒤 경제계로 진출하여 첫 해는 낮은 수준의 일자리에서 보내는 가운데 독일에서의 투자기회를 평가하기 위해 8개월 간 유럽을 여행했다. 독일의 전망에 관한 그의 논리정연하면서도 부정적인 보고서는 투자 금융회사 딜런, 리드 앤 컴퍼니의 사장 클라렌스 딜런(Clarence Dillon, 1882~1979)의 주목을 받았다. 미국이 급격한 불황 전야에 처했다고 확신한 딜런은 전국 네트워크의 사무실을 폐쇄하고 4,000명의 종업원을 해고했다. 하지만 이 빼어난 은행가는 젊은 니츠로부터 깊은 인상을 받아 감원의 와중에도 그에게 월스트리트에 잔류한 50명의 핵심직원 그룹을 거느린 책임자 자리를 제공했다. 1929년 10월 니츠가 딜런 리드에서 일하기 시작한 지 며칠 안 되어 검은 화요일이 터져 월가의 주식이 기록적으로 대폭락했다. 그는 그 후 11년 동안 투자 뱅커로 일했는데 딜런 리드에서는 1년밖에 근무하지 않았다. 이 기간 동안 그는 필리스 프랫(Phyllis Pratt)과 결혼했다. 그녀는 유명한 변호사이자 스탠더드 오일의 상속인인 아버지 존 틸 프랫(John Teele Pratt, 1873~1927)과 맨해튼의 실크스타킹 지역 공화당 의원인 어머니 루스 베이커 프랫(Ruth Baker Pratt, 1877~1965) 사이에서 출생한 딸이다. 이 젊은 뱅커는 건전한 투자를 했으며, 아내의 상속으로 니츠와 그의 가족은 제2차 세계대전이 시작되었을 때 재정적으로 독립했다.[16]

1940년 여름 전쟁이 유럽 전역으로 확산되자 니츠는 워싱턴으로 가서 그의 친구 겸 멘토인 제임스 포레스탈의 보좌관이 되었다. 당시 딜런 리드의 사장이었던 포레스탈은 워싱턴으로 불려가 프랭클린 루스벨트의 특별보좌관 6명 중한 명이 되었다. 그는 나치 독일과 필사적인 전투를 벌이는 영국과 프랑스를 원조하기 위해 군수 생산이 확장될 것을 예상하고 업계와의 관계개선 작업을 했다. 일본이 진주만을 공격한 이후 니츠는 경제전쟁위원회의 금속 및 광물부 책임자가 되었다. 이 위원회는 1943년 대외경제관리청으로 재편되었고, 니츠는 여기서 해외조달국장이었다. 이 관리청 책임자와의 갈등으로 니츠는 1944년 가을 사임했지만 즉시 새로 설립된 전략폭격조사국장에 임명되었다. 독일을 잘 알고 독일어를 제대로 구사하는 능력으로 인해 그는 연합국 전투부대를 바싹 따라 해당국으로 들어가는 팀을 이끌었다. 그들의 임무는 연합군의 폭격 효과를 평가하고, 일본과의 전쟁을 끝장내기 위해 공중폭격을 가장 잘 활용하는 방법에 관한 제안을 개발하는 것이었다. 이 팀이 내린 결론은 볼 베어링 공장과 비행기 기체 제조공장 따위의 최종 생산품을 파괴하기 위해 집중적인 노력을 기울이는 것은 효과가 별로 없다는 것이었다. 그 대신 유류, 가스, 화학제품과 같은 기초산업을 표적으로 하고 수송망을 파괴하는 것이 전반적인 독일의 군수품 생산에 훨씬 더 많은 손실을 입혔음이 입증되었던 것이다.[17]

9월 초 니츠는 새로운 팀과 함께 일본에 도착해 확장된 임무를 수행했다. 폭격작전의 효율성을 평가하는 일에 덧붙여 이 팀은 원자폭탄이 일본의 정치적 의지와 전쟁 생산에 미친 효과를 평가했고 일본이 항복 결정을 어떻게 내렸는지도 알아보았다. 또한 대통령은 전후 군대의 재편과 공군의 역할에 대한 건의를 하도록 지시했다. 조사팀원들은 독일에서보다 일본에서 파괴의 수위가 더높은 것을 발견했다. 그 이유는 주로 목재로 지어진 건물들에 소이탄이 집중투하되었기 때문이었다. 그들의 보고에 의하면 히로시마와 나가사키에 투하된원자탄은 두 도시를 황폐화시키긴 했지만 전시 생산을 심각하게 중단시키지는 않았다. 최종보고서의 주 작성자로서 니츠가 내린 결론은 일본경제가 매우 심각하게 타격을 입었기 때문에 원자탄을 사용하거나 본토 침공을 하지 않았더라도 일본이 1945년 11월에는 항복할 가능성이 있었다는 것이었다.[18]

전략폭격에 대한 조사를 주도한 경험은 니츠의 경력에 커다란 전환점이었다고 역사가 스티븐 리어든(Steven Rearden)은 주장한다. 그런 경험으로 인해 니츠는 현대전의 복잡성과 새 무기의 파괴력에 처음으로 몰입했던 것이다. 보고서에서 새 전략분석관은 국방계획에 경제적·과학적·군사적 증거들을 통합할 것을 요청했다. 그는 무기 연구개발의 활발한 프로그램, 대폭 개선된 정보 및 현대무기 기술을 기반으로 군복무의 임무가 명확하게 부여된 통합된 국방부를 주장했다. 또한 그는 어떤 잠재적인 침략자라도 억지하기 위해 미국의 국방 능력을 강화할 것을 강력하게 촉구했다. 여러 측면에서 태평양전쟁에 관한 니츠의 최종보고서는 'NSC 68'의 전신으로 보일 수 있다. 또한 폭격 현황에 대한 조사는 니츠의 전 경력을 특징 지워주는 많은 특성을 보여주었다. 그는 예리한 지성, 철저한 분석기술, 권위와 관습적 지혜 모두에 의문을 제기하는 의욕, 대단한 조직력, 비상한 신체적·정신적 인내력, 확신에 대한 열정적 옹호를 보여주었다.[19]

1946년 말 니츠는 국제무역정책실의 부실장으로 국무부에 들어갔다. 그는 그리스와 터키에 대한 경제 및 군사 원조 프로그램을 설계하는 일을 도울 때 새 관료조직에서 신속하게 중요한 플레이어가 되었다. 그 원조 프로그램은 1947년 3월 트루먼 독트린 배후의 실체에 해당하는 것이었다. 1947년 하반기 그는 마셜 플랜하에서 복잡한 경제 및 상호원조 계획을 개발하는 데 중심적인 역할을 했다. 그는 프로그램의 상세한 내용을 완전히 파악하고 때때로 의회의 적대적인 의원들 앞에서 효과적으로 증언하는 능력을 갖고 있었기 때문에 입법부에서 예산안을 통과시켜줄 것을 주장하는 일에서 주요한 증인이었다. 트루먼이 재선된 다음 니츠는 국무부의 경제 담당 부차관보가 되었으며, 독일과 오스트리아 문제에 관해 소련의 고위 대표단과 처음으로 협상을 경험했다. 그는 딘 애치슨 국무장관의 측근으로 일했다. 하지만 명백한 성공에도 불구하고 오스트리아의 평화 정착을 위한 그들의 제안은 마지막 순간에 소련에 의해 거절되었다. 이 문제는 소련의 새 지도층이 자리를 잡은 1955년에 와서야 해결되었다.[20]

니츠는 1949년 여름 국무부 정책기획실의 부실장이 되었다. 케넌은 냉전하에서 미국의 정책이 그가 반대하는 방식으로 굳어져가고 있음을 인식하자 곧 물러날 뜻을 발표하고 회의실로 자리를 옮겼으며, 니츠가 그의 사무실을 차지해서 그 해의 나머지 기간 동안 소수의 기획진의 활동을 지휘하도록 했다. 애치슨은 새로 자리에 앉은 니츠에게 국방부와의 의사소통을 개선하고 정책기획실에 경제 전문성을 도입할 것을 주문했다. 또한 핵무기에 관한 새 부실장의 견해들이 이런 결정의 한 가지 요인이었다. 수소폭탄에 관한 논의가 드러내 보여준 바와 같이, 미국이 국방전략의 핵심으로 가장 발달된 유형의 핵무기에 의존해야 한다는 니츠의 확신은 애치슨의 지지를 받았다. 이와 대조적으로 핵무기를 국제적으로 통제하고 그 전략적 역할을 축소해야 한다는 케넌의 이상주의적 주장은 소련의 원자탄 실험이 성공한 뒤로 행정부 안에서 별로 지지를 받지 못했다. 1949년 가을 니츠는 주로 두 가지 이슈에 매달렸다. 즉, 수소폭탄의 개발을 추구할 것인가, 그리고 중국에서의 공산당 승리에 어떻게 대응할 것인가 하는 문제였다. 지도적인 핵 전문가들과 상세하게 면담을 한 다음 그가 내린 결론은 소련 과학자들이 수소폭탄 제조 작업을 할 가능성이 높다는 것과 미국은 스스로 강력한 신무기 개발에 뒤져서는 안 된다는 것이었다. 이런 주장은 그날 NSC 특별위원회로 이어졌으며, 가장 중요한 것은 트루먼 대통령에게 전달된 것이었다. 니츠는 1950년 1월 1일 공식적으로 기획실장이 되었기 때문에 그의 다음 업무는 수소폭탄을 개발하기로 하는 최종결정의 한 가지 요소인 전략적 검토를 지휘하는 일이었다.[21]

NSC 68 초안의 작성

대부분의 정부 보고서와 마찬가지로 NSC 보고서 68은 즉시 필요했기 때문에 초안이 서둘러 작성되었다. 대통령은 1950년 1월 31일 현안 검토 보고서를 제시하라는 공식 지시를 내렸으며, 완성된 보고서는 의견을 수렴하기 위해 3월 30일 국무부의 차관보들과 여타 고위 관리들에게 회람되었다. 트루먼은 지시에서 수소폭탄 개발을 진행하기로 한 결정을 발표하고, "소련의 현재 개연성 있는 원자폭탄 능력과 미래의 가능한 수소폭탄 능력에 비추어 평화 시와 전쟁 시 우리의 목표와 전략계획상 이런 목표들의 효과를 재검토할 것"[22]을 애치슨 국무장관과 존슨 국방장관에게 지시했다.

국무부-국방부의 정책 검토 그룹 멤버들이 데이터를 수집하고 사고를 형성해나가는 동안 워싱턴과 전국에서는 소련에 대한 위협 의식이 점증했다. 니츠는 2월 2일 열린 국무부 장관이 주재하는 간부회의에서 전쟁의 위험에 대한 질문을 받았으며, "위험이 작년 가을보다 현저히 더 크다"고 답했다고 보고했다. 니츠는 기획실 직원들과 논의한 다음 '가장 가까운 장래'에 소련과 전쟁을 할 개연성에 관해 보고서를 쓰도록 존 페이튼 데이비스 주니어(John Patton Davis Jr., 1908~1999)에게 지시했다. 한편 니츠 자신은 '최근의 소련 동태'에 관한 보고서를 완성했다. 여기서 그는 "소련은 이미 미국을 패배시키는 데 전념하고 있다"고 주장하면서도, 최근의 사건들을 보면 "모스크바가 가까운 장래에 서방에 대한 전면적인 군사 공격을 개시할 준비를 하고 있지는 않다"고 지적했다. "하지만 그들은 국지적인 무력 사용을 포함해서 일련의 행동을 취할 의욕을 과거보다 더 많이 시사하고 있다. 국지적 무력 사용은 우발적으로 전면적인 군사 분쟁의 발발로 이어질 수도 있는 것이다. 따라서 오판으로 인한 전쟁 가능성은 증대되고 있다." 니츠 기획실장이 보기에 소련이 관심을 두고 있는 기본적인 지역은 중국에서 확고한 지배를 구축하고 인도차이나, 한국, 베를린, 오스트리아에서 공산당의 입지를 개선하는 것이었다. 그리고 그는 "소련이 이런 상태를 정치적 압력을 가중시키기 위해 유리하고 필요한 순간이라고 생각하며, 실현 가능할 때 주변지역의 모든 곳에서 또는 가장 소프트한 지점을 대상으로 공격적인 정치 행동을 취할 것이다"라고 결론을 내렸다.[23]

이 몇 주 동안 애치슨은 소련의 행동에 대해 공개적으로 여러 차례 비판적인 발언을 했다. 1월 12일 내셔널 프레스클럽에서 행한 중대한 연설에서 국무장관은 공산주의를 '러시아 제국주의의 선봉대'라고 묘사하고 "중국의 북부 4개 지방을 병합하려는 소련의 시도는 외국 열강의 아시아와의 관계에 있어서 단 하나의 가장 의미 있고 가장 중대한 사실"이라고 주장했다. 그는 2월 8일 기자회견에서 유럽과 아시아의 "취약한 상황이 소련 정부로 하여금 거친 파도에서 낚시질을 하도록 저항할 수 없는 초청장"을 보낸 방식에 대해 언급했다. 그는 2월 16일 백악관에서 개최된 광고협의회에서, 3월 16일 캘리포니아대학 버클리 캠퍼스에서 소련과의 다양한 긴장 상태에 관해 언급했다. 그리고 그 이전의 연설에서 그는 퉁명스럽게 이렇게 언명했다. "우리가 어려운 경험을 통해 발견해낸, 소련을 대하는 유일한 방법은 상황강도(situations of strength)를 조성하는 것입니다. 소련이 약점이나 분열을 찾아내는 곳 어디에서나 ― 그리고 소련은 그런 것을 신속하게 찾아냅니다 ― 소련은 그런 것들을 충분히 이용합니다."[24]

NSC 68의 작성자들은 국방부와 CIA로부터 나오는 소련의 위협에 대한 새롭고 더 높은 판단서도 보았다. 1월 31일 합동참모본부를 대표하여 알프레드 M. 그륀터(Alfred M. Gruenther, 1899~1983) 중장은 3개 부처가 집단적으로 작성한 보고서를 제출했는데 제목은 "미국 대륙을 표적으로 한 원자탄 공격 위협 증대에 대비한 방위 조치의 필요성"이었다. 2월 1일 NSC에 제출될 이 보고서는 주요한 미국의 표적에 16개의 원자탄이 투하되었을 때 나타날 수 있는 효과를 검토했다. 이 보고서의 표지에서 그륀터는 이렇게 언명했다. "대통령이 우리가 소련의 원자폭탄 실험 증거를 갖고 있다고 발표한 1949년 9월 23일 금요일은 우리에게 진주만이나 히로시마와 같은 역사적인 날이다. 왜냐하면 그것은 제2차 세계대전을 종식시켰고 이제는 소련도 생산하는 것으로 우리가 믿고 있는 원자폭탄이, 장차 1941년의 진주만 공격보다 무한하게 더 큰 규모로 새로운 유형의 공격을 우리에게 가하기 위해 사용될 수도 있는 가능성을 제기했기 때문이다."

최근의 정보 분석에 의해 그는 소련이 1950년 중반까지 원자탄을 10~20개, 1953년 중반까지 70~135개를 비축할 것이라고 결론지었다. 2월 10일 CIA는 유사한 주제의 보고서를 발표해서 소련은 1953년까지 나가사키 유형의 폭탄을 100개, 1955년 말까지는 200개 비축할 것으로 전망했다. CIA는 고도의 전문 보고서에서 미리 정해진 표적에 200개의 원자탄이 투하되면 "미국이 전쟁을 수행할 수 없을 정도로 결정적인 타격을 입을 것"이라고 추정했지만, 200개의 표적에 성공적으로 도달하는 데 얼마나 많은 원자탄이 필요할 것인지는 제시할 수 없었다. CIA는 소련이 원자탄을 보유함으로써 미국이 총체적으로 전쟁을 수행할 수 없게 만들 수 있다고 느낄 때 더욱 모험적인 행동을 하게 될 것이라고 주장하면서 "소련이 미국에 대해 전면적인 원자탄 공격을 감행할 결정적인 시기는 1956~57년 이전은 아닐 것"[25]이라고 천명했다.

소련의 능력이 증가할 것이라는 예측은 정책 검토 그룹 가운데 국방부 쪽 사람들에게 특히 강한 영향을 미쳤다. 고위 장교 2명이 CIA 보고서에 가한 비판에 근거해서 로버트 르배런(Robert LeBaron)은 2월 20일 존슨 장관에게 보고했다. "이런 가설로 볼 때 소련의 원자탄 및 수소폭탄 능력은 최근 CIA 추정에 포함된 것보다 훨씬 높다." 며칠 뒤 나지브 할라비(Najeeb Halaby, 1915~2003)는 국방장관에게 지난 수년 사이에 소련이 10개 범주에서 미국과 관련된 위상을 개선했다고 서면 보고하며 이렇게 말했다. 동맹국들이 나토에 가입했을 때 "그 나라들은 주로 원자탄 독점에 기초한 미국의 리더십, 원조 및 힘에 목숨을 걸었다. … 이제 그 나라들은 '대소련 투쟁'에서 미국과의 협력을 둔화시키고 더욱 중립적인 입장을 취해서는 안 된다고 생각한다". 이와 같이 잘 조화된 일련의 조언들로 인해 루이스 존슨은 2월 24일 대통령에게 수소폭탄을 위한 '전면적인 계획'을 제안하기에 이르렀다. 그는 적극적인 조치를 취하지 않으면 국가안보가 위태로워질 것이라고 주장했다.[26]

케넌은 중남미로 장기 출장을 떠나기에 앞서 소련의 위협이 확대되고 있다는 점증하는 컨센서스의 기를 빼려고 시도했다. 그는 "우리가 통제할 수 없는 사건들에 의해 '냉전'이 갑자기 우리에게 불리하게 방향전환을 할 것이라는 인상을 정당화할 수 있는 것은 별로 없다"고 주장했다. 그는 중국의 붕괴와 소련의 원자탄 능력이 오랫동안 예상되어왔으며, 미국의 국제적인 위상을 근본적으로 변경시키는 것은 아니라고 지적했다. "그리고 우리가 스스로 현재 순간에 어떤 심한 곤경에 처했다는 느낌을 갖는 한 그런 감정은 대부분 우리 자신이 만들어낸 것이다." 소련이 도전하고 있다는 주장의 요지는 이념적이고 사회적인 수준의 것이었다. 그리고 케넌은 정치적 봉쇄정책과 국내 활성화는 여전히 유효하고 지속되어야 한다고 주장했다. 그는 이렇게 언명했다. "군사적인 영역에서 우리는 우리의 전쟁계획상 현재의 원자무기 의존을 제거하기 위해 즉각 조치를 취해야 한다." 미국은 국방상의 필요를 충족하는 준동원 국가[27]를 향해 움직일 개연성이 있었다.

인내력과 예민성을 갖자는 케넌의 호소를 귀담아 듣기를 원하지 않던 정책입안자들은 더욱 강력한 외교 조치를 취하라는 여론조사 결과에서 자신들의 강경노선을 따를 타당한 이유를 받았다. 3월 첫 주에 분석된 미디어와 여론의 조사 결과에 의하면 대부분의 미국인들은 "동서관계에서 긴장상태가 일정 기간 지연되는 데 대해 준비가 되어 있으며," 정부 지출을 크게 늘리지 않는 상태에서 소련에 대해 좀 더 강경한 정책을 취하는 데에 동의했다. 이런 견해를 지지하는 추가 증거는 국무부의 공공문제 담당 차관보인 에드워드 배럿(Edward Barrett, 1910~1989)에게서 나왔다. 그는 최근 며칠 동안 의회 의원들과 나눈 대화가 "위험하게 될 수 있는 어떤 종류의 대담한 행동을 취하라는 대중의 압력 증대"[28]를 반영하는, 그들에게 배달된 우편물을 암시하는 것이었다고 보고했다.

이런 여론 평가는 국무부-국방부 정책 검토 그룹이 자체 보고서 초안을 원로 정치인과 전문가들이 연속적으로 검토하고 있던 바로 그 시점에 그들에게 전달되었다. 6명의 외부 컨설턴트 중 오직 2명 ― J. 로버트 오펜하이머와 제임스 코넌트 ― 만 보고서의 일정 부분에 상당히 동의하지 않는다는 목소리를 냈다. 그로부터 수개월 동안 이 두 유명 과학자는 다른 유명한 국가 지도자들과 함께 현존 위험 위원회(the Committee on the Present Danger)를 형성했다. 이 그룹 회의에서 오펜하이머는 국방비의 증액 필요성을 인정하고 대중에게 현재의 국제 정세에 관한 사실들을 설명하기 위한 야심찬 계획을 강력하게 지지했다. 하지만 동시에 그는 기술 정보에 관한 정부의 비밀을 현저히 축소할 것을 요구했으며, '완전한 원자탄 의존' 태도의 변화를 촉구했다. 하버드대학 총장인 코넌트는 이 보고서의 조사 부분이 미국의 시야를 '너무 높게' 잡았다고 불평했다. 그는 "크렘린 희생자들의 자유회복과 소련 시스템에 자유를 가져와야 된다"는 목표에 특히 반대했다. 그는 "향후 20년 동안 우리의 목표는 … 소련 및 그 위성 국가들과 전쟁을 회피하면서 관용의 조건으로 사는 것이어야 한다"고 제안했다. 그는 "공중폭격의 효과에 대한 큰 의구심"을 표명하면서 "전략 공군력을 삭감하고 지상군과 전술 공군력을 더 강조할 것"을 제시했다. "그는 공군력을 더 갖는 것보다 무장 병력을 100만 명 더 갖는 것이 낫다고 믿었다."[29]

지금까지 검토 그룹의 작업을 가장 강력하게 지지한 사람은 6개월 안에 국방차관으로 임명받게 되어 있던 로버트 로벳이었다. 그는 미국의 군사력이 증강될 필요가 있다는 기본적인 결론에 전적으로 동의하면서, 이는 "대중에게 사실을 알릴 것"을 필요로 한다고 강조했다. 그는 이렇게 언급했다. "우리는 우리가 현재 일종의 도덕적 갈등 상황에 처해 있음을, 즉 우리가 지금 과거에 경험한 어느 전쟁보다 더 악화된 전쟁 상태에 있음을 깨달아야 한다. 아직까지 총격이 많지 않다고 해서 우리가 냉전 중이라는 것을 의미하지는 않는다. 그것은 냉전이 아니라 열전이다. 이 전쟁과 과거의 전쟁 사이의 유일한 차이는 죽음이 보다 서서히, 그리고 다른 방식으로 다가온다는 것이다."

이런 위협에 대처하기 위해 로벳은 몇 가지 사항을 요망했다. 즉, 정보기관의 품질을 크게 향상시킬 것, 각료급의 인정받는 지도자가 책임자인 그룹에 의해 냉전 활동을 조정할 것, 그리고 선전 프로그램을 강화할 것 등이었다. ― 또한 그는 이렇게 말했다. "우리는 경제전쟁의 모든 방법을 동원함으로써 적이 예정을 잡지 못하고 균형을 잃어버리도록 만들 수 있을 것이다. 그렇게 하면 우리 진영과 적의 진영에 모두 좋은 심리적 효과가 있을 것이다. 달리 말하자면, '더러운 속임수를 전담하는 부서(Department of Dirty Tricks - CIA)'의 노력은 여타의 모든 기관의 노력과 부합해야 한다." 이 존경받을 만한 투자은행가는 국방에 필요한 추가 비용은 미국경제에 이득이 되어야 한다고 주장했다. 그리고 그는 소련에 도전하는 프로그램은 군사력 증강이 마무리될 것을 기다릴 것이 아니라 즉시 시작할 것을 촉구했다.[30]

3월 30일까지 검토 그룹은 보고서를 완성하고 국무부와 국방부 고위 관리들의 반응을 알아볼 준비가 되어 있었다. 애치슨 및 작성자들과 가진 예비 회합에서 루이스 존슨은 이 모든 노력을 가리켜 군부와 국무부가 국방 지출을 늘리기 위한 음모라고 매도했다. 모든 검토 작업을 중단시키겠다는 그의 천명에도 불구하고 국방장관은 이 조사사업을 저지하거나 새로운 방향으로 돌릴 수 없었다. 니츠는 단결력이 강한 조사팀을 구성하고 그 안에서 개인적인 지배력을 구축했다. 그는 검토 작업을 굳건한 관료적 위치에서 시작했다. 왜냐하면 대소련 강경 정책과 수소폭탄 제조에 관한 그의 견해는 이미 애치슨의 지지를 받았고, 그런 과정에서 니츠가 케넌을 대체해 정책기획실장이 되도록 이끌었다. 검토 그룹에서 국무부의 대표는 그의 정책기획실 부하이거나 고든 아르네손(Gordon Arneson)처럼 다른 부서 소속이지만 대소련 태도를 그와 공유하는 인사였다. 고위 국방부 관리인 제임스 H. 번스(James H. Burns) 소장은 재래식 군대의 증강과 원자력 기동타격대의 지속적인 개발 필요성에 대해 근본적으로 국무부 동료들과 뜻을 같이 했다. 존슨 장관과의 직접적인 충돌을 회피하기 위해 번스와 조사그룹의 여타 멤버들은 구체적인 국방예산 증가와 예산 함의에 대한 논의를 피하기로 합의했다. 개인적으로 이 그룹의 대부분의 멤버들은 그들이 고려하는 군비증강을 하려면 수년 동안 국방 지출이 연간 400억 달러에 이를 것이라는 데 의견을 같이 했다.[31]

NSC 68은 NSC에 의해 원만하게 검토 작업이 진행되었다. 애치슨과 여타 인사들은 존슨이 보고서를 휘하 고위 관리들에게 신속하게 회람시킨 것을 보고

놀랐다. 그는 4월 11일 이 보고서를 승인해서 대통령에게 제출했다. 니츠 그룹의 노력의 결과물은 4월 20일 NSC에서 논의될 예정이었다.[32]

메시지: 실체와 논조

독립 국가들이 단일 국가의 패권을 용납하지 않는 전통적인 세력균형이 위험에 처해 있다는 주장으로 NSC 68은 시작한다. 제2차 세계대전의 결과 소련과 미국은 유일한 양대 강국으로 남았다. 하지만 "소련은 패권을 열망했던 그이전의 나라들과 달리 우리와 상반된 새로운 광적 신념으로 가득 차 있으며, 세계의 여타 국가들에 소련의 절대적인 권위를 강요하려 한다". 소련의 지배에 반대하는 유일한 강대국인 미국은, "만약 크렘린이 그 자신의 근본적인 계획을 달성하려 한다면 수단을 가리지 않고 체제의 보전과 생명력을 와해시키거나 파괴해야 하는 주적이다".[33]

이 보고서의 주장은 이러하다. "생각과 가치의 영역에서 법치하의 자유에 대한 생각과 크렘린의 음침한 과두정치하의 노예제에 대한 생각 사이에는 근본적인 갈등이 있다." 자유에 대한 생각은 노예사회에 부식 효과를 지니며, 이것을 알고 있는 스탈린은 소련 내부와 공산세계 전체에 절대적인 지배를 강요하고 있다. "현재 자유체제에 대한 공격이 전 세계적으로 자행되고 있으며, 현재와 같이 권력이 양극화된 정황에서 어느 곳에서건 자유체제가 패배하면 모든 곳에서 패배하는 셈이다."[34]

이와 같이 위협 받고 있는 상황에 처한 미국의 목적을 검토하면서 정책 검토 그룹은 1948년 11월 23일자 NSC 보고서 20/4에 제시된 기본적인 봉쇄 목표는 여전히 유효하다고 천명한다. 하지만 국제 상황의 변화에 따라 강조점의 추가 및 변경이 요구된다는 것이었다. "소련이 원자탄 능력을 보유할 개연성과 수소폭탄을 보유할 가능성에 더하여 투쟁도 강화해감에 따라 우리는 소련 체제의 특성이 변화하지 않는 한, 그리고 그 특성이 변화할 때까지 위기의 계속적인 완화를 기대할 수 없다는 사실을 직시해야 한다." 이런 소련 체제의 특성 변화 요구는 NSC 68의 국가안보 목표에서 언급된 가장 주목할 만한 새로운 요소를 보여주고 있다.[35]

목표를 달성하기 위해 사용할 수단과 관련한 검토 그룹의 주장은 이전의 규범으로부터의 더 큰 일탈을 반영하고 있다. 작성자들은 미국이 기본가치를 보호하기 위해 필요한 조치는 무엇이든 취해야 된다고 언명한다. 즉, "우리 체제의 도덕성은 크렘린의 계획을 좌절시킬 목적에 이바지하는 어떤 조치에 의해서도 위험에 처하지 않을 것이다. 그 조치들이 은밀하든 명시적이든, 폭력적이든 비폭력적이든 간에 그러하다. 또한 우리가 행동과 아울러 언어에서 우리의 가치를 확인할 필요가 있다고 해서 그런 조치들이 금지되지도 않는다. 다만 그런 조치들은 목적을 위해 적절하게 계산되어야 하고, 과도하거나 방향을 잘못 잡아서 우리가 인민을 노예로 만든 악인들이 아니라 그 인민의 적이 되는 일은 없어야 한다". 이런 수사적 표현 안에 전 세계 공산주의 운동에 반대하는, 그다음 단계의 수많은 행동들을 정당화하는 씨앗이 놓여 있다.[36]

소련의 의도와 능력을 추정하면서 검토 그룹은 크렘린의 대미국 정책이 "증오와 공포가 특이하게 혼합된 독성물질에 의해 활성화되어 있으며, 크렘린이 불가피하게 호전적"이라고 언명한다. 합동참모본부는 대규모 전쟁이 1950년에 발발할 경우 소련의 군사능력을 이렇게 추정했다. 즉, 이베리아 반도와 스칸디나비아 반도 정도를 제외한 서부 유럽을 유린하며, 근동과 중동의 산유국들을 몰아가고, 극동에서 획득한 이득을 공고히 하며, 영국을 공습하고 대서양과 태평양의 서방 통신선을 공중과 바다에서 공격하며, 미국과 캐나다의 선정된 표적에 원자탄 공격을 가할 수 있으리라는 것이다. 일치된 정보판단에 의하면, 소련의 원자탄 비축량은 1950년 중반까지 10~20개, 1952년 중반까지 45~90개, 1954년 중반까지 200개에 이를 것으로 예측되었다. 정보전문가들은 한걸음 더 나아가 1954년 중반까지 소련은 미국 내 표적에 100개의 원자무기를 운반할 수 있는 능력을 가질 것으로 예측했다(발사된 것 중 50%가 표적을 맞출 것으로 가정). 또한 소련이 수소폭탄을 개발하고 있으며 동시에 공습에 대한 방어 능력을 개선해가고 있음을 보여주는 좋은 증거도 있다.[37]

이 보고서 작성자들의 주장에 의하면, 소련의 이론과 실천은 크렘린이 전복과 침투에 의해 우리 사회의 모든 기초적인 제도를 훼손하는 작업을 추진하고 있음을 보여준다는 것이다. "동시에 소련은 침투를 위협으로 뒷받침하기 위해 압도적인 군사력을 만들어내려 하고 있다." 소련은 원자탄을 보유함으로써 기습공격과 우리를 대상으로 더욱 무자비한 냉전을 시행할 기회가 늘어나고 있다. "소련은 또한 우리가 직접 공격을 받지 않으면 원자전에 뛰어들지 않을 것으로 계산하고 타국에 대한 점진적인 공격을 중요하게 여긴다."[38]

보고서 작성자들은 '원자력 군비'라는 제목의 섹션에서 가장 중요한 주장들을 제시하고 있다. 이 부분의 연구는 핵무기와 재래식 무기의 증강을 위한 사례와 함께 원자력 전략 비판가들 ─ 그중에서 가장 주목할 만한 인물은 케넌 ─ 에 대한 검토 그룹의 답변을 담고 있다. 그들의 주장에 의하면 미국은 현재 원자력의 우위를 확보하고 있다. 하지만 이러한 이점은 1954년, 소련이 핵 기습공격으로 미국 본토에 심각한 피해를 입힐 수 있는 능력을 확보하는 때가 오면 사라질 것이다.[39]

그런 다음 검토 그룹은 원자무기 전략에 대해 제안된 대안이나 수정안을 하나씩 거부해나간다. 이 기획자들은 핵무기의 제거, 미국이 핵무기의 선제 사용국이 되지 않겠다는 약속, 그리고 포괄적인 국제 통제 등에 반대하면서 결과적으로 케넌의 제안을 모두 파기하고 그를 은퇴하게 만들었던, 소련 행태에 대한 가설들의 유형을 드러내 보여준다. 기이한 순환논리 속에서 그들은 소련이 우리가 현재 추정하는 바와 같이 1954년까지 원자무기를 개발한다는 가정 아래 이렇게 주장한다. "전쟁이 터질 경우, 소련 지도자들이 다른 수단에 의해 자기들의 목표를 달성할 수 있다고 완전히 확신하지 않는다면 원자무기의 사용 자제를 생각할 수 없을 것이다." 소련과의 협상에서는 항시 '선의의 부재'를 가정할 필요가 있다고 논의한 뒤에 그들은 부정적인 추정과 함께 결론을 내린다. "국제 통제를 위한 효과적인 계획의 협상은 바랄 수가 없다. 그렇게 되려면 소련의 정책에 진정하고도 극적인 변화가 일어나 크렘린의 계획이 무산되어야 한다. 그때에 가서야 협상이 가능할 것이다."[40]

최종분석 섹션에서 검토 그룹은 미국에 열려 있는 4개의 '가능한 행동과정들'을 제시한다. 여기에는 첫째 현재의 정책과 프로그램, 둘째 고립, 셋째 예방 전쟁, 그리고 넷째 자유세계의 '정치적·경제적·군사적 힘의 급속한 증강'이 포함된다. 광범위한 논의를 거친 뒤에 첫 번째 세 가지 행동과정은 거부되었다. 보고서 작성자들은 현재의 정책이 지속될 경우 소련의 핵무기 저장량이 늘어나는 만큼 미국의 상대적인 군사적 위상이 계속 악화될 뿐이라고 주장한다. 고립은 더욱 받아들일 수 없다. 왜냐하면 고립은 "마침내 우리로 하여금 소련과 비교하여 대폭 제한된 공격 및 보복 능력을 갖고 항복하거나 단독으로 방어전쟁을 펴야 하는 상황에 처하게 되기" 때문이다. 만약 미국이 전략적 균형을 수정하기 위한 필사적인 시도로 "소련에 기습공격을 감행한다면" 러시아가 "스스로 자신의 공격을 감행하기 전에 그런 공격을 기다리고 있을" 가능성은 없다. 제3의 대안인 전쟁은 미국에 이득이 별로 없는 것이다. 기획자들의 주장에 의하면, 소련에 대량의 원자탄 공격을 가한다 해도 "크렘린에 항복을 압박하거나 유도할 수 없을 것이며, … [크렘린은 자신의 통제 아래 있는 군사력을 이용해 유라시아의 대부분 또는 모두를 지배할 수 있을 것이다".[41]

검토 그룹이 볼 때 "우리의 근본적인 목적 달성에 일관되게 보조가 맞는 유일한 행동과정"은 광범위한 기반을 갖추고 신속하게 군비를 증강하는 것이었다. 여기에는 확장된 정치적·경제적·군사적 프로그램들이 포함된다. 당면목표는 우선 긴장과 압력을 완화하고 그런 다음 점차 멀어짐으로써 "냉전에서 새로운 이니셔티브를 확보하고 크렘린이 스스로 적응하기 편하다고 생각할 상황을 만들어내는 것이다". 미국은 이런 과정에서 저항할 수 있는 의지와 수단을 생성하고 동맹의 협조를 구해야 한다. "동시에 우리는 소련 내와 소련이 통제하는 여타 지역에서 크렘린의 권력과 영향력을 줄이기 위해 역동적인 조치들을 취해야 한다. 목표는 크렘린의 지배하에 있지 않은 우호적인 정권을 수립하는 것이다. 그런 행동은 크렘린의 주목을 받아서 그에 대한 반작용으로 균형감을 계속 잃고 소련의 지출을 증대하도록 만드는 데에 필수적이다. 다시 말하면 소련과 싸움을 하는 데에 현재 소련의 냉전 기법을 사용하는 것이다."

이런 성격의 프로그램은 부담이 크고 비용이 많이 들지만, 그렇다고 절반의 조치만 취하면 전쟁을 예방할 수 없기 때문에 비용이 더 비쌀 것이다. "예산상의 고려는 바로 한 국가로서 우리의 독립이 위태로울 수 있다는 냉혹한 사실에 비추어 부차적인 고려사항으로 취급될 필요가 있다."[42]

급속한 증강을 실현하자면 '군사 목적 비용지출의 실질적인 증가'와 국내 보안, 정보 및 시민 방어를 위한 프로그램의 개선이 필요할 것이다. 이와 같은 우선순위의 변경은 세금 인상과 '국방 및 외교 지원 이외 목적'의 연방 지출의 삭감을 필요로 할 것이다. 또한 보고서는 "특정한 전략적 위성국가에서 불안정과 봉기를 조장하고 지원할 목적으로 경제전쟁과 정치 및 심리전 분야에서 비밀수단에 의한 긍정적이고 시의적절한 조치와 공작을 강화할 것"을 요구한다. 이런 프로그램의 성공은 의회와 대중의 광범위한 초당적 지원을 획득하느냐에 달려 있다. 예산을 의식하는 백악관에 대해 이 보고서의 작성자들은 제2차 세계대전의 교훈을 상기시킨다. 즉, "미국경제가 완전 효율성에 접근하는 수준에서 작동할 때 민간 소비 이외의 목적으로 거대한 자원을 공급하는 동시에 높은 생활수준을 제공할 수 있다"는 것이다. 명확하지 않은 용어로 증강의 사례를 재강조한 뒤 검토 그룹은 결론을 내린다. "제안된 프로그램의 전반적인 성공은 궁극적으로 냉전이 사실은 자유세계의 생존이 걸려 있는 실제 전쟁이라는 것을 이 정부, 미국 국민, 그리고 모든 자유민이 인정하느냐에 달려 있다."[43]

요청에 대한 응답

NSC 68에 대한 반응을 요청받은 고위 국무부 관리들은 대부분 소련에 대해 더욱 강력하고 적극적인 대응을 취해야 한다는 제안에 동의했다. 하지만 비판의 수위를 높인 사람들도 많았다. 유럽실의 조지 퍼킨스(George Perkins)와 그의 대리 르웰린 E. 톰슨 주니어(Llewellyn E. Thompson Jr.)는 보고서의 결론에 동의했으나 그 결론이 적절한 분석으로 뒷받침되지는 못했다고 생각했다. 공공관계 활동실의 에드워드 W. 바렛(Edward W. Barrett)은 "전체 보고서가 내게는 거대한 군비경쟁, 급속하게 노후화할 재래식 무기의 거대한 증강으로 보인다"고 언명했다. 경제문제 차관보인 윌라드 L. 소프(Willard L. Thorp)는 소련이 경제력의 격차를 줄이고 있다는 보고서의 주장에 강력하게 반대하면서, 1949년 미국이 소련에 비해 2배를 투자했으며 미국의 국방예산은 162억 달러에 달한 반면 소련은 90억 달러에 불과하다는 점을 보여주는 수치들을 제시했다.[44]

가장 흥미롭고 가장 부정적인 국무부의 반응은 찰스 볼렌으로부터 나왔다. 그는 이렇게 반대했다.

> 크렘린의 근본적인 계획은 세계지배다. 이것이 크렘린의 주요 목적이고 이를테면 존재이유라는 뜻이라면, 이는 여타 모든 고려사항들이 이 주목적에 종속되며 그 목적의 달성을 위해 큰 위험을 감수할 수도 있다는 함의를 지닌다. 따라서 보고서는 문제를 지나치게 단순화한 경향이 있으며, 내 생각에는 전쟁이 필연적이라는 결론을 불가피하게 유도하고 있다. … 나는 소련 지배자들의 근본적인 계획이 (a) 그들의 정권을 유지하고, (b) 국내 정권에 심각한 위험을 초래하지 않으면서 가능한 정도까지 그들의 세계 지배를 확장해가는 것이라는 취지라면 그런 사고가 보다 정확하다고 생각한다.

볼렌은 계속해서 미국 핵군비의 억지 효과에 의문을 제기하면서 현재의 핵

전략과 재래무기의 막강한 증강 제안 모두를 반대했다. 그 대신 그는 냉전을 위한 군사적 필요사항들과 열전을 위한 필요사항들을 명료하게 구분하기를 원했고, 유럽군을 효과적인 전략폭격기 부대로 균형을 갖추고 대탱크, 대폭격기, 대잠수함 전투를 위한 신무기에 토대를 둔 국방전략으로 통합할 것을 요구했다.[45]

이런 반응들 중에서 가장 눈에 띄는 양상은 NSC 68의 결론을 실행하는 데 지출의 대폭적인 증가가 필요하지 않다고 언급한 고위 관리들이 많았다는 것이다. 외교관들 중에서 르웰린 톰슨은 현재의 프로그램과 미래의 필요에 대한 철저한 검토가 "현재의 지출 속도를 크게 증가시키지 않고, 오히려 자원을 보다 잘 할당하고 국가정책을 통합시킬 것이 요망된다"는 신념을 피력했다. 퍼킨스와 바렛은 이에 동의했다. 볼렌은 "전면적인 재무장 계획에 착수하지 않기 위해"[46] 고품질의 방위무기와 전략폭격기의 연구·개발을 위한 대대적인 계획을 요구했다.

대통령의 회의론

해리 트루먼은 4월 11일 NSC 68을 받고 읽어본 뒤 다음날 NSC에서 보고서에 대해 언급했다. 그는 보고서의 건의사항과 관련된 계획들의 성격과 그 계획들의 소요 비용에 특별히 주목할 것을 위원들에게 요구하면서 이렇게 말했다. "이 결론들이 예산과 경제 상황에 미치는 영향 때문에 경제협력청장, 예산실장 및 경제자문위원회 위원장이 이 보고서를 검토하는 데 참가하기 바랍니다. 또한 재무장관은 정기적으로 참가하기 바랍니다."

NSC가 4월 20일 회의를 열어 이 보고서에 관해 논의하고 대통령이 요구한 계획과 비용의 상세한 내용을 보고하기 위해 특별위원회를 설치하기로 결정했다. 이 위원회에는 특정한 경제적 책임을 진 기관의 대표들이 참석했고, 보고서

의 예산상의 함의가 대통령의 생각 속에서 최우선 사항이었음이 분명했다.[47]

한국전쟁이 발발하기 전에 NSC 68 관련 특별위원회는 여덟 차례 열렸지만 작업을 마치지 못했다. 이 위원회는 요구되는 계획의 대강의 윤곽에 합의했으며, 8월 1일까지 '개략적인 일반계획과 추정치'를 산출하기로 일정을 마련했다. 5월 12일 회의에서 위원들은 현재의 경계 내에 봉쇄되어 있다고 할지라도 소련이 미국에 '점점 더 심각하게' 위협을 제기한다는 데에 의견을 같이 했다. "적절한 군사적 방어가 없다면 현재 진행되고 있는 것보다 공격적인 정치적·경제적·심리적 조치들 속에 심각한 전쟁 위험이 내포되어 있다는 데 대해 전반적으로 동의했다."[48]

이 특별위원회의 주요한 작업 중에는 필수적인 계획의 소요 비용을 추정하는 일이 들어 있었다. 5월 22일 군수국의 프랭크 화이트하우스는 경제 및 군사 원조, 민간 방위, 선전 및 비밀 활동 등에 대한 제안에 잠정적으로 동의한다고 보고했다. 이는 모두 합쳐 1951회계연도의 52억 달러로부터 1955회계연도의 75억 달러에 이르는 비용 증가를 요망하는 것이었다. 이런 소요 판단의 대부분의 요소들은 군비 증강의 규모에 달려 있었으며, 7월 이전에는 최종 숫자를 구할 수 없었다. 하지만 5월 25일 존슨 장관이 고위 국방 관리들에게 내린 지침에 의하면 그는 군비의 대폭적인 증가를 예상하지 않고 있었다. 합동참모본부는 국방장관의 지침을 따랐으며, 그들의 보고서 시행 제안은 성공하지 못했던 1948년의 제안에 매우 근접하는 것이었다. 당시 1951~55회계연도의 연간 군비는 대략 260억 달러로 니츠가 염두에 둔 대폭적인 증강 비용에 훨씬 미치지 못했다. 국가안보자원위원회는 이와 같은 재정 억제에 이의를 제기했다. 이 위원회는 5월 29일 1951~55회계연도의 군비로 민간 방위에 110억 달러, 추가 전략물자 비축에 45억 달러를 요구했다. 하지만 일주일이 채 되지 않아 국무부 부장관 제임스 웹(James Webb, 1906~1992)으로 대표되는 과소비 반대자들은 국가안보자원위원회 등의 과도한 요구를 저지하고 나섰다.[49]

한국에서 전쟁이 발발하는 바람에 비용 추산을 마무리하지 못했지만 NSC

68의 기본 계획은 공식적으로 승인을 받았다. 9월 29일 회의에서 NSC는 "향후 4~5년 동안 추진할 정책에 대한 보고서로서 NSC 68의 결론을 채택하고, 시행계획은 가능한 한 조속히 실행한다는 데에 동의했다. 더불어 이런 계획의 구체적인 성격과 추정 비용은 더욱 확고하게 산정되었을 때 결정하기로 양해가 되어 있었다". 다음날 트루먼 대통령은 이런 결정을 승인했고,[50] '미국 정부의 모든 관련 행정부처와 기관들'이 이 보고서의 결론을 추진할 것을 지시했다.

평가

NSC 68은 본질적으로 소련에 대항하는 활동의 증대와 입장의 강화를 요청하는 것이었다. 수십 년이 지난 뒤 인터뷰에서 중국 전문가 존 페이튼 데이비스(John Paton Davis, 1908~1999)는 이 보고서가 "고도로 도식적이었으며, 「공산당 선언」과 반대 방향으로 가는 것"이었다고 묘사했다. NSC 68은 극적인 출발이 아니었다. 왜냐하면 이 보고서는 1948년 11월 작성된 NSC 20/4에서 제시된 바와 같은 미국 정책의 확립된 목표들을 길게 다시 언급하는 것이기 때문이다. 하지만 그 어조는 이전의 보고서보다 더 적대적이고 긴박감이 있으며, 경제적·심리적 선전과 비밀활동에 의해 지원되는 정치적 압력을 통해 소련 시스템의 성격을 변화시킨다는 새로운 목표를 담고 있다. 이 보고서는 정치적·군사적·이념적 차원에서 진행되고 있는 소련과의 세계적 분쟁에서 적극적으로 자유세계의 리더십을 발휘하는 것이 미국의 임무임을 밝히고 있다. 또한 이 보고서는 냉전 상황에서 더욱 분투하고 희생할 필요성을 미국 국민과 동맹국들에게 적극적으로 교육해야 한다는 요청도 담고 있다.[51]

수년 후 애치슨은 회고록에서 NSC 68의 목적이 "'정부 최고위층'의 집단 정서를 닦달하여 대통령이 결정을 내릴 뿐만 아니라 결정이 이행될 수 있도록 하는 것이었다". 그렇지만 어떤 행동에 대한 요청으로 본다고 해도 NSC 68은 놀랄 만큼 미완성이자 아마추어 수준의 보고서다. 이 보고서의 작성자들은 공산 진영이 단일체이며 사악한 성격을 갖는다고 침소봉대한다. 그들은 '자유세계'의 많은 국가들이 비민주적이거나 무책임하다는 것을 간과한다. 또한 검토 그룹은 소련의 행태에 대한 광범위한 가설과 경제 및 기술 역량에 대한 애매한 추정(예컨대, 소련이 군사력에서 미국을 따라 잡고 있다는 주장)으로부터 크고 중대한 결론(예컨대, 원자력에 대한 국제 통제의 불가능성)을 이끌어낸다. 행동 과정에 대한 결론적인 분석은 4개의 대안을 제시하는 데 있어서 미숙하다. 두 개의 비현실적 선택지(straw options: 고립과 전쟁), 하나의 받아들일 수 없는 선택지(현 정책의 지속), 그리고 명백하게 바람직한 해결책(신속한 정치적·경제적·군사적 중강)이 그것이다. 가장 심각한 것은 이 보고서의 작성자들이 막대한 예산 지출이 필요하리라는 사실을 잘 알고 있었음에도 불구하고 계획 확장이나 비용 추정에 대한 구체적인 건의안의 포함을 의도적으로 회피했다는 점이다.[52]

한국전쟁은 NSC 68에 포함된 계획들을 채택하는 데 필요한 추동력을 제공했다. 만약 전쟁에 개입하지 않았다면 국방비의 대폭적인 증가는 행정부의 승인을 획득하지 못했을 것이라는 강력한 증거가 있다. 지출 증대에 반대하거나 필요가 없다고 생각한 사람들의 숫자와 지위는, 특별위원회에서 예산실, 재무부, 경제자문위원회 대표들이 제안된 계획들에 대해 가했던 비판적인 지적들이 그랬던 것만큼이나 매우 인상적이었다. 가장 중요한 것은 트루먼이 그 압도적인 사례(한국전쟁의 발발_옮긴이)가 없었더라면 지출의 대폭적인 증가를 받아들이지 않았을 것이라는 점이다. 만약 1950년 내내 기본적으로 유사한 여건하에서 평화가 지속되었다면 NSC 68의 비용은 연간 30억 달러를 초과하지 않았을 가능성이 있다. NSC 68이 성취한 것은 고위 관리들이 소련의 위협 증대와 그런 상황에 어떻게 대처할 것인지를 생각하기 시작하게 만들었다는 점이다. NSC 68의 진정한 중요성은 그 시의적절함에 있었다. 불이 나기 직전에 경종이 울렸던 것이다.

6

북한, 남침을 개시하다

우리는 이 책 앞부분의 여러 장에서 김일성이 어떻게 스탈린으로부터 남침 승인을 받아냈으며, 그 소련 지도자가 군사적 재앙 발생 시 지원의 부담을 어떻게 마오쩌둥에게 뒤집어씌웠는지 살펴보았다. 이런 일련의 책략에서 김일성은 남침의 추진력이었던 반면, 스탈린은 인에이블러(enabler: 남을 도와주고 있다고 본인은 생각하지만 실제로는 남을 망치고 있는 사람)이자 최종 결정권자로서 마오쩌둥을 재빠르게 조종해 긴급 구조의 제공을 약속하게 했다.

김일성은 통일 한국에 대한 강렬한 비전을 갖고 있었다. 김일성은 스탈린과 마오쩌둥을 만났을 때 조선민주주의인민공화국(DPRK, 북한)이 '한국 민족독립의 유일하고 진정한 대표'인 반면 대한민국(ROK, 남한)은 '미국의 불법적인 종속국'이라고 주장했다. 지금이 공격의 적기였다. 왜냐하면 북한은 강력했고, 남한에는 혁명을 지지해서 들고 일어날 동지들이 많았기 때문이다. 또한 지금은 남한이 재무장하고 일본이 소생해 군사력을 재구축하기에 앞서 '미 제국주의'를 한반도에서 몰아낼 절호의 기회였다. 트루먼 행정부가 그 전해에 남한에서 미국의 전투 병력을 철수했고 동아시아에서 개입을 강화하고 있는 것으로 알려졌다는 사실은 소련과 중국 지도자들의 계산에 또 다른 중요한 요소였다.[1]

혁명군의 형성

조선인민군은 1946년 9월 북조선 임시 인민위원회의 보안대로부터 비롯되었다. 이 중심 그룹은 북한의 모든 도시와 마을에서 인민위원회를 조직했으며 이 지방 기구의 주의 깊게 선정된 위원들은 북한의 건국 초기 기초적인 정치적·경제적 지도를 했다. 지방 인민위원회는 충성스런 주민 중에서 보안대를 모집했다. 지방 인민위원회의 지침은 18세에서 25세까지의 정신과 육체가 건강한 남성 노동자와 농민을 중점적으로 뽑으라는 것이었다. 찰스 암스트롱의 주장에 의하면 중앙정부가 마을 수준까지 대규모 동원을 실현한 능력은 "북조선 역사 초기에 성취한 어느 일보다 훨씬 능가했다". 조선인민군은 공식적으로 1948년 2월 8일 창건되었다. ✝ 이 신생 군대의 지도자들은 만주에서 일본군과 싸우던 시절부터 김일성과 가장 가까운 동지들이었다. 그들 중에는 최용건, 김책, 김일, 강건이 포함되었다. 이 그룹은 북한 지도층의 핵심이 되어 '유격대 국가'를 형성했다. ─ 이 표현은 북한형성기를 연구한 주요 일본인 전문가 와다 하루키(和田春樹)가 조어한 것으로 설득력 있는 묘사다.[2]

점령 초기부터 소련군 장교들은 북한 보안대를 훈련시키는 데 결정적인 역할을 했다. 그들은 군사훈련을 위해 평양학원을 설립했다. 교관은 꽤 많은 소련의 고려인들로서 열성적인 공산주의자들이었다. 그들은 모스크바에서 정치지도원과 참모로 훈련을 받았다. 붉은 군대(Red Army)가 1948년 말 철수하기 전에 수천 명의 북한인이 소련으로 가서 군사업무를 포함한 각종 분야에서 교

✝ 북한의 공식적 최초의 무장조직은 보안대이고, 이 보안대와는 별도로 1946년 1월 철도보안대를 새로이 조직하고 동년 8월에 가서 '보안간부훈련대대부'가 창설된다. 이 부대들은 다시 1947년 5월에 '집단군사령부'로 개편되었다가 1948년 2월 8일 거대한 창군식과 함께 '인민군'을 창설하기에 이르렀다. 자료: 장준익, 『북한인민군대사』, 1991, 서문당, 44쪽_ 옮긴이

육을 받았다. 이 같은 북한군 참모 양성 과정은 1948년 중반에는 아예 공식화되었다. 또한 이때 일본 군대에서 복무했던 모든 장교들은 조선인민군에서 추방되었다. 이와 대조적으로 남한에서는 거의 전적으로 일본제국 군대에서 복무한 사람들이 군대를 주도했다. 이 점이 종종 북한의 선전매체들에 의해 강조되었다. 전투병들이 철수한 다음 소련군 고문관들은 조선인민군에 대대급까지 내려가서 함께 머물렀다.[3]

중국공산당도 북한의 전투 준비에 상당한 기여를 했다. 1946년 6월 내란이 다방면에 걸쳐 전면전으로 터졌을 때 국민당 군은 중국 북동부에 있는 공산군 주력부대의 통신과 보급선을 차단했다. 소련의 권고를 받고 북한은 중국공산당에 각종 지원을 제공했다. 즉, 병자와 부상자를 치료하기 위한 후방지역으로 압록강 남쪽 지역을 사용토록 허용했으며, 북한의 철도와 항구를 통해 남·북 만주 간에 보급품과 탄약을 넘겨주었고, 북한에서 전쟁 물자를 구입하도록 했다. "북한 공산당의 원조가 없었다면 남부 만주에 있던 중국공산당은 국민당 군에게 완전히 섬멸되었을 것이다"는 것이 첸지안의 주장이다. 북한의 전쟁물자와 수송 지원은 "중국 내전에서 중국공산당의 전략적 포지션을 극적으로 강화시켰다". 실제로 마오쩌둥과 그의 동료들은 이와 같은 결정적인 원조를 대미 항전 중인 북한군을 지원하기 위한 '중국군대의 파병 결정을 정당화하는 데'에 이용했다.[4]

공산당의 승리가 눈에 보이게 되자 중국 지도자들은 조선인 부대를 그들의 무기와 함께 평양의 통제하로 복귀시키기로 합의했다. 1949년 9월부터 1950년 6월 사이에 4만 7,000명 이상의 조선인 전투 병력이 귀환해 남침병력의 핵심을 형성했다. 남한 공격 시 조선인민군 장교의 상당 비율을 포함해 전체 병력의 절반 이상이 중국에서 전투경험을 갖고 있었다. 이들 전투로 단련된 베테랑들 덕분에 북한군은 남한군에 대해 상당한 우위에 설 수 있었다.[5]

중국과 북한 공산당 지도자들 간의 광범위한 협력에도 불구하고 김일성은 마오쩌둥에 의존하기를 원하지 않았다. 평양에서 권력을 쟁취하는 과정에서 그 자신의 정치적 훈련과 후원은 결국 소련군 장교들과 스탈린의 축복으로부터 나왔던 것이다. 또한 그는 군대와 보안대의 관리를 위해 소련의 고려인들에게 많이 의존했다. 군대와 보안대는 김일성이 국가기관들을 지배하는 데에 기반이 되어주었다. 이 기간의 북한정치를 연구하는 학자들은 1950년대 중반에 조선노동당이 크게 분열되어 있었다는 데에 광범위하게 동의한다. 즉, 박헌영을 우두머리로 하는 남로당 계열과 박일우, 김웅, 무정이 주도하는 연안파, 그리고 김일성으로 대표되고 소련의 고려인들을 포함하는 중심그룹 등으로 분열되어 있었다. 김일성의 기본적인 정체성은 조선의 민족주의자였다. 첸지안은 이렇게 주장한다. "김일성은 베이징의 지원을 필요로 했지만 중국의 호의에 전적으로 의존하려고 하지 않았다." 모스크바에 완전히 의존하는 문제에 대해서도 똑같이 말할 수 있다.[6]

조선인민군의 확장과 재무장은 1946년 12월 이미 시작되었다. 당시 소련 점령군 제1진이 철수하면서 무기를 지방 보안대에 남겨놓았다. 여타의 무기 이전은 다음 2년간 여름에 이뤄졌으며, 나머지 소련 전투병들이 1948년 말 철수할 때 대량의 저장된 무기를 남겨놓았다. 대폭적인 군사력 증가는 1949년 4월 말 시작되었다. 그때 김일성은 당시 막 창설 중이던 새 포병 및 탱크 부대를 위해 무기와 탄약을 공급해줄 것을 스탈린에게 문서로 요청했다. 무기의 유형과 수량에 대한 협상은 6월 4일의 합의에서 타결되었고, 약속된 물자는 곧 북한으로 이송되기 시작했다. 소련이 제공한 무기 중에는 제2차 세계대전 중 사용되던 프로펠러 항공기 98대, 탱크 87대, 장갑차 57대, 자주포 102문과 무수히 많은 소형무기, 상륙용 주정, 어뢰정, 각종 통신장비 등이 있었다. 이와 같은 대량의 무기를 제공하는 대가로 소련은 북한에 쌀과 여타 식량 및 각종 금속류로 지불할 것을 요구했다.[7]

1949년 중반 무기를 평양으로 보내면서 모스크바의 주요 관심사는 남한이 과연 미군 철수 직후인 6월 북한을 공격할 것이냐는 문제였다. 테렌티 시티코프 대사는 반복되는 이승만의 북침 위협에 대응해 북한이 방위할 능력이 부족하다고 스탈린에게 자주 보고했다. 그때마다 스탈린이 시티코프에게 일관되게 촉구한 것은 북한군이 38선 부근에서 남한군과 소규모 전투를 시작하지 않도록 방지하라는 점이었다. 1949년 9월 김일성이 서울 서쪽의 옹진반도에서 남한군을 공격하겠다는 의지를 밝히자, 소련대사와 그의 군 참모는 이 도발에 강력하게 반대하면서 이런 사실을 모스크바에 보고했다. 소련 외무장관은 이 보고를 정치국에 제출했으며, 지도층은 9월 24일 북한이 전쟁 준비가 되어 있지 않으며 공격을 개시하기에 앞서 달성해야 할 준비 단계가 많다고 언명했다. 그렇게 하고 나서 불과 한 달 뒤 모스크바는 시티코프가 김일성을 부추겨 남한의 방어 태세를 탐색하고 있는지도 모르겠다고 생각했다. 이번에는 스탈린이 10월 30일 소련대사에게 개인적으로 강경한 전보를 보내 "북한인들이 남한에 대해 국지적 공격 작전을 개시하도록 도발한 데 대해" 질책했다. 그는 이렇게 추가했다. "그러한 도발은 우리의 이익에 매우 위험하며 적들로 하여금 큰 전쟁을 벌이도록 유도할 수 있다. 귀하의 행동은 무책임하기 이를 데 없다." 시티코프는 즉시 자신의 행동에 대해 방어하면서 자기는 북한의 공격을 자극하는 어떠한 일도 하지 않았다고 주장했다. 스탈린은 여전히 북한의 설익은 공격을 우려하면서 3주 후 또 다른 전보에서 지도부의 엄격한 규칙을 강력하게 재천명했다. 1949년 내내 스탈린은 한국에서 전쟁을 회피하기 위해 모든 노력을 다했다.[8]

모스크바가 반복적으로 전쟁 억제를 촉구하던 바로 그때에 김일성은 군사력 증강을 계속해가고 있었다. 1949년 12월 말 김일성은 시티코프 대사를 통해 향후 수개월 안에 편성될 새 부대들의 장비를 갖추기 위해 대량의 소화기와 탄약을 제공해줄 것을 요청했다. 그는 이 무기의 대가로 희귀 광물 및 비철금속을 보내겠다고 제안했다. 이런 무기들은 1950년 초 북한에 도착했다. 김일성이 남침 준비의 지원을 제안하는 1월 30일자 스탈린의 전보를 받고 이 문제를 토의하기 위해 모스크바에 도착하기 이전에도 이 소련 지도자는 대규모 군사훈련단을 북한에 파견했다. 이 파견단은 2월에 평양으로 출발했다. 이 훈련단에는 150명의 장교와 병사들이 포함되어 있었으며, 단장은 니콜라이 A. 바실리예프(Nikolai A. Vasiliyev) 중장이었다. 그는 스탈린그라드와 쿠르스크 전투에서 장갑부대 사령관으로서 훈장을 받았다. 이 훈련단은 적어도 1,000명의 소련 고문단을 북한으로 데려왔다. 김일성이 3월과 4월에 걸쳐 3주간 모스크바를 방문한 뒤 매우 다양한 무기들이 다량으로 북한에 밀려들기 시작했다.[9]

조선인민군이 새 부대들을 훈련시키고 그들이 최근 도착한 무기에 적응하도록 돕고 있을 때 고급장교들은 소련 고문들과 함께 공격 계획안을 작성했다. 계획의 기본목표는 기막히게 대담했다. 즉, 서울을 점령하고 4일 만에 남한 정부의 싸울 의지를 꺾는다. 남한의 중심부에서 20만 명으로 추산되는 유격대가 합류한다. 8월 15일 − 한국의 광복절 − 부산에서 완전한 승리와 통일을 축하한다. 김일성은 여름 장마가 시작되는 6월 말 이전에 공격을 개시하기로 결심했다. 이런 목표들에 기초한 계획은 4월 바실리예프 장군과 그의 고위 참모들로부터 야멸차게 거부되었다. 그 이유는 예기치 않은 환경에 처했을 때 불완전하고 유연성이 없다는 것이었다. 그런 다음 나치 독일과 치열한 전투를 경험한 백전노장들은 5월 중순까지 더욱 복합적인 계획을 수립하여 그것을 한글로 번역했다.[10]

이렇게 해서 승인받은 선제공격 작전계획의 세부 내용은 정치적 주의를 딴 데로 돌리는 일로 시작했다. 김일성은 조국통일민주주의전선이 마련하는 남북 제 정당·사회단체 협의회를 갖자고 요청했다.✣ 물론 김일성은 그런 제안을 하면서 이승만이 즉시 거부할 것으로 예상했다. 그런 다음 북한의 선전원들은

✣ 북한은 남한에 3차에 걸친 위장평화 공세를 펼쳤다. 6월 7일 조국통일민주주의전선 중앙위원회 명의로 남북한 전국 사회단체협의회 개최를 제의했다. 남측이 이를 거부하자 다시 평양방송을 통해 북한에 억류된 조만식과 남한에 수감된 김삼룡, 이주하를 교환하자고 제의했다. 6월 19일 김일성이 최고인민회의에 참석, 남측 국회와 합동으로 평화통일을 협의하자고 제안했다. _ 옮긴이

남한 군대의 이동상황과 옹진반도의 북한군에 대한 공격을 보도하도록 되어 있었다. 그다음에 인민군은 반격을 구실로 공격을 개시할 예정이었다. 북한군의 첫 공격은 옹진반도에서 이뤄지며, 첫날 곧바로 개성을 통한 침략이 예정되어 있었다. 주공격은 약간 늦게 서울로 직접 이어지는 진격로에서 이뤄질 것이며, 이 공격은 동부전선으로 진격하는 부대의 지원을 받을 예정이었다. 이 부대는 남한군의 방어선을 돌파한 다음 서쪽으로 방향을 돌려 남한 중부 지역으로부터의 병력 보강을 저지하기 위해 서울 남부 지역을 점령하게 되어 있었다. 이 모든 일의 중심 전제는 여전히 일주일 정도 안에 서울을 점령하면 이승만 정부와 남한 군대는 붕괴할 것이며, 그렇게 되면 유일하게 남는 과제는 부산까지 이르는 경로에서 몇몇 저항의 거점들을 소탕하는 일 정도에 불과할 것으로 보았다.[11]

우리는 침략기획자들이 선제공격 작전(Operation Preemptive Strike)이라는 암호명을 갖는 침략을 역습이라고 제시하면서 어째서 모순을 깨닫지 못했는지 합리적으로 질문을 하게 될 것이다. 대답은 단순하다. 즉, 오직 극소수 그룹만이 공격이 6월 말로 계획되어 있다는 것을 알았으며, 암호명을 알고 있던 사람의 수는 더 적었다. 공격군이 제 위치로 이동하라는 예비명령은 6월 8일에 나왔으며, 최종 작전명령은 군단장과 사단장에게 6월 15일 하달되었다. 정치적 주의분산 작전은 계획대로 진행되어 서울로부터는 즉시 거부되었고 북한의 선전기구는 행동에 들어갔다. 그러나 침략 준비가 남한 사람들에게 유출되었다는 보고가 있어 당초 6월 21일로 잡혔던 공격 일정을 변경하지 않을 수 없었다. 첫날 단계별 공격을 하지 않고 전 조선인민군 공격부대가 6월 25일 일요일 오전 4시 동시에 총공격을 하기로 했다. 스탈린은 마지막 순간의 변경을 통고받았으며, 6월 21일 답신을 보냈다. "우리는 전 전선에 걸쳐 즉각적인 진격을 하기로 한 김일성의 생각에 동의한다."[12]

전투 명령

2년에 걸친 38선상의 소규모 전투가 전면전으로 확전되기 전야의 상황에서 두 전투 진영 각각의 무력을 평가해보는 것은 유용한 일이다. 우리는 군사기획관들이 말하는 전투 명령의 세부 내용은 다루지 않고 일련의 효과적인 남북한 간 비교와 불균형에 집중할 것이다. 이런 비교는 거의 모두가 북한이 유리하다는 것을 보여준다. 북한인민군의 병력은 15만 명이었고, 여기에 지방 보안대가 3만 4,000명이었다. 남한의 병력은 9만 5,000명이었는데 전쟁 발발 시 그중 적어도 1/3은 훈련 중이거나 지원 병력이었다. 북한은 전투 경험에서 분명히 우위였다. 3개 사단은 중국 인민해방군에서 복무하고 귀국한 지 얼마 되지 않았다. 또한 평양의 군대는 적어도 50명의 소련 국적 고려인 장군들 – 그들 중 다수는 제2차 세계대전의 전투경험도 갖고 있었다 – 과 중국 인민해방군에서 복무한 10명의 장군들로부터 도움을 받았다. 이와 대조적으로 남한 군대는 8개 사단 중 4개 사단이 반란을 진압하고 선무전을 실시하느라 중부 지역에서 1950년의 전반기를 보냈다. 동기부여와 충성심에서 북한은 더욱 유리했다. 김일성과 그의 막료들은 인민군 장교와 하사관 중 일본군에서 복무한 자들을 숙청했다. 그리고 1946년 중반 이래 마을 단위까지 대규모 동원계획이 실시되었다. 남한에서는 반란사태를 진압하는 데 수개월을 보내 군대가 의기소침하고 의욕이 저조한 상태였으며, 최고위 장교들은 일본군에서 복무한 사람들이었고 이승만으로부터 전적인 신뢰를 받지 못했다.[13]

군대의 규모와 자질을 떠나 훈련과 군비 면에서도 북한은 훨씬 우위였다. 조선인민군은 약 1,000명의 소련 고문관들로부터 교육을 받았을 뿐 아니라 중국공산당 군대에 복무하다 귀국한 적어도 4만 7,000명의 '조선의용군'으로부터도 큰 도움을 받았다. ✛ 북한은 151대의 T-34 탱크와 176문의 SU-76 자주포,

---

✛ 6월 25일 남침 전에 조선의용군 출신들로 구성된 중공군 3개 사단(일명 조선의용군)이

그리고 다수의 122밀리미터 곡사포를 가진 기계화 부대를 보유하고 있었다. 공중 근접지원을 위해서는 제2차 세계대전에 참전했던 전투기 및 전폭기 130대도 갖고 있었다. 이에 비해 남한은 실질적으로 전투를 수행할 수 있는 비행기와 탱크 또는 대전차 지뢰를 갖고 있지 않았다. 남한이 갖고 있던 어떤 총포도 T-34 탱크의 전면이나 포탑을 관통할 수 없었다. 또한 남한은 대포 보유 숫자(105밀리미터 곡사포 91문)와 최대 사거리에서 열등했다. 남한 군대의 105밀리미터 곡사포는 사거리가 8,000야드인 반면, 북한군이 보유한 세 가지 유형의 곡사포는 사거리가 1만 4,000~2만 2,000야드에 이르렀다. 이는 남한군의 대포가 북한군에 위협이 되기 이전에 파괴될 수 있다는 뜻이었다. 명령제어 문제에서 북한은 분명히 우위였다. 북한에서는 국방, 산업, 군대를 제어하는 세 명의 최고위 관리가 김일성의 가장 가까운 만주 항일투쟁 동지였던 반면, 남한의 국방 및 군대 지도층은 다루기 힘들었으며, 최고위 장성들조차 이승만보다 주한 미군 군사고문단에 더 충성한다는 의심을 받았다. 북한 군대의 가장 심각한 취약점은 보급 능력이었다. 만약 침략을 해도 남한 정부의 의지를 꺾고 신속하게 서울을 점령해서 남한 상급부대의 대부분을 파괴하지 못한다면, 북한은 불과 몇 달의 전쟁에서도 보급 및 수송에 큰 난관을 겪을 것이었다. 알란 밀렛(Allan Millet)은 이렇게 주장한다. "독일의 1914년 슐리펜 계획(Schlieffen Plan, 프랑스와 벨기에를 침공할 수 있는 배경이 된 독일의 전쟁계획)과 마찬가지로 북한 사람들은 단기전을 계획했다. 왜냐하면 그것이 자기들이 승리할 수 있는 유일한 전쟁이었기 때문이다."[14]

전쟁 준비를 이렇게 서두르다 보니 중요한 파트너 중 한 사람이 어둠 속에 가려져 있었다. 마오쩌둥이었다. 이 중국공산당 지도자는 김일성이 여러 번 제

북한인민군으로 편입되어 북한인민군 전력의 3분의 1 이상이나 강화됨으로써 김일성은 남침 전쟁에 자신을 갖게 되었고, 또한 남침 결심의 중요한 요인으로 작용하게 되었음을 부인할 수 없다. 자료: 장준익, 『북한인민군대사』, 1991, 서문당, 399쪽_ 옮긴이

안한 남침 계획을 지원하기로 스탈린이 결정한 뒤 만 2주 동안 모스크바에 머물면서 동맹 및 지원 조약을 협상하고 있었다. 그러나 소련의 독재자는 마오쩌둥에게 정책 변경 사실을 언급하지 않았다. 스탈린과 김일성은 마오쩌둥에게 남침 계획을 알리지 않았다. 중화인민공화국이 조선인 병사 3개 사단을 평양의 통제 아래로 귀환시킬 때에도 그랬다. 마오쩌둥은 공격 날짜를 통보받지 못했으며, 소련의 대북한 무기 공급의 내역을 모르고 있었다. 왜냐하면 그 무기는 모두 해로로 도착했기 때문이다. 마오쩌둥은 평양에 대사관은 없이 소규모 경제사절단만 두고 있었다. 경제사절단은 전쟁 준비 상황에 대해 아무 것도 알지 못했다. 마오쩌둥은 토지개혁과 인민해방군의 대규모 제대 등 국내 문제에 몰두하고 있는 동안, 만약 문제가 불거지면 예비군을 제공하겠다고 약속했다. 정상적인 동맹국이었다면 그는 진행상황에 대해 계속 정보를 제공받았을 것이다. 사실 중국의 북한주재 경제사절단장은 남침이 시작되었을 때 휴가 중이었으며, 마오쩌둥은 전쟁이 시작된 지 이틀 후에 조선인 장교로부터 브리핑을 받았다. 이 면담 뒤에 마오쩌둥은 자기 고문과 러시아어 통역 스저에게 다음과 같이 불평을 했다. "그들은 우리 옆집의 이웃인데 전쟁 발발에 대해 우리와 협의하지 않았고, 여태까지 우리한테 알리러 오지도 않았어." 이렇게 중요한 정보를 공유하지 않은 것을 보면 김일성이 모든 일을 스스로 통제하기로 결심한 것을 알 수 있다. 김일성에게 위험성이 매우 높았다. 만약 한국을 통일하겠다는 계획이 성공했다면 그는 의심할 여지없이 이 나라의 지도자가 되었을 것이고, 모스크바와 베이징의 후원자들로부터 상당한 자율권을 확보할 수 있었을 것이다. 하지만 만약 그의 계획이 실패한다면 결과는 심각할 것이었다. 어떤 결과가 나오든, 마오쩌둥을 향한 이러한 행동은 향후 세 명의 공산주의 지도자들 사이에 대립과 의심이 더욱 커질 전조였다.[15]

공격 개시

전투계획을 최종 조정하고 나서 1950년 6월 25일, 7개 인민군 사단은 5개 진격로를 따라 전면적인 공격을 개시했다. 세차게 비가 내리는 일요일 오전 4시, 침공군은 남한군을 완전히 기습했다. 인민군은 151대의 탱크, 130대의 비행기 및 상당수 대포의 지원을 받아 공격 개시 수 시간 동안 전진을 지속했다. 공격군 후방에는 장갑부대까지 갖춘 3개의 예비사단이 있었다. 훈련, 전투경험, 장비 등 ─ 거기에 기습이라는 중요한 요소까지 추가 ─ 을 감안할 때 인민군은 서울과 한강 철교를 향한 3개 진격로를 열기 위해 신속하게 움직여야 했다. 하지만 신중한 지휘부, 실수에 대한 두려움, 탱크와 대포의 오용으로 인해 군대는 서울을 점령하는 데 사흘이 걸렸고, 그런 다음 멈춰 섰다(그림 6.1 참조).[16]

북한이 성공한 요인의 상당 부분은 남한 군대의 형편없는 준비태세, 부족한 군비 및 무능한 지도력에 기인했다고 할 수 있다. 성공요인의 일부는 기습공격에 있기도 했다. 서울로 통하는 진격로를 방어하는 2개 사단은 불완전한 상태에 있었다. ─ 병력의 절반은 긴 주말휴가를 나갔고, 다수의 장교들은 토요일(6월 24일) 육군회관 개관식 참석을 위해 서울에 와 있었다. 군비를 제대로 갖추지 못한 책임은 미국에 있었다. 미국은 남한 정부가 탱크, 중화기, 전투기 제공을 반복적으로 요청했으나 이승만이 이 무기로 북한을 공격할지 모른다는 우려 때문에 거절했던 것이다. 이승만이 여러 차례 북침 위협을 했기 때문이었다. 제대로 방위하지 못한 가장 큰 책임은 이승만 대통령, 국방장관, 육군총참모장 및 사단장들에게 돌아간다. 이들 중에서 가장 심각한 잘못은 전 일본군 병기장교로서 당시 남한의 육군총참모장인 채병덕 장군에게 돌릴 수 있다. 채 장군은 사람은 좋지만, 주한미군 군사고문단에 알려지기로는, 대통령의 수시로 변하는 변덕에 맞서려 하지 않고 기력과 판단에도 다소 결함이 있는 인물이었다. 서울 접근로를 지키는 사단의 방어가 무너졌을 때 채 장군은 여타 4개 사단의 일부 병력에 황급하게 합류하라는 명령을 내림으로써 수도의 통합방어

그림 6.1 김일성이 1953년 10월 한 정치회의에서 연설을 하고
있다. 그의 뒤에는 정치적 후원자인 이오시프 스탈린의 초상화
가 걸려 있다. 자료: 미국 국가기록보관소

또는 합동반격을 강화할 기회를 상실했다. ✢ 이런 제약 요소들에도 불구하고
남한군은 약간의 성공을 거두었다. 가장 중요한 것은 해군의 승리였다. 구축함

✢ 전쟁 첫 날, 두 차례나 의정부 전선을 시찰했던 채병덕 총참모장은 26일 새벽 1시, 다
시 7사단 사령부를 방문해 7사단장 유재홍 준장과 2사단장 이형근 준장에게 "26일 오
전 8시에 7사단은 동두천 방향, 2사단은 포천 방향으로 반격해 38선을 회복하라"는 구
두명령을 내렸다. 7사단장은 순간적으로 난색을 표하다가 "실시하겠다"는 의사를 밝
혔으나, 2사단장은 2사단의 주력이 도착하면 집중 운용하는 것이 바람직하며, 병력을
절약해 한강선을 방어하는 것이 더욱 타당하다는 의견을 제시했다. 이에 총참모장은
화를 내며, 명령을 이행하지 않으면 군법회의에 회부하겠다고 소리치면서 말했다. 자
료: 전쟁기념사업회, 『한국전쟁사』, 제1권 요약통사, 1990, 160쪽_ 옮긴이

한 대가 부산 항구를 봉쇄하는 임무를 맡은 특공대원 600명을 태운 북한 무장 화물선을 침몰시켰던 것이다. ✢ 육상에서는 진지를 잘 구축한 남한군 제6사단이 홍천을 성공적으로 방어하면서 인민군 2개 사단을 물리친 일도 주목할 만하다.[17]

북한군이 서울을 향해 밀고 내려오자 주한미군 군사고문단의 단장 대리는 38선 근처에 주둔하고 있는 4개 남한군 사단에 배치된 고문단으로부터 받은 보고를 중계했다. 주한 미국대사 존 J. 무초(John J. Mucho, 1900~1989)는 오전 9시 30분 국무부에 첫 보고를 보내면서 이 침략을 '대한민국에 대한 전면적인 공격'이라고 묘사했다. 유사한 보고서가 국방무관으로부터 맥아더 장군의 도쿄 주재 극동사령부 본부로 보내졌다. 군사 상황에 대한 세부내용을 파악한 뒤 맥아더는 합동참모본부에 무선전보를 보내 남한에 대한 원조를 요청했다. 그는 개인적으로 한 공화당 계열의 신문편집자에게 이와 같은 '용서할 수 없고 정당한 이유 없는 침략에 대해서는 정면 대결을 해야 한다고 말하면서 미국 여론이 대통령을 설득해 개입하도록 할 것이라는 자신의 생각을 밝혔다. 서울 주재 대사의 긴급 요청에 대한 응답으로 맥아더는 무기와 탄약을 가능한 한 빨리 남한으로 보내도록 명령했다. 그는 합동참모본부와 대통령으로부터 승인을 받기 만 하루 전인 6월 25일 이와 같이 개입했다. 공황 상태에 빠진 이승만은 6월 26일 새벽 3시 맥아더에게 전화를 걸었지만 부관으로부터 장군이 근무시간 외에는 전화를 받지 않는다는 소리를 들었을 뿐이다. 76세의 노(老) 대통령이 분노와 격정으로 화가 폭발하자 맥아더가 전화를 받아 탄약, F-51 전폭기, 105

✢ 한국 해군 백두산함이 6월 26일 북한의 무장 병력 600명을 태운 함선을 부산 앞바다에서 격침한 것으로, 당시 무방비 상태로 놓여 있던 부산항의 안전을 확보한 전략적 사건이었다. 이로써 전쟁 중 부산으로 향하는 군수물자와 증원병력을 위한 해상 교통로의 안전을 확보할 수 있었다. 백두산함(PC-701함)은 해군 장병들과 국민들의 성금으로 미국에서 구매한 함정으로 한국 해군 최초의 전투함이자 유일한 전투함이었다. 자료: 『민족문화 대백과사전』_ 옮긴이

밀리미터 및 155밀리미터 곡사포와 대탱크 로켓포가 한국으로 수송중이라고 말하면서 그를 안심시켰다.[18]

한편 서울에서는 무초 대사와 그의 참모들이 미국인 가족과 민간인을 철수시키기 위한 비상계획을 시행했다. 6월 26일 저녁, 첫 그룹 700명이 인천에서 일본으로 출항했다.✤ 남한 정부 내에서 최고위 관리들은 서울을 버리고 한강 이남에 방위선을 구축할 것인지 논의했다. 채병덕 장군은 한강 이남에 통합 방위를 구축해야 한다는 강력한 주장들을 뒤엎고, 흩어진 부대들에게 수도 북쪽

✤ 주한미군속의 철수계획은 '특비(特秘)'로 분류되었고 그 내용은 거의 아무도 알지 못했다. 물론 많은 사람들이 그런 계획 자체가 있다는 것도 알지 못했다. 위기가 발생했을 때 철수는 필수적인 일이었으며 계획에도 많은 변경이 이뤄졌다. 그러나 이 계획은 오랫동안 입안되어 있었기 때문에 여러 중요한 사람들이 자기의 역할을 잘 알고 필요한 경우 제5공군과 협조하도록 조직되어 있었다. 일요일 저녁 군사고문단의 철수계획 책임자인 홀랜드 소령이 대사관에 와서 대사실 옆의 회의실에 자신의 사무실을 차렸다. 그리고 곧 모든 책임과 지휘는 무초 대사와 드럼라이트 참사관이 했지만 실제로는 홀랜드 소령이 철수작전을 진행했다. 해군무관 시퍼트 중령은 인천과 부산에 전화를 걸어 사용 가능한 배를 물색했다. 인천에 누군가를 보내 두 척의 배의 선장들과 피난민 수송 가능성을 타진했으며 이들 선장들은 모두 가능하다고 말해주었다. 정보는 그날 한밤중부터 결혼한 여자들에게 먼저 전해졌다. 전화로도 일러주었고 선교사들에게는 사람을 보냈다. 26일 새벽 2시에 실질적인 부녀자 철수령이 내렸다. 주로 모여 사는 곳 부근에 집합장소를 정해 피난민들을 새벽 3시부터 태워 나르기로 했다. 한 사람이 가지고 갈 만한 만큼만 휴대하도록 명령이 내려졌다. 새벽 3시부터 버스와 자동차들이 흩어진 거주지의 집합장소에서 부녀자들을 태우기 시작했다. 이들 피난민들은 인천까지 가는 중간지점의 집결지인 애스콤(Ascom City, 군정 시절의 잔재로 미국 군사고문단 시설)으로 수송되었다. 버스들은 짐을 내린 뒤 다시 서울로 돌아와서 더 실어 날랐다. 그날 밤 중으로 약 700명의 부녀자들이 애스콤 지역에 집결되었다. 승객이라고는 단 6명을 태울 시설밖에 갖춰지지 않은 노르웨이 화물선에 700여 명의 부녀자들이 올라타 초만원을 이뤘다. 준비가 갖춰지지 않은 채 초만원이 된 이 노르웨이 배가 일본에 도착할 때까지 3일간의 항해는 악몽 그대로였다. 자료: 해롤드 노블, 『(비록) 이승만 박사와 미국대사관』, 1983, 정호출판사, 31~34쪽_옮긴이

방위에 합류하라고 명령했다. 북한군의 진격이 이런 형편없는 작전계획을 압도해버리자 수도에서 철수하기 위한 비상대책이 마련되었다. 이런 논란과 결정의 와중에 이 대통령은 공포로 말미암아 정신을 차리지 못하고 몇몇 중요한 회의에도 참석하지 못했다. 6월 27일 화요일, 대통령과 내각은 수도를 버리고 오전 4시 특별열차를 타고 대전으로 내려가 임시정부를 세웠다. 혼란 속에 철수하면서 공병대는 수많은 병력과 보급품 및 시민들을 서울 시내에 그대로 남겨둔 채 6월 28일 수요일 2시와 4시 사이 한강 인도교를 폭파했다. 그 뒤 이틀 동안 몇몇 잔류 부대는 임시변통의 나룻배와 민간 선박 편으로 탄약, 대포, 통신장비 등과 함께 철수했다. 6월 28일 서울은 북한군의 통제하에 들어가고 예외적으로 몇몇 고립된 소지역에서만 저항이 있었다.[19]

　서울을 점령했지만 김일성이 그의 소련 파트너와 자신의 참모들에게 전망했던 결과는 일어나지 않았다. 남한 정부는 비록 심각한 타격을 받았지만 붕괴되지 않았다. 대한민국 군대는 강타를 당하고 조직이 파괴되었지만 생존해서 재편성될 수 있었다. 북한의 승리를 성사시킬 공산당 지지자들의 봉기도 없었다. 설상가상으로, 그리고 거의 모든 사람들에게 놀랍게도, 트루먼 행정부가 남한을 지원하기 위한 개입 결정을 신속하게 내렸다. 6월 25일 밤 대통령은 미국 국민의 철수를 보호하기 위해 미국 공군과 해군을 동원하라고 명령했다. 다음날 저녁 그는 이 명령을 확대해 38선 이남에서 작전하는 북한군 부대들에 대한 공격에 이 병력을 사용하도록 승인했다. 27일까지는 미국 공군 비행기가 남한에서 작전에 들어갔다. 이는 인민군의 진격을 둔화시키는 데 중요한 효과를 냈다. 평양에 대해서는 이런 장황한 나쁜 뉴스들에 더하여 유엔 안전보장이사회가 6월 25일 북한의 침략을 비난하고 북한군의 철수를 요구하는 결의안을 가결했다. 그리고 6월 27일 유엔 안전보장이사회는 모든 회원국에 무력 공격을 격퇴하고 이 지역에 평화를 회복하기 위해 남한을 원조할 것을 요청했다.[20]

7

트루먼, 정책을 뒤집다

북한군이 38선을 넘어 남침을 해오기 전에 미국과 한국의 관리들은 전쟁이 임박했다는 낌새를 전혀 눈치 채지 못했다. 38선에 깃든 긴장감은 1949년에 훨씬 높았다. 그 무렵 서울에 있던 소규모 미국 정보부대는 북한에 소련의 무기와 훈련관들이 증강되고, 38선 지역의 민간인들이 소개되고 있으며, 인민군이 신병들과 중국 내전에 참가했다 돌아온 베테랑들로 강화되었다는 사실을 정확하게 보고했다. 하지만 도쿄의 맥아더 장군 참모들과 워싱턴의 그 어느 누구도 이런 정보를 모아서 남침의 개연성이 있다고 주장하지 않았다. CIA가 1950년 6월 19일 전쟁 발발 직전 마지막 작성한 판단보고서는, 북한군이 남침을 위한 능력을 개선했음을 보여주었지만, 공격의 가능성이나 시점까지는 예측하지 못하고 말았다.[1]

맥아더 원수의 주요 관심사는 일본을 미국의 민주적 파트너이자 소련 공산주의 팽창에 대항하는 보루로 재건하고 그의 절친 장제스를 보호하기 위해 타이완의 방어를 강화하는 것이었다. 1949년 6월 미국 전투 병력이 남한에서 철수한 뒤 이 나라는 더 이상 맥아더의 극동사령부 권한 아래 있지 않았다. 그의 충성스런 정보책임자 찰스 A. 윌로비(Charles A. Willoughby, 1892~1972) 소장이 서울 소재 정보부대로부터 보고서를 수집해 워싱턴에 보내긴 했지만 맥아더는 그런 보고서를 읽지 않았다. 알란 밀럿의 주장에 의하면 "남한의 방어는 맥아더의 우선사항이 아니었다".[2]

남침 직전 주간에 극동에 관한 주요 뉴스는 워싱턴으로부터 온 2개 사절단의 방문과 관련된 것이었다. 국무장관 특별보좌관 존 포스터 덜레스(John Foster Dulles, 1888~1959)가 이끄는, 일본과의 평화조약 협상을 위한 사절단은 6월 18일에서 21일까지 서울에 있었다. 공화당의 최고위 외교정책 전문가는 남한에서 이승만에게 미국의 지속적인 지원을 재확인했다. 그는 방문기간 동안 국회에서 연설했으며, 6월 19일 38선 전방을 시찰했다. 같은 때 국방장관 루이스 존슨과 합참의장 오마 브래들리 장군이 이끄는 또 다른 사절단은 6월 18~20일 도쿄를 방문해 일본과의 평화조약 체결이 아시아 방위전략에 대해 갖는 함의를 맥아더와 의논했다. 그들의 회담은 일본에 군사 및 해군 기지를 유지하는 일과 타이완 방어에 집중했다. 도쿄에 주재하는 동안 윌로비 소장은 방문객들에게 최근의 정보보고에 대해 브리핑을 했으나 전쟁 징후가 임박했다는 어떤 보고도 없었다. 남침 직전 주간에 미국의 주요 신문을 읽어본 관심 있는 시민이라면 한국의 어떤 수준에서도 긴장감 또는 어렴풋하나마 분쟁의 기미를 파악할 수 없었을 것이다.[3]

한편, 워싱턴의 6월은 한국에서의 전쟁 발발을 예감하지 못한 가운데 또 다른 극심한 정치의 달이었다. 티딩스위원회는 국무부 안에 공산주의자들의 영향력이 미치고 있으며 불충성자들이 존재한다는 매카시 상원의원의 비난을 조사하느라 3개월째 청문회를 열고 있었다. 6월 15일 매카시는 코네티컷 주 그로턴에서 열린 전국편집인협회에서 그가 비밀회의에서 했던 증언을 부적절하게 끌어내 추가적인 비난을 퍼부었다. 이 위스콘신 주 상원의원은 존 페우리포이 국무부 부차관이 한 증인에게 유리한 증언을 해주는 조건으로 '뒷거래'을 주선했다고 주장했다. 페우리포이와 해당 증인은 이런 비난을 단호하게 부인했다. 티딩스위원회의 활동에 대한 다른 촌평은 헨리 캐봇 로지 주니어 상원의원으로부터 나왔다. 그는 비난 대상이 된 국무부 직원 81명의 충성 파일의 '대표적인 단면'을 검토한 뒤 기자들에게 매카시의 주장을 입증하거나 반증하기에 파일이 불완전하고 부적합한 것을 발견했다고 말했다. 새로 임명된 딘 러스크 국무부 극동 담당 차관보는 6월 20일 하원 외교위원회 비밀회의에서 증언했다. "우리의 목표는 … 남한이 국내의 무질서를 바로잡고 38선을 넘어 오는 무장집단들을 퇴치할 수 있으며, 적대 세력이 남한을 접수하려면 대규모 전쟁을 수행하는 대가를 치를 것인지 선택하지 않을 수 없도록 만드는 보안군을 창설하도록 지원하는 것입니다. 우리는 현재 국경 너머의 사람들이 그런 목적으로 대규모 전쟁을 수행할 의도를 가졌다는 징후를 보지 못하고 있습니다."[4]

국제적인 개입을 축소하고 국방비 지출을 제한해온 트루먼 행정부는 공산주의자들에게 더 이상 영토를 빼앗길 경우 정적들 앞에서 위험할 정도로 취약하게 되었다. 대통령은 각료들과 고위 관리들에게 국가를 위해 올바른 정책을 건의하되 정치는 자기에게 맡기라는 말을 자주 했다. 그는 트루먼 독트린, 마셜 플랜, 북대서양조약 등의 광범위한 책임을 지고 있었다. 하지만 만약 어느 외국의 적이 이런 개입에 도전한다면 경제 및 군사 원조를 제공하는 데에 현재 수준의 무력과 예산은 모두 부족한 실정이었다. 대한민국에 대한 지원을 약속해놓고 행정부는 전투 병력을 철수시켰다. 소련이 북한 군대를 무장시키고 훈련시키고 있는 동안 그렇게 하고 말았다. 이승만이 탱크, 중포 및 전투기 지원을 반복적으로 요청했으나 대통령은 거절했다. 그리고 일본에 주둔하고 있는 맥아더 장군 휘하의 군대는 승인받은 숫자의 절반에도 미치지 못했다. 공화당원들과 다수의 여타 인사들은 중국을 공산당에 상실한 데 대해 트루먼을 비난했다. 행정부의 선택을 더욱 꼬이게 만든 것은 공화당이 매카시의 악성 비난을 받아들인 데에다, 이런 비난이 유용하다고 판명되면 이를 뒷받침하리라는 전망이었다. 반공의 광풍이 불어 닥치고 양당주의는 죽고 말았다. 이 자신만만한 미주리 출신 정치인(대통령)은 정치적·군사적으로 책임질 일이 정면으로 자기 앞에 닥친 것을 곧 발견할 것이었다.

조용한 주말, 산통이 깨지다

어느 뜨거운 여름날 오후, 해리 트루먼은 아내와 딸을 동반하고 48시간 동안 머물기 위해 미주리 주 인디펜던스에 있는 자기 집에 도착했다. 워싱턴의 정쟁에서 벗어나 아늑한 휴식을 취할 참이었다. 6월 24일 토요일, 중서부의 고향으로 비행하는 길에 대통령은 볼티모어에 기착해 프렌드십 국제공항의 개장식을 치렀다. 다시 볼티모어에서 캔자스시티로 날아가고 있을 때 그가 전혀 모르는 사이에 국제날짜변경선의 저쪽에서 전쟁이 터졌다. 북한군이 38선을 넘어 쏟아져 내려왔다. 그날 외교정책의 문제들은 트루먼의 마음에서 멀리 떨어져 있었다. 편안히 쉬며 집에서 요리한 식사를 기대하고 있었고, 그랜드뷰에서 몇 마일 떨어진 가족 농가의 지붕을 새로 이을 생각을 하고 있었다.[5]

아내 베스, 딸 마가렛, 그리고 장모와 저녁식사를 함께 한 다음 그들은 그물망을 쳐놓은 베란다에서 가족과 지방 뉴스에 관해 가벼운 대화를 나눴다. 그들이 막 집 안으로 들어간 저녁 9시 20분, 딘 애치슨이 전화로 북한의 남침 소식을 보고했다. 국무장관은 위기가 얼마나 심각한지 아직 분명하지 않지만 신중을 기하기 위해 유엔 안전보장이사회의 긴급 이사회를 소집할 것을 건의했다. 트루먼은 이 제안을 승인하고 그날 밤 워싱턴으로 돌아갈 태세였다. 애치슨은 분쟁의 상세한 내용이 알려질 다음날까지 기다리는 게 좋겠다고 했다. 국무장관은 전쟁의 발발 발표와 함께 이 문제를 유엔에 상정한다는 뉴스가 일요일 조간신문에 게재될 것이라고 보고했다.[6]

일요일, 트루먼은 고향집에서 늘 하던 대로 아침 산보를 했고, 농가에 새 지붕 이는 계획을 마무리하고 새로 들여놓은 우유 짜는 기계도 살펴보기 위해 그랜드뷰의 농장으로 갔다. 그 사이에 워싱턴의 관리들은 전쟁의 상세한 내용을 알리는 해외 보고들을 분석했다. 존 J. 무초 대사는 일본에 있는 미군 보급창으로부터 탄약을 긴급 선적해 한국군에게 보낼 필요가 있다고 타전했고, 몇 시간 뒤에는 4대의 북한 전투기가 서울 근교의 김포공항을 공격했다고 보고했다.

무초 대사는 한국의 군과 시민을 방어하기 위해 전투기를 보내달라는 이전의 요청을 되풀이하면서 "적대행위의 결과는 미국이 적절한 공중 지원을 할 것인지 여부에 크게 달려 있다"고 언명했다. 윌로비 장군은 육군참모총장에게 서울과 미국대사관이 위협을 받고 있으며, 맥아더 장군이 대사의 요청에 호응해 일본 주둔 미군의 공중 및 해상 보호 아래 미국 관계자와 민간인들에게 그 다음날 철수를 시작하도록 명령을 내렸다고 보고했다.[7]

추가 보고에 의하면 북한의 남침 배후에는 소련이 있는 것이 명백하고, 급박하게 악화되는 상황에 대처하기 위해서는 미국이 신속하게 행동을 취할 것이 요망된다는 것이었다. 모스크바 주재 미국대사관의 월워스 바버(Walworth Barbour, 1908~1982) 참사관은 이 공격이 '자유세계의 우리 리더십에 대한… 소련의 명백한 도전'이며 남한의 패배는 일본 및 동남아와의 관계를 심각하게 불안정하게 할 것이라고 주장했다. 그는 미국이 남한의 독립을 방어하기 위해 '군사원조를 포함해 우리가 사용할 수 있는 모든 수단'을 동원할 것을 요청했다. 도쿄에서는 존 포스터 덜레스와 그를 동행한 국무부의 동북아시아 담당 고위 관리인 존 앨리슨(John Allison, 1905~1978)이 공동으로 애치슨에게 필요할 때 무력을 포함한 강력한 대응을 지지할 것을 촉구했다. 북한의 승리가 '세계대전을 유발할 가능성이 높은 일련의 재앙의 출발점이 될 것'이기 때문이라는 것이었다. 맥아더는 한국에서 악화되고 있는 상황을 보고했고, 무초 대사는 이승만 대통령이 심야회동 때 '스트레스를 많이 받아' 말을 제대로 하지 못했다고 묘사했다.[8]

일요일 아침 늦게 국무부와 국방부 고위 관리들은 대통령의 워싱턴 복귀 후 제시할 건의사항을 작성하기 위해 모였다. 그들은 모두 소련이 주도한 도전이라고 본 이 사태에 대해 강력한 입장을 취하는 것이 매우 중요하다는 데에 일찌감치 의견일치를 보았다. 국무부 관리들이 대통령이 고려해야 할 건의사항들을 제안했고, 군부 관리들은 이를 받아들였다. 종합하자면, 이 제안은 가능하다면 유엔의 위임하에 남한을 방어하기 위해 미국이 개입할 것을 요청하는 것이었다. 애치슨은 아침나절 농장에서 집으로 돌아온 대통령에게 전화를 걸었다. 국무장관은 대통령에게 가능한 한 조속히 워싱턴으로 돌아와야 한다고 말했다. 트루먼은 딸 마가렛의 도움을 받아 급히 떠날 채비를 했다. 점심을 빨리 먹고 대통령 일행은 공항으로 달렸는데, 서두르는 바람에 백악관 직원 2명을 남겨놓고 떠났다.[9]

점진적인 개입 확대

트루먼이 워싱턴으로 돌아오고 있는 중에 유엔 안전보장이사회는 회의를 열어 북한의 침략을 '평화의 파괴'라고 규정하면서 북한에게 적대행위를 중단하고 38선으로 철수할 것을 요구하는 결의안을 통과시켰다. 안전보장이사회는 모든 회원국들에 '유엔이 이 결의안을 집행하는 데에 필요한 모든 원조'를 제공할 것을 요청했다. 결의안은 만장일치로 통과되었다. 유고슬라비아는 기권했고, 당시 소련대사는 출석하지 않았다. 그의 불출석은 안전보장이사회가 중국 대표로 국민당 정부 대신 중화인민공화국(PRC)을 받아들이지 않는 데 대한 항의 표시였다.✢ 또한 오후에 국무부 정보조사실은 고위 관리들에게 한국

✢ 당시 소련의 말리크 유엔대표는 1950년 1월 12일, 중국의 본토가 중국공산당의 지배하에 들어간 이상 자유중국이 보유하고 있는 유엔 안전보장이사회의 상임이사국 대표권을 중화인민공화국으로 넘겨야 한다는 결의안을 이사회에 제출했다. 말하자면 중국 본토의 유엔대표를 현실에 입각하여 교체해야 한다는 것이었다. 그러나 이러한 소련의 주장은 찬성 3, 반대 6, 기권 2로 무참히 부결되고 말았다. 그러자 말리크 대표는 유엔 안전보장이사회의 출석을 거부한다는 짧막한 성명서를 발표한 뒤 회의장을 떠났다. 그로부터 4개월 12일 만인 1950년 6월 25일, 북한은 대한민국을 향해 전면 남침을 결행했다. 남침 소식이 유엔에 전해지자 유엔은 안전보장이사회를 빈번히 여는 등 숨 가쁜 움직임을 보였다. 그러나 소련대표는 얼씬도 하지 않았다. 말리크 소련대표가 유

에서 공산군이 승리할 때의 함의를 분석한 보고서를 회람했다. 정보조사실은 소련의 동기를 평가하면서 "북한 정부는 완전히 크렘린 통제하에 있으며 북한이 모스크바의 사전 지시 없이 행동했을 가능성은 전무하다"고 주장했다. "그러므로 남한에 대한 공격은 소련의 공격으로 보아야 한다"는 것이었다. 아시아의 나머지 국가들에 대한 함의를 평가하면서 분석관들은 소련이 한국을 지배하게 되면 일본에 가장 큰 타격을 줄 것이라고 주장했다. 일본은 위협을 받을 것이며, 그렇게 되면 '기왕에 확산되어 있던 중립화의 욕구를 강화시킬 것'이라는 말이었다. 또한 타이완과 동남아가 공산주의의 영향력에 저항하는 능력에도 부정적인 영향을 미칠 것이었다. 미국이 남한을 보호해내지 못하면 서부 유럽에 강력한 영향을 미쳐 미국의 동맹국들은 미국의 의지와 힘에 의문을 제기할 것이었다. 악영향은 특별히 독일에서 경고가 될 것이었다. 이 보고서의 작성자들은 이렇게 전망했다. "모든 지역의 독일인들은 소련이 북한군에 부과한 것과 동일한 '통일'의 역할을 동독의 준군사경찰이 독일에서 수행할 가능성을 필연적으로 고려할 것이다." 이런 정보 판단의 강력한 메시지는 미국이 아무런 대책을 취하지 않으면 전 세계적으로 그 대가가 극히 높으리라는 것이었다.[10]

대통령은 오후 7시 조금 지나 워싱턴 국립공항에 도착했다. 거기서 그는 애치슨, 루이스 존슨, 제임스 웹을 만났다. 블레어 하우스(당시 백악관은 수리 중이었다)의 임시거처로 차를 타고 오면서 트루먼은 한마디 내뱉었다. "내 정말로 이놈들 혼쭐을 내주고 말거야!" 대통령의 태도는 그다음 사흘 동안 취해질 결정과정을 미리 보여주는 것이었다. 대통령은 블레어 하우스에서 저녁식사를 겸한 실무회의를 하자고 그의 외교 및 국방 수석보좌진에게 급박하게 통고했

엔 안전보장이사회에 다시 돌아온 것은 한국전에 대한 이사회의 결의가 다 끝나고 유엔의 전쟁이 한창 한반도에서 전개되던, 8개월 후인 1950년 8월 1일이었다. 참으로 불가사의한 일이었다. 자료: 마크 클라크, 『다뉴브에서 압록강까지』, 1981, 국제문화출판공사_ 옮긴이

다. 식전주를 마시는 동안 존슨 국방장관은 브래들리 장군에게 도쿄의 맥아더 장군으로부터 받은 메모를 읽으라고 했다. 이 메모는 타이완의 전략적 가치가 높으며 타이완 방어가 중요하다고 강조하는 것이었다. 애치슨은 존슨의 이런 태도가 앞으로의 논의를 한국이 아니라 좀 더 광범위한 아시아 안보 이슈들로 돌리려는 시도라고 보았다. 존슨은 한국이 중요하다고 생각하지 않았다. 다른 인사들이 논의에 뛰어들기 전에 트루먼은 의견교환을 중단시키고 실질적인 논의는 식사가 끝나고 테이블이 정리된 다음 개인적으로 만날 때 하면 된다고 말했다.[11]

심각한 논의는 식사가 끝난 뒤에 시작되었다. 대통령은 애치슨에게 한국에서 들어온 최신 뉴스를 보고하고 그날 마련된 정책결정 건의사항들을 제시해 달라고 요구했다. 참석자들은 전반적으로 건의사항에 동의했으며, 브래들리 장군은 한국과 타이완에서 확고한 태도를 취하는 것을 지지하며, 그가 생각할 때 소련이 전면전에 돌입할 태세는 아니라는 점을 강조하면서 자기 말을 부분적으로 정당화했다. 합동참모본부 의장은 한국의 분쟁이 "다른 곳에서와 마찬가지로 선을 긋는 조치를 취하기에 좋은 계기를 제공한다"고 주장했다. 덧붙여서 그는 한국에 지상군을 파견하는 것을 선호하지 않는다고 했는데, 이런 그의 의견에 동조한 인물은 프랭크 페이스(Frank Pace, 1912~1988) 육군장관과 루이스 존슨 국방장관이었다. 대통령은 공군참모총장 호이트 반덴버그(Hoyt Vandenverg, 1899~1954) 장군에게 미국이 필요할 때 극동의 모든 소련 공군기지를 파괴하면 어떻겠느냐고 물었다. 장군은 할 수 있지만 원자탄을 사용해야 될지 모르겠다고 대답했다. 그런 다음 트루먼은 그의 결정을 밝혔다.

맥아더는 서울주재 대사가 요청한 대로 무기, 탄약, 보급품을 한국으로 빌송할 것
맥아더는 군사상황을 평가하기 위해 현지 조사팀을 파견할 것
미 제7함대는 필리핀으로부터 타이완 해협을 향해 북으로 이동하여 임무에 대한 명령을 기다릴 것

미 공군은 극동에 있는 소련 공군기들을 파괴할 계획을 수립하되 명령이 내려질
때까지 조치를 취하지 말 것

국무부와 국방부 고위 관리들은 '소련의 행동이 발생할 개연성이 있는 다음 장소'
를 조사할 것

결론적으로 대통령은 공군과 해군에 인천-김포-서울 지역의 미국 관계자들
의 철수를 보호하도록 지시했다. 각종 조치를 논의하는 동안 애치슨과 존슨은
대통령에게 맥아더 장군에게는 주의 깊고 명확한 지시를 내리고 그가 재량권
을 행사할 여지를 남기지 말 것을 강력하게 촉구했다. 트루먼은 두 장관의 말
이 선의의 충고임을 알고 있었지만 실행하기가 언제나 쉬운 것이 아니라는 것
을 이해하고 있었다. 밤술 한 잔씩들 걸쳐서 참석자들이 긴장을 풀고 있을 때
대통령은 존 D. 히커슨(John D. Hickerson, 1898~1989) 유엔 담당 국무차관보에
게 말했다. "잭, 결국 내가 유엔을 위해 이런 조치를 취했네. … 그것은 우리의
아이디어였고, 이 커다란 첫 테스트에서 그들을 실망시킬 수 없었네." 미국은
한국에서 공군과 해군이 작전에 개입하는 최초의 조치를 취했다. 그 개입은 미
국 시민의 철수로 종료될 수 있었다. 하지만 6월 25일 밤 블레어 하우스에서
이뤄진 논의의 맥락과 어조는 참석자 모두가 필요할 때 남한을 방어하기 위해
추가 조치를 취할 태세임을 시사하는 것이었다.[12]

6월 26일 월요일 오전 중반, 서울에서 온 한 보고서가 전날 밤 블레어 하우
스에서 가졌던 희망에 의문을 던졌다. 무초 대사는 상황이 "급박하게 악화되며
붕괴되고 있다"고 기술하면서 대사관 직원들을 한국의 남부로 철수시키기 시
작했다고 말했다. 이 소식이 고위 관리들에게 전달되었을 때 해리 트루먼은 한
국의 분쟁 사태에 대한 최초의 공식 성명을 발표했다. 지금까지 내려진 결정들
에 대해서는 언급하지 않은 채 그는 유엔 안전보장이사회의 조치를 지지했고,
미국이 "이와 같은 심각한 평화의 파괴 행위를 종식시키기 위한 이사회의 노력
을 적극적으로 지원할 것"이라고 선언했다. 대통령은 향후에 취할 조치의 전조

가 되는 언급을 하면서 끝을 맺었다. "평화를 지키기 위한 책무를 의도적으로 무시하는 행위는 유엔헌장을 지지하는 국가들에 의해 용인될 수 없다."[13]

같은 날 아침 트루먼은 이 위기에 대한 자기의 생각을 실무참모의 한 사람인 조지 엘시(George Elsey, 1918~2015)에게 설명했다. 다음 공산주의자의 행동은 타이완 침공이 될 수 있다는 엘시의 언급이 있자 이에 대한 답으로 대통령은 중동을 훨씬 더 많이 걱정하고 있다고 말했다. 스탈린은 석유가 필요하다고 보았기 때문이다. 그런 다음 그는 1947년 그리스 위기와 비교하면서 이렇게 말했다. "한국은 극동의 그리스네. 우리가 3년 전 그리스에서 했던 것처럼 지금 충분히 터프하게 그들에 대응한다면 그들은 다음 단계를 취하지 못할 것이네. 그러나 우리가 손 놓고 가만히 있으면 그들은 이란으로 밀고 들어가서 중동 전체를 다 장악하고 말 것이네. 우리가 지금 싸움을 미루면 그들이 무슨 일을 저지를지 전혀 알 수 없다네."[14]

트루먼의 분석은 지나치게 단순화된 것이고 소련의 능력과 아울러 중동의 현실에 대해 제대로 정보를 파악하지 못한 것으로 보인다. 그렇지만 소련 정치와 스탈린의 사고에 대한 미국 최고전문가들 중 한 명인 찰스 E. 볼렌은 소련 정책의 특성과 미국의 북한 침략 대응책에 대해 동일한 결론에 도달했다. 당시 파리 주재 미국공사였던 볼렌은 6월 26일 동료 러시아연구가 조지 케넌에게 개인적인 메시지를 전보로 보냈다. 케넌은 계획된 휴직 허가를 연기하고 한국과 소련 정책에 관한 문제를 처리하기 위해 국무부 고문 자리를 지키고 있었다. 볼렌의 직접적인 목적은 국무부가 한국에서의 적대행위 종식에 도움을 받기 위해 소련에 직접 호소하자는 국무부의 제안에 반대하는 것이었다. 그의 주장은 그런 조치를 취하면 소련에게 '분명한 전술적 우위'를 준다는 것이었다. 소련이 외교적 약속을 이용하여 한국에서 미국과 유엔의 조치를 지연시키거나 어쩌면 패퇴시키고 또한 크렘린 지도자들의 외견상 불개입 태도를 벗어버리게 하기 때문이라는 것이었다. 외견상의 불개입 정책을 유지한다면 소련은 나중에 북한이 체면을 손상하지 않고 철수하도록 압력을 가할 수 있을 것이었다.

그런 다음 볼렌은 소련 정책에 대한 자신의 분석의 맥락을 계속 설명하면서 자기 견해를 이렇게 밝혔다.

전형적인 스탈린 수법의 아주 분명한 사례다. 그는 소련을 공식적·직접적으로 포함시켜서 행동에 착수하지 않는다. 그는 약점을 접하게 될 때에만 최대한 압력을 가할 수 있고 가하려는 행동을 취한다. 그런 반면, 만약 리스크가 너무 커진다고 생각하면 그는 소련이 너무 직접적으로 체면에 손상을 입지 않도록 스스로 한 발 물러서 있다. …

이는 미국에 대한 직접적인 거부의 가장 분명한 사례이자 2차 대전 종전 이후 처음으로 발생한 명백한 변경 침범 사례다. 그리고 아시아의 일에 대해서는 일언반구하지 않는 모든 유럽인들은 미국이 어떤 행동을 취하는지 보기 위해 주시할 것이 분명하다. 지금은 최대의 단호함, 그리고 심지어 큰 리스크를 감수할 의지까지 요구되는 상황이다. 그렇게 하는 것은 우리가 그들을 공개적으로 퇴로가 없는 궁지로 몰아넣지 않는 것이 진심이라는 것을 크렘린에게 확신시켜주기 위함이다.[15]

연이어 발생한 사건들은 볼렌의 평가와 그의 정책 건의가 빈틈없었으며, 대통령이 다른 경로로 적절한 결정을 내리게 되었음을 보여주었다.

미국 시간으로 6월 26일 오후가 되자 서울 북방 방어가 붕괴되고 있다는 보고가 있었고, 맥아더 장군은 "완전한 붕괴가 임박했다"는 전문을 보냈다. 무초 대사는 이 대통령과 각료 대부분이 서울을 떠나 남쪽으로 갔다고 전문 보고했다. 애치슨은 오후 7시 반 직전에 대통령에게 전화를 걸어 블레어 하우스에서 다시 회의를 열자고 제안했다. 트루먼은 동의했고, 똑같은 참석자들이 밤 9시에 모였다. 회의를 시작할 때 반덴버그 장군이 미군 조종사가 김포공항 상공에서 소련제 야크-3 전투기 한 대를 격추했다고 보고하자 대통령은 이번 격추가 마지막이 아니기를 바란다고 말했다. 그런 다음 애치슨은 한국군을 완전하게 지원하기 위해 공군과 해군을 개입시킬 것을 제안했다. 대통령은 승인했다. ㅡ 다만 현재로서는 미군이 38선 이북의 전투에 개입해서는 안 된다는 단서를 달았다. 그런 다음 국무장관은 주의 깊게 작성된 바 있는 대타이완 정책을 뒤집어서 제7함대가 타이완 해협에 위치하여 공산당이나 국민당 어느 쪽도 해협에서 상대편을 공격하지 못하도록 하자고 제안했다. 대통령은 이 운명적인 결정을 승인했다. 이 결정으로 미국은 다시 한 번 혼돈의 중국 내전에 개입하게 되었다.[16]

그날 저녁 내린 다른 결정들로 미국은 이 지역의 다른 부분에 대한 개입을 확대했으며, 한국에 더 깊이 개입할 가능성을 고려하기 시작했다. 애치슨은 필리핀 기지의 미군 병력을 증원하고, 필리핀 정부에 약속한 지원을 조속히 시행하며, 아울러 인도차이나의 프랑스인들에 대한 원조 확대와 군사사절단 파견을 제안했다. 트루먼은 이런 건의사항들을 승인했다. 또한 대통령은 유엔 회원국들에게 한국에 대한 원조 확대를 요청하는 새로운 내용의 안전보장이사회 결의 초안을 적극 지지했다. 그는 이런 종류의 위기를 저지하려고 5년 동안 노력해왔다고 언급했다. "이제 상황이 이 지경이 되었습니다. … 우리는 이런 상황에 대처하기 위해 우리가 할 수 있는 일을 다 해야 합니다." 그는 우리가 한국 상황을 위해, 그리고 '유엔을 위해' 할 수 있는 모든 일을 다 해야 한다고 반복했다. 한국의 방위가 지속적으로 악화되고 있는 문제로 논의가 돌아가자 브래들리 장군은 만약 미국이 지상군을 투입해야 된다면 여타 임무를 수행하기 위해서는 국민방위군을 소집할 필요가 있다고 했다. J. 로턴 콜린스(J. Lawton Collins, 1896~1987) 육군참모총장은 동의했다. 대통령은 합참에 동원 문제를 며칠 동안 검토할 것을 요청하면서 이렇게 덧붙였다. "나는 전쟁으로 치닫기를 원하지 않습니다."[17]

6월 27일 화요일, 대통령은 의회 지도자들에게 ㅡ 그리고 몇 시간 후, 대중들에게 ㅡ 한국을 지원하기 위해 공군과 해군에 전투 명령을 내리기로 결정했음을 알렸다. 그는 군사 개입을 기술하는 데 상당히 일반적인 용어를 사용했지만 타이완, 필리핀, 인도차이나를 방어하기 위해 취한 조치들은 구체적으로 언급했다. 그가 대중에게 발표한 성명은 소련을 거명하지 않은 채 "한국에 대한 공격은 공산주의가 독립 국가를 정복하기 위해 전복을 넘어서서 이제 무장 침략과 전쟁의 수단까지 사용하려 한다는 점이 의심할 여지없이 명백하게 되었다"고 밝혔다. 그날 늦게 유엔 안전보장이사회는 미국이 제안한 결의안을 통과시켰다. 이 결의안은 모든 회원국들에게 "무장 침략을 격퇴하고 이 지역에서 국제 평화와 안전을 회복하기 위해 필요한 원조를 대한민국에 제공할 것"을 권유하는 것이었다. 나중에 가을이 되어 이 결의안의 마지막, 외견상 무해한 구절은 한국에서 미국의 임무를 대폭 확대하는 토대가 되었다. 당시에는 아무런 의문이 제기되지 않았으며, 의회와 대중의 반응은 광범위한 지지였다. 1948년 대통령선거에서 공화당 후보로 나와 트루먼에게 패했지만 여전히 공화당의 명목상 대표였던 토머스 듀이 뉴욕주지사는 대통령에 전보를 보내 그의 결정을 전폭적으로 지지한다고 밝혔다. 그 결정은 "우리나라와 자유세계의 안보를 위해 필요하다"는 것이었다. 동부의 주요한 공화당 계열 신문인 ≪뉴욕 헤럴드 트리뷴≫은 이례적으로 1면 사설에서 트루먼을 칭찬하면서 "대통령은 대단한 용기와 간명한 결단을 갖고 행동하고 말했다"[18]고 천명했다.

마지못해 내린 최종조치

(한국 방위의) 추가적인 권한을 부여받은 맥아더 장군은 북한의 전진을 저지하기 위해 괌의 B-29 장거리 전략폭격기를 포함해 모든 이용 가능한 항공기를 동원했다. 그래도 충분치 못한 것으로 판명되었다. 존 H. 처치(John H. Church, 1892~1953) 준장이 이끄는 도쿄의 현지 조사팀은 현지상황을 평가한 뒤 6월 28일 맥아더에게 북한군을 저지하고 38선 이북으로 퇴각시키기 위해서는 미국의 지상군 투입이 필수적이라고 무선으로 보고했다. 6월 28일 오후, 국가안전보

장회의가 합참도 참석한 가운데 워싱턴에서 열렸다. 애치슨 장관은 만약 한국전을 질질 끌게 되면 행정부는 심각한 결정을 내려야 하는 상황에 직면할 것이라고 우려했다. 대통령의 응답은 만약 더 심각한 위협이 또 다른 지점에서 일어나지 않는 한 "이 상황에서 빠져나갈 의도가 없다"는 것이었다. 토마스 K. 핀레터(Thomas K. Finletter, 1893~1980) 공군장관은 북한의 공군기지 지도를 보여주면서, 만약 38선 이북의 공군기지와 연료저장소를 폭격할 수 없다면 공중공격은 충분한 효과를 거둘 수 없을 것이라고 강조했다. 트루먼은 그런 표적이 장차 필요할 수 있다는 점은 인정했지만 아직은 승인할 태세가 아니었다. 애치슨은 미군이 38선을 넘지 않기를 희망한다고 말했고, 트루먼은 그것이 바로 자신의 결정이었다고 재확인했다. 국무장관의 제안에 따라 대통령은 합참에 필요할 때 극동에서 이용 가능한 모든 병력을 검토할 것을 요청했다. 그날 늦게 이 임무를 합동전략조사위원회에 부여하면서 합참 부장인 아서 C. 데이비스 (Arthur C. Davis, 1893~1965) 해군소장이 말하기를 합참은 "파병을 원치 않는다" 라고 했다.[19]

더욱 비관적인 평가는 당시 컬럼비아대학 총장이었던 드와이트 D. 아이젠하워 원수로부터 나왔다. 6월 28일 그는 워싱턴에 와서 대부분 유럽전쟁 중 그의 부하로 근무했던 고위 장성들을 만났다. 한국에서 들어온 최신 소식들을 보고 받은 뒤 아이젠하워는 몇 가지 설득력 있는 결론을 내렸다. 즉, 이 분쟁은 향후 수년 동안 공산주의자들의 도발에 맞서기 위해 무력을 증강할 기회를 조성했으며, 행정부는 미군 2개 사단을 추가하여 유럽의 방위력을 구축해야 하고, 한국을 대폭 지원하려면 지상군이 포함될 필요가 있는데 이로 인해 총동원이 필요할 수도 있으며, 한국에서 미군이 작전을 펼 때 지리적 제한을 둬서는 안 되고, 합참은 한국에서 원자무기의 사용 가능성을 검토해야 하며, 맥아더에 대해서는 자기 자신의 사적인 전쟁을 벌이는 성향을 제한하기 위해 철저한 억제를 가해야 한다는 것 등이었다. 국방부 관계자들과의 논의에서 돌아와서 이틀 뒤 아이젠하워는 일기장에 그가 갖고 있는 심각한 우려를 적었다. 즉, 트루먼 대통령은 그 자신이 대규모 전쟁에 빠져들고 있다는 것을 충분히 이해하지 못하고 있으며, 군의 지도층은 이와 같은 개입이 얼마나 부담이 큰지를 대통령에게 설명하지 않았다는 것이었다.[20]

6월 29일 목요일, 맥아더 장군은 대담하게 한국의 전선을 직접 시찰했다. 그의 비행기가 몇 명의 수행원 및 기자들과 함께 한국으로 날아가고 있을 때 이 극동군 최고사령관은 38선 북쪽의 공군기지를 타격하라고 명령했다. 그는 합참의장이 승인하기 거의 24시간 전에 자신의 결단으로 이런 조치를 취했다. 한편 합참은 맥아더에게 내릴 일단의 새 명령들을 완성했다. 이는 그 이전에 내렸던 지침들을 조율하고 맥아더가 그의 임무를 달리 달성할 수 없다고 생각하면 38선 북쪽에서의 작전을 수행할 수 있도록 승인하는 새로운 요소를 추가하는 것이었다. 공군이 목표물에 더 근접한 한국의 비행장에서 작전할 수 있도록 하기 위해 존슨 장관은 부산의 비행장과 항구를 보호하는 일에 지상군과 해군 병력을 사용할 수 있는 권한을 추가했다. 그런 다음 그는 대통령에게 명령 초안을 검토하기 위해 국가안전보장회의를 다시 열 것을 요청했다.[21]✣

트루먼은 회의 직전 고위 보좌관들과 함께 기자들을 만났다. 한국에서 최근 전개된 상황을 요약한 다음 그는 질문을 받았다. 육군이 탱크 또는 대포를 한국으로 보냈는지 알지 못한다고 말하면서 그는 "우리는 전쟁을 하지 않고 있

✣ 미군 지상군의 투입은 해군 및 공군의 개입과 근본적으로 달랐다. 맥아더 원수는 중대한 결정을 내리기 전에 진상을 확인할 필요가 있었다. 6월 29일 오전 8시, 맥아더 원수는 극동공군사령관 스트레이트마이어(George E. Stratemeyer) 중장 등 15명의 참모를 대동하고 전용기 바탄(Bataan)호로 비가 내리는 가운데 하네다 공항을 이륙했다. 바탄호가 규슈에 이르렀을 때 맥아더 원수는 스트레이트마이어 중장을 통하여 미 제5공군사령관 파트리지(Carl E. Partridge) 소장에게 지령을 내렸다. 타전된 전문은 "스트레이트마이어로부터 파트리지에게, 즉시 북한의 비행장을 폭격하라. 극비다. 맥아더가 승인했다"는 것이었다. 자료: 전쟁기념사업회, 『한국전쟁사』, 제1권 요약통사, 1990, 191쪽_ 옮긴이

다"고 힘주어서 언명했다. 그는 북한을 '노상강도 떼'라고 묘사하면서 기자들
용어를 받아들여서 이것은 '유엔하의 경찰 행위'라고 말했다. 대통령과 여타
고위 관리들은 여름 내내 미국의 한국 개입을 제한적인 노력으로 제시하기 위
해 이 구절을 사용했다.[22]

국가안전보장회의가 6월 29일 오후 늦은 시간에 열렸다. 존슨이 맥아더에
보낼 명령 초안을 읽기 시작하자 트루먼은 발언을 중단시키고 미국이 "현 상황
하에서 소련과 전쟁을 벌일 계획을 하고 있다"는 함의를 주지 않기를 바란다고
천명했다. 그가 강조한 점은 "북한군을 38선 이북으로 다시 밀어 올리는 데에
필요한 모든 조치를 취하기"를 원한다는 것이었으며, 미국의 조치는 "한국에서
평화를 유지하고 국경선을 회복하도록 고안"되었다는 것이었다. 대통령은 부
산 교두보 근처의 기지를 지키기 위해 약간의 지상군을 사용할 필요성을 받아
들였다. 하지만 그는 38선 이북에 대한 공격이 공군기지, 연료 및 탄약 보급소,
행군하는 군대 및 여타 '순수한 군사목표물'로 제한하기를 원했다. 애치슨은
공군이 "철저하게 38선 이남에 머물게 함으로써 임무수행의 제한을 받아서는"
안 되며, 여하튼 가장 가치 있는 목표물들은 38선 가까이에 있다는 데에 동의
했다. 그는 계속해서 추가하기를, 자기 생각에는 소련이 직접 개입할 것 같지
는 않고 '중국 공산주의자들을 활용할 것' 같다는 것이었다. 국무장관은 중화
인민공화국의 저우언라이 총리가 타이완 해협에 미 제7함대가 정박한 데 대해
'중국 영토에 대한 무장 침략행위'라고 언급한 최근의 성명을 지적했다. 이는
장차 중국의 한국 개입을 정당화하기 위한 조치일 수도 있다는 것이 그의 의견
이었다. 이 선견지명이 있는 언급은 더 따져볼 가치가 있는 것이었지만 아무도
신경을 쓰지 않았다.[23]

맥아더 장군은 그날 저녁 도쿄로 귀환해 한국군에 대해 군기가 엉망이고,
전투 효율이 없으며, 지휘통솔력이 부족하다고 신랄하게 보고하면서, 결론적
으로 미 지상군의 신속한 개입을 요청했다. 그는 이렇게 주장했다. "한국군은
적을 저지할 능력이 전혀 없으며 더욱 격파될 심각한 위험에 처해 있다. 만약

적의 진공이 훨씬 더 계속되면 대한민국이 붕괴되는 심각한 위협 상황이 될 수도 있다. 현재의 전선을 지키고 추후 실지 회복을 할 수 있는 능력의 보장은 한국 전선에 미국 지상 전투 병력을 투입하는 방법밖에 없다."

맥아더는 보고를 끝내면서 중부전선을 보강하기 위해 신속하게 연대 전투 병력을 파견하고 곧이어 2개 사단을 '조기 반격을 위해' 증파할 권한을 요청했다. 하지만 알려지지 않은 이유 때문에 맥아더는 이 중요한 보고를 거의 12시간 동안 보내지 않았다. 그의 청천벽력과 같은 보고는 6월 30일 자정을 조금 지나 국방부에 도착했다.[24]

육군참모총장 콜린스 장군은 오전 1시 30분에 이 보고를 받고서 워싱턴에서 누구나 피하고자 하는 결정을 내리지 않을 수 없다는 것을 즉각 알아차렸다. 2시간 뒤 맥아더 장군과 보안전화 방식의 회의를 열었다. 그는 극동군사령관에게 연대 병력을 파병해달라는 요청은 대통령의 결정이 필요하지만 대통령의 결정을 기다리는 동안 이전에 승인 받은 바에 의해 전투 병력이 부산으로 이동하여 공항과 항만 시설을 방어할 수 있다고 말했다. 맥아더는 퉁명스럽게 대답했다. 그 제안이 "효율적인 작전 수행을 위한 충분한 재량권을 주지 않고 있다. … 지체 없는 명백한 결정이 긴요하다"는 것이었다. 콜린스는 이와 같은 의견교환을 프랭크 페이스 육군장관에게 보고했고, 육군장관은 오전 5시 트루먼에게 전화로 보고했다. 대통령은 이미 자리에서 일어나 아침 산보를 준비하고 있었다. 도쿄로부터의 요청을 듣고 그는 즉시 북한군의 진격을 저지하기 위한 연대 규모의 전투병 파병을 승인했다. ─ 하지만 그는 2개 사단을 추가로 파병하기 전에 보좌관들과 협의하기를 원했다.[25]

대통령은 오전 9시 30분 국가안전보장회의 위원들과 만났다. 한국의 전투 현장으로 연대 병력을 파병하기로 했다는 결정을 설명한 뒤 그는 장제스가 3만 3,000명의 국민당 군을 파병해 유엔군에 참여시키겠다고 제의해왔다고 설명하면서 자기는 이 지원을 받아들이고 싶다고 했다. 애치슨은 타이완 군을 투입하는 데에 반대했다. 중화인민공화국의 한국전 개입을 도발할 우려가 있다는 것이었다. 그리고 군부 수장들도 반대했다. 왜냐하면 국민당 군은 무기, 보급품, 수송을 필요로 하기 때문이었다. 이는 한국 방위를 위해 파병되는 미군에게도 수요가 많은 것들이었다. 이런 실질적인 반대에 부딪치자 대통령은 마음을 바꿔 장제스의 제안을 거부하겠다고 밝혔다. 그런 다음 트루먼은 맥아더가 요청한 것보다 더 많은 자원을 보낼 것을 제안해 모두를 놀라게 했다. 합동참모본부가 건의한 2개 사단 대신 대통령은 극동군사령관에게 휘하의 모든 병력 — 4개 사단 — 을 필요할 때 참전시키도록 승인할 것이라고 했다. 또한 그는 해군참모총장 포리스트 P. 서만(Forrest P. Sherman, 1896~1951) 제독이 북한에 해상봉쇄를 설정하자는 제안도 받아들였다. 참석자 모두는 이런 결정을 승인하고 30분 만에 회의를 끝냈다. 그날 늦게 대통령은 의회 지도자들에게 새로운 개입의 내용을 설명했고, 대중에게도 언론 공식발표를 통해 알렸다. 비록 병력개입의 상세한 내역은 언급되지 않았지만 의회 의원들과 언론 및 대중은 미국 군대가 지상전투에 들어간다고 이해했다. 반응은 압도적으로 긍정적이었다. 7월 1일 오전 3시, 연대 전투 병력이 도쿄에서 한국으로 떠났다.[26]

부산 방위선의 안정화

한국에 도착한 미군에게 7월과 8월은 지내기 가장 어려운 시기였다. 제2차 세계대전 기간 중 북아프리카에서 벌어졌던 초기 전투 이래 가장 어려운 상황에 처했던 것이다. 북한인민군 공격사단들은 중국 내전에 참가한 노련한 전사들을 중심으로 구축되었으며, 소련이 공급한 탱크와 대포의 지원을 받았다. 이와 대조적으로 일본에서 투입된 미군은 신체 조건이 불량했고, 군장을 제대로 갖추지 못했으며, 전투 훈련을 받지 않았고, 탱크와 대포가 부족했다. 부상병의 빈자리를 메우고 부대 정원을 채우기 위해 충원된 대체병력들은 전투 준비가 더 부족했다. 전선으로 파견된 부대들은 그 이전에 함께 근무해본 적이 없는 집단들로 구성되었다. 그래서 알란 밀렛은 일본 점령 임무를 수행하다 차출된 병력들을 두고 이렇게 묘사했다. "미8군은 이방인들의 군대였다."[27]

처음으로 지상전을 치른 연대 전투 병력의 경험은 7월과 8월 기간 중 일본에서 차출되어 오는 여타 부대들의 운명의 전조가 되었다. 육군 보병부대 ― 대대장 찰스 B. 스미스 중령의 이름을 따라 스미스 기동부대로 알려졌다 ― 는 장교와 사병 합쳐서 540명으로 구성되었으며 6문의 105밀리미터 곡사포를 갖고 있었다. 그들은 기차와 트럭을 타고 올라와 서울에서 부산으로 이어지는 간선도로 상의 오산 북쪽 방어진지에 도착해 7월 4일 남진하는 북한인민군 4사단을 저지하기 위해 진지를 구축했다. 다음날 이 스미스 부대는 대포의 집중포격을 받았고 뒤이어 32대의 탱크와 지원 보병부대가 진격해왔다. 미군이 소지한 경무기로는 탱크의 진격 속도를 늦출 수조차 없었다. 북한군의 탱크는 미군의 곡사포 대부분을 괴멸시켰으며, 오산을 향해 진격을 계속했다. 그런 다음 북한 보병부대가 스미스 기동부대를 압도해 다수를 살상하고 나머지는 살아남기 위해 박격포와 기관총을 내버리고 도주하게 만들었다. 전투 첫날, 스미스 부대는 병력의 40%와 소화기를 제외한 모든 무기를 상실했다.[28]

7월이 지나가면서 24사단의 여타 부대가 참전하기 위해 한국에 도착했다. 이 사단은 일본의 여러 주둔처로부터 합편되었기 때문에 응집력이 없었고, 무장을 제대로 하지 못했으며, 탄약과 효과적인 대전차 무기가 부족했다. 군사 상황이 절박했기 때문에 이 부대들은 도착하자마자 전선에 투입되었다. 결과는 예상한 대로 처참했다. 작전을 시작한 첫 주에 사단 병력 중 1,500명이 행방불명되었다. 기본적으로 24사단은 부대가 모두 전투지역에 도착하기도 전에 2개 보병 연대를 상실했다. 미국의 방어 노력을 더욱 복잡하게 만든 것은 침략군에 앞서 내려오는 거대한 피난민 행렬이었다. 이 행렬이 도로를 막고 민간인 복장으로 위장한 인민군의 침투를 숨겨주었다. 이런 인민군들은 미군 전선 뒤에 있으면서 지휘소와 보급기지를 공격했다. 2개 사단이 증파되었어도 북한군의 진격을 저지할 수 없었다. 마지막으로, 주한미군 사령관인 월튼 워커 장군

그림 7.1 미군 병사가 1950년 8월 8일 부산 방어선의 병력을 강화하기 위해 중요한 철수 루트를 내려다보며 대전 외곽에서 기관총 포좌를 맡고 있다. 자료: 미국육군 사진, 트루먼 도서관

은 서부의 낙동강에서 동부의 바다에 이르는, 보다 방어에 용이한 전선을 선정했다. 여기에는 대구시와 부산항이 포함되었다. 대충 길이 100마일, 너비 50마일인 이 지역은 부산 방어선으로 알려졌으며, 워커는 휘하 장병들에게 무슨 대가를 치르더라도 이 방어선을 지키라고 명령했다(그림 7.1 참조).[29]

8월 초에서 9월 중순까지의 기간에 많은 미군 추가병력과 더 많은 중화기가 한국에 도착했다. 9월 초까지 미8군과 한국군은 부산 방어선을 둘러싸고 인민군보다 숫자가 많았다. 병력은 연합군 14만 2,000명 대 인민군 8만 명이었으며 탱크는 5대 1이었다. 미국-한국 연합군에 한국군은 8만 2,000명 ─ 신병과 지휘관으로 개편되고 확대 ─ 으로 목숨을 바쳐 싸울 태세가 되어 있었다. 북한군은 유엔군을 바다로 내몰기 위해 세 개 전선에서 부산 방어선을 무너뜨리려고 대

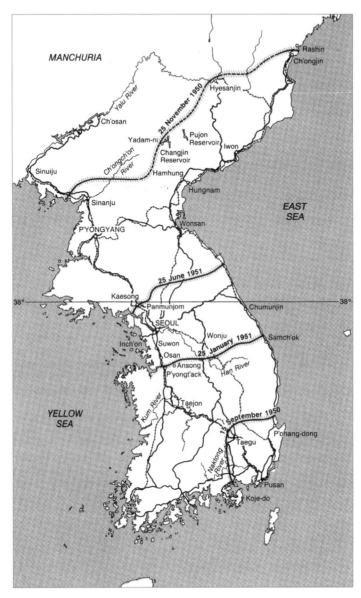

그림 7.2 1950년과 1951년 무렵 전선의 이동을 보여주는 지도. 자료: 도리스 M. 콘디트의 허락을 받아 재인쇄, 『전쟁의 실험, 1950~1953: 국방장관실의 역사』, 제2권(Washington, D.C.: Historical Office of the Office of the Secretary of Defense, 1988), 79.

담한 공격을 계속했다. 워커 장군 휘하의 연합군이 공격을 받을 때마다 격퇴함에 따라 인민군은 인명과 무기 손실이 막대했다. 9월 중순이 되자 인민군은 그 이전의 위치로 철수했고 기진맥진하면서 탄약과 식량도 부족해졌다. 증강된 미8군과 다시 활성화된 한국군이 충실하게 방어함으로써 부산 방어선은 안정되었다. 한편 맥아더가 약속한 전략적 반격은 새로 도착한 제7함대와 제1해병사단의 부대들에 의해 준비되고 있었다.[30] 〈그림 7.2〉는 전쟁이 진행되던 1950년과 1951년 무렵 유엔군의 전반적인 전선을 보여준다.

필연적인 역전

엄밀히 말해서 인간사에 필연적인 것은 아무 것도 없다. 그렇지만 관련된 인사의 개성과 정치 환경을 고려하면 한국전쟁에 군사 개입을 초래한 일련의 결정들은 어느 사건이 도달하는 것과 마찬가지로 필연에 가깝다. 트루먼 행정부는 몇 달 동안 유럽을 강화하고, 소련의 팽창주의에 대한 정치적 봉쇄정책을 시행하며, 아시아에서 책무를 줄이고(특히 중국국민당과 한국에 대해), 국내의 공정거래 개혁 의제를 지원하기 위해 국방비 지출 제한을 유지하는 등의 정책을 형성하는 일에 전념했다. 대통령의 국내 프로그램은 공화당의 지속적인 반대와 남부 민주당원들의 열성 부족으로 저지되었으며, 매카시즘으로 인해 아시아에서 건전한 외교정책을 수행하고 연방정부 안에서 공산주의자의 영향을 제거해온 행정부의 명성이 훼손되었다. 정보 역량이 제한되어 워싱턴 관리들은 공산 열강 사이의 교묘한 술책들에 관한 정보를 갖고 있지 못했다. ─ 예를 들면, 마오쩌둥이 스탈린과 벌인 논쟁적인 협상, 남한 침공의 지원을 위한 김일성의 끊임없는 청원, 그리고 남침을 승인하고 마오쩌둥에게 북한을 지원하도록 요구한 스탈린의 결정 같은 것들을 까맣게 모르고 있었던 것이다.

북한이 남침을 감행했을 때 트루먼과 그의 모든 보좌관들은 미국이 개입해서 한국이 침략자를 격퇴하도록 지원해야 한다는 데에 동의했다. 모든 사람이 미국의 개입을 공군과 해군으로 제한하려고 했다. 대통령과 모든 고위 관리들은 과연 미국 행정부가 전략적으로 중요하지 않다고 공표한 지역에서 공산주의의 팽창을 저지할 의지를 갖고 있는지 시험하기 위해 소련이 침공을 시작했다고 추정했다. 위기가 발생한 첫 주에는 미국 군사전문가들이 추정한 것보다 훨씬 강력한 군대 앞에 계속 암울한 패배 소식이 몇 시간마다 들려왔다. 분명히 미국 행정부의 정책에 기인한 것일 터이지만, 한국의 방위력 및 일본에 주둔한 미 점령군의 무능력은 전체 국가안보팀을 정치적 공격에 취약한 상태에 놓이게 했다. 미국이 보호해주겠다는 약속의 중요성에 대해 불안하게 생각하는 유럽, 일본, 필리핀의 초조한 동맹국들로부터 워싱턴으로 매일 보고서들이 쏟아져 들어왔다. 대통령을 포함해 많은 관리들은 그들이 1938년의 뮌헨 위기로부터 이끌어낸 교훈을 생각했다. 당시 유화정책을 취했으나 공격적인 나치 독일을 억제하지 못했다는 것이었다.

이런 일련의 사건들을 고려하여 트루먼 행정부는 공산 침략에 대항하고 한국을 상실하지 않는 것이 필수적이라고 일치단결해 결정했다. 이를 근거로 미국 지상군이 개입한 것이었다. 맥아더 장군은 미군 2개 사단 병력을 갖고 침략자를 저지하고 38선을 탈환할 수 있다고 국방부에 자신 있게 말했다. 이 병력이 압도당했을 때 패배를 저지하기 위해 미국에서 추가 부대가 조직되고 파병되었다.

대중은 대통령의 결정을 지지했다. 갤럽 여론조사에 의하면 응답자의 65%가 한국전 개입을 승인했다. 하지만 57%가 이로 인해 미국이 이미 또 다른 전쟁을 하게 되었음을 의미한다고 믿는다는 사실은, 그들이 상황을 얼마나 잘 이해하고 있는지 의문을 제기하는 것이었다. 또한 여론조사는 민주당에 대한 경고를 담고 있었다. 50%는 미국의 방위가 취약하고 3대 1의 차이로 이런 상황이 대통령과 민주당의 책임이라고 믿는 것으로 나타났던 것이다. 역사가 로버트 달렉(Robert Dallek)의 주장대로, 비록 트루먼이 공화당의 압력 때문에 공산주의자들의 도전에 맞서기로 한 것을 인정하고 싶지 않더라도 그는 "냉전에서 또 다시 실패하면 그의 통치 능력이 결정적으로 손상 받을 수 있다는 것을 이해하고 있었다". 따라서 대통령은 국가와 대통령직을 보호하는 데 필요하다고 생각하는 행동을 취했다.[31]

그러나 이런 결정 과정에서 해리 트루먼은 그의 전기 작가 로버트 도노반이 '값비싼 실수'라고 한 것을 저질렀다. 그는 국가를 의회의 승인 없이 이미 대규모 전쟁이 되어버린 상황으로 이끌었다. 딘 애치슨은 의회에 미군의 한국전 개입 이유를 설명하도록 몇 차례나 대통령을 압박했으며, 그의 조치를 지지하는 의회의 합동 결의안은 대단히 신중한 조치가 될 것이라고 주장했다. 하지만 트루먼은 자신이 미군을 개입시킬 헌법적 권한을 갖고 있다고 확신했으며, 이 전쟁이 단기 분쟁이 될 것이라고 착각했다. 그의 막료 거의 모두와 대다수의 대중이 그의 결정을 지지할 때 의회의 승인을 받지 못함으로써 전쟁 후반부에 행정부에 문제가 생겼으며, 미래의 대통령에게는 위험한 선례를 남기게 되었다.[32]

8

더글러스 맥아더, 모험을 감행해서 승리하다

　9월 초가 되자 한국군은 전력과 전투의지를 회복했고, 미군은 숫자와 전투 기술이 늘었으며, 부산 방위선은 지켜질 수 있다는 것이 분명해졌다. 조기 상륙작전을 위한 계획이 진행됨에 따라 새로운 부대 편성과 장비 공급이 필요해 졌다. 보급품과 차량, 무기의 조달 계약이 추진되었다. 그리고 보다 효율적인 정책 과정이 시행되어야 했다. 또한 이런 여러 조치들을 착수하는 데에는 의회 의 승인과 예산 지출이 필요했다.

전쟁 준비 태세

　6월 28일 드와이트 아이젠하워가 예리하게 관찰한 바와 같이 해리 트루먼 은 이때 그가 대규모 전쟁에 돌입하고 있다는 사실을 인식하지 못했다. 하지만 그는 정책 검토에 그 자신이 더 많이 개입할 필요가 있으며, 백악관 직원을 늘 려야 한다는 것을 이해하고 있었다. 그는 국가안전보장회의(NSC)의 회합에 정 기적으로 참석하기 시작했으며, 합참의장 오마 브래들리 장군과 자주 만났다. 그는 당시 마셜 플랜 순회대사로 파리에 있던 W. 애버렐 해리먼(W. Averell

Harriman, 1891~1986) 대사에게 귀국해서 행정부처 간 정책결정을 조율하는 특별보좌관 역할을 맡아줄 것을 요청했다. 당시 용어로 말하자면, 해리먼은 대통령의 국가안보 고문으로 활동하게 된 것이었다. 해리먼은 그 이전에 주 소련대사였고 행정부 내의 주요 인사들과 관계가 좋은 뉴욕 부자로서 정책결정 과정에 중요한 새로운 실세였다. 그는 6월 28일 국가안전보장회의의 중요한 회의에 참석했고, 한국전 참전을 강력하게 지지했다.[1]

또한 대통령은 부처 간 및 여러 정부기관 내부의 조정을 좀 더 원활히 하기 위한 조치들을 취했다. 정보 수집을 확장하고 분석을 개선하기 위해 월터 베델 스미스(Walter Bedell Smith, 1895~1961) 중장을 CIA 부장으로 임명했다. 의사결정을 개선하고 핵무기 프로그램을 위한 핵분열물질 생산에 박차를 가하기 위해 N. 고든 딘(N. Gordon Dean, 1905~1958)을 원자력위원회 위원장으로 임명했다. 그리고 가장 중요한 대목인데, 루이스 존슨 국방장관을 물러나게 하고 그 자리에 트루먼의 개인적인 영웅인 조지 C. 마셜 장군을 임명했다. 제2차 세계대전 승리의 창시자로 알려진 마셜은 각 군의 경쟁관계에 질서를 잡고 딘 애치슨과의 의견조정을 크게 개선할 수 있는 걸출한 인물이었다. 애치슨은 마셜이 국무장관일 때 차관으로 일하면서 호흡이 잘 맞았다. 마셜은 9월 21일 부임하여 유능한 은행가 로버트 A. 로벳(Robert A. Lovett, 1895~1986)을 차관으로 데려왔다. 국무부에서 마셜 밑에서 차관으로 긴밀하게 일했던 로벳의 새로운 책무는 국방부의 일상 업무를 처리함으로써 장관으로 하여금 정책 문제에 집중할 수 있도록 자유를 주는 것이었다. 곧 새로운 국가안보 팀은 기관 간 협력의 모범을 보였으며, 정기회의는 마셜, 애치슨, 로벳, 브래들리가 참석한 가운데 합참의 지도실(map room)에서 열렸다.[2]

두 개의 여타 분야에서는 향후 수개월 안에 행정부에 정치적 위협이 될 수 있는 문제의 징후들이 나타났다. 첫째는 의회에서였다. 대통령은 의회의 공화당 의원들이 그가 북한의 공격에 대항하는 조치를 취한 데 대해 지지하고 타이완을 보호하기 위해 해군을 동원한 것에도 열광하리라고 확신했다. 하지만 그들은 행정부가 초기에 한국과 타이완에 대해 취했던 정책들을 공격하고 군사 개입에 대한 의회의 승인을 압박하기 위해 호시탐탐 기회를 노릴 가능성이 높았다. 트루먼은 한국에 대한 결정을 의회 의원들에게 6월 27일과 30일에 알렸으며, 그때마다 공화당 상원의원 한 명이 왜 미군을 개입시키기 전에 의회의 승인을 요구하지 않았는지 적시해서 물었다. 대답의 핵심은 이는 일종의 긴급 사태였고, 경찰행위이지 전쟁이 아니었다는 것이었다. 미국 최고의 고립주의자로 꼽히는 로버트 태프트(Robert Taft, 1889~1953) 상원의원은 6월 28일 상원에서 행한 날카로운 연설에서 행정부에 분명한 경고를 날렸다. 그는 "대통령이 국가의 무력 사용 권한을 완전히 강탈했다"고 비난했다. 미국이 유엔헌장상의 책무를 지고 있음을 인정하면서 그가 내린 결론은, 이 조약에 비추어서조차 "의회가 사전에 문제를 논의해서 전반적인 환경과 사용될 군사력의 규모의 대강을 정하는 사전 조치 없이 유엔을 지원하기 위해 군사력을 사용할 권한이 없다"는 것이었다.[3]

정부 변호사들과 외교관들은 집행 권한(executive authority)이 대통령의 조치를 정당화한다는 취지의 대응논리를 개발했다. 애치슨 장관은 대통령이 상·하 양원 합동회의에 나가 한국 상황을 설명하고 최고사령관으로서 그의 결정을 제시할 것을 제안했다. 만약 의회가 스스로 승인 결의안을 통과시키기로 한다면 그것은 도움이 되겠지만 꼭 필요한 일은 아니었다. 그러나 대통령은 이런 조언을 받아들이기를 거부했다. 한국에서의 패배를 저지하기 위해 서두르고 의회 지도자들과 대중의 광범위한 승인 표명을 인식하는 가운데 트루먼은 모든 결정이 최고사령관으로서 그의 권한 아래에서 적절하게 취해졌다고 굳게 확신하고 있었다. 그가 한국의 위기 상황과 관련해 의회에 보낸 첫 메시지는 7월 19일자였으며, 그의 결정에 관한 승인을 요청하지는 않았지만 분쟁을 수행하기 위한 입법과 추가 예산을 요청한 것이다. 행정부는 분쟁이 질질 끄는 한 의회의 승인을 받지 않고 전쟁을 추진한 데 대해 공격을 받을 것이었다. 하지만 1950년 7월 의회의 승인 결의를 받았다 할지라도 수개월 뒤 필사적인 야당 공화당 측의 공격을 침묵시키거나 방지할 수 없었을 것이라는 알론조 햄비(Alonzo Hamby)의 생각은 충분히 타당한 것이었다.[4]

행정부를 위해 두 번째의 음울한 문제는 더글러스 맥아더 장군과 관련된 것이었다. 트루먼은 제1차 세계대전 당시 프랑스 전선에서 포병 대위로서, 그리고 상원 전쟁조사위원회 위원장으로서 겪었던 경험을 통해 장군들과 제독들의 잘난 체 하는 행태에 대해 마음 속 깊은 곳으로부터 혐오감을 키워왔다. 그는 대통령직에 오른 초기에 1945년 6월 17일자 메모에서 맥아더에 대한 반감을 표명했다. 그는 이 태평양전쟁의 영웅을 "미스터 프리마 돈나, 거물, 5성 맥아더라고 불렀다. 그는 캐봇가 사람들과 롯지가 사람들보다 더 나쁘다. ― 그들은 적어도 신에게 무엇을 해야 할지 말하기 전에 서로서로 대화를 했다. 맥은 신에게 바로 말한다. 우리가 핵심 보직에 그와 같이 격식을 차리는 사람을 갖게 된 것은 대단히 유감이다". 한국전쟁 초기에 대통령은 그의 참모들이 있는 자리에서 맥아더를 비판했다. 당시 백악관의 공보비서보였던 에벤 아예어스(Eben Ayers)는 그의 일기장에 대통령이 "맥아더는 최고의 이기주의자로서 자기 자신을 일종의 신과 같은 존재로 여긴다"고 믿는다고 썼다.[5]

한국전쟁 초기의 수 주 동안 워싱턴의 고위 관리들은 맥아더의 행동에 아무런 문제가 없다고 보았다. 하지만 7월 말 타이완 문제와 관련해 심각한 의견 불일치가 있었다. 한국전쟁 발발 전에 맥아더 장군은 이 섬을 공산주의자들의 침략으로부터 방어하기 위해 무엇이 필요한지 조사하고자 타이완으로 여행하겠다고 제안했었다. 애치슨이 강력하게 반대했기 때문에 여행은 지연되었다. 제7함대가 이 섬을 중립화하기 위해 타이완 해협에 정박하고 있을 때 맥아더 사령관의 권한은 타이완의 방어를 포함하는 것으로 확장되었다. 7월 말 합동참모본부는 중국 본토에서 군대와 선박들이 계속 집결되고 있다는 동향보고와 관련해 우려가 커졌다. 마지막 남은 국민당 피난처에 대한 상륙작전을 준비하는 것이 분명했다. 7월 29일 극동군사령관은 이미 제안한 바와 같이 방위수요 조사차 몇몇 참모를 대동하고 7월 31일 타이완을 방문하겠다고 합참에 보고했다. 맥아더는 공군 및 해군 사령관들, 13명의 고위 장교 및 일단의 기자들과 함께 두 대의 C-54를 타고 타이베이로 날아갔다. 이틀 동안 장제스 및 그의 군 참모들과 회동하고 도쿄로 복귀하기 전 언론에 성명을 발표했다. 맥아더의 발언은 이번 회담의 군사적 성격을 강조하면서 이 섬을 방어하기 위해 미군과 중국 국민당 군 사이에 "효과적인 조정을 위한 준비가 완료되었다"고 선언하는 것이었다. 장제스의 성명은 "공산당의 침략을 물리치기 위한"[6] 새로운 공조를 암시하는 것이었다.

비록 맥아더는 전투지구 사령관으로서 새로 책임을 맡은 지역 중 위협을 받는 곳이 있으면 방문할 권한이 있다고 할지라도 이번 여행이 수행된 방식은 대통령의 권위에 도전하고자 계획된 것으로 보였다. 대통령은 장제스의 일에 관여하지 않겠다는 정책을 분명하게 다시 말한 바 있었다. 여행에 동행한 기자들은 국민당 지도자와 미군 사령관 간의 화기애애한 회담에 대해 기사를 썼다. 그리고 타이베이 주재 국무부 대표는 맥아더가 타이완에 F-80 제트 전투기 3개 중대를 주문했다고 잘못 보고했다. 이 보도가 유포되자 트루먼과 애치슨은 그들을 놀라게 한 이 방문에 대해서, 그리고 타이베이에서 논의된 내용을 애치슨에게 보고하기를 거부한 맥아더에 대해서 분노했다. 맥아더 장군은 사령부 소속 고위 정치고문인 윌리엄 시볼드(William Sebald, 1901~1980)에게 이렇게 말했다. '성격상 순전히 군사적인 회담'이었고 극동군사령관으로서 '전적으로 단독책임'하에 이뤄진 일이었기 때문에 국무장관에게 "상세한 내용을 보고할 생각이 없었다". 이론의 여지가 있는 반응을 계속하면서 맥아더는 일주일을 기다렸다가 국방장관에게 그 여행에 대한 단조로운 보고서를 보냈다. 한편 대통령은 그의 수석보좌관인 해리먼을 도쿄로 보내 장제스와 타이완에 대한 행정부의 정책을 더 분명하게 다시 언명했다. 맥아더가 국민당 지도자에게 미국으로 하여금 중화인민공화국과의 전쟁에 개입하게 만들 기회를 주어선 안 된다는 점을 설명한 다음 해리먼은 트루먼에게 이렇게 보고했다. 맥아더가 "대통령의 입장을 받아들이고 이에 따라 행동할 것이지만 완전한 확신은 없습니다".[7]

맥아더의 타이완 방문 여진이 완전히 사라지기 전에 타이완과 관련된 또 다른 사건이 터져 장군과 대통령 사이의 악감정을 키웠다. 1950년의 정신없이 바쁜 여름 동안 국무부의 주력 업무 중 하나는 한국전쟁에 관한 결의안 실행을 위해 가능한 한 많은 유엔 회원국들의 지지를 받는 것이었다. 대통령이 타이완을 중립화하도록 제7함대에 명령을 내렸을 때 중화인민공화국 외교부장 저우언라이(周恩來, 1898~1976)는 8월 24일 유엔 사무총장에게 미국의 행위는 타이완을 자국 영토라고 주장하는 중화인민공화국에 대한 침략행위라고 항의했다. 미국의 중요한 동맹국인 영국과 영향력 있는 중립국인 인도는 중화인민공화국을 중국의 정부로 인정했다. 양국은 맥아더의 장제스 지원으로 미국이 공산 중국과 전쟁에 휘말릴 가능성이 있다고 우려하고 있었다. 미국의 주 유엔대사 워렌 오스틴(Warren Austin, 1877~1962)은 8월 25일 안전보장이사회 회원국들에 서한을 보내 미국은 타이완에 군사기지나 어떤 특별한 역할을 할 계획이 전혀 없다고 보장했다. 같은 날 저녁 행정부 관리들은 AP통신이 내보낸 맥아더 장군의 타이완에 대한 극적인 성명을 보고 크게 낙담했다. 이 성명은 8월 28일 시카고에서 열리는 해외참전용사회 연례총회에서 발표될 예정이었는데 미리 보도된 것이었다. 맥아더는 이 성명에서 타이완이 미국에 대단히 중요한 핵심적인 전략적 위치라고 했다. 이는 타이완에 군사기지를 원한다는 강력한 함의를 지닌 것이었다.[8]

극동사령관의 성명은 몇몇 결정적인 점에서 미국의 정책과 모순되었고, 오스틴 대사가 서신에서 한 약속을 완전히 깎아내리는 것이었다. 트루먼은 맥아더의 이와 같은 불복종 행위에 격노했다. 맥아더는 최근 미국이 타이완의 국민당 정부에 개입되는 것을 제한하도록 해리먼과 합참으로부터 주의를 받은 바 있었다. 대통령은 8월 26일 이 맥아더의 성명을 국가안보 보좌관들과의 회의에서 읽어준 뒤 국방장관이 맥아더에게 성명 철회를 지시할 것을 요구했다. 존슨이 주저하면서 이 명확한 지시를 완화하고 회피하려 하자 트루먼은 국방장관에게 전화를 걸어 자신이 맥아더에게 보내기를 원하는 메시지를 받아쓰도록 했다. "미합중국 대통령은 귀하가 귀하의 성명을 철회할 것을 지시한다. … 그이유는 타이완과 관련된 여러 가지 특성이 미국의 정책 및 미국의 유엔에서의입장과 모순되기 때문이다."[9]

이 일화는 존슨과 합참이 맥아더의 군기를 잡는 데에 얼마나 망설였는지를보여주었다. 트루먼은 곧 존슨을 해임했다. 그리고 극동사령관의 교체도 고려했으나 그렇게 하지 않았다. 왜냐하면 그로 인해 발생할 정치적 후폭풍을 우려했기 때문이다. 이때로부터 줄곧 백악관은 도쿄에 주재하고 있는 '미스터 프리마 돈나'의 행동을 예의주시했다.[10]

국방예산의 팽창

한국전쟁 초기 수 주 동안 행정부와 군부는 그들이 한국에서 직면한 문제의범위를 이해하는 데에 시간이 걸렸다. 그들은 '경찰 활동'이 단기간에 끝나고미국이 대규모 전쟁을 치르지 않기를 희망했으며, 한국군이 실제보다 더 전투를 잘 수행하고 미국의 자원이 별로 필요 없기를 기대했다. 합참의장으로서 브래들리 장군은 나중에 이렇게 말했다. "처음 며칠 동안 우리는 북한군이 얼마나 우수한지 잘 몰랐다. 얼마 지나지 않아 실상을 제대로 알 수 있었다." 이런낙관적인 기대와 미군의 형편없는 전투 준비 태세로 인해 행정부는 도쿄로부터의 긴급한 군대 증파와 보급품 요청에 신속하게 대응할 수 없었다.[11]

전쟁이 발발했을 때 의회는 1951회계연도의 국방예산에 손을 대지 않고 있었다. 대통령은 총 150만 명의 군대를 유지하기 위해 국방비로 130억 달러를요청했다. 육군은 병력이 63만 명이었으나 10개 사단은 정원미달이었으며, 해군은 전함 239척이었고, 2개 해병사단은 전력이 승인된 정원의 36%에 불과한가운데 총 해군-해병 인원이 46만 1,000명이었으며, 그리고 공군은 48개 비행단에 병력이 41만 6,000명이었다. 의회는 세출예산안 승인에 앞서 1951회계연도의 지출을 승인했다. 맥아더 장군은 며칠마다 추가병력을 요청하는 바람에 합참과 대통령은 7월 19일까지 세 차례 병력 추가를 승인해 미국의 인가된 총 병력은 모두 210만으로 늘어났다. 2주 만에 41%가 증원된 셈이다. 이로써 육군은 11개 사단을, 해군은 282척의 전함과 12개 항공수송단을, 해병은 2개의 증강된 사단을, 그리고 공군은 58개 비행단을 각각 거느리게 되었다.[12]

전력 증강을 지원하기 위해 예산이 신속하게 지출됨에 따라 의회는 최종적으로 133억 달러 규모의 1951회계연도 국방예산을 통과시켰으며, 대통령은 9월 6일 신속하게 이를 재가했다. 연간 예산이 마무리됨에 따라 의회는 행정부가 7월 24일에 제출한 첫 추가경정 국방예산안을 검토하고 있었다. 이 제안은 한국에서 전투가 신속하게 종료되리라는 희망 속에 존슨이 지출을 제한하기를 원했기 때문에 105억 달러로 유지되어 있었다. 국방예산소위원회 위원장인 조지 H. 마혼(George H. Mahon, 1900~1985) 하원의원(민주당 텍사스)은 존슨 국방장관, 각 군 장관 및 합참의장에게 이 액수가 충분한지, 그리고 미국이 제3차 세계대전의 개막을 직면하고 있다고 생각하는지의 여부를 날카롭게 따졌다. 국방부 관리들은 현 상황하에서는 이 정도가 최선의 비용 추정이라고 답변했다. — 하지만 브래들리 장군은 만약 전쟁이 악화되면 "추후 다시 더 많은 액수를 요청할 수밖에 없다"고 덧붙였다. 의회의 촉구에 따라 행정부는 육군과 해군 조직과 해군 항공대를 위해 12억 달러를 추가로 요청했다. 모두 합쳐 1951회계연도의 예산과 추가경정예산은 총 250억 달러가 되었다. 역사가 도리스 콘딧(Doris Condit)이 지적한 대로, 최초의 추가경정예산이 한국 파병에 지출되긴 했지만 "그것은 사실 더 큰 국가안보에 대한 고려와 밀접한 관련 없이 비상사태에 대응해 편성된 미봉책이었다. 1950년 여름, 미국의 정책입안가들은 소련의 도전으로 인식되는 것에 대해 미국경제를 강타하지 않는 수준에서 적절한 대응책을 모색하고 있었다".[13]

한국에서 전투가 한 달 동안 진행되었을 때 트루먼은 지금이 향후 5년의 국가안보 수요를 입안할 때라고 결정했다. 7월 27일 그는 국가안전보장회의에

NSC 68의 건의사항을 추진하는 데 필요한 프로그램들을 개발하라고 지시했다. 8월 19일 국방장관 예산실은 합참의 군 건의사항 추진을 위한 1951~55회계연도 비용 추산액이 1,500억 달러라고 백악관에 알렸다. 국가안전보장회의의 참모진과 NSC 68의 실무그룹은 이 정도의 추산액이 충분하지 않다고 생각하고 수정을 요구했다. 9월 1일 합참은 1954년 중반 군 목표가 '극적으로 팽창'되어 이를 위한 비용이 2,140억 달러에 이른다고 답변했다. 합참과 각 군 장관실의 추후 보충작업을 거쳐 9월 12일 존슨이 2,600억 달러에 달하는 계획을 대통령에게 제출했다.[14]

조지 C. 마셜이 9월 21일 국방장관이 되었을 때 국방기획 단계가 그의 상식과 성실성, 그리고 수십 년에 걸친 군 경험에 맡겨졌다. 전임자가 제출한 군사 프로그램을 검토한 뒤에 옛 육군참모총장이 내린 결론은 비용이 너무 높아 국가 경제에 유해할 수 있으며, 그보다 심각한 것은 대중이 그와 같은 지속적인 국방비 지출 수준을 지지하지 않으리라는 것이었다. 그는 해외 군사 및 군사원조 보좌관인 제임스 H. 번스(James H. Burns, 1885~1972) (퇴역)소장에게 이 제안을 검토하도록 요청했다. 번스는 장관이 우려하는 사항을 공유했고, 인천상륙작전이 성공한 2주 후 마셜에게 국가안전보장회의 참모진으로 하여금 5개년 계획을 2,000억 달러 한도 이내로 수정하도록 지시하라고 조언했다. 여기에 한국전쟁 비용은 포함되어 있지 않았다. 9월 29일 열린 국가안전보장회의에서 대통령은 향후 4~5년 동안의 정책으로서 NSC 68을 승인할 것을 제안하는 한편, 프로그램이 더욱 충분하게 개발되어감에 따라 자금 수요의 상세한 내역도 산출하도록 했다. 이 건의는 채택되었으며, 9월 30일 트루먼은 NSC 68/2를 정책으로 결재했다. 로버트 로벳 국방차관과 월프레드 J. 맥닐(Wilfred J. McNeil) 국방장관실 감사관 및 그의 참모들은 그다음 한 달에 걸쳐 그 군사 프로그램들을 검토하면서 10월 17일 마셜이 내린 지침을 특별히 유념했다. 마셜은 군사적 팽창을 하려면 의회와 대중의 지지를 받는 장기적인 정치 및 경제의 토대에 기반을 두어야 한다고 했다. 11월 1일까지 맥닐은 향후 5년 동안 NSC 68 프로그램을 실행하기 위한 새로운 추정액을 산출했다. 내용을 보면 군부용으로 1,310억 달러에 추가로 핵무기, 군사원조 및 예기치 않은 긴급사태 대책 등을 더해 총 1,910억 달러였다. 이 전례 없는 액수는 NSC 68 프로그램을 위한 기초 예산으로 승인되었다.[15]

맥아더의 대담한 타격

맥아더는 인천에 대담한 상륙작전을 감행하고 그 여세를 몰아 서울을 탈환할 생각을 이미 7월 중순에 갖고 있었다. 이 작전은 9월 중순(조수가 그런 작전을 수행하는 데 알맞은 유일한 시점)에 시행하기로 일정이 잡혔으며, 북한의 보급선을 차단하고 남쪽으로 내려온 침략군을 분쇄하기 위해 고안된 것이었다.

인천에 조기에 공격을 감행하려는 계획은 시작 단계부터 큰 장애물들에 봉착했다. 미군과 한국군은 북한인민군의 공격을 받아 후퇴를 계속함으로써 그 다음 6주 동안 방어선을 안정화시킬 수 없었다. 그 사이에 행정부는 어떤 수준의 동원을 할 것인지 결정을 내리지 못한 채 논의만 계속했고, 병력과 장비를 한국으로 신속하게 보낼 수 없었다. 방어선이 구축되기 이전에도 맥아더는 최우수 병력을 인천상륙작전에 투입하려고 했다. 가장 심각한 문제는 상륙작전을 실시하기 위한 물리적 환경과 자연적인 방어 위치의 측면에서 가장 어려운 장소들 중의 하나가 인천이라는 것이었다. 그 밖에도 작지 않은 문제는 상륙군 사령관으로 선정된 에드워드 M. 아몬드(Edward M. Almond, 1892~1979) 소장이 상륙작전 경험이 전혀 없다는 것이었다. 준비 단계를 더욱 복잡하게 만든 것은 기획단에 두 명의 핵심적인 예하부대 사령관의 부하 대표들이 빠져 있었다는 점이었다. 한 사람 ― 제7함대 함장 아서 D. 스트러블(Arthur D. Struble, 1894~1983) 해군중장 ― 은 해군 수송을 통제하고 목표물을 약화시키기 위해 공중 및 해상 포격을 하며 상륙군에 공중 엄호를 하게 되어 있었으며, 다른 한 사람 ―

제임스 H. 도일(James H. Doyle, 1897~1981) 해군소장 — 은 상륙기동대를 지휘하게 되어 있었다. 끝으로 제1해병사단과 같은 상륙군의 핵심부대가 전투력과 장비를 제대로 갖추지 못했다. 이런 것을 다 갖춘 뒤에 미국 서해안에서 교전지역으로 이동하려면 적어도 2주가 필요할 것이었다.[16]

비록 일부 국방부 관리들이 7월 23일에 이미 북한군 전선의 배후에 상륙작전을 펼치려는 맥아더의 의중을 알았다 할지라도 그들은 상륙지점이나 목표날짜까지는 알지 못했으며, 암호명 크로마이트 작전(Operation Chromite)의 상세한 내역을 전혀 몰랐다. 작전 내역이 구체화되면서 공격 임무를 부여받은 해군과 해병의 고급장교들은 인천상륙작전의 엄청난 난관을 알아차렸다. 그들은 대안을 찾기 시작했고, 좀 더 남쪽 보성면의 한 해안이 강력하게 대두되었다. ✢ 북쪽으로 34마일 가면 서울로 이어지는 도로에 접근할 수 있는 위치였다. 인천이 적절한 상륙지점이냐는 논란은 8월 23일 중대한 국면에 이르렀다. 이 상륙작전의 계획을 평가하기 위해 최고위 군사대표단이 맥아더의 도쿄사령부로 왔다. 주요 참석자는 육군참모총장 J. 로턴 콜린스 대장, 해군작전부장 포레스트 P. 셔만(Forrest P. Sherman, 1896~1951) 제독, 해군 작전차장 겸 태평양 해군사령관 아서 W. 래드포드(Arthur W. Radford, 1896~1973) 제독이었다. 비록 제1해병사단이 상륙작전을 주도하게끔 선정되긴 했지만 사단장 O. P. 스미스(O. P. Smith, 1893~1977) 소장과 해병 태평양함대 사령관 레무엘 C. 셰퍼드 주니어(Lemuel C. Shepherd Jr., 1896~1990) 중장, 그리고 그의 중요한 작전장교 빅터 H. 크룰락(Victor H. Krulak, 1913~2008) 대령은 회의에서 배제되었다. 맥아더의 참모장인 아몬드 장군이 자기 권한으로 그렇게 했다. 이런 중대한 결정으로 인해

✢ 미국 합동참모본부의 『한국전사』에는 해군과 해병대 장성들이 인천 대신 수심이 깊어 어느 때고 상륙이 가능한 인천 남방 30마일 위치의 보성면을 맥아더 장군에게 제안했으나 받아들여지지 않은 것으로 기록되어 있다. 그러나 보성면이 구체적으로 인천 근방의 어느 지역을 지칭한 것인지는 확인되지 않았다._ 옮긴이

보성면을 상륙장소로 가장 강력하게 옹호하던 인사들이 토론에서 배제되었다.[17]

회의가 시작되자 맥아더는 도일 제독에게 우선 해군 차원에서 상륙과 공급작전을 제시해줄 것을 요청했다. 그는 도일이 상륙지점으로서 인천이 안고 있는 많은 문제들을 제기할 것을 알고 있었다. 도일과 그의 참모진은 인천이 안고 있는 긴 목록의 난점들을 상세하게 묘사했다. 즉, 적이 기뢰를 용이하게 부설할 수 있는 길고 좁은 수로, 수로를 따라 여러 섬들이 늘어서 방어하기에 빼어난 위치, 단기간의 만조 시를 제외하고 상륙 함정들의 진입을 불가능하게 할 수 있는 기다란 갯벌, 모든 선박이 높은 방파제에 하역하지 않을 수 없는 실질적인 해변의 부족, 썰물 때 짐을 내리고 다음 밀물을 기다려 철수해야 되는 공급선의 취약점 등이 그것이었다. 이런 조수의 조건으로 인해 주요 섬 방어진들은 아침 만조 때 공격을 받지만 2개 해병연대의 주 공격군은 12시간 후 황혼녘의 다음 만조 때까지는 상륙을 할 수가 없었다. 해군 브리핑의 말미에 도일 제독은 자기의 견해를 묻는다면 이렇게 말하겠다면서 결론을 맺었다. "제가 드릴 수 있는 최선의 말씀은 인천이 불가능하지는 않다는 것입니다."[18]

잠시 상륙지점으로 인천보다 훨씬 남쪽에 위치한 군산에 대한 논의가 이뤄진 뒤 맥아더는 발언을 위해 자리에서 일어나 45분 동안 알란 밀렛이 그의 '가장 위대한 독백'이라고 이름 붙인 일장연설을 했다. 아무런 노트 없이 말을 하면서 그는 인민군의 대부분이 부산 방위선 주위에 집중되어 있다는 점을 지적했다. 북한인민군의 보급선은 길어졌고, 후방 깊숙한 곳에서 이뤄질 수 있는 포위 공격에 전혀 대비가 되어 있지 않았다. 군산은 그들의 전선에서 너무 가까워 효과를 내기 힘들 것이다. 인천을 강력하고 종심 타격하는 것만이 인민군의 보급과 장비를 차단하고 서울을 탈환하며 인민군을 공격군과 부산의 미8군 사이에서 옭아맬 수 있을 것이다. 그런 기동작전이 10만 명의 인명을 구하고, 침략군을 분쇄하며, 전쟁에 승리를 가져올 수 있을 것이다. 이 태평양전쟁의 영웅은 자기의 계획을 1759년 영국의 울프(James Wolfe, 1727~1759) 장군이 불가능한 장소에 고전적인 기습공격을 감행해 프랑스의 몽칼름(Louis-Joseph de Montcalm, 1712~1759) 사령관으로부터 퀘벡을 빼앗은 전투와 비교했다. 그는 도일 제독이 나열한 문제를 인정했으나 그런 문제들은 극복될 수 있다고 말했다. 서만 제독이 설득해야 할 필수적인 인물이라는 것을 알고 맥아더는 이렇게 단언했다. "상륙작전은 우리가 갖고 있는 가장 강력한 수단입니다. 그것을 적절하게 사용하면 우리는 강력한 종심 타격을 가할 수 있습니다!" 그는 아마도 자기가 해군 스스로 갖고 있는 것보다 해군에 대한 신뢰를 더 갖고 있을지도 모른다고 시사하면서 덧붙였다. "해군은 과거에 나를 실망시킨 적이 없습니다. 이번에도 나를 실망시키지 않을 것입니다." 장군은 그의 웅변을 이런 선언으로 마무리했다. "나는 인천[상륙작전]이 5,000분의 1의 도박이라는 것을 알고 있습니다. 하지만 나는 그런 역경을 극복해왔습니다. … [목소리를 낮추면서] 우리는 인천에 상륙하고야 말 것입니다. 그리고 나는 그들을 처부수고 말 것입니다 (We shall land at Inchon and I shall crush them!)."19❖

청중들은 완전히 넋을 잃었다. 훗날 이 퍼포먼스를 되돌아보면서 도일 제독은 이렇게 단언했다. "만약 맥아더가 배우가 되었더라면 당신은 존 베리모어(John Barrymore, 1882~1942)란 배우에 대해 들어보지 못했을 것이다." 비록 몇몇 사람이 여전히 확신을 갖지 못했음에도 불구하고 그 어느 누구도 맥아더의 선택에 실질적으로 도전할 수 없었다. 주사위는 인천으로 던져졌다.20

❖ 맥아더 장군은 여기서 'WILL'을 쓰지 않고 'SHALL'을 썼다. 그는 1942년 3월 11일 제2차 세계대전 중 일본군의 침입으로 PT 보트를 타고 필리핀을 떠나 3월 20일 오스트레일리아에 도착한 뒤 제1성으로 "I shall return"이라고 말했다. 맥아더 장군이 'WILL'을 쓰지 않고 'SHALL'을 쓴 것에 대해 한국외국어대학 학장과 대학원장을 지낸 박술음 선생은 영어로 풀면 다음과 같은 뜻이라고 학생들에게 설명했다. "It is natural that I return." 즉, 나는 나의 의지와 상관없이 신의 뜻에 의해 돌아오게 되어 있다는 것이었다. 왜냐하면 화자가 'SHALL'을 쓸 때는 자기의 의지가 들어 있지 않기 때문이다. 인천 상륙작전 때도 맥아더 장군은 똑같은 의미로 'SHALL'을 쓴 것으로 이해된다. _ 옮긴이

맥아더의 아우라

미국 전사(戰史)에 정통하지 않은 사람이라면 맥아더가 어째서 미 극동군 총사령관의 자리를 지키고 있었는지 의문을 제기할 만하다. 그가 트루먼 행정부의 많은 정책들을 지지하지 않았고, 대통령과 국무장관에 대해 공개적으로 존중하지 않는 태도를 보였으며, 합동참모본부 요원들을 서기나 보급장교 정도로 취급했는데도 말이다. 간단히 대답하자면, 맥아더는 살아 있는 전설로서 태평양전쟁을 지휘해 승리로 이끌었고, 필리핀을 독립시켰으며, 일본을 재건하고 부흥시켰다. 하지만 이런 업적만으로 그의 영향과 사실상 도전받지 않는 권위에 대해 충분히 설명되지 않는다.

맥아더의 힘에는 여러 차원이 있었다. 미국 군부 내에서 그는 최고위 장교이고 유일한 현역 5성 장군이었다. 연공서열과 계급으로 조직화된 군대 문화에서 그는 지휘계통상의 어느 상급자들보다도 더 장기간 복무해왔으며 계급에서도 앞서 있었다. 그는 오마 브래들리 합참의장보다 12년, J. 로턴 콜린스 육군참모총장보다 14년 더 복무하고 있었다. 실제로 맥아더는 1930년에 육군참모총장이었다. 군부 내에서 그의 권위는 계급과 연장자라는 데에만 있지 않았다. 로버트 뎁스 하이늘 주니어(Robert Debs Heinl Jr., 1916~1979)가 언명한 바와 같이 "맥아더는 추종을 불허하는 전략가였다. ― 이론가가 아니라 모든 수준의 전투 지휘에서 입증된 전쟁실천가였다". 비록 그가 1950년에 70세여서 에너지와 기동력이 떨어진다 할지라도 워싱턴의 어느 누구도 ― 민간인이든 군인이든 ― 그의 판단이나 군사적 제안에 이의를 제기하려 하지 않았다.[21]

개인적인 수준에서 맥아더는 일본의 개혁과 통치를 책임지면서 그와 동시에 극동군사령부의 미군 총사령관이기도 한 사람으로서 특이한 생활양식을 지녔다. 그와 그의 가족은 몇몇 보좌관 및 가사 도우미들과 함께 울타리가 크게 처진 미국대사관 경내에서 생활했다. 그는 연중 매일 똑같은 일상생활을 했다. 아침식사를 한 뒤에는 한 시간 또는 그 이상 집에서 일하며 보고서를 읽고 편지에 답을 했고, 오전 10시 반경 사무실에 도착해 오후 2시까지 일했다. 집에 돌아와 점심식사를 하고 잠깐 눈을 붙였다가 사무실로 돌아가, 오후 4시부터 저녁 8시 또는 10시까지 일했다. 그는 일본 시민이나 자신의 부하 병사들과 개인적인 접촉을 하려고 하지 않았다. 1945년부터 1950년 사이에 그는 어떤 일본의 도시나 소읍을 방문하지 않았으며, 그 나라의 어떤 미군 기지에도 모습을 드러내지 않았다. 그는 미국 본토에서 온 명사들과 동맹국 대표들을 오찬에 초대해 자기가 관심 있는 주제에 대해 길고 상세하게 설명하곤 했다. 저녁에는 아내 진과 함께 식사했고, 그가 선택한 영화를 아내 및 전속부관들과 함께 감상했다. 진 맥아더는 헌신적인 아내였으며, 다른 사람들의 말에 따르면 쾌활하고 매력적인 안주인이었다. 남편보다 20년 연하인 그녀는 외교 행사 및 일본의 의례에 남편을 대신해 참석할 때가 종종 있었다. 그럴 때는 장군의 오랜 보좌관인 시드니 H. 허프(Sidney L. Huff, 1893~1962) 대령이 그녀를 수행했다. 맥아더에게는 외아들 아서가 있었는데, 1950년에 12살이어서 중국인 유모와 영국인 가정교사가 주로 돌봤다.[22]

맥아더가 속세와 접촉을 끊은 생활을 했음에도 불구하고 그와 함께 일했거나 빈번한 오찬에서 만났던 사람들 거의 모두에게 강력하고 긍정적인 영향을 미쳤다. 그에 대한 가장 빼어난 전기 작가인 D. 클레이튼 제임스(D. Clayton James)는 대대적인 조사활동을 벌여 세 권짜리 책을 냈다. 이를 위해 180명의 고급장교 및 민간 관리들과 면담했다. 그렇게 한 뒤 그는 맥아더를 가장 잘 아는 사람들이 그의 성격과 개성의 중심적인 측면들에 대해 일반적으로 동의했다고 주장한다. 그들은 다음과 같이 말했다. 즉, "맥아더는 그들이 지금까지 만난 사람들 가운데 가장 복잡한 사람이고, 그들은 그를 완전하게 이해하는 사람을 아무도 만나보지 못했으며, 단지 정말로 그와 가까운 관계인 몇몇 사람을 알 뿐이다". 그들은 맥아더의 공적인 명성과 그들이 알고 있는 인간 사이에는 큰 차이가 있다는 데 동의한다. 그는 많은 모순된 속성들의 복합체였다. "그는 강력하게 자신이 '운명의 인간'이라고 의식하고 있었지만, 무능한 참모를 해고하기를 거부하고 실수의 책임을 타인에게 돌렸으며, 그의 종신재직과 명성에 대해 초조하게 생각했다." 대부분의 경력 기간 동안 극적인 역할 수행을 한 것으로 알려진 그는 이를 '도쿄에서 고급예술로' 발전시켰다. 많은 사람들이 그의 가장 효과적인 역할은 '정중한 장교-귀족'의 역할이었다고 느꼈다.[23]

공적인 임무를 떠나서 그는 소규모 충성스런 장교 집단에 의존하여 일관된 일상생활을 보호하고, 그리 중요하지 않은 결정들을 내리며, 뜻하지 않은 일들을 피했다. 그는 다른 사람이 없는 곳에서 보고서 읽기를 선호했고, 회의는 필수적인 사안들로 제한했으며, 사무실에는 전화기를 두지 않았다. 대부분의 결정과 요청은 참모장인 에드워드 M. (네드) 아몬드 소장을 통해 이뤄졌다. 행정 조직과 세부사항의 달인이었던 아몬드의 전도유망한 경력은 제2차 세계대전으로 중단되었다. 당시 그는 이탈리아 전선에 배속된, 실적이 불량한 2개의 아프리카계 미국인 보병사단을 달갑지 않게 지휘하게 되었다. 그러다 극동사령부의 본부 참모가 되었을 때 그는 열심히 일해서 맥아더의 필수요원이 되었으며, 1949년에는 맥아더의 참모장이 되었다. 한국에서 아몬드 아래 복무했던 많은 고급장교들과의 구술사 면담을 포함한 광범위한 조사에 근거하여 밀렛은 아몬드의 지휘 스타일에 대해 이렇게 냉혹하게 묘사했다. "충동적이고, 전문가의 조언과 지휘계통을 무시하는 버릇이 있으며, 참모에게는 폭군이고, 오탈자를 찾는 좁쌀영감이며, 부하들을 괴롭힌다." 이런 신랄한 성격은 아몬드가 인천상륙작전에서 상륙군의 사령관이 되었을 때 대단히 중요한 문제가 되었을 것이다.[24]

아몬드보다 더 맥아더에게 측근이었던 인물은 극동군사령부의 정보참모 (G-2) 찰스 A. 윌로비 소장이었다. 그는 1940년 필리핀에서 맥아더 부하가 되었으며 태평양전쟁 내내 그의 정보책임자로 복무했다. 윌로비는 1942년 맥아더와 함께 바탄에서 철수한 두 명의 장군 중 한 명이었으며, 도쿄에서 여전히 맥아더의 참모로 복무 중이었다. 독일에서 하급 귀족과 미국인 어머니 사이에서 태어난 그의 원래 이름은 아돌프 C. 바이덴바흐였지만, 18살 때 미국으로 이민 와서 군에 입대했고, 1916년 장교로 임관되었을 때 이름을 찰스 A. 월로비(어머니의 처녀 때 이름)로 바꿨다. 오랜 경험을 통해 월로비는 자기 상관이 나쁜 뉴스를 받기 싫어한다는 것을 알고 있었다. 따라서 1950년 봄, 북한군이 급속도로 증강되고 있다는 보고를 받았을 때 한국에 나가 있던 그의 요원들이 보낸 정보를 맥아더에게 요약보고하면서 내용을 완화시켰다. 하지만 국방부의 육군 참모진에게는 전체 보고서를 그대로 보냈다. 국방부에서는 대개 이 보고서를 이승만 정부에게 무기를 더 주라는 청원으로 보고 무시해버렸다. 맥아더의 참모진 내부에서 사령관의 주목을 더 받기 위해 아몬드와 월로비 간에 치열한 경쟁이 벌어지고 상호반감이 심화되었다.[25]

도쿄의 참모장교들 가운데 군 내에서 '바탄 갱'으로 알려진 또 다른 인물은 코트니 휘트니(Courtney Whitney, 1987~1969) 준장이다. 그는 홍보와 일본의 민사 업무를 맡고 있었다. 이들 세 장군의 주도 아래 극동사령부의 참모들은 일본의 점령 및 부흥 추진 방안에 관한 맥아더의 비전을 뒷받침하기 위해 전심전력해왔다. 한국에서 전쟁이 발발하자 참모진의 이 같은 안정적인 일상 업무가 연속적인 패배로 많이 흔들리고 압력도 크게 증대되었다.[26]

장기간 군 복무를 한 데에다 새 전쟁의 총사령관직까지 맡게 되자 맥아더의 건강은 곧 워싱턴의 대통령과 여타 관리들의 관심사가 되었다. 1950년 8월 초 트루먼은 개인적으로 신뢰하는 친구인 프랑크 E. 로웨(Frank E. Lowe, 1885~1968) 소장을 파견해 맥아더 사령부의 대통령 연락관 노릇을 하도록 했다. 로웨의 비밀 임무들 중의 하나는 전시 사령부의 스트레스를 처리할 수 있는 맥아더의 건강과 능력을 평가하는 일이었다. 대통령에 보낸 보고에서 로웨는 장군이 "정정하고 원기왕성하다"고 말하면서 장군이 신체적으로 양호한 상태이고 정신적으로 매우 예리하다고 묘사했다. 장군의 개인 주치의를 포함한 여타 방문객들도 이와 같은 전반적인 평가를 확인했다. 하지만 일부 인사는 청각장애와 소화불량 증세를 지적했다. 맥아더는 어떤 문제에 대해 골똘히 생각하거나 말할 때 오랫동안 앞뒤로 서성거리는 것으로 유명했다. 그의 주치의들 가운데

한 신경외과 의사는 그것을 파킨슨씨병의 분명한 징조로 주목하면서, 장군이 손 떨림을 가리기 위해 두 손으로 파이프를 잡거나 말할 때 손짓을 계속한다고 보고했다. 그의 건강과 외모에 대해 촌평을 한 모든 사람은 장군이 20년은 젊어 보이고 정신적으로도 기민하고 설득력이 있다고 보았다.[27]

인천상륙작전의 준비 작업이 진행되고 있을 때 맥아더는 극적인 승리와 치욕적인 패배의 기로에 선 것으로 보였다. 그로 하여금 과거에 성공을 거둘 수 있게 해주었던 조건들 중의 몇 가지는 이미 사라졌다. 그의 전기 작가인 제임스는 1948년에 맥아더를 둘러싼 환경을 크게 바꾼 세 가지 중요한 변화를 알아챘다. 맥아더를 공화당 예비선거에서 대통령 후보로 내세우려던 노력은 대중의 지지를 거의 받지 못하고 조용히 사라졌다. 장군의 운명은 선출직 정치에 있지 않다는 점이 고통스럽지만 명확해졌다. 그의 군사 활동에서 보다 심각한 점은 도쿄에서 로버트 L. 아이첼버거(Robert L. Eichelberger, 1886~1961) 중장이 떠난 것이다. 그는 태평양전쟁 때부터 맥아더가 가장 신뢰하는 부하였으며 최측근들 가운데 맥아더의 주요 현안 판단에 도전할 수 있는 유일한 인물이었다. 제임스의 주장에 의하면 "아이첼버거가 떠난 다음 점점 더 맥아더의 정보 채널은 협소해졌고 그의 신선하고 객관적인 사고의 근원도 쇠퇴했다". 세 번째 변화는 미국이 1948년 10월 NSC 보고 13/2를 채택하면서 대일본 정책이 바뀐 점이다. 이 보고는 대일본 정책을 개혁에서 경제 부흥으로 전환할 것을 요구했고, 맥아더의 권한과 참모진을 대폭 줄였다. 냉전 봉쇄정책이 동아시아로 확장되면서 이제 일본은 미국의 전략적 이익의 지주가 될 참이었다. 향후 대부분의 정책 결정은 워싱턴에서 이뤄지게 되었다.[28]

두 가지 추가적인 요인이 궁극적으로 맥아더의 미래의 행동의 자유를 억제하게 되었다. 트루먼이 1948년 11월 자력으로 대통령에 당선된 뒤 다른 무엇보다 유럽에서의 미국의 이익을 보호하는 데 전념하는 사람들이 행정부를 지배하게 되었다. ─ 그들은 맥아더와 그의 공화당 친구들에게 '유럽 우선주의자들'이라고 알려진 집단이었다. 그 의미는 이 지역에서 사건이 잘못되면 민간이

나 군부에서 장군을 강력하게 옹호해줄 인사가 없다는 것이었다. 끝으로 맥아더는 모든 사령관이 가장 중시하는 것, 즉 행운을 잃었다. 제임스는 이렇게 언명했다. "맥아더의 운은 과거 믿을 수 없을 만큼 시의 적절하게 좋았다. 하지만 옛날의 맥아더와 도쿄에서 마지막 반년 동안의 맥아더 사이의 주요 차이는 마침내 그의 행운이 다한 것이었다."[29]

암호명 크로마이트 작전

적이 수비하고 있는 육지에 상륙작전을 감행한다는 것은 전투 작전에서 가장 심각한 도전이다. 성공하려면 공격군은 현장의 바다와 육지 조건에 관한 훌륭한 정보를 갖고 있어야 하며, 육해공군이 밀접하게 협동해야 하고, 상륙할 때 부딪칠 수 있는 문제들의 처리 방법을 알고 있는, 훈련이 잘 된 응집력 있는 군부대들, 그리고 경험 많은 지휘관들이 있어야 한다. 인천에서는 이런 조건들 가운데 충족된 것이 아무 것도 없었다.

상륙 준비 작업은 최종일까지도 많은 문제에 봉착했다. 7월 20일 선두 부대로 선정되었을 때 제1해병사단은 전투력이 15%에 불과했다. 당초 사단의 강화된 연대로 형성된 병력 6,500명의 제1해병여단은 한국 방어에 합류하기 위해 이미 해상으로 이동 중이었다. 사단 참모진은 3주 만에 여타 전투부대에서 차출되고 예비병을 동원하며 훈련소와 해외 미국대사관 경비 병력에서 차출된 1만 2,000명을 더 추가했다. 새로 재편된 사단은 8월 말과 9월 초 일본에 도착했다. 전투 중인 해병 여단은 9월 5일 치열한 전투에서 빠져 부산으로 왔고, 인천에서 사단과 합류하기 위해 9월 13일 부산을 출항했다. 한국 해병대 3,000명이 합류했다. 기타 공격부대 — 일본에 주둔해 있던 미 육군 제7보병사단 — 는 사정이 해병대보다 훨씬 더 어려웠다. 최초 전투 3개월 동안 버틴 미8군의 정원 미달을 채우기 위해 제7사단의 장교와 사병 다수가 전선으로 보내졌다. 제7보병사단은 여타 점령부대로부터의 전입병들, 본국에서 새로 도착한 병사들, 그리고 훈련도 받지 않고 영어도 모르는 8,300명의 한국 징집병들로 채워졌다.[30]

그 이전에 실시된 대부분의 상륙작전과 달리 인천상륙작전은 어떤 유형의 연습도 할 시간이 없었다. 짧은 기간 동안 해병과 해군의 군수전문가들은 7만 1,000명의 병사, 2만 5,000톤의 장비 및 보급물자, 그리고 250대의 탱크를 포함한 6,000대의 차량을 준비하고 실어야 했다. 해군 계획관들은 미국과 6개 동맹국 소속의 선박 230척 이상이 정확한 순서대로 목표지점에 도착하여 전투태세를 갖추도록 조직해야 했다. 이런 가속화된 일정을 복잡하게 만든 것은 며칠 사이로 몰려온 2개의 태풍이었다. 첫 번째 태풍은 짐을 싣는 기간 동안 일본에 도달했다. 규모가 더 큰 또 다른 태풍은 출범 날짜가 다 되어서 접근하고 있었기 때문에 해군 지휘관들이 대형 태풍이 빚을 최악의 상황을 피하기 위해 맥아더를 설득해 하루 이틀 일찍 함대를 바다에 띄우도록 했다. 이 끝없는 문제를 마무리 짓자면, 공격군은 기습 공격의 중요한 이점을 잃을 개연성이 높다는 것이었다. 중국이 자기들의 분석에 의하면 맥아더가 인천에 상륙 강습할 가능성이 높다고 김일성에게 알려줬을 뿐만 아니라, 9월에는 미군 방첩대가 공격 준비 상황을 상세하게 알고 있던 일본의 공산주의 스파이망을 적발했다. 실제로 도쿄 주재 서방기자단 사이에서는 이 공격이 종종 상식화된 작전(Operation Common Sense)이라고 언급되었다.[31]

전체 작전이 서둘러서 조직되었다는 징후를 보여주는 것은 합참이 그 공격을 개념상으로 승인하기도 전에 공격이 시작되었다는 사실이다. 워싱턴에서 지연된 끝에 논의가 이뤄지고 마침내 합참이 맥아더에게 작전을 승인한 것은 9월 8일이었다. 그런데 사실 인천에 대한 공중폭격은 9월 4일부터 매일 실시되었고, 공격군의 가장 느린 배는 그 다음날 요코하마에서 출항했다. 초조해진 극동군사령관은 그의 계획에 전혀 손을 대지 않도록 하기 위해 상세한 작전계획의 발송을 지연시켰다. 그래서 도쿄에서 파견된 브리핑 장교가 이 작전 계획에 대한 합참의 질문에 답을 끝마치기도 전에 최초의 해병대가 인천 해안에 상

류했다.[32]

맥아더의 심각한 자기도취는 상륙작전을 더욱 복잡하게 만들었다. 교리 및 모든 선례와 반대로 이 극동군사령관은 공격하는 동안 자신이 상륙지휘선에 승선할 것을 고집했다. 엎친 데 덮친 격으로, 그는 6명의 다른 장군들과 수행 보좌진 및 자기 마음에 드는 20여 명의 기자들을 데리고 왔다. 이로 인해 함상에 인파의 운집 상황이 가중되었고 전술 지휘관들의 주의가 상륙 방향에서 산만하게 되었다. 최고위 장군과 그의 일행은 대규모 태풍이 일본에 접근할 때 미해군 전함 마운트 매킨리 호에 승선했다. 모여든 기자들에게 장군 자신이 인천상륙작전에 대해 상세하고 매우 낙관적인 브리핑을 직접 했다. 그리고 이 작전이 전쟁 과정을 역전시키고 북한을 패배시키기 위한 대전략에 어떻게 부합하는지를 설명했다. 야간에 맥아더 ― 그는 큰 전투를 앞두고 실신한 이력이 있었고 뱃멀미를 했다 ― 는 몸이 극도로 좋지 않았다. 보좌관들이 그를 진정시키려고 노력했고, 결국 큰 잔으로 스카치위스키를 마시도록 설득했다(그는 통상적으로 와인만 마셨다). 곧 그는 푹 잠이 들었다. 9월 14일 아침, 증세가 누그러진 사령관은 잠에서 깨어 훨씬 좋은 기분으로 원기왕성하게 아침식사를 했다. 그리고 갑판으로 나가 상륙에 앞서 함포 사격이 시작되는 상황을 지켜보았다(그림 8.1 참조).[33]

인천 상륙에 따른 장애가 많았고 공격군을 서둘러 준비했음에도 불구하고 암호명 크로마이트는 원만하게 진행되었다. 해군 함포와 공군 전폭기의 대규모 폭격 이후 아침 만조 때 상륙한 해병 대대는 월미도를 함락했다. 이곳은 인천항으로 이어지는 긴 수로를 방어하는 핵심적인 위치였다. 제1해병사단의 2개 연대는 아주 작은 저항만 받는 가운데 저녁 만조 때 상륙했고, 자정에 인천시 배후의 고지를 점령했다. 2,500명의 북한군은 해병대의 가장 취약 지점인 방파제를 방어하지 않았다. 또한 북한군은 9월 2일 소련에서 도착한 연결형 기뢰를 설치하지 않았다. 디데이에 미 해병대는 21명이 사망하고 174명이 부상을 당했다. 북한 방어군은 모두 사살되거나 포로로 잡히거나 도주했다. 첫날

그림 8.1 폭풍우 속을 항해하면서 뱃멀미를 하고 나서 더글러스 맥아더 장군이 인천상륙작전을 지켜보고 있다. 이 자리에는 그의 공보보좌관 커트니 휘트니 준장(왼쪽)과 제10군 군단장 에드워드 M. 아몬드 소장(오른쪽)이 함께 했다. 1950년 9월 15일. 자료: 미 육군 사진, 국립자료보관소

상륙부대는 1만 3,000명의 병력을 그들의 장비와 함께 상륙시켰고, 19척의 수송선은 하역 작업을 위해 부두에 대거나 정박했다.[34]

　모든 난관에도 불구하고 인천-서울 공격은 맥아더의 최상의 확신을 정당화시켰다. 이는 대부분 공격을 주도한 해군과 해병의 훌륭한 성과였다. 하지만 북한의 전략적·전술적 실수도 이런 전과를 가져오는 데 크게 기여했다. 김일성은 인천 방어를 강화하라는 중국과 소련의 경고를 무시했다. 김일성과 그 휘하의 지휘관들은 인천으로 통하는 수로에 기뢰를 설치하지 않았고, 방파제를 방어하지 않았다. 맥아더는 자신의 확신을 반영하여 상륙지휘선인 미해군 전함 마운트 맥킨리 위에서 직접 작전을 감독했다. 이는 그때까지 미국의 통합지

휘관이 주 공격군과 동행한 최초의 사례였다. 장군은 86명의 특파원들을 상륙 기동대에 함께 하도록 초청해서 의회와 미국 국민들이 상륙의 위험과 성공에 대해 알 수 있도록 기회를 제공했다. 그 기자들 중에는 빼어난 인물들이 여럿 있었다. 조지프 올섭(Joseph Alsop, 1910~1989), 빌 블레어(Bill Blair), 호머 비거트(Homer Bigart, 1907~1991), 케예스 비치(Kyes Beech, 1913~1990), 마거릿 히긴스(Marguerite Higgins, 1920~1966), 칼 마이댄스(Carl Mydans, 1907~2004) 등이 그들이었다. 통신사, 주요 라디오와 텔레비전 네트워크의 기자들은 지휘선을 타고 도일 제독으로부터 작전실의 안내를 받았으며, 극동군사령관 자신으로부터는 전략 브리핑을 받았다. 미국 국내에 있는 국민들을 위한 GI 방식의 유머 표현으로 병사들은 몇몇 상륙선 측면에 '트루먼의 경찰대'라고 페인트로 썼다.[35]

작전의 주요 목표는 서울을 탈환하고 남한으로 이어지는 북한의 주 보급선을 차단하는 것이었다. 해병대가 인천시를 확보하고 9월 18일 필수적인 김포 공항을 함락하기 위해 진격한 뒤에 제7보병사단은 상륙해서 부산으로 가는 고속도로와 철로를 단절하기 위해 해병대의 남쪽 길을 따라 전투를 했다. 해병대는 서울로 진격을 계속하고 제7사단 병력은 9월 29일까지 수도 탈환을 완수했다. 바로 그날 맥아더 장군과 선별된 명사들이 도쿄에서 날아와 이승만 대통령과 그의 각료들을 만났다. 그들은 부산에서 비행기를 타고 서울로 왔다. 수도 탈환식 석상에서 당당한 장군은 수도의 통치권을 한국 대통령에게 넘겨줬다. 미군은 3,500명(그중 2,450명이 해병대)을 잃었으며, 북한은 사상자 1만 4,000명, 포로 7,000명이었다. 전체적으로, 미8군이 부산 방위선을 돌파하고 공세를 취한 9월 한 달 동안 인민군의 사상자는 20만 명, 포로는 13만 명에 이르렀다. 그들 중 다수는 훈련도 제대로 받지 못한 신병이었다. 상륙을 전후한 위험에도 불구하고 미군은 혁혁한 승리를 거뒀다. 패배를 극복하기를 염원했던 미국 지도자들은 성공에 기뻐 환호하며 인민군을 분쇄할 수 있다고 믿었다. 하지만 그들이 총체적 승리를 할 것이라는 환상은 곧 재앙의 씨를 뿌리는 결정들로 이어질 것이었다. 육군참모총장 J. 로턴 콜린스 장군은 나중에 고위 군사지도자들의 의식 구조를 이렇게 평가했다. "인천상륙작전의 성공은 너무나 컸고 그 이후 맥아더 장군의 명성은 너무나 압도적이었기 때문에 합동참모본부는 장군의 그 이후 계획과 결정들에 대해 문제를 제기하기를 주저했다. 그런 것들은 도전을 받았어야 했다. … 인천은 미국의 가장 탁월한 군인들 중 한 명의 비상한 경력의 절정이었다. 그런 다음 그는 옛날 그리스 영웅처럼 박정하고 가혹한 운명을 향해 행진해가는 것처럼 보였다."[36]

치명적인 결정: 38선을 넘다

인천상륙작전이 계획되기 오래 전인 7월 초, 국무부의 몇몇 고위 관리들은 미국에 우호적인 이승만 정부하에서의 한국 통일을 옹호하기 시작했다. 7월 1일 존 앨리슨(John Allison) 동북아시아 국장은 그의 상사인 딘 러스크 차관보에게 글을 써 미국이 38선을 넘어서는 안 된다는 내용의 성명서를 대통령이 발표하지 않도록 저지하라고 촉구했다. 그는 이렇게 주장했다. "저의 개인적인 느낌으로는, 만약 우리가 할 수 있다면, … 우리가 만주와 시베리아 국경까지 계속 올라가서 유엔 주관하에 전체 한국의 선거를 실시할 것을 요청해야 합니다. 이제 우리 측에서 향후 그런 행동을 금지하는 어떤 행동도 … 아주 현명하지 못할 것입니다." 러스크는 메모에 "동의함, 딘 러스크"[37]라고 적었다.

대통령을 포함한 다른 관리들은 좀 더 신중했다. 3주 후 정책기획참모가 작성한 메모 초안은, 만약 유엔군이 소련이나 중화인민공화국이 통제하지 못하는 정부 아래 한국을 통일시키고자 하는 시도로 그들의 국경에 접근하게 되면 전쟁이 그들과 맞붙는 쪽으로 확대될 가능성이 있다고 지적했다. 정책참모가 내린 결론은 한국의 통일이 북한군이 해체되고, 소련과 중국이 개입을 하지 않으며, 유엔 안전보장이사회가 통일 한국의 창건을 승인하는 결의안을 통과시킬 때에만 일어날 수 있다는 것이었다. 애치슨 장관과 트루먼 대통령은 미국이 인천에서 반격에 성공하고 소련과 중국의 의도를 더 잘 파악할 수 있을 때까지 정책결정을 미루기를 원했다. 7월 13일 기자회견에서 미군이 38선 이북으로 넘어갈지 여부에 대한 질문을 받았을 때 트루먼은 이렇게 답변했다. "나는 38선을 넘을 필요가 있을 때 그런 결정을 내릴 것입니다."[38]

워싱턴의 미국 지도자들은 타이완과 한국에 대한 그들의 정책이 베이징의 마오쩌둥과 그의 정치국원들에게 얼마나 공격적으로 보이는지 알지 못했다. 미국의 민간과 군 관리들은 타이완 해협에 제7함대를 배치하기로 한 결정이 타이완을 '중립화한 것'이라고 설명했다. 또한 미국은 장제스의 방어를 강화하기 위해 군사원조와 군사사절단을 보냈다. 애치슨과 국무부 내의 아시아 및 소련 전문가들은 중화인민공화국을 일관되게 모스크바의 앞잡이 또는 괴뢰라고 묘사했다. 그렇지만 우리는 이제 중국 지도자들이 이런 행동들로 인해 매우 불안해했다는 것을 알고 있다. 그들은 과거 내전에서 워싱턴이 국민당 편을 드는 것을 보았기 때문이다. 그들은 국민당의 군사력이 강력해지고, 부산 방어선이 성공적으로 방어되며, 미국이 북한과 접한 그들의 국경 근처를 폭격해오자 점점 더 불안해했다.[39]

여름이 본격화되면서 미국 관리들은 한국 통일의 이점에 대해 더욱 적극적으로 생각했다. 전쟁이 시작된 지 3주 후 트루먼은 국가안전보장회의에 '북한군이 38선 이북으로 격퇴된 뒤에' 미국이 무슨 정책을 추구해야 할지에 관해 보고서를 준비하라고 지시했다. 7월 31일자 국방부의 초안은 정치 및 군사 정세를 분석하면서 한국의 분쟁이 "미국과 자유세계에 소련의 일부 위성국을 대체할 기회를 제공한다"는 주장을 폈다. 유엔군에 의한 한국의 통일은 극동에서 소련의 '전략적 복합단지'를 해체하고, 만주 지역과의 접촉과 교역 기회를 제공하며, 일본을 안심시킬 수 있으리라는 것이었다. "한국의 통일이 아시아에서 갖는 중요성은 ⋯ 헤아릴 수 없을 것이다." 8월 21일자로 작성된 국무부의 메모 초안도 동일한 분석을 많이 반복했지만, 한국을 통일시키고자 즉각적으로 시도하면 "소련이 자체 병력을 투입하거나 공산중국의 병력 또는 양국의 개입으로 세계전쟁을 유발할 위험에 처할 수 있다"고 우려하면서, 통일을 위한 어떠한 노력에 대해서도 유엔의 전적인 지원이 보장되는, 좀 더 신중한 외교적 과정을 제안했다.[40]

한편 유엔에서 소련대사는 보이콧을 끝내고 안전보장이사회 의장직을 수행하기 위해 8월 1일 복귀했다. 소련 외교관들은 최근의 태도에 비해 좀 더 유화적으로 되었고, 휴전에 대해서 그리고 통일 한국을 가져올 선거 감시에 대해서 언급했다. 워싱턴 관리들은 그들의 행태를 스탈린이 한국을 놓고 대결을 피하고자 한다는 신호라고 보았다. 이런 인식은 한국 통일을 위해 현재의 군사적 우위를 계속 추구하는 데에 더욱 관심을 높였다. 국방과 외교 방면의 대표들 간에 논의가 더 이뤄진 다음 9월 11일 대통령은 NSC 보고서 81/1을 승인했다. 이 보고서는 상당한 조건을 달아서 맥아더의 38선 너머의 진격을 승인했다. 이 보고서는 유엔군 사령관이 38선을 넘어 북진할 수 있도록 승인을 받는 조건을 이렇게 적시했다. 즉, "북한군을 말살할 목적으로 그런 작전을 수행할 때, 소련이나 중국공산군이 대규모로 북한에 진입하지 않아야 하며, 북한에 진입하겠다는 의사의 공표가 없어야 하고, 우리의 북한 내 작전에 군사적으로 반격을 가할 위협이 없어야 한다". 맥아더는 소련과 중국 국경에서는 군사 행동을 피하고 이 두 나라 국경 근처에서는 한국군을 활용하라는 지침을 받았다. 그는 최종 승인이 그 시점의 정치적·군사적 상황에 달려 있을 것이었기 때문에 신중을 기했으며, 북한으로 진격하기 전에 대통령의 특급 승인을 얻어야 했다. NSC 보고서는 유엔군의 목적을 한국의 독립과 통일을 이룩하는 것으로 명시했으며, 통일이 달성되기 전에 유엔 회원국들의 승인을 얻기 위한 상세한 준비를 요구했다.[41]

2주 후 인천상륙작전의 빛나는 성공과 서울 탈환으로 워싱턴에 낙관론이 대두하면서 NSC 81/1에 명시된 제한사항들이 공식적인 기억에서 희미해졌다. 대통령과 전문가들, 그리고 세계 지도자들은 맥아더를 전략의 천재로 칭송했다. 의회 내에서도 그러했지만 대중 사이에서도 위대한 승리에 편승하여 일을 끝내자는 공감대가 형성되었다. 언론에서 한국군이 재편성을 위해 38선에서 정지할 것이라는 오보가 나돌자 공화당 의원들은 대통령이 38선을 넘어 적군을 분쇄하는 것을 승인하라고 요구했다. 의회의 중간선거가 몇 주밖에 남아 있지 않았기 때문에 행정부는 인천상륙작전에 의한 북한군의 궤멸을 충분히 이용하고자 하는 욕구가 커졌다. 사실상의 국가안보 보좌관이었던 에버렐 해리먼은 당시를 회고하면서 38선을 넘으라는 압력이 대단했다고 말했다. "노(No)라고 말하려면 초인적인 노력이 필요했을 것이다. 진격을 멈추고 상황을 종료하는 것은, 심리적으로, 거의 불가능했다."42

9월 27일 합동참모본부는 맥아더 장군에게 지침을 내려 38선 이북에서 작전을 개시할 수 있는 조건을 제시했다. 마셜 국방장관과 대통령이 승인한 방침에 따라 합참이 북한군을 섬멸할 목적으로 공수 및 상륙 작전을 포함한 군사작전을 승인한 것이었다. NSC 81/1에 기록된 군사 활동 조건이 모두 인용되었고, 이런 조건이 추가되었다. 즉, 사령관은 "목표를 달성하는 데에 공산 중국 또는 소련의 위협이 있는지 여부를 결정하기 위해 특별한 노력을 경주해야 한다. 이는 합참에 긴급하게 보고해야 할 사항이다". 남한의 행정구역을 북한 전역으로 확장하려는 맥아더와 이승만의 갈망에 대한 미국 국무부의 우려를 완화하기 위해 이 지침은 남한의 권한은 남한 지역에서만 회복되고 북한의 정치적 지위는 유엔의 조치가 내려지기를 기다려야 한다는 점을 강조했다.43

마셜은 현재와 같은 유엔군의 군사적 우위를 이용할 필요가 있다는 점에 있어서 맥아더 및 합참과 의견을 같이 했다. 유엔 내의 연합군 회원국들이 38선 월경을 승인할 것인지 여부에 대한 투표를 회피하려 한다는 것을 인식한 국방장관이 9월 29일 긴급 무선 메시지를 맥아더에 보내 38선에 대해 공개적인 언급을 하지 않도록 지시했다. 그러면서 덧붙여서 이렇게 말했다. "본관은 귀관이 38선 이북으로 진격하는 데 전술적·전략적으로 구애받지 않기 바랍니다." 맥아더는 마셜로부터 온 개인적 승인을 즐겁게 받아들이면서 이렇게 답변했다. "만약 적이 항복하지 않는다면 그렇게 할 때까지, 본관은 한국 전역을 군사 작전에 개방된 것으로 간주하겠습니다." 유엔군 사령관은 나중에 마셜로부터 받은 이 메시지로 인해 자신이 9월 27일자 합참 지침의 제약으로부터 자유롭게 되었다고 주장할 수 있었을 것이다. 한편 이승만 대통령 — 그는 워싱턴이 유엔의 승인을 기다리느라 지체할 것을 우려했다 — 은 10월 1일 한국군이 38선을 넘어 북진하도록 명령했다. 이렇게 지침을 확장하고 제한을 넘어서게 함으로써 맥아더와 이승만은 장차 재앙을 가져올 씨앗을 뿌렸다.[44]

9

마오쩌둥, 인해전술로 개입하다

중화인민공화국이 1949년 10월 1일 건국을 축하할 때 중국공산당 지도자들은 그들이 엄청난 문제에 봉착했음을 알고 있었다. 장제스의 국민당 정부는 갑자기 무너지고 공산군은 나라의 대부분을 장악했지만 국민의 지지는 별로 받지 못하고 있었다. 중국공산당은 혁명의 구조와 프로그램을 중국 동북부 농민을 기반으로 한 운동으로 개발했다. 공산당은 동부와 중부에서 조직이 없었고 추종자도 별로 없었다. 양쯔 강 서북부와 남부에는 실제 아무 것도 없었다. 도시의 대다수는 분명히 실질적으로 반공주의자였다. 통합된 정치체제를 만들어 내는 과업을 대단히 복잡하게 만든 것은 국가의 규모였다. 미국의 중국학 연구의 대가인 존 K. 페어뱅크(John K. Fairbank, 1907~1991)는 1982년도 인구자료를 비교하면서 이렇게 언명했다. "10억쯤 되는 유럽인들과 미국인들이 50여 개의 개별적인 주권국가들로 나뉘어 살고 있는 데 반해, 10억 이상의 중국인들은 오직 한 나라에서 살고 있다." 게다가 도시에서조차 중국은 문화적이지만 비정치적인 내셔널리즘의 전통을 가진 일련의 소규모 공동체들로 이루어져 있다는 사실도 또 다른 제약요소였다. 대규모 동원을 위한 기제는 존재하지 않았다. 빈사 상태의 경제를 소생시키고 새로 해방된 지역에서 정치적 지지를 획득하기 위해 중국공산당은 새로운 프로그램들과 아울러 이를 신속하게 전파하기

위한 기법을 개발할 필요가 있었다.[1]

새로운 중국 만들기

중국공산당 중앙위원회는 '새로운 중국(新中國)'을 창건하기 위한 공동강령이라는 전략을 고안했다. 자본가, 지식인, 도시노동자를 대표하는 명목상 민주적인 정당들을 포함하는 통일전선 정부는 이런 프로그램들을 시행하기 위해 지배적인 공산당에 합류했다. 통일전선의 목표는 반대자들을 소수만 만들어내는 제한적인 의제를 달성하기 위해 일하는 집단들의 광범위한 연합으로 시작하는 것이었다. 실제로 새로운 정부는 24개 장관 자리 중 11개를 민주 정당들에 할당했다. (신중국이 창건된 후 최초로 소집된) 1950년 6월 6일 중앙위원회 전원회의에서 마오쩌둥은 그의 접근방법을 이렇게 설명했다.

우리는 노동자 계급의 지도와 노동자-농민 연대의 토대 위에 소시민과 민족자본가들을 끌어 모아야 합니다. 민족자본가들은 결국 더 이상 존재하지 않게 되겠지만 현 단계에서 우리는 그들을 우리 주위에 모이게 해야지 밀어내서는 안 됩니다. 우리는 한 편으로는 그들에게 반대해 투쟁하지만 다른 한 편으로는 그들과 연합해야 합니다. 우리는 이를 간부들에게 명확히 해야 하며, 민족자본가, 민주 정당들, 민주인사 및 지식인들과 연합하는 것이 옳고 필요하다는 점을 사실로서 보여줘야 합니다. 그들 중 다수는 이전에 우리의 적이었지만 이제는 적 진영과 관계를 끊고 우리 편으로 왔기 때문에, 함께 할 수 있는 모든 사람들과 연합해야 합니다. 그들과 연합하는 것이 노동자들의 이익이 됩니다. 우리는 이제 이런 전술을 채택할 필요가 있습니다.

연설 후반부에 마오쩌둥은 이렇게 결론을 내렸다. "간단히 말해서, 우리는 사방으로 마구 공격을 해서는 안 됩니다. 모든 방면으로 맹공격을 퍼부어 전국적인 긴장상태를 조성하는 것은 바람직하지 않습니다. 우리는 너무 많은 적을 만들어서는 절대 안 됩니다. 우리는 어떤 분야에서는 양보해서 긴장을 약간 완화시키고 우리의 공격을 한 방향으로 집중해야 합니다."[2]

공동강령의 제한된 의제 안에서조차 모든 변화가 모든 지역에 적용되어서는 안 되었다. 예를 들어, 토지개혁은 인구의 약 80%를 차지하는 빈농들이 겪어온, 농노제에 비견되는 여건을 종식시키는 데에 필수적이었다. 이런 개혁은 북부와 동북부 지역에서는 완료되었다. 이 지역들은 거의 20년 동안 공산당 지배를 받아왔다. 새 정부는 1950년 6월 토지개혁 법령을 승인했지만 새로 해방된 지역에 토지개혁의 적용을 연기했다. 이는 부농의 이견과 반대를 제한하고 높은 농업생산 수준을 유지하기 위한 것이었다. 지역별 차별화의 또 다른 정책은 군부 지배였다. 행정적인 목적에 따라 중국은 6개의 대구역으로 나뉘었다. 도적들과 반혁명 세력을 진압하고 토지개혁을 부과하는 등의 군사적 과업이 완성된 2개 지역 ─ 북부 및 동북부 ─ 은 인민정부가 관리했지만, 대부분 새로 해방된 여타 4개 지역은 군사정부가 통치했다. 개혁이 이행되고 안정이 확립되면서 지배권은 군부에서 민간 행정부로 이양되었다.[3]

농민혁명을 주도한 마오쩌둥과 그의 동료들은 이제 그들의 초점을 도시로 옮겨갔다. 농촌 출신으로 내전을 겪어온 중국공산당 당원들은 도시 지역에서 행정과 사업을 관리할 기량이 부족했다. 해결책은 몇몇 국민당 지도자와 유력인사들은 잡아들이되 대부분의 노동자와 관리자들은 하던 일을 그대로 하도록 놔두는 것이었다. 중국공산당은 도시를 관리할 수 있는 충성스런 당원들을 개발하기 위해 교육받은 도시 청년을 선발했다. 그들은 당의 교리와 기율을 훈련받고 충성심이 입증되면 진급을 할 수도 있었다. 신·구의 노동자 및 관리자들을 결합시킨 것은 도시 주민의 지지를 획득하려는 것이었다. 그렇게 하기 위해 경제를 개선하고, 인플레를 진정시키며, 부패를 척결했다. 이런 정책들은 경제를 소생시키고 인플레를 억제하는 데에 1952년까지 상당한 성공을 거두었다.

국민당의 실정으로 그 이전 20년 동안 고통을 받아온 도시 주민들은 새 공산정부를 강력하게 지지하게 되었다.[4]

1949년 말부터 1950년 봄에 이르는 사이에 중국의 안보정책은 아시아-태평양 지역에서 좀 더 적극적인 역할을 하는 방향으로 진화해갔다. 소련의 원자탄 실험과 중국공산당의 수많은 국민당 반대자 억압, 그리고 모스크바와의 조약 체결 이후에 중국 지도자들은 자국의 전략적 위상이 크게 강화되는 것을 보았다. 베이징은 일단 타이완을 함락함으로써 자국 영토의 통일을 이룩하고 나면 베트남과 한국의 공산주의 운동을 지원함으로써 아시아혁명의 지도자가 되고자 했다. 비록 미국이 아시아 개입을 축소해가고 있었고 가까운 장래에 중국을 공격할 가능성도 없어 보였지만, 미국은 여전히 세계 최강국이었고 타이완의 국민당 정부에 대한 원조를 계속하는 한편, 공산당이 주도한 통일전선을 중국의 합법적인 정부로 인정하기를 거부했다. 베이징의 관리들은 궁극적으로 중화인민공화국이 미국과 크게 대치할 것으로 보았고, 이런 만일의 사태에 대비했다.[5]

최초의 조치는 이 지역 안에서 일어날 수 있는 분쟁에 대처하기 위해 군의 구조를 개편하는 일이었다. 군 개혁의 입안은 1949년 가을에 시작되었으며, 당 중앙위원회는 최종안을 1950년 4월 승인했다. 인민해방군 참모총장 대리 녜룽전(聶榮臻, 1899~1992)의 상세한 보고에 의하면, 이 종합계획은 몇 가지 중요한 목표를 달성하려는 것이었다. 우선 군의 규모를 최고조에 달한 570만 명에서 줄이려 했다. 이 계획은 경비 절감을 위한 것이기도 했지만 내전 기간 중 포로로 잡혀 강제로 인민해방군에 복무하도록 편입됨으로써 새 정부에 대한 충성심이 의심스러운 국민당 출신 병사들을 제거하려는 것이기도 했다. 육군 숫자를 줄여 절감된 예산으로는 공군과 해군을 증강하려 했다. 이는 타이완을 함락하고 미군의 공중 및 해상 위협에 대처하기 위한 것이었다. 끝으로 새로운 지상군은 '타이완, 한반도 또는 인도차이나에서 미군이 일으킬 수 있는 어떠한 위기 상황'에도 대처할 수 있는 중앙신속예비군을 창설하기 위해 재편될 것이

었다.[6]

공산당 지도부는 그 밖에도 두 가지 주요 개혁운동을 한국전쟁 발발 이전에 계획했지만 그 시행은 중국이 참전할 때까지 미뤘다. 이 같은 지연은 애당초 새 정부 벽두에 너무 많은 적을 만드는 일을 피하기 위해 공동강령이 계산했던 설계의 일부였다. 전쟁이 시작되어 미국이 한국에 지상군을 파병하고 타이완 해협에 제7함대를 주둔시킴으로써 신속하게 개입하자, 당 중앙위원회는 1950년 여름 시작된 애국운동을 이용하기로 결정했다. 그것은 국민의 단결을 조성하고 스파이와 반혁명 세력을 제거하기 위해서는 강력한 조치가 필요하다는 것을 주민에게 설득하기 위한 것이었다. 정치적 동원의 통합된 노력은 처음에는 '조국을 방어하고 국가를 지키는 것'으로 제시되었고, 전쟁 발발과 함께 그것은 '위대한 항미원조(抗美援朝) 운동'으로 확장되었다. 이런 기치 아래 당은 새로 통합된 농촌지역에서 광범위한 토지개혁 프로그램에 착수했고, 곧 뒤이어 1951년 초 도시지역에서 반혁명 세력을 억압하고 부패 간부를 제거하며 민족자본가 계급을 타파하고 반체제 지식인들을 제거하기 위한 운동을 연속적으로 벌였다. 중국공산당이 정권 반대자를 제거하고 정치적 동원을 증대하는 애국운동 전개의 기회로 한국전쟁을 이용했다는 강력한 증거가 있다. 전쟁으로 인한 희생과 더불어 이런 공산당 개혁으로 인해 커다란 고통이 초래되었고, 새 정권에 대해 양면의 상반된 감정을 가진 많은 사람들이 위협을 당했으며, 수천 명에 달하는 진짜 적과 상상의 적이 목숨을 잃었다.[7]

마오쩌둥의 '계속적인 혁명' 개념은 중국 본토를 넘어서 신중국 정책을 타이완, 인도차이나, 한국으로 향하도록 추동했다. 마오쩌둥은 중국 사회에서 '수천 년에 걸친 모든 봉건 압제와 100년 동안의 제국주의 압제'를 몰아내기 위해 계속적인 혁명 활동의 물결이 필요하다고 당 지도자들에게 반복적으로 역설했다. 국가 주석은 중국을 위한 이 혁명 임무가 자연히 이 지역 내의 이웃나라들로 확장되어야 한다고 믿었으며, 중국 지도자의 모스크바 방문기간 중 중국이 아시아에서 사회주의 혁명 확산의 책임을 맡아야 한다는 스탈린의 업무분담

제안을 환영했다.[8]

최우선적으로 해야 할 일은 타이완을 함락해 내전을 끝내는 일이었다. 중국 공산당 지도부는 전략적으로 중요한 이 섬을 '해방시킬' 계획을 일찍이 1949년 6월부터 세우기 시작했다. 모스크바와의 협상 이후 9월에 국민당 군을 패퇴시 키기에 적절한 상륙 역량을 키우는 데 필수적인 공군 및 해군 군수물자들이 소 련으로부터 도착하기 시작했다. 마오쩌둥은 타이완 공격의 잠정적인 날짜를 1950년 여름 중으로 잡았지만 그 전해 가을 두 개의 작은 연안 섬을 함락하려 는 시도가 호되게 격퇴당한 심각한 실패가 있었다. 10월 말 국민당 군은 진먼 섬(金門島)에서 전체 내전 중 최악의 패배를 인민해방군에 안겼다. 당시 1만 명 의 공산군이 살해되거나 포로로 잡혔다. 패배 원인을 분석해서 공산당 지도부 가 내린 결론은, 국민당 군이 섬으로 쳐들어오는 중공군을 섬멸한 것은 미국이 제공한 항공기와 군함 덕분이라는 것이었다. 연안의 섬들을 성공적으로 공격 하고 궁극적으로 타이완을 함락하기 위해서는 소련으로부터 공군과 해군에 대 한 원조가 대폭 늘어날 필요가 있었다. 첸지안(陳兼)이 주장한 바와 같이, 그들 의 전략적 위상에 대한 이런 재평가는 공산당 지도자들로 하여금 '미국이 우리 의 주적'[9]이라는 신념을 굳히게 했다.

1950년 봄까지는 중국의 전략적 상황이 크게 바뀌었다. 트루먼 행정부는 1 월 미국의 아시아 방위선에 타이완이나 한국이 포함되지 않는다고 공표했다. 중국은 2월 소련과 우호동맹 및 상호원조를 위한 중요한 조약을 체결했다. 그 리고 5월 베이징은 스탈린이 북한의 남침을 승인했음을 알게 되었다. 그 남침 으로 인해 중국의 타이완 침공을 위한 소련의 군수물자 공급이 지연되었다. 이 시점에서 마오쩌둥과 그의 동료들은 마음이 내키지 않지만 타이완 공격을 한 해 더 미뤘다.[10]

타이완 공격이 연기되자 중화인민공화국은 프랑스로부터 독립을 쟁취하기 위해 싸우고 있는 베트남 공산당에 실질적인 원조를 제공했다. 갓 태어난 베트 남 민주공화국(북베트남)의 호찌민(Hồ Chí Minh, 1890~1969) 주석은 1920년대부터 중국공산당과 유대를 맺었다. 그는 중국어를 유창하게 구사했으며, 1940 년대에는 중국공산당과 함께 항일전을 벌였다. 중국공산당이 내전에서 승리하자 양국 공산당은 협력을 강화하기 위한 작업을 벌였다. 중화인민공화국은 1950년 1월 중순 북베트남을 국가승인 했고, 스탈린이 베트남 원조의 책임을 베이징에 넘긴 뒤에는 인민해방군 고문단이 베트남군의 필요를 평가하고 군대를 훈련시키기 위한 계획이 신속하게 개발되었다. 고문단은 5월에 훈련을 받았고, 수 주 후 베트남으로 갔다. 같은 때, 트루먼 행정부는 인도차이나에서의 공산주의 확산을 우려한 나머지 베트남에 있는 프랑스군에 군사 고문과 원조 프로그램을 개시했다. 최초의 원조 물자는 1950년 6월에 도착했다. 한국전쟁이 발발하기 이전에 미국과 중화인민공화국은 베트남에서 서로 맞서고 있는 상대방 측에 고문단을 보내고 군사원조를 제공했다.[11]

중국공산당이 지역분쟁에 개입한 마지막 지역이자 가장 복잡한 사례는 한국이었다. 우리는 제6장에서 인민해방군이 국민당 군과 내전을 벌일 때 북한이 제공한 광범위한 원조에 관해 살펴보았다. 예를 들면, 4만 7,000명이 넘는 조선인 전투 병력의 제공, 인민해방군에 대한 대규모 보급품 지원, 군부대와 식량과 장비의 피난처로 북한 영토 제공, 국민당 군 주변으로 인력과 물자의 수송 등이 지원에 포함되었다. 중국공산당이 가장 어려운 지경에 처했을 때 김일성 정부는 결정적인 지원을 제공했으며, 베이징의 지도자들은 그들이 평양에 진 빚을 잘 알고 있었다. 그 빚의 부분적인 상환으로 중국은 조선 출신 참전 군인 4만 7,000명을 1949년 가을부터 다음해 봄 사이에 무기와 함께 귀환시켰다. 이 병력은 1950년 6월 인민군 남침 시 주력부대를 형성했다.[12]

그렇지만 중국 내전 시 진 빚과 중국공산당과 조선 측 간의 긴밀한 관계는 김일성에게 문제를 야기했다. 비록 그 자신이 한때 중국공산당 당원이었으며 대일항전을 함께 했다고 할지라도, 그는 열성적인 민족주의자였고 자기 자신의 권력을 공고히 하려는 지도자였다. 최근의 연구에 의하면, 전쟁 전야에 평양에서는 상당한 정도의 분파투쟁이 벌어졌다. 김일성의 주요 경쟁 상대들은 주로 중국공산당과 매우 강력한 유대를 형성하고 있던 조선인들과 원래 서울에 기반을 두고 있으면서 박헌영(1900~1956)으로 대표되던 집단이었다. 또한 김일성이 베이징에 의존하기를 싫어한 것은 역사적으로 중국이 장기간 한국민들을 지배한 데 대한 모든 한국인들의 역사적 저항감을 반영한 것이기도 했다. 김일성이 1950년 5월 마오쩌둥을 뒤늦게 방문해 남침계획을 설명하면서도 침공일자와 남침의 상세한 내용을 알려주지 않은 것은 통일을 전적으로 자기 책임하에 이룩하겠다는 의지 때문이었다. 이런 관계의 양면적인 성격은 김일성이 전쟁 기간 동안 마오쩌둥에게 원조를 요청했을 때에도 심화되었을 뿐이다.[13]

비록 워싱턴의 관리들이 타이완, 베트남, 한국에 관한 중국의 활동을 따로따로 취급했다고 할지라도 베이징의 지도자들은 그런 활동들이 긴밀하게 연결되어 있다고 생각했다. 나중에 저우언라이가 설명한 대로, 이런 정책들은 '세 개의 전선에서 미국과 대치하는 개념'의 구성요소들이었다.[14]

전쟁 준비

북한의 남침은 중국 지도자들을 깜짝 놀라게 했다. 왜냐하면 김일성이 그들에게 언제 공격할 것인지 알려주지 않았기 때문이다. 베이징에서 나온 첫 반응은 미국이 제7함대를 타이완 해협으로 이동시키기로 한 결정에 대한 신랄한 비난이었다. 6월 28일 국무원 회의에서 마오쩌둥은 미국의 타이완 개입이 중국 내정에 간섭하지 않겠다는 1월 5일자 트루먼의 성명이 '거짓말투성이'에 불과함을 보여준다고 선언했다. 같은 날 저우언라이는 미국 함대의 새로운 주둔이 '중국 영토의 무력 침략'이라고 비난했다. 중국 정부는 현실적으로 타이완 공격 계획을 무기한 연기했다. 이런 설전은 중국 관리들이 미국 함대의 이동에 대해 워싱턴에 광범위하게 퍼져 있는 가설과 매우 다른 견해를 갖고 있음을 보여쳤다. 그 가설은 국민당 군이 내전을 다시 일으키고 미국의 적극적인 참전을 이끌어 내려고 본토를 무모하게 공격하려는 시도를 트루먼 행정부가 저지하기 위해 행동을 취했다는 것이었다.[15]

미국이 한국을 방어하기 위해 지상군을 투입하고 유엔의 작전 명령을 얻는 데에 성공했을 때 중국 지도자들은 더욱 직접적인 공세를 준비하는 조치를 취했다. 마오쩌둥의 지시에 따라 저우언라이는 7월 7일과 10일 중앙군사위원회 위원들 및 인민해방군 고위 장교들이 참석하는 두 차례 회의를 열어 미국의 한국 개입에 대한 대응책과 조·중 국경에 방위군을 창설하기로 한 주석의 결정을 수행하는 방안을 논의했다. 회의 참석자들은 인민해방군 정예부대 3개 군을 중국 동북부로 보내 동북변방군사령부를 설치하자고 건의했다. 공산당 정치국 상임위원회는 이런 건의가 시행되도록 신속하게 명령을 내렸으며, 7월 말까지 병력이 한국과의 국경에 도착했는데 모두 26만 명이었다.[16]

북한이 남침을 개시한 후 첫 3주 동안 중국 지도자들이 내린 결정들은 중화인민공화국이 왜 한국전쟁에 개입했는지 이해하는 데 가장 중요하다. 냉전 종식 이후 중국학자들이 수행한 연구는 마오쩌둥이 이런 결정을 내린 유일한 견인차였다는 확실한 증거를 도출해냈다. 그는 미국이 중국의 주된 위협이라고 확정하고 조·중 국경에 상당한 방위 병력을 배치하라고 지시했다. 그 뒤 사사건건 저우언라이의 압력을 받아 인민해방군의 기획자들과 군수 관리자들은 새로 편성된 국경부대를 위한 보급과 자금지원의 새로운 방법들을 찾아냈고 7월과 8월에는 무기, 탄약, 식량을 비축했다. 이런 조치들로부터 도출되는 가장 중요한 결론은, 7월 중순까지 마오쩌둥이 중국과 미국의 대결이 불가피하며 한국이 그 대결의 장이 될 것으로 확정했다는 것이었다. 주석이 아직 답을 찾지 못한 질문들은 당 정치국원들을 설득하여 그의 분석을 뒷받침하도록 만드는 데에 얼마나 시간이 걸릴 것이냐, 그리고 언제 중국-미국 간의 충돌이 일어날 것이냐는 것이었다.[17]

8월이 되자 중국 지도자들에게 전쟁 전망은 더욱 분명해졌다. 북한의 공격이 미군과 한국군이 부산 주변에 구축한 방위선 앞에서 교착상태에 빠졌을 때 맥아더 장군은 장제스와 방위정책을 조정하기 위해 타이완을 방문했는데 언론이 이를 아주 요란스럽게 보도했다. 이 방문과 유엔군사령관 수행 언론인들의 과장된 보도로 인해 중국 관리들 사이에 워싱턴의 공격 의도에 대한 걱정이 커졌다. 8월 4일 마오쩌둥은 정치국원들과 만나 한국전쟁을 분석했다. 그는 중국이 개입할 준비를 해야 한다고 하면서 이렇게 말했다. "만약 미국 제국주의자들이 승리하게 되면 그들은 득의양양해서 우리에게 위협을 가할 것이다. 우리는 지원군 형태로 조선을 돕지 않을 수 없다. 물론 우리는 시기를 잘 선택해야 하며, 준비 태세를 갖춰야 한다." 다음날 마오쩌둥은 동북지역 사령관 겸 정치위원인 가오강(高崗, 1905~1954)에게 한국에서의 작전을 준비하기 위해 고위 장교 회의를 소집하라고 지시했다.[18]

8월 13일 가오강은 베이징에서 온 여러 고위 장교들과 동북변방군사령부의 본부와 사단 지휘관들이 참석한 회의를 주재했다. 당 정치국의 지시를 청취한 다음 참석자들은 이 전쟁 수행의 목표와 의미를 논의했다. 그들이 내린 결론은 미군이 한국 전역을 접수한 뒤 중국을 공격할 때까지 기다릴 것이 아니라 인민해방군이 "기선을 잡아서 조선인민군이 적을 섬멸하고 우리 자신을 방어하도록 지원해야 한다"는 것이었다. 그런 다음 노련한 지휘관들은 화력과 기동력이 우수한 미군의 이점을 극복하는 데 필요한 전략과 전술을 분석했다. 그들은 인민해방군이 정면 공격을 회피하고 그 대신, 종종 야간에, 부대들 사이의 취약점을 뚫고 들어가는 데에 역점을 둬야 한다는 점에 의견을 같이 했다. 이는 전선 뒤로 돌아가서 수송과 통신 센터를 파괴한 뒤에 강화된 진지를 후방으로부터 공격하기 위한 것이었다. 일부 지휘관들은 최근까지 농사와 건설 현장에서 작업하다 온 병사들의 정치적 세뇌와 전시 체제화가 필요하다는 점에 관심을 가졌다. 한 군단은 병사의 50% 정도만 조선에서 전투할 의욕이 있으며 40%는 수동적이고 10%는 전투에 반대한다고 보고했다. 참석자들은 마오쩌둥이 지시한 8월 말까지 적절한 전투 준비를 마칠 수 없다고 결론 내렸다. 그래서 가오강은 기한을 9월 말로 연장해줄 것을 요청했고, 마오쩌둥은 이 새 날짜를 수용했다. 맥아더가 인천에 상륙하기 한 달 전인 8월 18일, 중국공산당 정치국과 동북변방군사령부 지휘관들은 9월 말까지 개입 준비에 여념이 없었다.[19]

전투부대들이 훈련을 서두르고 있을 때 인민해방군 총참모부는 한국에서 예상되는 전투의 전개 양상을 면밀히 분석했다. 8월 23일 작전국은 미군의 향후 움직임을 예측하는 회의를 열었다. 회의는 저우언라이의 군사 담당 비서인 레이잉푸(雷英夫)가 주재했다. 그는 총참모부 작전국의 부국장이기도 했다. 회의 참석자들은 북한의 공격이 부산 방어선을 돌파할 수 없을 것이라고 판단하면서 몇 가지 사실에 주목했다. 즉, 맥아더 장군이 일본에 2개 사단을 새로 확보하고 있으며, 이 부대가 상륙작전 훈련을 하고 있고, 극동군사령부가 태평양 주변에서 군함과 상륙용 주정을 집결시키고 있다는 것이었다. 그들은 맥아더가 일본과의 전투에서 상륙 공격을 연이어 성공시킨 사실을 잘 알고 있었다. 이런 요인들에 입각하여 회의 참석자들은 미군이 곧 한국의 5개 항구 중 한 곳에 대규모 상륙작전을 감행할 터인데, 그 가운데 가장 가능성이 높고 타격도 가장 심각할 선택지는 인천이라는 결론을 내렸다. 레이는 그날 저녁 곧바로 이 같은 분석을 저우언라이에게 제시했고, 총리는 마오쩌둥에게 즉시 보고했다. 주석은 레이를 동석시켜 참모들의 논의 내용에 대해 아주 상세하게 물었다. 마오는 그들의 추론을 충분히 이해한 뒤에는 맥아더의 특성에 대해 물었다. 레이는 사령관으로서 맥아더가 오만함과 고집으로 유명하다고 대답했다. 마오쩌둥은 그 말을 듣고 기뻐하며 이렇게 언명했다. "좋지, 좋아! 그가 오만하고 고집이 세면 셀수록 좋은 거야. 오만한 적은 패배하기 쉽지."[20]

미군이 한국에서 중요한 돌파구를 찾을 가능성을 우려하면서 마오쩌둥은 참모들과 동북변방군사령부에 더욱 박차를 가해 준비하라고 명령했다. 그는 김일성과 스탈린에게 그의 총참모부가 분석한 내용과 인천상륙의 개연성을 알렸다. 이렇게 중국 지도자가 김일성에게 인천항의 방위를 개선하라고 촉구했음에도 불구하고 김일성은 베이징으로부터의 경고에 대해 아무런 조치를 취하지 않았다. 저우언라이는 8월 26일 중앙군사위원회의 중요한 회의를 주재하고, 회의를 시작하면서 현재 제안되어 있는 한국전쟁 개입 방침의 광범위한 맥락을 제시했다. 그는 한국에서의 전쟁이 '형제국과 관련된' 이슈보다 훨씬 더 중요하다고 말했다. 그것은 서방의 제국주의자들과 공산 진영 간의 경쟁 과정을 변화시킬 수 있는 '중요한 국제적 이슈'였던 것이다. 그는 이렇게 주장했다. "만약 조선이 승리한다면 우리가 타이완 문제를 해결하기 좀 더 수월해질 것이다." 그런 다음 총리는 다음과 같이 언명하는 가운데 자신들의 과제를 언급했다. "조선은 장기전을 수행할 수 있는 기초능력을 갖추고 있다. 하지만 마지막 단계에서 미군 병력들을 하나하나 섬멸하는 과제는 우리에게 떨어질 것이다." 그는 계속해서 인민해방군 각 군이 미군에 맞서기 위해 어떻게 스스로를 개선해나가야 할 것인지 상세하게 논의했다. 참석자들은 공군과 공수 및 탱크 부대들이 준비할 일들이 많다는 것을 알게 되었다. 5일 후 위원회의 다음 회의에서 위원들은 동북변방군사령부를 모두 11개 군에 총 70만 명의 병력으로 늘리기로 결정했다. 또한 각 지역 군에 예비부대를 차출해서 그 예비군의 일부를 동북 지역 쪽으로 이동시키도록 지시했다.[21]

마오쩌둥은 한국전쟁에 개입할 필요성을 확신하면서도 그의 고위 참모들 다수가 이런 대규모 참전에 매우 유보적임을 알아차렸다. 그리고 광범위한 공산당원들과 대중의 지지를 획득하기 위해 주석은 중국의 안보가 미국의 조선 침략으로 인해 위협받고 있음을 확실하게 보여주는 사례를 만들어야 한다는 것을 이해했다. 9월 5일 국무원에서 연설하면서 그는 9월 내내 광범위한 지지를 받기 위한 노력으로서 여러 차례 반복하게 될 주장, 즉 한국전쟁 개입이 중국의 이익을 수호하고 혁명을 진전시키기 위해 필요한 대책이라는 주장을 폈다. 그의 설득 활동에서 중요한 요소는 중국이 미국의 힘에 맞설 수 있다는 점을 대중에게 설득하는 일이었다. 그는 비록 미국의 경제력이 강하고 철강을 대량 생산한다고 할지라도, 아시아 인민에 대해 부당한 전쟁을 수행하고 있으며 국내에서 대중적 지지를 받지 못하고 있다고 주장했다. 그는 미국이 유럽에 과

중하게 개입해 있고, 한국에 대해서는 보급선이 길며, 미군의 전투태세가 제대로 갖춰져 있지 않다는 점을 지적했다. 중국은 이런 적과 싸우는 데에 많은 이점을 갖고 있었다. 중국인들은 숫자, 용감성, 단결력에 있어서 훨씬 우수했고, 병사들은 최근까지 전투경험이 많으며 사기가 높았다. 그가 내린 결론은 중국이 이 싸움에서 이길 수 있으며, 아시아에서 서방의 제국주의를 소생시키려는 시도를 종식시킬 수 있다는 것이었다. 군대의 훈련이 진척되고 보급품들이 소련으로부터 속속 도착하는 과정 속에서 마오쩌둥은 이런 계획에 대한 지도층과 대중의 합의를 계속 구축해갔다.[22]

중국지원군의 한국전쟁 조기 참전을 복잡하게 만드는 요인들도 있었다. 베이징이 조선에 군대를 파견할 수 있으려면 김일성이 중국 측에 지원을 요청해야 했다. 김일성은 중국 지도자들에게 공격 시점을 알려주지 않았을 뿐만 아니라, 중국의 정보 당국이 전쟁을 위한 군비 증강의 정도를 파악하지 못하도록 소련으로부터의 모든 군수물자를 해상으로 운송했다. 전쟁이 시작된 뒤에도 김일성은 중국 관리들과의 정보 공유를 계속 거부했다. 8월 초 중국공산당 중앙위원회가 동북부 제13군단의 새로 부임한 사령관 덩화(鄧華, 1910~1980)에게 조선으로 가서 전쟁 상황을 파악하라는 지시를 내렸을 때 김일성은 그의 조선 입국을 거부했다. 또한 스탈린은 인민해방군으로 하여금 동북지방으로 예비 병력을 이동하도록 요청한 것 이상으로 중국 측에 전쟁을 위한 어떠한 원조도 요청하지 않았다. 평양은 인천상륙작전 이후 인민군이 패배에 직면할 때까지 중국의 도움을 요청하지 않으려 했다. 그런 상황 속에서, 마오쩌둥은 개입을 위한 준비에만 집중할 수 있었을 뿐이다.[23]

마오 주석

한국전쟁 발발에 아무런 역할을 한 바 없고 전쟁 관련 정보도 별로 받지 못했음에도 불구하고 이 전쟁에 마치 열병에 걸린 것처럼 개입하기 위해 열심히 준비하는 이 사람은 누구인가? 마오쩌둥은 누구이며, 그는 어떻게 해서 새로 수립된 중화인민공화국에서 그런 권위를 축적했단 말인가?

세계에서 인구가 가장 많은 나라의 지도자가 될 이 사람은 남쪽 후난 성의 상대적으로 잘사는 가정에서 1893년 태어났다. 마오쩌둥은 생존한 세 아들 중 장남이었으나 가사를 돌본 것은 두 남동생이었다. 두 아들은 마오쩌둥이 태어나기 전에 죽었으며 두 딸은 유아 시절 죽었다. 그의 아버지는 엄격하고 검소한 농부로서 가족에 대해 거칠고 잔인했다. 마오쩌둥이 10살이 되었을 때 그의 아버지는 땅을 더 사서 부농이 되었다. 그래서 그는 다른 사람들을 고용해서 자신을 도와 농사를 짓게 했고, 소농들로부터 곡물을 사서 겨울에 높은 가격으로 되팔았다. 학교교육을 2년밖에 받지 못한 아버지는 마오쩌둥이 유교교육을 받아 가업을 일으키는 데에 일조하며, 아버지의 법정 송사를 대신해주기를 바랐다. 마오의 어머니는 종종 남편으로부터 학대받았으며, 아들들이 냉혹한 가정환경 속에서 필요로 했던 따뜻한 뒷바라지를 해주었다.[24]

어린 시절 마오쩌둥은 일이 힘들고 가난하며 폭력이 다반사인 마을에서 자랐다. 매일 일해서 입에 풀칠이나 하는 대부분의 농민 이외에 농촌에는 인구의 10%를 차지하는 일용노동자, 거지 및 도둑 등의 하층 계급이 있었다. 이 떠돌아다니는 가난한 실업자들의 무리는 종종 강도 패거리가 되어 잘사는 농민들을 털고 지방 당국을 상대로 반란을 일으켰다. 성의 지도자들은 이런 반란을 정기적으로 무자비하게 진압했다. 일반 국민들에게 볼거리가 되고 객관적인 교훈도 되도록 공개처형을 하기도 했다. 독서광이었던 젊은 마오쩌둥은 반란에 관한 수많은 역사소설을 읽었다. 이런 소설에는 전사, 기사, 도적 두목들에 관한 이야기가 들어 있었다. 알렉산더 판초프(Alexander Pantsov)와 스티븐 레빈(Steven Levine)은 그들이 저술한 빼어난 마오쩌둥 전기에서 이렇게 주장한다. "이미 아주 어린 시절 전제적인 아버지와 선동적인 문학, 그리고 주변 환경의 영향을 받아 그는 공개적으로 반항하는 것만이 자신의 권리를 방어하는 유일한 방법이라는 결론을 내렸다. 우리가 겸손하고 복종하는 자세를 유지하면 두들겨 맞기만 계속 할 것이다."[25]

시골학교 시절에 그는 진지하지만 고집 센 학생이었다. 그는 관심 있는 과목에서는 뛰어났지만 경학(經學), 과학, 수학, 영어를 싫어했다. 13살에 학교를 졸업한 후 더욱 엄격한 중학교에 들어가기 전에 3년 동안 집에서 광범위하게 독서를 했다. 그 뒤 1911년, 후난 성의 활기 있는 수도 창사에 있는 학교로 다시 옮겼다. 거기서 그는 대도시 생활을 처음 경험했고, 좋아하는 과목인 사회과학과 문학에서 계속 우수한 성적을 보였다. 그는 특히 글쓰기를 잘 했다. "그는 글 쓰는 붓에서 불꽃이 튀기듯이 빨리 글을 썼다. 그가 수업 시간에 쓴 작문들은 학교 벽에 모범작으로 붙여졌다. 그는 다른 어느 학생보다도 2~3배 빠르게 읽을 수 있었다." 그의 동급생인 샤오산(蕭三, 1896~1983)이 나중에 이렇게 썼다. 1913년 그는 양창지(楊昌濟, 1871~1920) 교수를 만났는데 양 교수는 이 미래의 지도자에게 큰 영향을 미쳤다. 양 교수는 일본, 스코틀랜드, 독일에서 공부했고, 중국 및 서양의 철학과 윤리학이 전공 분야였다. 양 교수는 중국이 큰 목표를 달성하는 데에 자신의 에너지를 집중하는 강인한 인격을 지닌 인물들을 필요로 한다고 학생들에게 강조했다. 독일철학자 프리드리히 파울센(Friedrich Paulsen, 1846~1908)의 작품을 이용하여 양 교수는 위인이 큰 목표를 달성하기 위해서는 일반 대중의 도덕성을 넘어설 수 있다고 주장했다. "목적이 수단을 정당화한다"는 원칙은 마오쩌둥의 개인적인 철학을 형성하는 데에 큰 역할을 했다. 이 후난 성의 오만한 아들은 자기 자신이 영광을 차지할 운명이라고 보았다.[26]

창사에서 지내는 동안 마오쩌둥은 아이디어와 학교를 광범위하게 실험했다. 한동안 그는 학교를 매달 바꿨다. 그러고 나서 교사들이 정리한 공부를 그만두고 18개월 동안 공공도서관에서 독서하고 자신의 글을 썼다. 이렇게 독자적으로 공부하는 동안 그는 특권을 많이 받고 활동하는 외국 정부와 회사들이 중국을 지배하고 있는 현상에 특히 관심을 기울였다. 이런 현상은 처음에는 영국과 프랑스가 조직한 일이었고, 나중엔 미국과 독일이 이에 합류했다. 일본이 1914년 영국과 동맹관계를 이용해 독일에 선전포고를 하고 중국 내 독일의 조차지를 차지하자, 마오쩌둥과 많은 중국의 젊은이들은 자기들의 조국을 일본이 점령할 가능성에 대해 민족주의적 견지에서 강력하게 반발했다. 1918년 4월 마오쩌둥과 몇몇 학교 친구들은 학술 연구를 개혁하고 자기 개선을 추진하기 위한 단체를 하나 구성했다. 이 이상주의적 집단은 회원이 75명으로 늘어났으며, 곧 목표를 확장해 중국과 주변 세계의 개혁을 추구했다. 이 단체 회원의 다수는 나중에 공산주의 운동의 지도자들이 되었다. 훗날 언론인 에드거 스노우(Edgar Snow, 1905~1972)와 토론하는 중에 마오쩌둥은 이렇게 회상했다. "이 당시 내 마음 속에는 자유주의와 민주적 개량주의, 공상적 사회주의 사상이 기묘하게 혼합되어 있었어요. … 나는 반군국주의와 반제국주의의 입장만큼은 분명했습니다."[27]

　　제1차 세계대전이 서서히 결말로 다가가고 있을 때 마오쩌둥은 그의 정치적 활동 욕구에 기름을 부을 수 있는 강렬한 개념을 계속 찾고 있었다. 1918년 8월부터 7개월 동안 베이징에 머물면서 그는 베이징대학교 사서보조원으로 일했다. 거기서 그는 일단의 교수들 및 정치적으로 활동적인 학생들 사이에서 아나키즘과 공산주의 원리에 대해 알게 되었다. 하지만 그로 하여금 최초의 중요한 정치조직에 착수하도록 추동한 것은 새로운 정치적 이론이 아니라 민족주의였다. 1919년 파리강화회의에서 독일 조차지를 중국에 돌려주지 않고 일본에 주기로 한 결정은 마오쩌둥을 분노케 했다. 창사로 돌아온 그는 친구와 활동가들을 동원하여 그 지역에서 일본상품 불매운동을 벌였다. 처음에 약간 성공을 거두긴 했지만 불매운동은 지방의 군벌이 이끄는 무장집단에 의해 와해되고 말았다. 마오쩌둥은 그의 지방개혁 노력이 약간의 힘의 과시와 그의 동료 학생 및 시민들의 무관심에 의해 질식하고 마는 모습을 지켜본 것이었다.[28]

　　러시아에서 볼셰비키 혁명의 성공은 마오쩌둥으로 하여금 그의 정치적 야망을 위한 새로운 과정을 선택하고 자유민주적이거나 무정부주의적인 권력획득 경로의 꿈을 버리도록 압박하는 촉진제가 되었다. 그가 벌인 불매운동이 손쉽게 억압되는 꼴을 보면서 그는 중국이 무력을 사용할 능력과 의지를 가진 중앙집권화된 강력한 정당에 의해서만 개혁될 수 있다는 확신을 갖게 되었다. 볼셰비키들이 그런 모델을 제공했으며, 1920년 11월에 이르러 마오쩌둥은 볼셰비즘이 그가 취할 방도라고 결심했다. 판초프와 레빈은 이렇게 주장한다. "그가 공산주의를 받아들이도록 유인한 것은 보편적인 평등의 로망스가 아니었다. 그를 매료시킨 것은 폭력을 위한 변명, 의지의 승리, 권력에 대한 찬양 등이었다." 마오쩌둥은 이제 베이징과 상하이에 있는 친구들과 협력해 창사에서 공산주의 세포를 조직하기 시작했다. 1921년 여름이 되자 중국 여러 도시에서 활동하는 세포가 6개 있었으며, 모스크바로부터 코민테른의 새 대표가 도착하면서 전국 규모의 새 정당 창립이 촉발되었다. 마오쩌둥은 1921년 7월 중국공산당 창당을 위해 6개 세포 대표들이 상하이에 모였을 때 그 창립 멤버에 속했다.[29]

1920년대의 상당 기간 동안 중국공산당은 코민테른의 확고한 통제 아래 머물렀으며, 당의 거의 모든 자금은 모스크바가 제공한 것이었다. 코민테른은 규모가 작았던 중국공산당에 압력을 가해 민족주의 정당인 국민당에 가입하라고 했다. 당 지도자들이 거부하자 모스크바는 자금지원을 끊고 국제공산주의운동에서 축출하겠다고 위협했다. 중국공산당은 포기하고 국민당에 가입함으로써 통일전선을 형성했다. 1923년 6월 개최된 중국공산당 전국대표자대회는 마오쩌둥을 5인 중앙집행위원에 선출하고 서기에 임명했다. 당시 당원은 420명이었다. 이 대회 이후 마오쩌둥은 곧 국민당과 합작해 국민당의 전설적인 지도자 쑨원(孫文, 1866~1925)과 완전히 협력했다. 쑨원은 청 왕조 타도를 주도했으며 1912년 중화민국을 수립했다. 1925년 쑨원이 사망하자 일련의 음모가 통일전선을 지배하게 되었고, 다음 해 장제스가 강자로 등장하여 마오쩌둥과 공산당 일파를 합작 지도부에서 몰아냈다. 1927년 4월 장제스는 국민당에 대한 그의 통제권을 공고히 하면서 통일전선 정책을 뒤집었다. 중국공산당은 당에서 제

거되었고, 장제스는 좌익 반대자들을 억압하면서 수천 명을 살해했다.[30]

이와 같은 격동기에 중국공산당이 중국 지배에 성공하려면 자신의 군대를 육성할 필요가 있다고 결론을 내린 것은 공산당 지도자들 가운데 실질적으로 마오쩌둥 혼자였다. 그는 노상강도, 거지, 병사 등의 최하층 계급에서 구할 수 있는 인력으로 홍군(Red Army) 창설을 추진했다. 여기에는 비밀결사에 속한 사람들도 다수 포함되었다. 그는 산중에서 비상한 유격전술을 개발했으며 공산 세력을 파괴하기 위한 장제스의 3차에 걸친 공세를 성공적으로 피했다. 소련은 국민당과 공산당을 다 같이 지원하는 정책을 취하면서 항상 국민당을 선호했다. 스탈린과 그의 참모들은 국민당을 중국에서 가장 강력한 정치집단으로 간주하면서 마오쩌둥에 대해서는 너무 독립심이 강해서 모스크바에 충성을 바치지 않을 것으로 보았다. 몇 번에 걸쳐 코민테른 관리들은 마오쩌둥을 중국 공산당의 최고 지도층에서 제거하고 그 자리를 저우언라이와 타인들로 대체했다. 마오쩌둥은 장제스 군대가 공산당에 값비싼 패배를 안겨주었을 때 권력의 자리에 없었던 것이 행운이었다. 심각한 손실을 초래한 실수의 결과로 저우언라이는 강등되고 마오쩌둥은 지도자 자리를 다시 차지했다. 1934년 이때에 완전한 패배를 피하기 위해 홍군은 중국 남부에서 서북부로 대장정을 시작했다. 대장정을 시작할 때 공산군 잔여병력은 8만 6,000명이었다. 하지만 6,000마일을 횡단해 1935년 10월 북부의 산시 성에 도달했을 때는 전투와 질병, 그리고 탈영 등으로 고작 5,000명밖에 남지 않았다.[31]

대장정이 끝난 뒤 마오쩌둥은 당내의 주요 경쟁자였던 장궈타오(張國燾, 1897~1979)가 군사적으로 실패한 덕을 보았다. 또한 일본이 1937년 중국 북부를 공격한 것도 마오쩌둥에게 도움이 되었다. 왜냐하면 제국주의 일본의 공격으로 존망의 기로에 서게 되자 장제스가 중국공산당과의 통일전선으로 돌아오지 않을 수 없었기 때문이었다. 일본은 이미 조선과 만주를 집어삼킨 상태였다. 일본군과 장기전을 벌이는 동안 마오쩌둥은 당의 지도자 자리를 차지했고, 홍군의 힘을 확장했다. 일본이 패배했을 때 공산 세력은 국민당 세력을 능가했다. 1945년 8월 말까지 마오쩌둥은 중국공산당의 모든 권력을 스스로 강화해 갔다. 당 지도부의 동료들은 그를 중앙위원회, 정치국, 서기국, 군사위원회의 위원장으로 선출했다. 그리고 그의 선집은 새로운 당 강령 중의 당 교리로서 고이 간직되었다.[32]

일본이 항복한 직후인 1945년 9월, 국민당과 공산당 간에 충돌이 다시 시작 되었다. 1946년 6월, 전면적인 내란이 터졌다. 비록 스탈린이 중국공산당에 자 금을 대고 지지했다 할지라도 그는 마오쩌둥을 완전히 신뢰하지 않고 장제스 에게도 일정한 지원과 자문을 유지하고 있었다. 그와 동시에, 제2차 세계대전 기간 동안 국민당과 동맹국으로 싸운 미국은 장제스를 계속 지원했고, 국민당 군에게 동북지역으로 공중수송까지 제공하며 그곳 도시들에서 일본군의 항복 을 받도록 했다. 1946년 11월 저우언라이와 일부 중국공산당원 및 소련 관리 들이 장제스가 후원하는 국회에 참가할 것을 권유했지만 마오쩌둥은 다시 국 민당과 협력하기를 거부했다. 그는 저우언라이를 협상에서 소환해서 자기의 견해를 류사오치와 저우언라이에게 장시간에 걸쳐 설명했다. 그의 주장은 세 계가 이제 미국 제국주의와 소련 혁명 간의 장기 투쟁에 들어가 있으며, 중국 공산당은 이런 상황에서 소련과 함께하고 장제스를 반대해야 한다는 것이었 다. 노르웨이 출신 역사학자 오드 아르네 베스타(Odd Arne Westad)에 의하면, 비록 공산군이 국민당에 공세를 취하는 데 적어도 1년이 걸린다고 할지라도, "그것이 장기전이 될 수는 있겠지만 결국 공산당은 승리할 것이다"라고 마오쩌 둥이 예견했다.[33]

내전은 3년 이상 질질 끌며 지속되었다. 처음에는 국민당이 전국의 80%를 지배하면서 거의 10년에 걸친 전쟁 이후의 경제를 회복시키고 질서를 유지하 기 위한 작업을 했다. 군사적으로 국민당군은 홍군을 중국 북부의 작은 지역으 로 다시 몰아넣었다. 하지만 경제는 개선되지 않았고, 부패와 높은 인플레이션 으로 대중이 국민당에 등을 돌리기 시작했다. 국민당은 지도부 내의 파벌주의 와 매관매직으로 정치적 지지를 상실했고, 1947년 중반이 되자 보급품 및 무기의 조달에 문제들이 나타나면서 전투부대의 무능력과 부패로 군대의 임무 수행이 약화되었다. 1948년 2월과 3월, 린뱌오(林彪)의 강력한 지휘 아래 중국공산당 군은 국민당의 여러 정예부대를 분쇄하고 중국 북부 산업지대의 중심부를 장악할 채비를 했다. 홍군은 그해 여름과 가을 내내 계속 성공을 거두며 중국 북부에서 중앙부로 이동해왔다. 그와 동시에 국민당은 금융제도 개혁의 노력이 실패하면서 경제 및 정치 기관들이 도시 지역에서 지지를 상실했다. 1948년과 1949년 초의 군사작전 기간 동안 마오쩌둥은 매일매일 상세한 전보로 지휘관들에게 지시를 내림으로써 그의 대담한 전략적 분석력과 능수능란한 판단력을 입증했다. 웨스타드는 그런 상황을 이렇게 묘사했다. "지난 수개월 동안 마오쩌둥의 당내 지위는 신과 같은 존재가 되었다. 동북지역에서의 승리는 … 마오쩌둥의 군사적 천재성에 기인한 것이었다."[34]

장제스는 그의 군대가 지리멸렬하면서 후퇴하게 되자 1949년 1월 거짓으로 사임하면서 대리인을 시켜 중국공산당과의 협상 및 이를 위한 주요 열강들의 중재를 호소했다. 스탈린이 이 중재 초청을 수락하기를 원하면서 마오 주석이 사용할 수 있는 응답 초안을 전보로 보내오는 바람에 마오쩌둥은 놀라고 분노했다. 눈에 띄게 대담한 조치를 취해 마오쩌둥은 소련 독재자의 지시를 거부하면서, 고급장교로 하여금 스탈린에게 보낼 답신을 받아쓰게 했다. 즉, 소련은 '타국의 내정에 대한 불간섭 원칙'을 지켜야 하기 때문에 소련이 중재하는 데에 동의할 수 없다는 것이었다. 크렘린이 자기의 제안을 받아들였음에도 불구하고 마오쩌둥은 스탈린의 동기를 의심했고, 내전이 교착상태에 빠져 중국이 분단되는 사태를 맞으면 스탈린이 기뻐했을 것이라고 믿었다.[35]

마오쩌둥은 국민당 정권의 기초가 와해되고 있는 것을 보면서 신속하고 완벽한 승리를 거두기 위해 유리한 점을 다그치려 했다. 그가 볼 때 모스크바의 개입은 그의 최종 공격을 좌절시키기 위한 시도였으며, 나중에 그는 이를 스탈린의 표리부동의 초기 사례로 인용할 것이었다. 마오쩌둥은 외국의 중재 없이 국민당과 평화협상을 하는 데에 동의하는 한편, 중국 중앙부와 남부를 공격할 수 있도록 군대를 재배치했다. 홍군은 1949년 1월 말, 거의 저항을 받지 않고 베이징에 진입했으며, 공산당은 베이징을 중국의 새로운 수도로 조직하기 시작했다. 중국공산당 지도부의 대표들은 일부 국민당 육군과 해군 지휘관들에게, 심지어 평화협상 대표들에게 귀순하라고 설득했다. 그런 다음 마오쩌둥은 국민당 총통 대리에게 항복하라는 사실상의 최후통첩을 보냈다. 그가 거절하자, 인민해방군은 양쯔 강을 건너 4월 23일 국민당 정부의 수도 난징을 점령했다. 5월 말 공산군은 버려진 중국의 상업중심지 상하이에 입성했다. 이 도시는 장제스가 타이완으로 탈출하면서 약탈을 자행한 뒤였다. 중국공산당 지도부는 1949년 10월 1일 중화인민공화국의 창건을 축하했다. 그날 베이징에서 열린 대규모 행사에서 마오쩌둥은 그의 인생의 최초이자 유일한 톈안먼 연설을 했다.[36]

수많은 혁명 지도자들과 마찬가지로 마오쩌둥의 개인생활은 그가 살던 시대의 정상적인 도덕을 초월했고, 프리드리히 파울센의 가르침을 따랐다. 마오쩌둥은 창사에서 십대 시절에 파울센의 작품을 공부했다. 중국과 그 자신을 위해 위대하게 되고자 하는 추동에서 마오쩌둥은, 마치 모든 개인적인 선택들이 그가 즉시 필요로 하는 것들을 충족시키기 위해서만 이뤄져야 하는 것처럼 행동했다. 가족 관계는 그의 정치 및 군사 활동에서 친숙하게 나타난 바 있는 자기중심적 성격과 잔학성을 보여주었다. 그는 성욕이 왕성했다. 4번 결혼했고 세 명의 부인을 버렸다. 마오쩌둥은 체포될 위기에서 탈출할 때 두 번째 부인 양카이휘(楊開慧, 1901~1930)와 두 아들을 남겨 놓았는데 그녀는 풀려나는 대가로 남편을 비판하라는 요구를 거부하자 처형되고 말았다. 그의 세 번째 부인 허즈전(賀子珍, 1910~1984)은 남편이 젊은 여배우와 댄서들 사이에서 바람이 나자 질투의 화신이 되어 여러 해 동안 정신병원에서 지냈다. 그의 마지막 부인인 유명한 여배우 장칭(江靑, 1914~1991)은 나중에 문화혁명 기간 동안 마담 마오로 악명이 높았다. 그녀는 좀 더 효과적인 생존전략을 개발했다. 마오쩌둥에게 "정열적인 연인일 뿐만 아니라 빈틈없는 비서와 주부의 역할을 했다. 그녀는 남편의 건강과 일상의 섭생, 방문객 스케줄, 입을 옷, 식사 및 산보를 챙겼다". 그녀는 심지어 "남편에게 젊은 여자들을 갖다 바치기도 했고" 집안에서 자기의 권력을 유지하는 데 집중했다고 판초프와 레빈은 주장한다. 몇 년 뒤 마오쩌둥이 장칭에 대한 성적 흥미를 잃자 홍군은 젊은 여인들의 특별 엔터테인먼트 그룹을 조직했다. 장룽과 할리데이에 의하면 "이 여인들의 주요 기능은 마오쩌둥을 위한 동침자를 제공하는 것이었다. 가수와 댄서들 이외에도 간호사와 하녀들이 마오쩌둥의 저택을 위해 뽑혔다. 이 여인들의 풀을 제공하면 마오쩌둥은 그 가운데서 섹스를 하고자 원하는 여인을 누구든지 고를 수 있게 했다".[37]

마오쩌둥은 성적 욕구를 충족시키는 일 이외에 자기의 보안과 음식에도 돈을 아끼지 않았다. 주석은 "국가 예산을 자기 돈인 것처럼 썼다". 그리고 그가 집권한 27년 동안 빼어난 위치에 50여 채의 최고급 저택을 가졌다. 모두가 보안시설이 철저히 되어 있었다. 어떤 집은 내폭 설계가 되어 있거나 핵대피소까지 갖추고 있었으며, 2층 집이 1층짜리 창고 스타일로 디자인된 것도 있었는데 이는 2층에 갇혀 빠져 나오지 못할 수 있다는 두려움 때문에 그렇게 된 것이었다. 이런 모든 저택에는 그가 좋아하는 운동인 수영을 할 수 있도록 물이 따뜻하게 데워지는 수영장이 있었다. 여행을 할 때에는 극도의 보안조치를 취했다. 그는 기차, 비행기, 배를 마음대로 탈 수 있었으며 여행계획을 사전에 통보한 적이 없다. 어떤 저택에는 정문까지 철로 지선이 연결되어 암살 위험을 줄일 수 있었다. 그는 "군 공항에 정차한 전용기차에서 잠을 잘 때가 많았다. 긴급사태 시 기차나 비행기로 신속하게 도망갈 태세를 갖출 수 있었기 때문이다". 그는 이 세상에서 가장 좋은 요리를 먹기 좋아했다. 그가 좋아하는 식재료들은 이상적인 장소에서 길러져서 중국 전역에서 보내졌다. 식사는 특별한 가정부가 준비했는데, 그 가정부는 독약을 검사하기 위해 모든 요리의 맛을 보았다. 주석은 개인용도로 충분한 현금을 갖고 있었다. 중국 사람은 모두 그의 책을 구입해야 했으며, 인세는 개인 계좌에 200만 위안 이상이 들어 있었다. 이에

그림 9.1 보안상의 이유로 특별 무장기차를 폭넓게 사용했던 마오쩌둥이 1954년경 한 특별열차에 앉아 글을 쓰고 있다. 자료: 국립 기록보관소

반해 그의 비서진은 연간 평균 수입이 400위안이었다. "마오쩌둥은 자기가 지배하는 중국에서 창조된 유일한 백만장자였다"(그림 9.1 참조).[38]

　1949년 1월 베이징에 도착했을 때 마오쩌둥은 56세였고 건강이 좋지 않았다. 25년 동안 힘겨운 생활을 했고 유격전과 당의 음모가 있을 때에는 자주 이동을 하다 보니 그는 과체중에다 불면증에 시달렸고 자주 감기에 걸렸다. 가장 심각한 것은 여러 해 동안 혈관신경증을 앓은 것이었다. 혈관에 장애가 발생해서 두통이 생기고 땀이 나며 현기증이 일어나고 관절과 사지에 신경장애가 일어났다. 그의 일과도 건강에 도움이 되지 않았다. 그는 하루에 15시간씩 계속 일을 했다. 밤을 새워 일하며 회의를 열었고 아침이 될 때까지 글을 썼다. 그렇게 하고선 오후 2시 또는 3시까지 잠을 잤다. 무엇보다 건강에 나쁜 것은 골초라서 하루 세 갑의 담배를 피웠다는 점이다. 1950년 1월 모스크바를 방문했을

때 소련 의사들이 진단한 결과, 그는 동맥경화증과 폐기종을 앓고 있으며 심각한 피부발진에 충치도 많이 갖고 있었다. 그들은 마오쩌둥이 칫솔질을 전혀 하지 않으며 녹차로 입을 헹굴 뿐이라는 것을 알았다. 의사들은 금연을 하고, 마사지와 산보를 정기적으로 하며, 비타민 B1을 섭취하고, 시베리아 수사슴의 녹용 추출물인 판토크린(Pantokrin) 주사를 맞으라고 했다. 그들은 혈관신경증에는 알려진 의약 처방이 없다고 보고했다.[39]

건강 문제와 혼잡한 개인생활에도 불구하고 마오쩌둥은 새 중화인민공화국의 지배 정당과 정부에서 그에게 발군의 지위를 확보해주는 지도자의 자질을 발휘했다. 그는 중국에 혁명의 시기가 성숙했으며 효과적으로 이끌어가기만 하면 농민운동이 이 목표를 달성할 수 있다고 확신하는 가운데 큰 비전을 보여주었다. 그는 실용적이기도 해서, 무장이 잘 되고 보급이 좋은 국민당 군을 패배시키기 위해 유격전술을 정교하게 다듬었다. 실용주의는 또한 그가 통일전선 정책을 채택하는 데에서도 중심 역할을 했다. 통일전선은 처음에는 국민당과, 다음에는 중화인민공화국 초기에 부르주아 정당들과 맺은 것이었다. 그의 궁극적인 실용주의 그 자신과 중국공산당이 소련과 밀접한 동맹을 맺었으며, 수많은 사소한 일들과 깨어진 약속들에도 불구하고 중국 공산주의를 위한 스탈린의 지도력과 설계를 칭송했다는 점이다. 소련 독재자에 대한 마오쩌둥의 충성 서약은 위대한 배우로서의 그의 능력을 적지 않게 반영하는 것이었다. 마오쩌둥의 주치의로 지정된 소련 의사 안드레이 올로프(Andrei Orlov)가 스탈린에게 보고한 바와 같이 마오쩌둥은 "감정을 감출 수 있고, 자기가 맡은 역할을 수행하며, 이런 일에 대해 절친한 사람들과 말을 나누고 … 웃으면서 그가 그 역할을 잘 했는지 질문을 한다".[40]

공산당이 정권을 잡은 초기에 "마오쩌둥의 도전받지 않는 권위는 엘리트의 안정성이라는 전체 체계의 핵심이었다"고 프레데릭 테이워스(Frederick Teiwes)는 주장한다. 주석은 집단지도체제를 통해 그의 지배를 유지했다. 이로써 대단히 유능한 고위 당원들이 자기 전문분야에서 중요한 권한을 행사했다. "스탈린과 달리 마오쩌둥은 참모들이 서로 심하게 싸우지 않도록 했다. … 그 대신 지배 엘리트의 고위 멤버들은 재능 있는 인물들이었고, 중국공산당의 역사에서 나름대로 주요한 인물들이었다." 마오쩌둥은 농업 분야와 사회주의 혁명의 전개, 그리고 외교정책을 이끌었다. 저우언라이는 행정의 지도자였으며, 외교정책과 군사 문제에서 마오쩌둥과 권위를 공유했다. 다른 인사들은 마오쩌둥이 공개적으로 지식의 부족을 인정한 분야인 경제정책을 수립했다. 1949~57년 기간 중 마오쩌둥의 리더십을 주의 깊게 분석한 테이워스는 이 기간 동안 마오쩌둥이 고위 참모들의 반대를 무시하고 자기 견해를 지지하라고 설득한 것은 세 차례에 불과하다고 주장한다. 첫 번째이자 여러 측면에서 다른 것들에 길을 터준 사례는 1950년 10월 한국전쟁 참전 결정과 함께 왔다.[41]

한국전쟁 참전 결정

인천상륙작전은 곧 한국전쟁의 진로를 바꾸었고, 공산주의 국가의 수도 3곳에서 커다란 정책조정을 하지 않을 수 없게 만들었다. 베이징에서, 당 지도자들은 중국군이 교착 국면을 승리로 전환시키는 역할까지는 못하겠지만 이제 전투의 선봉에 서서 유엔군의 북한 정복을 저지할 1차적인 책무를 지게 되었음을 인식했다. 시의 적절하게 정보에 접근할 수 있도록 중앙군사위원회는 9월 17일 경험 있는 정보장교 5명을 조선에 즉시 파견하도록 명령을 내렸다. 그들은 9월 20일 평양에 도착하여 김일성의 개인적인 소개서를 소지하고 전쟁의 과정에 대해 가능한 한 많은 것을 파악하기 위해 각각 전선의 다른 지역으로 떠났다. 같은 시점에 마오쩌둥은 가오강에게 이렇게 글을 써 보냈다. "우리는 거기(조선)에 군대를 파견하는 것 말고 다른 대안이 없어 보인다. 때를 놓치지 말고 준비하라."[42]

맥아더의 인천상륙작전으로 위기가 도래했을 때 스탈린은 흑해에서 휴가를 즐기고 있었다. 비록 모스크바에서 보낸 뉴스에 의존하고 있긴 했지만 이 소련 지도자는 여전히 사태를 능수능란하게 파악했다. 그는 김일성에게는 유엔군에 의한 포위를 저지하기 위해 부산 방어선에서 몇 개 사단을 빼내도록 촉구하고, 중국에게는 참전하도록 설득해야 한다는 점을 알고 있었다. 9월 16일 이 두 가지 과제가 타전되었다. 그는 김일성에게 4개 사단을 빼내어서 서울 동북부에 방어선을 구축하라고 지시했고, 마오쩌둥에게 전보를 쳐 중국 동북지역의 중국군이 조선인민군을 지원하기 위해 개입할 수 있는지를 문의했다. 곧 명백해진 사실은 북한군이 스탈린의 확고한 충고를 따르지 않았다는 점이다. 스탈린의 평양주재 개인사절인 M. V. 자하로프(M. V. Zakharov, 1898~1972)는 9월 26일 군사적 상황이 절망적이라고 보고했다. 손실이 엄청나고, 지휘체계가 엉망이며, 보급과 연료가 심각하게 부족하다는 것이었다. 최근 나타난 증거에 의하면, 스탈린은 실패하고 있는 북한의 남침을 지원하기 위해 조기 개입하겠다는 중국의 제안을 거부했다. 그는 7월과 10월에 군사고문단과 보급물자를 보내겠다는 중국의 제안을 반대했으며, 9월 중순 김일성의 중국 개입 요청을 각하했다. 유엔군이 서울을 탈환하고 38선을 넘을 태세를 갖춘 뒤에야 소련 지도자는 10월 1일 마오쩌둥에게 즉각적인 북한 지원을 요청했다.[43]

평양에서는, 패배가 임박한 것으로 보이자 외국의 지원이 급박하게 모색되었고, 공산당 지도부 내의 파벌 경쟁이 되살아났다. 두 명의 공산당 고위간부 — 한 명은 조선노동당의 연안파였고, 다른 한 명은 남로당파 — 가 단둥으로 가서 동북변방군사령부 지휘관들에게 개입을 호소했다. 이 중국 군사지도자들은 그들의 호소를 베이징에 전달하기로 합의했고, 그들의 요청이 승인되면 지원할 태세를 갖춰 놓겠다고 약속했다. 9월 29일 김일성과 부수상 겸 외무상이며 아울러 남로당파 지도자인 박헌영은 스탈린에게 소련의 군사원조를 요청했고, 만약 그것이 가능하지 않을 경우 소련 지도자가 '중국과 여타 인민민주주의 국가에서 국제 지원병 부대를 창설하는 일'을 도와줄 것을 요청했다. 김일성은 또한 박헌영을 베이징에 보내서 마오쩌둥에게 군대 파견을 직접 요청하도록 했다. 그는 10월 1일 저녁에 도착했으며, 즉시 마오쩌둥과 저우언라이에게 요청서를 제출했다. 스탈린과 마오쩌둥 양쪽에 지원요청을 하면서 김일성은 그와 다투고 있는 파벌의 경쟁자들을 지원 호소와 결부시키는 신중함을 보였다.[44]

흑해 다차에서 10월 1일 스탈린은 북한 정권을 구출하는 책임을 중국에 확실하게 떠맡기느라 바삐 돌아갔다. 그는 김일성에게 예비군을 조직하고 동시에 남한에서 유격전을 시작하여 38선 이북에서의 지구전을 준비하라고 지시했다. 군사 지원 문제에 대해 소련 지도자는 이렇게 언급했다. "우리는 좀 더 가능한 지원 형태가 중국인민지원군에 의한 지원이라고 생각합니다. 이 문제에 관해 우리는 우선 중국 동무들과 협의해야 합니다." 일찍이 스탈린은 마오쩌둥에게 중국이 북한을 지원하기 위해 군대를 제공할 수 있는지 문의했으나 아무런 답을 받지 못했다. 그는 10월 1일 다시 서신을 보내, 만약 이 비상사태에 대응할 수 있다면, "귀하가 즉시 5~6개 사단을 38선에 파견하여" 귀하의 선발하에 북한이 방어를 조직하도록 해야 한다고 직접 말했다. 그는 덧붙여서 이 지원군들은 "물론 … 중국의 지휘를 받아야 한다"고 말했다.[45]

마오쩌둥은 10월 2일 개입을 하는 방향으로 초기의 몇 단계 조치를 취했지만 고위 참모들로부터 심각한 반대에 부딪쳐 주저하게 되었다. 그는 가오강에게 협의차 베이징으로 귀환하라고 명령을 내렸고, 덩화 동북변방군 사령관에게는 준비를 완료하고 곧 통보에 따라 전투에 임할 태세를 갖추라고 지시했다. 그런 다음 주석은 개인적으로 스탈린에게 보낼 전보문을 썼는데, 그 내용은 중화인민공화국이 지원군 12개 사단을 조선에 파견하며 동북지역에 예비 병력으로 24개 사단을 대기시킨다는 것이었다. 최근의 연구는 이 전보가 발송되지 않았음을 보여주었다. 선즈화(沈志華)의 설득력 있는 주장에 의하면, 마오쩌둥이 이 전보를 보류한 이유는 중앙위원회 서기국이 강력하게 반대했기 때문이었다. 이 반대자들 중에는 린뱌오로 대표되는, 내전 시기의 가장 걸출한 지휘관들이 포함되어 있었다. 참석자들이 마오쩌둥이 제안한 참전에 동의할 수 없게 되자 그들은 제2차 회의로 10월 4일 확대 정치국회의를 소집하기로 합의했

다.[46]

그날 저녁 늦게 마오쩌둥은 두 번째의, 임시변통의 메시지를 스탈린에게 보냈다. 이 메시지는 베이징 주재 소련대사 N. V. 로시친(N. V. Roshchin)이 스탈린에 보낸 전보 속에 포함되어 있었다. 아마도 마오쩌둥은 그것을 구두로 전달했을 것이다. 왜냐하면 그 문서의 사본이 발송 기록과 함께 중국 기록보관소에서 발견되지 않았기 때문이다. 마오쩌둥은 미군이 38선을 넘었을 때 중국 지도자들은 몇 개 사단을 파병할 계획이었다고 말했다. 하지만 주의 깊게 상황을 분석한 결과, "그런 조치는 극도로 심각한 결과를 초래할 것으로 생각된다". 그는 중국군의 장비가 형편없다고 하면서 만약 패배를 당하게 되면 "소련도 전쟁에 끌려 들어올 수 있다"고 언급했다. 주석의 기본 메시지는 이런 것이었다. "[중앙위원회]의 많은 동지들은 … 여기서 신중함을 보여줄 필요가 있다고 판단하고 있다." 그는 결론적으로 한마디 덧붙였다. 이 메시지는 예비적인 것이며, 이 문제에 대한 최종 결정을 내리기 위해 좀 더 넓은 범위의 인사들이 참석하는 다른 회의가 예정되어 있다는 것이었다.[47]

10월 4일 개최된 확대 정치국회의에 마오쩌둥은 베이징에 있는 정규 멤버들과 아울러 동북지역의 가오강과 서북군사지역 사령관 펑더화이(彭德懷, 1898~1974)를 참석시켰다. 또한 해군, 공군, 장갑 및 포병, 철도 공병단의 지휘관들이 함께했다. 장시간 열띤 논의가 진행되었지만 의견의 일치를 보지 못했다. 실제로 참석자들 다수는 그 시점에서의 참전에 반대하면서 참전이 불가피해질 때까지 기다리자고 했던 확실한 증거가 있다. 제기된 반대 이유는 이런 것들이었다. 즉, 인민과 군대는 수십 년 동안의 전쟁으로 지쳐 있다. 중국의 일부 지역은 아직 해방되지 않았거나 개혁중이다. 경제 재건이 급선무이다. 린뱌오는 군사적인 이유로 조기 개입을 강력하게 반대했다. 그는 인민해방군의 무기가 낡아빠졌고 미군에 비해 너무 열등하다고 주장했다. 그리고 한국과 같은 반도에서 미군과 대항해서 싸우는 데 필요한 공군과 해군을 중국이 갖추고 있지 못하다는 것이었다. 그는 중화인민공화국이 해군, 공군과 포병 화력을 증강하는

데에 집중하며, 그렇게 하는 동안에 북한군의 유격전을 지원해야 한다고 역설했다.[48]

다양한 반대 의견을 청취한 뒤 마오쩌둥은 신속하게 참전해야 한다고 강력하게 호소했다. 미국이 중국 혁명에 주요 위협이라는 점을 강조하면서 그는 만약 미군이 한국의 전 국토를 점령한다면 다음 단계로 타이완, 인도차이나, 필리핀에서 그들의 위상을 강화하게 될 것이라고 주장했다. 그렇게 되면 중국은 포위되고 장차 어떤 시점에 2개 또는 3개 전선에서 전쟁에 직면하게 될 것이다. 그는 8월 이래 자신이 사용해온 용어로 미군의 군사적 취약점을 지적했다. 그리고 첨가해서 말하기를, 중국군은 소련으로부터 대량의 무기를 공급받을 것이며, 소련 공군이 중국의 도시를 방어하고, 나아가 조선 내의 군대들에 대해 공중 지원을 해줄 가능성도 있다는 것이었다. 그는 이렇게 역설했다. 즉, 중국 동북지역의 중공업과 발전소가 미국의 위협을 받으며, 그리고 미국이 우리를 공격하기로 결정할 때까지 국경 지역에 대규모 병력을 유지하는 비용을 지출하는 상황에서 정치 및 경제 재건은 지속될 수 없다는 것이었다. 끝으로 그는 강조했다. "이웃나라가 국가적 위기에 처해 있는데 팔짱을 끼고 있다는 것은 서글픈 노릇이다." 이렇게 호소해도 원하는 승인을 받지 못하자 주석은 다음날 다시 회의를 열기로 했다.[49]

10월 5일 다음날 오후, 마오쩌둥은 정치국에서 위원들의 지지를 받기 위한 노력을 계속했다. 사전에 내전 기간 중 최고사령관들 중의 한 사람인 펑더화이의 지지를 받고자 했다. 날씨 때문에 전날 회의에 늦게 도착했던 펑더화이는 이날 회의에는 시간에 맞게 참석해 참전해야 한다는 마오쩌둥의 종합적인 주장을 들었다. 밤중에 주석이 주장하는 이유들을 뜯어본 그는 마침내 그 말이 옳다고 설득되었다. 다음날 아침 마오쩌둥은 펑더화이를 회의에 앞서 불러 참전이 정당하다고 생각하느냐고 물었다. 마오쩌둥은 펑더화이가 그의 제안에 동의한다는 것을 알고 크게 안도감을 표시하며 조선에 파견할 지원군의 사령관직을 맡아줄 수 있겠느냐고 물었다. 펑더화이는 수락하겠다고 대답했다. 정치국 회의에서 펑더화이는 마오쩌둥의 정책을 강력히 지지한다고 밝혔다. "조선을 원조하기 위해 군대를 파견하는 것은 필요합니다. 비록 [중국이] 전쟁에서 [미군에 의해] 황폐화된다 할지라도 그것은 우리의 해방전쟁이 몇 년 더 길어진다는 것을 의미할 뿐입니다. 미군이 압록강 제방과 타이완에 자리를 잡게 되면 미국은 어느 때고 우리를 침략할 변명 거리를 찾을 수 있을 것입니다."

펑더화이의 발언은 정치국원 대부분이 참전 제안을 받아들이도록 설득했다. 하지만 린뱌오와 같이 일부는 여전히 반대했다. 회의 말미에 마오쩌둥은 펑더화이에게 준비기간은 10일밖에 없다고 하면서 참전 날짜를 10월 15일로 정했다. 10월 8일 마오쩌둥은 선발대의 조선 입국일자를 15일로 정한 지침을 내리면서 펑더화이를 사령관 겸 정치지도원으로, 가오강을 병참부대 사령관으로 각각 임명했다.[50]

베이징에서 정치국의 토론이 길어지고 있는 동안 스탈린은 가능한 한 조속히 조선에 파병하라는 압력을 계속 넣고 있었다. 그는 중국이 소련의 강력한 지원을 받을 것이라고 주장하면서, 미국과 지금 맞서는 게 나중에 미국이 강해졌을 때 맞서는 것보다 용이할 것이라는 최종적인 의견을 제시했다. 소련 지도자는 이렇게 주장했다. "중국은 전쟁에 개입하게 될 것이다. 그와 동시에 소련과 중국은 상호원조 및 동맹의 조약을 맺고 있기 때문에 소련도 전쟁에 개입하게 될 것이다. 우리가 이것을 두려워하는가? 내 생각에 우리는 두려워하지 않는다. 왜냐하면 우리는 힘을 합치고 있기 때문이다. 우리는 미국과 영국보다 더 강력할 것이다. … 만약 전쟁이 불가피하다면 일본의 군국주의가 회복되어 미국의 동맹국이 될 수년 뒤가 아니라 지금 하도록 하자."

중국이 참전을 결정한 뒤 마오쩌둥은 10월 7일 스탈린에게 통보하기를 중화인민공화국은 조선에 9개 사단을 파견할 것이지만 출발은 베이징의 대표단이 모스크바에 가서 전쟁 수행을 위한 협력 문제를 논의한 뒤에 할 것이라고 했다.[51]

마오쩌둥은 의도적으로 전쟁개입 계획을 개괄적인 언어로 말했다. 그 의도는 스탈린으로부터 무기 공급과 공중 지원에 대한 확고한 약속을 받기 위한 것이었다. 저우언라이는 10월 8일 모스크바로 떠났고, 다시 니콜라이 불가닌(Nikolai Bulganin, 1895~1975) 정치국원 겸 부총리와 함께 소련 지도자를 만나기 위해 흑해 다차로 갔다. 10월 11일 열린 회의에서 스탈린은 비록 소련 군대가 한국에서 전투에 개입하지 않는다 하더라도 중국의 파병을 강력히 지지하며 무기와 장비 지원을 약속한다고 말했다. 저우언라이는 중국이 한국에 지원군을 파견하는 데 따른 여러 가지 난관들을 피력했다. 소련 지도자는 이런 소식을 듣고 놀라면서, 그렇다면 김일성으로 하여금 병력을 중국으로 철수시켜 앞으로의 전투를 위해 재편하고 보급을 다시 받도록 하는 것이 필요하겠다고 말했다. 장시간 논의하는 가운데 어떤 대목에서 소련 지도자들은 저우언라이에게 그들의 지원이 인도되는 데에는 시간이 걸릴 것이며, 중국의 도시들을 보호하기 위한 공중 지원은 그로부터 다시 두 달 반 정도 기대할 수 없을 것이라고 알렸다. 저우언라이는 소련이 공동작전 수행의 약속을 지키지 못하겠다는 데에 실망해서 마오쩌둥과 중앙위원회에 협상 현황을 설명하는 전보를 그와 함께 보내자고 스탈린을 설득했다.[52]

스탈린-저우언라이 전보는 10월 12일 중국 지도자들에게 도착해 참전 계획을 걱정스럽게 재고하게 만들었다. 마오쩌둥은 펑더화이와 가오강에게 신속하게 전보를 보내 15일 참전 명령은 "당분간 수행되지 않는다"고 알렸고, 그들에게 협의차 즉시 베이징으로 오라고 지시했다. 황급히 소집된 정치국회의는 10월 13일 열렸다. 소련 지원의 제한과 특히 공군 지원의 제한에 대해 알게 되었을 때 참석자들은 화가 났고 배신감을 느꼈다. 펑더화이는 지원군 사령관직을 내놓겠다고 위협했다. 마오쩌둥은 회의를 주재하고 소련이 다량의 무기와 보급품을 제공할 것이며 소련의 공중 지원은 연말까지는 가능할 것이라는 점을 강조했다. 주석의 주장은 모든 점을 감안할 때 전쟁에 개입해 한국 영토에서 가능한 한 조속하게 전투를 하는 것이 중국의 이익에 부합한다는 것이었다. 논의를 거쳐 참석자들은 이런 추론에 동의했고, 마오쩌둥은 저우언라이에게 전보를 보냈다. "정치국 동무들은 … 여전히 조선에 군대를 파견하는 것이 우리에게 유익하다고 확신하고 있다. 전쟁의 첫 단계에서 우리는 [남한]괴뢰군과 싸우는 데 집중할 것인바, 우리 군대는 그들을 전적으로 감당할 수 있다."[53]

10월 12일 중국 정치국의 결정이 난 뒤를 이어 베이징과 모스크바에서는 수많은 활동이 벌어져 메시지가 서로 오가고 계획이 취소되었다 원상태로 회복되곤 했다. 정치국회의 직후 마오쩌둥은 모스크바의 저우언라이에게 전보를 쳐서 거기 며칠 동안 머물면서 지원군이 필요로 하는 무기와 장비를 소련으로부터 구입보다 대여 받을 수 있도록 확실하게 약속을 받아내고 소련 공군이 중국의 도시들을 보호할 뿐만 아니라 한국 내의 공중 방어를 제공한다는 약속을 얻어내라고 했다. 또한 마오쩌둥은 한국전쟁 개입을 위한 상세한 계획을 수립했다. 예를 들면 초기 병력 숫자를 26만 명으로 배증했고, 압록강 도강 날짜를 10월 19일로 확정했다.[54]

한편 중국이 한국에 참전하기로 한 결정을 알기 전에 스탈린은 10월 12일 김일성에 전보를 보냈다. "중국은 다시 파병을 거절했습니다. 그렇기 때문에 귀하는 조선에서 대피하여 가능한 한 가장 짧은 기간 안에 북쪽으로 철수해야 합니다." 북한 지도부가 소련의 지침에 어떻게 대응할 것인지 논의하고 있던 때 스탈린은 13일 다시 전보를 보내 중국의 개입 계획을 알려주면서 김일성에게 "잠정적인 대피와 북한군의 북부 철수를 연기하라"고 말했다. 모스크바에서 저우언라이는 소련 관리들과 무기 및 공중 지원 문제에 대한 협상을 계속했다. 마오쩌둥의 지시에 따라 저우언라이는 흑해 휴양지에 머물고 있는 스탈린에게 몇 가지 질문을 제기했다. 협상자들은 10월 14일 합의에 이르렀다. 소련 대표들은 무기와 장비를 신용으로 제공하고, 중국 도시와 예비군을 보호하기 위해 16개 제트 전투기 연대를 보내기로 약속했다. 하지만 스탈린은 저우언라이의 가장 중요한 요청사항을 단호하게 거부했다. 그는 뱌체슬라프 몰로토프 (Vyacheslav Molotov, 1890~1986) 제1부수상과의 전화 통화에서 한국 내의 중국 지원군에 대한 소련 공군의 공중 지원을 거절했다.[55]

중국 지도자들은 10월 17일 저우언라이의 협상 결과를 알고 나서 자기들의 한국전 개입 결정을 지원군에 대한 소련의 공중 지원 거부에 비추어 재검토했다. 마오쩌둥은 첫 부대가 한국으로 도강해 들어가는 날짜가 10월 19일이라는 점을 다시 언명하면서 펑더화이와 가오강을 협의차 베이징으로 불러들였다. 10월 18일 중앙위원회에서 저우언라이는 모스크바에서의 협의에 대해 보고했고, 펑더화이는 위원들에게 참전 준비상황에 대해 브리핑했다. 마오쩌둥은 마지막에 결정사항에 관해 언급했다. "이제 적은 평양을 포위하고 있습니다. 며칠 있으면 적은 압록강에 도달할 것입니다. 아무리 큰 난관이 있다 하더라도 우리는 지원군이 조선을 원조하기 위해 압록강을 건너는 계획을 바꿀 수 없습니다." 그날 저녁 한국전에 개입한다는 공식 명령이 발령되었으며, 10월 19일 밤중에 선발대가 압록강을 건너 한국으로 들어갔다.[56]

세 명의 마피아 두목들

중국의 한국전 개입은 이 전쟁과 냉전 과정의 많은 것을 탈바꿈시켰다. 중국의 참전으로 북한은 완전한 패배와 이승만 통치하의 통일 한국으로부터 구출되었다. 그것은 20년 동안 중국-미국 간의 적의와 긴장을 유발했다. 그리고 그로 인해 미국에서 대규모 군사력 증강이 촉발되었고, 이는 다시 소련이 당초 투자하려 계획했던 것보다 더 많은 자원을 핵무기와 장거리 폭격기 계획에 투입하게 만드는 원인이 되었다.

트루먼 행정부가 네 가지 요인에 의해 전략무기와 정보능력을 확장하기로 한 결정을 이해하기 위해 우리는 중국이 한국전에 어떻게, 왜 개입하게 되었으며, 전쟁에 개입하기로 한 결정 배후의 책략이 얼마나 워싱턴에 잘 알려져 있지 않았는지를 살펴보아야 한다. 그때서야 우리는 미국의 전략적 증강을 형성한 공산 진영의 단결과 위협의 정도에 대한 가설들에 대해 판단할 수 있는 맥락을 짚어볼 수 있을 것이다.

　세 명의 공산주의 독재자들 사이의 관계에는 의혹과 속임수 및 조작의 흔적이 남아 있었다. 우리는 앞의 여러 장들에서 스탈린이 마오쩌둥과의 협상이 난항을 겪자 어떻게 정책을 한국으로 옮겨가서 김일성의 남침 계획을 승인했는지를 살펴보았다. 그는 이런 정책 변화를 마오쩌둥에게 알리지 않았다. 다만 남침 준비가 잘 진척되고 있던 5월에 이르러 김일성으로 하여금 마오쩌둥에게 알려주도록 했다. 그런데 그때에 이르러서도 스탈린이나 김일성 어느 쪽도 중국에 남침 시기와 전략을 알려주지 않았다. 그 결과 마오쩌둥은 최우선적으로 추진하던 타이완 함락에서 벗어나 북한의 남침을 승인하는 방향으로 한발 한발 다가서게 되었고, 더욱 심각한 것은 전쟁이 잘못될 경우 지원 역할을 하게 되었다.

　마오쩌둥은 북한이 전쟁에서 교착상태에 빠지거나 패배에 직면하게 되면, 중국의 안보 이익과 공산정권 권력 강화를 위해 중화인민공화국이 개입할 필요가 있다고 자기 나름대로 7월에 결정했다. 그는 2개월 동안 필요할 때 개입 준비를 하면서 이런 조치의 타당성에 관해 중앙위원회에서 위원들을 설득하는 작업을 했다. 인천상륙작전 이후 스탈린이 중국에 북한을 지원하도록 강력하게 압력을 넣고 있을 때 마오쩌둥은 지도부와 인민의 지지를 획득할 자기의 능력에 대해 내숭을 떨었고, 설득 작업이 성공할 경우 대규모 재정 및 군사 지원 약속을 받아내려고 했다. 이런 활동은 마오쩌둥이 자기 동료들과 외국 지도자들에 대한 행태에 있어서 "영원히 불가사의하다"는 점을 보여준다.[57] 광란의 10월 초반 동안 유엔군이 압록강 근처까지 급속도로 진출하고 스탈린이 김일성에게 북한군을 중국 동북지역으로 철수시키라는 명령을 내리자, 주석은 미군이 중국 내의 북한군을 공격하게 되는 달갑지 않은 전망과 소련이 저지선을 지키는 데 도움을 주고자 중국 영토에 개입할 잠재성을 마주하게 되었다. 궁극적으로, 마오쩌둥은 그가 필요로 하는 무기와 보급품을 획득하고, 그가 충성스런 동맹국임을 모스크바에 입증하며, 중국의 주적인 미국으로부터 중국의 안보 이익을 보호하기 위해서는 개입 이외에 다른 선택의 여지가 없었다.

김일성의 동기와 결정은 더욱 명백하고 이기적이었지만, 여전히 스탈린이 마오쩌둥을 교묘히 조종하는 데 적극적인 공범자였다. 또한 그는 중국의 개입이 필사적으로 필요했을 때 전쟁과정에 대한 정보를 공유하거나 인민해방군 지휘관들이 상황평가를 할 수 있도록 전선시찰을 허용하기를 거부함으로써 기만적인 행태를 스스로 추가했다.

중국의 한국전 참전 과정을 뒤틀리게 함으로써 세 명의 공산 지도자들은 서로서로를 이용하는 마피아 두목들과 같이 행동했다. 이런 위협적인 트리오 중에서 조지프 스탈린은 분명히 이 집단 최대이자 최악의 인물이었다.

10

펑더화이와 매슈 리지웨이,
결전을 벌인 후 교착상태에 빠지다

일단 한국전 개입 결정이 내려지자, 중국인민지원군(CPV) 사령관 펑더화이는 유엔군이 북한 전역을 점령하는 것을 저지할 수 있는 위치로 가능한 한 신속하게 부대들을 이동시켜야 했다. 펑더화이는 헤아릴 수 없이 많은 악조건하에서 전투를 해야 했다. 병사들은 훈련기간이 짧았으며, 부대들은 함께 전투해본 적이 없었다. 장교든 사병이든 어느 누구도 미군의 지상 및 공중 화력을 대적해본 적이 없었다. 중국군 부대들은 포병 지원을 별로 받지 못했고, 공중 지원은 전혀 없었다. 보병이 보유한 소총은 종류가 다양해서 필요한 탄약도 여러 가지였다. 육군에 병사와 보급품을 수송할 트럭이 제대로 갖추어지지 못하다 보니 보병은 걸어 다녔고, 병사들이 제각기 그저 2~3일 분의 식량을 휴대하곤 했다. 그렇지만 이 지원군에게는 몇 가지 이점도 있었다. 즉, 병사의 숫자가 엄청나게 많았고, 바로 국경 너머에 충분한 예비 병력이 있었으며, 사상자에 별로 신경을 쓰지 않았다. 비록 차량이 부족해 기동성에 제약이 있다 할지라도 그들은 산악지대를 이용해 이동할 수 있었으며, 대단히 열악한 한국의 도로사정에 미군만큼 제약을 받지는 않았다. 이런 여건들을 감안할 때 중국인민지원군의 선발대 26만 명이 한국에 들어와서 최대의 노력을 기울여 평양 동북부 산

악지대에 진지를 구축하는 데에 2주가 걸린 것은 놀랄 일이 아니다.[1]

8월 중순 한국 참전 계획을 수립하면서 동북변방군사령부의 고위 지휘관들은 유엔군에 맞서 싸우기 위한 전략·전술을 개발했다. 그들의 초기 목표는 미군과 연합군의 진격을 멈추는 것이었다. 그런 다음 중국인민지원군은 한국군을 집중적으로 공격해 유효 전투력으로서의 한국군을 파괴하려 했다. 그들은 그다음에는 미군 측에 사상자를 많이 내어서 일본으로 철수하도록 만들고자 했다. 그것은 오늘날 비대칭 전쟁이라고 묘사되는 것의 한 가지 형태로서, 중국 지도자들은 약자의 불리한 점을 이용해 보다 강한 세력을 공격하는 것이었다. 그들은 전면 공격을 회피하고, 방어선상의 취약지점과 부대들 사이의 빈틈을 찾아 공격하며, 적의 후방을 뚫고 들어가 지휘소와 포대를 파괴하고, 귀중한 무기와 탄약, 라디오 및 식량을 탈취했다. 대부분의 공격은 야간에 실시되었고, 보병은 유엔군 사선(射線) 앞 20야드 이내 지점까지 전진했다. 이런 전술은 항상 잠행과 속임수를 강조했고, 이동은 대부분 도보로 이뤄졌다. 적의 전선 후방에 성공적으로 도달하게 되면 중국인민지원군은 좁은 계곡이나 다릿목과 같은 취약한 장소에 후퇴하는 부대를 공격할 수 있는 매복지점을 설치했다.[2]

중국인민지원군이 공격하다

최초의 중국군 공격은 10월 25일 시작되었으며, 압록강을 향해 급속도로 진격해오는 한국군 제2군단을 매복 공격했다. 함정이 완전히 설치되기도 전에 한국군 부대가 그날 아침 중국군 순찰대와 우연히 마주치면서 최초의 접전이 일어났다. 전투는 다음날까지 이어졌고, 11월 5일까지 계속되었다. 한국군 4개 연대가 격파되었고, 미8군의 1개 부대가 심각한 피해를 입었다. 알란 밀렛의 주장에 의하면, 전쟁은 10월 26일 공수가 극적으로 바뀌었다. "하지만 중국군만 그것을 알았다." 그렇게 된 것은 맥아더의 충복인 정보참모 찰스 윌로비 장군과 CIA 분석관들이 중국군의 규모가 의미 있는 수준인지 의문을 제기했고, 심지어 CIA는 공격부대가 조선인민군에 파견된 만주의 조선족으로 구성되었다고 주장했기 때문이었다. 중국에서 내전 기간 동안 인민해방군을 경험해본 미국인들 ─ 해병대대 지휘관들과 미8군 정보책임자 포함 ─ 은 중국의 정규군과 전투를 하고 있다는 것을 알았으며, 도쿄와 워싱턴에 미친 효과는 미미했지만 이것은 새로운 대규모 병력이라고 정확하게 주장했다. 11월 6일 중국군이 접촉을 끊고 방어 위치로 물러서자 모든 미국의 분석관들은 놀라고 당황했다. 사실 펑더화이는 예하 부대들이 기진맥진한 상태이고 무장이 형편없다는 사실을 알고 있었으며, 다시 대규모 공세를 취하기 전에 추가 병력이 합류하고 무기가 소련에서 도착하기를 기다리고 있었다.

펑더화이는 병력이 충분치 않고 무기를 제대로 갖추지 못한 것보다 더 심각한 문제에 봉착했다. 시작부터 그는 전반적인 작전 지휘권을 놓고 김일성 및 그의 장군들과 심각한 갈등을 겪고 있었다. 스탈린과 마오쩌둥은 중국 주도하에 전쟁이 수행되어야 한다는 데에 합의했지만 김일성은 군의 통수권 포기를 거부했다. 선즈화와 야펑샤는 "펑더화이가 느끼기에 북한군의 지휘관들은 아마추어였고" 치명적인 실수를 수없이 저질렀다고 주장한다. 양국 군대의 지휘 체계의 통합, 전략·전술, 보급품 할당, 철도 통제, 탈영병과 붙잡힌 포로 처리 등의 문제들을 놓고 논란이 급속도로 벌어졌다.[3]

미국 관리들이 한국에서 마주친 새로운 적을 이해하기 위해 진력하고 있을 때 두 가지 추가적인 문제가 분석을 복잡하게 만들었다. 11월 1일 소련 조종사가 모는 MiG-15 제트 전투기가 압록강 위에 나타나 미군 폭격기들과 그 호위 전투기들을 공격했다. 일주일 동안 접전을 벌였지만 미군 비행기의 손실은 없었다. 하지만 미 공군이 국경 근처의 표적들을 계속 폭격하는 데에 소련 제트기들이 등장함으로써 심각한 도전을 받게 되었음은 분명했다. MiG-15는 미국의 F-80과 F-84보다 속도가 더 빠르고 기동성이 높으며 중무장을 할 수 있는 것으로 증명되었으며, B-29 폭격기의 위협을 쉽게 제거할 수 있다는 것을 입증했다. 이에 대응하여 극동공군의 지휘관들은 중국 동북지역에 있는 소련의 공군기지들을 공격할 권한을 달라고 요구했으며 더 성능이 우수한 F-84E와 F-86A 비행대대를 요청했다. ✢ 맥아더는 이 요청을 수락했고, 압록강 근처 도시들을 맹폭격하라는 명령을 추가했다. 워싱턴의 고위 관리들은 중국 내의 소련 기지들을 공격함으로써 확전시킬 수 있다는 영향에 충격을 받았다. 비상자문회의를 개최한 뒤 합동참모본부는 대통령의 명백한 승인을 받아 공격개시 불과 수 시간 전에 취소 명령을 내렸다.[4]

두 번째 이슈는 한국에서 공중과 지상 작전에 영향을 미쳤다. 11월 첫 2주 동안 맹렬한 폭풍우가 한국을 강타했고, 기온이 급강하했다. 11월 16일이 되자 기온이 영하로 떨어졌고, 그런 상태로 수 주 동안 머물렀다. 전투 지역의 모

✢ 이러한 단계(MiG-15의 수 증가)에서 유엔군 조종사들이 누리던 몇 가지 이점이 작용하기 시작했다. 세 가지가 특히 중요했는데, 두 가지는 기술적인 것이었고 한 가지는 인적인 것이었다. 첫째, F-86은 레이더 거리측정 사격조준기(radar-ranging gunsight)를 가지고 있었는데, 이는 표적까지의 거리, 선도각(lead angle), 조종사들이 사격하기 전에 고려해야 하는 편향(deflection)을 자동으로 계산해주었다. 이는 일반적인 조종사가 움직이는 표적을 보다 쉽게 추적하고 타격할 수 있음을 의미했다. 그와는 대조적으로 MiG-15의 사격조준기는 수동적인 입력을 필요로 했는데, 이는 전투기를 실제로 조종하는 일로부터의 심각한 일탈이었다. 둘째, F-86의 초기 모델은 수동적으로 작동되는 비행제어체계를 장착하고 있었지만 후속 버전들은 유압동력을 사용했다. 조작하기에 더 가볍고 대응하기에 더 빠른 유압제어체계는 F-86 조종사들에게 추적-조준-사격-격추할 수 있는 위치로 기동하기 위한 필사적인 대결에서 순간적으로 결정적인 이점을 제공해주었다. 유엔군의 마지막 이점은 인적인 것이었다. 두 차례 세계대전의 경험은 공중전에서는 우수한 충원과 훈련을 대체할 수 있는 것이 없음을 생생하게 보여주었다. 예를 들어, 제2차 세계대전 말기에 독일과 일본의 항공 전력은 우수한 훈련체계를 유지할 수 없어 흐트러지기 시작했다. 이는 특히 비행교관들이 훈련부대에서 전선으로 전용되어버린 데 기인한 것이었다. 자료: 존 안드레아스 올슨 엮음, 『항공전의 역사』, 2017, 한울엠플러스, 149쪽_ 옮긴이

든 병력과 장비가 추위와 비와 눈의 영향을 받아 모든 활동은 한파가 몰아치기 전에 비해 4배 더 많은 노력과 시간을 요구했다.[5]

새로운 상황에 처해서 행정부는 11월 5일 전쟁에 관한 전략적 검토를 시작했고, 이 검토는 21일까지 계속했다. 이 시점에서 정보 관련 기관의 어느 누구도 중국군이 전쟁에 개입했다는 것을 부인할 수 없었으나 그 규모와 임무에 대한 과소평가는 계속되었다. CIA, 국무부 및 도쿄의 맥아더 사령부 정보참모는 모두 한국 내의 중국군 규모가 잘 봐줘도 3만 명(CIA)에서 9만 8,000명(윌로비 장군) 사이라는 데 의견을 같이 했다. 새로운 국가정보판단서 ─ CIA, 국무부, 국방부 정보참모부의 공동작업 ─ 는 만약 중국 영토가 공격을 받는다면 베이징은 만주의 예비병력 70만 명을 동원해 개입할 개연성이 있다고 언급했다. 하지만 분석가들은 중국의 목표가 압록강 남쪽의 제한된 완충지대일 수 있으며, 중국은 현 병력으로 이 지대를 지키려고 시도할 것이라고 주장했다. 그들은 소련이 압록강 국경의 공중 엄호를 넘어서 개입을 확장하는 증거는 없다고 덧붙였다.[6] 여러 가지 제안된 정책들이 검토되었다. 국무부에서는 완충지대 설치를 받아들이고 베이징과 협상을 하자고 제의했으며, 합참에서는 맥아더의 지시들을 그대로 놔두자고 했다. ─ 즉, 중국의 목표를 파악하기 위해 제한된 탐색을 하고, 가능하다면 그에 뒤이어 적군을 섬멸하기 위해 대규모 공격을 하자는 것이었다. 합참의 자문관으로 활동했던 드와이트 아이젠하워는 11월 6일자 그의 일기에서 대통령에 대한 연민을 표명했다. "불쌍한 HST [Harry S. Truman], 좋은 사람인데 폭풍우가 부는 호수 한가운데서 수영을 할 줄 모르니." 몇 차례 견해를 교환한 뒤에 애치슨이 국방부 편을 들자 고위 관리들은 본질적으로 합참의 제안을 채택했다. 맥아더에게 내린 지침은 공격 준비를 계속하고, 미군을 국경에서 남쪽으로 10~25마일 지점에 유지하며, 만주 폭격을 회피하라는 것이었다. 트루먼은 그의 최고위 보좌관들 중의 어느 누구도 유엔군이 심각한 패배에 직면할 수 있다는 우려를 표명하지 않았을 때 이 제안을 승인했다.[7]

11월 중순 중국군과 미군의 지휘관들은 모두 대공세를 준비했다. 워싱턴이 전략적 검토를 수행하고 맥아더가 '크리스마스 때까지는 고향으로'라고 전망한 상황을 실현하기 위해 압록강까지 밀고 올라가도록 휘하 부대를 조직하고 있을 때 중국은 펑더화이의 초기 병력에 15만 명을 증원했다. 새 부대는 밤에 이동하고 낮에는 숲속에서 휴식을 취했기 때문에 유엔 정찰기와 지상의 순찰대가 중국인민지원군의 대폭적인 증강을 발견하지 못했다. 더글러스 맥아더는 여전히 베이징이 본격적으로 참전했다는 것을 믿지 않았다. 왜냐하면 그는 11월 17일 존 무초 대사에게 "3만 명 정도의 중국군이 북한에 잠입할 수 있었을 것이다"라고 말했기 때문이다. 사실 그 당시 중국인민지원군의 총수는 38만 8,000명이었다. 펑더화이의 전략은 최초의 접전 후 병력을 산으로 철수시켜 유엔군 부대가 산재해서 함정에 빠지도록 유인하는 것이었다. 미군과 한국군이 선봉에 선 가운데 연합군은 계속 국경을 향해 진격해서 선두의 미군 순찰대가 11월 21일 압록강에 도달했다. 25일 밤 중국군은 강력하게 타격을 가했다. 공격군의 규모와 들키지 않고 연합군 공격선 배후로 이동하는 능력에 경악하여 유엔군 부대들은 큰 손실을 입고 후퇴했다. ✢ 서부의 미8군은 38선 아래로 철수한 반면 동부의 미군과 한국군은 배로 북한 항구에서 철수했다.[8]

　제2차 중국공세는 12월 24일까지 계속되었으며, 거의 모든 연합군을 북한에서 밀어낸 반면 손실이 컸던 것으로 입증되었다. 중국인민지원군은 전투 3주 만에 총병력의 1/3을 상실했으며, 전투에 못지않게 동상으로 사상자가 많았다. 유엔군 사령부는 5만 명의 사상자(사망, 부상 및 동상 피해)를 냈다. 미군

✢ 중공군은 마오쩌둥의 16자 전법에 숙달되어 있었으며, 적 상황에 따라 끊임없이 기동하는 기동전을 전개했다. 자료: 전쟁기념사업회, 『한국전쟁사』 제1권 요약통사, 1990, 364쪽_ 옮긴이
　敵進我退(적진아퇴): 적이 진격하면 아군은 후퇴한다.
　敵據我搖(적거아요): 적이 자리 잡으면 아군은 어수선하게 한다.
　敵疲我攻(적피아공): 적이 피로하면 아군은 공격한다.
　敵退我追(적퇴아추): 적이 퇴각하면 아군은 추격한다.

의 가장 값비싼 손실은 미8군 사령관 월튼 H. 워커 중장의 사망이었다. 그는 12월 23일 자동차 사고로 죽었는데 교통이 혼잡한 가운데 중앙선을 넘은 한국군 병사가 운전하는 트럭과 그의 차량이 정면충돌했던 것이다. 새로 부임한 미8군 사령관은 매슈 리지웨이(Matthew B. Ridgway, 1895~1993) 중장이었다. 그는 1951년 봄 워커 대신 그 자리에 부임했다.[9]

미국의 새로운 전략 개발

중국의 공세가 막강하고 대규모 인명 손실을 개의치 않는 베이징의 의지로 말미암아 워싱턴에서는 전략을 긴급하게 재평가하지 않을 수 없었다. 11월 28일 국가안전보장회의로 시작된 논의와 분석은 정부의 모든 수준에서 12월 거의 내내 진행되었다. 시작부터 고위 관리들은 — 만약 조금이라도 군사적으로 가능하다면 — 미국은 한국에서 재편성하여 전투를 지속하고, 중국과의 전면전은 회피하며, 38선 근처에서의 휴전은 받아들일 수 있지만, 미국의 군사적 상황이 개선되어 유리한 위치에서 협상을 할 수 있을 때까지 휴전 문제는 검토되어선 안 된다는 데 의견의 일치를 보았다. 이러한 초기 정책 목표들은 12월 2일자의 CIA 메모에서 지지를 받았다. 이 메모의 주장은 소련이 중국 개입의 원천이며, 주요 군수물자 공급국으로서 '최소 목표'가 유엔의 대한국 지원의 '무력화'에 있다는 것이었다. CIA는 불길한 언급으로 메모를 마무리했다. 즉, "소련은 세계대전의 위험성이 내재되어 있음에도 불구하고 미국과 중국 간 전면전을 수용할 태세가 되어 있으며, 그렇게 확전을 모색할지도 모른다". 12월 3일 행정부는 정책 목표들에 합의했다. 미국은 휴전을 고려하기 전에 전투 현장의 상황을 개선하기 위한 군사적 노력을 재개할 것이었으며, 관리들은 소련이 중국을 보호하기 위해 전쟁에 나서는 일은 없을 것으로 믿었다. 그리고 미국의 자원은 유럽 방어를 최우선으로 하기 위해 보존되어야 했다. 그 의미는 맥아더가 대규

모 병력 추가 없이 전쟁을 수행해야 한다는 것이었다.[10]

다음날 영국 총리 클레멘트 애틀리가 이끄는 대표단이 워싱턴에 도착했다. 그들은 최근 이루어진 정책 합의의 거의 모든 요소들에 대해 도전하기로 마음 먹고 있었다. 미국의 전반적인 대아시아 정책과정, 그리고 미 행정부가 중국의 한국전 개입에 대응해 핵무기 사용을 포함한 모든 선택지를 고려하고 있다는 트루먼의 대언론 성명에 관해 우려하면서, 영국은 한국에서의 조기 휴전, 공산 정부를 중국의 유일한 합법정부로 인정하는 문제를 포함한 중화인민공화국과의 협상, 일본과의 평화조약 체결, 중화인민공화국의 유엔 가입 승인 등을 제안했다. 연합국이 베이징과 성공적으로 협상할 수 있을 것이라는 영국 총리의 제안에 답변하면서 애치슨 장관은 이렇게 강조했다. 즉, 우리는 "주적이 중국이 아니라 소련이라는 점을 명심해야 합니다. 현재 취하고 있는 행동의 모든 영감은 거기서부터 온 것입니다". 잠시 뒤 그는 말을 덧붙였다. "중국공산당은 문제[전쟁]를 중국의 것으로 보지 않고 모스크바에 복종하는 공산당의 것으로 봅니다. 그들이 하는 모든 일은 모스크바 방식에 토대를 두고 있으며, 그들은 동구 위성국들보다 더 우수한 생도들입니다." 즉각적인 휴전 모색 문제에 대해서 트루먼은 전쟁을 지속할 의도임을 분명히 했다. 회의 벽두에 대통령은 이렇게 천명했다. "만약 우리가 남한을 버린다면 남한 사람들은 모두 처형되고 말 것입니다. … 나는 이런 상황에 처하는 것과 패배를 인정하는 것을 좋아하지 않습니다. 승부가 날 때까지 싸우겠습니다. … 나는 여기서 우리가 어려움에 처한 친구를 버리지 않는다는 것을 더할 나위 없이 명확히 하기를 바랍니다."[11]

논의가 전쟁 수행으로 옮겨갔을 때 영국의 고위 군사대표들은 맥아더의 성과를 날카롭게 비판하면서 공동 지휘를 제안했다. 브래들리 장군이 "전쟁은 위원회에 의해서 수행될 수 없습니다"라고 딱 잘라 말한 다음 대통령이 확고한 어조로 미국은 한국에 머물 것이며, 맥아더는 어려운 환경 속에서 일을 잘하고 있으며, 총사령관으로서 그는 전쟁을 수행하고 있고, 맥아더 장군은 대통령의 명령을 따른다고 첨가해서 말했다. 대통령은 영국 총리와 그의 일행에게 핵무기를 사용할 의도는 없지만 불사용 정책을 천명하지는 않을 것이며, 어느 시점엔가 중화인민공화국과 협상할 필요성을 인정하지만 지금은 아니라는 점을 확신시키려고 했다. 12월 4~8일 간 여섯 차례의 회담에서 미국은 핵무기 사용과 중국과의 전면전 우려에 대해 영국인들을 안심시켰고, 런던과의 연대의 정도를 '특별한 관계'로 복원하는 한편, 가장 친밀한 동맹국의 구체적인 제안들 대부분을 거부했다.[12]

만약 영미 지도자들이 유럽방위 증강을 계속하면서 중국의 공격에 무력으로 대응할 필요성에 대해 의혹을 품었다면 12월 7일자 CIA의 일일보고에 들어 있는 메시지는 그런 의혹을 종식시켰을 것이다. CIA의 보고에 의하면, 저우언라이는 베이징 주재 동독대사에게 이렇게 언명했다. 즉, "유엔이나 중국군이 한국을 떠나려 하지 않는 한 제3차 세계대전은 필연적이다. 그러므로 중국은 스스로 제3차 세계대전에 대비해야 한다고 저우언라이가 말했다". 중국의 대규모 개입과 저우언라이 발언에 관한 보고는 해리 트루먼에게 생생한 인상을 주었다. 그는 12월 9일자 일기에 이렇게 기록했다. "제3차 세계대전이 임박한 것처럼 보인다."[13]

유엔에서 일련의 휴전과 철수의 제안이 인도, 캐나다, 이란 및 사무총장으로부터 쏟아졌지만 그 모두는 중화인민공화국의 승인을 받는 데 실패했다. 12월 22일 저우언라이가 이런 모든 유엔의 제안들을 직설적으로 거절해버렸다. 그는 중화인민공화국이 유엔에서 (타이완이 차지하고 있던) 중국의 회원권을 거부당했기 때문에 휴전 제안이 불법이라고 언명했고, 최근 3인 위원회(유엔 총회 의장인 이란 대표 엔테잠, 인도 수석대표 라우, 캐나다 외무장관 피어슨으로 구성)의 휴전협상 제안을 1946년 조지 C. 마셜이 중국 내전에서 평화협정 주선 시도 때 지지했던 '형식'과 비교했다. 중국 총리는 비외교적인 언사로 이렇게 강조했다. "안 된다. 마셜 장군의 오래된 술수는 유엔에서 다시 통하지 않을 것이다."[14]

한편, 워싱턴에서 고위 관리들은 휴전협정에서 어떤 조건들이 받아들일 만한 것이며 유엔군을 군사적으로 불리한 위치에 처하지 않게 할 것인지를 연구했다. 12월 말에 대통령과 애치슨 장관과 마셜 장관은 이렇게 합의했다. 즉, 중국이 미국을 한국으로부터 몰아내기 위해 군대를 동원하고 있는 동안, 그들은 맥아더에게 전투를 최대한 효과적으로 전개하라고 지시해, 유엔군 측엔 희생자가 많이 발생하지 않도록 하면서, 중국인민지원군엔 심대한 타격을 입혀 베이징이 합리적인 조건으로 휴전을 받아들이도록 설득하기를 바랐다. 만약 이런 조치가 실패한다면 관리들은 한국으로부터 군대의 철수가 필요할 것임을 인정했다. 대통령의 승인을 받아 합동참모본부는 12월 29일 극동사령관에게 이런 지침을 보냈다. 결론적으로 그들은 맥아더에게 어떤 환경하에서 철수를 할 수밖에 없을지에 관한 견해를 밝히도록 요청했다.[15]

맥아더가 실망의 늪에 빠져 있을 때 합참으로부터 그에게 새로운 지시가 왔다. 그는 즉시 행정부가 선택할 수 있는 대응책 초안을 작성했다. 즉, 중화인민공화국에 대한 네 가지 형태의 압력 증대와 한국에서 포지션 사수를 시도할 때 입게 될 막대한 병력 손실 사이에서 한 가지를 선택해야 한다는 것이었다. 12월 30일 발송한 메시지에서 맥아더는 중국 해안 봉쇄, 중국의 군수산업에 대한 해군 및 공군 폭격, 한국 내 연합군에 중국 국민당 군 추가 및 중국 본토에 대한 국민당 군사작전 지원 등을 옹호했다. 합동참모본부는 각각의 제안을 상세하게 검토했다. 합참은 상당한 토의를 거친 후 1월 12일자 마셜 장관에 대한 보고에서 처음 3개 안을 상당한 조건을 붙여 승인했다. 대통령은 1월 13일자로 극동사령관에게 사신을 보내면서 한국에서 가능한 한 전투를 지속하는 일의 중요성을 강조했지만, 전쟁 확장은 미군 증강이 완료되기 전에 소련이 중화인민공화국을 실질적으로 지원토록 유도할 수 있다는 점을 지적했다. 또한 그는 새로 취해진 조치에서 미국 동맹국들의 지지를 유지하는 것이 필수적임을 강조했다. 행정부는 맥아더의 지침에 전혀 변경을 가하지 않는 한편, 콜린스 장군과 반덴버그 장군이 도쿄를 방문하고 유엔군의 현황을 직접 평가하기 위

해 전선을 시찰했다.[16]

농민 출신 원수

한국전쟁의 상대편 지휘관들은 그들이 대표하는 국가들이 그랬던 것처럼 판이했다. 펑더화이는 혁명 홍군에서 최고위 장군이었으며 건군 시 마오쩌둥의 동료로서 중요한 역할을 했다. 중국공산당의 많은 지도자들과 같이 그는 후난 성 농촌의 빈농 가정 출신이었다. 어머니가 죽은 뒤 그는 가족의 생계를 돕기 위해 학업을 일찍 그만두었다. 그 뒤 2년 동안 흉작이 들자 그의 아버지는 갖고 있던 토지 대부분을 팔지 않을 수 없었다. 12살 때 집을 떠나 그는 석탄광에서 장시간 일해야 했으며 나중에 대형 댐 공사장에서 건설노동자로 일했다. 4년 후 댐이 완성되었을 때 그는 16살에 사병으로 군벌 군대에 입대했다. 몇 번에 걸쳐 그는 마을의 가난한 사람들을 착취하는 돈 많은 지주와 장사꾼들에게 항의하는 일에 개입하게 되었다. 1921년에 그는 소위로 임관되었지만 곧 군벌 군대를 떠나 국민당 군에 합류했다. 그는 허가를 받아 후난 성 군사학교에 들어갔다. 졸업 후 그의 부대는 장제스 휘하의 국민당 군에 합류했으며 소령이 되어 대대를 지휘했다.[17]

국민당이 부패한 데에다 농촌의 빈곤 문제 대신 도시 엘리트에 집중하는 데에 환멸을 느끼고 펑더화이는 1928년 공산당에 입당했다. 동료 장교가 부당하게 체포되는 꼴을 보고 분기하여, 그는 후난 성 군의 휘하 부대를 이끌고 반동적 통치에 반기를 들고 후난 성 핑장(平江)을 해방시켰다. 그 뒤 그의 부대는 홍군에 합류했고, 다음 10년 동안 그는 부대를 이끌면서 국민당과 관련이 있는 집단과 수많은 전투를 벌였다. 그는 포위되어 체포당할 위기에 처한 마오쩌둥을 구했고, 여타 전투들을 벌였는데 결과는 성공할 때도 있었고 실패할 때도 있었다. 그는 성공을 인정받아 1931년 중화소비에트의 중앙군사위원과 중앙

집행위원에 임명되어 처음으로 공산당 정치지도부 자리에 올랐다. 1934년 장제스가 이끄는 대 부대가 홍군을 포위해 거의 섬멸할 뻔 했으나 소규모 부대가 포위망을 뚫고 대장정을 시작하여 중국 북중부의 산시 성에 1935년 10월 도착했다. 군대를 재건하고 새로운 기지를 강화한 공로로 펑더화이는 1937년 전 중국공산군의 부총사령관으로 승진했다. 그는 종종 최전선의 병사들에 합류함으로써 병사들의 충성스런 지지를 받은 강력한 지도자로 인정을 받았다.[18]

1937년 7월 베이징 교외의 루거우차오(盧溝橋, 일명 마르코 폴로 다리_ 옮긴이)에서 중국군과 일본군이 충돌함으로써 중일전쟁이 발발했고, 침략자와 싸우기 위해 국민당 군과 홍군이 통일전선을 창설하게 되었다. 통합사령부의 장군으로서 펑더화이는 항일전쟁에 전념하기를 원한 반면, 마오쩌둥은 항일전쟁은 명목상으로만 하고 나중에 내전이 계속될 것에 대비하여 농촌에서 지지를 받는 데 더 신경을 써야 된다고 주장했다. 지도부에서 논의 결과 펑더화이의 주장이 이겨서 그는 항일 작전을 광범위하게 전개했다. 예를 들면 1940년 늦여름 광범위하게 통신과 군수 망을 연속 공격했다. 그의 작전은 전반적으로 성공적이었지만 사상자가 많아 희생이 컸다. 1년 후 작전이 몇 번 실패하여 그는 연안의 공산당 기지로 돌아올 수밖에 없었다. 마오쩌둥은 펑더화이가 실패를 인정하고 자아비판을 하는 교화교육을 40일 동안 받도록 했다. 마오쩌둥의 지도력을 완전히 인정한 뒤에야 펑더화이는 자기의 군대 지위를 유지할 수 있었지만 마오쩌둥의 악랄한 대우에 몹시 분개했다. 왜냐하면 주석은 당시에는 펑더화이의 공격작전을 지지하고 칭찬했었기 때문이다.[19]

제2차 세계대전이 끝나자 중국에서는 내전이 다시 일어났다. 펑더화이는 다시 마오쩌둥과 사이가 좋아졌다. 1945년 6월에 개최된 당 회의에서 그는 중앙위원회 위원이며 중앙군사위원회 부주석으로 임명되었는데 가장 중요한 것은 정치국원이 된 것이었다. 다음 해 초 홍군은 인민해방군으로 재편되고 펑더화이는 병력 17만 5,000명의 서북야전군 사령관으로 임명되었다. 그가 연안의 공산당 수도를 방위할 임무를 맡았음에도 불구하고 휘하 군대는 전 인민해방군 부대들 가운데 무장이 가장 부실했다. 몇 번에 걸쳐 국민당 군은 정예부대로 연안을 공격했으며, 적어도 두 차례 펑더화이는 마오쩌둥과 지도부를 생포될 위기에서 구했다. 대지에서 기식하고 포획한 무기와 보급품을 사용하면서 펑더화이는 점차 중국의 중부와 북서부의 많은 지역을 통제하게 되었다. 그 과정에 주로 용병으로 구성되었다가 패배한 부대들을 자기 휘하에 넣어 병력을 확장했다. 1949년 10월 중국 인민해방군 창건과 더불어 펑더화이는 서북군정위원회 주석, 신장군구 사령관 겸 정치위원이 되었다.[20]

펑더화이 자신의 말과 아울러 다수의 여타 장군 및 군사전문가들의 저작물을 분석한 결과, 위르겐 도메스(Jurgen Domes, 1932~2001)는 1949년까지 전투지휘관으로서 펑더화이의 기록은 '엇갈린다'고 언명했다. 즉, "그가 직접 지휘한 29건의 주요 전투들 가운데 그의 부대가 승리한 것은 15건이었고 14건은 패배였다. … 특히 보통이거나 예외적으로 우수한 전략가인 적 지휘관과 대치하게 되면 자신의 위치를 지키는 데에 어려움을 겪었다". 전반적으로 21년 이상 전투를 계속하면서 펑더화이의 성과는 "극도로 용감하고 훌륭한 전사이며 전술가이긴 하지만 기껏해야 보통보다 나은 전략가"라는 것을 보여준다.[21]

펑더화이의 군 경력의 중심 문제는 마오쩌둥과의 관계였다. 1935년 11월 마오쩌둥은 군사위원회 주석이 되었으며, 그가 세상을 떠날 때까지 이론의 여지가 없는 당의 지도자로 머물렀다. 여전히 정치국하의 집단지도체제였으며, 마오쩌둥은 1943년까지 공식적으로 당의 주석이 되지 않았다. 마오쩌둥-펑더화이 관계에 관한 빼어난 글에서 유명한 중국학자 프레데릭 테이워스는 이렇게 주장했다. 비록 열띤 말다툼이 있었다고 할지라도 두 사람은 근본적으로 군사적인 문제에서 협력했다. 펑더화이는 나이, 당원 경력, 당내 위치에서 마오쩌둥에 미치지 못했다. 당이 내전과 장기간의 대일 항전에서 생존하기 위해 진력할 때 기본적인 우선사항들에서뿐만 아니라 군사적 전술·전략에서도 의견의 불일치가 있었다.[22]

상황이 주는 압력에 덧붙여 두 군사지도자는 개성도 대조적이었다. 펑더화

그림 10.1 펑더화이 원수는 한국에서 인민지원군을 지휘했으며 1954년 9월 중화인민공화국의 초대 국방장관이 되었다. 자료: 미국 국가기록보관소

이는 주로 군사 작전에 역점을 두었고, 정치적 정교함이 부족했기 때문에 종종 정치적 쟁점들에 대해서는 지도부의 견해를 받아들였다. 테이워스는 이렇게 말했다. "하지만 펑더화이가 정치적 문제에 대해 확신을 하지 못하면 마오쩌둥 또는 다른 어느 인사의 견해와 충돌한다 할지라도 그의 군사적인 견해를 강력하게 계속 표명했다." 그의 직설적인 성격과 "거칠고 화 잘 내는 태도는 지도부 내의 많은 사람들을 멀리하게 만들었다". 마오쩌둥이 이론의 여지가 없는 지도자가 된 뒤에도 펑더화이는 그와 동등한 사람인 것처럼 행동했고, 군사적인 문제에서 그에게 도전하거나 주석의 사치스런 생활방식에 대해 때때로 비판을

가하는 데 주저하지 않았다.[23]

　마오쩌둥은 나름대로 엄청난 자존심을 갖고 있었고, 자신을 지성인이자 대전략가, 그리고 정치적 조정의 달인이라고 보았다. 또한 그는 '폭발적인 기질'을 가졌으며 자기의 권위에 대한 도전을 쉽게 받아들이지 않았다. 이런 성질들은 격정적인 관계를 예고하는 것이었다. 테이워스의 보고에 따르면, "다른 지도자들은 간혹 사적으로 당 주석과 그의 직설적인 장군을 '후난 성 출신의 성질 사나운 노새 두 마리'라고 언급하기도 했다"(그림 10.1 참조).[24]

　놀랍게도, 두 사람 관계는 본질적으로 협조적이었으나 1958년 내내 심통을 부렸다. 테이워스의 주장에 의하면 "펑더화이에 대한 마오쩌둥의 신뢰는 연안이 1947년 [국민당의] 공격을 받았을 때 마오쩌둥과 여타 지도자들에 대한 방어와 한국전 참전, 그리고 끝으로 전반적인 국방 책임 등과 같은 과제를 그에게 맡긴 데에서 명확하게 드러났다". 한국전에서의 전략·전술에 대한 이견과 한국전에서 마오쩌둥의 큰아들이 전사한 데 대한 펑더화이의 책임은 "큰 문제가 아니었던 것처럼 보인다"고 테이워스는 말한다. 마오쩌둥은 전쟁의 전반적인 전략을 지도한 반면 저우언라이는 소련 및 북한 정부와의 관계를 관리했으며 펑더화이는 군사작전을 지휘했다. 장군의 회고록은 한국전 기간 중 마오쩌둥과의 교신에 관한 협조적인 이야기를 주로 하고 있다.[25]

　불행하게도 두 사람 관계의 긴장 상태는 1959년 류산회의에서 폭발했다. 당시 펑더화이는 마오쩌둥의 대약진운동으로 가난한 농촌에 내려진 가혹한 조치를 맹렬히 비판했다. 그때는 이미 주석이 점점 더 권위주의적이 되었고, 그의 권력에 대한 실제 도전 또는 도전이라고 인식되는 행위에 대해 강력하게 반응했다. 그는 펑더화이를 국방장관에서 내쫓고 모든 당직에서 숙청했으며, 나중에는 홍위병에 넘겨 심문을 받도록 했다. 그 후 15년 동안 펑더화이는 여러 형태의 고문을 포함하여 130회 이상의 잔혹한 심문을 받았다. 그는 형편없이 망가졌지만 저항하는 군인으로서 1974년 11월 세상을 떠났다.[26]

공수부대 장군

매슈 B. 리지웨이도 펑더화이처럼 직업군인이었다. 그러나 그는 그의 중국 적장이 겪었던 궁핍과 정치적 파란 없이 승승장구하는 출세가도를 달렸다. 리지웨이는 군인 가문에서 태어났다. 아버지는 웨스트포인트 육군사관학교 출신으로서 포병 병과의 대령으로 제대했다. 매슈도 웨스트포인트를 졸업했는데, 1917년 졸업 클래스에서 중간 정도의 성적을 올린 평균적인 생도였다. 그는 아버지처럼 포병이 되기를 원했지만 그 자리는 성적이 우수한 생도들에게 돌아갔다. 그는 보병에 배속되자 열심히 복무하고 자기 병과에서 최선을 다하기로 결심했다. 제1차 세계대전 중 프랑스 주둔의 전투부대 배속을 시도했으나 멕시코 국경을 순찰하고 웨스트포인트에서 스페인어를 가르치며 전쟁 기간을 지냈다.[27]

군사학교 및 중국, 니카라과, 필리핀에서의 해외근무 등 통상적인 복무기간을 마친 뒤 리지웨이는 1930년대 말 군대 생활의 돌파구를 맞았다. 조지 마셜 준장의 눈에 들었던 것이다. 기동훈련 중 군단의 참모부장으로서 리지웨이는 같은 훈련에서 여단을 지휘한 마셜에게 리더십과 공세적인 전술로 인상을 남겼다. 리지웨이가 장시간 강도 높게 활동하는 것을 지켜 본 마셜 장군은 그의 성과를 칭찬하면서 우정 어린 주의의 말도 했다. 그는 젊은 소령에게 그 자신의 '인간기계(신체)'를 잘 돌보라고 충고했다. 한번 망가지면 빨리 대체될 수 없기 때문에 '망가지지' 않도록 하라는 것이었다. 마셜의 충고는 리지웨이에게 아무런 소용이 없었다. 그는 여전히 진지하기 이를 데 없고 투지만만한 군인으로서 술도 마시지 않고 담배도 피우지 않으며 파티에도 가지 않고 심지어 음담패설도 입에 담지 않았다.[28]

유럽에서 전쟁이 터졌을 때 당시 육군참모총장이던 마셜은 그의 참모진을 신속하게 강화해야 했다. 그는 최근 기동훈련에서 에너지가 넘치던 소령을 기억하고 그를 워싱턴으로 불러 전쟁기획국에 배속시켰다. 이 자리에서 리지웨이는 2년 반 동안 드와이트 D. 하이젠하워 밑에서 일하면서 서반구와 유럽의 상세한 비상계획을 수립했다. 1942년 초 리지웨이는 준장으로 진급해 마침 재편 중이던 제82보병사단의 부사단장이 되었다. 사단장 오마 브래들리 소장은 신병훈련을 전적으로 리지웨이에게 맡겼다. 갓 승진한 장군은 이 과업을 '헌신과 열정과 집중력'을 갖고 수행했다. 동료들은 이렇게 지적했다. 그는 "부하들이 협력하게 만들고 부대의 자부심을 주입시키는 탁월한 재능을 보였다. … 그는 하루 종일 직접 나와서 훈계하고, 구슬리고, 가르쳤다". 리지웨이가 개인적으로 자부심을 갖는 것은 자기 사단의 소령급 이상 장교들 이름을 이름표나 보좌관의 도움 없이 기억하고 있다는 것이었다.[29]

몇 달 후 브래들리는 다른 사단의 창설 임무를 맡아 떠나고, 리지웨이가 제82사단의 사단장이 되면서 소장으로 진급했다. 군 지휘부는 82사단을 공수사단으로 전환할 최초 부대들 중의 하나로 선정했다. 이 사단은 글라이더와 낙하산을 이용해 적의 전선 후방을 공격하는 훈련을 받았다. 리지웨이는 이 복잡한 실험과 훈련을 이끌도록 선정되었다. 왜냐하면 그는 '지성적이고, 역동적이며, 유연했기' 때문이라고 미 육군 지상군 사령관 레슬리 J. 맥네어(Leslie J. McNair, 1883~1944) 중장이 말했다. 리지웨이는 훈련과 전투 중에 낙하산과 글라이더를 탈 자격이 있는 최초의 고급장교들 중 한 명이었다. 훈련을 1/3 정도만 마친 상태에서 리지웨이와 82사단은 튀니지 주둔 미군에 합류해 시칠리아 침공과 관련된 공수작전을 준비했다.[30]

시칠리아 공격 – 1943년 7월 10일 밤에 시작 – 은 연합군의 첫 대규모 공수작전이었다. 이 작전은 희생이 큰 학습경험이었다. 바람이 세차게 불었으며, 야간 낙하산 강하훈련이 부족했고, 수송기 조종사는 야간 항법 훈련을 받지 않았으며, 그리고 우군이 강하 군대에 사격을 하는 바람에 공수 병사들은 넓게 산개되었고 사상자가 속출했다. 공중공격에 포함된 2개의 증강 연대는 항공기가 부족해 이틀 밤에 걸쳐 낙하했다. 그 두 그룹이 우군의 사격을 받았는데, 주로 상륙작전에 포함된 함정으로부터 총탄이 날아온 것이었다. 두 부대는 정해진 상륙 지역으로부터 60마일 떨어져서 상륙하는 바람에 다수가 흩어졌다. 사단의 다른 부대들은 리지웨이 및 참모들과 함께 해안으로 상륙했다. 이와 같은 수많은 문제들과 상당수의 사상자에도 불구하고 82사단은 생존자들을 다시 모아 적의 대응을 교란하는 데에 눈에 띄는 성공을 거뒀다. 통신선을 절단하고 두 개의 반격군을 저지했기 때문이다. 첫 상륙 5일 뒤 리지웨이는 사령관 조지 S. 패튼(George S. Patton, 1885~1945) 중장에게 섬에 강하한 5,300명 이상의 병사 가운데 현재 그가 전술적으로 통제하고 있는 것은 3,883명뿐이고, 나머지 1,424명은 전사, 부상 또는 실종되었다고 보고했다.[31]

리지웨이는 만신창이가 된 잔여병력을 끌어 모아서 82사단을 이끌고 이탈리아군의 가벼운 저항을 뚫고 시칠리아 섬의 서부 지역을 효과적으로 공격했다. 이 공수부대는 패튼의 미7군과 원활하게 지냈다. 한편 버나드 몽고메리 경 (Sir Bernard Montgomery, 1887~1976) 휘하에서 제8군과 함께 싸운 영국 공수사단은 동부 해안에서 완강하면서 숫자가 많은 독일군과 전투를 벌였다. 시칠리아 전투에서 리지웨이는 선두에 서서 병사들을 지휘함으로써 공격적인 지휘관이라는 평판을 얻었다. 선발대가 적의 총격을 처음 받고 주저할 때 장군은 앞으로 나가면서 자기를 따르라고 했다. 사단의 역사가는 이렇게 기록했다. "진격의 단계마다 리지웨이 장군이 직접 이끌었다. 그는 스스로 정찰대, 특정 지점, 첨병대장과 개인 접촉을 유지하고 있었다." 그에 못지않게 공격적이었던 지휘관 패튼은 참모들에게 이렇게 소리쳤다. "저 빌어먹을 리지웨이는 전초기지가 있어야 할 곳에 자기 전투지휘소[CP]를 설치했잖아. 돌아오라고 해." 그의 휘하 연대장 중 한 사람인 제임스 M. 개빈(James M. Gavin, 1907~1990) 대령은 리지웨이의 리더십 스타일을 가장 잘 묘사했다. "그는 위대한 전투 지휘관이었지. 용기가 많았어. 그는 어느 순간이나 선두에 서 있었어. 부싯돌처럼 강했고, 그 강렬하기가 거의 이를 뽀드득 갈 정도였지. 너무 그래서 그 사람은 상황이 종료되기 전에 심장마비에 걸릴지 모른다는 생각이 들었어."[32]

작전을 수행하는 동안 리지웨이는 또한 요구가 많은 감독으로 유명하게 되었다. 몇몇 연대장과 대대장을 갈아 치웠는데, 공격 시에 요구되는 수준으로 부대를 이끌지 않았기 때문이었다. 몽고메리 부대가 독일군의 완강한 방어로 교착상태에 빠져 메시나 점령의 기선을 잡지 못하자 패튼의 병력은 섬의 북쪽으로 이동해 이탈리아 본토에 가장 근접한 주요 도시를 장악하라는 명령을 받았다. 미군은 이런 기회를 잡은 것을 기뻐하며 전투를 벌인 지 39일째 되는 날 메시나를 점령했다. 하지만 약 4만 명의 독일군과 7만 명의 이탈리아군, 그리고 17톤의 보급물자가 효과적으로 철수하는 것을 제때 방지하지는 못했다.[33]

시칠리아는 항상 이탈리아 반도 침입과 로마 점령의 서막이었고, 그 과정에서 이탈리아군을 전쟁에서 밀어내는 것은 희망사항이었다. 연합군은 1944년 늦은 봄 이미 지중해에서 병력을 빼서 프랑스 공략을 준비하고 있었다. 이탈리아 반도 공략계획은 시간이 부족해서(한 달도 남지 않았다) 제약이 많았으며, 동원 가능한 군대도 매우 제한적이었다(연합군은 독일 방위군과 숫자가 같았다. 일반적으로 해안방위군을 상륙·공격하려면 공격군이 3대 1로 많아야 한다). 작전을 더욱 복잡하게 만든 것은 이탈리아 반도의 장화 모양에서 앞굽에 해당하는 칼라브리아 공격에 큰 전략적 가치가 없는 동해안으로 진격하는 데에 몽고메리의 제8군을 동원한 점과 아이젠하워가 상륙장소와 동원부대를 빈번하게 바꿔치기 한 점이었다. 아이젠하워를 난처하게 만든 것은 연합군의 공격 시 이탈리아 정부가 항복에 대한 입장을 바꾸었다는 점과 궁극적으로 이탈리아 정부가 항복했을 때 독일이 로마 방위를 포함해서 이탈리아를 인수했다는 점이었다. 리지웨이와 82공수사단은 낙하산병과 항공기 승무원들을 지속적으로 합동 훈련시킬 필요가 있다는 교훈을 시칠리아에서 터득했지만, 그것은 다음 번 공격에는 적용될 것이 아니었다.[34]

리지웨이 사단은 이탈리아 전투에서 중대하지만 제한적인 기여를 했으며, 그것도 마지막 순간에 겨우 이뤄졌다. 살레르노에 침공하기 전 수일 동안 제82사단에는 세 가지 위험성이 매우 높은 임무를 부여받았다가 모두 취소되었다. 리지웨이가 그 '무모한' 계획들에 강력하게 항의한 것이 부분적인 이유였다.

마크 W. 클라크(Mark W. Clark, 1896~1984) 중장의 미 제5군은 살레르노 근처 해안에 상륙했을 때 괴멸적인 포격과 공중 공격을 받았다. 독일 장군들은 몽고메리가 남부에 상륙한 뒤의 주요 공격 목표는 살레르노일 것이라고 정확하게 계산하고, 강력한 방어를 준비했다. 독일군은 추가 사단을 투입했으며, 전투 개시 4일째 되는 날, 심한 공격을 받은 연합군은 바다로 밀려날 지경이었다. 클라크는 리지웨이에게 그날 밤 가능한 한 많은 제82사단 병력을 시칠리아로부터 수송하도록 긴급 명령을 내렸다. 7시간 만에 리지웨이와 그의 장교들은 1,300명의 낙하산병을 C-47기에 태워 협소한 교두보에 뛰어내리도록 했다. 다음날 밤, 추가로 2,000명의 제82사단 병력이 연합군 지역에 낙하했다. 미국과 영국 군함이 해양에서 강력하게 함포사격을 하는 가운데 낙하산 부대는 독일의 반격을 격퇴하고 연합군을 구출하는 데 결정적인 역할을 했다. 9월 18일에는 독일군이 나폴리로 철수하기 시작했다.[35]

제82사단은 살레르노로부터 돌파해 나폴리로 밀고 올라가는 데 선도 역할을 했다. 독일군의 강력한 저항이 제5군의 나폴리 진격을 저지하고 있을 때 클라크는 제82사단이 소렌토 산지를 통해 전투를 지원할 것을 요청했다. 이 사단은 해안선 위의 험난한 지형의 통로를 따라 도보로 진격하는 등 큰 노력을 기울여 이 임무를 완수했다. 전투가 끝난 뒤 리지웨이는 공수중대를 지휘한 젊은 대위로부터 그의 리더십에 대해 강력한 지지를 받았다. "나는 리지웨이 장군이 더 이상 훌륭한 사단장이 될 수 있는 길은 없다고 생각한다. 그는 존경을 많이 받았지만 두려운 존재는 아니었다. 우리는 그의 부대 방문을 환영했다. 그는 결코 우리를 내려다보면서 말하지 않았고, 마치 우리가 대등한 존재인 것처럼 말했다. … 그는 신사답게, 그렇지만 확고한 태도로 잘못을 지적함으로써 내 부하들의 존경을 받았다. 그렇기 때문에 그는 부하들로부터 즉각 복종을 얻어냈다."

그런 다음 그의 부대는 후퇴하는 독일군이 조직적으로 파괴한 이탈리아 남부의 주요도시 나폴리의 점령군으로서 다소 쉬운 임무를 수행했다. 리지웨이

사단의 일부 병력은 점령 임무를 수행하는 중에 연합군이 로마 남부 볼투르노 강에서 독일군의 강력한 저항으로 교착상태에 빠졌을 때 지원 임무를 수행했다. 2개 대대가 도강 작전을 지원하느라 파견되었으며, 이런 위험한 임무를 완수하는 데 귀중한 역할을 수행했다. 11월 중순, 리지웨이는 그의 사단을 나폴리에서 빼서 노르망디 상륙작전을 준비하기 위해 북아일랜드로 향하게 했다.[36]

노르망디 상륙작전(암호명 오버로드, Overlord)의 계획과 훈련은 혼란스럽고 경쟁적이었다. 이 작전은 대단한 쇼였으며, 모든 고급 장교들은 이 드라마에서 주연이 되기를 원했다. 리지웨이는 공수부대가 주요 구성군이 되어야 한다고 열심히, 그리고 반복적으로 요구했다. 아이젠하워는 공수작전의 가치에 대해 항상 반신반의했으며, 시칠리아 상륙작전 때의 실수와 큰 손실은 그의 견해를 확인해주는 것이었다. 하지만 미군의 지상군 작전을 지휘하는 마셜과 브래들리의 강력한 지지를 받아 리지웨이는 마침내 2개 공수사단이 오버로드에 참가하도록 승인을 얻어냈다. 참가 공수사단은 리지웨이의 제82사단과 신임 맥스웰 D. 테일러(Maxwell D. Taylor, 1901~1987) 준장이 지휘하는 제101사단이었다. 이 공수사단들은 낙하산과 글라이더로 영국해협과 대서양 사이에 돌출한 코탕탱 반도에 상륙하는 임무가 주어졌다. 그들의 임무는 독일의 반격으로부터 반도를 봉쇄해 브래들리의 미 제1군이 쉘부르 항구를 함락할 수 있게 하고, 이로써 쉘부르 항을 제1단계 프랑스 공략을 위한 주 공급 진입지점으로 사용하려는 것이었다.[37]

수년 후 클레이 블레어(Clay Blair)가 리지웨이의 전속부관인 아서 G. 크루스(Arthur G. Kroos, 1916~2004) 대위를 인터뷰했을 때 그는 장군의 지휘 스타일을 통쾌하게 묘사했다.

그것은 요구가 많긴 하지만 흥미로운 일이었다. 리지웨이는 말을 걸기 어려웠다. ― 별로 말이 없었고, 결코 기강이 해이해지는 일이 없었다. 따뜻한 영혼이 없었다. 모든 것이 비즈니스, 즉 전쟁 비즈니스였다. 그는 언제나 대단히 예절 바르고 목소리를 높이는 법이 거의 없었다. ㅡ 적어도 나에게는 그런 일이 없었다. 그가 목소리를 누군가에게 크게 냈을 때 그는 그때부터 죽은 것이었다.

나는 그에게 경외감을 갖고 있다. 그는 대단히 탁월하고 강력하다. 언제나 강력하다. 나는 그가 그런 식으로 잠을 잔다고 생각한다. 나는 그가 발을 꼬고 앉은 모습을 본 적이 없다. 믿을 수 없는 노릇이다! 그는 곧바로 앉았다. ㅡ 구부정한 자세를 한 적이 없다. ㅡ 그리고 그의 의자가 아무리 부드럽더라도 그가 앉기만 하면 뻣뻣해졌다. 그는 결의가 대단했다. 그는 자기가 무엇을 원하는지 알고 있었으며, 완벽하지 않은 것은 무엇이든 용서하지 않았을 것이다. 사정이 그가 좋아하는 것과 같지 않을 때에는 그의 표정만 봐도 모든 것을 알 수 있었다 ….

그는 방 안에서 걸었을 것이고, 그 방 안에 있음으로써 존재를 창조했을 것이다. 그는 말을 할 필요가 없었다. 그가 걷는 것과 똑같은 방식으로 그는 바라본다. 그의 두 눈이 방을 휘둘러 볼 때 모든 사람은 즉시 그에게 이끌렸다. 바로 그와 똑같이. 그는 한 마디도 말을 할 필요가 없었다. 하지만 그가 말할 때 그의 목소리는 명령조였다. 그는 정말로 대단한 사람이었다. ㅡ 그가 원하는 것을 구하려는 결의에 차 있었으며, 절대로 두려워하지 않았다.[38]

디데이에 제82공수사단은 또 다시 광범위하게 산개했고, 거의 파멸에 가까운 상륙을 했다. 이런 비극적인 출발에도 불구하고 33일 동안의 치열한 전투에서 사단의 공적은 '즉각적인 전설'이 되었다고 블레어는 언급했다. "노르망디에서 거둔 전과는 미국 육군 역사상 어느 사단에 견주어보아도 가장 뛰어났을 것이다." 리지웨이 부대는 전투경험이 훨씬 더 많은 독일군에 신속하게 포위된 채 36시간 동안 탱크 한 대도 없이 몇 문의 경포만 갖고 방어를 했다. 유타 비치의 미군 연대가 합류하자 제82사단은 공격 자세를 취하고 놀랄 만큼 단시간 내에 모든 임무를 완수했다. "그것은 장군들이 꿈꾸긴 하지만 거의 달성하지 못하는, 그런 종류의 성과였다"고 블레어는 말했다. "최일선에 서는 리지웨이

와 [부사단장 준장 제임스 M.] 가빈의 개인적 지휘하에서 대부분의 낙하산병들
— 그리고 궁극적으로 대부분의 글라이더리스트들 — 은 훌륭하게 임무를 수행했
다.” 이런 성공에는 많은 희생이 따랐다. 노르망디에 상륙한 제82사단 병력 1
만 2,000명 가운데 46%가 사상자였다. 1,282명이 전사했고, 대대장의 50%가
죽거나 다쳤다. 리지웨이는 이런 큰 손실에 개인적으로 책임을 졌다. 모든 전
사자와 실종자 가족에게 위문편지를 보냈고, 참모들의 가족에게도 그들이 안
전하며 프랑스에서의 초기 전투에서 혁혁한 전공을 세운 데 대해 칭송하는 글
을 써서 보냈다.[39]

　리지웨이가 받은 수많은 칭송 중에는 노르망디 작전에서 그의 직속상관이
었던 J. 로턴 콜린스 소장으로부터 온 메시지가 있었다. 콜린스는 리지웨이에
게 수훈십자상을 수여하면서 이렇게 말했다. “메흐데헤 도강 작전은 … 전투기
간 동안 가장 치열한 작전 중의 하나였으며 최고의 용맹이 요구되었다. … [그
리고] 제82사단은 쉘부르 반도에서 독일군 저항의 배후를 격파한 공로를 세웠
다.” 리지웨이에게 더 중요한 것은 낙하산부대원들의 태도였다. 블레어는 이
렇게 기록하고 있다. “그들은 그의 불굴의 용기, 냉정함과 명석함, 궁지에 빠졌
을 때 보인 거의 결함 없는 리더십, 그리고 상황이 종료되었을 때 전사자들에
게 보인 연민에 경외심을 가졌다. 가볍지 않게 칭송한 가빈은 이렇게 썼다. ‘전
투에서 그가 보인 큰 용기, 진실성, 그리고 적극성은 사단 내의 모든 사람에게
깊은 인상을 남겼다.’”[40]

　노르망디에서 대규모 공수작전이 전반적으로 성공한 데에 깊은 인상을 받
아 연합군 지도자들은 1944년 8월 공수부대를 확장해 제1연합공수군을 창설
했다. 이 부대는 영국군이 주도하는 군단과 미군 군단으로 편성되었다. 아이젠
하워는 리지웨이를 제18공수군단장으로 선택했다. 이 군단 예하에는 3개 사단
이 있었다. — 제82사단, 제101사단 그리고 새로 창설한 제17사단이 그들이었
다. 이 부대의 첫 주요 작전은 네덜란드로부터 라인 강을 건너 독일로 들어가
는 핵심 관문인 전략도시 아른헴에 대한 야심찬 공격이었다. 암호명 마켓가든

이었던 아른헴 공격은 영국군 지휘하에 낙하산병과 글라이더 공수보병 및 포병으로 편성된 3개 사단의 공수군단 전체를 처음으로 동원한 작전이었다. 동원된 미군 2개 사단은 작전을 성공적으로 수행했음에도 불구하고 전반적인 작전은 실패했다. 아른헴에서는 독일군이 방어를 능숙하게 해서 연합군은 희생이 컸다. 실패에는 여러 가지 요인이 작용했다. 즉, 공격 계획에 오류가 있었으며, 재공급과 증원이 적절하게 이뤄지지 않았고, 독일의 저항이 강력했으며, 공수사단과 진격 보병군단의 영국 지휘부가 지나치게 신중했다는 것 등이었다.[41]

전투 시 현장에 있던 리지웨이는 적극적인 공세를 펴지 못하는 영국군에 화가 났지만 그는 지휘관이 아니었다. 작전의 모든 양상을 분석한 후 블레어는 만약 리지웨이가 지휘를 했더라면 그는 계획상의 오류를 바로 잡았을 것이며, 전투 중 "그는 분명히 영국군 제30군단의 느리고 신중한 진격을 그대로 놔두지 않았을 것이다. 마켓[가든]은 일종의 재난이라기보다 연합군에게 이루 다 셀 수 없는 성과를 가져다 준 압도적인 승리를 당연히 거두었을 것이다"고 주장했다. 크게 존경 받는 영국의 군사분석가 맥스 헤스팅스(Max Hastings)는 이에 동의하면서 말했다. "영국군 중에서도 많은 병사들은 유능하고 전투 경험이 있는 미군 공수부대장 매슈 리지웨이가 마켓가든 작전을 지휘하는 것을 보았더라면 더욱 행복했을 것이다."[42]

아른헴에서 연합군의 공세를 저지한 히틀러는 1944년 12월 16일 아르덴 숲을 통해 대규모 공격을 감행했다. 목표는 전선을 돌파해 앤트워프를 차지하는 것이었다. 독일의 장갑부대는 벌지 전투로 알려진 싸움에서 상당한 진격을 했지만 목표를 달성하기 전에 저지되었다. 12월 18일 일찍이 리지웨이는 프랑스의 랭스에서 벨기에 북부로 이동하라는 명령을 받았는데 이는 브래들리 전선의 취약 지점을 강화하기 위한 조치였다. 그가 새로운 지휘소에 도착했을 때 상황은 일대 혼돈 상태였다. 블레어는 이렇게 주장했다. "그 주위의 다른 사람들이 점점 더 제정신이 아니고 와해되어가고 있는 동안 그는 점점 더 냉정하고 신중하며 체계적으로 되었다. … 위협이 대단히 심각하면 할수록 그는 더욱 침착해 보였다. 벌지 전투에서 그는 많은 고위 지휘관들이 달라붙는 바위가 되었다."[43]

브래들리와 리지웨이는 독일의 공격이 교착상태에 빠지자 신속하게 반격 계획을 세웠다. 독일군을 벌지의 목에서 차단하기 위해 패튼은 남쪽에서, 리지웨이는 북쪽에서 공격하게 되어 있었다. 아이젠하워는 이 계획을 바꿔 리지웨이 군단을 포함한 미군 2개 군이 몽고메리의 지휘를 받도록 결정했다. 이 영국 육군 원수는 리지웨이의 공격을 더욱 신중한 자신의 계획으로 대체했다. 몇몇 공황 상태에 빠진 고급장교들의 촌평을 비교하면서 맥스 헤스팅스는 리지웨이가 크리스마스이브에 부하 지휘관들에게 한 다음과 같은 훈계를 '빼어난 것'이라고 묘사했다. "현 상황은 정상적이고 완전히 만족스럽다. 적은 가동할 수 있는 모든 예비 병력을 총동원했다. 이번 전투는 이 전쟁에서 그의 마지막 대공세다. 우리 군단은 이런 공세를 저지할 것이다. 그런 다음 공격해서 분쇄하고 말 것이다." 부여된 한도 내에서 이 공수부대 장군은 전선에 나가 개인적으로 각 대대장에게 공격을 강화하라고 촉구했다. 이런 과정에서 그는 전투 의지를 상실한 몇몇 장군과 아울러 중대장, 소대장들을 교체했다.[44]

12월 26일 독일의 공세를 저지하는 데에는 미군부대들의 적극적인 방어가 중심 역할을 했다. 리지웨이의 직속상관인 코트니 호지스(Courtney Hodges, 1887~1966) 소장은 그의 용감한 행동에 동성훈장을 수여하면서 추천사에서 이렇게 말했다. "귀하의 전술적 능력, 영감을 주는 리더십과 개인적인 용기는 귀하가 휘하의 전방부대들과 함께 활동하면서 늘 귀하의 존재를 가장 필요로 하는 시간과 결정적인 장소에 나타나는 귀하의 행동을 관찰한 모든 사람의 존경을 받았다." 이와 같이 치열한 전투에서 리지웨이는 나중에 한국에서 결정적인 것으로 입증된 한 가지 교훈을 터득했다. 그가 발견한 것은 이런 것이었다. 즉, "승패가 어떻게 될지 모르는 극히 불안한 전투를 할 때에 필요한 것은 약점, 우유부단, 공격정신 부족 또는 극심한 공포를 보이는 징후를 없애버리는 일이다.

왜냐하면 그 사람이 어깨에 별을 달았든 또는 옷깃에 어떤 계급장을 달았든 한 명의 겁먹은 병사가 부대 전체에 영향을 미칠 수 있기 때문이다". 그런 자들은 그들이 지휘하는 군대의 복지와 아울러 부대 임무의 성과를 위해 즉시 교체되고 전선에서 제거되어야 했다.[45]

독일의 공세가 끝났을 때 브래들리는 적의 병력을 벌지 안쪽에 묶어두기 위한 공격 계획을 진척시켰다. 여전히 몽고메리군 집단에 배속된 리지웨이는 이 개념을 적극적으로 지지했다. 하지만 몽고메리는 다시 지연과 계속적인 방어 태세를 강조했을 뿐이다. 블레어는 이렇게 보고했다. "아이젠하워, 브래들리 및 미군 군단 지휘관들[리지웨이를 포함해서]은 … 몽고메리의 지연과 우유부단함에 분통이 터졌다." 아이크는 1월 1일 공격 개시를 명령했다. 몽고메리는 이틀 동안 더 지연할 이유를 찾아 1월 3일에야 공격을 시작했다. 독일군은 방어할 시간을 번 뒤였다. 리지웨이는 사령부 참모진을 두 번 교체한 다음 깊은 눈 속에서 힘겨운 전투를 벌이는 한 달 동안 전선에 머물렀다. 그와 그의 새로 부임한 부군단장은 매일 각각 절반의 대대장들을 방문해서 변경이 필요한 문제들에 대해 협의했고, 이튿날 대대를 교체했다. 1월 말까지는 벌지가 제거되었다. 수백 명의 독일군이 포로로 잡혔지만 대부분은 라인 강을 건너 철수했다. 벌지 전투에서 3개 미군 공수사단은 1만 명의 사상자가 난 것으로 추정되고, 그 밖에 5,000명은 동상, 참호족 또는 질병으로 잃었다. 이 전투기간 동안 모든 미군부대에서 전체 사상자는 8만 987명이었다.[46]

리지웨이가 크리스마스이브에 내린 전망은 정확한 것으로 판명되었다. 독일군은 벌지에서 공격 능력을 소진했다. 강력한 2개 기갑사단은 파괴되었고, 연료 비축량도 소모되었다. 3월 말부터 리지웨이 군단은 영국군과 함께 라인 강을 건너 돌격의 선봉에 섰으며, 나중에 브래들리군과 합류해서 포위된 독일 부대들을 루르 지대에서 쫓아내는 데 일조했다. 루르 포위지역을 소탕함에 있어서 리지웨이는 그의 성격 가운데 좀 더 인간적인 면모를 선보였다. 그의 4개 사단은 포위 지역을 마구 파괴하고 둘로 분리했다. 독일 사령관 발터 모델

(Walter Model, 1891~1945) 원수는 참모장으로부터 항복할 것을 촉구 받았다. 그는 명예에 관한 불문율과 항복하지 않겠다는 히틀러와의 약속 때문에 거절했다. 한편, 리지웨이는 독일 사령관에게 항복을 요구했으나 그는 거부했다. 리지웨이는 다시 모델에게 이렇게 주장하며 '명예로운 항복(honorable capitulation)'을 하라고 호소했다. 즉, "군인의 명예에 비추어, 독일 장교단의 명예를 위해, 귀국의 장래를 위해, 무기를 즉각 내려놓으시오. 귀하가 구한 독일인의 생명은 귀하의 국민이 사회에서 그들의 적절한 장소로 복귀하는 데 절실하게 필요합니다. 귀하가 보존하게 될 독일 도시들은 귀 국민의 복지를 위해 대체할 수 없이 필요한 것입니다". 모델은 다시 거부했다. 그러나 그는 사령부를 해체하기로 하고 병사 각자가 스스로의 힘으로 저항하도록 허용했다. 그렇게 한 다음, 그는 숲속으로 걸어 들어가 자결했다. 거의 모든 독일 병사가 항복함으로써 포로의 홍수가 쏟아졌다. 미군은 포로가 12만 5,000명이 될 것으로 예상했지만 실제로는 31만 7,000명이 되었다. 그리고 "노예 노동자 20만 명과 연합군 전쟁포로 5,639명을 해방시켰다". 리지웨이는 브래들리로부터 큰 칭찬을 받았다. 브래들리는 리지웨이를 중장으로 승진시킬 것을 건의했다. 아이젠하워는 마셜에게 리지웨이가 "이번 전쟁이 배출한 가장 훌륭한 군인들 중의 한 명"이라고 전보를 쳤으며, 그의 승진을 적극적으로 지지했다.[47]

연합군이 독일로 최후의 일격을 가할 때 브래들리의 3개 군은 완만하게 진격한 몽고메리의 영국군에 훨씬 앞서 엘베 강의 '정지선'에 도착했다. 아이젠하워는 자존심 강한 몽고메리 원수를 설득하여 미군의 지원을 받아들이도록 했고, 리지웨이의 공수부대가 합류해 영국군의 진격을 가속화함으로써 소련군의 진격을 덴마크에서 차단했다. 리지웨이는 최후 공격부대에 참여하고자 열성적으로 응답했다고 블레어는 주장한다. 즉, "속도와 효율성에서 모든 기록을 다 확실히 깨트리겠다"는 것이었다. 그는 부대를 조직하여 엘베 강 쪽으로 250마일 이동했고, 독일군의 집중 포격을 받아가면서 도강을 강행해 발틱 해 방향으로 60마일 더 진격했다. ─ 그는 이 모든 일을 11일 만에 해치웠다. 이런 과정에서 그의 부대는 35만 9,796명의 포로를 받아들였다. 이 중에는 장성이 50명이었다. 독일군은 소련군이 아니라 미군에 항복하기를 열망했다. 이런 업적에 대해 브래들리는 '놀랄만한 일'이라고 했다. 그런가 하면 언제나 칭찬에는 신중하던 마셜도 리지웨이의 공적에 대해 '세상을 놀라게 하는 것'[48]이라고 했다.

한국전쟁 마지막 2년 반 동안의 전투를 지휘한 두 장군, 즉 펑더화이와 리지웨이는 몇 가지 공통점을 갖고 있었다. 두 사람은 직업군인으로서 병사들과의 관계가 돈독했으며 전투를 진두지휘했다. 두 사람은 의도한 바를 획득하기 위해 위험을 무릅쓰는 대단한 용기와 의욕을 갖고 있었다. 두 사람은 정치에 휩쓸리는 일을 회피하려 노력했다. 그리고 정치적 현안에 어쩔 수 없이 관여하게 되었을 때 두 사람은 군사 영역에서보다 정치 영역에서는 효율성이 훨씬 떨어졌다.

그렇지만 그들의 경험과 강점은 상당히 달랐다. 펑더화이는 공식 교육을 별로 받지 않았으며, 세련되지 못했고, 독학을 한 군인이었다. 그의 기록에 의하면 그는 게릴라전에서 훌륭한 전술가였으나 혁혁한 전공을 세운 적장과 마주쳤을 때에는 평범한 전략가에 불과했다. 리지웨이는 웨스트포인트 육군사관학교로부터 육군지휘참모대학, 육군참모대학을 거쳐 엘리트 군사교육을 받았다. 그는 2년 이상 전쟁기획부에서 근무했다. 제2차 세계대전 중에는 대규모 군 작전을 지휘한 광범위한 경험을 쌓았으며, 빼어난 전술가였고, 공수부대를 위한 수많은 훈련 프로그램, 교리 및 전략을 수립했다. 그의 전시 기록은 그가 공수 및 보병 임무와 관련해 대단히 훌륭한 전략가임을 보여줬다.

한국에서의 지휘 상황도 두 지도자는 크게 달랐다. 펑더화이는 대규모 병력을 갖고 있었으나 훈련이 제대로 되지 않았으며 장비도 형편없었다. 중국군은 탄약과 식량이 부족한 때가 많았다. 중화기를 별로 갖지 않았으며 전투지대에서 공중 지원을 전혀 받지 못했다. 리지웨이는 규모가 제한되어 있고 동기와 사기가 떨어지는 군대의 지휘를 맡았다. 적군과 비교했을 때 유엔군은 무기가 우수했고, 포대와 탱크를 많이 보유하고 있었으며, 실질적으로 공중은 도전을 허용하지 않았다.

더구나 두 지휘관은 최고위 정치 지도부와의 관계가 판이했다. 펑더화이는 마오쩌둥 주석으로부터 전략적 지시와 전술적 개입을 수시로 받아야 했다. 리지웨이는 군대의 구조와 폭격 가이드라인 안에서 자유 재량권을 가졌다. 그의 명목상 군 상관인 더글러스 맥아더 장군은 리지웨이가 한국 전황에 적합하다고 본대로 작전을 전개할 수 있는 자유를 주었다. 리지웨이의 민간인 상관인 조지 C. 마셜은 육군에서 그의 후원자였으며 당시 국방장관이었다. 그리고 마셜은 근본적으로 국무장관과 대통령의 거의 전폭적인 지지를 받는 가운데 정책을 수립했다.

리지웨이, 공격정신을 소생시키다

맥아더가 현재의 병력수준으로 전투를 계속하라는 명령에 격노하고 압록강 국경을 넘어선 폭격이 계속 제한되고 있는 상황하에서 펑더화이는 제3차 공세를 개시했다. 이 중국군 사령관은 다음 공세를 봄까지 늦추자는 주장을 폈었다. 하지만 마오쩌둥은 더 빠른 승리를 요구했으며, 스탈린은 그에게 더 많은 무기를 제공하겠다고 약속하면서 강행군을 촉구했다. 공격은 12월 31일 시작되었다. 중국인민지원군은 40만 명, 개편되고 장비를 갖춘 조선인민군은 7만 5,000명인 데에 반해 유엔군은 고작 27만 명이었으며 공격군과 대결하기에는 약화되고 사기가 저하된 상태였다. 공산군은 유엔군을 서울, 인천, 김포공항에서 한강 이남으로 밀어냈다. 새로 임명된 유엔군 사령관 매슈 리지웨이 중장은 화가 단단히 났다. 왜냐하면 그가 명령을 내렸는데도 유엔군은 적과 접촉을 유지하지 못하거나 반격을 가하지 않았기 때문이다. 펑더화이는 9일 동안 공세를 취한 다음 공격을 멈추고 부대가 방어 자세를 취하도록 했다. 이는 전쟁을 3월 중순 끝장낼 것으로 예상하고 마지막 공세를 준비하며 군대를 재편하기

위한 것이었다.[49]

리지웨이는 전과가 형편없는 데 실망해서 제8군의 전투 잠재력을 재구축하고 공격적인 전투정신을 함양하기 위한 비상대책을 실시했다. 그는 사단장 몇 몇과 군단장 한 명을 갈아치웠다. 모든 대대를 찾아다니며 개인적으로 영감을 불어넣는 연설을 했고, 지휘관들에게는 공격적이어야 하며 타 부대와 잘 협력해야 할 필요성을 역설했다. 그는 한국군 사단의 절반을 미군 군단에 배속시켜 군건한 포대와 장갑차 지원을 받도록 했다. 그리고 군수 지원을 개선해 혹한 속에서 작업하는 병사들에게 따뜻한 식사와 무기를 제공토록 했다. 1월 중순까지 리지웨이는 제8군이 어떤 전투를 하기 원하는지 시범을 보여줄 태세가 되어 있었다. 새로 부임한 사령관은 용사로 알려진 장교가 지휘하는 실전 경험 연대 하나를 뽑아서 1월 15일부터 중국군의 방어를 탐색하라고 명령했다. 정찰부대는 한국의 서해안으로 치고 올라가면서 그들이 마주친 제한된 저항을 효과적으로 제거했다. 열흘 뒤 유엔군은 한강에 도달하려는 시도로 사단 규모의 공격을 감행했다. 강력한 저항에 부딪혔음에도 불구하고 선더볼트 작전은 10~12마일을 전진함으로써 새로운 응집력과 전투정신을 보여주었다. 이런 두 작전은 유엔군에 새로운 표준이 되었다. 비록 한강에 도달하지는 못했지만 리지웨이의 성공적인 공격은 도쿄와 워싱턴에서 연합군이 한국에서 전선을 고수할 수 있는 능력에 대해 낙관론이 나오게 했다.[50]

군사 상황이 개선되자 대중국 전쟁 확대와 관련한 맥아더의 제안에 대해 행정부의 조치가 수립되었다. 콜린스 장군과 반덴버그 장군이 1951년 1월 19일 전선에서 보내온 고무적인 보고서가 논의를 이끄는 데 일조했다. 국가안전보장회의의 위원들 가운데 국무부와 국방부 대표들은 중화인민공화국에 대한 어떤 새로운 조치는 유엔에서 동맹국들의 지지를 받을 필요가 있다고 강조했는데, 이는 사실상 획득하기 불가능한 것이었다. 1월 24일 이런 종류의 제안들을 다루고자 국가안전보장회의가 소집되었을 때 위원들은 어떤 조치를 취하기를 연기하고 더 연구할 것을 요청했다. 마셜 장군은 행정부가 '이미 발생한 급변

사태에 비추어 볼 때' 이런 조치들을 지지하는 것이 '현명하지 못한 처사'라고 생각했다고 나중에 언급했다. 맥아더가 요구한 바의 확전 압력을 거부하기로 결정함으로써 트루먼 행정부는 한국에서 제한전쟁을 하기로 분명한 선택을 했다. 맥아더의 권위와 신뢰성은 11월 공세의 실패와 그다음에 그가 보인 고통과 공황으로 심각한 타격을 입었다. 그의 주요 전기 작가가 주장한 바와 같이 "1월 중순 제3차 세계대전이냐 제한전쟁이냐 하는 맥아더의 가짜 흑백논리(false dilemma)가 알려진 것은 그의 군 경력의 종말의 시작을 알리는 것이었다".[51]

리지웨이, 중국군의 진격을 저지하다

중국군이 전사자와 부상자를 대체하고 다음 공세를 위해 재편 중일 때 리지웨이는 한강 계곡을 향한 압박과 탐색을 계속했다. 유엔군의 공격으로 중국인민지원군은 전투 준비가 교란되었지만 펑더화이는 공격력이 강한 미군부대를 피해서 한국군에 집중하는 방향으로 작전계획을 다시 짰다. 펑더화이는 공세를 3월 중순까지 늦출 것을 강력하게 주장했지만 마오쩌둥은 그의 의견을 각하하고 유엔군을 더 남쪽으로 밀어붙이도록 공격할 것을 강요했다. 중국의 제4차 공세는 2월 11일 밤에 시작되어 미군 포대 및 탱크부대의 지원을 받는 한국군 2개 사단을 집중 공략했다. 세 개의 별도 전투 중 두 군데에서 유엔군이 우세를 보여 전선을 지키는 가운데 중국인민지원군 5만 3,000명의 사상자를 발생시킨 반면 자체 손실은 훨씬 적었다. 펑더화이는 군대를 온전하게 유지하기 위해 공세를 시작한 지 9일 만에 중단하고 이동방어를 하면서 증원을 기다렸다. 유엔군은 북진을 계속해 3월 15일 서울을 재탈환하고 건실한 방어선을 구축하기 위해 39도선까지 치고 올라갔다. 중국의 공세는 심각한 타격을 받았다. 리지웨이의 강력한 지휘하에 유엔군은 세심하게 준비된 방어진지, 우수한 대포, 탱크 및 공중 지원 그리고 공격적인 리더십을 활용해 숫자가 많은 중국

그림 10.2 주한 유엔군 사령관 매슈 리지웨이 중장(왼쪽)이 제1기갑사단장 찰스 팔머 소장과 함께 있다. 한국 춘천, 1951년 3월 25일. 자료: 미군 사진, 국립기록보관소

인민지원군을 물리칠 수 있는 해결책을 개발했다(그림 10.2 참조).[52]

리지웨이의 성공은 전쟁 수행과 더글러스 맥아더에 대해 예기치 않은 결과를 가져왔다. 맥아더 장군과 워싱턴의 지도자들은 이 전쟁의 궁극적인 목표에 대해 다시 생각할 수 있게 되었다. 전장에서의 진전에 힘입어 극동군사령관은 크고 작은 승리의 영예를 누렸다. 또한 그는 병력은 더 많이 필요하고 공군과 해군의 타격에 대한 제한은 더 줄여야 한다는 과거의 의견을 다시 강력하게 피력했다. 야당의 하원 원내대표 조지프 W. 마틴 주니어(Joseph W. Martin Jr., 1884~1968, 공화당 매사추세츠)가 중국 국민당 군을 활용해 전쟁을 확장하는 문제에 대해 그의 견해를 묻자 맥아더는 3월 20일 응답했다. 그의 회답은, 그가 행정부 지도자들에게 공산당에 대항한 전투의 주안점이 아시아임을 확신시키

려고 노력했으나 실패했으며, 만약 아시아에서 실패하면 '유럽의 함락은 필연적'이라는 것이었다. 그는 미국 정가에서 여러 해 동안 되풀이된 "승리 이외의 대안은 없다"[53]는 말로 결론을 맺었다.

　위싱턴의 고위 관리들은 전쟁 해결을 위한 협상을 유엔에서 모색하고자 외교적인 조치의 정치적 기반을 마련하는 데에 집중했다. 맥아더는 이런 준비 작업에 대해 듣고서 3월 24일 언론 성명을 발표했다. 즉, '중공'은 취약한 상황에 처해 있으며, 평화협정을 체결하거나 그렇지 않으면 확전을 직면하게 된다는 것이었다. 연합국 외교관들은 즉각 확전 전망에 우려를 표명했으며, 트루먼은 맥아더의 외교 사안에 대한 대통령의 권한 침해에 격노했다. 마틴 의원이 4월 5일자 미 연방의회 의사록에 맥아더의 "승리에 대안은 없다"는 서신을 올리자 대통령은 맥아더 장군을 해임하기로 결정했다. 트루먼은 그의 모든 고위 보좌관들, 합참 및 민주당 의회 지도자들에게 그가 내린 결정의 타당성을 설득하는 데 며칠 걸렸다. 맥아더의 해임이 임박했다는 소문이 도쿄에서 나돌자 국방부는 이 결정을 조기에 발표하지 않을 수 없어 4월 11일 오전 1시 맥아더 사령부의 고위참모 4명 모두에게 매슈 리지웨이의 임명 소식을 통보했다. 트루먼이 그런 결정을 내린 강력한 근거는 최고사령관으로서의 자신의 권위를 맥아더가 반복적으로 도전했다는 점이었다. 트루먼은 한 친구에게 편지를 썼다. "나는 잠시 생각해보는 사람이라면 누구나 정부의 수장에 두 명의 정책결정자가 있을 수 없다는 것을 이해하리라 생각하네. 나는 우리의 극동군사령관이 자기가 국내 정부에 무엇을 하라고 말할 수 있는 '식민지 총독'과 같은 거물이 되기로 작정했다는 것을 대단히 걱정스럽게 생각한다네."[54]

　위싱턴이 맥아더의 전쟁 행위와 트루먼의 해임 결정에 대한 상원 청문회를 준비하는 동안, 펑더화이는 제5차 공격 계획에 마지막 손질을 가하고 있었다. 이번 공격은 최대의 병력을 동원하고 가장 강력한 전투를 포함하는 것이었다. 중국인민지원군은 공격의 첫 단계에서 최전선에 54만 8,000명을 투입했으며 한국에 파병할 수 있는 예비 병력도 50만 3,000명에 이르렀다. 지상군 공격이 시작되기 전에 미 공군은 모스크바가 추가로 공급한 MiG-15기 90대를 위해 중국군이 서둘러서 완공하려는 8개의 공군기지를 제거했다. 이로써 전장의 제공권은 완전히 유엔군이 장악하게 되었다. 왜냐하면 소련은 압록강 계곡 이남에서 자국 전투기 부대가 작전하는 것을 허가하지 않았기 때문이다. 중국군은 4월 22일 제5차 공격의 제1단계에 착수했으며, 치열한 전투가 7일간 계속되었다. 대규모 중국인민지원군은 유엔군을 38선 아래의 한강 바로 북쪽까지 내몰았다. 강력한 방어로 리지웨이의 군대는 서울을 지켜낼 수 있었으며, 중국군과 북한군은 사상자가 3만 명에 달한 반면 유엔군 사상자는 4,000명에 불과했다. 양측이 재정비하고 보급품을 다시 받은 다음 펑더화이는 춘계공세의 제2단계를 5월 16일 착수했다. 이때의 공격은 두 미군 사단 사이에 위치한 한국 군단에 집중되었다. 중국군은 이 공격에서 불리한 처지에 있었다. 왜냐하면 중국군은 예비 병력에서 충원된 신병을 사용한 한편 새로운 부대는 경험이 없었고 미군이 전개하는 화력을 접해본 적이 없었다. 유엔군은 기동성 있는 방어와 막강한 포사격을 이용해 대규모 병력을 저지하고 전투 일주일 동안 7만~8만 명의 사상자를 발생시켰다.[55]

리지웨이는 의기소침한 유엔군의 전세를 역전시킨 데 대해 큰 상찬을 받아 마땅했다. 군사분석가 토마스 릭스(Thomas Ricks)는 그의 혁혁한 전공을 이렇게 묘사한다. "합참은 덩케르크 타입의 작전으로 한국을 포기하고자 한 반면 더글러스 맥아더 장군은 공산 중국을 상대로 한 광범위한 전쟁을 옹호했다. 리지웨이는 우수한 리더십이라는 대안을 제공했다. 그는 군단장 한 명, 6개 사단장 중 5명과 19개 연대장 중 14명을 교체했다. 3개월 내에 그는 중국군에 치명상을 입히고 적을 38선 이북으로 밀어 올려 한국을 구했다."[56]

중국군이 치명상을 입은 것을 계기 삼아 리지웨이와 밴플리트는 즉각 역공을 시작해 북한으로 치고 올라가려 했다. 5월 23일, 그들은 연합군 전체 병력으로 하여금 한반도를 가로질러 총공세를 펴 지리멸렬한 중국인민지원군을 평양 쪽으로 내몰았다. 유엔군은 군사적 우위를 회복하고 6월 10일 이후 견실한 방어진지를 구축했으며 방어선을 지킬 태세를 갖췄다. 중국군은 10만 명을 상실하고 1만 2,000명이 포로로 잡힌 반면, 유엔군의 손실은 4만 명이었다. 6월 말 각 측은 상대편을 패퇴시킬 수 없다는 것을 깨달았지만 군 지휘관들은 전투를 중단시킬 방법을 알지 못했다. 워싱턴과 베이징의 정치지도자들은 이미 어떻게 전투를 중단시킬 것인지 따져보기 시작했다.[57]

휴전에 이르는 험난한 길

휴전회담이 성사되기 위해서는 시간이 필요했으며 유엔군은 더 많은 성과를 올려야 했다. 미국 국무부는 워싱턴이 전투 종료를 위한 회담에 관심이 있다는 신호를 수차에 걸쳐 배후 채널을 통해 모스크바와 베이징에 보냈다. 중국의 제5차 공세의 제1단계에서 큰 희생을 치른 뒤에야 공산주의자들은 응답했다. 5월 3일 주유엔 소련대표부의 한 하급 외교관이 미국 상대방에게 자기 정부는 한국에서의 휴전 논의에 열려 있다고 언급했다. 국무부는 미국에서 가장 경험 많은 소련 전문가 조지 F. 케넌에게 주유엔 소련대표 야코프 말릭(Yacov Malik, 1906~1980)을 만나 이 문제를 탐색해줄 것을 요청하기로 결정했다. 케넌은 훌륭한 선택이었다. 왜냐하면 소련 정치와 문화에 대한 그의 지식은 타의 추종을 불허했으며, 그는 국무부로부터 휴가를 받아 프린스턴고등연구소에서 연구 활동 중이었다. 그렇기 때문에 그의 언급은 승인되지 않은 것이라고 그럴싸하게 부인될 수 있었다. 하지만 케넌도 정치적 앙금을 갖고 있었다. 그는 한국을 무력 통일하기로 한 결정에 반대한 것으로 알려졌으며, 유명한 칼럼리스트 스튜어트 올솝(Steward Alsop, 1914~1974)과의 인터뷰에서 최근 맥아더의 상원 청문회 증언을 맹렬하게 비난했다. 케넌은 5월 31일 말릭을 만나고 6월 5일 다시 만나 모스크바가 한국 문제의 평화로운 해결을 원하지만 회담 자체에는 참여하지 않을 것이라는 메시지를 갖고 왔다. 케넌은 이런 신중한 포지션이 충분히 긍정적인 것이라고 보고 애치슨으로 하여금 그대로 추진하도록 강력하게 권고했다. 국무장관은 이 권고를 받아들여 언론인에 대한 배경설명과 상원 위원회에서의 공개증언을 통해 미국이 휴전 추진에 관심이 있음을 명확하게 밝혔다.[58]

워싱턴의 관리들은 모스크바와 베이징으로부터 추가 반응이 오기를 기다렸다. 세 공산국 수뇌들은 언제 어디서 회담을 개최할 것이며 어떻게 회담을 진행할 것인지에 대해 의견을 교환했다. 6월 23일 말릭 대사는 모스크바는 휴전협상을 지지한다는 신호를 보냈으며, 38선이 분단선이고 양 적대세력 사이에 중립지대를 조성하기 위해 병력이 철수해야 한다는 점 등을 시사했다. 그러는 사이에 국무부와 국방부의 실무자들은 협상에 임하는 유엔 측의 초기 입장을 성안해냈다. 회담은 한국의 휴전과 관련된 군사적 쟁점에만 집중할 것이었다. 중국, 타이완 또는 일본과의 향후 관계는 논의 대상이 아니었다. 유엔 측 협상단의 대표는 극동군사령관 리지웨이 장군이 맡을 예정이었다. 휴전이 되면 군대는 현 위치에 그대로 있을 것이었다. 군 지도자들은 38선으로 철수하기보다 현 위치에 머무는 것을 선호했다. 이런 정책은 협정이 체결될 때까지 전투가 지속된다는 것을 상정했다. 협정에는 20마일 너비의 비무장지대와 관련된 조항이 포함될 것이었다. 그리고 전쟁포로의 교환은 1대 1 기준으로 주선될 것이었다. 애치슨과 마셜, 그리고 대통령이 승인한 이런 요소들을 갖고 리지웨이 장군은 6월 30일 공산지도자들에게 휴전을 논의하기 위해 시간과 장소를 제안하라는 라디오 방송을 했다. 펑더화이와 김일성은 다음날 응답하면서 회담 장소로 개성을 제안했다. 추가로 의견을 교환한 뒤 7월 10일에 첫 회합을 열기로 합의가 이뤄졌다.[59]

휴전회담은 간헐적으로 2년 동안 지속되었다. 한쪽 편이나 상대방이 다른 편의 협상 요구사항에 신랄하게 동의하지 않을 때 회의 중단 사태가 빈번하게 일어났다. 유엔 측 협상대표들은 개성이 공산주의자들을 위한 선전장 역할을 하고 있다는 것을 알아채고는 협상장소를 대항군 사이의 한 장소로 옮길 것을 강력하게 주장해 결국 판문점으로 정했다. 회담 중에도 전투는 지속되었으며 지상군 활동은 목표가 제한적이었다. 유엔군 사령부는 공격 재개를 위한 보급품 비축과 인력 증강을 저지하기 위해 북한 지역 내의 철도, 보급창 및 도시들에 대해 무수히 맹폭격을 가하고 소이탄 공격을 했다. 사상자는 계속 늘어났으며, 공산주의자들이 휴전협정 체결 직전에 그들의 위상을 개선하기 위해 일련의 공격을 시작함으로써 그들은 10만 8,000명을 잃은 반면 유엔군 측 전사자는 5만 3,000명이었다.[60]

휴전협상은 두 가지 쟁점이 지배했다. 첫째는 휴전선의 위치였다. 여러 달 동안 지연된 뒤 중국과 북한 대표단은 자기들의 입장을 뒤집어 협정이 체결되는 시점의 전투선을 휴전선으로 받아들여 유엔군 측을 놀라게 했다. 회담이 시작된 지 거의 5개월이 지난 11월 27일, 협상 당사자들은 휴전선 적용의 조건에 합의했다. 가장 어려운 쟁점인 포로교환 문제로 18개월이 더 소요되었다. 근본적인 문제는 미국이 포로의 자발적인 귀환을 강력하게 주장한 데에 있었다. 그 의미는 어느 전쟁포로건 잡힐 당시의 자기 나라로 돌아가기를 원치 않으면 귀환을 강제할 수 없다는 것이었다. 유엔군 사령부가 수용하고 있는 포로는 13만 2,000명인 데 반해 공산 측은 1만 1,400명을 수용하고 있었다. 유엔군 측 지휘부는 그들이 수용하고 있는 포로들 가운데 다수가 중국과 북한 당국에 의해 강제로 징집되었으며 돌아가면 정부로부터 학대를 받거나 처형될 것이 두려워 송환을 원하지 않는다는 것을 알고 있었다. 포로를 대상으로 실시한 소원수리 결과, 유엔군 측 포로의 절반 남짓만 귀환을 원하는 것으로 나타나자 공산군 측은 그 결과를 공격하며 협상장을 박차고 나갔다. 아무런 진전 없이 수개월이 지나갔으며, 양측은 일정 정도 우위를 확보하기 위해 상호비방전을 펼쳤다. 미군 측은 공산군 측이 포로를 학대한다고 비난했다. — 때리고 굶기며 세뇌하고 처형했다는 것이었다 — 공산군 측은 그 대신 미군 측이 그들의 국민을 약화시키기 위해 세균전을 벌이고 있다고 비난했다.

최근 비밀 해제된 문서에 의하면 중국과 북한 지도자들은 휴전의 조건을 놓고 충돌했다. 마오쩌둥은 현재의 전투선을 휴전선으로 받아들이자는 논쟁에서 이겼다. 그렇게 되자 김일성은 휴전을 모색하고 포로의 부분적인 송환을 받아들이고 싶어 했다. 그러나 마오쩌둥은 전투의 지속을 고집했다. 그 목적은 포로를 전원 송환받고, 소련의 군사원조를 더 많이 받으며, 아시아 혁명에서 중국의 리더십을 강화하는 것이었다. 1953년 초까지 중국은 대부분의 목표를 달성했으며 휴전하기를 원했다.[61]

워싱턴과 모스크바의 정부 최상부가 교체됨에 따라 판문점에서의 교착상태도 결국 타개되었다. 1952년 11월 드와이트 D. 아이젠하워는 대통령선거에서 완승을 거두었다. 승리한 요인은 부분적으로는 한국전쟁을 끝내겠다는 약속을 한 데에 있었다. 그는 직접 현황을 파악하기 위해 전선을 조기에 시찰했다. 그리고 취임 후에는 합참에 공산군 측에 추가 압박을 가할 계획을 수립하라고 지시했다. 여기에는 공산군 측이 휴전협상을 계속 저지할 경우 핵무기의 사용 가능성도 포함되어 있었다. 아이젠하워 행정부는 미디어에서 핵무기의 사용 가능성에 대한 논의를 권장했으며, 중립국 대사들을 통해 외교적 신호도 보냈다. 하지만 그 당시 또는 그 이후의 일부 주장과는 반대로 한국에서 전투가 종식된 계기는 다음 5월에 떠돈 핵 위협이 아니라 1953년 3월 5일 스탈린의 사망 때문이었다. 3월 19일 소련 각료회의는 휴전협정의 신속한 체결을 요구하는 결의안을 채택했다. 그리고 3월 30일, 저우언라이는 공산군 측이 포로의 자발적인 송환을 받아들일 것이라고 발표했다.[62]

협상대표들은 6월 8일까지 포로송환 쟁점에 관한 몇몇 세부 내용을 제외하고 모든 문제를 해결했다. – 그러나 하나의 주요한 장애가 남아 있었다. 이승만이 전투를 중단하고 대략 38선에서 휴전을 받아들이려는 모든 시도에 강력하게 반기를 든 것이었다. 그리고 한국의 대중은 이승만을 전폭적으로 지지했다. 휴전회담이 마무리 단계에 있을 때 이승만은 협정 체결을 무산시키기 위해 6월 18일 북한군 포로 2만 7,000명의 석방을 명령했다. 미국과 연합국의 군부 및 민간 지도자들은 격노했으며, 이승만의 행동을 맹렬히 비난했다. 아이젠하워 행정부는 한국의 대통령에게 더 이상 휴전을 방해하지 않겠다는 약속을 하라고 강력한 압력을 가했으며, 이 노령의 독재자는 미국과의 방위조약 체결 및 상당한 재건원조의 제공을 약속받고 나서야 승복했다. 공산군 측 지도자들은 한국의 반공포로 석방에 대해 일상적인 불평을 늘어놓은 뒤 협정을 체결할 의사가 있음을 표명했다. 1953년 7월 27일, 드디어 수석대표들이 휴전협정에 조인했다. 아이젠하워 대통령과 존 포스터 덜레스 국무장관이 대단히 평판이 나쁘고 교착상태에 빠져 있던 전쟁을 종결시킨 데 대해 자랑스러워하는 것은 당연했다. 그들은 스탈린의 죽음이 이런 결과를 가져오는 데에 얼마나 중요한 역할을 했는지 알지 못했다. 하지만 그들은 군부의 강력한 신임을 받는 공화당 소속 대통령만이 그런 협정을 체결할 수 있었으며, 그것을 새로이 공화당이 여당인 의회와 미국 국민들에게 성공적으로 홍보할 수 있었다는 사실을 이해하고 있었다.[63]

평가

북한은 한국전쟁을 일으켰으며, 만약 미국이 공표한 정책을 뒤집어서 한국을 보호하기 위해 개입하지 않았더라면 상대적으로 손쉽게 승리했을 것이다. 북한의 공산정권은 지도자 김일성과 함께 생존했으며, 김일성은 그의 지배를 공고히 하기 위해 노동당 부위원장이자 부수상인 박헌영을 포함한 남로당 출신 정적들을 대거 숙청했다. 전쟁의 대가는 엄청났다. 도시와 산업은 산산조각이 났다. 국민들은 연타 당하고 굶주렸다. 군대가 입은 손실로는 조선인민군 사망자가 21만 5,000~35만 명, 부상자가 30만 3,000명, 실종 또는 투옥자가 12만 명에 이르는 것으로 추정되었다. 민간인의 총 사상자는 155만 명으로 추정되었다.[64]

한국도 물리적으로 황폐화되었고 인명 손실이 막대했지만 독립을 유지했으며 이승만은 점점 더 독재자가 되어갔다. 한국은 재건을 하면서 부패가 만연한 어려운 시기를 견뎌내야 했다. 워싱턴은 한국의 재건과 군의 증강을 위한 원조를 계속했다. 한국의 병력 손실은 전사자 13만 7,899명, 부상자 45만 742명이었고, 민간인 총 사상자는 99만 968명이었다.

미국은 한국의 독립을 보전했으며, 전략적 중요성이 높은 것으로 보이지 않는 국가에서 공산 침략을 저지하기 위해 무력을 사용할 것임을 보여주었다. 적절한 병력과 장비를 공급받고 강력한 지휘관을 임명한 후 미군은 중국군과 북한군을 한반도에서 물리칠 수 있었다. 하지만 트루먼 행정부는 군사 및 외교 비용이 너무 높은 것을 알고 제한전쟁을 선택함으로써 한국과 북한 사이에 분쟁의 불씨를 남겨놓았다. 이 과정에서 미국은 또한 중화인민공화국의 타이완 병합을 저지했으며, 베이징으로부터 지속적인 적의와 의혹을 사게 되었다. 미국의 동맹국들은 더글러스 맥아더가 유엔군 사령관으로서 치명적인 전략적 오판을 한 뒤에도 수개월 동안 계속 지지한 미국 행정부의 판단에 의문을 제기했다. 또한 한국은 잠재적인 아시아의 적대자들 가운데 미결 상태의 외국 분쟁을 대하게 될 때 미국 대중의 단호한 의지에 대한 의구심을 키웠다. 한국전쟁에서 미국이 입은 손실은 상당했지만 여타 3대 전투보다는 훨씬 적었다. ✢ 미군은 전사자가 3만 6,574명이었고 부상자가 10만 3,284명이었다.

중화인민공화국은 세계에서 가장 강력한 초강대국과 교착상태에 빠질 때까지 전쟁을 했으며, 그 전쟁을 이용해 공산당 정부의 지배와 정통성을 강화했다. 하지만 마오쩌둥은 미 제국주의자들을 한반도에서 몰아내겠다는 약속을 이행할 수 없었다. 이 전쟁이 실증해준 것은 내전을 승리로 이끈 전략이 미군

✢ 미국의 3대 전쟁 및 사상자는 다음과 같다. 남북전쟁(전사자 49만 8,332명, 부상자 28만 1,881명), 제1차 세계대전(전사자 11만 6,516명, 부상자 20만 4,002명), 제2차 세계대전(전사자 30만 5,339명, 부상자 67만 1,846명). 자료: 기도 요시유키, 『미국사 시리즈』 제2권, 2019, 이와나미쇼텐_ 옮긴이

의 화력과 기동성을 극복하는 데는 적합하지 않다는 것이었다. 마오쩌둥은 중국이 국익을 위해 전쟁을 하는, 다시 살아난 군사 강국임을 보여주는 데 성공했으며, 공산정권에 대한 미국의 조기 공격 전망을 제거했다. 전쟁이 끝난 뒤 소련은 중국 전역에서 산업 및 사회간접자본 프로젝트들을 만들어낼 수 있는 원조를 아낌없이 제공했다. 중화인민공화국이 추정한 한국전쟁 중의 손실은 15만 2,000명이 사망하고 38만 3,500명이 부상당했으며 45만 명이 입원치료를 받았다는 것이었다. 하지만 미군 정보당국은 이 같은 수치가 낮다고 보면서 중국의 손실이 사망자 40만 명, 부상자 48만 6,000명에 달했다고 추정했다. 또한 주목할 만한 점은 소련군 사망자가 282명이었다는 것이다. 이들은 주로 압록강 계곡에서 공중 지원을 할 때 숨졌다.

선즈화와 야평샤에 의하면, 중국이 전쟁을 주도하는 기간 동안 "모스크바는 모든 주요한 문제에 대해 베이징과 뜻을 같이 했다". 중화인민공화국은 전쟁과 관련된 결정을 지배했으며, 그 과정에서 김일성에게 창피를 주었다. 이로 인해 김일성은 '베이징에 대한 원한'이 골수에 맺혔다. 중국 군부 지도자들은 "북한의 지휘 및 전투 능력을 종종 업신여겼다". 하지만 일부 해석과 반대로 "마오쩌둥은 김일성을 물러나게 할 생각을 한 적이 없으며" 북한의 국내 문제에 전혀 간섭하지 않았다.[65]

헨리 키신저는 이렇게 주장한다. "역설적이게도 한국전쟁에서 최대의 패배자는 스탈린이었다." 그가 남침을 승인하고 사실상 모든 무기와 보급품을 제공했음에도 불구하고 이 소련 지도자는 북한이 패배하고 황폐화된 모습을 보게 되었고, 베이징이 모스크바를 대신해 전후의 북한에서 주된 영향력을 행사하게 되었던 것이다. 스탈린은 중국이 한국전쟁에 개입하도록 강요했는데, 그 결과 인민해방군을 재무장하고 훈련시킴으로써 마오쩌둥이 더욱 독자적으로 행동하도록 부추긴 꼴이 되었다. 종전과 더불어 "소련의 대중국 관계는 악화되었다. 그 원인은 스탈린이 김일성으로 하여금 모험을 하도록 부추기면서 중국에 보인 불투명성, 중국이 한국전에 개입하도록 압력을 행사하던 때의 잔인성, 그리고 무엇보다도 모든 군사 지원을 상환해야 하는 차관 형태로 제공한 인색한 태도 등에 적지 않게 있었다".[66]

비록 대규모 전투 작전은 1953년 7월 멈추었지만 남북한 군 간의 충돌은 수시로 발생했다. 미국은 현재 한국에 2만 8,500명의 병력을 주둔시키고 있지만 최근 새로운 기지 단지를 건설했으며 병력을 서울로부터 40마일 남쪽으로 뺐다. 워싱턴은 한반도의 정치적 상황이 더욱 안정될 때까지 병력을 유지한다는 계획이다.[67]

한국전쟁의 가장 중요한 결과는 미국과 소련 간의 전략무기 경쟁이 엄청나게 확대되었다는 것이다. 미국의 국익에 대한 소련 및 중국 발 위협이 제3차 세계대전을 유발할 수도 있다는 추정에 근거하여 미국은 유례없는 군사력 증강에 착수했고, 이는 냉전을 변환시켰다. 역사상 최초로 미국은 막대한 국방예산을 들여 평시에 대규모 상비군을 유지했으며, 대기업의 관심은 높은 수준으로 유지되고 있는 군비 지출에 집중되었다. 소련은 1945년 이후 군사력을 개선해왔지만, 미국이 군비와 기지를 확장하는 상황에 대처해 모스크바의 지도자들은 계획보다 더 많은 자원을 군대에 투입했다.

이 책의 나머지 부분인 제2부에서는 미국과 소련의 군사력 증강 실태에 관해 집중적으로 다룬다. 한국전쟁의 수행에 관해 더 많은 정보를 알고자 하는 독자들은 이 책 말미의 주석에 인용된 문헌을 참고하기 바란다.[68]

제2부 냉전의 시대

11

조지 C. 마셜과 로버트 로벳,
미군 증강을 지휘하다

 1950년 10월 19일 중국이 한국전쟁에 본격적으로 개입함에 따라 전쟁의 흐름이 완전히 바뀌었으며 모스크바와 워싱턴 간 냉전이 대폭 변환되었다. 하지만 미국의 정보력 부재와 중국의 효과적인 기만으로 말미암아 미국 관리들은 한 달 동안 사건의 의미를 완전히 파악하지 못했다. 앞 장에서 논의한 바와 같이 분석가들은 한국에 새로 나타난 군대가 중국군이라는 사실에 동의하는 데 2주가 걸렸다. 그런 다음에도 새로 등장한 군대의 숫자와 임무를 심각하게 과소평가했다. 11월 중순까지 민간 및 군부 지도자들의 의견은 중국의 개입 규모가 제한적(아마도 10만 명 미만)이고 그 목적은 압록강 국경 남쪽에 완충지대를 구축하여 보유하려는 것이라는 데 일치했다. 워싱턴의 고위 관리들은 두 가지 점, 즉 소련이 중국의 새로운 행동을 지시·통제했으며, 미국은 중화인민공화국과 전면전쟁을 회피해야 한다는 데 의견을 같이 했다.
 연합군사령관에게 새로운 지침을 준비하면서 일부 국무부 관리들은 유엔군의 공격작전을 중단하고 한반도 허리를 가로지르는 방어 태세로 철수하며 전투를 끝내기 위한 협상을 제안할 것을 건의했다. 11월 21일 국방부에서 열린 회의에서 합참과 마셜 장군은 맥아더가 제안한 적군을 분쇄하기 위한 전면 공격 계획을 승인하자고 제안했다. 국방부 관리들은 이 시점에서 휴전을 제안한다는 것은 적의 진정한 힘과 의도가 분명하게 나타나기 이전에 굴복을 하는 것이라는 주장을 했다. 참석자들은 마셜 장군이 전개한 논거를 애치슨 장관이 받아들이자 국방부의 전면 공격 건의를 채택했다.[1]

맥아더는 11월 24일 공격을 개시했는데 곧바로 심각한 난관에 봉착했다. 같은 날 펑더화이는 간파되지 않은 병력 15만 명의 보충을 받고 정보를 더 잘 파악하여 2차 공세를 펴면서 유엔군의 길어진 보급선과 맥아더 휘하의 동해안을 따라 치고 올라간 10군단과 서해안을 따라 올라온 8군 사이에 틈새가 크게 벌어진 엄청난 취약점을 이용했다. 11월 28일 양 지역의 유엔군 부대는 완전히 패배를 당할 지경에 처했다. 압록강 국경 근처에서 최선을 다해 철수했으며, 얼마 후 38선 이남에 이르러서야 대대적 손실을 입은 병력과 장비를 재편성할 수 있었다. 이 시점에서 맥아더의 전략 판단은 더 이상 워싱턴의 의사결정을 좌지우지 못하고 신임국방장관과 차관이 새로운 접근방법을 수립하게 되었다.[2]

장군과 은행가

조지 C. 마셜과 로버트 A. 로벳은 1950년 9월 국방부의 장차관이 되었는데 그들은 이미 유별나게 긴밀한 협력 관계에 있었다. 그런 관계는 향후 닥칠 어려운 시기에 그들 자신과 국가를 위해 좋은 일이었다. 그들의 친밀한 관계는 출신 배경과 받은 훈련이 아주 상이했기 때문에 더더욱 놀라웠다. 마셜의 가정은 투자를 잘못해서 돈을 많이 잃기 전에는 재산이 적당히 있는 집안이었다. 군인이 되고 싶은 마셜은 수학 실력이 딸려서 육군사관학교를 지원하지 못하고 버지니아 종합군사학교를 선택했다. 이 학교에서 그는 자제력, 규율 및 사람다루는 방법을 배웠다. 공부를 열심히 하고 리더십이 있어 3학년 때 생도대장으로 임명되었다. 그는 육군에서 장교로 임관되는 데 오랫동안 애를 먹었다.

장교 숫자가 많지 않았고 그것도 육사출신들이 지배하고 있었기 때문이었다. 그는 윌리엄 맥킨리(William McKinley, 1843~1901) 대통령과 선약이 있는 사람과 함께 대통령 집무실로 몰래 들어가 맥킨리에게 직접 하소연하는 야심과 대담함을 보여줬다. 그는 장교시험 대상자로 선발되는 데 성공했으며, 시험을 통과하고 1901년 2월 2일 소위로 임관되었다.[3]

마셜의 초기 군 생활은 향후 출세가도를 달리는 데 큰 도움이 되는 보직들을 받았다. 필리핀, 오클라호마 준주, 텍사스에서 군복무를 한 다음 군사학교와 참모로 10년을 보냈다. 거기서 그는 전쟁의 계획과 전술의 모든 면을 배웠다. 또한 그는 장교 훈련의 경직성과 비현실성에 대해 점점 더 염려하게 되었다. 미국이 1917년 제1차 세계대전에 참전하게 되었을 때 마셜은 프랑스로 가는 최초 부대에 합류했다. 그는 미군 총사령관인 존 J. 퍼싱(John J. Pershing, 1860~1948) 장군의 참모가 되었으며 전술과 병참 전문가로서 두각을 나타냈다. 그는 예기치 않은 문제에 닥쳤을 때 임기응변 해결 능력이 뛰어났다. 휴전 후 마셜은 퍼싱의 보좌관이 되었는데 상관이 참모총장이었을 때도 그랬다. 5년 이상 그 자리를 지키면서 젊은 소령은 군이 정계와 재계 지도자들과 어떻게 관계를 맺는지에 대해 많은 것을 배웠다.

마셜은 워싱턴을 떠나 중국에서 3년 동안 연대를 지휘했으며 1927년에 조지아 주 포트 벤닝에 있는 보병학교에서 5년 동안 학교장보 및 교수부장으로 지냈다. 이 훈련기관에서 그는 혼란과 불확실성의 전시 환경에서 보일 리더십과 지휘의 원칙을 강조하기 위해 커리큘럼을 완전히 개정했다. 그는 전장 상황에 대한 실질적인 대응책을 가르쳤으며 그의 전기 작가 포리스트 포그(Forrest Pogue, 1912~1996)는 그가 다음과 같이 강조했다고 했다. "부하에게 내릴 가치가 있는 유일한 명령은 전쟁 초기 며칠 동안 혼란하고 준비가 되지 않은 상태에서 민간인 생활을 떠난 지 얼마 되지 않은 병사들이 쉽게 이해할 수 있고 적시에 준비해서 전달할 수 있는 것이어야 한다." 이 기간 동안 마셜은 학생들 중 가장 영리하고 장래가 촉망되는 지휘관을 알아보고 그들과 관계를 지속했다.

그들은 제2차 세계대전 중 그가 선택한 고위 지휘관들의 중핵을 형성했다.[4]

1930년대에 각종 보직 수행으로 마설이 더 높은 직책을 맡을 수 있는 준비를 마쳤다. 정치인들 및 대중과 접촉을 하고 획득한 경험을 통해 그는 대규모 상비군을 유지하는 것을 국가가 지지하지 않을 것임을 확신했다. 만일 외국으로부터 대규모 위협이 있을 경우 지원병, 징집병 및 주 방위군을 신속하게 동원해서 충당할 필요가 있을 것이었다. 일리노이 주 방위군과 3년 동안 연락관 노릇을 하면서 이런 시민군을 효과적인 전투부대로 만들기 위해 어떤 훈련이 필요한지 알게 되었다. 또한 그는 미국 제조회사들을 군수 생산으로 전환하는 데 상당한 시간과 돈이 든다는 것을 알게 되었으며, 국제적인 위기가 닥쳤을 때의 산업전환을 위해 계획을 사전에 수립해야 된다고 강력하게 주장했다. 1936년 10월 준장으로 승진한 마설은 전쟁부 고위 관리들과의 접촉을 통해 육군의 참모 구조가 경직되어 있어 새로운 환경에 제대로 적응하지 못한다는 것을 알았다. 그 이유는 연공서열 철칙과 각 참모부서의 이기적인 자율성 때문이었다. 이런 통찰은 ― 실질적이고 유연한 훈련과 전술에 대한 그의 신념과 더불어 ― 장차 그의 모든 공직에서 그의 지침이 될 것이었다.[5]

그는 1938년 10월 육군참모차장으로 임명되었을 때 국가적 인물의 반열에 올랐다. 전쟁의 먹구름이 유럽에서 모여들고 있었으며, 신임 차장은 대통령과 의견을 달리했다. 그 자리에 앉은 첫 달에 마설은 백악관에서 열린 군용기의 대폭적인 증산에 관한 회의에 참석했다. 이 증산은 미국제 전투기 수만 대를 영국과 프랑스에 판매하려는 프랭클린 루스벨트의 욕심을 채우기 위한 회의였다. 이 과격한 산업프로젝트가 구체적으로 논의되고 있을 때 마설은 대통령의 계획에 반대한 유일한 사람이었다. 그는 영국과 프랑스에 대한 원조와 더불어 미국의 지상군과 공군의 대폭적인 증강이 있어야 된다는 강력한 느낌을 받았다. 그리고 그는 대량의 비행기를 유럽으로 보낸다고 할지라도 미국은 비행사와 정비사를 훈련하고 전투기용 탄약을 생산해야 된다고 주장했다. 솔직하게 이야기하는 이 장군 때문에 대통령의 의견과 반대되는 결정이 이뤄졌으며, 회의에 참석한 많은 사람들은 이 사건으로 그의 경력은 끝장이 날 것으로 생각했다. 하지만 그렇지 않았다. 루스벨트는 1939년 4월 마셜을 참모총장으로 임명하고 9월 1일 4성 장군으로 진급시켰는데 바로 그날 독일이 폴란드를 침략함으로써 제2차 세계대전이 시작되었다.[6]

마셜이 루스벨트 대통령 및 동료 장성들과 가진 관계를 보면, 그의 개성이 드러나고 그가 힘든 참모총장 직책을 어떻게 수행했는지 알 수 있다. 그는 자기가 수많은 선임 장군들에 앞서 4성 장군으로 진급함으로써 질시와 저항을 받고 있다는 것을 잘 알고 있었으며, 동료 및 선임자들과의 타협을 조심스럽게 멀리하고 보직과 진급을 결정할 때 사적인 관계를 고려하지 않았다. 그의 철저한 직업적 태도는 대통령과의 최초 관계를 껄끄럽게 하는 결과를 가져왔다. 대통령은 당국의 노선이나 법적 제한을 별로 고려하지 않고 타성으로 달리는 식으로 활동했으며, 자기 식대로 하면 누구에게나 매력을 줄 수 있다고 믿었다. 전시 기간 동안 봉직하면서 마셜은 대통령과의 개인적인 접촉을 제한하고 대부분 백악관의 신뢰받는 보좌관 해리 홉킨스(Harry Hopkins, 1890~1946)를 통해 일을 했다. 그가 루스벨트를 직접 방문한 것은 오직 매우 중요한 이슈 때문이었으며 가능한 한 모든 사교적 접촉을 피했다. 그가 대통령의 사저인 하이드 파크 이스테이트를 최초로 방문한 것은 1945년 4월 대통령의 장례식을 준비할 때 루스벨트 부인을 돕기 위한 것이었다.

마셜은 나중에 다음과 같이 회상했다. 유럽 협력국들을 위한 전투기 생산 증대를 위한 첫 회의에서 대통령은 그를 '조지'라고 불렀다. 그는 인터뷰에서 말하기를 이러한 호칭이 "오히려 나를 화나게 했습니다. 왜냐하면 우리가 이름을 부를 정도로 가까운 관계가 아니었기 때문입니다. … 나는 그런 식으로 우리가 친밀하다고 오도하는 것을 좋아하지 않았습니다". 나중 회의에서 마셜은 대통령에게 다른 사람들이 있을 때 자기를 '마셜 장군'으로 불러달라고 했다. 마셜은 미국이 곧 유럽 전쟁에 개입하게 될 것으로 믿고 대통령의 정책결정에 대해 의문을 품었는데, 그가 '규율이 없고' 종종 '명쾌한' 결정을 내리지 못하는 것을 발견했다. 하지만 대통령이 일본의 진주만 공격에 대한 확고한 대응을 보고 마셜은 자기의 의견을 바꿨다. 루스벨트는 새로운 참모총장에 대해 의구심을 품고 그가 너무 경직되어 있고 항상 협조적인 파트너가 아닐지 모른다고 염려했다. 하지만 1943년 말에는 마셜을 완전히 신임하고 나중에 그를 노르망디 상륙작전 사령관으로 임명하겠다는 약속을 철회했다. "만약 자네가 나라 밖으로 가버리면 내가 밤중에 잠을 제대로 잘 수 없을지도 몰라"[7]라고 마셜 장군에게 말했다. 미국이 제2차 세계대전에 참전하기 이전 여러 해 동안 마셜에게는 도전이 많았다. 그가 나중에 말하기를 그와 참모들은 "평시 절차의 모든 난관과 성가신 제한을 받으면서 전시 기준으로" 일을 해야 했다. 유럽에서 일어난 전쟁은 미국의 문제가 아니라는 대중과 의회의 태도 그리고 미국은 동서로 대양이 보호해주고 남과 북은 우방국이 있다는 그들의 믿음 때문에 전쟁 준비 업무가 힘들었다. 마셜은 군대를 확충하고 진급 시스템을 연공서열보다 리더십 능력 위주로 개혁하며 무기 생산 능력을 증가시키는 데 에너지를 집중했다. 적절한 무기와 보급품을 확보하는 것이 마셜이 당면한 최대 문제로 판명되었으며, 이런 상황은 전쟁 기간 동안 내내 지속될 것이었다. 처음에는 의회가 구매 자금을 배정하려고 하지 않을 때여서 생산능력 확충 문제가 주된 이슈였다. 나중에는 영국과 프랑스에 항공기와 보급품을 제공하는 문제와 미군을 증강해야 되는 문제 사이의 갈등이 지속적인 관심사였다. 의회가 아직도 고립주의 의원들로 강력한 영향을 받고 있는 처지에 마셜은 군이 전쟁 가능성에 대비하기 위해 국방예산을 증액하고 예산 사용에 대한 제약을 줄여야 된다고 행정부에서 가장 강력하게 주장했다.[8]

　미국이 전쟁에 끌려 들어간 다음 마셜의 의제는 극적으로 바뀌었다. 그는 더 이상 군을 위한 자원을 확보하기 위해 노심초사 하지 않아도 되었으며 내부 개혁을 위한 계획이 저항에 부딪치지 않았다. 그가 당면한 도전은 급격하게 확장하는 군대의 지도자를 선택하고 참모의 효율성을 제고하며 유럽과 아시아에서 벌어지고 있는 전쟁에 군대와 보급품을 배정하고 시간을 내서 전반적인 전략계획을 개발하고 실행하는 문제였다. 일본의 진주만 공격이 있은 지 3주 만에 마셜은 윈스턴 처칠 및 휘하 총참모장과 함께 워싱턴에서 장시간의 회의를 하는 동안 대통령을 보좌하는 주요한 역할을 수행해야 했다. 새로운 동맹국들을 끌어들이기 위한 이 중대한 기획 회의(암호명 아카디아)는 미국 지도자들이 영국 지도자들과 비교할 때 세계전쟁에 얼마나 대비를 하지 않았는지를 보여 줬다. 영국 지도자들은 압도적인 적과 2년 넘게 전쟁을 겪어서 단련이 되어 있었다.

마셜은 영국인들과 충분히 협조하지만, 영국인들이 중동과 남아시아에서 갖고 있는 대영제국의 이익을 보호하기 위해 런던에서 개발된 전략을 수행하는 데 군대, 무기와 보급품이 쓰이도록 제공되는 것은 피해야 한다는 것을 깨달았다. 아카디아 회의는 전쟁 수행을 계획하고 조정하기 위해 워싱턴에 소재한 영미통합참모부를 수립했다. 이 유례없는 합동 업무를 관리하기 위해 마셜은 합동위원회 사무국장 월터 베델 스미스 준장을 통합참모부 본부장으로 선택했으며, 그는 정확하게 "효율성만을 위주로 운영하는 사무실을 위해 필요한 … 일에 대한 열의가 대단한 인물"임을 확신했다. 마셜은 북아프리카를 1942년 11월 공격하기 위해 프랑스에 대한 조기 침공을 연기하는 데 마지못해 동의했다. 북아프리카 공격이 수월한 편이었다. 그는 '유럽 우선 전략'에 충분히 동의했지만 유럽 대륙의 독일군에 대한 조기 공격을 계속 옹호했다.[9]

그는 북아프리카와 태평양에서 전투 준비를 함과 동시에 군부 조직을 대폭 개편, 자기의 많은 권한을 이양하고 효율성을 개선했다. 자기 직속의 참모진 숫자를 60명에서 6명으로 대폭 줄였다. 직접 접촉할 기회가 없는 자들의 모든 보고서, 요구사항 및 약속은 스미스 준장을 통해서 올라오도록 했다. 무수한 부서, 기관, 사령부를 3개 기본 사령부하에 기능하도록 재편했다. 즉, 지상군, 공군 및 지원군으로 편성했다. 가장 극적인 변화는 육군항공대가 규모, 임무, 자율성 면에서 급속하게 팽창한 것이었다. 이 분야의 활동 증대로 마셜은 전쟁부 문관인 로버트 A. 로벳과 빈번하게 접촉했다. 로벳은 나중에 전후 국무부와

국방부에서 마셜의 또 다른 자아가 되었다.[10]

마셜과 로벳은 사회적 경험과 직장 경력이 달랐지만 마셜의 전기 작가에 의하면 '일란성 쌍둥이'처럼 함께 일을 했다. 마셜은 젊은 시절 북부 중서부 북쪽의 작은 타운에서 보낸 반면, 로벳은 휴스턴, 맨해튼, 롱아일랜드에서 자랐다. 나이가 15살 더 많은 마셜은 엄격한 군대생활을 한 데 반해 로벳은 은행가였고 아마추어 연극인들을 조직했으며 예일대 비밀동아리 '해골과 뼈'에서 활동했다. 로벳의 아버지는 철도 왕 E. H. 해리먼(E. H. Harriman, 1848~1909)의 수석 고문이었으며 그가 타계하자 유니온 퍼시픽 앤드 서던 철도회사의 회장직을 승계했다. 로벳가와 해리먼가는 자주 함께 어울렸으며 로벳은 종종 애버렐 등 해리먼 회장의 자녀들과 함께 놀았다. 필라델피아 외곽에 있는 힐 스쿨에서 로벳은 성적이 최우수한 학생이었으며 셰익스피어 클럽을 공동 창설했다. 이 학교의 역사는 그를 "활기 넘치고 전염성 강한 유머와 종종 신랄한 위트"를 보인다고 묘사한다. 로벳은 예일대학에서 계속 진지한 학생이었지만, 학업과 병행하여 극회와 문학 동아리 '엘리자베스 클럽'에도 참가했다. 하지만 그는 1916년 유럽에서 발발한 전쟁을 주목하고 12명의 친구들과 함께 해군 예비 비행단의 예일 부대를 설립했다. 이 그룹은 프랑스에서 영국군과 함께 싸웠으며 독일 시설물을 반복적으로 폭격하는 공적을 세웠다. 종전에 이르렀을 때 로벳은 폭격 편대장이었으며 해군 십자훈장을 받았다. 그는 평생 동안 공군력을 전략 자산으로 옹호하게 되었다.[11]

양 대전 사이에 로벳은 기본재산을 축적했으며 투자 은행가로서 분석 기술을 가다듬었다. 1930년까지 10년 동안 브라운 브라더스에서 장인을 위해 일했으며, 그런 다음 이 회사는 그의 어린 시절 친구인 애버렐 해리먼과 연합하여 브라운 브라더스 해리먼을 설립하기 위해 합병했다. 각 회사의 파트너들 다수는 예일대 비밀동아리 '해골과 뼈'의 회원이었다. 새로운 회사에서 로벳은 국제 통화 및 대출 업무를 관리하면서 유럽회사들과 긴밀하게 협력했다. 그는 곧 재무제표를 분석하고 차입자의 장래 경제 상태를 평가하는 전문가가 되었다.

다른 수많은 '숫자 다루는 사람들'과 달리 그는 또한 동료 및 고객들과 합의를 도모했다. 두 명의 영리한 관찰자들은 그에 대해 다음과 같이 주장한다. "천성과 출신에 의해 로벳은 재치 있고 상냥하며 부드럽다. 그는 사람들을 함께 모으고 논란거리를 자기의 기분 좋은 위트로 잠잠하게 하고 문제를 연대의식으로 해결하는 데 탁월했다. 그가 더 유명한 파트너인 애버렐 해리먼과 원활하게 함께 일한 것은 그가 해리먼의 '고압적인' 행태로 인해 흐트러지는 법이 없었고 늘 공손하고 유화적이었기 때문이다."12

프랑스가 나치의 기습공격으로 붕괴함에 따라 1940년 5월 유럽에서 귀국한 로벳은 미국의 군사적 준비 부족 상황에 깊은 우려를 표명했다. 그해 가을에 그는 양안에 있는 항공기 제조사들을 방문했으며 공장 건설 방법이 정부의 수요를 충족하기에 부적합하다고 주장하는 보고서를 작성했다. 그는 미국 행정부가 회사들이 자동차업계의 대량 생산 기법을 채용하도록 지도하는 데 더 큰 역할을 하도록 요청했다. 로벳의 이웃이고 친구이며 해군 차관인 제임스 포레스탈(James Forrestal, 1892~1949)은 이 보고서를 전쟁장관인 헨리 L. 스팀슨(Henry L. Stimson, 1867~1950)에게 보였다. 스팀슨 장관은 로벳을 자신의 참모로 영입하여 1941년 초 공군 담당 차관보로 임명했다. 새로운 자리에서 로벳은 방위 활동에서 공군력의 임무 확장을 강력하게 옹호하게 되었다. 그는 전투기와 폭격기 생산을 대폭 늘리기 위해 항공기 제조의 구조개편 구상을 추진했다. 또한 마셜을 포함한 전쟁부 고위 관리들에게 전략폭격이 전투에서 더 큰 역할을 수행해야 한다고 설득하고 육군항공대가 전통적인 지상군 지원임무를 초월하여 발전하는 길을 텄다.

가장 중요한 것은 그가 마셜과의 타협을 통해 의회와 공군력 지지자들의 공군 독립 압력을 억제하는 대가로 전시 자율성을 대폭 확보했다. 로벳이 생각할 때 이런 일은 정치적·실질적으로 바람직한 일이었다. 왜냐하면 항공대가 육군에서 독립하기 위해 항공대에 필요한 리더십과 교리를 개발할 수 있는 시간을 벌기 때문이었다. 그가 전쟁부에서 근무하는 동안 언론과 미디어를 사귀고 행정 프로그램을 위해 의회의 지지를 획득하는 중요한 기량을 습득했다. 그는 국방 지출 예산의 가장 효과적인 옹호자들 중 한 명이 되었는데 그는 "군비 축소 질문에 대해 놀랄 정도로 솔직한 답변과 수많은 사실 자료로 질문자를 무장 해제시켰다". 사적으로나 공적으로 로벳은 "예리하고 설득력이 있다"고 아이잭슨과 토마스는 주장한다. "그는 소심한 듯 보이지만 즉시 당당하고 세련되었지만 결코 아부하지 않는 처신을 했다. 그의 유머와 따스함은 간간이 가벼운 비속어로 초칠을 하여 적개심을 없애지만 거부하기 힘든 강력한 지성을 지녔다."[13]

로벳이 워싱턴을 떠나 브라운 브라더스 해리먼으로 복귀한 1945년 가을 무렵에는 그의 '영향력'이 엄청났다. 아이잭슨과 토마스는 다음과 같이 주장한다. "월스트리트와 워싱턴 기득권층이 안전하고 건전한 인물의 표본으로 여기는 사람은 동료 중에서 단연 그가 최고였다. 사람들이 그의 완벽한 자격과 동기를 존경하기 때문에 그가 지지하는 사람과 정책은 자동으로 통과되었다."

그는 애치슨, 해리먼 그리고 때때로 대통령에 자문하기 위해 워싱턴을 자주 방문했다. 로벳은 "은행가, 법률가, 언론인, 공무원 등을 포함하여 초당적 대외정책 엘리트의 핵심이라고 자부하는 일군의 집단에서 믿을 수 있는 구심점"이 되었다.[14]

1947년 초 마셜 장군이 신임 국무장관으로 임명되고 차관으로 딘 애치슨을 대신할 사람을 찾게 되었을 때 로벳을 차기 차관으로 선정한 것은 전적으로 자연스러웠다. 훌륭한 선택이었던 것으로 판명되었으며, 두 사람은 향후 2년 동안 겪은 위기 내내 거의 한 사람처럼 일을 했다. 새로운 임명은 시의 적절했다. 아이잭슨과 토마스는 다음과 같이 언명했다. "트루먼 독트린과 마셜 플랜이 발표되자 이 원대한 원칙과 계획을 실행하는 것이 과제였다." 미국의 세계적 역할의 변환과 관련, 그것을 만든 것은 애치슨의 노고였지만 그것을 사람들에게 납득시킨 로벳의 재주였다. "로벳은 마셜 플랜 원조에 대한 유럽의 요청 조건을 형성하고 승인된 프로그램을 뒷받침하기 위해 의회를 설득하는 데 커다란 도움이 되었다."

　　로벳은 마셜이 건강 문제와 중남미 장기간 여행으로 부재하는 동안 베를린 공수를 위한 정책을 수립하는 데 핵심적인 역할을 수행했다. 그리고 그는 상원 외교위원회 위원장인 공화당의 아서 반덴버그(Arthur Vandenberg, 1884~1951) 의원과 관계를 돈독히 하여, 북대서양조약에 의해 구축된 유럽 동맹에 대한 그의 지지를 받아냈다. 마셜과 로벳은 눈에 띄게 밀착된 업무 관계를 발전시켰다. 나중에 로벳은 다음과 같이 말했다. "나는 그의 분신이었다. 우리는 형제처럼 함께 일했다." 포그는 다음과 같이 첨가했다. "그들은 정책에 관해 긴 말이 필요 없었다. 왜냐하면 그들은 쟁점과 문제에 대해 통상적으로 똑같은 방식으로 반응했기 때문이다. 그의 국무부 자리에서 … 로벳은 마셜과 매우 조화를 이루며 일했기 때문에 그들의 생각과 행동을 분리하기가 어렵다." 이 장군은 은행가가 자기 일을 관리해주어서 매우 흡족했다.[15]

미국 정책의 검토

　　중국의 한국전쟁 개입으로 발생한 극적인 역전으로 인해 워싱턴 관리들은 12월 28일부터 시작해서 전쟁에 대한 긴급 전략 평가 작업에 착수하지 않을 수 없었다. 전선과 도쿄의 맥아더 사령부로부터의 보고를 검토한 후 국무부와 국방부 고위 관리들이 12월 1일 국방부에서 모였다. 이 자리에는 CIA 부장 월터 베델 스미스 장군과 대통령의 수석 국가안보 보좌관 W. 애버렐 해리먼이 참석했다. 애치슨 국무장관(마셜의 후임)은 만약 유엔군의 공격이 실패한다면 어떻게 해야 될 것인지에 관한 의논과 함께 회의를 시작했다. 그의 발언에 따르면 유엔에서 미국의 동맹국들은 "사실상 패닉상태에 빠졌으며 … 미국의 리더십이 실패했다고 불평을 해대며, 현재 처한 난관은 맥아더 장군이 행동을 잘못한 것이라고 [말한다]". 휴전 가능성을 언급하면서 그는 다음과 같이 언명했다. "여하튼 우리는 한국에서 무언가를 해야 합니다. 그리고 우리는 독일에서 급속하게 부활하는 중립주의에 대응하는 무슨 조치를 취해야 합니다."

그런 다음 국무장관은 군부의 제안을 요청했다. 브래들리 장군은 그 당시 미군이 중국군의 진격을 저지하고 방어선을 구축할 수 있을지 여부가 불분명하다고 말했다. 마셜 장군은 추가해서 말하기를 그런 방어선을 구축하기가 매우 어렵고 연합군과 공군 기지에 대한 중국 공군의 공격 가능성을 제기했다. 군 장교들은 모두, 비록 중국이 공중 공격에 의존한다고 할지라도 미국의 대응은 소련 공군의 개입을 도발하지 않기 위해 제한되어야 한다는 데 의견의 일치를 보았다. CIA의 베델 스미스 장군은 며칠 있으면 소련 행동에 대한 새로운 판단 보고서가 완성될 것이라고 언급하고, 보고서의 내용은 모스크바의 "최우선 목적은 유럽의 재무장을 저지하는 것"이 될 것이라고 했다. 러시아는 "유럽의 무장 추진을 저지하는 한편 미국이 아시아에서 피를 흘리게 되어" 기뻐할 것이라고 스미스 장군이 말했다. 국방차관 로벳은 논의를 요약하면서 다음과 같이 말했다. "두 가지 점에서 합의가 이뤄졌습니다. 첫째, 한국은 우리에게 결정적인 지역이 아니라는 것입니다. 둘째, 한국을 상실하면 일본이 위험에 처하게 되고 어쩌면 결국 상실하게 될지 모르지만, 서유럽이 우리의 제1의 관심사이며 우리는 서유럽에서 패배하는 것보다 아시아에서 그런 결과를 보는 것이 나을 것입니다." 애치슨 국무장관이 휴전이 바람직함을 다시 제기하자, 마셜 장군이 "휴전 수용은 우리 쪽의 큰 약점을 드러낼 것"이라고 퉁명스럽게 대꾸했다.[16]

한국의 전황은 12월 3일경 다소 분명해졌다. 맥아더는 10군단이 바다로 철수하기 위해 흥남 항구로 후퇴 중이며 8군은 서울 북쪽 지역으로 철수하고 있다고 보고했다. 그는 이 "완전히 새로운 전쟁은 거대한 군사력을 가진 완전히 새로운 강국과 싸워야 하기 때문에 대규모 지상군 증강과 새로운 작전 지침"이 필요하다는 점을 강조했다. 12월 3일 국방부에서 개최된 광범위한 회의에서 정부와 군부의 주요 인사들은 장시간에 걸쳐 휴전을 모색하는 것과 관련된 문제를 논의했다. 미국의 동맹국들 및 중립국들 사이에서 그런 협정에 관한 관심 증대와 소련의 지시에 따라 중화인민공화국이 받아들일 수 없는 조건을 내걸 가능성에 비추어 그들은 그 시점에서는 바람직하지 않다는 결론을 내렸다. 휴 전 없이 두 개의 유엔군 대부대가 교두보를 구축하는 문제를 논의하는 동안 애 치슨은 현 상황에 대해 다음과 같은 정곡을 찌르는 말을 불쑥 던졌다. "큰 문제 는 진짜 적은 소련인데도 우리가 엉뚱한 나라와 전쟁을 하고 있다는 것입니 다." 다음날 조지 케넌은 애치슨과 그의 참모들에게 모스크바가 미국의 협상 제안에 어떤 반응을 보일 것인지에 관한 그의 생각을 제시했다. 그는 소련이 이런 제안을 평화를 위한 호소로 보고 최대한 양보를 얻어내려 할 것으로 믿었 다. 그는 다음과 같은 결론을 내렸다. "현재는 소련과 협상하기에 가장 좋지 않 을 때이다. 만약 협상은 힘을 전제로 해야 한다는 조건에서 해야 된다는 이론 이 유효하다면 현재는 소련과 접촉하기에 가장 나쁠 때가 분명하다"고 그는 말 했다.[17]

영국 총리 클레멘트 애틀리(Clement Attlee, 1883~1967)가 이끄는 사절단의 도착이 임박했기 때문에 트루먼 행정부는 장시간에 걸친 가능한 정책 선택 논 의를 끝내고 결론에 도달하지 않을 수 없었다. 애치슨은 주미 영국대사 올리버 프랭크스 경(Sir Oliver Franks, 1905~1992)과의 사전 준비 회의를 통해 런던의 주요 관심사항은 전쟁의 수행과 공산주의 중국에 대한 미국의 잘못된 정책 그 리고 한국에서 핵무기 사용 가능성에 대한 대통령의 발언임을 알았다. 한국에 서 패배할 가능성이 있다고 믿은 영국은 전쟁 종식을 위해 중국과 조기 협상을 하고 미국이 중국의 합법적인 정부로서 중화인민공화국을 인정하기를 바랐다. 따라서 영국은 중국이 유엔안보리에서 상임이사국이 되고 타이완을 지배할 권 리가 있으며 일본과 평화조약 협상에도 참여해야 한다고 생각했다. 이런 목적 을 달성할 수 있다면 영국 외무부는 베이징과 모스크바 사이에 쐐기를 박을 수 있다고 생각했다.[18]

영미 회담은 12월 4~8일간 5일 동안 여섯 차례 열렸다. 비록 미국은 영국의 제안을 청취했다고 할지라도 미국 측은 거의 모든 점에서 다른 의견을 제시하는 데 확고하고 단결이 되어 있었다. 회의를 주도한 트루먼은 진짜 적은 소련이고 중화인민공화국은 소련의 적극적인 대리인이라고 언명했다. 그는 한국은 공산주의자의 직접적인 군사 침략에 서방이 어떤 의지를 갖고 저항하는지를 시험하는 시험대라는 점을 반복적으로 강조했다. 만약 아시아에서의 이 시련에 잘 대처한다면 유럽의 안보는 강화될 것이었다. 유럽 방어 강화에 관해서도 일부 논의가 있었으며, 애치슨은 만약 미국의 유럽 동맹국들이 아시아 개입을 제한한다면 미국의 대중과 의회는 유럽 재건을 위한 투자를 주저하게 될 것임을 신랄하게 언급했다. 대통령은 동맹국이 있든지 없든지 간에 한국에서 전투를 계속할 것임을 단언하고, "우리는 사정이 어렵다고 해서 친구를 버리지 않는다"는 점을 추가로 강조했다. 애틀리 총리와 그의 군 막료들이 맥아더 장군의 전쟁 수행에 관해 공격을 하자 트루먼은 휘하 사령관의 방어에 나서, 유엔이 맥아더에게 통합군사령부를 수립하라고 요청해서 그렇게 했으며 맥아더는 자기의 명령에 따랐다고 언급했다. 애치슨과 마셜은 중요한 정책사항을 추가했다. 즉, 미국은 현 시점에서 휴전을 반대하고 중화인민공화국과 조기 협상에 참여하지 않을 것이다. 군사 상황이 개선되었을 때 행정부는 휴전을 고려하겠지만 타이완 문제나 베이징 정부의 인정 따위의 광범위한 이슈에 대한 협상을 반대했다.

미국은 영국의 일부 정책 우려를 불식시켰다. 대통령은 자기만이 핵무기 사용을 승인할 수 있으며, 한국에서 핵무기를 사용할 의도가 없고, 장차 그런 경우가 발생한다면 결정을 내리기 전에 영국총리와 협의하겠다는 것을 선언했다. 애치슨은 방문한 영국 사절단에게 미국은 한국을 통일시킨다는 목표를 포기했으며 적기가 되면 38선상에서 휴전을 받아들일 것이라고 단언했다. 또한 그는 미국이 중국과 전면전을 하지 않을 것이라고 언명했다. 영국 사절단원들은 12월 8일 도쿄의 맥아더와 한국에서 지휘관들을 만나고 하루 전 귀국한 J. 로턴 콜린스 장군으로부터 보고를 듣고 더욱 안심하게 되었다. 콜린스 육군참

그림 11.1 해리 트루먼 대통령의 최측근 국가안보 보좌진인 국무장관 딘 애치슨(왼쪽)과 국방장관 조지 마셜(오른쪽)이 미주리 주 인디펜던스에서 크리스마스 휴가를 지내고 1950년 12월 26일 워싱턴으로 돌아오는 대통령을 맞이하고 있다. 자료: 트루먼 도서관

모총장은 미군의 철수가 질서 있게 진행되고 있으며 재편성하여 전투를 지속할 것이라고 말했다. 교체 무기와 병력이 한국으로 가고 있었으며 그는 유엔군이 공중과 해상을 장악하고 있다고 확신했다. 전체적으로 영미 간 논의는 영국의 신뢰와 결의를 강화시켰으며 전쟁의 나머지 기간 동안 트루먼 행정부를 인도할 전략적 구상을 확인했다(그림 11.1 참조).[19]

미 행정부는 한국에 대한 전략 구상에서 영국과 합의했으나 여전히 당면한 전쟁 수행의 어려운 상황을 타개해야 했다. 트루먼과 어쩌면 여타 고위 관리들도 대통령이 12월 9일 일기장에 기록한 저우언라이의 언명에 대한 보도를 예민하게 인식하고 있었다. "제3차 세계대전이 임박한 것 같다." 중국은 12월 31

일 3차 공세를 개시했으며 유엔군을 인천과 서울에서 한강 이남으로 몰아내는 데 성공했다. 맥아더는 그가 필요로 하는 것이 충족되지 않는다면 모든 유엔군을 한국에서 철수하게 될지 모른다고 주장하면서 지상군 증강과 중화인민공화국에 대한 공중 및 해상 전쟁 확대 그리고 대규모 중국의 도전에 대응하기 위한 새로운 지침을 내리도록 계속해서 압력을 가했다. 1951년 1월 중순 며칠 동안 워싱턴에서 극동사령관에 내릴 지침의 내용을 놓고 논란이 벌어졌다. 중심이 된 이슈는 중국군-북한군 연합공세에 맞서 중국 및 소련과 전면전을 일으키지 않고 유럽 방어의 증강을 손상시키지 않으면서 어떻게 한국을 지킬 것인가 하는 것이었다.

1월 12일 대통령은 이 복잡한 문제의 해결 방안에 관한 합참이 작성한 초안을 논의하기 위해 보좌진과 장시간 회의를 개최했다. 합참은 현 수준의 유엔군으로 적군과의 전투 지속을 건의했다. 그들은 중국이 막강한 무력으로 개입을 했기 때문에 유엔군 부대가 일본으로 철수를 강요받을 수도 있다는 것을 인정했으며, 미국의 아시아 전략 보루로서 일본에 부여된 우선권을 감안하여 그들은 "가장 중요한 고려는 우리 군의 전투 효율성 보존이어야 된다는 점을 강조했다". 또한 그들은 무기 제공과 군사고문관들에 의한 훈련을 통해 일본, 타이완, 인도차이나 반도 및 필리핀의 방위강화를 요구했다.[20]

다음날 트루먼은 맥아더에 지침을 발송, "전력을 다해 한국에서 성공적인 저항"을 지속하도록 외교적 상황정보를 폭넓게 제공했다. 그는 "현재 소련이 제기하는 전 세계적인 위협에 대처하기 위해" 자유세계 국가들을 동원하는 실례를 들어 미국이 공산 침략에 확고하게 대항하는 것이 중요하다는 점을 강조했다. 효과적인 한국 방어는 또한 "과도하게 부풀려진 공산주의 중국의 정치적·군사적 위상을 꺾고" 미국의 대한국 공약을 존중하며, 서유럽 방어를 대폭 강화할 긴급성을 강조하고, 집단안보를 위한 유엔의 중요한 노력을 뒷받침하게 될 것이었다. 대통령은 만약 철수가 필요하게 되면 "그 과정이 군사적 필요에 의해 우리에게 강요되었다는 것"을 모두에게 명백하게 하기를 원한다고 분명히 언급했다. 그는 메시지 끝에 자신의 최우선 사항을 다음과 같이 대담하게 밝혔다. "한국에 대한 최종 결정을 내리면서 본인이 간단없이 생각하고 있는 사항은 소련으로부터 오고 있는 가장 큰 위협과 이런 커다란 위험에 대처하기 위해 우리 미군을 급속도로 확장해야 될 필요성이다."[21]

대통령의 새로운 지침이 도쿄에 도달한 후 며칠 내에 리지웨이 장군은 중국 군에 대한 제한적인 반격을 개시함으로써 연합군 내의 새로운 공세 기운을 보여주었다. 공산군이 공세를 취한 후 유엔군이 신속하게 회복한 것을 보고 펑더화이는 경악했다. 왜냐하면 중국군은 휴식을 취하면서 춘계 대규모 공세를 준비하고 있었기 때문이었다. 그리고 유엔군이 가을과 초겨울에 중국군의 공세에 대패를 연이어 당한 후 이런 정도의 성공을 거두자 워싱턴의 분위기는 희망적으로 바뀌었다. 알란 밀렛은 다음과 같은 결론을 내렸다. "2월 중순까지 트루먼 행정부는 한국전쟁에 대한 근본적인 입장을 분명하게 정립했다. 즉, 전투를 지속하고 한국의 안보를 보장하지만 한국 밖에서 중국 및 소련과 확전을 하지 않고 협상에 의한 해결을 모색한다는 것이었다."[22]

미군 증강을 위한 예산 확보

중국의 한국전쟁 개입에 대응하기 위한 외교적·군사적 전략을 결정하기 오래 전에 행정부 관리들은 추가 병력이 얼마나 필요할 것인지, 소련이 지원하는 세계적 위협에 대처하는 데 드는 비용은 얼마가 들지 결정하기 위한 작업을 하고 있었다. 앞에서 언급한 바와 같이 9월 27일 의회는 1951회계연도 국방 세출 예산 133억 달러를 통과시켰다. 최초의 추가경정 국방 세출예산 117억 달러가 확보되어 총액이 250억 달러에 달했다. 제2차 추가경정 예산을 확보하기 위한 준비는 루이스 존슨 국방장관이 직을 떠날 때인 9월 13일에 시작되었다. 병력과 장비 증강에 필요한 비용의 초기 추정치는 200억 달러였는데, 일부 항목의 경우 이러한 증강은 한국전쟁이 발발하기 전 국가안전보장회의(NSC) 보고서 68에 정해진 1954년 목표를 충족시키는 것이었다.

인천상륙작전 이후 군사적인 성공과 더불어 국방부의 문관들 사이에서 군부가 요구하는 예산 증가를 억제해야 된다는 압력이 증대하기 시작했다. 로벳 차관이 이런 주장을 주도했다. 국가안전보장회의가 9월 말 NSC 68에 따라 자금 확보 방안을 논의하고 있을 때 국방장관으로 새로 부임한 마셜 장군은 취임 후 몇 달 동안 장기적으로 군 병력 증가를 뒷받침하기 위해 산업기반이 발전해야 된다는 식으로 군사력 증강을 구조화할 필요성을 강조했다. 역사가 도리스 콘디트(Doris Condit, 1921~2019)는 그의 확고한 확신을 다음과 같이 묘사한다. "그는 NSC 68에 따른 미국의 국방 팽창 노력은 일시적인 걱정이 아니라 장기에 걸친 정치적·군사적 타당성에 근거하기를 원했다. 의회와 대중이 계속 지지할 수 있는 그런 것 말이다."[23]

11월 중순 제2차 추가경정 국방예산 요구 액수에 대한 논란이 계속되었다. 합동참모본부는 몇몇 소소한 변경만 하고 NSC 68에 제시된 목표를 뒷받침하기 위해 필요한 액수로 200억 달러를 계속 주장했다. 합참은 NSC 68의 주요 작성자인 폴 니츠로부터 그들의 건의에 대한 지지를 받았다. 이때 니츠는 잠재적인 중국의 개입영향을 우려했다. 마셜 장군과 로벳 차관은 한국전쟁의 확전 가능성을 인정했지만 모든 것을 고려하여 군부 지도자들과 니츠보다 감액하는 데 더 적극적이었다. 예산실은 마셜 및 로벳과 뜻을 같이 하고 합참의 숫자를 재조정한 다음 109억 달러를 제안했다. 이 제안이 돌자마자 펑더화이의 제2차 공세 뉴스가 워싱턴에 도달했다. 콘디트는 다음과 같이 언명한다. 이 강력한 공격을 받아 "맥아더 군대가 대규모 후퇴를 감행하게 되자 워싱턴에서는 이와 못지않게 예산 삭감이 대폭 후퇴했다".[24]

이 시점에서 행정부는 의회에 제2차 추가경정 예산 요청을 신속하게 마무리 짓기 위해 움직였다. 국방부에서 개최한 일련의 회합에서 무기, 시설 및 생산 기지, 생산 기지 확충을 위해 추가경정 예산 초안에 59억 달러를 추가 요청했다. 11월 30일 로벳은 예산실에 168억 달러의 예산 신청을 보냈다. 이 액수는 본질적으로 합참이 11월 초 제안한 모든 요소를 포함했다. 예산실과 대통령은 즉시 이 요구를 승인했으며 대통령은 이를 다음날 의회로 보냈다. 트루먼은 전달 공문에서 추가로 168억 달러가 요청됨에 따라 1951회계년도의 총 국방예산은 418억 달러가 된다고 언급했다. 또한 그는 원자력위원회가 핵분열 물질의 생산증대와 원자무기의 추가 제조를 위해 10억 5,000만 달러의 예산을 요청했다. 대통령은 미국이 "중국인들에게 우호적이고 중국의 독립을 지지한 오랜 역사가 있음"을 지적하고, 중화인민공화국은 유엔군을 공격할 이유가 없다고 말했다. 그는 다음과 같이 언명했다. "유일한 설명은 이런 중국인들이 소련의 제국주의 구상을 실현하도록 오도되었거나 무모한 공격을 강요받았다 — 이는 그들 스스로에게 비극을 가져올 뿐인 행위이다 — 소련의 제국주의적 계획을 추진하는 것이다."[25]

의회가 대통령이 요구한 추가 예산을 검토할 때 대중은 전쟁 확대 노력에 강력한 지지를 보냈다. 12월 16일자 《뉴욕타임스》는 사설에서 트루먼의 전날 밤 라디오 연설은 예고된 국가 비상사태 선포와 더불어 "행정부와 국가가 최초로 굳건한 전선을 향해 함께 행진하는 출발점으로 기억될 것이라고" 선언했다. 영국의 《더 타임스》는 새로운 위기의 책임을 전적으로 모스크바에 초점을 맞추면서 "이런 (무기)생산경쟁에서 러시아의 도전"을 받아들인 데 대해 트루먼을 칭찬했다. 맥아더가 한국을 통일시키고자 하는 추동이 성공의 문턱에 다다른 것처럼 보일 때 중국이 한국전에 전면 개입했지만 그 이전에도 《뉴욕타임스》는 10월 29일 나라의 국방 강화를 위해 증세를 포함한 '어렵고 쓰라린 희생'을 요청했다. 사설은 다음과 같이 주장했다. "열전에서 완전히 압승하는 것보다 냉전에서 승리하는 것이 더 낫다."

이 시점에서 소련과 중국의 침략에 대응하기 위해 더욱 강력한 국방력을 가져야 된다는 데 대해 대중이 광범위하게 지지했다. 11월과 12월에 실시한 갤럽 여론조사 결과 81%가 소련이 '세계를 지배하는 강국'이 되고자 한다고 믿었다.

51%는 국방 증강을 뒷받침하기 위해 세금을 더 낼 용의가 있다고 했다. 50%는 병력 규모의 배증을 찬성하고 33%는 목표 300만 명은 너무 낮다고 생각했다. 행정부가 아시아 정책에서 어떤 잘못을 저질렀는가를 물었을 때 18%는 군사 준비 부족이라고 한 반면 9%만이 한국에 개입한 것은 잘못이라고 했으며 81%는 "중국이 한국전쟁에 개입한 것은 소련의 명령 때문이라고"[26] 믿었다.

하지만 모든 미국의 명사들이 동의한 것은 아니었다. 주요 고립주의자인 상원의원 로버트 A. 태프트 주니어(Robert A. Taft Jr., 1889~1953)가 신중하게 비판했다. 1월초 연설에서 그는 대통령이 한국에 군대를 파견하면서 의회의 승인을 받지 않아 미국의 법률과 헌법을 위반했다고 주장했지만 일단 군대가 전쟁에 임하면 지지를 받아야 된다고 말을 계속했다. 모순되는 결론으로 그는 다음과 같이 언명했다. "공산주의의 위협은 현실적이다. … 미국은 공산주의의 확산을 방지하고 세계의 자유를 보존하기 위한 전쟁에서 지도자여야 한다. … 유럽과 아시아 대륙에서 작전은, 만약에 해야 한다면, 최대한 조심하면서 신중한 제한을 두고 해야 한다. 생산적이고 자유로운 미국은 자유의 마지막 보루이기 때문에 경제적 붕괴 혹은 인플레를 위협할 정도로 우리가 과욕을 부려서는 안 된다."

전직 대통령 허버트 후버(Herbert Hoover, 1874~1964)는 2월 초 연설을 하면서 트루먼의 회계연도 1952년 예산안에 대해 맹렬한 공격을 퍼부었다. 그와 같이 방대한 국방비 지출은 국가 경제를 파탄에 빠트릴 수 있다는 점을 심히 염려했다. 그는 다음과 같이 말했다. "한국의 비극 전체가 침략을 처벌하는 길이 육군이 아니라 공군과 해군으로 가능하다는 것을 입증하고 있다." 행정부가 제안한 국방 프로그램은 "우리 경제 시스템에 견딜 수 없는 부담을 줄 것이다". 그는 다음과 같은 결론을 내렸다. "나의 개인적인 신념은 우리가 유럽이나 중국의 유사로 빠져드는 원정을 하기 위해 육군을 창설하면 안 된다는 것이다. 나는 제2의 한국으로 가는 길에 나서지 않기를 바란다." ≪시카고 트리뷴≫은 다음과 같이 강조했다. 대통령이 "한국에서 헌법을 위반하여 군사적 낭패"를 보았다고 맹비난하면서 "트루먼이 제시한 청구서는 ··· [그의 예산요구서에서] 영국을 위해 무기를 구입하기 위해 미국의 납세자가 내야 하는 청구서이다. 그래서 영국은 낭비적인 사회주의를 지속할 수 있다. ··· 목표는 미국의 보존이 아니라 유럽의 보존이다". ≪트리뷴≫은 다음과 같이 선언하고 끝을 냈다. "의회는 그의 예산을 검토할 것이 아니라 탄핵을 검토해야 한다."

유명한 칼럼니스트 월터 리프맨(Walter Lippmann, 1889~1974)은 세계 경찰역할과 요새에 고립된 미국 사이의 중간 정책 선택지가 부족한 것에 대해 불평을 했다. 그는 냉혹한 선택에 직면한 미국을 다음과 같이 예견했다. "이 나라에는 참으로 고립주의가 팽배하는 조류가 밀려오고 있다. 그것은 우리를 대단히 멀리 후퇴시킬 수 있다. 아마도 조지프 P. 케네디(Joseph P. Kennedy, 1888~1969)가 제안한 만큼 멀리까지. ― 가령 우리가 1939년 견지했던 입장으로 후퇴할 수 있다. 이런 일이 발생한다면 그 이유는 행정부와 그 대변인이 트루먼독트린의 세계주의와 조지프 케네디의 고립주의 사이에 아무것도 없다고 국민에게 가르쳤기 때문이다." 또한 리프맨은 공군력과 해군력에 기초하되 그 힘과 한계에 상응하는 외교를 결합시킨 새로운 독트린을 요청했다. 그런 정책만이 고립주의로 기우는 것을 방지할 수 있다.[27]

의회의 조치

의회가 대통령의 예산 요청에 어떻게 대응했는지 검토하기 이전 1950년대 초 예산과정이 어떻게 작동했는지에 대해 설명하는 것이 유용하다. 연방의 모든 기관과 부처의 경우 회계(예산)연도는 7월 1일 시작해서 다음 해 6월 30일에 끝나게 되어 있다. 어느 한 시점에서 관리들은 예산 과정상 서로 다른 단계에 있는 3개의 예산을 동시에 처리했다. 예를 들어 1950년 6월 한국전쟁이 발발했을 때 국방부는 1950회계연도 예산하의 지출을 마감하면서 의회에서

1951회계연도 예산을 확보하기 위해 뛰고 있었으며, 전년 1월부터 시작하여 1952회계연도 예산을 편성하고 있었다. 우리가 본 것처럼 전쟁이 발생함에 따라 비상 지출이 급격히 늘어나고 예상했던 것보다 NSC 68하에서 훨씬 더 큰 국방력 증강에 착수해야 했다. 이로 인하여 1951회계연도 예산은 몇 번 수정할 수밖에 없게 되어 4차에 걸친 추가경정 예산(이 중 세 번은 국방예산)을 요구하고 1952회계연도의 최초 예측치를 완전히 개편했다.

예산 기획과정이 얼마나 거창한 일인지 생각해볼 때 국방부의 예산과 재정 담당 직원은 몇 명 되지 않고 컴퓨터도 없을 때였다. 직원들은 타자기와 계산기를 갖고 일을 했다. 의회의 경우 상황은 더 열악했다. 관련 위원회의 직원은 몇 명에 불과했으며 그들은 주로 정치전문가이지 예산이나 회계는 문외한이었다. 이런 제약조건과 전시에는 조치를 신속하게 취해야 할 필요성 때문에 의원들은 본질적으로 국방부가 병력 수준, 무기 구매 및 부대 유지비에 대해 열거한 타당성을 받아들이지 않을 수 없었다. 그들은 세출의 액수를 바꿀 수 있고 국방부 관리들에게 새로운 한도 내에서 숫자를 조정하라고 할 수 있으나 예산 요구서 내의 특정한 항목을 분석할 시간이나 전문성을 갖지 못했다.

대통령이 요구한 예산을 처리하는 의회시스템은 복잡했다. 예산에 관한 모든 조치는 하원에서 시작한다. 상하원 모두 예산을 승인하는 위원회와 배정하는 위원회를 두고 있다. 국방비 지출의 경우 군사위원회가 지출을 승인하는 한편 세출위원회는 자금의 배정을 승인한다. 그런 다음 상하 양원은 합의된 세출 법안을 표결에 부치며 대통령의 서명으로 법률이 된다. 연방 예산의 세부 내역서에는 승인된 자금과 배정된 자금이 적시된다. 신규 군함이나 폭격기 따위의 대형 프로젝트의 경우 승인 대상은 통상 2~4년 걸리는 사업이나 자금 배정(세출)은 매년 투표로 결정된다. 승인은 수정 또는 취소될 수 있기 때문에 이 책에서는 가능한 한 정부 지출의 가장 정확한 단일 척도인 세출 숫자를 사용한다.

한국전쟁 첫해의 국방비 조달은 특별히 혼란스러웠다. 왜냐하면 전쟁 비용 충당과 장기적 군비 증강이라는 이중의 요구가 있는 데다 한국전쟁의 성격에 관한 가정이 변했기 때문이었다. 첫 번째 및 두 번째 추가 예산요구서가 작성되고 있을 때 행정부의 모든 사람들은 이 전쟁이 길어야 1년간 지속될 단기전을 가정했다. 인천상륙작전이 끝난 후 맥아더 장군은 군인들이 크리스마스 때까지는 집에 돌아갈 수 있을 것이라고 누차 말했다. 하지만 중국군이 전면적으로 개입하자 전쟁이 더 길어지리라는 것은 명백해졌다. 이런 변화에 대한 대응 조치로 제4차 추가 세출이 요구되었다. 1952회계연도 예산요구서 작성에 있어서 중국의 개입보다 더 중요한 것은 NSC 68 계획에 1954년까지 완성하기로 한 것을 앞당겨 1952년 6월 말까지 끝내기로 결정한 것이었다. 1950~51년간 예산 과정에서 모든 변화가 반영되는 가운데 우선순위는 여전히 장기 군비 증강을 완성하는 데 있었다. 전선이 안정화되고 휴전이 본격적으로 고려된 1951년 6월에야 국방예산 준비 작업은 다소 정상적인 절차를 재개했다.[28]

12월 1일 제2차 추가 세출 요구를 대통령으로부터 받자마자 의회는 평소답지 않게 신속하게 행동했다. 하원 국방세출 소위원회 위원장인 조지 H. 마혼 (George H. Mahon, 1900~1985, 민주당 텍사스) 의원은 공문 접수 후 1시간 내에 청문회를 시작했다. 맨 처음 증인은 마셜 장군이었다. 그는 간단하게 언급한 후 합참의장 오마 브래들리 장군에게 위원회에 군사 상황을 보고하도록 했다. 마셜은 전황을 '전 세계'로 확산되고 있는 위기로 묘사했다. 브래들리의 증언이 있는 다음, 마혼은 마셜과 합참의 모든 참석자에게 요구액이 이와 같은 심각한 위협에 대처하는 데 적정한 액수냐고 질문했다. 마셜과 그의 군부 참모들은 요구액이 당시 필요한 모든 것이라고 역설했다. 마혼은 예산을 철저히 다루는 의원으로 유명했지만 더 많은 예산이 필요한지 여부를 알기 위해 다시 분명하게 확인하기를 원했다. 마셜은 위원회에 제1차 세계대전 당시 군대 확장기에 자기가 겪은 경험을 상기시켰다. 당시 군용기 구입 세출예산은 생산 능력을 크게 초과했으며 상당한 예산 낭비를 초래했다. 따라서 그는 병력 규모 확장과 신병 훈련에 앞서 충분한 산업 생산기지를 개발해야 한다는 장기간의 소신을 재천명했다.[29]

표 11.1 미국의 연도별 국방비 지출 증가, 1950~1953

(단위: 달러)

회계연도	예산 및 병력 수준		
	예산 (군사 또는 해외 원조 포함하지 않음)		병력 수 (실제, 6월 30일)
1950	131억		150만
1951	482억 (3차 추경)		330만
1952	604억 (추경 및 부족분 포함)		360만
1953	470억 (추경 및 부족분 포함)		350만

	군 수준 (실제, 6월 30일)			
	육군*	해군**	해병대*	공군***
1950	10	237	2	48
1951	18	342	2+1RCT	72
1952	20	400	3	80
1953	20	401	3	83

* 사단(RCT=regimental combat team: 전투여단)

** 주요 전함

*** 비행단

자료: 다음 자료에 있는 데이터에서 저자가 작성. *The Test of War, 1950–1953: History of the Office of the Secretary of Defense*, vol. II, by Doris M. Condit(Washington, D.C.: Historical Office of the Office of the Secretary of Defense, 1988), 224–84 passim.

국방부 관리들이 의회에서 증언하고 상하원 법안 간 사소한 차이를 해결한 다음 의회는 국방부의 제2차 추가경정 세출법안 168억 달러를 통과시키고 대통령은 1951년 1월 6일 그 법안에 서명했다. 이 예산요구서는 중국의 한국전쟁 개입 이전에 작성되었기 때문에 통과되었을 때 장기적 소요를 충당하기에는 불충분했다. 1952회계연도와 병행하여 제4차 추가경정 예산이 마련되고 이 법안은 국방비로 64억 달러를 추가로 제공했다. 트루먼은 1951년 5월 31일 서명했다. 따라서 1951회계연도의 총 국방비 세출액은 482억 달러가 되었다. 이와 같은 군비의 대폭 증액으로 병력 규모는 150만에서 330만으로 배증했다.

육군의 사단은 10개에서 18개로, 해군은 전함이 237척에서 342척으로, 해병대는 편제 병력의 36%에 불과한 2개 사단을 완전히 충원하고 1개 신규 전투 연대를 추가했으며 공군은 48개 비행단을 72개 비행단으로 늘렸다. 상세한 내역은 〈표 11.1〉을 참고하기 바란다.[30]

1952회계연도 국방예산

중국이 한국전에 개입하고 트루먼 행정부가 1950년 11월과 12월 기본 정책을 결정함에 따라 근본적인 변화로 인해 다음 예산연도의 군사 소요가 완전히 변했기 때문에 이전의 모든 작업은 내팽개쳐야 했다. 1월에 각 군의 기획관들은 1952회계연도 제안을 작성하기 위해 새로운 출발을 했다. 수 주 동안 집중적인 작업을 한 다음 각 군 참모총장들은 2월에 총액 820억 달러의 종합적인 예산요구서를 제출했다. 마셜과 로벳은 이 액수는 그만큼 필요하지도 않고 의회에서 획득할 수 있는 한도를 훨씬 초과한다는 것을 발견하고 내부 위원회에서 수정토록 지시했다. 각 군이 대폭적인 삭감을 거부하자 국방부 감사실 직원과 예산실 직원들로 구성된 팀이 4월 초 국방예산안을 493억 달러로 조정했다. 각 군이 새롭게 호소를 하자 로벳 국방차관은 조정된 초안에 70억 달러를 회복시키기로 합의하고 최종적으로 563억 달러를 신청했다. 예산실이 사소한 수정을 가하고 나서 대통령은 1951년 4월 30일 의회에 562억 달러를 요청했다.[31]

하원이 5월 초 대통령의 요구액을 심의하기 시작하자 의원들은 요구액이 충분하지 않을지 모른다는 우려를 표명했다. 이에 대한 반응으로 로벳은 만약 한국전이 전면전으로 확전되지 않는다면 충분할 것이라고 주장했다. 그 후 수 주 동안 양원의 의원들은 이와 같이 막대한 액수를 요구하는 설명이 불분명하고 분석이 불가능하다고 불평을 늘어놓았다. 하원의원 클라렌스 J. 브라운 시니어(Clarence J. Brown Sr., 1893~1965, 공화당 오하이오)는 예산법안에 당혹스러워하는 많은 의원들을 대신하여 다음과 같이 말했다. 그와 그의 동료들은 "이 법안에 포함된 세출항목이 실제로 필요한 것인지 또는 이 지출안이 충분히 설명되었는지 여부를 알지 못했다". 상원 국방세출 소위원회 위원장 조지프 C. 오마호니(Joseph C. O'Mahoney, 1884~1962, 민주당 와이오밍)는 솔직하게 설명하기를 양원 소위원회 위원들은 "민주적 과정에서 … 군사문제를 … 처리하는 책임을 진 인사들의 군사적 판단을 민간인의 판단으로 대체하기를 원치 않는다"[32]고 했다.

마셜 장군은 7월에야 겨우 하원에서 예산 요구를 지지하는 증언을 했다. 그 무렵 행정부의 전쟁 처리에 대한 비판 때문에 분위기가 바뀌었으며, 맥아더 장군의 해임에 관한 의회청문회에 사람들의 관심이 많이 쏠렸다. 의원들의 의견이 바뀐 데 더욱 중요하게 작용한 것은 6월 말 모스크바가 한국에서 조기 휴전협상을 지지한다는 소련의 갑작스런 신호였다. 이 기회에 소위원회 위원장 조지 마혼은 그가 10주 전에 로벳과 마셜에게 국방예산 요구액이 삭감되어서는 안 된다는 취지로 질의했던 입장을 철회했다. 제2차 세계대전 '승리의 설계자'인 마셜은 확신에 차서 크렘린이 '새로운 국면을 조성할 때마다' 장기 프로그램을 대폭 변경해야 된다는 생각을 거부했다. 그는, 한국에서 전쟁이 종식되든지 말든지 간에, 미국의 국력을 증강하고 유럽의 재무장을 지원하기 위한 정책이라며 국방예산을 방어했다. 하원은 결국 예산요구액에서 단지 15억 달러만 줄였다. 예산법안이 상원에 제출되었을 때 휴전협상은 교착상태에 빠지고 전투는 지속되었다. 태도는 다시 바뀌었다. 상원은 일부 예산을 회복하고 예산삭감으로 인해 이미 승인 받은 95개 비행단의 전력을 채울 수 없다는 공군의 지속적인 로비에 반응을 보였다.

상원은 하원을 설득하여 50억 달러를 추가했는데, 이는 주로 공군이 전자장비 및 제트 엔진 생산 능력을 확장하기 위한 것이었다. 그런 것이 부족하여 항공기 생산이 지체되었던 것이다. 최종 예산법안은 세출 555억 달러에 항공기 구입을 위한 50억 달러의 지출원인행위 권한을 추가했다. 50억 달러 중 5억 달러는 1952회계연도에 지출될 수 있는 것이었다. 대통령은 1951년 10월 18일 타협법안에 서명했다. 1952회계연도 총 국방예산 수권은 604억 달러에 달했다. 이는 1945년 이래 승인된 최대의 국방예산이었다.[33]

1953회계연도의 국방비 지출이 둔화되다

1952회계연도 국방 세출이 통과되고 법률로 서명되기 훨씬 전에 다음 해 예산에 대한 토론이 시작되었다. 군비 증강 속도가 유지될 전망이 1951년 가을 이후 낮아졌다. 몇 달 후 트루먼은 1953회계연도 예산 과정을 그의 '가장 큰 두통거리'라고 묘사했다. 그는 소련의 핵무기 능력과 장거리 폭격기 증가에 대응하는 일과 높은 국방비 지출이 미국의 경제력을 훼손할 위험이 있다는 의회 내 강력한 분위기 사이의 갈등을 느꼈다. 각 군은 1952년 중반까지 이어진 '최대로 위험한 해'의 소요를 충족하기 위해 병력을 증가하길 원한 반면, 의회와 대중 다수는 국방의 기득권 세력이 최근 예산을 사용하는 데 낭비를 했다는 감을 가졌다. 얼마만큼 액수가 지출되어야 하고 어떤 군과 장비가 예산을 지원받아야 하는지에 관한 논란이 한국전쟁에서 사상자 수가 늘어나고 휴전협상은 끝이 없어 보이는 상황을 배경으로 벌어졌다.[34]

군사 기획관들이 1951년 6월과 7월 전력 소요를 작성하고 있는 동안 정보와 정책결정 관리들은 NSC 보고서 68/4하에 승인된 국가안보 프로그램의 현황을 검토했다. 이 검토 결과, 기본적 국가안보 정책을 천명한 문서로서 NSC 68을 대체한 NSC 114가 나왔다. 새로운 정책의 출발점은 1952년 중반까지 소련의 위협에 대한 갱신된 판단이었다. 그것은 8월 2일자 국가정보판단서 25호에 설명된 것이었다. 이 판단서는 서두에 소련의 의도에 관해 다음과 같이 대담하게 기술했다. "우리는 소련의 궁극적인 목표는 소련이 지배하는 공산주의화된 세계이며, 크렘린은 자국이 통제할 수 없는 모든 정부를 제거함으로써만 그 자국의 중대한 이익이 장기적으로 확보된다고 믿는다. 이런 목표는 소련과 그 제국을 한 축으로 하고, 미국과 그 동맹국을 다른 축으로 하는 두 진영 간의 평화 공존이 불가능하고, 궁극에는 두 진영 간 군사적 분쟁이 불가피할 것이라는 크렘린의 확신을 반영할 것이다."

이 국가정보판단서는 계속해서 다음과 같이 말했다. '소련의 1차적이고 즉각적인 목표'는 서방 동맹을 분열시키고 서방, 독일, 일본의 재무장을 저지하며 미국의 해외 기지 네트워크 창설을 중단시키는 것이다. 군사 역량에 관하여 분석관들의 주장은 소련의 지상군이 '상대적으로 단 기간 내에' 유럽과 중동을 유린할 수 있으며, 공군은 이러한 지상 작전을 지원하는 동시에 영국과 북아메리카에 대한 '전략적 공습'을 시도할 수 있다는 것이다. 국무부 정보국장이 '위대한 투쟁'을 주제로 했다고 묘사한 결론 문구에서 국가정보판단서 작성자들은 "크렘린이 의도적으로 미국과의 전면전을 재촉하거나 도발할 가능성에 관해 정확하게 전망을 내릴 수 없다"고 말했다. 하지만 그들은 소련이 전면전을 개시할 능력을 갖고 있으며 전면전을 재촉하기로 결정할 수 있다고 언명했다. 더욱이 국제 상황은 매우 긴장상태에 있기 때문에 어느 순간에 어떤 이슈가 통제 불능한 지점까지 전개될 수 있다.[35]

위협 판단은 미국의 대응 수준을 정당화하는 데 사용되었기 때문에 국무부의 주요 소련 전문가가 NSC 114 초기 초안에 포함된 국가정보판단서 25호의 주장을 비판한 것은 매우 주목할 만하다. 찰스 보렌은 7월에 파리로부터 워싱턴에 도착, 국무부의 자문역에 취임했다. 이 자리는 장관을 위한 개인적인 고충해결사 역할을 포함하는 고위직이었다. 그는 7월 28일 NSC 114 초안에 대한 반응을 폴 니츠에게 글로 썼다. 폴 니츠는 NSC 기획국장으로서 동료들과 함께 초안을 작성했다. 보렌은 다음과 같이 썼다. 그의 주된 비판은 "소련을 세계정복의 궁극적인 목표를 갖고 사전에 완전히 준비된 계획을 실행하는 기계적인 체스 플레이어로 등장시켰다는 점이다". 비록 현 상황에서 '심각하고 지속적인 전쟁 위험'이 있다고 할지라도 소련의 웅대한 계획은 없다. 그는 NSC 68의 주무 작성관에게 다음과 같은 점을 상기시켰다. 그와 조지 케넌 등 대부분의 소련 전문가들은 "한국전쟁이 소련 정책의 새로운 출발의 일환으로서 '세계대전을 촉발할 엄중한 위험'을 용인하는 표시라고 생각하지 않는다. … 대부분의 증거 … 는 러시아가 한국에서 큰 오산을 했으며 그런 위험을 예상하지 못했음을 [보여준다]". 또한 보렌은 소련의 군사력이 미국과 비교하여 1950년 4월 이래 증가했다는 주장에 의문을 제기했으며 이런 주장의 증거를 보자고 요구했다. 핵무기 문제에 관하여 그는 다음과 같이 물었다. NSC 68 시리즈가 주장하는 바와 같이 만약 원자력 균형이 소련의 의사결정을 지배하는 요인이라고 한다면, 소련이 여전히 핵개발에서 미국에 뒤처져 있는 상태에서 "어떻게 한국전쟁을 전면전도 불사하겠다는 용의로 간주할 수 있단 말인가". 보렌은 유럽으로 떠나기 전에 니츠와의 면담을 요청했지만 이런 강력한 반대에도 불구하고 NSC 114의 최종본에는 별로 바뀐 것이 없었다.[36]

8월 8일 NSC 회의에서 참석자들은 개정된 NSC 114/1을 논의하고 동의했으며, 대통령은 다음날 그 결론을 승인했다. NSC 114는 세계현황을 검토한 부분에서 NSC 68이 작성된 이래 소련의 우위 증가를 보여주면서 국가정보판단서 25호를 거의 그대로 답습했다. 핵 능력에 관해 검토한 부분에서 "이제 소련이 이전에 1954년 중반으로 추정했던 원자탄 비축량을 1953년 중반에 갖게 될 것이라고 추정했다. 미국에 대한 기습공격으로 결정적인 결과를 가져올 날짜는 이에 따라 앞당겨진다". 미국 군사 프로그램에서 특히 선행기간이 오래 걸리는 무기 생산의 경우 NSC 114 작성자들은 결과가 목표에 미치지 못한 것을 발견하고 노력 배가를 촉구했다. 정책 부문에서는 미국의 국가안보가 NSC 68/4 프로그램이 개발되었을 때 전망했던 것보다 훨씬 더 큰 위험에 처했다고 결론을 내렸다. "이제 미국과 그 동맹국들은 NSC 68에 정의된 목표를 뒷받침하기에 충분한 전력 수준에 도달하기까지 지속될 극심한 위험의 시기에 이미 처해 있는 것처럼 보인다."[37]

NSC 114/1는 추정된 위험이 완만하게 진전될 것으로 보고 NSC 68/4에서 제시된 바와 같이 군비 증강을 지속할 것을 권고했다. 이 프로그램의 여러 요소들은 소련의 도전에 대응하는 데 매우 집중되었다. 중국, 북한 및 중부와 동부 유럽 동맹국들은 모스크바의 완전한 통제와 지시하에 있는 위성국가로 간주되었다. NSC 114의 정책 부분은 중국 지원군이 한국전쟁에 개입하여 유엔군의 진격을 중단시키고 후퇴시켰으며, 연합군과 싸워 38선에서 교착상태를 이룬 사실을 반영하지 않았다. 보고서는 다만 다음과 같이 언급했다. "중국 공산 정권은 언제든 동원할 수 있는 막대한 군사 역량을 갖고 있으며, 소련의 이익을 위해 군사 행동을 취했고, 적어도 지금까지 중국에서 지배를 공고히 하는 데 성공했다." 작성자들은 다음과 같은 사실을 인정했다. "북한과 중국 공산군은 소련의 병참과 기술적 지원을 받아 이전에 추정했던 것보다 더 큰 군사 역량을 실증해보였다." 그런 다음 작성자들은 다음과 같이 주장했다. "따라서 공산군은 동아시아와 동남아시아를 유린하고 [미국의] 연안도서 방위선의 안전을 위협할 수 있는 능력을 가진 것으로 생각된다." 끝으로 새로운 국가 안전보장 정책은 소련의 아시아 위성국들 지배를 감소시킬 수도 있는 문제는 가급적 축소했다. 소련과 중국 사이의 갈등을 이용할 가능성에 대한 암시는 없었다. 보고서는 중화인민공화국이 전쟁으로 인해 '점차 심각한 경제난'을 겪지만, 체제 안정성을 위협할 정도는 아니라고 주장했다. 중국의 한국 내 군사 활동의 영향에 관하여 "중국공산당 정권이 위험에 빠져 있다거나 혹은 소련의 이 정권에 대한 영향력이 축소되었다는 확고한 조짐은 아직 전혀 없다".[38]

한편, 8월과 9월 중 각 군은 1952회계연도 나머지 기간 동안 유지하고 1953회계연도 예산안에 반영할 병력 수준에 관해 열띤 논의를 했다. 비록 각 군이 NSC 114에 세워진 목표를 달성하기 위해 병력과 장비가 더 필요했지만, 전투 비행단을 95개에서 138개로 증가하려는 공군의 공세가 핵심 쟁점이었다. 제안된 공군 확장비용이 너무 높아 가장 최근에 생긴 군대인 공군의 야심을 저지하기 위해 육군과 해군 참모총장이 협력하지 않으면 안 되었다. 국방부에서 부임 이래 예산 과정을 관리한 로버트 로벳 차관은 1951년 9월 17일 마셜 장군에 이

그림 11.2 트루먼 대통령과 로버트 로벳 국방장관, 1952년경. 자료: 트루먼 도서관

어 국방장관 자리에 올랐다. 각 군이 합의된 제안에 이르지 못하자 로벳은 무기 전문가 패널을 구성하여 그들로 하여금 개발 중인 무기가 언제 사용가능한지 예상 시기에 대한 질문에 답변을 하도록 했다. 패널은 전술 핵무기는 1953년 중반까지 준비가 될 수 있지만 전략폭격기 필요를 대체할 수 없고, 두 가지 유형의 핵탄두 장착 유도 미사일이 1953년 중반까지 이용가능하며, 그 1년 후에는 두 가지 유형이 추가로 사용가능하다고 신속하게 보고했다. 이런 기대에 근거하여 그들은 공군의 중폭격기 요구를 줄이라고 건의했다. 각 군 장관들로부터 압력을 받고 합동참모본부는 9월 26일 1953회계연도의 병력 수준을 다소 축소하여 예산안을 제출했다. 여기에는 공군 비행단을 126개로 확장하는 제안이 포함되었다. 로벳은 이 제안을 대통령에게 제출했으며 트루먼은 이를 예산계획 목적으로만 10월 5일 승인했다(그림 11.2 참조).[39]

행정부는 국방예산 요구서에 관해 의회와 합의하는 데서 더 곤란한 문제에 부딪쳤다. 기본적인 모순은 군부가 합의를 본 소련으로부터의 위협에 대처하

기 위해 필요한 병력수준이 의회가 예산을 대겠다는 것보다 훨씬 더 비용이 많이 소요되는 것이었다. 국방부 관리들은 1953회계연도의 예산안을 준비하면서 동시에 NSC 114/1의 갱신을 위해 군사 소요를 작업하고 있었다. 합동참모본부는 10월 11일 다음 회계연도의 예상된 군대의 소요비용이 642억 달러라고 보고했다. 감사실과 국방동원실의 압력을 받아 로벳 장관은 NSC 검토를 위한 계획 수치로서 이 액수를 450억 달러로 대폭 삭감했다. 정책입안자들이 이런 문제를 논의하고 있을 때, 그들의 머릿속에는 백악관이 10월 3일 발표한 소련의 2차 원자폭탄 실험이 있었다. 뒤이어 3차 실험도 성공했다는 뉴스가 있었다. 10월 12일 배포된 NSC 114/2의 초안은 향후 수년 간 소련의 군사력 증가를 예측했다. 이 예측에 의하면 소련은 1953년 중반 무렵 미국의 보복 능력을 파괴할 수 있는 장거리 폭격기 부대에 의해 미국을 1953년 중반까지 타격할 수 있는 반면, 나토는 적어도 4년 동안 서부유럽을 공격으로부터 방어할 수 없을 것이다. 비록 NSC 114/2에서 제안된 병력 수준이 초기 초안에서 제시된 위협 평가와 맞지 않더라도 NSC 구성원들은 논리적 일관성보다 비용 삭감을 더 우려했다. NSC의 건의에 입각하여 대통령은 10월 18일 국방부에 지시, 대충의 목표로서 450억 달러를 사용할 1953회계연도의 상세한 예산을 짜라고 했다. 각 군은 계속 지출 한도를 높여야 한다고 주장하면서 710억 달러의 요구서를 제출했다. 로벳은 추가 삭감 시도에 성공하지 못하고 예산실에 519억 달러의 예산안을 보냈다. 이 예산안은 병력 수준을 합참이 제안한 수준 이하로 삭감한 것이고 한국에서의 전투 작전 비용이 들어 있지 않았다. 대통령은 그런 수준의 국방 지출로 미국경제가 파탄에 이를 것을 걱정하고 더 삭감하라고 촉구했다. 예산국 관리들과 몇 차례에 걸친 협상을 거친 다음, 로벳은 국방부 예산을 490억 달러 요청하기로 합의했다. 1952년 1월 21일 트루먼은 다음 회계연도를 위한 486억 달러의 국방지출 수권을 의회에 요청했다.[40]

　예산이 또 다시 적자를 기록할 것으로 예상됨에 따라 의회는 트루먼의 증세 요청을 거부하고 그 대신 국방비를 삭감하기로 선택했다. 하원은 세출위원회에서 삭감한 후 본회의에서 추가 삭감한 439억 달러의 국방예산법안을 표결로 통과시켰다. 행정부의 관점에서 이보다 더 안 좋은 것은 하원의원 하워드 W. 스미스(Howard W. Smith, 1883~1976, 민주당 버지니아)의 제안으로 1953회계연도 국방 목적의 모든 지출을 460억 달러 이내로 제한하도록 수정한 것이었다. 로벳은 이 엄격한 제한조치와 투쟁, 상원에 설명하기를 그런 제한조치를 취하면 전년도 예산에서 승인된 장기 계속사업에서도 적어도 60억 달러의 계약을 취소하지 않을 수 없게 될 것이라고 했다. 콘디트가 말한 바와 같이 그는 스미스 수정조항의 효과를 그림을 그려가면서 "코트 소매의 비용을 절약하기 위해 팔을 절단하는 것"과 비교했다. 상원은 표결을 통해 스미스 수정을 제거하고 441억 달러의 예산법안을 승인했다. 양원은 최종적으로 신규 지출원인행위 권한으로 443억 달러에 동의하고 트루먼은 1952년 7월 10일 법안에 서명했다. 전년도 결손분 보전과 소액의 추가경정 세출을 보태서 1953회계연도의 총 국방예산 책정은 470억 달러에 달했다.[41]

　1953회계연도의 난항을 겪은 예산 과정을 통해 의회는 대통령이 요구한 예산에서 약 10%를 삭감했다. 비록 전력 목표는 NSC 114/2에 적시된 그대로지만, 행정부는 예산 우려에 굴복했으며 합의된 전력 수준을 완성하는 기간을 연장하는 데 동의했다. 각 군의 예산 투쟁에서 육군은 최대의 패자였고 공군은 주요 승자로서 1953회계연도 재원의 거의 44%를 받았다. 예산 압박과 한국에서의 지상전 좌절이 겹치는 바람에 행정부는 마지못해 의회와 함께 미국 전략의 근본적인 변경을 재개하게 되었다. 1949년 시작되어 한국전쟁 기간 지연된 이러한 전략변경은 전략 핵무기 운반에 초점을 맞추어 공군력 강화를 최우선으로 지향했다.

12

딘 애치슨, 유럽방위를 주도하다

1950년 6월 북한의 남침은 워싱턴 관리들에게 쇼크를 주었으며 많은 이슈에 대해 새롭게 생각을 하지 않을 수 없게 했다. 특히 군비 지출과 관련해서 그랬다. 한국전 개입 결정으로 국방예산과 군의 구조에 급격한 증가를 초래했다. 하지만 일부 우선순위는 바뀌지 않았다. 주요 전략 목표는 소련 세력의 확장을 저지하는 것이었으며, 이런 목표를 달성하는 데 핵심적인 요소는 서유럽이 경제적·군사적 강국이 되도록 도와주는 것이었다. 사용할 수단은 행정부가 그 이전 2년 동안 취한 이니셔티브 결과로 이미 존재했다. 즉, 마셜 플랜을 통해 경제원조를 제공함으로써 유럽의 경제를 부흥시키고 경제적·정치적 통합을 고무하고, 강력한 나토를 통해 방위 동맹을 맺었다.

이와 같은 난관 돌파 정책이 일부 성공을 거두었다. 미국의 원조 덕분에 영국과 프랑스는 경제적 붕괴를 회피했으며, 소국들의 회복을 촉진하는 데 일조했다. 독일 경제는 소생하기 시작했으며 서방이 점령한 3개 지역을 합병하여 독일연방공화국(서독)이 탄생했다. 북대서양조약은 1949년 4월 체결되었으며 기본적인 조직 구조가 설립되고 초보적인 전략 기획이 시작되었다. 군사원조 프로그램인 상호방위원조계획이 1949년 10월 승인되고 각 동맹국과의 원조 패키지 협상은 1950년 초 몇 달 동안 완료되었다.

하지만 상당한 문제가 여전히 남아 있었으며 한국전쟁 발발 이후 더욱 확대된 소련의 침략에 대한 우려로 문제가 악화되었다. 유럽의 경제회복은 지지부진했으며 각국 정부는 취약한 군사력 제고에 새로운 자금을 투입할 여력이 없었다. 워싱턴 관리들은 유럽에서 있을지도 모를 중립주의에 대해 우려했으며, 최악의 경우 취약한 독일 정부가 동부 지방과 통일하는 교환조건으로 모스크바에 중립을 약속하는 거래를 할지 모른다는 전망이었다. 나토 내에서는 갈등과 의구심이 있었다. 영국은 통합된 유럽경제의 일부로 편입되는 것을 피하고 싶어 했으며, 국가의 성쇠를 미국 및 영연방 회원국들과의 긴밀한 관계에 맡기려고 했다. 이번에는 프랑스가 영미가 나토를 지배하는 구조에서 배제된 데 분개하고 소국들은 동맹의 의사결정 과정에 끼어들지 못하는 데 반대했다.

유럽 우선주의

1898년 대스페인 전쟁 승리로 세계 강국으로 등장한 미국의 주된 전략적 이익은 여전히 유럽이었다. 두 번에 걸친 세계대전에서 결정적인 역할을 함으로써 이런 인연이 심화되었다. 실제로 제2차 세계대전에서 미국의 전략은 태평양 전장보다 유럽 전장에 훨씬 더 많은 인력과 자원을 제공함으로써 강력한 우선순위를 드러냈다. 문화와 정치제도의 공유를 초월하여 유럽은 미국에 지속적인 이민자의 물결을 제공했으며, 미국의 무역과 투자의 최대 대상 지역이었다. 1945년 이후 미국 대외정책은 유럽의 회복과 안전에 많이 집중했다. 예를 들면 트루먼 독트린, 마셜 플랜 및 상호방위원조계획이다. 국무장관으로 취임한 직후 딘 애치슨은 하원 외무위원회에서 유럽경제를 회복시키는 것이 행정부의 최우선 과제라고 증언했다. 왜냐하면 서유럽은 '세계의 핵심'이기 때문이라고 했다. 그가 언명하기를 유럽의 번영은 국제 무역을 확장시키고, 공산주의의 팽창을 저지하며, 민족주의 폭동을 억제함으로써 미국의 안보를 진전시킬 것이라고 했다. 하원 외무위에 출석한 애치슨에 이어 유럽 원조 조정관인 애버렐 해리먼은 한 걸음 더 나아가 미국의 원조와 지원은 통일된 서유럽을 미국과 결속시키고 대륙에서 중립주의 가능성을 감소시킬 것임을 강조했다.[1]

1950년 6월 25일 한국전쟁이 발발했을 때 워싱턴 관리들은 즉시 관심을 극동으로 돌렸다. 정부의 주된 우선순위는 계속 유럽이겠지만 미국은 먼저 한국에서 패배를 저지해야 했다. 전략 기획관들이 보기에 한국전쟁은 미국이 아시아에서 미국의 방위선 밖에 있다고 공개적으로 천명한 국가를 방어할 의지가 있는지 시험하는 것이었다. 또한 그들은 모스크바가 향후 여러 해 동안 유럽에서 전쟁을 벌일 태세가 되어 있지 않을 것이라고 믿었다. 따라서 유럽의 방위력을 점진적으로 증강할 수 있게 되었다. 대통령이 1949년 10월 6일 결재한 상호방위원조계획의 최초 세출승인은 자금의 75% 이상을 나토의 유럽 회원국들에 배정했다(13억 달러 중에서 10억 달러). 의회가 '무료 증정품' 나눠주듯이 원조하는 데 한사코 반대했기 때문에 유럽을 위해 확보할 수 있었던 금액이 10억 달러에 불과하여 10개 동맹국들의 군사력을 재건하는 데 원조해주기에는 너무나 액수가 적었다.

두 가지 주요한 이유로 장비의 실질적 공급과 훈련의 시작은 지지부진했다. 미국은 지원해줄 수 있는 사용가능한 잉여 무기 수량이 대단히 제한적이었으며 훈련을 담당할 병력이 별로 없었다. 그리고 번거로운 관료기구가 설립되어 각국의 방위 필요를 조사하고 상세한 방위계획을 협상하며, 어떤 장비가 필요한지 합의하고 경제협력처의 국별 팀에 의해 제공되는 경제원조와 조정하여 군사원조를 제공했다. 방위 지원이 가장 필요한 회원국은 아마 틀림없이 프랑스였다. 프랑스에서 상호방위원조계획을 실행하기 위한 협정이 1950년 1월 27일 체결되고 미국의 군사원조 팀이 5월부터 파리에서 활동을 개시했다. 군사원조 프로그램은 완만하게 증가할 수밖에 없었다. 왜냐하면 대통령이 1951회계연도에 이 목적을 위한 세출 예산으로 12억 달러밖에 요구하지 않았기 때문이었다. 1950년 6월경 얼마 되지 않는 액수의 장비가 인도되었으며, 일부 훈련 프로그램이 시작되었다. 이런 상황은 몇 개월 뒤 극적으로 바뀌게 되었다. 왜냐하면 상호방위원조계획의 예산이 4배 늘어났기 때문이었다.[2]

독일 문제와 프랑스

미국의 정책입안자들에게 유럽의 중심적인 문제는 어떻게 서방 제도와 연결된 안정되고 번영하는 서독을 건국하는 것이었다. 워싱턴 관리들은 제1차 세계대전 후 징벌적인 해결책으로 인해 나치가 정권을 잡고 제2차 세계대전을 유발한 분노와 적의를 품게 했다는 것을 절실히 인식하고 있었다. 이번 전후 기간은 달랐다. 독일은 완패를 했고 무조건 항복했으며, 나라는 쪼개지고 점령을 당했다. 1950년 분단이 고착되었다. 3개 서방 점령지역은 독일연방공화국(서독)으로 병합되어 기독교민주당 정치인 콘라트 아데나워(Konrad Adenauer, 1876~1967)가 선출된 정부를 이끌었다. 한편 소련 점령지역은 독일민주공화국(동독)이 되고 소련이 선택한 발터 울브리히트(Walter Ulbricht, 1893~1973)가 이끌게 되었다. 이전 수도 베를린은 쪼개지고 서방 구역은 동독에 둘러싸여 서독으로부터 차단되었다. 베를린은 기술적으로 4대 강국 치하에 그대로 있었지만 서베를린 주민들에게는 대부분의 서독 법률이 적용되었다. 그들은 법적으로 서독 국민이었다. 서방의 점령국들은 3명의 연합국 고등판무관을 통해 서독 정부의 행동에 대해 광범위한 심사권을 계속 행사했다. 판무관실은 수도 본 근처의 우뚝한 산상에서 라인 강을 내려다보는 데 위치한 호텔 피터즈버그에 자리 잡았다.[3]

독일에서 가장 높은 자리에 있는 미국인은 존 J. 맥클로이(John J. McCloy, 1895~1989)였다. 그는 월스트리트의 원로 변호사 출신으로서 대전 기간에 전쟁부 차관보로 봉직했으며 나중에 세계은행 총재가 되었다. 독일계 미국 가정에서 자랐고 전전(戰前) 독일에서 광범위한 법무 경험을 쌓은 맥클로이는 점령에서 동반자 관계로 서독의 이행을 주도한 이상적인 미국대표였다. 기본적으로 합의 도출자이며 공화당계 국제주의자로서 그는 자신의 거창한 과업에 실용적으로 접근했지만, 필요할 때에는 직설적이고 강경해지는 능력을 지녔다. 독일 정책에 관한 권한을 둘러싸고 관료들 사이에 벌어지는 경쟁을 잘 알고 있기 때문에 맥클로이는 고등판무관 겸 경제협력처장으로 임명되도록 트루먼과 딜을 하고 그에게 직접 보고했다. 새로 부임한 미국 총독은 1949년 7월 독일에서 군정장관으로 업무를 개시했으며, 그해 9월 신설된 고등판무관으로 자리를 옮겼다.[4]

맥클로이는 서독의 유동적인 정치 및 경제 여건하에서 문제와 기회를 재빠르게 파악했다. 10월 말 파리에서 개최된 유럽 주재 미국대사 회의에서 그는 새로운 정부가 당면한 중요한 문제를 광범위하게 보고했다. 예를 들면 경기 침체, 높은 실업 문제, 동부로부터의 대규모 난민 유입, 동독지역으로부터 자연적으로 공급받던 곡물과 식량의 차단 등과 같은 문제를 거론했다. 서독국민은 국가가 분리된 데 대해 대단히 비관적이었고 서베를린 지원의 취약성과 높은 비용에 대해 걱정했다. 아데나워가 서독을 서유럽에 통합하기를 강력하게 선호한다고 기꺼이 언급했지만, 그는 프랑스와 동등하게 대우하고 완전하게 수용할 것을 강조하곤 했다. 영국에 관해서 서독 총리는 노동당 정부가 대륙과 어떤 형태로든지 간에 통합하는 데 반대하고, 독일 문제에 사회주의적 해결책을 빈번하게 들고 나오는 데 대해 매우 비판적이었다. 이는 실질적으로 그의 정적인 사회민주당을 지지하는 꼴이기 때문이다. 몇 달이 지난 후 맥클로이와 그의 보좌관들은 생산성이 전전 수준으로 증가했음에도 불구하고 근본적인 경제 문제가 개선되지 않았다는 것을 발견했다. 실업률이 12%에 달했으며, 그 중 상당한 몫은 난민들이 차지했다. 그리고 투자 자본과 주택이 심각하게 부족했다. 역사가 토마스 슈워츠(Thomas Schwartz)에 의하면 "대부분의 미국 관리들은 [서독이] 마셜 플랜 원조의 결산연도인 1952년까지 '생존력'을 달성할 수 있을지 … 의심했다".[5]

독일이 미국의 정책입안자들이 직면한 중심 문제였다면, 프랑스는 가장 복잡한 문제를 줄줄이 제기했다. 자본이 부족하고 공산주의자들이 이끄는 파업으로 큰 소동이 빈발하여 생산이 차질을 빚어 경제실적이 형편없었다. 과거 75년 동안 독일과 세 번 전쟁을 해서 모두 패배한 바람에 국민은 패배주의자가 되었고, 나치당 및 프랑스의 비시 정부와 협력한 자들이 많아 이들에 대한 의혹과 향후 35년 동안 공개적으로 논의조차 시작하지도 못할 것이라는 두려움으로 나라가 균열되어 있었다. 프랑스 연립 정부는 불안정했으며 의회 내 합종연횡에 따라 자주 붕괴했다. 1948년과 1952년 사이 이 나라에는 10개의 다른 연립 정부가 들어섰다. 비록 많은 프랑스 지도자들이 독일과 화해할 필요성을 인정했다고 할지라도 그들은 각각의 이슈를 제로섬 기준에서 보았다. 독일이 진일보할 때마다 프랑스는 손해를 보는 것이었다.

　런던이 1949년 9월 18일 파운드화를 갑자기 30% 평가절하함으로써 삼면으로 위기를 초래했다. 프랑스가 뒤따라 프랑화를 22.5% 평가절하했다. 독일 정부는 값이 싼 영국제품에 수출을 빼앗기지 않으려고 장시간 논의한 후 마르크화를 25% 평가절하하기로 결정했다. 프랑스 관리들은 독일이 자기 나라보다 평가절하를 더 많이 하는 것을 받아들이지 않으려 했으며, 고등판무관실에 그것을 막아달라고 협박했다. 또한 파리는 독일의 석탄 이중 가격제 폐기를 요구했다. 독일의 국내용 석탄은 값이 수출용보다 30~40% 저렴했다. 프랑스는 철강 생산을 독일 석탄에 많이 의존했는데 이런 불이익을 끝내고자 했다. 맥클로이와 애치슨은 적극적으로 협상을 한 다음 타협에 이르렀다. 이에 따라 독일은 마르크화를 20% 평가절하하고 석탄 수출가격을 20% 인하하기로 했다. 이 일화는 프랑스와 독일의 국내 문제가 서로 밀접하게 얽혀 있다는 점, 취약한 프랑스 정치, 워싱턴이 중심적 역할을 맡아 정책과 감정을 관리한 사실 등을 예시하고 있다.[6]

　딘 애치슨이 국무장관으로 미국 정부에 복귀했을 때 그는 유럽에서 독일이 주된 문제라고 인식했지만, 관련 이슈를 처리할 복안이 없었다. 그는 프랑스가 유럽의 부흥을 가져올 핵심 국가라고 믿었으며, 프랑스-독일 화해를 달성하기 위해 프랑스의 안보 필요성이 충족되어야 한다고 이해했다. 그의 첫 번째 과업은 북대서양조약의 완성을 지연시키는 잔여 문제의 해결이었으며, 그는 이 동맹이 프랑스에 필요한 안전보장을 제공할 장기적 방안임을 굳게 믿었다. 이와 같은 협상이 진행되고 있는 동안 그는 정책기획실장 조지 케넌이 이끄는 위원회를 구성하여 이 위원회가 유럽 내 독일의 위치에 관한 모든 측면을 분석하고 국가안전보장회의가 검토할 모든 선택지를 개발하도록 했다. 두 달 간에 걸친 조사와 토론을 마친 다음 ─ 그리고 독일 주재 미국 군정장관 루시우스 클레이(Lucius Clay, 1898~1978) 장군과 프랑스 외무장관 로베르 쉬망(Robert Schuman, 1886~1963) 사이에 견해를 비판적으로 수렴시킨 다음에 ─ 케넌 위원회는 3개 서방 점령지역을 다스릴 서독 정부의 수립과 좀 더 유연한 점령지 법률하에 새로운 정부를 감독할 민간인 고등판무관 설치를 건의했다.

독일에 관한 워싱턴 합의라고 불리는 이 제안은 북대서양조약이 체결된 후 4일째인 1949년 4월 8일 서방 3대국 정부에 의해 채택되었다. 파리에서 5월과 6월 개최된 4대국 외무장관회의에서 소련은 동부 독일에서 자국 점령지역에 대한 통제권 포기를 강력하게 거부했다. 독일에 더 많은 자치를 허용하자는 새로운 서방 동맹국들의 계획에 대해 이처럼 경직된 반응을 보이자 애치슨은 미국은 서독을 유럽으로 편입하는 데 집중해야 하고 독일의 재통일은 훗날을 기약해야 한다고 확신했다.[7]

애치슨은 프랑스와 독일 사이 거미줄처럼 복잡하게 얽힌 문제들을 처리하면서 쉬망과 발전시킨 친밀한 관계에 크게 의존하게 되었다. 라인 지방과 밀접한 유대를 갖고 있고 기독교 민주당의 노련한 정치가인 쉬망은 1947~48년간 총리, 1948~52년간 외무장관을 지냈다. 제4공화국의 자주 바뀌는 연립 정부에서 그는 초국가적인 유럽공동체 내에서 독일과 화해하자고 주장한 선두주자였다. 애치슨-쉬망 협업의 특성은 그들이 1949년 9월 26일 뉴욕에서 개최된 유엔총회 기간 동안 가진 대화에서 부각되었다. 애치슨은 프랑스 외무장관에게 회담을 요청하면서 독일 화폐의 평가절하 문제의 해결방안에 관한 미국의 입장을 명확하게 밝히고 유럽에 대한 미국의 공약에 관해 오해를 해소하겠다고 회담목적을 말했다. 애치슨 국무장관은 맥클로이가 독일의 평가절하에 대한 해결방안을 찾고 있음을 설명했으며 쉬망은 이 제안을 프랑스 정부가 진전시키는 데 일조하기로 동의했다.

그런 다음 애치슨은 프랑스의 주 워싱턴 대사 앙리 보네(Henri Bonnet, 1888~1978)가 본국에 보낸 잘못된 보고서 문제를 제기했다. 보네 대사는 미국과 영국이 긴밀한 형태의 협력에 합의했는데, 이 협력으로 유럽 동맹국들에 대한 미국의 개입이 축소될 것이라고 주장했다. 쉬망은 애치슨의 발언을 중단시키고 이는 분명히 부정확한 보고라고 말하면서 워싱턴의 정책을 자기는 다음과 같이 이해한다는 점을 강조했다. "서유럽의 미래는 프랑스와 독일 양 국민 사이의 이해 구축에 달려 있습니다. 이러한 이해는 오직 프랑스 국민에 의해서만 구축될 수 있으며, 그 속도도 프랑스 국민이 준비된 만큼 빨라집니다. 그러므로 이 문제에서 미국과 영국의 역할은 프랑스에 자문하고 도와주는 일이지, 미국이나 영국의 생각을 마지못해 받아들여야 하는 처지로 프랑스 국민을 모는 것은 아닙니다." 프랑스 외무장관은 다음과 같이 첨언했다. "오해는 종종 제가 파리에 없을 때 일어납니다. 우리 둘 사이가 친밀한 관계라서 깊이 감사하게 생각합니다." 그리고 쉬망은 애치슨에게 장차 어떤 의심이나 질문이 생기면 즉시 제기하겠다고 다짐했다.[8]

그 후 수개월 동안 애치슨은 통합된 유럽 내에서 독일이 부흥하도록 계속 추진했지만 진척이 빠르지도 꾸준하지도 않았다. 10월 말 파리에서 개최 예정인 유럽 주재 미국대사 회의를 준비하면서 국무장관은 논의 주제를 몇 개 나열하는 메시지를 전송했다. 그는 서방 세계가 더욱 긴밀하게 통합해야 할 긴급한 필요성을 강조했다. 하지만 그는 미국과 영연방이 유럽 대륙과 주권을 통합할 능력에는 한계가 있음을 인정했다. 그의 바람은 영어사용국가들이 유럽 대륙과 더욱 밀접한 관계를 갖도록 일부 조치를 지금 당장 취하고 여타 조치는 나중에 검토하는 것이었다. 새로운 국가, 즉 서독의 국가적 성격과 근린관계의 성격이 빠르게 형성되고 있지만, 애치슨의 주안점은 경제회복을 자극하고 서독을 유럽제도로 끌어들이기 위해서는 서유럽의 조기 통합이 지상과제라는 데 있었다. 애치슨은 다음과 같이 쉬망에게 말한 것을 재차 강조했다. "통합을 향한 진보의 열쇠는 프랑스의 손에 있습니다. 제 생각에 서독의 국가적 성격이 서유럽의 건전한 발전을 허용하는 것이라면, 프랑스는 자신의 미래를 위해 주도권을 신속하고 단호하게 잡을 필요가 있습니다. 미국과 영국이 대륙과 매우 밀접한 관계를 맺고 있더라도 프랑스는 그리고 프랑스만이 서독을 서유럽으로 편입하는 데 결정적인 지도력을 발휘할 수 있습니다."9

파리 회의 참석자들은 조기 통합 목표에 동의했지만 그들이 한 발언은 그런 목표를 달성하는 데 걸림돌이 되고 있는 장애에 집중했다. 미국 경제협력처 수장인 애버렐 해리먼은 대륙과의 통합을 위한 조치에 저항하는 영국의 행동에 예리한 비난을 퍼부었다. 가장 최근에는 영국이 유럽경제협력 기구의 권력을 강화하자는 제안을 반대하고 나섰다. 이 기구는 경제통합을 지향하는 마셜 플랜의 목표를 추진하기 위해 설립되었다. 그는 영국의 정책은 파리를 위해 큰 문제를 제기했다고 다음과 같이 말했다. 왜냐하면 "프랑스 사람들이 대륙에서 외톨이 신세가 될지 모른다는 우려가 서서히 퍼지고 있고 위험하기 때문입니다". 주영대사 루이스 더글러스(Lewis Douglas, 1894~1974)는 동의했지만 영국의 정책에 영향을 미칠 수 있는 워싱턴의 선택지는 상당히 제한적임을 첨언했다. 파리 주재 대사 데이비드 K. E. 브루스(David K. E. Bruce, 1898~1977)는 유럽 통합을 성공시키고 독일의 힘을 억제하기 위해서는 영국의 참여가 필수적이라는 생각이 근거가 충분하다는 프랑스의 생각에 대해 상세하게 언급했다. 그는 애치슨이 전보에서 언급한 "프랑스 단독으로 독일의 서유럽 재편입을 주도할 수 있다고 촉구한 것은 비현실적"이라고 주장했다. 바람직한 결과는 구속력 있는 안보 장치를 포함하여 오직 "미국과 영국의 완전한 후원"으로만 성취될 수 있다고 그는 언명했다. 결국 브루스 대사의 입장에 모두 동의하고, 영국

정부를 설득하여 채택시킬 조치를 목록으로 만들 필요가 있다고 인정했다.[10]

1950년 초까지 유럽의 회복은 마셜 플랜 원조자금이 대규모로 유입되고 군사원조 프로그램이 시작되었음에도 불구하고 정지 상태였다. 영국은 파운드화를 30% 평가절하했음에도 불구하고 국제수지 문제가 심각한 상태였다. 프랑스와 베네룩스 국가들은 마셜 플랜이 1952년에 종료된 이후에도 경제적·정치적 원조가 필요할 것이었다. 유럽 통합을 위해 조기 행보를 촉구한 미국의 노력은 각국이 자국민의 생활여건 개선을 위해 진력하는 바람에 좌초했다. 서유럽 바깥의 동향을 보면, 모스크바와 베이징이 중요한 경제 및 안보 동맹을 체결했다. 프랑스령 인도차이나에서는 공산 폭동이 더욱 거세졌다. 남북한 간에는 소규모 접전의 빈도와 강도가 높아졌다. 워싱턴의 관리들은 소련에 기선을 빼앗기고 있다고 느끼고, 다음과 같은 문제를 처리하기 위해 창의적인 정책을 개발할 필요가 있었다. 즉, 영국의 대륙 분리와 관련된 국제동향, 독일의 경제 회복 시작, 독일의 부흥에 대한 프랑스의 우려가 중립주의 사조를 불러일으키는 문제 등을 고심했다. 설상가상으로 전직 국무부 직원 앨저 히스가 위증죄 유죄 판결을 받고, 조지프 매카시 상원의원의 국무부 내 공산주의자에 대한 공격을 개시했으며, 행정부가 일을 잘못 처리해서 중국을 '상실'했다는 비난이 끊이지 않았다.[11]

최고의 자문역

이와 같이 거미줄처럼 얽히설키한 많은 문제의 중심에 딘 애치슨이 서 있었다. 새로 임명된 국무장관은 당면한 도전에 준비가 잘 되어 있었다. 그는 엘리후 루트(Elihu Root, 1845~1937)와 헨리 스팀슨(Henry Stimson, 1867~1950)과 같은 법률가 출신 전직 국무장관의 전통을 이어받고 세계대전과 대공황으로 인한 사회적·경제적 혼란으로부터 교훈을 터득하여 실력을 갖췄다. 이 55세의 법률가는 업무 처리 시 철저히 논리적으로 접근했으며, 법적·정치적 이슈에 대한 사고를 이끌어준 훌륭한 멘토들의 영향을 받아 사회적 양심과 예리한 기지를 발휘했다. 그는 프랭클린 루스벨트의 뉴딜 정책으로부터 경험을 쌓았기 때문에 산업혁명이 일으킨 문제를 해결하는 데 도움을 줄 수 있는 것은 강력한 연방정부라고 믿었다. 그런 문제가 발생한 것은 돈과 재산의 힘이 아무런 제약을 받지 않기 때문이었다. 애치슨은 소수의 천재가 보통사람들의 생활 조건을 개선하는 데 도움을 주는 프로그램을 개발해야 된다고 생각하는 엘리트주의자였다. 그는 이런 관점을 가진 데다 충성심과 청렴결백을 엄격한 신조로 삼기 때문에 대부분의 정치인들을 경멸하게 되었다. 정치인들은 부유한 지지자들 편에 서서 정실을 통해 경력을 쌓았다. 이런 태도로 인해 장차 그가 의회와 대중을 상대할 때 문제가 발생하게 된다. 야당 정치인과 미디어의 공격을 받을 때 애치슨은 자기 아내와 가족의 강력한 지지와 높은 자신감에 근거한 극기에 의존했다.[12]

아버지는 성공회 신부로 코네티컷 교구의 주교였으며 어머니는 캐나다 여성으로 토론토의 부자 양조장 주인의 손녀였다. 애치슨은 코네티컷 주 미들타운에서 여동생, 남동생과 더불어 자랐다. 뉴잉글랜드의 많은 머리 좋은 젊은이들과 같이 그는 그로톤 스쿨을 다니고 예일대를 거쳐 하버드 로스쿨을 마쳤다. 예일에서 그는 남학생 사교클럽 회원이었으며 파티와 짓궂은 장난을 특별히 좋아했다. 중요하지도 않은 사실의 기억을 강조하는 대학 커리큘럼을 비판했음에도 불구하고 그는 우등생들로 구성된 친목단체 회원으로 선출되고 비밀결사 스크롤 앤드 키의 회원으로 영입되었다. 로스쿨 2학년 때 그는 펠릭스 프랑크푸르터(Felix Frankfurter, 1882~1965) 교수의 가르침과 개인 철학에서 지금까지 가장 큰 도전과 영감을 발견했다. 그는 이 젊은 교수의 법률의 사회적 적용에 대한 접근에 몰입하게 되었으며, 반에서 5등을 차지하면서 하버드 로 리뷰에 선정되었다. 하버드에 다니는 동안 작곡가 콜 포터(Cole Porter, 1891~1964)와 같은 방을 썼다. 포터는 로스쿨에 입학은 했지만 곧 음악부로 옮겼다. 로스쿨 2학년 다니고 나서 애치슨은 앨리스 스탠리(Alice Stanley, 1895~1996)와 결혼했다. 그녀를 만난 계기는 여동생이 웰즐리 대학을 다녔는데 룸메이트라 주말에 집으로 데려왔을 때였다. 앨리스는 남편에게 선명하고 견고한 영향을 주었으며 아들과 두 딸을 양육하면서 그녀는 전문 화가가 되고 그들의 메릴랜드 농장에서 열성적인 정원사였다.[13]

프랑크푸르터의 추천에 의해 대법원 판사 루이스 브랜다이스(Louis Brandeis, 1856~1941)는 애치슨을 서기로 임명하고 최고 수준의 법조계에서 고되지만 매우 보람찬 두 차례의 수습기간 동안 그를 데리고 있었다. 진보적인 판사 브랜다이스와 함께 일하면서 젊은 서기는 판사 올리버 웬델 홈스 주니어(Oliver Wendell Holmes Jr., 1841~1935)와 자주 접촉했다. 홈스 판사는 탁월한 의견을 제시하여 이미 전설적인 존재였는데 종종 법률에 대한 새로운 실용적인 접근방법을 창출했다. 브랜다이스 판사 및 홈스 판사와 가깝게 어울리면서 애치슨의 엘리트주의 성향과 책임감이 강화되어 그는 자신이 정한 높은 기준에 의해 엄격하게 타인을 판단하게 되었다. 서기 실습을 끝낸 다음 그는 새로 부상하는 워싱턴 법률회사 '코빙턴 & 벌링'에 입사하여 미국 고등법원에서 국제 법률 사건 처리로 높은 명성을 신속하게 얻었다.[14]

애치슨은 국무장관으로 임명되기 전에 연방정부에서 광범위하고 유용한 경험을 쌓았다. 루스벨트 행정부 초기 그는 재무부 차관으로 임명되었다. 하지만 몇 달 근무한 후 갑자기 사임하게 되었다. 왜냐하면 대통령이 금을 시장가격 이하로 정하여 달라 시세를 올리려는 계획을 하자 이에 강력하게 반대했기 때문이다. 법률업무를 재개했을 때 애치슨은 그가 최고 통치자 앞에 놓인 여러 가지 문제를 적절하게 고려하지 않고 조급하게 행동했다는 것을 깨달았다. 이 교훈은 그가 장차 각료 및 대통령들과의 관계에서 좋은 역할을 했다. 루스벨트도 조급하게 젊은 변호사의 사임을 요구했음을 깨달았다. 유럽에서 전쟁이 터져 점점 더 미국의 이익이 관련되기 시작하자 대통령은 1941년 1월 경제 담당 국무차관보로 애치슨을 행정부로 다시 불러들였다. 애치슨은 새 자리에서 무기대어 프로그램을 통해 영국을 원조하는 다수 정책을 시행했으며, 동남아와 중국에서 일본의 침략을 억제하기 위해 영국 및 네덜란드와 협력하여 유류 금 수조치를 취했다. 또한 그는 국제통화기금, 세계은행, GATT 등 전후 국제경제 기구들을 창설한 브레튼우즈 회의에 국무부 수석대표로 활동했다. 1944년 말 의회 담당 국무 차관보로 임명되었으며, 스스로도 놀란 것은 의원들과 즐겁게 일하면서 관세협정법, 브레튼우즈 협정, 유엔헌장 등 다수의 중요한 법안을 통과시켰다.[15]

전쟁이 끝났을 때 애치슨은 계획대로 사임하고 자기 법률회사로 돌아갔으나 며칠도 안 되어 새 국무장관 제임스 F. 번즈(James F. Byrnes, 1882~1972)로부터 차관 제의를 받았다. 국무부의 제2인자로서 그는 번즈와 그의 후임자 조지 C. 마셜 장군이 국제회의 참석차 해외 출장을 가면 종종 장관 대행을 했다. 그는 이 자격으로 원자력의 국제 통제를 위한 애치슨-릴리엔탈 계획 수립, 그리스와 터키 원조를 위한 트루먼 독트린 개발 그리고 유럽의 경제부흥을 위한 마셜 플랜 초안 작성에 큰 역할을 수행했다. 애치슨은 국무부에 근무하면서 대체로 사후 대응적이고 비효과적인 관료체제 내에서 어떻게 분석과 의사결정을 추진해야 하는지를 터득했다. 그리고 특별히 1945년 9월부터 1947년 6월까지 차관으로 근무한 시절 전후의 국제제도를 발전시키고 대소련 봉쇄정책을 수립하며 유럽의 경제부흥을 장려하는 데 대단한 성과를 거뒀다. 그는 업적으로 확고한 명성을 얻고 국제적으로, 특히 유럽에서 폭넓은 인적 네트워크를 구축한 후 다시 법률업무를 시작했다.[16]

그가 장관으로 국무부에 돌아왔을 때 애치슨은 미국이 세기가 바뀌면서 세계강국이 된 이래 어느 전임자 못지않게 미국 외교정책을 다루는 데 적격이었다. 그는 19세기 동안 유럽에서 세력균형을 유지한 영국의 정책을 깊이 존중하는 확고부동한 영국 예찬자였다. 그는 경제에 조예가 깊었으며 유럽 전문가였다. 그의 소련 정책에 대한 견해는 차관으로 국무부를 떠난 이후 강경해졌다. 그는 이제 협상이 무익하며 미국은 모스크바의 끊임없는 탐색을 거부하는 데

서방을 주도해야 된다고 느꼈다. 그는 이런 접근방법은 이미 진행 중인 정치 및 경제 조치에 수반하여 군사력 증강을 필요로 한다고 믿었다. 그의 주된 약점은 아시아에 대한 지식이 제한적이라는 것이었다. 특히 중국국민들이 어째서 서방의 영향을 국수주의적으로 반대하는 중국공산당의 정책을 광범위하게 지지하는지 이해하지 못했다. 이런 정책은 서방이 아시아 문제에 개입하지 못하도록 기꺼이 투쟁하는 데까지 확장되었다. 새로 부임한 국무장관은 눈에 잘 띄는 역할 때문에 존재가 부각되었다. 항시 옷을 잘 입고 돌출된 콧수염과 만만치 않은 눈썹을 가진 그는 대부분의 재미없는 미국 관리처럼 보이기보다 영국의 고위 법정 변호사나 외교관처럼 보였다. 그의 아들 데이비드는 나중에 쓰기를 콧수염은 "그의 아버지의 '최고 자만심'으로 '끄트머리가 확실히 흐트러지지 않도록' 하기 위해 '피노드의 콧수염 왁스'를 정기적으로 발랐다". 비록 그가 때에 따라서 오만하게 보이고 따끔한 비판을 가하기도 했지만 동료들에게 친절함과 탁 트이고 저속하기까지 한 유머감각을 보이기도 했다. 장시간에 걸친 유엔 회의와 국제회의에서 그는 장관들의 연설에 메모를 하는 것처럼 보였지만 실은 그들의 젠체하는 말을 놀리는 5행시를 작문할 때도 종종 있었다.[17]

애치슨에게 보탬이 되는 유리한 점은 해리 트루먼과의 끈끈한 관계였다. 비록 대통령과 장관은 출신 배경이 판이했지만 두 사람은 개성이 강했는데 강점을 서로 보충했다. 트루먼은 권위 있는 국무장관이 필요했고 애치슨은 광범위한 정치적 기반과 건전한 판단력을 가진 대통령을 필요로 했다. 이런 관계를 촉진한 것은 두 사람이 열정적이었고 멋진 농담을 좋아했으며 짓궂은 구석을 갖고 있었다는 사실이었다. 그들은 일할 때 명콤비였다. 하지만 살아온 인생여정이 달랐기 때문에 휴식을 함께 하지는 못했다. 트루먼은 정치인 친구들과 함께 포커 게임을 하면서 버번위스키를 듬뿍 마시면서 기분 푸는 것을 선호한 반면, 애치슨은 조지타운의 변호사 혹은 작가들과 함께 뮤지컬 또는 오페라를 감상하곤 했다. 대통령은 국무장관이 보낸 모든 메모나 초안을 주의 깊게 읽으면서 숙제를 했는데 때로는 장문이었다. 그는 전반적으로 애치슨의 건의를 받아들였다. 하지만 때에 따라서 어떤 문제에 대한 강력한 감정을 가졌을 때는 다른 방안을 고집했다. 또한 애치슨은 트루먼이 그의 견해를 받아들이도록 설득하는 데 성공률이 높은 것으로 판명되었다. 국무차관을 역임하고 트루먼의 절친한 친구인 제임스 E. 웨브(James E. Webb, 1906~1992)는 나중에 다음과 같이 관찰했다. "애치슨은 트루먼의 판단을 존중했지만 트루먼의 정치적 필요와 요구를 어떻게 충족할 것인가 하는 면에서 주의 깊게 트루먼을 살피고, 그러면서 국제 분야에서 해야 될 일에 관해 자신의 기준을 지켰다."[18]

쉬망 계획

1950년 봄이 찾아왔을 때 애치슨이 주의 깊게 구축한 로베르 쉬망, 어니스트 베빈(Earnest Bevin, 1881~1951), 콘라드 아데나워와의 인간관계는 유럽 대륙의 경제를 통합하기 위한 주요한 이니셔티브를 취하는 데 큰 도움이 되었다. 근 일 년 동안 미국 국무장관은 유럽 국가들을 설득, 제한적인 국가별 경제 프로그램을 초월하여 프랑스 주도하에 독일과의 화해를 기반으로 환전이 쉬운 대형 시장을 창출하는 작업을 했다. 그는 영국이 대륙의 통합과 상관없이 독자적으로 영연방 및 미국과의 긴밀한 관계에 중점을 두어 경제적 의제를 추진할 수 있을 것이며, 그렇지만 대륙 경제의 협력 증대를 방해하는 조치는 취하지 말라고 영국의 노동당 정부를 설득하는 데 진력했다.[19]

쉬망 계획이 된 개념은 프랑스의 경제기획관이며 '관습에 얽매이지 않은 정치인'인 장 모네(Jean Monnet, 1888~1979)가 1950년 3월 알프스에서 등산 휴가 중에 개발한 것이었다. 독일 경제는 활발하게 회생하는 데 반해 프랑스는 경제 회복이 지지부진하자 비관주의가 팽배해지고 있을 때, 모네가 생각해낸 것은 두 나라의 석탄과 철강 자원과 산업을 함께 모으자는 제안이었다. 그렇게 함으로써 독일의 부흥을 프랑스의 회복에 이용하는 한편, 미래의 전쟁을 예방하고 프랑스의 우려를 잠재우는 제도를 창출하는 것이었다. 그는 파리로 돌아오자마자 경제전문가들 및 법률가들의 팀과 더불어 제안을 구체화시킨 다음 4월말 쉬망에게 제출했다. 외무장관은 자기가 찾고 있는 이니셔티브를 모네가 마련했다는 것을 즉각 알아차렸다. 유럽통합을 통해 프랑스-독일 화해를 진전시키는 데 추가하여, 이 계획은 또한 애치슨, 맥클로이 및 마셜 플랜 관리들이 프랑스가 독일을 서유럽 제도에 묶어두라고 촉구한 데 대한 응답이었다. 쉬망은 이 대담한 제안이 일부 각료들, 산업인들 및 심지어 자기 휘하의 관리들로 부터도 반대에 부딪칠 것을 알고 있었기 때문에 각료들에게 알리기 전에 애치슨과 아데나워에게 비밀로 제시했다. 애치슨은 처음 이 계획이 '내 생애에 들어본 것 중에서 최악의 카르텔'을 창출할 것이라고 염려했지만 이 계획이 갖고 있는 엄청난 잠재성을 이해하고 적극 지원하게 되었다. 본에서 독일 총리도 대단히 긍정적인 반응을 보였다. 애치슨과 아데나워가 동의한 가운데 쉬망은 프랑스 내각의 승인을 받고 5월 9일 파리 센 강변에 위치한 외무부 청사에서 군중 앞에서 이 계획을 발표했다. 산업가들, 노조 및 정치지도자들과 협상하는 데 2년이 걸렸다. 그 이후 유럽 석탄 및 철강공동체 창립을 위한 조약이 승인되었다. 하지만 장래의 유럽연합을 창설하는 데는 엄청난 조치들이 필요했다.[20]

유럽인들이 쉬망 계획의 상세한 내용에 관해 논의하는 동안 미국 관리들은 유럽의 협력을 확장하기 위해 여타 정책을 갖고 한 걸음 더 나아갔다. 애버렐 해리먼 주도하에 마셜 플랜 대표들은 영국을 포함하여 서부 유럽 전역에 걸쳐 무역을 자유화시킬 유럽결제동맹을 타결하기 위해 통화 요건과 영연방의 요구사항을 둘러싸고 영국과 장기간에 걸친 협상을 성공적으로 완수했다. 미국 국방부는 유럽의 방위를 강화하기 위한 각종 프로그램에 공을 들였다. 예를 들면 새로운 무기 고안, 유럽 주둔 미군의 증가 및 프랑스 군부와의 협력 강화 같은 것이다. 1948년과 1949년 수립된 초기의 전쟁 계획은 서방 군이 소련의 침략을 라인 강에서 저지할 수 없다는 결론을 내렸다. 탱크 부대와 대규모 병력 집결지에 핵무기를 사용해도 그렇다는 것이었다. 그들이 희망하는 최상은 피레네 산맥에서 소련군을 붙들어 놓는 것이었다. 연합군은 1년 동안 군대 및 장비를 증강하고 소련의 산업과 군사 목표에 대한 전략적 폭격을 병행함으로써 서유럽을 해방시키기 시작할 것이었다. 유럽 지도자들이 그런 전략을 결코 받아들이지 않을 것임을 인식하고 기획관들은 유럽 방어 강화의 본질적인 문제로서 독일의 재무장을 군사 기구 내에서 주장하기 시작했다.

하지만 합참이 1950년 5월 광범위한 재무장의 첫 단계로 독일연방경찰대의 창설을 옹호하기 시작했다. 트루먼은 단칼에 거부했다. 이유는 이런 제안은 "결정적으로 군사적이며, 내 생각으로는 현 여건상 현실적이지 않다"는 것이었다. 애치슨에게 보낸 별도 메모에서 그는 영국 군부가 독일 관리들로 하여금 재무장을 위한 통로로 경찰 구조를 지지하도록 권장하고 있는 데 대해 더욱 비판을 가했다. 독일의 무장을 옹호하는 데 대해 그는 다음과 같이 언명했다. "영국은 서유럽의 단결을 깨트리려고 별 짓을 다하고 있다. … 프랑스는 이 문제가 심각하게 고려된다면 즉시 안절부절 못하게 될 것이다." 이런 확고한 지시를 받고 애치슨은 한국에서 전쟁이 발발한 첫 주 동안 독일의 재무장 논의를 그만두게 했다.[21]

전쟁이 발발했을 때 워싱턴은 북한군의 진격을 저지하기 위해 병력을 전투에 투입하는 데 총력을 기울였다. 거의 모든 미국 관리들과 정치지도자들은 침략은 소련의 소행이며 공격은 미국의 의지를 시험하는 것이라고 생각했다. 또한 그들은 전쟁이 단기간에 끝날 것으로 예상하고 유엔군이 승리할 것이라고 보았다. 전투태세를 제대로 갖추지 못한 유엔군이 7월 하순 부산 방위선으로 밀려나자 미국 의회 내와 연합국 정부 내에서 미국이 패배를 당하지 않을 능력이 있는 것인지에 대한 의문이 제기되었다. 유럽 정부 내에서는 자국의 안보에 대한 우려가 신속하게 표면화되었다. 애치슨은 7월 14일 내각에 대해 상황을 평가하면서 다음과 같이 말했다. "유럽 내의 공기는 미국이 한국의 위기에 달려들었을 때의 의기양양한 기세가 겁에 질린 두려움으로 바뀌고 있습니다. …

우리의 의도는 의심을 받지 않지만 …[우리의] 능력은 의심을 받고 있습니다."
독일의 걱정은 가장 극심했다. 아데나워는 7월 12일 고등판무관실 앞에서, 만약 동맹국들이 "비상시에는 조국을 방어할 기회가 제공될 것이라고 독일인들을 안심시키는" 조치를 취하지 않으면, 독일인들이 모스크바와의 관계를 재고할지 모른다고 주장했다.[22]

독일 재무장 추진

7월 말 행정부 관리들은 유럽의 방어를 강화해야 된다는 압력을 여러 군데로부터 받았다. 독일인들은 스스로 방어할 수 있는 능력을 긴급하게 간청했다. 프랑스는 방위 강화를 뒷받침하기 위해 필요한 조치로 유럽 주둔 미군의 증파를 요청했다. 나토 본부의 미국 대표들은 동맹의 강화가 좌초되는 것을 막으려면 미 지상군을 유럽에 대거 투입하는 것이 필수적이라고 주장했다. 몇몇 고위 관리들은 독일의 재무장을 긍정적으로 생각하기 시작했다. 그중에서도 중심적인 인물은 본에 주재하는 고등판무관 맥클로이와 국무부 독일 담당 책임자 헨리 바이로에이드(Henry Byroade, 1913~1993) 대령이었다. 프랑스가 독일 부대를 포함한 유럽방위군을 고려할 의사가 있다는 암시를 하면서 그들은 애치슨에게 이런 개념을 대통령에게 제시해달라고 확언을 했다. 국무장관은 7월 31일 나토 사령부하에 독일군을 포함한 유럽 군대 창설 가능성을 제기했으며 트루먼은 이 아이디어의 연구를 승인했다.

의회의 중요한 지도자들과 대중의 정서도 독일의 무장을 선호했다. 갤럽 여론조사에 의하면 독일 재무장에 동의하는 사람이 북한의 남침 이전인 5월에는 34%였는데 8월에는 71%로 현저하게 변했다. 8월 중순 국무부는 국방부에 검토용으로 계획서를 보냈다. 그 내용은, 미국이 최고사령관을 맡는 나토군 산하로 4~6개 사단을 유럽에 증파시키는 것과 연계하여 마셜 플랜 원조를 계속하자는 제안이었다. 애치슨과 그의 보좌관들은 미군의 지상군이 유럽에 파견되고 유럽은 독일 재무장 문제가 제기되기 전에 국방력을 증강하는 조치를 취할 것으로 상정했다. 합동참모본부는 이와 같은 시기 선택을 거부하고 소련이 대유럽 공격 가능성에 비추어 독일의 재무장은 추가 미군 병력의 대륙 이동과 동시에 진행되어야 한다는 점을 강조했다. 8월 30일 브래들리 장군과 장시간 논의한 후 애치슨은 독일 재무장은 미군의 유럽 증파를 위한 '단일 패키지'의 일부가 되어야 한다는 합참의 입장을 받아들였다. 대통령은 여전히 확신하지 못했다.[23]

국무부가 나토이사회 개최 전 2주 동안 영국 및 프랑스와 집중적인 협상을 벌이기 위해 준비 작업을 진척시키고 있을 때 아데나워 총리와 공화당 의원들은 서독의 재무장을 결정하라는 압력을 가했다. 비록 애치슨이 단일 패키지의 각 요소에 동의했다고 할지라도 그는 여전히 독일의 재무장을 용인하도록 동맹국들을 설득할 시간이 더 필요하다고 생각했다. 트루먼은 9월 9일 미국의 지상병력이 나토에 합류하기 위해 추가 파견될 것이라고 발표함에 따라 미국의 유럽대륙 개입을 명확하게 하는 데 일조했다. 애치슨의 입장이 9월 12일 힘을 더 얻게 되었다. 대통령이 루이스 존슨 국방장관을 사임시키고 조지 C. 마셜을 후임으로 임명한다는 것을 알았기 때문이다.

빅3(베빈, 쉬망, 애치슨)의 회합은 9월 12일 뉴욕에서 시작되었으며 추가로 이틀 동안 계속되었다. 애치슨은 미군 증파, 대유럽 재정 원조, 미국인 나토 사령관 및 독일 재무장을 단일 패키지로 단호하게 주장했다. 그는 유럽 방어를 제대로 하려면 서독의 동부 국경에서 시작해야 하며, 서독 군대를 포함시킬 것을 강조했다. 만약 동맹국들이 이런 패키지를 받아들이지 않는다면 미국 의회가 상호방위원조계획을 위한 자금을 취소하는 방향으로 기울어질 수 있다고 언명했다. 비록 맥클로이가 유럽 장관들이 뉴욕에 도착하기 이전에 언론에 단일 패키지의 대강을 누설했다고 할지라도 프랑스 대표단은 애치슨의 제안을 '월도프에 설치된 폭탄(회담이 열리는 월도프 아스토리아 호텔을 암시)'이라고 했다. 쉬망은 어떤 형태로든지 간에 독일의 재무장을 강력하게 반대하고 프랑스 정치인이나 대중도 이런 조치를 받아들일 태세가 되어 있지 않다는 점을 강조했다. 베빈은 망설였지만 결국 이 패키지를 일부 조건을 붙여 받아들였다. 애치슨이 트루먼에게 문서로 보고한 바와 같이 주요 동맹국들은 '우리가 제의한 것'[미군 증파와 최고사령관]을 받아들이지만 '우리가 요청한 것'[흥정의 일부로 독일의 재무장]을 받아들이지 않을 태세였다.[24]

12개국이 모두 참가하는 나토이사회가 9월 22일 시작해서 협상을 계속했다. 네덜란드와 벨기에는 미국의 패키지를 받아들이는 데 소국들을 주도했지만 프랑스는 꼼작도 하지 않았다. 결국 미국은 패키지 제안을 분리하여 미군을 증파하고 유럽연합군 최고사령관 – 전 회원국이 드와이트 D. 아이젠하워로 상정 – 을 미국인으로 임명하는 데 동의했으며, 전 회원국이 어떤 식으로 독일이 서유럽 방어에 참가할 것이라는 성명을 받아들였다. 아데나워에 대한 양허 조치로서 동맹국들은 소규모 서독 경찰대의 창설을 허용하고 점령 제한을 줄이며 서독이 공격을 받으면 나토의 보장이 서독 방어까지 확장된다고 발표하는 데 동의했다. 서독 재무장의 중요한 문제에 관해 애치슨은 구체적으로 진전을 보지 못했지만, 서독을 동맹(나토)에 더욱 접근시키고 프랑스로부터 향후 어떤 식으로든 서방의 방어에 독일을 포함시키겠다는 약속을 받아냈다.[25]

나토이사회의 뉴욕 회담이 열리기 전 프랑스 지도자들은 쉬망 계획을 위한 협상을 보호하고 진전시키는 방안으로서 독일 재무장을 유럽군 내에 넣는다는 계획을 수립하기 시작했다. 이런 이니셔티브에 관한 영감은 다시 장 모네로부터 나왔다. 그는 친구인 르네 플레방(Rene Pleven, 1901~1993) 총리에게 9월 3일 편지를 써서 유럽의 방어에 대한 논의를 변환시키는 데 주도권을 잡으라고 촉구했다. 총리는 모네로부터 더욱 상세한 내용을 접하고 쉬망 플랜에 국방요소를 추가시키는 개념에 동의했다. 초기에 맥클로이가 진전시킨 유럽군의 아이디어를 발판으로 삼아 새로운 제안의 본질은 독일 부대를 포함하여 각국의 소규모 부대로 구성된 10만 명의 통합 유럽방위군을 창설하는 것이었다. 군대의 지휘는 유럽 장군이 맡고 일종의 유럽 의회에 책임을 지는 유럽 국방장관에게 보고를 한다. 사단 규모의 독일인 부대나 독일인 군사참모가 없고 유럽군은 나토 휘하에 있지 않을 것이다. 이런 계획에 대해 플레방은 조항을 추가하여 유럽방위군은 석탄과 철강 생산을 위한 쉬망 계획이 정치적·법적 제도와 더불어 시행될 때까지 창설되지 않는다는 것이었다. 이른바 플레방 계획은 10월 24일 프랑스 국회에 제출되고 343표 대 220표로 승인을 받았다.[26]

1950년 가을 동안 각 동맹국 수도의 관리들은 열띤 회담과 협상을 하느라 정신이 없었다. 베이스너의 주장에 의하면, 처음부터 애치슨은 플레방 계획을 "프랑스는 탁월하고 독일은 영원히 열등한 존재가 되도록 하는 지연전술"로 보았다. 마셜은 9월 21일 국방장관으로 서약을 한 지 이틀 만에 나토이사회 회원국들로부터 대독일 양허조치 목록에 대한 승인을 얻기 위해 자신의 엄청난 명망을 동원했으며, 프랑스 계획을 가리켜 '독기를 품은 구름'이라고 했다. 영국의 반응은 더욱 신랄했다. 하지만 워싱턴과 런던의 지도자들은 무조건 반대하기보다 타협을 시도함으로써 프랑스로부터 더 많은 것을 얻어낼 수 있다는 것을 11월 중순 무렵 깨달았다. 주 나토 미국 부대표이며 나토이사회의 부대표회의 의장인 M. 스포포드(Charles M. Spofford, 1902~1991)는 맥클로이 및 파리와 런던 주재 미국대사들과 협력하여, 프랑스가 독일의 재무장 원칙과 독일의 연대급 독일 전투 병력(사단 규모의 절반 정도)을 받아들이는 대가로 나토에 미군 사단을 증파하고 미국인 사령관을 보내겠다는 절충안을 진척시켰다.

11월 29일 애치슨은 쉬망에게 강력한 개인 메시지를 발송했다. '독일 여론의 위험한 변화'를 강조하고 프랑스 외무 장관에게 '쉬망 계획에 잘 나타난 정신으로 유럽의 자유국가들을 더욱 긴밀하게' 묶자는 스포포드의 제안을 받아들여 독일 및 여타 유럽 동맹국들과 협력할 것을 촉구했다. 그는 미국이 유럽 통합에 기여할 것임을 재확인하고 "대서양 공동체의 큰 틀이 자유세계 구조의 필수적인 부분임을 천명했다. 세계적인 안보 관점에서 보든, 독일의 패권 장악 위협을 영원히 종식시킨다는 관점에서 보든 그러하다는 말이다". 애치슨은 상세한 내역을 협상한 다음 11월 7일 최종안을 쉬망에게 보냈다. 여기에는 유럽군을 제도화하려는 플레방의 노력을 지원하기 위한 미국의 추가 공약이 포함되었다. 워싱턴과 런던으로부터의 압력을 받아 프랑스 정부는 다음날 스포포드 계획을 받아들였다.[27]

플레방 계획에 대한 협상과 스포포드 계획의 발전은 트루먼 행정부에 큰 위기가 닥쳤을 때 이루어졌다. 중국군이 한국에서 11월 24일 제2차 공세를 취했다. 유엔군은 지리멸렬하여 후퇴하고 막대한 손실을 보고 있었다. 맥아더 장군은 전투병력 증원과 중국 내 목표물에 대한 폭격 권한을 요청하고 있었다. 국방부 관리들은 11월 28일 일주간에 걸친 전략 평가 작업을 시작했다. 유럽 각국 정부는 서방에 대한 소련의 공격 가능성 때문에 극심한 공포에 빠졌다. 그리고 클레멘트 애틀리 총리가 이끄는 런던 사절단이 워싱턴에 급거 도착하여 12월 4일부터 8일까지 한국전쟁, 중국 정책, 소련의 위협, 원자무기 사용 가능성 및 유럽방위에 관한 긴급회담을 열었다.

애치슨과 그의 보좌관들은 프랑스의 정치적 이익과 아울러 독일의 정치적 이익도 주의 깊게 고려해야 된다는 것을 알게 되었다. 복잡한 접근방법이 필요했다. 왜냐하면 아데나워의 중도우파 연립정부 지도자들이 중국의 한국전 개입과 소련의 독일 재무장 가능성에 대한 위협으로 조성된 위기 환경에서 독일의 군사 기여가 얼마나 귀중한 것인지를 깨닫고, 점령 종료 및 서유럽 국가들과 정치적·경제적으로 동등한 대우를 받는 조치를 많이 요구했기 때문이다. 아데나워와 야당지도자 쿠르트 슈마허(Kurt Schumacher, 1895~1952) — 사회민주당 당수 — 는 모두 다 스포포드 계획을 강력하게 비판했다. 총리는 독일 병사를 '총알받이'로 사용하려고 한다고 불평하고, 슈마허는 이제 재무장을 지지한다고 주장하지만 그가 실질적으로 재무장을 반대하는 그런 받아드릴 수 없는 조건으로 재무장하자고 했다. 미국 관리들은 화가 단단히 났다. 애치슨은 12월 8일 내각에서 독일의 자존감을 빼기 위해 재무장 이슈를 '동결하고' 독일 사람들끼리 '논의하도록 당분간' 내버려 두겠다고 말했다.[28]

워싱턴이 영국 대표단 방문에 몰두해 있는 동안 맥클로이는 프랑스의 안보 우려를 완화하고 독일이 참여하는 유럽군을 창설하고 독일의 평등을 향해 진전을 이룰 수 있는 3면 계획에 대해 자신의 생각을 애치슨에게 보냈다. 첫 단계는 프랑스가 숙적인 독일의 재무장을 고려하는 데 필수적인 쉬망 계획을 시행하는 것이었다. 다음은 신임 나토군 최고사령관의 도움을 받아 플레방 계획을 군사적 기준에서 좀 더 작동될 수 있도록 수정하는 것이었다. 맥클로이는 유럽 통제하의 서유럽군에 참여하는 문제는 유럽통합에 대한 독일의 강력한 지지에 호소하면 될 것으로 믿었다. 끝으로 그는 단계적으로 독일의 평등을 회복시키는 여러 협정을 일괄합의하면 서방 열강의 점령을 종료시킬 수 있을 것이었다. 이런 요소들이 성공하기 위해 필요한 촉진제는 강력하고 유연한 미국의 리더십이었다. 맥클로이의 정교한 계획은 궁극적인 해법의 윤곽을 그렸지만, 1952년 승인을 받기 전에 많은 우여곡절이 있었다.[29]

프랑스와 영국이 스포포드 계획을 받아들임으로써 12월 18~19일 브뤼셀에서 개최된 나토이사회의 성공적인 개최를 위한 길을 열었다. 나토이사회는 독일의 나토 내 유럽군 참여에 관해 그리고 나토군의 지휘 및 본부 구조개편에 관해 국방위원회의 세부 권고안을 승인했다. 이런 조치들은 스포포드 계획의 승인을 의미한 것이었다. 또 회원국들은 트루먼 대통령에게 유럽연합군 최고사령관으로 아이젠하워 장군을 임명할 것을 요청했으며 대통령은 12월 18일 신속하게 임명했다. 나토이사회는 이런 결정을 이행하기 위해 두 가지 협상 트랙을 마련했다. 고등판무관들과 서독 지도자들이 피터스 호텔에서 만나 나토군에 포함될 독일 부대를 어떻게 훈련하고 편성할 것인가를 협의하고 그리고 본 정부의 권한을 확장하기 위한 여타 조치도 논의했다. 두 번째 협상 트랙은 파리에서 회합하여 플레방 계획에서 제안된 바와 같이 유럽군을 창설하기 위한 상세한 내용을 작성하는 일이었다. 애치슨은 각 회원국 정부에 나토군에 편입된 부대를 즉시 아이젠하워 휘하에 배속시키고 가능한 한 신속하게 병력을 확장하는 조치를 취할 것을 촉구했다. 미국의 확고한 리더십하에 나토이사회

그림 12.1 트루먼 대통령은 애치슨 국무장관과 최근 브뤼셀에서 개최된 나토 외무 및 국방장관 회의에 관해 논의하고 있다. 1950년 12월 21일. 자료: 애비 로우 사진, 미국 국립공원 관리청, 트루먼 도서관

는 방위동맹 내에 통합군 구조를 창설했으며 경험이 있고 존경을 많이 받는 사령관을 책임자로 앉혔다. 또한 회원국들은 베이스너가 지적한 대로 "경제 및 정치 문제보다 … 군사 문제에 우선순위를 두기로 분명하게 합의했다"(그림 12.1 참조).[30]

　브뤼셀에서 내린 결정으로 나토군의 구조와 지휘는 해결되었지만 독일의 역할과 유럽군의 목적 문제는 마냥 지연되었다. 나토이사회가 승인한 두 종류의 협상은 예상대로 다른 방향으로 끌려간 것이 냉혹한 사실이었다. 영국과 미국 고등판무관들이 주도한 피터스버그 회의 참석자들의 관심은 독일부대가 포함된 유럽군을 나토 내에 그리고 유럽연합군 최고사령관 휘하에 두는 방안을 개발하는 것이었다. 이런 논의를 하면서 아데나워와 그의 각료들은 독일 주권

을 회복하고 동등한 군사적 역할을 확보하기 위한 압력을 계속 가했다. 이와 대조적으로 프랑스 리더십하의 파리에서 진행된 협상은 유럽이 완전히 통제하는 유럽군을 추진했는데, 그 유럽군은 나토와 협력하되 나토동맹 밖에 있는 것이었다.[31]

12월 말경 워싱턴에서는 군사적 필요성 때문에 의사결정을 서둘렀지만 본, 파리, 런던에서는 국내정치 문제에 휩싸여 다른 생각을 할 여유가 없었다. 미국의 압력을 받아 프랑스를 제외한 모든 나토 회원국들이 독일의 재무장 필요성에 동의한다는 것이 독일 지도자들에게 알려지자, 아데나워와 그의 각료들은 한발 더 나아가 점령 제한 종료와 완전한 군사 참여를 요구했다. 프랑스 정부는 여러 가지 긴급한 문제에 직면했다. 지도자들은 미군이 한국에서 중국의 대규모 참전으로 후퇴하게 됨으로써 미국이 프랑스를 버릴지 모른다는 점을 두려워했다. 프랑스가 유럽에서 우세한 힘을 발전시키고 인도차이나에서 확전을 감내할 수 있기 전에 독일이 재무장할 것이라는 두려움, 그리고 영국으로부터 대륙과의 협력을 확보하지 못할 것이라는 두려움도 있었다. 당시 영국은 재정적으로 취약하고 아시아와 아프리카에서 자국의 이익을 보호하느라 정신이 없었다. 설상가상으로 소련은 나토의 내부 분열을 이용, 독일과 점령을 끝내고 동서독을 통일하는 평화조약을 협상하자고 제의했다. 통일 독일은 재무장하지 않는다는 조건을 달았다. 이런 여러 가지 압력으로 인해 결국 애치슨은 미국은 독일 재무장 수용을 프랑스 측에 강요할 수도 없고, 여타 유럽 동맹국들을 경악시킬 독일의 재기를 무릅쓸 수도 없다는 것을 깨달았다. 프랑스가 독일의 나토 내 재무장을 지지하도록 설득하는 과정은 막다른 길에 여러 번 부딪치고 장기간의 협상을 거쳐야 해결될 것이었다.[32]

대토론

1951년 초반 몇 달 동안 독일과 프랑스에서 여러 가지 협상이 계속되고 있는 동안 미국에서는 추가 사단 병력을 유럽에 파견하는 문제를 놓고 열띤 토론이 벌어졌다. 비록 미군의 증강 계획이 9월 이래 광범위하게 논의되었지만 12월 19일 트루먼이 나토 강화책으로 추가 사단을 파견할 것이라고 발표하자 강력한 반발이 촉발되었다. 토론을 실질적인으로 추동한 것은 공화당이 중간선거에서 승리함으로써 해외 파병 결정에 참여하도록 수권을 받았다는 그들의 확신이었다. 비록 공화당이 상원에서 다수당이 되지는 못했을지라도 민주당을 54대 42에서 49대 47로 바짝 추격했으며, 이런 과정에서 행정부의 대외정책을 강력하게 지지한 몇 명을 낙선시켰다. 예를 들면 민주당 지도자 일리노이 주의 스콧 루카스(Scott Lucas, 1892~19689)와 메릴랜드의 밀라드 티딩스이다. 로날드 카리디(Ronald Caridi)는 그 충돌을 다음과 같이 묘사했다. "표면상으로 이 이슈는 유럽 파병의 최종 결정권이 행정부와 입법부 어느 쪽에 있느냐였지만, 심층적으로는 미국이 신고립주의 정책을 채택할지 말지가 문제였다."[33]

토론은 12월 20일 전직 대통령 허버트 후버가 전국 라디오 방송 연설을 하면서 본격적으로 시작되었다. 후버는 높은 국방비가 경제에 미치는 영향을 우려하고 유럽인들이 자신들의 안보 비용을 부담하려는 의사가 없는 데 화가 나서 다음과 같이 천명했다. "저 대륙의 자유 국민이 자국 영토를 난공불락으로 바꿀 때까지 미국 국민과 물자를 유럽에 더 이상 보내서는 안 됩니다." 전직 대통령은 유럽에 경제 및 군사 원조를 지속하는 대신에 공군과 해군을 증강하고 서반구 방어에 집중하며 미국의 국익을 방어하기 위해 원자무기에 의존할 것을 촉구했다. 그는 미국 지상군의 유럽 주둔을 강력하게 반대했다.[34]

브뤼셀 개최 나토 회의에서 방금 귀국한 애치슨은 전 국민의 관심이 크리스마스 휴가철에 딴 데로 돌려지기 전인 12월 22일 기자회견을 열어 후버의 주장에 반박하기로 했다. 그는 전직 대통령이 주장한 바와 같이 서반구로 철수하면 소련이 유럽 전역을 인수하도록 초대하는 꼴이라고 비난했다. 만약 이런 일이 일어난다면 모스크바는 워싱턴보다 훨씬 더 큰 경제적·군사적 자원을 지배할 수 있게 될 것이다. 후버의 군사 전략도 결함이 있었는데, 그 이유는 미국 폭격기가 서유럽에 있는 중요한 기지에서 발진해야 소련 내 목표물에 도달할 수 있기 때문이었다. 국무장관은 "남들이 우리의 운명을 결정해주기를 기다리며 폭풍 대피 지하실에서 벌벌 떨며 앉아 있는 정책"을 거부했다. 그런 다음 그는 미국의 정책은 유럽과 아시아에서 평화와 안보를 구축하고 유지하기 위한 집단적 노력에서 자유 동맹국과들과 협력하는 것임을 재확인했다.[35]

유럽의 방위 지원에 대한 논란은 오하이오 주 출신 로버트 A. 태프트 상원의원이 1951년 1월 5일 상원에서 장시간 연설을 하자 격화되었다. 태프트는 전년 11월 큰 표 차이로 재선되었는데 주요 보수파로 많은 주목을 받았다. 그는 1952년 공화당 대통령 후보로서 각주 공화당 의장들의 지지를 받고 있었다. 이 걸출한 상원의원은 미묘한 차이를 보이면서 몇 주 전 후버의 주장에 대거 찬성했다. 그는 트루먼이 10개 사단의 전투부대를 유럽에 파견한다는 계획에 대해 우려를 표명했다. 태프트는 나토의 책무를 인정했으며 중간 규모의 유럽 주둔군은 고려할 수 있었지만, 그와 같은 대규모 병력배치는 소련을 도발하게 되고 미국의 예산에 압박을 가하며 유럽인들이 자체 국방을 강화하는 대신 워싱턴에 의존하도록 고무하게 될 것이라고 우려했다. 그는 미국이 소련의 최강 자산인 지상군으로 소련과 맞서려고 해서는 안 된다고 주장했다. 그 대신 미국은 공군력과 해군력을 강화하고 유럽인들이 지상군을 제공하도록 고무해야 한다고 그는 주장했다. 그 오하이오 상원의원은 자신의 요점을 다시 언급하면서 다음과 같이 천명했다. "유럽과 아시아 대륙에서 작전이 필요하다면 최대한 주의를 기울이고 세심하게 한계를 설정하여 수행해야 됩니다." 태프트는 대통령의 평시 해외파병은 의회의 수권을 요하기 때문에 트루먼의 유럽 계획이 도발적이고 위헌적이라고 비난하면서 연설을 마무리했다.[36]

의회에서의 논란은 1951년 4월 초 결정될 때까지 3개월 더 지속되었다. 1월

8일 애치슨의 최대 적수 중 한 명인 케네스 워리(Kenneth Wherry, 1892~1951, 공화당 네브라스카) 상원의원은 의회가 승인할 때까지 유럽에 지상군이 배치되어서는 안 되는 것이 상원의 뜻이라고 하면서 결의안을 제출했다. 대통령의 권한에 대한 명시적인 제한은 논란의 주요 이슈가 되었다. 하지만 그것을 훨씬 초월하여 무수한 주장과 제안이 있었다. 이 기간 동안 언론은 이런 토론을 크게 다뤘으며 정부 밖의 유명 인사들은 이 문제에 대해 입장을 취했다. 공화당은 군대의 유럽 증파를 반대하는 최대 세력인 것은 분명했지만 민주당에서도 상원의원 월터 조지(Walter George, 1878~1957)와 같은 보수주의자들 그리고 상원의원 폴 더글러스(Paul Douglas, 1892~1976)와 같은 자유민주주의자들은 공화당과 함께 했다. 정반대로 다음과 같은 유명한 공화당의 국제주의자들은 행정부의 포지션을 지지했다. 예를 들면 존 포스터 덜레스, 토마스 E. 듀이(Thomas E. Dewey, 1902~1971), 해롤드 스타센(Harold Stassen, 1907~2001), 상원의원 헨리 캐봇 로지 주니어 및 상원의원 윌리엄 노랜드(William Knowland, 1908~1974) 같은 인물들이다.[37]

합동 청문회에서 상원 외교위원회와 군사위원회는 거의 50명의 증인으로부터 청취했다. 증인들은 고위 군사 관리들로부터 아이젠하워, 마셜, 브래들리에서 일반 시민들까지 다양했다. 공식 청문회가 개최되기 이전 최근 부임한 유럽 연합군 최고사령관 아이젠하워 장군은 위원회에 출석, 동맹국 수도를 방문한 후 조사결과를 보고했다. 그가 유럽으로부터 돌아왔을 때 나토군 최고사령관은 대통령과 각의에 보고하기를 미국은 동맹군에 10~12개 사단을 배속시켜야 될 것으로 생각한다고 밝혔다. 동맹군은 궁극적으로 56개 사단으로 구성될 것이었다. 하지만 2월 1일 개최된 상원의원들과의 비밀회의에서 아이젠하워는 사단 수를 제안하는 것을 주의 깊게 회피하는 한편, 의원들에게 병력 수를 제한하지 말라고 촉구했다. 증언을 하면서 장군은 미국과 유럽의 긴밀한 유대관계, 미국의 안보를 위한 유럽의 중요성 그리고 동맹국의 긴급한 미국 장비 필요성을 강조했다. 또한 그는 소련의 공격은 나토가 집결할 수 있는 병력에 의해 저지될 수 있다고 언명했다. 아이젠하워는 그가 원하는 사단 수를 구체적으로 밝히기를 거부한 이유는 1월 29일 합참이 유럽에 4개 사단 파견을 건의했으며 트루먼이 이를 승인하고 당분간 비밀로 하라는 지시를 내린 것을 알고 있었기 때문이다.[38]

　국방장관 조지 마셜은 2월 15일 공식 청문회가 개최되었을 때 첫 증인이었다. 그는 1948년 이래 상원이 서유럽의 경제적·군사적 역량을 강화하기 위해 제공한 강력한 지원 상황에 대해 언급하면서 청문회를 시작했다. 강력한 북대서양 공동체는 미국을 보호하는 핵심 요소임을 강조하면서 그는 현재의 도전은 분명히 증대하는 소련의 위협을 억지하기 위해 군사력을 증강하는 것이라고 언명했다. 그는 유럽이 동맹 지상군의 대부분을 제공해야 된다는 점을 지적하고 미국은 지상군 부대에 상당한 기여를 하는 한편, 공군력과 해군력의 최대 구성부분을 제공해야 된다고 했다. 그는 다음과 같이 언급했다. "지상군을 주제로 한 논의가 많이 있었던 것에 비추어 대통령의 신속한 허가를 받아 행정부는 이미 점령군으로 2개 사단이 주둔하고 있는 유럽에 4개 사단을 추가로 파견할 계획이다." 그는 추가해서 이 6개 사단이 동맹군의 강력한 중핵 역할을 할 것이며, 미국의 리더십과 장비를 갖고 유럽이 자체 방어를 강화하도록 촉구할 것이라고 했다. 유럽의 현 상황은 최근의 세계대전에서 연합을 구축한 것보다 "훨씬 더 미묘하고 더욱 위험하다"라는 것을 강조하면서 그는 다음과 같이 언명했다. "내 생각에 서유럽의 군사력을 창조하는 데 가장 중요하고 가장 큰 요인은 방어 의지, 즉 필요하면 싸우겠다는 결의를 구축하는 것입니다." 6개 사단이면 충분한지 여부에 대해 질문을 받았을 때 그는 현 여건하에서 억지하는 데 6개 사단이면 충분하다고 말하고, 군이 당면한 진정한 문제는 한국전쟁의 수요를 고려할 때 4개 사단 신설을 위해 병력을 충원하는 일이라는 것을 인정했다. 결론적으로 그는 상원의원들에게 촉구하기를 유럽에 배치할 병력의 숫자에 제한을 두지 말고 미국의 동맹국과 잠재 적국에 관해 행정부에 융통성을 부여하라는 것이었다.[39]

마셜 장군이 증언한 다음날 또 다른 거물인 국무장관 딘 애치슨이 청문회에 나왔다. 지상군 파병에 반대하는 후버-태프트 진영의 주요 논거 중 하나에 답변하면서 그는 대담하게 행정부는 유럽에서 소련 지상군과 필적하려는 생각이 전혀 없다고 언급했다. 미국 전략의 목적은 어떤 형태로든지 간에 소련의 침략을 억지하는 것이었다. 핵무기와 공군에 의존하자는 반대론자들의 요청에 대해 애치슨은 미국이 대응하기 전에 유럽이 공격 받는 것을 기다리는 것은 큰 잘못이라고 주장했다. 그런 정책은 협박, 전복 및 여타 수단의 '간접 침략'에 유럽을 상실할 위험에 처하게 할 것이었다. 그는 미국의 공군 및 핵무기 우위는 시간이 흐르면서 계속 쇠퇴할 것이라는 점을 강조했다. 그는 "우리가 현재 갖고 있는 보복 공군력의 우위를 가장 잘 사용할 수 있는 것은 우리의 핵 우위가 축소된 후에도 침략을 계속 억지할 수 있는 서유럽의 균형된 집단 전력을 구축하기 위해 이러한 보호막을 이용하여 전진하는 것"이라고 선언했다. 그는 행정부의 대유럽 전략에 대해 반대하는 것은 비현실적인 공포와 과장된 위협에 근거한 것이라고 강조했다. 그는 의원들에게 유럽의 보다 제한된 균형전력이 가장 가능성이 있는 위협, 즉 한국에서 발생한 것처럼 위성국 군대에 의한 침략에 대응하고 억지할 수 있다고 말했다. 미국은 군대를 증파하기 이전에 유럽이 재무장할 때까지 기다리자는 주장에 대하여 애치슨은 다음과 같이 언명했다. "억지력은 즉시 강화해야 되며 … 우리 동맹국들은 현재 군대를 증강하고 있습니다. 우리 자신이 기여할 시기는 지금입니다. 만약 나토 각국이 협력국들의 노력을 평가한 다음에 자국의 노력을 결정한다면 그 결과는 분명히 파멸적일 것입니다." 국무장관은 대통령이 군대를 배치할 권한에 대한 질문에 답하면서 위원회에 미국헌법 제2조 2항은 대통령에게 군대 통수권자로서 국가 보위를 위해 필요할 시 배치할 수 있는 완전한 권한을 주고 있음을 확언했다.[40]

청문회가 3월 중순까지 따분하게 진행됨에 따라 야당의 행정부 전략에 대한 반대는 점차 줄어들었다. 두 가지 요인이 크게 작용했다. 마셜 장군이 행정부는 오직 4개 사단(약 8만 명)만 유럽에 증파한다는 발표는 200만 명의 미군을 유럽에 배치할 가능성에 대해 언급한 태프트 상원의원과 같은 자들의 공포를 완화시켰다. 안심이 되는 다른 상황 전개도 있었다. 한국에서 미군이 지속적인 성공을 거두었는데, 리지웨이 장군이 38선까지 치고 올라갔다.[41]

열띤 토론이 있은 후 상원의원 존 L. 맥클렐런(John L. McClellan, 1896~1977, 민주당 아칸소)은 워리 결의안에 체면치레의 수정안을 제안했다. 그 내용은 '의회의 추가 승인 없이' 유럽에 4개 사단 이상을 파견할 수 없다는 것이었다. 이 수정안은 4월 2일 49대 43으로 통과되었다. 이틀 후 태프트 의원을 포함한 공화당 상원의원들이 이 조치에 지지표를 던졌다. 원칙적으로 유럽에 4개 사단을 배치하고 아울러 유럽연합군 최고사령관으로 드와이트 아이젠하워 장군 임명을 승인했다. 이 결의는 상원의 의지를 표명했지만 법률의 힘을 가진 것은 아니었다.[42]

대토론은 상원의 2/3가 행정부의 유럽 정책을 승인한 것으로 결론이 난 반면, 주요한 해외 개입 시 의회와 협의해야 된다는 것을 강조했다. 많은 방면으로 이 일화는 신고립주의의 마지막 공세, 좀 더 정확하게 표현한다면 유럽의 안보에 최소한으로 개입하되 아시아보다 우선한다는 정책을 표명한 것이었다. 하지만 이런 정치 투쟁은 트루먼 행정부에 대한 열띤 반대의 끝이 아니었다. 더글러스 맥아더 장군을 해임한 후 며칠 내에 야당의 공세는 극에 달했다.

애치슨의 유럽방위협력 추진

대토론과 맥아더 청문회 기간에 행정부 정책을 방어하는 동안 딘 애치슨은 독일의 유럽방위군 참여를 프랑스가 승인하도록 몇 가지 방법을 시도했다. 1951년 초부터 유럽 군대를 창설하기 위해 두 종류의 협상이 진행되었다. 애치슨은 본 교외에 있는 피터스버그 호텔에서 고등판무관들과 서독 대표들 회담을 중시하고, 나토군의 일부가 될 독일 부대의 조기 무장화 제안을 기대했다. 미국은 통합 유럽군 창설을 목적으로 한 파리 협상에 직접적인 참가국은 아니었으며, 국무장관은 유럽방위공동체 회담은 장기 프로젝트로 나중에 나토와 융합될 수 있다는 견해를 갖고 있었다.

피터스버그 그룹은 6월에 계획수립 작업을 끝냈다. 이에 의하면 독일군 12개 사단이 탱크, 대포 및 전술 공군 부대를 갖고 나토군의 일부가 되는 것이었다. 이 제안은 독일과 미국 정부 견해를 반영한 것이지만 프랑스 입장에서는 독일에 너무 많은 군사력을 주고 파리에는 이 군사력에 대한 적절한 통제권을 주지 않은 것이었다. 프랑스 정부는 단호하게 피터스버그 계획을 거부하고 정의되지 않은 유럽방위공동체를 유일한 선택지로 남겨놓았다. 프랑스 정치 엘리트들은 무력하고 화가 나는 감정을 가질 많은 이유가 있었다. 미국의 강력한 후원하에 독일 경제가 급속하게 부흥하는 데 대한 걱정이 많아 지도자들과 대중은 모두 다 워싱턴의 압력을 받자 점차 국수주의적이고 반미가 되었다. 워싱턴은 프랑스에 경제를 현대화하고 군대를 확충하며 예산 배분에 관한 미국의 간섭을 받아들이고 파리 교외에 신설 동맹군 사령부에 시설을 제공하라는 압력을 가하고 있었다. 이런 프랑스 내 분위기가 6월 의회 선거를 지배했으며 르네 플레방은 새로운 정부를 구성하는 데 거의 두 달이 걸렸다.[43]

애치슨은 프랑스-독일 차이를 좁힐 수 있는 새로운 개념을 필요로 했다. 마침 그의 유럽 주재 두 최고 대표인 본의 맥클로이와 파리의 데이비드 브루스가 유럽방위를 강화하고 독일의 평등권 욕구와 프랑스의 안보 필요성을 충족시키는 프로그램을 마련했다. 그들의 제안이 요구하는 사항은 유럽방위공동체에 대한 미국의 전폭적인 지원, 독일 부대를 포함시키고 유럽군을 군사적으로 효과적으로 만드는 데 아이젠하워 장군을 이용할 것 그리고 독일 주권의 대부분의 요소를 회복하기 위해 계약 협정을 협상할 것 등이다. 맥클로이는 아이젠하워와 장 모네의 만남을 주선했다. 6월 21일 장시간 오찬을 하면서 프랑스의 쉬망 계획과 플레방 계획을 창시한 모네는 새로 부임한 유럽연합군 최고사령관에게 독일군의 나토 편입을 조급하게 추진하면 프랑스의 깊은 분개를 유발하

그림 12.2 트루먼 대통령이 그의 강력한 국가안보 팀과 자리를 함께 했다. (왼쪽으로부터) 딘 애치슨, 애버렐 해리먼, 조지 마셜. 1951년 7월 13일. 자료: 애비 로우 사진, 미국 국립공원관리청, 트루먼 도서관

고 동맹에 위기를 초래할 것임을 설득했다. 모네는 근본적인 문제는 정치적인 것으로서 해결책은 최근에 승인된 유럽석탄철강공동체의 경제 통합에 필적하는 유럽의 방위 단결을 강조하는 것이라고 주장했다(그림 12.2 참조).

아이젠하워는 7월 18일 마셜에게 공문을 발송하고 개인용 사본을 애치슨에게 보내면서 유럽군은 프랑스-독일 교착상태를 타개하는 방법임을 충분히 확신한다고 했다. 또한 그는 프랑스가 원하는 유럽방위공동체 협상에 옵서버로 활동하겠다고 그들의 승인을 요청했으며, 현안의 조속한 해결을 위해 가능한 모든 지원을 할 것을 약속했다. 브루스 대사는 다음날 뒤를 이어 장문의 메시지를 애치슨에게 보내 동일한 주장을 개진했다. 이와 같은 공동 노력은 국무장관을 설득하고 마셜, 합참 그리고 대통령이 갖고 있던 유럽방위공동체에 대한 의혹을 해소하는 데 일조했다. 국방부 고위 관리들은 이 프로그램의 시행을 위해 국무부가 개발한 제안을 승인했다. 애치슨은 이를 7월 30일 대통령에게 제시했으며 대통령은 그날 바로 승인했다. 이 문서는 뒤이어 국가안전보장회의 (NSC) 구성원들에게 회람되고 승인이 났을 때 NSC 보고서 115로 지정되었다. 동맹국들과 협상하는 데 다시 10개월이 지난 후 점령 3개국은 5월 26일 서독과 계약 협정을 체결하고 서독, 프랑스, 이탈리아, 베네룩스 정부들은 1952년 5월 27일 유럽방위공동체 조약을 체결했다. 미국 상원은 1952년 7월 1일 계약 협정을 승인했다.[44]

애치슨이 끈질기게 후원하고 미국 원조가 유럽의 방위 증강을 위한 자금을 많이 대고 있음에도 불구하고 핵심적인 대륙 정부들 사이에 유럽방위공동체에 대한 지지가 줄어들기 시작했다. 높은 사회적 비용, 군사비 지출 증가와 인플레에 당면하여 경제회복이 정지 상태에 빠졌다. 이런 문제에 추가하여 프랑스는 인도차이나에서 전면 전쟁을 하고 있었다. 1952년 2월 리스본에서 개최된 나토 이사회 회합에서 애치슨은 동맹국들로부터 전력 증강을 약속받는 데 성공했지만 각국 정부가 국내수요 증가에 따라 곧 이 약속을 무시했다. 미국이 독일의 재무장을 위해 압력을 가하고 본 정부가 유럽방위공동체에 적극성을 보임에 따라 프랑스 관리들은 독일의 군사력 부활에 점점 더 공포심을 갖게 되었다.

한국전쟁의 휴전협상이 지지부진한 동안 유럽 지도자들은 소련의 위협에 대해 걱정을 덜하게 되었다. 이런 태도는 스탈린의 사망으로 정점에 달했다. 그 후 곧 1953년 7월에 한국에서 휴전협정이 체결되었다. 몇 달 동안 토론을 한 후 프랑스 국회는 1954년 8월 30일 319대 264로 유럽방위공동체 조약과 독일과의 계약 협정을 부결시켰다. 당시 워싱턴에서 집권한 아이젠하워 행정부는 나토 동맹국들과 협상하고 1954년 10월 체결된 점령 3개국과 독일 간 협정을 주선하여 서독 점령에 종지부를 찍었다. 그달 늦게 서독은 나토 동맹에 가입하도록 초청을 받았으며, 서독은 유럽에서 제2차 세계대전이 종료된 지 10년이 지난 1955년 5월 9일 나토에 정식 가입했다.[45]

평가

애치슨이 목표로 한 독일군의 서방 방위 편입은 그가 사임하고 난 후 3년 뒤에 성취되었다. 그가 꾸준하게 압력을 행사하여 실천한 독일의 재무장은 결국 반작용을 일으켰다. 왜냐하면 독일의 손에 세 번이나 패배를 맛본 프랑스의 해 묵은 상처를 상기시켰기 때문이다. 하지만 그를 변호한다면 그가 점령 제한을 제거하려고 기울인 일관된 노력과 아데나워 정책을 지지한 것은 의심할 여지 없이 독일에서 중립주의 여론을 봉쇄하고 축소하는 데 일조를 했으며, 그런 과 정에서 서독을 서방과 결속하도록 했다. 또한 재무장한 독일에 대한 프랑스의 안보 우려는 프랑스의 최정예부대가 인도차이나에서 패배를 당하고 만 상태에 서 가라앉지 않았을 가능성이 높다. 프랑스의 불안이 1954년 7월 제네바 회담 에서 전쟁이 종료됨과 더불어 감소된 것은 분명하다. 프랑스의 안보 우려를 감 소시킨 또 다른 요인을 주목할 가치가 있다. 1953년 하반기 미군은 독일에 최 초로 전술 핵무기를 배치했다. 그해 말까지 미군 유럽사령부는 20문의 핵탄두 발사 가능(atomic-capable) 8인치 곡사포를 실전 배치했다. 이와 같이 중대한 조치를 취함으로써 독일의 재래식 병력 추가 필요성을 감소시켰으며 나토군이 중부 및 동부 유럽에서 소련의 장갑부대보다 뚜렷한 우위를 차지하게 했다.[46]

지연되고 저항이 있었음에도 불구하고 딘 애치슨은 '유럽의 방위자'라고 충 분히 알려질 자격이 있다. 그는 마셜 플랜의 계획과 시행을 도왔으며 북대서양 조약을 완성되도록 추진했고 나토가 제 기능을 발휘하는 통합된 동맹으로 변 환되도록 조직했다. 이런 결과를 달성하는 데 그는 국무부 내의 유럽주의자들 로부터 타의 추종을 불허하는 지지를 받았다. 그리고 국방부에서 그의 우상인 조지 마셜 장관과 대단히 유능한 차관 로버트 로벳으로부터, 또한 대통령의 사 실상 국가안보보좌관 애베렐 해리먼으로부터 전폭적인 지지를 받았다. 최상의 3인조 대사들 ― 데이비드 브루스, 존 맥클로이, 루이스 더글러스 ― 은 유럽에서 그 의 프로그램을 자문하고 추진시켰다. 유럽의 또 다른 3인조 ― 로베르 쉬망, 장

모네, 콘라트 아데나워 – 는 그와 단합된 서유럽의 비전을 공유했으며 그의 계획의 핵심 요소들을 창조하는 데 일조를 했다. 이와 못지않게 해리 트루먼 대통령의 일관된 지지와 격려가 있었다.

애치슨의 리더십에 의해 북대서양동맹의 구조는 1950년대 초 가동되었다. 주요국 정부는 통합된 동맹군의 지휘구조를 구축했으며, 동맹국들은 만장일치로 초대 유럽연합군 최고사령관으로 드와이트 아이젠하워를 선택했다. 유럽방위력의 현저한 증강은 미국 군사원조의 대규모 프로그램과 함께 시작되었으며, 트루먼 행정부는 동맹군에 4개 사단을 파견했다. 회원국들은 군수 네트워크와 통신 인프라를 구축했다. 1952년까지 미 공군은 영국에 7개 주요 공군기지, 프랑스에 4개, 독일에 6개, 프랑스령 모로코에 몇 개 더 건설을 완료했다. 1952년 2월 나토는 그리스와 터키가 가입했을 때 유럽 남부로 그 방위 역량을 확장했다. 미국은 유고슬라비아가 1948년 소련 진영에서 분리되었을 때 군사원조를 제공함으로써 독립을 지지했다. 1953년 워싱턴의 지원을 받아 베오그라드는 그리스 및 터키와 5개년 우호 협력 협정을 체결했다. 1953년 9월 미국은 스페인에 대한 군사원조를 제공하고 방위 협상을 벌인 다음, 군사 및 경제 원조를 제공하는 대가로 공군 및 해군 기지를 건설하는 행정협정을 체결했다. 이 중요한 시설은 미국의 지중해 통제 능력과 필요할 때 중동으로 군대를 파견할 수 있는 능력을 크게 제고했다.[47]

딘 애치슨은 강력하고 번영하며 단합된 서유럽을 구축하는 데 주도적인 역할을 수행함으로써 유럽대륙을 분리시켜 지배하려던 소련의 노력을 좌절시켰다. 그는 유럽을 미국 안보와 경제 정책의 최고 우선순위에 두어 이를 성공시키는 한편, 국내에서 아시아 우선주의의 도전을 꺾고 아시아에서 북한과 중국의 공격을 패배시켰다. 트루먼과 애치슨이 정착시킨 이런 정책들은 냉전 기간 내내 그리고 21세기까지 지속되었다.

13

안드레이 투폴레프,
전략폭격부대를 창설하다

제2차 세계대전이 종결되었을 때 소련은 규모가 크지만 대부분 한물간 공군을 갖고 있었다. 항공 산업이 처한 열악한 여건을 고려할 때 막대한 노력을 기울여서야 겨우 국가가 소유한 항공기를 생산했다. 1941년 6월 독일이 돌연 소련에 대한 공격을 개시했을 때 나치스 시대의 독일 공군은 소련 공군기가 지상에서 이륙하기도 전에 4,000대 이상을 제거해버렸다. 히틀러는 7월 4일 다음과 같이 자랑했다. "우리는 러시아 공군을 전쟁을 시작하자마자 보기 좋게 파괴해버렸다. 러시아는 회복할 수 없을 것이다." 하지만 소련 노동자들은 무한한 희생을 치러가면서 전쟁 동안 13만 7,000대의 항공기를 생산했는데 그중 10만 8,000대는 군용기였다. 독일군이 소련 깊숙이 처들어왔기 때문에 소련의 항공기 설계 부서와 제작 공장의 94%는 동부까지 멀리 철수하여 원시적인 여건하에서 재건을 해야 했다. 공장을 모스크바에서 퀴비세프(현재는 사마라)로 옮긴 노동자는 새로운 작업 환경을 다음과 같이 묘사했다. "철수한 노동자들과 전문가들은 장비를 하역하고 제작 작업을 해야 했다. 화물을 싣고 수송하는 자동화된 방법이 없었으며 모든 일은 쇠 지렛대, 롤러, 철강판의 도움을 받아 이뤄졌다. 그런 도구에 기계가 실어지고 수십 명이 달려들어 장비를 기차역에서 지정된 목적지까지 끌고 갔다. … 우리는 하루 12시간 일했으며 때로는 며칠 동안 계속해서 작업장을 떠나지 못했다."[1]

전쟁 기간 동안 소련은 지상 작전의 전술적 지원을 위해 대량의 기초적인 항공기 생산에 집중했다. 많은 기체 제작을 위해 합판을 사용해야 했으며 전자 제품, 레이더, 경합금, 고마력 엔진, 과급기 및 제트 항공기 개발에 타국보다 훨씬 뒤떨어졌다. 전쟁이 끝난 후 공군 사령관인 공군원수 A. A. 노비코프(A. A. Novikov, 1900~1976)가 스탈린에 제출한 공군의 필요성에 관한 보고서에서 다음과 같이 언명했다. "미국은 전쟁을 거치면서 과거 우리보다 취약한 상태에서 강력한 전략적 항공과 전술적 항공으로 부상했다. … 더구나 미국은 우리보다 훨씬 앞서 있다. 그리고 영국도 항공기를 더욱 정교한 조종 도구, 시야, 레이더, 통신 및 사격 시스템을 갖췄다." 그는 새로운 제작은 전략폭격기에 집중할 것을 촉구했다. "주간 전략(야간이 아닌) 항공을 재건하여 공군의 총 구성에서 20% 이상을 차지하도록 해야 한다."[2]

스탈린은 장거리 폭격기의 필요성을 잘 알고 있었다. 그는 1942년 말 핵무기 생산 프로젝트에 착수했으며, 이를 미국까지 운반할 수 있는 항공기가 부족했다. 첩보망을 통해 미국이 원자탄 개발과 아울러 원자탄을 운반할 수 있는 B-29를 제작하는 노력을 기울이고 있다는 정보를 파악한 스탈린은 무기대여 프로그램을 통해 미국에 B-29의 제공을 요청했다. 미국 관리들이 적어도 세 번에 걸친 요구를 바로 거부하자 스탈린은 스스로 운반 수단을 제작해야 된다는 것을 깨달았다.[3]

안드레이 N. 투폴레프

스탈린이 전략폭격기를 제작하기로 결정했을 때 설계실장으로 선정될 것이 틀림없는 인사는 안드레이 니콜라예비치 투폴레프(Andrei Nikolaevich Tupolev,

1888~1972)였다. 중폭격기와 장거리 비행의 세계기록을 세운 항공기를 설계하고 제작한 투폴레프는 급속하게 발전하는 항공기 설계와 엔지니어링 분야에서 선망의 국제적인 명성을 얻었다. 스탈린의 요구를 충족시키기 위한 그의 노력을 살펴보기 전에 그의 초기 도전과 성취를 이해하는 것이 유용하다.

투폴레프는 1888년 11월 10일 모스크바 북쪽 125마일 떨어진 트베르 지방의 조그만 농가에서 7남매 중 여섯째로 태어나 시골의 전형적인 중간 상류층의 편안한 환경에서 자라났다. 아버지는 농사를 지으면서 마을 공중인으로 일했으며 어머니는 김나지움을 졸업하고 프랑스어와 독일어를 했다. 부모는 교육을 중시하고 자식들의 학비를 대기가 여의치 않았는데도 불구하고 자녀 모두를 김나지움에 보냈다. 학교에서 안드레이는 물리와 수학에 특별한 관심을 보였으며 과학 선생을 잘 만난 행운을 가졌다. 과학 선생은 그와 함께 기계, 광학, 전기 실험을 했다. 그는 일찍부터 과학에 매료되어 1908년 국립 모스크바 기술연구소에 들어갔다. 거기서 그는 학생이 되고 곧 '러시아 항공의 아버지'로 알려진 N. Ye. 주콥스키(N. Ye. Zhukovskiy, 1847~1921)의 제자가 되었다.[4]

모스크바에서 투폴레프는 강의실과 연구실에서 뛰어났으며 1910년 주콥스키의 수석 조수였다. 그는 학생 봉기에 가담하여 1911년 3월 제정 러시아 경찰에 체포되고 1년 동안 학교에서 쫓겨났다. 그가 체포되고 얼마 되지 않아 아버지가 세상을 떠나자 투폴레프는 고향에 돌아가 정학을 당한 기간 동안 낮에는 농사를 짓고 밤에는 항공술을 공부하면서 급진적인 저자들의 작품도 읽었다. 학교에 돌아와 그는 학위를 우수한 성적으로 취득하는 한편, 두 개의 다른 부처에서 엔지니어로 일했다. 1917년 볼셰비키 혁명이 일어나자 투폴레프는 주콥스키 교수 및 여타 상위권 학생들과 함께 새로운 공산정부를 지지하기로 약속했다. 1918년 가을 동안 낮에는 설계국에서 그의 은사 및 몇몇 동료들과 함께 일하고 이 그룹은 밤에 새로운 연구소 설립을 위한 제안서 작성에 전념했다. 이 연구소는 항공역학 및 유체역학과 관련된 모든 교리를 가르치고 적용했다. 계획을 신속하게 승인받고자 투폴레프는 관료기구를 우회하여 국가최고경제위원회의 과학부 책임자를 직접 접근했다. 그 책임자는 V. I. 레닌(V. I. Le-nin, 1870~1924)의 절친한 동료였다. 제안 내용과 추진자의 대담성에 좋은 인상을 받은 볼셰비키 지도자는 1918년 12월 1일 중앙항공유체역학연구소 창립을 승인하고 설립자들을 지원하기 위해 작업공간과 인력을 할당했다. 새로 설립된 연구소의 소장은 주콥스키였고 투폴레프는 곧 부소장 겸 설계실 실장이 되었다. 주콥스키의 가르침을 따라 투폴레프는 항공기의 설계와 제작에 이론적 계산을 도입한 소련 초기 설계 엔지니어들 중 한 명이었다. 중앙항공유체역학연구소는 세계의 주요 항공센터 중 하나가 되고 오늘날까지 러시아 최고의 항공연구소로 남아 있다.[5]

1920년대 소련의 항공 산업은 엄청난 장애에 부딪쳤다. 4년에 걸친 내란으로 인해 많은 공장들이 문을 닫았다. 노동자와 자재가 부족한 데다 이고르 시코르스키(Igor Sikorsky, 1889~1972)처럼 수많은 숙련 엔지니어와 설계사가 해외로 이주했기 때문이다. 상당한 숫자의 공장 소유주들이 볼셰비키 사상을 거부하여 사업을 폐쇄하고 서방으로 넘어갔다.[6]

이런 난관에도 불구하고 투폴레프는 항공기 설계와 제작에서 중요한 발전을 이룩했다. 1923년에 그가 만든 첫 항공기가 최초로 비행시험을 했다. 이 비행기는 직물과 나무로 만들어진 엔진 하나의 작은 단엽비행기로 설계 실장 이름의 머리글자를 따라 ANT-1이라고 명명되었다. 수제 나무 부품으로 이 비행기를 건조하면서 투폴레프는 비행기 표면에 모두 금속을 입히기 위해 독일에서 발명된 알루미늄 합금을 개발했다. ANT-2로 명명된 이번 비행기는 1924년 첫 비행을 했다. 정부로부터 폭격기를 설계해달라는 요청을 받고 투폴레프와 그의 보좌관들은 훨씬 더 크고 더 복잡한 항공기를 창조하기 위해 마치 열병에 걸린 것처럼 일을 했다. 1925년 11월 엔진이 두 개 달린 전 금속 단엽비행기를 건조했는데 6명의 승무원을 태우고 1,000마일을 날 수 있었으며 이름은 TB-1(ANT-4)이었다. 일련의 시험비행을 한 결과 항공기의 성능과 신뢰성이 확인되었다. 투폴레프의 엔지니어 동료이며 전기 작가인 L. L. 케르버(L. L. Kerber,

1903~1993)는 다음과 같이 주장했다. TB-1의 제작과 함께 소련은 항공기 제작에서 수위를 차지하고 37세의 투폴레프는 세계에서 가장 위대한 항공기 설계사들 중 하나가 되었다. "소련 항공 산업의 성취를 인정받고자 스탈린은 미국으로 시범 비행하도록 명령했다. 1929년 TB-1은 모스크바에서 시베리아를 가로질러 뉴욕까지 비행했다. 거기서 이 비행기는 항공 전문가들과 언론으로부터 극찬을 받았다."7

투폴레프의 설계실은 향후 8년 동안 더 혁신적인 항공기를 생산했다. 공군이 요구하는 항속거리가 더 길고 더 큰 폭격기를 제작하기 위해 설계실장과 엔지니어들은 TB-1의 기본 개념을 확장하고 1932년에 항속거리 1,900마일로 엔진이 4개 달린 폭격기를 새로 생산했다. 이 단순하고 신뢰할 수 있는 비행기는 대량으로 건조되고 승객용과 화물용 모델로 개발되었다. TB-3는 몽골전쟁, 핀란드와의 겨울전쟁, 폴란드와 베사라비아 병합 시 사용되었다. 1929년과 1934년 사이 설계 팀은 13개의 시험용 비행기를 제조했다. 이 중에는 85명의 승객을 태울 수 있는 거대 비행기와 수상 비행기 및 어뢰정이 포함되어 있었다. 1930년 투폴레프는 주무 항공부서의 설계실장으로 임명되었으며 그 이후 수년 동안 최고의 명예인 레닌훈장을 포함하여 높은 상을 여러 개 받았다. 1933년 그는 소련과학원의 준회원으로 선출되었다.8

설계실의 다음 큰 도전은 지속적인 비행의 거리 기록을 세우는 항공기를 설계하는 것이었다. 작업은 1931년에 시작되었으며 몇 번의 실패와 사고를 포함하여 시험용 원형 제작과 수정을 여러 번 거친 다음 1937년 7월 ANT-25가 모스크바에서 멕시코 국경 근처 캘리포니아 주의 샌 하신토까지 비행했다. 이 대단히 힘든 비행은 62시간에 6,292마일을 나는 세계 신기록을 수립했다. 이 업적은 미국의 군부 및 항공 관리들로부터 그리고 소련의 정부와 대중으로부터 광범위한 칭찬을 받았다. 세 명의 승무원과 설계사들, 특히 투폴레프는 극찬을 받았다.9

투폴레프의 성격과 개성은 초기 소련의 혼란기에 그가 생존하고 성공한 데 필수적이었다. 이에 못지않게 대단히 중요한 것은 그의 총명한 정신이 실용적이었으며 소련이 새로운 항공 산업을 필사적으로 필요로 했다는 점이다. 이 젊은 엔지니어는 항공기를 더 높은 성능으로 발전시키기 위해 기술적인 문제를 해결하는 비전을 갖고 있었다. 분석이 완벽하게 되었을 때 굳은 확신을 가졌다. 그가 추락한 독일 체펠린의 금속 표면을 검토한 다음 항공의 미래는 전 금속 항공기에 있다고 결론을 내린 것은 탁월한 본보기였다. 그는 차기 항공기인 ANT-2를 생산하기 위해 알루미늄 합금을 개발하는 허가를 받기 위해 항공 관료기구 전체와 끈질기게 투쟁을 벌였다. 그는 새로운 항공기 설계를 위한 개념을 개발할 때 일단의 엔지니어 및 설계사들과 동료처럼 작업을 했으며, 과정이 진척됨에 따라 그들의 아이디어를 환영했다. 하지만 일단 결심하고 나면 상당히 권위주의적이고 양보를 하지 않았다. 수많은 창의적인 지도자들처럼 그는 관료들과의 거래를 싫어했다. 그렇지만 필요할 때에는 핵심적인 인물들을 설득하여 자신의 프로젝트를 승인받고 필요한 노동자와 장비를 제공받을 수 있었다. 새로운 항공기가 시험과 승인을 거친 후 그는 조립 공장 노동자와 항공기를 비행하는 조종사들로부터 피드백을 받아 지속적으로 개선을 했다.

내란 기간 중 병원 잡역부로 일하면서 투폴레프는 간호사 유렌카 젤티코바(Yulenka Zheltikova)를 만나 1922년 결혼했다. 유렌카는 음악에 대단히 뛰어났으며 피아노를 치고 노래를 불러 친구들을 즐겁게 해줬다. 그녀는 예술가들과 작가들을 집으로 데려왔으며 안드레이를 위해 따뜻한 환경을 조성했다. 그들은 곧 딸 하나와 아들 하나를 가졌다. 투폴레프는 가정에 충실하여 항공술 몰두와 균형을 유지했다. 그는 특히 가족, 친구들과 함께 아이스 스케이팅과 낚시를 즐겼다. 하지만 그가 전문가로서 성공하고 사랑하는 가족과의 생활은 소련 정부의 불가해한 행동으로 갑자기 중단되고 말았다.[10]

1937년 10월 21일 장거리 비행 거리의 세계기록을 수립한 데 대한 축하가 있은 후 3개월이 되었을 때 옛 소련 비밀경찰인 내무인민위원회(NKVD) 요원 세 명이 투폴레프를 체포했다. 그들은 밤 11시에 집에 들이닥쳐 모든 방을 뒤

지고 그를 악명 높은 루비안카 감옥으로 데려갔다. 그는 나중에 신형 전투기 계획을 독일에 팔아넘긴 혐의로 기소되었다. 그가 체포된 것은 스탈린의 대 숙청의 일환이었다. 이 숙청은 1936년과 1938년 사이 정점에 달했다. 초기의 표적은 트로츠키파 또는 반대파 견해를 가진 것으로 비난을 받은 고위 공산당 지도자들이었으며, 두 번째 파동에는 대부분 당원인 고위 장교들이 포함되었다. 투폴레프는 세 번째 파동인 기술 전문가와 지성인을 대상으로 한 데 걸렸던 것이다. 루비안카에서 그는 간첩혐의에 대해 수 시간 동안 서서 심문을 받았지만 고문은 당하지 않았다. 나중에 그는 볼쇼예보 감옥으로 이송되었으며 거기서 이미 투옥된 항공전문가 명단을 적으라는 지시를 받았다. 그는 자기 앞에 체포된 몇 사람을 알았지만 나중에 체포된 사람들에 대해서는 확신할 수 없었다. 그는 나중에 다음과 같이 말했다. "한참 생각한 다음 내가 아는 모든 사람의 이름을 쓰기로 작정했다. 결국 그들은 실질적으로 전 항공 산업을 감옥에 처넣을 수 없지 않았는가? 이는 합리적인 접근방법으로 보였다. 나는 200명의 명단을 작성했다. 거의 예외 없이 그들 모두가 이미 구금된 것으로 나타났다."[11]

투폴레프는 나중에 무슨 일이 벌어졌는지를 동료들로부터 알았다. 수많은 항공 엔지니어들과 설계사들이 체포되고 각종 강제노동수용소로 보내졌다. 레오니드 L. 케르버는 북부의 아르한겔스크 근처 수용소에 수감되어 벌목하는 일을 맡았다. 미래의 소련 우주프로그램의 책임자인 세르게이 P. 코롤료프(Sergei P. Korolyov, 1907~1966)는 꼬챙이로 금을 파라고 동북 시베리아에 있는 코리마의 험난한 수용소로 보내졌다. 일단의 이류 설계사들과 엔지니어들은 투폴레프의 옛 설계실로 보내졌지만 몇 달이 지나도록 쓸 만한 설계를 생산하지 못했다. 이런 일은 궁극적으로 NKVD의 수장인 라브렌티 베리야(Lavrenti Beria, 1899~1953)에게 나쁜 영향을 미쳤다. 실력이 더 좋은 전문가들을 체포했던 베리야는 항공부와 협상을 하여 NKVD가 그 부서를 통제하도록 했다. 스탈린의 승인을 받아 베리야는 투폴레프와 그의 동료들을 옛 빌딩으로 귀환토록 했다. 이곳은 상대적으로 편안한 감옥 작업장으로 만들어졌다. 투폴레프가 사망한 다음 그의 동료들은 NKVD 서류철에서 그에 관해 기재된 많은 거짓 비난은 두 명의 일류 항공기설계사로부터 비롯된 것임을 알았다. 두 젊은 경쟁자들인 세르게이 V. 일류신(Sergei V. Il'ushin, 1894~1977)과 알렉산더 S. 야코블레프(Alexander S. Yakovlev, 1906~1989)는 투폴레프를 시기했던 것이다. 몇 년이 지난 뒤 어째서 투폴레프 그리고 코롤료프와 같은 뛰어난 설계사들이 투옥되었는지 물어보자 원로 볼셰비키인 바체슬라프 몰로토프(Vyacheslav Molotov, 1890~1986)는 다음과 같이 말했다. "그들은 모두 말이 너무 많아 … 우리를 지지하지도 않아. 투폴레프와 같은 작자들은 위험한 적이 될 수 있지. … 한동안 그들은 우리의 적이었어. 그들을 소련 권력에 근접시키는 데는 시간이 더 많이 걸렸지. 투폴레프는 국가가 정말로 필요한 지식인이지만 영혼이 우리를 반대하고 있어."[12]

투폴레프가 초기에 조직하고 이끌어갔던 중앙항공유체역학연구소 단지에 NKVD는 4개의 설계국을 설치하고 직원들은 주로 죄수로 채워졌다. NKVD의 대령이 전체 단지를 지휘하고 소령이 각 국을 감독하며 투폴레프와 세 명의 고위 동료가 '부책임자' 노릇을 했다. 약 150명의 설계사, 엔지니어 및 전문가들은 감옥으로부터 투폴레프의 국으로 옮겨왔으며 몇 백 명의 자유노동자들의 도움을 받았다. 죄수들은 오래된 회의실에 있는 작은 침대에서 잠을 자고 더운 식사와 얌전한 경비로 대우받았으며 낮에는 항공기 프로젝트를 수행하고 밤에는 옥상에서 독서와 운동을 할 수 있었다. 생활여건은 노동 수용소보다 훨씬 개선되었다. 거기서는 수백 명이 탈진, 부상 또는 질병으로 죽어나갔다. 몇 개월이 지난 뒤부터는 아내와 가족의 방문을 감시하에 받을 수 있었지만, 주기적으로 동료가 아무런 설명 없이 끌려 나가서 다시는 나타나지 않는 감옥 환경에서 살았다. 개인적으로 투폴레프에게 이런 상황은 말할 수 없는 고통이었고 치욕이었다. 그는 무식한 경찰관으로부터 명령을 받았고 아내도 투옥되고 아이들은 장모가 돌봐줬다. 투폴레프는 아이들을 돌보고 교육시킬 수입이 없었으며 아이들과 조부모들은 단칸방에서 냉방상태로 지낼 때가 종종 있었다.[13]

그런 어려운 여건하에서 고도의 성과를 내는 작업을 한다는 것은 투폴레프의 성격과 리더십을 심각하게 시험했다. 여러 가지 점에서 두 사례가 돋보인다. 그의 팀이 완전하게 구성된 시점에서 투폴레프는 급강하 폭격기 Tu-2의 개념에 대해 루비안카 감옥에서 베리야에 보고하라는 명령을 받았다. 항공기의 명세와 능력에 대한 설명을 듣고 나서 베리야는 언어도단인 대안을 내밀었다. 즉 두 개의 엔진을 단 지상 지원 급강하 폭격기 대신에 다른 비행기를 제작하도록 스탈린의 승인을 받아놓았다고 그 보안기관 수장이 말했다. 그는 고고도 장거리 비행 4개 엔진을 장착한 PB-4라는 급강하 폭격기를 요구했다. 투폴레프는 몇 명의 고위 엔지니어들에게 돌아왔을 때 "1,000의 악마가 날뛰는 것처럼 화가 나 있었다"라고 했다. 그는 베리야가 이미 스탈린을 설득하여 완전히 실행 불가능한 개념으로 변경된 것이 아닌가 두렵다고 하면서 다음과 같이 덧붙였다. "내가 스탈린을 조금 아는데 그는 자기가 내린 결정을 바꾸기 싫어하지." 투폴레프는 동료들에게 말하기를 이 제안을 심각하게 받아들여야 하며 이 비행기는 가용 자재와 엔진으로는 실행할 수 없는 것임을 보여주기 위해 중량과 양력을 계산해야 한다고 했다. 이런 계산을 입수한 그는 베리야에게 보낼 답변서를 작성했는데, 그 답변서에서 고고도, 장거리, 4개 엔진 장착 폭격기 – ANT-42 – 는 이미 검증과 설계를 거쳤으며, 단지 생산에 들어가면 된다고 주장했다. 급강하 폭격기는 대공포를 피하기 위해 작고 기동성이 높은 항공기여야 한다고 했다. 그는 Tu-2 급강하 폭격기의 성능을 보장할 수 있지만, 제안된 PB-4는 계산상 실행할 수 없다고 주장했다.[14]

한 달 후 베리야는 투폴레프를 불러 연구 결과를 보고하라고 했다. 투폴레프는 분석과 결론을 설명한 후 나중에 동료들에게 말하기를 "베리야는 드러내 놓고 화를 내고 나를 독살스럽게 쳐다보더군". 이 설계사는 스탈린이 베리야에게 뭐라고 말했었는지 궁금했다. 베리야는 한참 잠자코 있다가 그와 그의 참모들이 보고서를 읽어보겠다고 말했다. 며칠 동안 투폴레프는 "감옥 독방에 앉아서 자기 운명이 어떻게 될지 걱정했다". 마지막으로 부름을 받았을 때 베리야는 다음과 같이 말했다. "스탈린 동지와 나는 다시 한 번 자재를 조사해보고 결정을 내렸네. 쌍발 엔진 비행기를 만들기로 했으니 빨리 만들게." 그리고 나서 베리야는 자기 권위를 세우기 위해 요구하기를 Tu-2의 속도는 시간당 600킬로미터에서 700킬로미터로, 항속거리를 2,000킬로미터에서 3,000킬로미터로, 적재 용량을 3톤에서 4톤으로 각각 늘리라고 했다. 이런 결정은 설계팀이 내부적으로 축하할 일이었다. 수년이 지난 후 이 일화를 이야기하면서 투폴레프는 다음과 같은 생각에 잠겼다. "그[베리야]의 악의에 찬 눈빛을 상기해보면 한 순간도 머뭇거리지 않고 우리를 희생시켜버릴 것으로 생각했는데 그렇게 되면 우리의 운명은 어떻게 되었을까?"15

또 다른 사건은 위험을 감수하는 투폴레프의 강한 개성과 의지를 나타냈다. 1940년 말 어느 때 독일-소련 불가침조약이 유효할 때 독일은 소련에 검사와 시험비행을 하라고 최고 전투기 몇 대를 증정했다. 투폴레프와 엔지니어 팀들은 이 항공기들을 상세하게 검사하고 기술 면에서 배울 수 있는 것은 배우도록 실물을 보게 되었다. 항공기 중 하나는 쌍발 엔진을 장착한 전투기 메서슈미트 BF-110이었다. 이 전투기는 독일이 폴란드와 프랑스를 공격할 때 대승을 거뒀다. 이 비행기는 투폴레프가 독일에 팔아먹었다는 혐의를 받은 계획으로부터 제작된 것이었다. 검사를 끝내고 일행은 점심을 먹으러 공군 식당으로 안내되었다. 경비원들 중 한 명인 NKVD 소령이 대동한 죄수들은 장군들의 전용 식당으로 가게 되었다. 거기에 앉아 있던 세 명의 장군들은 모두 투폴레프를 알고 그를 열광적으로 환영했으며 독일 비행기에 대한 엔지니어들의 평가에 관해 질문하기 시작했다. 장군들 중 한 명인 P. A. 로슈코프(Prokhar Alekseyevich Losyukov)는 공군위원회의 수장으로 Tu-2의 초기 시제품을 검사하고 대단히 긍정적인 평가를 한 바 있었다. 일반적인 대화를 하는 동안 투폴레프는 로슈코프에게 다음과 같이 말했다. "그런데 장군님, 저는 영광입니다. 저는 메서슈미트 Bf-110(독일 공군의 전투기)을 검사했습니다. '제가 설계한' 비행기를 봤습니다." 방에는 침묵이 흘렀다. 투폴레프가 자기에 대한 범죄혐의가 얼마나 엉터

리인지를 빗대서 말했다는 것을 모두 다 알았기 때문이다. 점심이 빨리 끝나고 "로슈코프는 투폴레프에게 다가가서 따뜻하게 악수를 했다". 전기 작가 케르버는 이 일화에 대해 생각하면서 이 "예기치 않은 만남은 시대의 이정표였다. 그들은 알았고 간담이 서늘했지만 침묵을 지켰다. 결국에는 성실성이 우위에 있었다".16

감옥에 있으면서 대 조국전쟁을 맞이하다

감옥 내 설계국 또는 사라가(sharaga)에 있는 동안 투폴레프의 주요 과제는 독일의 융커스 Ju-88보다 우수한 고성능, 쌍발 급강하 폭격기를 제작하는 것이었다. 이 항공기는 프로젝트 103으로 시작되어 결국 Tu-2로 명명될 것이었다. 완성된 항공기의 개념과 더불어 투폴레프는 베리야가 엉뚱하게 완전히 타당성이 없는 프로젝트로 바꾸려는 시도를 막는 데 몇 개월을 보내야 했다. 그런 다음에야 부품의 제작과 건조가 시작될 수 있었다. 청사진에서 뭐든지 바꾸면 방해공작으로 보는 경비원들의 철저한 감시하에 항공기 건조가 좌절되고 지연되었음에도 불구하고 투폴레프의 팀원들과 공장 노동자들은 1940년 가을 비행시험할 준비가 된 최초의 비행기를 만들었다. 비행시험은 잘 되었지만 군부는 무게를 추가하고 상당한 재설계가 필요한 몇 가지 변경을 고집했다. 독일과의 전쟁이 곧 발발하리라는 징후가 있자 투폴레프는 동료들에게 변경을 하기 위해 평상시보다 더 열심히 일하도록 압력을 가했다. 1941년 봄 새로운 형태가 완성되었으며 최초 비행에서 엔진에 불이 났다. 조사 결과 중량이 더 무겁고 공랭식의 엔진이 필요한 것으로 나타났는데 그렇게 하려면 또 재설계가 필요했다.17 두 번째 수정된 설계가 완성되기 전에 독일은 1941년 6월 22일 소련에 대한 공격을 개시했다.

사건들이 발생하자 설계국도 신속하게 바뀌었다. 투폴레프는 7월에 감옥에서 풀려나고 8월에는 전체 팀과 부분적으로 조립된 비행기를 포함한 장비가 옴스크로 철수했다. - 모스크바 동쪽 약 900마일 카자흐스탄과의 국경 바로 북쪽에 위치해 있었다. 새로운 현장에서 팀원들은 부분적으로 완공된 공장에서 장비를 조립하고 항공기 생산을 위한 새로운 공장을 건설해야 했다. 점진적으로 수감자 집단은 연공서열 순으로 풀려나고 가족과 합류할 수 있었다. 가족들도 옴스크로 철수했다. 팀은 장시간 작업을 하면서 시제품을 완성하고 성공적으로 시험하고 1941년 9월 대량생산에 들어갔다. Tu-2는 1942년 3월 전투에 투입되어 동부 유럽을 가로질러 베를린에 이르기까지 붉은 군대의 주력기 중 하나가 되었다. 전투 경험을 통해 수정되고 1948년 생산 종료 시까지 2,200대가 제작되었다.

소련군이 스탈린그라드에서 독일의 공격을 저지하고 공세로 전환한 다음 투폴레프의 설계국은 1943년 여름 모스크바로 돌아와 전투용 무기 생산에 집중한 여러 프로젝트를 수행했다. 전반적으로 전쟁 기간 동안 투폴레프와 그의 동료들은 효율성이 높은 Tu-2를 포함한 10개 종류의 항공기와 어뢰정을 완성했다. 군사 역사가 스티븐 잘로가(Steven Zaloga)는 다음과 같이 주장한다. Tu-2는 "소련군과 독일군이 사용하는 어느 쌍발 폭격기보다 훨씬 우수했다. 설계가 매우 훌륭해서 1943년 투폴레프는 스탈린상을 수상하고 현금으로 2만 5,000달러를 보너스로 받았다. 스탈린은 투폴레프에게 감옥에서 험하게 대접한 데 대해 사과했다고 전해졌으며, 개인적으로 이 비행기 명칭을 Tu-2로 지정했다".[18]

1943년 9월 항공 산업 관리들은 투폴레프에게 항속거리 6,000킬로미터에 폭탄 적재량 10톤의 전략폭격기를 설계하라고 지시했다. 프로젝트 64라고 명명된 이 비행기는 원자탄 운반용으로 개발되었다. 하지만 당시에는 어느 누구도 이런 목적이라는 것을 듣지 못했다. 1942년 말에 시작된 초극비 원자탄 프로젝트의 수장인 베리야는 프로젝트 64를 감독하는 임무를 맡았다. 이와 같은 대형의 복잡한 비행기를 건조하는 데 필요한 사항에 착수하면서 투폴레프는 새로운 형태의 통제가 필요하다는 것을 깨달았다. 이 통제는 정확한 항법과 폭격, 고고도에서의 안전한 통신 및 자동화된 포술을 가능하게 할 통제였다. 그는 미국이 새로운 학문 분야인 인공두뇌가 발전했다는 소식을 들었다. 이 분야는 수학에 근거한 통신과 자동화된 통제를 연구하는 것이다. 소련공산당을 최고로 신봉하는 그는 이런 새로운 분야가 어떻게 비행기 설계 작업에 적용될 수 있을 것인가를 탐구하기 전에, 소련공산당 최고 이론가는 이 새로운 과학이 마르크스-레닌주의 세계관의 바탕이 되는 변증법적 유물론 수용을 훼손할지 모른다고 우려하여 그것을 '사이비 과학'이라고 선언하고 소련의 저술과 프로젝트에서 금지했다.

투폴레프는 연전에 간첩죄로 투옥된 혐의가 ― 1956년까지 해제되지 않았음 ― 있음에도 불구하고, 효율적인 전략폭격기 제작을 위해 자동화된 통제 시스템을 채택할 필요성을 이해하는 고위 전문가들과 공산당 관리들을 찾으려고 끈질기게 노력했다. 그의 활동에는 상당한 위험이 따랐지만 3년 동안 계속 노력한 결과 정치국은 과학원의 최고 간부회의 내에 인공두뇌에 관한 학술위원회의 창립을 승인했다. 그는 이제 자동통제 시스템과 기초적인 컴퓨터에 마음대로 접근할 수 있게 되었다. 승인을 받기 위해 오랫동안 투쟁하면서 그는 가장 가까운 동료들에게 모든 최고위 과학자들과 그들의 업적 목록을 복창하는 한편 트로핀 리센코(Trofin Lysenko)와 같은 가짜 과학자들과 그의 속임수 농업경제학을 비판했다. 케르베는 다음과 같이 전하고 있다. "이런 장광설을 마친 다음 그는 웃었을 것이다." 그리고 그는 다음과 같이 선언하곤 했다. "당신은 알지요. 이것이야 말로 놀라운 일입니다. 우리 그룹의 지도자들은 모두 당원이 아닌데도 조국의 명예를 더럽히지 않았습니다!"[19]

투폴레프가 소련 산업 내에서 적절한 통제 시스템과 전자제품을 찾으면서 겪은 문제는 국내 연구가 서방의 혁신과 얼마나 보조를 맞추지 못했는지 보여줬다. 스탈린은 항공 산업이 시대에 뒤진 것을 지도층의 잘못으로 돌리고 공군 사령관 A. A. 노비코프(A. A. Novikov, 1900~1976)와 항공 산업 인민위원장 A.

I. 샤쿠린(A. I. Shakhurin, 1904~1975)을 제거했다. 전시 소련 항공 산업의 두 지도자는 강제노동수용소로 보내졌으며, 그들의 업적은 기록에서 말살되었다. 투폴레프는 19개월 동안 폭격기 설계 작업을 한 다음 1945년 4월 프로젝트 64의 청사진이 승인을 받았다. 하지만 특정한 성능 요구사항을 충족시킬 필요가 있는 제어장치와 엔진을 제조하는 데 큰 문제에 봉착했다. 베리야가 이런 난관을 스탈린에게 설명했을 때 그들은 원자폭탄을 운반할 수 있는 장거리 폭격기를 획득하기 위해 다른 길을 선택하기로 결정했다.[20]

B-29를 분해하여 모방하다

1945년 6월 5일 스탈린은 투폴레프와 그의 차석 알렉산드르 A. 아르한겔스키(Aleksandr A. Arkhangelskiy, 1892~1978)를 크렘린으로 소환했다. 최고 통치자가 프로젝트 64에 대한 브리핑을 듣기 원할 것이라고 상정하고 두 엔지니어는 새로운 폭격기의 예상된 비행 성능을 묘사하는 천연색 앨범을 들고 갔다. 하지만 스탈린은 다른 의제를 갖고 있었다. 그는 아르한겔스키가 보고하자 재빨리 다음과 같이 말했다. "투폴레프 동무, B-29를 복사하면 될 일이야." 새로운 프로젝트는 국가원수의 승인을 받았으며 베리야는 모든 산업의 자원과 제조 우선순위를 전용할 권력을 가졌다. B-4로 명명된 소련의 복제품을 제작하기 위해 개발과 생산 과정에 궁극적으로 64개 설계실과 연구소 및 900개 공장을 투입하는 막대한 노력이 들어가게 되었다. 비록 투폴레프가 이 프로젝트를 위해 3년 기간을 요청했다고 할지라도 스탈린은 단지 2년만 허용하고 B-4는 1947년 여름 에어쇼에 참가할 수 있는 대비를 하라고 지시했다.[21]

이런 과정은 미국이 일본과 전쟁을 하게 된 비상상황과 소련의 교묘한 속임수의 결과로 가능했다. 비록 워싱턴이 무기 대여 프로그램을 통해 소련이 요구한 B-29를 거부했다 할지라도 스탈린은 3대의 작동되는 보잉 B-29 슈퍼포트리스와 시베리아 숲에서 충돌한 4번째의 비행기의 부품을 확보했다. 미국 조종사가 일본을 공격한 후 기지로 돌아갈 수 없을 때 소련의 허가를 받고 블라디보스토크에 기착할 수 있었다. 소련은 독일과의 전쟁에서 미국과 동맹국이었지만 대일 전쟁에서는 여전히 중립이었다. 그 결과 대일 항전을 하는 비행기와 승무원을 억류하지 않을 수 없었다. 모스크바가 1945년 8월 대일 항전에 참가하게 되었을 때 소련 지도자들은 미국 항공기의 반환을 거부했다. 3대의 B-29는 흰 별을 붉은색으로 칠하고 모스크바 지역으로 날아와 한 대는 복사용 청사진을 만들기 위해 해체되고 다른 한 대는 훈련비행용으로 사용되고 나머지 한 대는 예비용으로 남겨뒀다.[22]

처음에 투폴레프는 B-29의 기본기체를 복사하는 것은 상대적으로 쉽다고 생각했지만, 장비와 무기를 복제하는 것은 심각한 문제임을 깨달았다. 항공 산업은 필요한 전자기기, 플라스틱, 금속 및 라디오를 창조하는 것이 난제였다. 그가 해체되고 있는 최초의 비행기를 검사할 때 사격조준기, 운항 제어장치 및 컴퓨터를 연결하는 '수백만 개의 전선'을 보고 매우 당혹스러웠다. 이와 같이 거미줄 같은 전선의 복제 방법에 대해 어찌할 바를 모른 그는 "극도로 초조해했다"고 케르베는 말했다. 그리고 전선과 장비만이 문제가 아니었다. 미국제 비행기의 알루미늄 표피는 1인치 두께의 1/16이었지만 소련 공장은 미터법으로 측정하는 기계를 사용하기 때문에 이런 두께 — 1.5875밀리미터 — 는 복제될 수 없었다. 많은 토의를 거친 후 엔지니어들은 비행기의 무게 증가와 그에 따른 속도와 항속거리 감소를 회피하는 데 필요한 각 부분별 강도에 따라 표피 두께를 0.8밀리미터와 1.8밀리미터에 이르기까지 다양화하기로 결정했다.[23]

스탈린은 B-29가 정확하게 상세히 복사되어야 한다는 명령을 내렸다. 예외는 미터법 계산의 전환이었다. 이런 명령이 일부 부조리하거나 위험한 결과를 초래했다. 비록 소련 조종사들은 임무 수행 중 흡연이 금지되어 있다고 할지라도 노동자들은 재떨이를 조종실에 설치하고 봉인했다. 더욱 심각한 현상은 그들은 정확하게 피아식별 시스템을 복사한 결과, 소련 폭격기가 소련 전투기에 의해 적으로 식별되는 것이었다. 이는 시험에서 발견되고 오인 사격(friendly fire) 사례가 발생하기 전에 수정되었다. 몇몇 사례에서 고위 관리들은 B-29 설비의 변경을 승인했다. 소련 기관총이 설치되고 극초단파 라디오 시스템이 사용되었다. 이 과정을 되돌아본 투폴레프는 다른 시스템으로 만들어진 비행기를 복사하는 것보다 새로운 비행기를 제조하는 것이 훨씬 더 쉬웠을 것이라는 결론을 내렸다.[24]

크렘린으로부터 전략폭격기를 신속하게 생산하라는 압력을 받아 투폴레프와 그의 동료들은 생산과정에서 몇몇 혁신을 개발했다. 베리야에 권한이 주어진 환경하에서 작업을 하면서 설계실장은 각 부처에 '새로운 장비의 생산과 인도를 개인적으로 책임지는' 고위 관리 네트워크를 창설했다. 이와 같은 '수평적 관계'는 항공 산업에서 많은 비효율성을 제거하고 B-29 복사의 복잡한 과정을 많이 촉진시켰다. 부품이 공급되면서 두 개의 공장이 시험용으로 20대의 시제품을 조립했다. B-4의 최초 시험비행은 1947년 5월 19일 실시했는데 프로젝트 착수 후 20개월 만의 일이었다. 새로운 폭격기 3대는 1947년 8월 3일 열린 연례 에어쇼에 등장했다. 시베리아에서 추락한 B-29의 부품과 엔진을 사용한 여객기 버전도 함께 등장했다. 최초 생산한 20대의 시험비행이 계속되는 동안 화재와 엔진 고장을 포함한 몇몇 문제가 노출되었다. 이로 인해 대량생산을 개시하기 전에 수정이 필요했다.[25]

수년 후 항공산업부 제1차관인 페트르 데멘티예프(Petr Dement'yev)는 그 폭격기가 어떻게 승인받고 명명되었는지를 기술했다. 시험이 완료되고 난 어느 날 저녁 스탈린은 데멘티예프와 그의 상관 미하일 후르니체프(Mikhail Khruni-chev)에게 시골별장으로 시험 보고서를 갖고 오라고 지시했다. 데멘티예프가 회상할 때 시험이 오래 걸려 불만인 "스탈린은 분명히 기분이 좋지 않았다. 보고서를 몇 쪽 넘기고 나서 옆으로 치워 놓고 '정확하게 일 년이 늦었다.'" 기분이 상한 독재자는 두 관리를 저녁에 초대했지만 말 한마디 꺼내지 않았다. 오래 기다린 후 스탈린의 보안책임자가 나타나서 말하기를 지도자가 서류에 결재했으니 스탈린 차를 타고 돌아갈 수 있다고 했다. 모스크바로 돌아오는 길에 운전사가 에두르는 길을 택했으며, 자동차가 루비안카 광장에 이르자 두 관리는 이것이 그들의 마지막 운명일지 모른다고 생각했다. 하지만 자동차는 계속 달려 부처에 도착하자 얼이 빠진 두 관리는 재빨리 사무실로 가서 서류가방을 열었다. 그들은 스탈린이 보고서를 승인하고 결재한 것을 보고 크게 안도했다. 스탈린은 'B-4'에 선을 그어 지우고 푸른 펜으로 'Tu-4'라고 적었다. 스탈린은 보고서를 받았을 때 보이던 위협적인 태도와 달리 투폴레프의 작업에 매우 흡족하여 그에게 두 번째 상을 수여했다. 투폴레프의 동료들은 자신들이 느낀 안도감과 수상 자격 인정을 농담으로 표명했다. 상을 받게 된 것은 측정치를 인치에서 밀리미터로 전환한 공이라고 했다.[26]

Tu-4는 소련 항공의 중대한 기술 발전을 대표했다. 하지만 전략적 가치는 미국에서 제트 전투기와 폭격기가 급격하게 발전했기 때문에 상대적으로 단명에 그쳤다. 새로운 폭격기는 1949년 5월 공군에서 운용되었다. 연속 생산이 1952년 중단될 때까지 3개 공장에서 847대가 생산되었다. 여기에는 장거리 폭격기와 정찰기 그리고 수송기와 여객기가 포함되었다. 18대의 Tu-4A는 새로 개발된 원자폭탄을 운반할 수 있도록 수정되었다. 이런 임무는 1954년 터보제트 엔진의 Tu-16이 실무에 투입됨으로써 종료되었다. Tu-4는 유럽 및 태평양의 미군 기지에 심각한 위협을 제기했지만 정상적으로 사용 시 미국 대륙에는 실질적인 위협이 되지 않았다. 시베리아의 아나디리 공군기지에서 왕복 1,700해리의 제한된 거리 때문에 북부 워싱턴 주에 이를 수 없었다. 이 폭격기는 편도 비행으로 미국 서부 소재 목표물을 공격할 수 있지만 10시간 비행하는 중 미국 제트 전투기의 공격을 받을 가능성이 매우 높았다. 1948년에 시작해서 공중급유하고자 하는 노력에도 불구하고 공군은 이런 능력을 1952년에야 겨우 달성했다. 이때 Tu-4의 전략적 효용은 급격하게 떨어졌다.[27]

B-29의 분해 모방은 두 가지 영속적인 결과를 가져왔는데, 어느 정도 서로를 상쇄하는 결과였다. Tu-4 제조과정은 소련 항공 산업을 크게 현대화시켰다.

설계 팀은 기체 제작과 자동화 통제로 몇 가지 문제를 해결했다. 하지만 소련이 편도 임무를 띠고 미국 서부를 공격할 수 있는 능력을 갖추자 이에 자극받은 미국 관리들이 공중 방어 문제를 심각하게 보고 미국 본토(lower 48 states, 하와이와 알래스카 주를 제외한 본토)를 보호하기 위해 레이더망과 전투기 기지를 건설하기 시작했다.

대륙 간 왕복비행 추구

1930년대 이후 투폴레프는 항상 여러 비행기 프로젝트를 동시에 추진했다. 그는 전반적인 설계 개념과 계산 그리고 새로운 기술 문제를 해결하는 데 집중했다. 통상적으로 공군이, 가끔은 스탈린 자신이, 투폴레프에게 특수임무 비행기를 설계하라고 지시했다. 가령 전투 지원을 위한 쌍발 엔진 급강하 폭격기 같은 것이다. 투폴레프는 휘하의 수백 명 전문가들을 엔진, 기체 또는 통신과 항법 시스템 등으로 나누어 작업팀을 편성했다. 비행기가 시험비행을 할 때 또는 나중에 공군에 배치되었을 때 그는 문제점을 시정하기 위해 지속적으로 설계를 개선하거나 엔진이나 꼬리를 새롭게 구성하여 성능을 개선했다. 1940년대 말 그는 자신이 만든 최고의 두 기종, 즉 중거리 폭격기 Tu-2와 더 큰 장거리 폭격기 Tu-4의 몇몇 선진 모델을 설계했다. 1950년대 초에 시작해서 그는 새로운 터보 제트 엔진을 이용하고 후퇴익 개념을 도입한 중거리 폭격기를 창조하기 위해 그 두 기종의 특성을 조합하기 시작했다. 이 비행기는 Tu-16이 될 것이었다. 1952년 4월 최초 비행시험을 하고 시간당 최대 속도 590마일에 항속거리 4,000마일, 적재 용량 3톤이었다. 1961년 생산이 중단될 때까지 거의 50개 버전으로 1,500대 이상이 제작되었다. Tu-16은 수소폭탄을 투하할 최초의 비행기였으며 1980년대 아프가니스탄 전쟁에서 광범위하게 사용되었다.[28]

Tu-16이 설계되고 있을 때 투폴레프는 이미 Tu-4 장거리 폭격기 계열의 새로운 모델에 손을 대고 있었다. 1949년 9월 16일 원자폭탄을 성공적으로 실험하고 채 한 달도 되지 않았을 때 정부는 투폴레프에게 항속거리 7,500마일에 5톤을 적재할 수 있는, 최신 피스톤 엔진을 장착한 4발 폭격기를 설계·제작하라고 명령했다. 이전의 모델과 비교하여 가장 중요한 변화는 엔진이 더 강력해진 데다 날개 길이와 면적이 증가하고 연료 용량이 훨씬 더 커진 것이었다. 최초 시험비행을 일정보다 앞서 1951년 1월에 했을 때 Tu-85는 정부의 성능 요구를 성공적으로 충족했고 원자폭탄을 미국 표적에 떨어트리고 기지로 귀환할 수 있는 능력을 보여줬다. 새로운 폭격기는 스탈린의 비행사 아들 바실리가 타고 7월에 개최되는 연례 에어쇼에 참가했다.[29]

Tu-85의 연속 생산은 3월에 시작되었다. 하지만 한국전쟁이 발발했기 때문에 11월에 갑자기 생산이 중단되었다. 이렇게 바뀐 이유는 북한 상공에서 소련의 MiG-15와 미국의 B-29 간 벌어진 전투에서 획득한 경험이었다. 소련 공군최고사령관 공군 원수 파벨 지가레프(Pavel Zhigarev, 1900~1963)는 스탈린에게 전투 결과를 서면으로 보고했다. "수적으로 우세한 적 항공기와 5차에 걸친 공중전에서 MiG-15는 10대의 B-29와 F-80 한 대를 격추했으며 아군의 손실은 한 대도 없었다." 그가 내린 결론에 의하면, B-29에 기초한 Tu-4와 새로운 Tu-85는 모두 새로운 제트 요격기에 매우 취약했다. 스탈린은 그의 조언을 듣고 Tu-85를 취소했다. 미국을 공격할 수 있는 전략폭격기 제작을 위해 소련이 10년 동안 기울인 노력이 마침내 성취되었지만 제트 요격기 엔진의 급속한 발전으로 노후화되었다는 것은 역설적이다. 이제 제트 추진식 전략폭격기 생산을 추구하기로 전환했다.[30]

Tu-85의 생산을 취소하게 된 이유를 알게 된 투폴레프는 계속해서 여타 엔진 설계를 조사했다. 그는 터보프롭 엔진과 터보제트 엔진의 성능을 비교하고 두 엔진의 조합 가능성을 탐구했다. 그가 내린 결론에 의하면, 터보프롭은 터보제트 엔진보다 우수하지만 개발에 한계가 있고 훨씬 더 가벼운 제트 요격기를 회피할 만큼 충분한 속도에 이를 수 없었다. 그런 다음 투폴레프는 스탈린에게 보고하기를 여러 터보엔진을 분석한 결과 최저 항속거리 1만 1,000킬로미터(6,820마일)에 도달하려면 항공기가 너무 커서 비행할 수 없다는 것이었다. 독재자는 이 보고서를 보고 기분이 언짢았다. 그는 항공장관 흐루니체프에게 시험비행을 성공적으로 마친 Tu-16을 확대하고 2개의 엔진을 추가하면 대륙 간 왕복 비행을 할 수 있는지를 물었다. 이 질문을 전달받은 투폴레프는 분을 터트리고 그와 같이 실행 불가능한 항공기를 설계하지 않을 것이라고 말했다. 그는 Tu-85는 효과적인 전략폭격기이며 더 좋은 엔진 기술이 개발되면 속도가 더 빨라질 수 있을 것이라고 말했다.[31]

투폴레프가 거절했다는 소리를 듣고 스탈린은 그 이유를 직접 설명하라고 요구했다. 레오니드 케르베가 보고한 대로 그 면담은 잘 되지 못했다.

스탈린은 침울했다. 그는 다음과 같이 물었다. "투폴레프 동무, 왜 자네는 정부가 하라는 일을 수행하길 거부하고 우리가 정말로 필요한 대륙 간 제트 폭격기 제작을 거부한단 말인가?"

나는 기존의 엔진을 가지고 대단히 주의 깊게 계산한 결과, 연료소비가 너무 많기 때문에 이 일은 불가능하다고 설명했다.

스탈린은 테이블에 가서 폴더를 열고 종이 한 장을 빼서 보더니 제자리에 놓았다. "그런데 다른 설계사가 있네. 그 사람은 그런 비행기를 만들려고 노력을 하고 있네. 그렇다면 그 사람은 작업을 하고 있는데, 투폴레프 동무 자네는 못한다니? 이상하지 않은가!"

잠깐 기다렸다. 분명히 나의 반응을 보려고 했을 것이다. 하지만 나는 입을 다물고 있었다. 그는 다음과 같이 말했다. "내 생각에 우리는 이 설계사를 위해 자네보다 더 나쁘지 않은 작업환경을 만들어줄 수 있네. 무슨 일이 있어도 그렇게 할 거야."

그러고 나서 그는 나를 나가라고 고개를 끄덕였다. 내 생각에 그의 불만이 극도에 달해 있었다.[32]

투폴레프의 대담한 경쟁자는 블라디미르 미아시셰체프(Vladimir Miasish-chev, 1902~1978)였다. 그는 투폴레프보다 14살 젊은 설계사로 업적은 신통치 않았는데, 투폴레프 설계국에서 일한 적이 있으며 같은 때 강제노동수용소에 있었지만 그 자신의 설계국을 가지고 있었다. 그는 거의 10년 동안 왕성하게 활동한 설계사였지만 그가 설계한 항공기 중 생산된 것은 하나도 없었다. 스티븐 자로가는 다음과 같이 주장한다. "미아시셰체프는 다가오는 추진력 기술에 대해 낙관적으로 평가할 때가 너무 빈번했으며 아직 입증되지 않은 새로운 동력 장치로 항공기를 설계했다. 그의 현실성 부족은 대부분의 설계에서 결정적인 오류로 판명되었다." 1946년 미아시셰체프는 자신의 설계국을 상실했으며 모스크바 항공연구소에서 가르치는 임무를 맡았다. 그는 1951년 2월 세계대전이 끝난 직후 작업했던 개념으로 복귀하여 4발 터보제트 엔진에 항속거리가 7,500마일이고 적재 용량 5톤인 전략폭격기를 위한 제안서를 제출했다. 이것이 바로 정부가 원하는 사양이었으며, 스탈린이 투폴레프에게 언급했던 것은 그의 제안이었다. 3월 24일 항공부는 미아시셰체프에게 설계국을 세우고 M-4로 명명된 대륙 간 폭격기를 제작하도록 승인했다. 항공부는 그의 연구소 학생 대부분과 다른 국의 전문가 일부를 미아시셰체프와 함께 일하도록 배속시켰다. 몇 주 만에 그의 설계국에서 일하는 엔지니어와 노동자가 1,500명에 달했다.[33]

미아시셰체프와 그의 팀은 M-4의 우아하고 간결한 설계를 만들었다. 그것은 후퇴익을 갖고 엔진은 날개 아래 꼬투리로 달지 않고 날개 속에 장착되었다. 1953년 1월 최초의 시험비행을 했으며 수정을 필요로 하는 여러 문제가 드러났다. 폭격기의 수정된 판은 1954년 5월부터 7월까지 엄격한 테스트를 거쳐 기능을 잘 발휘했다. ─ 항속거리는 예외였다. 문제는 다시 터보엔진에 관한 것이었다. 중량이 매우 무겁고 고속으로 연료를 소비했다. 그 결과 최대 항속거리는 6,000마일이었다. ─ 미국 서부 표적에 도달하는 데는 충분했지만 기지로 복귀하는 데는 충분하지 않았다. 하지만 장거리 제트 폭격기를 갖고자 열망한 소련 지도층은 항속거리가 부적합한데도 불구하고 M-4를 생산토록 했다.

368   제2부 냉전의 시대

그림 13.1 소련의 항공기 설계사인 안드레이 N. 투폴레프가 본인의 가장 성공적인 장거리 폭격기 Tu-95의 모델을 들고 있다. 1969년 10월 11일. 자료: Sputnik/Alamy Stock 사진

새로운 폭격기는 1954년 메이데이 퍼레이드에 등장했다. 1954년 7월에 개최된 에어쇼에서 M-4기 편대가 비행했을 때 서방의 무관들은 강한 인상을 받았다. 미국 무관 보고서와 여타 정보에 기초하여 CIA가 1957년에 추정한 바에 의하면, 소련이 1960년까지 중폭격기를 400~600대를 보유하게 될 것이었다. 설계사들이 1957년까지 M-4를 개선하여 더 강력한 엔진을 장착하고 공중급유 능력을 갖췄다. M-4가 드디어 원래의 공군 사양을 충족했지만, 여전히 심각한 문제를 안고 있었다. 생산된 M-4 35대 중 6대는 추락하고 나머지는 주로 여타 항공기의 공중급유에 사용되었다. 그동안에 투폴레프는 신뢰성 있는 대륙 간 폭격기의 필요사항을 충족할 수 있는 새로운 설계로 문제를 극복하기 위한 작

업을 하고 있었다(그림 13.1 참조).[34]

TU-95 제작

비록 스탈린이 미아시셰체프의 터보제트 폭격기 안을 받아들였어도 투폴레프는 전략폭격기를 위한 정부의 기본사양을 계속 분석했다. 구할 수 있는 터보제트 엔진으로는 대륙 간 항속거리를 달성할 수 없다는 것을 확신한 그는 최근 제조된 터보프롭 엔진의 성능을 주의 깊게 검토했다. 이 엔진은 재래의 프로펠러를 추동하는 제트 터빈이었다. N. D. 쿠즈네초프(N. D. Kuznetsov, 1911~1995)가 개발한 NK-6 엔진은 전망이 밝았지만 충분히 강력하지 않았다. 정부가 새로운 폭격기를 신속하게 개발하라고 재촉하기 때문에 쿠즈네초프와 그의 추진 팀은 혁신적인 해결책을 계획했다. 케르베가 기술한 바와 같이 그들은 다음과 같이 제안했다. "최초의 실험 비행기의 4개 엔진 기관실 각각에 두 대의 NK-6 엔진을 장착할 것이다. 한 쌍으로 된 각 엔진은 공동 감속 기어를 사용하여 하나의 공동 프로펠러가 아니라 약간 작은 지름의 역회전하는 두 동축 프로펠러를 추동한다." 기체의 경우 투폴레프는 항속거리와 적재용량을 늘리기 위해 Tu-85 계획을 수정하고 Tu-16에서 성공한 후퇴익 설계를 통합했다.

설계가 완성되자 투폴레프는 새로운 터보프롭 폭격기 제안을 항공부에 제출했다. 대륙 간 폭격기 건조는 정부 계획에 매우 중요하고 일부 항공 전문가들은 투폴레프가 분석한 M-4 터보제트 엔진의 한계를 공유하고 있었기 때문에 각료회의는 1951년 7월 11일 투폴레프의 전략폭격기 프로젝트를 승인했다. Tu-95의 최초 시제품이 1952년 가을 완성되고 11월에 최초 시험비행을 했다. 이 시험 비행과 여타 비행이 여러 조건하에서 잘 진행되었지만 1953년 봄에 발생한 비극적인 추락사건으로 새로운 엔진에 심각한 결함이 있는 것으로 나타났다.[35]

1953년 5월 11일 비행에서 조종사는 3호 엔진에 불이 붙었다고 보고했으며 승무원들에게 탈출하라는 명령을 내렸다고 했다. 추락사고에서 조종사와 기관장을 포함해서 11명의 승무원 중 4명이 사망했다. 파손된 엔진을 조사한 결과 엔진 출력을 프로펠러에 전달하는 감속 기어 피니언이 너무 약한 금속으로 만들어진 것으로 나타났다. 그것이 깨져서 조각들이 기름을 유출시켜 불을 나게 하여 날개를 휩쌌다. 더 조사한 결과 제조공장이 피니언에 잘못된 유형의 금속을 사용한 것이 드러났다. 폭격기는 전략 우선순위가 높았기 때문에 스탈린은 그 제작을 다시 한 번 베리야 감독하에 뒀다. 이 보안책임자는 늙은 공산당원인 수석 시험 엔지니어를 불러서 다음과 같이 말했다. "우리가 이것을 알아내도록 도와주게. 이상한 무리가 투폴레프 주위에 몰려 있네. 성씨만으로도 뭔가를 말해주네. 예거, 스토만, 민크너, 케르베, 발터, 사우케 … 독일인과 유대인 족속이지. 눈여겨보게. 공산주의자는 단 한 명도 없네. 아마도 그것이 이 재앙의 설명이 되지 않나?" 베리야는 그 당원 동지에게 그의 팀을 면밀히 주시하고 의심스러워 보이는 모든 것을 적으라고 명령했다. 케르베에 의하면 그 시험 엔지니어는 이 대화 내용을 투폴레프와 설계국 상급자들에게 보고했으며 그 이후 베리야의 지시를 무시했다. 하지만 NKVD의 의심을 받고 있다는 부담이 팀을 내리 눌렀다. 투폴레프는 추락사고 원인에 관한 조사보고서의 결재를 받는 데 2개월이 걸렸다. 그리고 나서야 팀원들이 상당히 더 강력한 감속 기어 피니언을 가진 새로운 모형 제작에 완전히 집중할 수 있었다.[36]

추락사고 보고서의 결재를 받은 다음 Tu-95는 4년 이상 수정과 시험을 거친 후 공군에 도입되었다. 엔진의 안전과 성능에 많은 주의를 기울였으며, 항공기의 모든 부품은 철저한 검사를 거치고 필요할 때 바꾸기도 했다. 다음 번 시험 비행은 1955년 2월에 했는데 전반적으로 성공적이었다. 1956년 8월까지 제조업체와 정부 위원회가 시험을 계속한 결과 더욱 정교하게 되었다. 시험비행 결과, 조종과 성능이 우수한 것으로 나타났지만 새로운 터보프롭이 설치되고 시험되느라 더 강력한 엔진 구하기가 지연되었다. 최종적으로 1957년 8월 Tu-

95M으로 명명된 새로운 버전이 시험비행을 성공적으로 마쳤다. 이 비행기는 시간당 최고 속도가 562마일이고 항속거리가 8,200마일에 달함으로써 정부가 요구한 성능을 충족시켰다. 승인된 Tu-95M이 다음 달 실전 배치되었다. 몇 달 후 새로운 폭격기의 핵 탑재 모델이 제작되었다. 이 폭격기에는 냉난방 시설이 된 폭탄투하실이 있었다. 또한 동체와 뒷날개 표면은 안티플래쉬(antiflash) 화이트 페인트칠을 했으며 조종실에 투명 햇빛 가리개를 달고 있었다. 이러한 새로운 버전은 Tu-95A 및 Tu-95MA로 명명되었다. 여타 모델은 특수 임무를 위해 개발되었다. 예를 들면 대잠수함전 및 장거리 정찰과 같은 것이다. Tu-95의 생산은 1959년까지 계속되었으며 모든 유형을 합해서 총 175대에 달했다.[37]

항공 역사가 예핌 고든(Yefim Gordon)과 블라디미르 리그만트(Vlamimir Rigmant)는 다음과 같이 결론을 내렸다. "소련은 이제 핵무기를 운반할 수 있는 일류의 전략폭격기를 가졌다. 40년 동안 이 전략폭격기는 폭격기, 장거리 정찰기, 초수평선 표적획득 항공기 및 모든 계열의 미사일 운반체의 토대가 되었다." 서방의 관점에서 보았을 때 Tu-95 제작의 놀라운 점은 전자공학, 컴퓨터, 금속공학이 열등한 상태에서 경찰의 감시와 의심을 항시 받으면서 성취를 했다는 것이다. 투폴레프 설계국의 성공은 그의 비전, 실용주의 및 정신적인 강인함 덕분이다. ─ 아울러 위험천만한 관료주의 환경에서 그가 보인 리더십 덕분이다. 또한 그의 엔지니어 동료들과 지원부서 직원들도 그들이 가진 전문가 기질과 충성심에 대해 극찬을 받을 만하다.[38]

워싱턴의 정보관리들은 소련의 대형 전략폭격기가 1959년 중반 무렵 위협이 될 것이라는 예측을 계속했다. 1956년 4월 18일 알렌 덜레스 CIA 부장은 상원군사위원회의 공군 소위원회[위원장 상원의원 스튜어트 사이밍턴(Stuart Symington, 1901~1988, 민주당 미주리)]의 비밀회의에서 증언했다. 그는 군부와 CIA의 종합 판단을 다음과 같이 상세하게 진술했다. "현재 우리가 추정하기에 소련은 장거리 비행을 할 수 있는 폭격기를 1,000대 이상 보유하고 있다. 필요하면 편도 임무를 수행할 수 있다는 것이 소련 사람들의 심리다. 소련은 공중 재급유 역량을 충분히 가지고 있다." 덜레스 부장은 4월 13일자 초안에 들어 있는 추정 내용을 비밀회의가 끝나고 비공식 석상에서 밝혔는데, 그 추정에 의하면 1959년 중반까지 소련의 장거리 폭격기 비행대는 Tu-16 700대, M-4 400대, Tu-95 300대를 보유할 것으로 예측되었다. 미국의 분석관들은 M-4 및 Tu-95가 당면한 문제 또는 소련 공군이 실제로 보유한 폭격기가 얼마 되지 않는 다는 것을 전혀 모른 것이 분명하다. 비록 Tu-95의 항속거리가 뛰어나고 엔진 문제가 해결되었을 때 신뢰성이 높았다고 할지라도 상대적으로 속도가 느려서 시간당 항속이 560마일이었다. 그리고 대미 공격을 위해 장거리 비행을 할 Tu-95는 연료를 아끼기 위해 항속을 상당히 감속할 필요가 있었다.[39]

역설적으로 소련의 폭격기 위협에 대한 과장된 추정 결과로 소련이 1950년대 말 신뢰할 수 있는 Tu-95의 작전부대를 갖게 될 때까지, 미국은 방공을 상당히 발전시켰다. 미국의 제트 요격기는 속도가 초음속이었으며 폭격기의 방어포 사정거리 밖에서 타격할 수 있는 미사일을 장착했다. 아이젠하워 행정부는 캐나다와 북부 미국을 가로질러 조기경보 레이더망을 구축했으며, 예상되는 비행경로를 따라 전투기 중대를 주둔시키고, 핵심 도시 주변에 지대공 미사일을 배치했다. 미국은 수십억 달러를 들여 안드레이 투폴레프의 구닥다리 폭격기 부대를 무력화시키기 위한 방공시스템을 창조했다.[40]

14

커티스 르메이, 전략공군사령부를 창설하다

과거 모든 전쟁이 끝나고 나면 으레 그랬던 것처럼 1945년 평화가 돌아왔을 때 트루먼은 동원 해제를 급격하고 무질서하게 실시했다. 일부 고위 장교들의 항의에도 불구하고, 문민 지도부는 숙련된 장교와 하사관 가운데 최소한의 핵심 인력을 군대에 잔류시키는 일에 별로 신경을 쓰지 않았다. 이런 일은 특히 육군항공대의 경우가 그러했다. ― 병력이 1945년 225만 3,000명에서 1947년 5월 30만 3,000명으로 줄었다. 이런 병력 감소는 218개 예비전투단이 1946년 3월에는 단 2개로 축소된 데 반영되었다. 비록 미국은 트루먼이 1950년 1월 수소폭탄 제조를 결정할 때까지 확고하게 핵전략을 세우지 않았다고 할지라도 육군항공대는 1946년부터 시작해서 그런 전략을 기획하고 핵전쟁 계획을 수행할 조직을 편성했다. 새로 부임한 육군항공대 참모총장 칼 스파츠(Carl Spaatz, 1891~1974) 장군은 공군의 주요 요소로서 '핵 타격부대'를 제안한 연구보고서에 근거하여 1946년 3월 부대 재편을 명령했다. 이때 편성된 3개 전투 사령부 중에서 전략공군사령부가 가장 컸다. 동시에 공군력 지지자들은 공군의 독립을 쟁취하기 위한 작업을 했다. 이는 1947년 7월 26일 국가안전보장법이 서명됨으로써 성취되었다. 이 법률은 제한된 권력을 가진 국방부 장관 휘하에 육군, 해군, 공군을 각각 담당하는 3개 행정부처를 창설했다.[1]

창설된 지 2년이 되었었는데도 전략공군사령부는 효과적인 핵 타격부대가 되기 위해 한 일이 별로 없었다. 초대 사령관인 조지 C. 케니(George C. Kenney, 1889~1977) 장군은 참모차장이 되고 싶어 했지만 스파츠 장군은 그가 전략공군사령부를 맡도록 했다. 위로 차원에서 케니는 유엔이 발족시킬 예정인 '국제공군'의 사령관으로 임명되었다. 이 프로젝트는 새로 나타난 냉전의 제물이 되었다. 케니의 신설 사령부는 세 전투 사령부 중 가장 돋보였는데, 승인받은 전력 규모는 8만 4,000명의 병력과 B-29 221대 등 1,300대의 항공기였다. 하지만 1947년 창설 당시 전략공군사령부는 병력이 그 절반에 불과했으며 배속된 비행기도 270대였다. 이 중 B-29가 140대였다. 핵 타격 임무와 관련, 전략공군사령부는 실버플레이트(Silberplate, 원자탄 투하 가능) B-29를 고작 22대 보유했으며 핵무기에 접근할 수 없었고 핵무기 조립도 훈련하지 못했다. 이런 일은 모두 다 신설된 원자력위원회에 의해 통제되었다. 베를린 봉쇄로 제기된 소련의 도전은 전략공군사령부의 필요성을 보여주는 것이었지만 충분한 항공기와 경험 있는 조종사와 정비사들을 구할 수 없었다. 1948년 중반까지 냉전의 긴장 상태가 고조되고 있는데도 전략공군사령부의 전투태세는 형편없었다는 것이 몇몇 고위 장교들이 주목한 사실이었다.[2]

전략공군사령부 진로를 바꾸다

1948년 4월 호이트 S. 반덴버그(Hoyt S. Vandenberg, 1899~1954) 장군이 공군 참모총장이 되었다. 제2대 CIA 부장직을 역임한 그는 소련의 잠재적 위협에 대처하는 미국의 전략에 관해 폭넓게 생각했다. 그는 참모차장으로 공군에 복귀한 후 스파츠 장군에게 '핵 타격부대'를 제안하는 연구보고서를 썼다. 이제 참모총장이 된 반덴버그는 소련이 서베를린 여행을 제한하는 상황에서 전략공군사령부의 준비태세가 부족하다는 보고서를 받아보고 그 주요한 사령부를 조사하기 위해 특별대표단을 보냈다. 그의 인사참모가 수많은 기지의 부대원 수준, 훈련 및 사기를 조사하고 상태가 만족스럽지 않다고 8월에 보고했는데, 특히 높은 이직률, 기본 임무를 위한 훈련 부족, 전투태세보다 평시 우선순위 강조 등을 지적했다. 반덴버그는 국제 긴장이 고조되고 있는 시기에 사령부가 제대로 준비태세를 갖추지 않고 있다는 결론을 내렸다. 오마하에 있는 전략공군사령부 본부를 감사하라는 요청을 받은 폴 W. 티베츠(Paul W. Tibbets, 1915~2007) 대령은 본부가 체계적이지 못하고 항공승무원들은 임무를 수행할 태세가 안 되어 있다고 참모총장에게 보고했다. 티베츠 대령은 히로시마에 원폭을 투하한 B-29 폭격기 에놀라 게이(Enola Gay)의 조종사로 공군에서 전설적인 인물이었다. 수년 후 인터뷰에서 그는 다음과 같이 보고했었다고 말했다. "자신이 무슨 일을 하고 있는지 아는 사람이 거기에 아무도 없습니다. 승무원들은 비행하는 방법을 모릅니다. 참모장교들도 자신이 무슨 일을 하고 있는지 모릅니다."3

공군에 대한 신뢰성 확보 등을 위해 반덴버그는 오랜 친구인 찰스 A. 린드버그(Charles A. Lindberg, 1902~1974)에게 전략공군사령부의 작전태세를 철저히 조사하라고 요청했다. 린드버그는 뉴욕에서 파리까지 최초로 논스톱 대서양 횡단비행을 기록한 유명한 비행사였다. 공군 예비역 대령인 린드버그는 항공 전문성과 헌신적인 공공 봉사로 광범위한 존경을 받는 인물이었다. 그는 2차 대전 당시 남태평양에서 육군항공대 소속으로 50회 출격했으며 전쟁이 끝난 다음에는 항공기와 미사일 개발에 관해 공군의 컨설턴트 역할을 했다. 그는 조사 일정에 10주를 할애했으며, 전략공군사령부 승무원들과 100시간 비행을 했다. 그는 9월 14일 반덴버그에게 비판적인 평가를 보고했다. 그는 제2차 세계대전 기준은 오늘 날 우리가 보유하고 있는 특수 핵 부대에 적합하지 않다는 종합 결론부터 보고서 서두에 제시했다. 구체적 이슈에 관해 그는 다음과 같이 선언했다. "원자탄 비행중대의 인원은 주의 깊게 선발되지 않았으며 평균 조종사의 실력은 만족스럽지 못하고 팀워크 개발이 적절하지 않으며 항공기와 장비의 유지가 불충분하다. 전체적으로 인력은 임무를 수행하는 데 경험이 충분하지 못하다." 그는 전략공군사령부를 '최우수 인력'을 가진 진정한 엘리트 사령부로 만드는 데 최우선 순위를 두고 필수 승무원들의 이직률을 최소화하여 승무원들의 1차적인 임무가 국가의 주요한 보복 역량임을 강조하면서 현실적인 전시 임무를 집중적으로 훈련할 것을 건의했다.[4]

린드버그가 반덴버그에게 보고서를 전달한 다음날 케니 장군은 전략공군사령부와 핵 준비태세에 관해 합참에 브리핑을 할 일정이 잡혀 있었다. 케니는 공군력의 중요성에 관해 외부에서 연설하느라 전략공군사령부에서 보낸 시간은 많지 않은 인물이었다. 그는 두서없는 프레젠테이션을 했는데, 준비도 제대로 하지 않고 정보도 제대로 파악하지 않은 것 같았다. 회의 직후 반데버그가 신뢰하는 참모차장 라우리스 노스타드(Lauris Norstad, 1907~1988) 중장이 케니를 교체하는 것이 중요한 문제라고 선언했다. 누구를 천거하겠느냐는 질문을 받고 노스타드는 자신의 질문부터 제기했다. "귀하는 만약 내일 전쟁이 발발하면 누가 전략공군사령부를 지휘하기 원하는가?" 반덴버그는 지체 없이 대답했다. "그야 르메이이지!" 9월 21일 반덴버그는 케니 장군을 사무실로 불러 면직시켰다. 공식 서류가 준비된 다음 커티스 르메이(Curtis LeMay, 1906~1990) 중장이 1948년 10월 19일 전략공군사령관으로 임명되었다.[5]

임명을 받았을 때 르메이는 전략공군사령부가 전투태세를 갖추지 못하고 추구하는 우선순위가 잘못되었다는 것을 알고 있었다. 반덴버그 장군으로부터 받은 명령은 단순하고 직접적이었다. "당신의 사령부가 전쟁이 발발하는 날 바로 전투하도록 준비시켜라." 이러한 수준의 준비태세를 갖추기 위해서는 훈련, 장비 유지, 기강 및 작전 기획을 완전히 바꿀 필요가 있었다. 전략공군사령부의 탈바꿈을 추진하기 위해 르메이는 사령부의 부서장급 간부들을 모두 해고했다. 그렇게 많은 간부 장교들을 예고 없이 해고한 데 대한 설명으로 그는 다음과 같이 퉁명스럽게 말했다. "우리는 불운한 자와 무능한 자를 구분할 시간이 없다." 그는 남태평양에서 함께 근무하면서 신뢰했던 전투 베테랑들을 불러

들였다. 잠깐 사이에 그는 전략공군사령부로의 전보 인사를 조율하여 토마스 S. 파워(Thomas S. Power, 1905~1970) 준장을 부사령관으로, 존 B. 몽고메리(John B. Montgomery) 준장을 작전국장으로, 월터 스위니(Walter Sweeney, 1909~1965) 준장을 기획국장으로, 오거스트 W. 키스너(August W. Kissner, 1906~1993) 준장을 참모장으로 각각 영입했다.[6]

11월 참모를 대동하고 르메이는 오마하 교외 오풋 공군기지에 도착하여 활주로가 급경사인 데다 설비가 형편없는 군용비행장과 본부로 쓰는 빈 공장을 보았다. 하지만 그는 크게 당황하지 않았는데, 이 기지에서 많은 시간을 보내지 않을 것임을 알기 때문이었다. 전략공군사령부는 당시 인원이 5만 2,000명이었다. 이 중 장교는 5,562명이었으며, 병력과 항공기는 미국 본토 전역의 21개 기지에 분산되어 있었다(전략공군사령부의 1946~1954년 연도별 인원 및 기지 개관을 보려면 표 14.1 참조). 공군 장병과 그 가족들의 생활 상태는 '가난하지만 체면을 유지하며 사는' 것으로 종종 묘사되었다. 그들에게는 적절한 주택과 자녀를 위한 좋은 학교가 없었으며, 비슷한 일자리의 민간인들이 누리는 보건과 여가 혜택이 부족했다. 예를 들어 경험 있는 조종사와 정비사는 민간항공에서 공군보다 봉급을 10배 더 받을 수 있었으며, 근무 시간도 적고 한 번에 수개월 동안 집을 떠나는 일도 없었다. 조종사와 승무원 훈련은 제한적이고 비현실적이었다. 폭격 시험이 저고도에서 시행되었는데, 그것은 조종사들이 불편한 산소마스크 착용을 꺼린 데다 3만 피트의 전투 고도에서는 레이다가 제대로 작동하지 않을 때가 많았다. 시험은 낮에 하도록 일정이 잡혀 있었으며 손쉬운 시각적 식별을 위해 반사경 표적을 사용했다. 폭격 시험 점수는 성적표를 개선하기 위해 위쪽으로 부풀려졌다. 항공기 정비는 형편없었고 많은 항공기가 비행할 수 없었다. 비행할 때 사고율은 용납할 수 없을 만큼 높았다. 기강은 해이하고 조종사는 부대에 할당된 유류를 다 소비하기 위해 여자 친구나 병상의 친척을 방문하는 단기 주말여행에도 비행기를 몰고 가라는 채근을 받았다(표 14.1).[7]

표 14.1 미국 전략공군사령부의 인원수 및 기지, 1946~1954

연도	장교	사병	민간인	합계	활동기지
1946	4,319	27,871	4,903	3,093	18 미국 본토
1947	5,175	39,307	5,107	49,589	16 미국 본토
1948	5,562	40,038	6,365	51,965	21 미국 본토
1949	10,050	53,460	7,980	71,490	17 미국 본토
1950	10,600	66,000	8,273	85,473	19 미국 본토 / 1 해외
1951	19,747	113,224	11,554	144,525	22 미국 본토 / 11 해외
1952	20,282	134,072	11,667	166,021	26 미국 본토 / 10 해외
1953	19,994	138,782	12,256	170,982	29 미국 본토 / 10 해외
1954	23,447	151,466	14,193	189,106	30 미국 본토 / 11 해외

자료: Phillip S. Mellinger, *The Formation and Early Years of the Strategic Air Command, 1946-1957: Why the SAC Was Formed* (Lewiston, NY: Edwin Mellen Press, 2013), 339

르메이는 이전의 감사보고서와 자기 자신이 관찰한 것으로부터 전략공군사령부의 상태가 그가 군대 생활하는 중 보았던 것과 똑같이 형편없다는 것을 알았다. 그렇지만 장병들은 자신들이 탁월하게 소임을 다하고 있다고 생각했다. 새로 부임한 사령관은 타격부대로 지정된 자신의 부대가 얼마나 거덜이 났는지를 보여주기 위해 단순하지만 엄청나게 충격적인 시험을 고안했다. 그것은 전 공군에 데이턴 연습(Dayton Exercise)으로 알려졌다.

예고 없이 르메이는 1949년 어느 아침 일찍 자기 사무실로 걸어 들어와 작전국장 존 몽고메리에게 데이톤의 라이트 필드에 대한 전 사령부의 야간 공격을 조직하라는 지시를 내렸다. 사령부 소속 폭격기 556대가 모두 전국 각지에서 날아와 라이트 필드 근처의 군사 및 산업 표적을 '전자적으로' 폭격하라는 것이었다. 라이트 필드에 있는 레이다 오퍼레이터는 모의 폭탄 하나하나를 추적하고 정확성을 판별할 수 있었다. 비행기들은 고도 3만 피트로 비행하고 승무원들은 소련의 표적에 대한 불충분한 정보와 근사하도록 1938년에 찍은 표적 지역의 사진을 받았다. 그들의 이번 임무수행에는 반사경 표적이 없을 것이었다. 결과는 예상대로 형편없었다. 다수의 폭격기가 지상에서 뜨지 못했다. 일부 폭격기는 엔진이나 레이더가 제대로 작동이 되지 않아 귀환했다. 어떤 폭격기는 길을 잃고 다른 공군기지로 방향을 바꿔야 했다. 폭격비행을 완수한 항공기도 정확성이 끔찍할 정도로 떨어져 '폭탄'이 표적에서 1~2마일 빗나갔다. 르메이는 회고록에서 이 연습을 다음과 같이 회상했다. "미국 항공 역사상 가장 어두운 밤이었다. 단 한 대의 비행기도 임무를 미리 알려준 대로 완수하지 못했다. 단 한 대도."[8]

이런 낭패를 당한 후 르메이는 사령부에 장황한 비난을 늘어놓지 않았다. 다음과 같이 간단하게 말했다. "나는 여러분에게 여러분의 상태가 형편없다고 말해왔습니다. 정말이지 우리의 상태가 형편없습니다. 이제 일을 시작해서 이런 상태를 고칩시다." 부하들이 정신을 바짝 차리고 들었기 때문에 그의 지시가 먹힐 수 있었다.[9]

미 공군 지도자들은 커티스 르메이의 어떤 자질을 보고 그가 전략공군사령부를 탈바꿈시킬 적임자라고 보았는가?

쇠 멍청이

그의 배경과 교육을 근거로 보면 어떤 신병 모집관도 22살 먹은 르메이가 장차 유능한 군 사령관이 될 것을 예상하고 뽑지 않았을 것이다. 그는 튼튼하고 신장은 평균이었으며 험악해 보이고 별로 웃음이 없었으며 종종 호통을 치며 말했다. 그는 사교성이 없었으며 가난한 집 출신이었고 정치적 끈이 없었다. 웨스트포인트 출신이 아니었고 토목기사로서 성적이 좋지 않았으며 오하이오 주립대학을 졸업하는 데 몇몇 학점이 부족했다. 그렇지만 최근 어느 전기 작가가 주장하는 바와 같이 그는 '현대 미국 역사상 가장 젊고 가장 오래 근무한 장군'이 되었다. 다른 사람은 단호하게 다음과 같이 언명했다. "대부분의 군사전문가들 마음속에 커티스 E. 르메이 장군은 미국이 지금까지 배출한 가장 위대한 공군 사령관이다."[10]

커티스는 1906년 오하이오 주 콜럼버스에서 가난에 찌든 가정의 6남매 중 장남으로 태어났다. 아버지는 8학년을 마치고 학교를 중퇴한 철강 노동자였으며 일자리 찾기가 어려워 가족을 이끌고 처음에는 몬태나로 이사를 갔다. 그다음에는 캘리포니아, 펜실베이니아로 갔다가 결국 콜럼버스로 돌아오고 말았다. 어머니는 가족의 지략 있는 정신적 지주였다. 그녀는 갖고 있는 돈을 관리하고 자녀를 위해 힘이 되는 가정생활을 꾸려나갔다. 그의 아버지는 일을 찾아 집을 떠나는 경우가 종종 있었는데 8살 먹은 커티스는 가족의 '책임감 있는 남자'였다. 그는 학교에서 열심히 공부했으며, 돈을 벌기 위해 신문배달을 시작하고 이웃집에서 허드렛일을 했다. 몬태나에 있을 때 아버지와 함께 사냥하는 방법을 배워 공기총을 빌려 참새를 잡아 이웃의 게으른 고양이에게 주기도 했다. 10대 시절 그는 이른바 '여자애들 하는 놀이'보다 엔진, 전자제품과 사냥에 관심이 더 많았다. 더욱 중요한 것은 그가 육군 조종사가 되고자 하는 꿈을 계속 키웠다는 점이다. 그는 4살 때 콜럼버스의 들판에서 비행기를 처음 보고 쫓아 다녔을 때 관심이 촉발되었다.[11]

1924년 르메이는 오하이오 주립대학에 입학하여 토목공학을 공부하고 조종사가 되고자 하는 꿈을 좇아 육군 ROTC에 들어갔다. 그는 집에 살면서 돈을 절약하고 또한 부모가 일하러 나가 집을 비울 때가 많았는데 그때마다 어린 동생들을 돌보았다. 생활비에 보태려고 일주일에 6일간 오후 5시부터 새벽 3시까지 강철주조 공장에서 일했다. 일자리는 돈을 잘 지불했지만 공부에 영향을 미친 것으로 판명되었다. 이른 시간 수업에서 너무 많이 잠을 잤기 때문에 좋은 성적을 유지하지 못했다. ROTC 과정에서는 뛰어났으며 우수 졸업생이었다. 4학년 때는 육군항공대에 임명을 받고자 집중했다. 전 해에 찰스 린드버그가 파리로 단독 비행을 성사시킨 이야기가 뉴스를 뒤덮은 결과 3,000명의 젊은 이들이 100자리밖에 없는 비행학교에 지원했다. 그는 입학이 허가된 자들 중 오직 25명만이 과정을 마치고 조종사가 된다는 것을 알았다. 마치 엔지니어처럼 선발과정을 분석하면서 그는 ROTC 우수 졸업생에게는 입학 사정 시 가산

점이 주어진다는 것을 발견했다. 그리고 주 방위군이 되면 상당히 더 많은 점수를 추가할 수 있었다. 그는 즉시 주 방위군에 입대하고 비행단 입대 신청을 완료했다. 그의 전략은 주효하여 가을학기 등록이 끝나기 전에 비행 생도로 받아들여졌다. 그래서 그는 학위를 받기에는 몇 학점 부족한 상태에서 오하이오 주립대학을 떠나기로 했다. 4년 후 오하이오에 주둔하고 있을 때 진급 자격을 향상시키기 위한 수단으로서 학위를 완성했다. 그는 거대한 관료기구에서 성공적으로 활동하는 데 필요한 기량을 끊임없이 연마했다.[12]

커티스 르메이가 1928년 가을 입대한 미국 육군은 규모가 작고 예산이 부족했다. 웨스트포인트 출신들이 지배하고 그들 대부분은 보병이나 포병 병과에서 복무했다. 비행단의 일차적인 임무는 지상군 지원이지 전략폭격은 아니었다. 진급은 느렸고 봉급과 혜택은 신통치 않았다. 하지만 1929년 대공황 이후 군 장교들은 안정적인 일자리를 갖게 된 것을 감사하게 생각했다. 르메이는 비행 적성을 보였으며, 조종 기술을 숙달하고 급속하게 진화하는 항공기 설계 기술을 이해하기 위해 열심히 공부했다. 기초 및 고급 비행학교 과정을 마친 후 그는 디트로이트 북부의 셀프리지 필드에 있는 추격 비행중대에 배속되었다. 그는 몇 년 동안 정례적인 임무를 수행하고 1933년 천문항법에 관한 새로운 과정을 이수하기 위한 중요한 기회를 받았다. 이런 일이 있기 전에는 조종사들이 시각적 수단에 의해 비행했다. — 고속도로, 기찻길, 강을 저고도로 따라갔다. 르메이는 즉시 도구에 의한 비행의 이점을 이해했다. 그렇게 해야 야간과 일기가 불순해도 활동을 할 수 있었다. 그는 비행단 톱 항법사 중 한 명이 되기 위해 열심히 공부했다.[13]

르메이는 항법과정을 마친 후 얼마 되지 않아 1934년 6월 결혼을 하기 위해 10일간 휴가를 냈다. 신부는 헬렌 메이트랜드(Helen Maitland)였다. 그녀는 성공한 클리블랜드 변호사의 딸이며 스코틀랜드 여왕 메리의 직계 후손이었다. 그들은 3년 전 소개팅에서 만났다. 당시 헬렌은 미시간대학 학생이었으며 중간에 가끔 서로 만났다. 그들은 영국 성공회 성당에서 혼인 미사로 결혼식을 치렀다. 커티스는 몹시 불편했으나 신부가 원하는 바람에 그렇게 했다. 그들은 튼튼하고 사랑하는 부부가 되었다. 그의 전기 작가 워렌 코자크(Warren Kozak)는 다음과 같이 주장한다. "헬렌은 커티스의 사교성 부족을 완벽하게 감쌌다. 그녀는 지극히 유능했으며 접대하기를 좋아했다. 남편의 개성이 망칠 수도 있는 분위기를 그녀의 개성이 밝게 만들 수 있었다. … 르메이는 그녀에 흠뻑 빠졌다."14

이후 수년 동안 르메이는 자신의 보직을 이용하여 여러 가지 기량을 연마했는데, 이 덕분에 그는 전시에 극적으로 확장될 수밖에 없는 비행단에서 최선두로 올라서게 된다. 결혼하고 몇 주 뒤 그는 하와이의 휠러 필드로 전속 명령을 받아 신혼부부는 2년 동안을 즐기면서 보냈다. 거기 있는 동안 커티스는 해상 계기항법에 공을 들이고 다른 조종사들을 위해 이 주제에 관한 학교를 운영했다. 육군항공대가 매우 혁신적인 장거리 폭격기를 주문했다는 것을 알고 그는 미래의 전쟁에서 폭격기가 주요 항공 무기가 되고 자원을 가장 많이 갖게 될 것이라는 계산을 했다. 최신 기술을 익히고 경력을 발전시키고 싶은 그는 차기 근무처로서 폭격기 중대 전보를 요청했다. 그의 요청이 받아들여져 1937년 초 르메이 중위는 버지니아 주 랭리 필드에 도착하여 폭격기 중대의 작전 장교가 되었다.15

이 보직은 르메이의 경력에 겹으로 보탬이 된 것으로 판명되었다. 그의 새 비행중대는 항공대에서 유일하게 신예기 B-17 폭격기로 장비를 갖추었다. 기관총 5대와 대규모 폭탄 적재량 때문에 '하늘의 요새(Flying Fortress)'란 별명을 바로 얻은 이 신형 4발 폭격기는 항공기 설계의 엄청난 발전을 반영했다. 이 비행기는 세계 어느 나라 폭격기보다 더 높이 더 빠르게 비행하고 더 많은 폭탄 적재를 운반했으며, 매우 견고해서 당시 어느 다른 비행기보다 정비 소요가 적었다. 하지만 두 개의 다른 설계와 초기 비행 경쟁을 하면서 시제품 B-17이 조종사 실수로 추락했다. B-17의 대량 주문을 지속해달라는 항공대의 청원에도 불구하고 육군의 예산을 쥐고 있는 지상군 군인들이 전략폭격기가 아니라 보병 지원에 적합한 저성능의 중거리 폭격기를 택했다. 그들은 값싼 쌍발 엔진 폭격기를 대량 주문하고 추가 평가용으로 B-17을 13대 소량 주문했다. 르메이는 B-17이 실제로 얼마나 효과적인지를 보여주는 그룹의 선두에 있었다.[16]

르메이가 랭리에서 보낸 기간 중 두 번째 주요한 이득은 로버트 올즈(Robert Olds, 1896~1943) 중령과 긴밀하게 일한 기회였다. 그는 능률이 높은 지휘관이었으며 전략폭격 옹호론자였다. 그는 올즈로부터 어떻게 하면 책임을 위임하고 부하들이 좋은 성과를 내도록 하며 우수자를 보상하는 훌륭한 지도자가 되는지를 배웠다. 이보다 더 중요한 것은 올즈의 끊임없는 전쟁 준비태세 요구와 모든 중요한 작전에서 고집스레 직접 부하들을 이끈 점이었다. 르메이는 여러 사령부를 거치면서 그러한 정책을 채용하고 더 정교하게 발전시켰다. 봅 올즈는 르메이가 그의 경력 단계에서 때마침 필요로 한 멘토였다.[17]

1930년대 말 유럽과 아시아에서 먹구름이 몰려올 때 공군 옹호자들은 공군의 역할이 보병부대 지원에서 벗어날 때가 왔다고 믿었다. 올즈는 1920년대 빌리 미첼(Billy Mitchell, 1879~1936) 준장의 참모로 근무했으며, 공군력이 다음 번 큰 전쟁의 결과를 결정할 것이라는 미첼의 교리를 완전히 받아들였다. 이제 고성능의 B-17 비행중대를 지휘하는 올즈는 육군, 해군 지휘부와 아울러 일반 대중에게 전략폭격의 범위와 힘을 보여주고자 했다. 이를 달성하기 위해 올즈는 부대의 몇 번에 걸친 장거리 비행과 극적인 연습을 조직했는데, 이 연습에서 그 자신이 직접 태스크포스 팀장을 맡았고 르메이가 책임 항법사였다.

최초 연습은 1937년 8월 해군과 벌인 수색 및 공격 경쟁이었다. 해군이 샌프란시스코와 로스앤젤레스 사이의 태평양 어딘가에 있는 미국 전함 유타호의 위치를 발표하면, 항공대는 B-17 8대를 출격시켜 24시간 내에 그 전함을 찾아 물 폭탄으로 공격하도록 과제가 설정되었다. 최초 시도에서 올즈와 르메이는 전함을 찾지 못했다. 르메이는 항법 데이터를 다시 계산하여 올바른 좌표를 구했다고 확신했다. 올즈가 해군에 전함의 위치에 대해 좀 더 상세한 사항을 요구했을 때, 해군은 발표된 위치에 1도의 실수가 있었다고 답변했다. 이는 심각한 오류였다. 왜냐하면 천문 항법에서 1도는 바다에서 60마일과 같기 때문이다. 항공대는 두 번째 시험을 요구하여 이번에는 B-17이 유타호를 발견하여 몇 번에 걸쳐 연습탄으로 때렸다. 또 그들은 세 번째 시도에도 성공했다. 올즈와 그의 동료들은 항공대가 바다로부터 공격을 받았을 때 미국을 방어할 수 있다는 것을 보여줌으로써 의기양양하게 되었다. 하지만 이 홍보전 승리는 해군이 즉시 연습 관련 모든 보고서와 사진을 비밀로 분류함으로써 빼앗기고 말았다. 그런 자료들은 르메이가 27년 후 회고록을 쓰기 위해 찾았을 때 여전히 비밀로 분류되어 있었다. 아이러니하게도 유타호는 1941년 12월 7일 진주만에서 일본군의 공중 공격을 받아 침몰했다. 58명이 생명을 잃었다.[18]

해군이 유타호 경쟁 결과 홍보를 억제하자 항공대 지도부는 자체 홍보활동을 하기로 결정했다. 그들은 1938년 2월 아르헨티나의 새로운 대통령 취임 축하차 올즈의 지휘하에 세간의 이목을 끄는 6대의 B-17이 아르헨티나로 비행하도록 승인했다. 이 임무는 상당한 홍보가 될 것으로 예상되었지만 위험부담도 컸다. 어떤 승무원도 바다 위로 그렇게 장거리를 비행한 적이 없었고 가압되지 않은 항공기를 1만 2,000피트의 고도에서 장시간 운항한 적이 없었다. 육군은 남미 지도가 없었으며, 안데스 산맥은 완전하게 표시되지 않았기 때문에 르메이는 운항하는 데 내셔널 지오그래픽 협회와 팬 아메리칸 항공사 지도에 의존했다. 비행 중 르메이와 여타 승무원들은 산소부족으로 심신이 지치고 능률이 떨어지는 것을 깨달았으며 주의력을 유지하기 위해 정기적으로 산소 탱크를 사용해야 한다는 것을 배웠다. 임무는 대성공이었다. 그들은 마이애미에서 리마까지 15시간 동안 아무런 사고 없이 논스톱으로 비행했다. 그들이 부에노스아이레스에 출현한 다음, 모든 항공기가 아무런 심각한 기계적 문제없이 귀환했다. 다음 2년 동안 올즈와 르메이는 브라질과 콜롬비아로 똑같이 성공적인 비행을 함으로써 고고도 성능과 항법 기량을 매번 완벽하게 수행했다. 이런 여행은 각 기착지에서 많은 대중의 관심을 끌었으며 국내 언론도 긍정적으로 다루었다.

육군항공대 임무 중 가장 극적인 것은 1938년 5월 뉴욕 행 600마일 해상에서 이탈리아 호화 여객선 렉스를 찾아내는 일이었다. NBC 라디오 팀은 올즈의 비행기를 타고 수색 활동을 생중계했다. ≪뉴욕타임스≫의 독자가 많은 군사 기자 핸슨 볼드윈(Hanson Baldwin, 1903~1991)도 탑승했다. 예정된 날에 거대한 폭풍우가 불었음에도 불구하고 항공기 승무원들은 이륙을 했는데, 정기 여객선의 항로와 대략의 속도밖에 몰랐다. 르메이는 렉스가 제대로 항해하고 있다면 12시 25분에 렉스를 찾을 것이라고 예측했다. 정오 직전 그들은 커다란 한랭전선에 부딪치고 비가 많이 내렸으며 시계가 매우 불량한 데다 심한 난기류에 처했다. 관측시간에 접근하자 그들은 구름 속에서 맑은 하늘로 나왔으며 예측한 대로 정확하게 렉스호가 있었다. 이 임무는 광범위한 칭찬을 받았으며 르메이는 육군항공대에서 최고의 항법사로 알려졌다. 좀 더 시야를 넓혀서, 칼럼니스트들은 독일이 오스트리아를 병합하고 일본이 중국과 전면전을 벌이고 있는 시기에 미국은 B-17 폭격기로 필적할 수 없는 장거리 작전능력을 보여준 점을 주목했다. 하지만 볼드윈은 1면 기사에서 비록 항공대가 '지난 3년 동안 급격한 발전'을 했지만 국가를 방위하기에는 비행기 숫자가 너무 적고 대량의 항공기 비행을 조율한 경험이 없다고 보도했다.[19]

1939년 9월 독일이 폴란드를 침공하고 몇 달 후 유럽이 전면전에 휩쓸리자 미국은 서서히 군사력을 증강했다. 이런 과정에서 르메이에게도 큰 변화가 일어났다. B-17의 생산이 급증했으며 폭격기 비행단의 숫자도 증가했다. 항공대는 처음 출하된 비밀의 노든 폭격조준기를 수취했다. 이 조준기는 폭탄의 포물선 궤적을 계산하기 위해 기어, 볼 베어링과 자이로스코프를 기발하게 조합한 것으로 폭격의 정확도를 엄청나게 높였다. 비행중대의 작전장교로서 르메이는 새로운 폭격조준기를 숙달하는 데 수 시간을 보냈다. 이 조준기는 다가오는 전쟁에서 미국이 폭격에 성공하는 핵심 요소 중 하나가 될 것이었다. 1940년 초 르메이는 대위로 승진하고 그가 꿈꿔온 B-17 조종사 보직을 받을 수 있게 되었다. 가족에도 경사가 있었다. 전년에 그와 헬렌은 자니라고 이름을 지은 바라고 바라던 딸의 부모가 되었다. 비록 책임은 무거워졌지만 가능한 한 가족과 많은 시간을 보냈다. 1941년에는 독일의 공중 공격에 필사적으로 대응하는 영국을 지원하는 데 많은 시간을 보냈다. 그는 새로운 기종 B-24 중거리 폭격기를 캐나다에서 영국기지로 나르는 데 수개월을 보냈다. 나중에 그는 이집트에 있는 영국군에 보급품과 무기를 전달하기 위해 브라질을 경유하여 아프리카로 가는 새로운 항공로를 구축하는 일을 여러 주 동안 도왔다. 5월에 그는 다시 진급하여 소령이 되었다. 중위로 11년 동안 고생한 다음 14개월 만에 대위에서 소령으로 뛰어올랐다.[20]

진주만 공격을 받은 후 미국은 두 개의 전선에서 전쟁을 준비해야 했다. 워싱턴은 신속하게 일본에 대해 전쟁을 선포했다. 3일 후 독일과 이탈리아의 파시스트 지도자들이 미국에 대해 선전포고를 했다. 독일과 이탈리아는 일본과 3국 동맹을 맺은 상태였지만 이 동맹은 어느 당사자가 제3국의 공격을 받는 경우에만 전쟁에 돌입할 것을 요구했다. 지난 1년여 동안 미국과 독일은 영국으로 가는 보급품의 미군 호송대를 둘러싸고 선전포고 없는 전쟁을 하고 있었다. 추축국들의 선전포고는 법적 애로 상황을 명료하게 해소했으며 프랭클린 루스벨트가 미국 내 고립주의자들과의 대립을 극복하는 데 일조했다. 하지만 전략적 관점의 통설에 의하면, 히틀러가 미국과의 전쟁을 충동적으로 결정한 것은 큰 실책이었다. — 불행하게 끝난 소련 침공과 마찬가지로.[21]

대전 발발 후 미국 육군항공대에는 획기적인 변화가 발생했다. 1942년 초기 몇 달 동안 군부는 몇 백만 명의 청년을 모집하고 징집했으며 새로운 부대를 편성하고 훈련하기 시작하는 한편, 공장은 초과 근무를 하면서 군복, 트럭, 포장식품 및 무기를 생산했다. 르메이에게도 큰 변화가 있었다. 그는 1월에 중령으로 진급되어 5월에 솔트레이크시티 교외에 주둔한 제305 폭격대를 지휘하게 되었다. 그는 35명의 승무원을 훈련해야 하는데 B-17 폭격기는 3대밖에 없었으며, 이 항공기를 비행할 줄 아는 조종사는 본인을 포함하여 3명에 불과했다. 르메이 휘하에 있는 신규 조종사, 항법사, 폭격수는 최소한의 훈련만 받았다. 전체적으로 그는 자신의 신규 집단을 '잡동사니의 집시 무리'라고 묘사했다. 워싱턴의 인맥을 활용한 르메이는 이전에 같이 일했던 몇 명의 숙련된 전문가를 부대로 데려왔다. 그들은 조종사 훈련, 탄약과 폭탄의 보급 관리, 지상 지원과 정비 등을 책임 맡았다. 그는 이런 경험 있는 참모장교들을 핵심으로 하여 부하들이 조기 전투에 임할 수 있도록 24시간 훈련 일정을 짰다.[22]

6개월 동안 르메이 부대는 유타 주 기지에서 그리고 캘리포니아 주 모하비 사막의 훨씬 더 원시적인 기지에서 제한된 수의 항공기가 허용하는 최대치로 훈련했다. 새로운 조종사와 항법사들이 제305 폭격대에 합류했을 때 수석 조종사 교관인 조 프레스톤(Joe Preston) 소령이 그들에게 퉁명스럽고 과묵한 부대장을 어떻게 대할지 가르쳐줬다. "그가 여러분에게 임무를 부여하면 처음에 제대로 해라. 그가 질문을 던지면 요점만 말해라. 그는 허튼소리 듣기를 원하지 않는다 …. 그에게는 성과가 시작이고 끝이다. 그는 공정하지만 매우 냉정하다." 이 시기에 부하들은 르메이에게 '쇠 멍청이(IRON ASS)'란 별명을 지어줬다. 그 별명이 부하들 입에 박혔으나 그가 있는 데서는 입도 벙긋하지 않았다.

부대가 8월에 잉글랜드로 이동하라는 명령을 받았을 때 기초훈련만 받은 조종사들이 새로 합류하고 있었고 B-17은 4대밖에 없었다. 부대가 전투 준비를 위해 국토를 가로 질러 뉴욕 주 시러큐스로 옮겨갔다. 참모들의 업무 중 하나는 난방이 되지 않는 B-17을 2만 피트 상공에서 비행할 때 영하 40도까지 기온이 내려가기 때문에 방한복을 찾아 뉴잉글랜드 지방 전체를 뒤지는 일이었다. 르메이는 시러큐스에 있는 동안 안면신경마비 진단을 받았을 때 쇼크를 받았다. 얼굴 오른쪽이 부분적으로 마비되어 마치 비웃는 모습을 하기 때문에 이를 감추기 위해 입의 오른쪽 끝에 불을 붙이지 않은 시가를 물고 있기 시작했다. 이 습관 때문에 거친 사람이라는 그의 이미지가 더욱 굳어졌다. 10월 말경 부대는 충분히 보충 받은 폭격기들을 준비시키는 작업을 완료하고 북대서양을 횡단하는 몹시 힘든 여정을 개시했다.[23]

르메이의 부대는 시러큐스를 떠난 지 한 달 만에 최초의 전투 임무 비행을 했다. 잉글랜드 공군 기지에서 그들은 영국과 미국 폭격기들이 대량 손실을 본 것을 알았다. 독일 전투기와 고사포가 치명적으로 방어한 결과였다. 사상자가 많아 영국군은 공중 공격을 도시에 대한 야간 집중 폭격으로 제한했다. 미국 제8공군 지휘관들은 정밀도를 높여 군사 목표물에 집중하기를 원했으며, 그렇게 하려면 주간 폭격이 필요했다. 대공포라고도 하는 고사포 포화로 인해 항공기 손실이 크자 미군은 손실을 줄이기 위해 지그재그로 날면서 폭격하는 방안을 채택했다. 그러나 이러한 조정으로 폭격의 정확도가 급격하게 떨어졌다.[24]

르메이는 비행 지휘관들과 대화하면서 이 문제를 심사숙고하고 정찰사진을 연구했다. 문제를 요소별로 나눠서 본 다음 그가 결론적으로 내린 전투기 손실 감소방안은 쐐기 형태로 폭격기 대형을 꽉 조이되, 각 비행기에 장착된 강력한 50구경 기관총 9대의 발사선을 확보하기 위해 6~7기의 비행 중대 셋이 서로 위아래나 옆으로 위치하는 것이었다. 지그재그 폭격의 정확도가 형편없다는 보고로 르메이는 혼란에 빠졌다. 그는 본능적으로 그렇게 되면 승무원의 안전이 적의 군사 역량을 파괴하는 것보다 우선하는 전략폭격의 목적이 실현되지 못한다고 생각했다. 어느 날 밤 그는 눈을 뜬 채 간이침대에 누워 있을 때 ROTC 포병 수업을 받은 생각이 나서 벌떡 일어났다. 그는 소형 트렁크 속에 있는 오래된 교재를 꺼내 앉아서 독일의 88-밀리미터 대포가 2만 5,000피트 상공의 B-17 크기의 표적을 맞히기 위해 몇 발을 발사해야 되는지를 계산했다. 그는 372발이 필요한데 고사포가 시속 250마일로 비행하는 항공기를 향해 그토록 빠르게 발사할 수 없다고 추정했다. 이런 계산으로 그는 수평 직진 폭격을 하는 꽉 조인 쐐기 대형이 고사포로부터 손실을 덜 보면서 훨씬 더 정확하게 폭격을 할 수 있다는 결론에 도달했다. 그가 최초의 전투 임무를 앞둔 승무원들에게 이와 같은 새로운 방법의 개요를 설명하자 그들의 반응은 놀라서 입을 열지 못했다. 끝으로 어느 젊은 조종사가 이 전술은 자살행위 같아서 두렵다고 말했다. 르메이는 이 방법이 효과가 있을 것이라고 조용하지만 확신에 찬 답을 하고 자신이 선도 비행기를 조종했다.[25]

1942년 11월 23일 제305 폭격대의 폭격기 20대가 브르타뉴 해안가의 생나제르에 있는 철도역 구내와 잠수함 대피소를 폭격하는 첫 임무를 수행했다. 그들은 부대장이 희망했던 것보다 훨씬 큰 획기적인 성공을 거뒀다. B-17기들은 7분 동안 수평 직진 폭격을 하여 이전의 공격 때보다 표적에 2배 많은 폭탄을 투하했다. 생나제르로 비행하는 도중 전투기의 공격을 받아 두 대의 항공기가 격추되었으나 고사포에 맞은 비행기는 한 대도 없었다. 미국의 다른 4개 폭격대가 이 공습에 참여했는데 그들은 혁신적 전술을 채택한 르메이 폭격대보다 더 많은 비행기가 격추되고 폭격의 정확성이 훨씬 떨어졌다. 공군은 탄생한 지 얼마 되지 않았으며 전략폭격은 완전히 새로운 형태의 전쟁이었다. 엄격한 교리는 없었으며 새로운 접근방법이 환영을 받았다. 그 결과 고위 지휘관들은 결과를 분석하고 2주 내에 제8 공군 전체가 르메이의 새로운 전술을 채택했다. 이 접근방법은 '르메이 교리'[26]로 군 내부에 알려지게 되었다.

르메이는 독일군 표적 공격 시 사상자를 가능한 한 줄이고 효과적으로 타격하는 방법과 씨름하면서 전쟁 수행에 관한 자신의 견해를 구체화했다. 그는 최고 군사지도자들이 전쟁을 개시하자고 건의하기 이전에 상황을 주의 깊게 분석할 필요가 있다고 믿었다. 정치지도자들은 전쟁 선포에 궁극적인 책임을 지며 전쟁 비용과 전투를 위한 자원 제공 의무를 잘 인식해야 한다. 군 지휘관들은 적의 능력과 전투 의지를 파괴하기 위해 가능한 한 효과적으로 자신들이 갖고 있는 병력과 장비를 조직하고 사용할 임무를 지고 있다. 르메이와 같은 야전 지휘관들은 계획을 실행해야 하고 전투를 위한 병력을 준비해야 한다. 그들은 다수의 인명이 손실될 수 있고 신체가 손상될 수 있다는 사실을 받아들여야 한다. 어려운 결정이 필요할 것이다. 하지만 만약 군대가 철저하게 훈련이 되어 있고 임무가 잘 계획되고 효과적으로 실행된다면 전쟁은 단기간이 될 수 있고 결국 많은 생명이 구해질 수 있다. 이처럼 전쟁에 대해 강인하고 실용적인 접근방법은 대독일 및 일본 전쟁에서 전투작전을 통해 정제되고 국가안보와 전쟁 수행에 관한 르메이의 사고의 핵심으로 남아 있을 것이었다.[27]

전투에 참가한 친근한 동료 한 명이 르메이가 생각을 어떻게 실행했는지에 관해 설득력 있게 기술했다. 랄프 너터(Ralph Nutter, 1920~2012)는 일본이 진주만을 공격했다는 소식을 들었을 때 하버드 법과 대학생이었다. 그는 다음날 학교를 떠나 군에 입대하고 비행학교에 들어가 제305 폭격대의 항법사가 되었다. 이 부대의 대독일 두 번째 공습에서 선도 폭격기의 항법사가 기지로 귀환하는 길을 잃었다. 르메이는 그의 전 항공기에 다음과 같은 무전을 쳤다. "우리가 현재 어디 있는지 아는 사람이 있는가?" 너터는 알고 있었으며 부대를 안전하게 잉글랜드로 향하도록 했다. 그때부터 중위인 너터가 르메이의 수석 항법사가 되었으며 유럽에서 그리고 나중에 태평양에서 그의 옆자리를 지켰다. 너터는 르메이가 부대를 어떻게 이끌었는지를 다음과 같이 설명한다. "그는 엔지니어로서 모든 전투 문제를 분석했다. 모든 전투 임무를 마치 맞물려 있고 완벽하게 상호작용하는 부품들로 이루어진 하나의 엔진처럼 생각했다. 르메이는 승무원, 항공기, 엔진의 성능을 분석했을 뿐만 아니라 폭격조준기, 무기, 폭탄 투하궤적 및 폭탄 특성을 연구했다. 그는 각 임무의 비용과 가치를 계산하여 균형을 맞추려고 했다. 그와 함께 탑승한 우리는 그의 엄격한 기율과 철저한 훈련이 많은 생명을 구했다는 것을 알았다." 너터는 캘리포니아 고등법원 판사가 되었으며 일생동안 자유주의자였다. 그는 자기의 전시 상관을 매우 존경했으며 굳센 옹호자였다.[28]

르메이는 거의 2년 동안 대독일 공중전에서 점점 더 중심적인 역할을 했다. 그런 다음 그는 태평양 전역에서 해결하기 어려운 문제를 처리하기 위해 이동되었다. 미국 제8공군이 어려운 전투상황을 맞이했는데, 독일의 전투기 방어와 대공포가 심각한 손실을 끼쳤다. 미국 공군은 1942년 2월 발족부터 1943년 12월까지 병력 18만 5,000명, 항공기 4,000대에 달하는 막강한 군으로 성장했다. 이때는 영국에 도착하는 신규 비행기와 승무원이 나치군이 파괴하는 것보다 더 많았다. 1944년 6월 노르망디 상륙작전 무렵에는 독일 전투기가 하늘에서 사라져 연합국 폭격기들이 작전하는 데 더 큰 자유를 누렸다. 영국의 주요한 공중전 학자인 리처드 오버리(Richard Ovewry)의 결론에 의하면, 연합국의 전략폭격이 독일 전시 경제의 1/4을 무력화시켰으며 35만 명의 민간인을 죽였다. 종합적으로 미국이 대독일 공중전에서 입은 전투 손실은 항공기 1만 8,400대, 사망 3만 명, 부상 1만 3,000명, 행방불명 또는 포로 5만 1,000명이었다.[29]

제305 폭격대의 지휘관으로 지낸 나머지 수개월 동안 르메이는 부하들의 성과와 사기를 높이기 위해 몇 가지 새로운 정책을 개발했다. 그는 매번 임무를 마친 승무원이 정보 장교의 질문에 답하는 자리를 마련했다. 그는 이 책상에서 저 책상으로 옮겨 다니면서 청취하고 질문하며 더 좋은 결과를 성취할 방법을 궁리했다. 그는 부하 장교와 하사관들에게 누가 게으르고 공포로 얼어 있거나 어리석은지 식별할 것을 요구했다. ― 그가 '쓸모없는 자들'이라고 부른 소집단 ― 그리고 그는 그런 자들을 전출시키거나 공군에서 해고했다. 그는 무능하거나 어지럽히는 부하를 용서하지 않았다. 랠프 너터는 다음과 같이 회상했다. "르메이는 누구든지 여기가 감당이 안 되거나 싫은 자는 언제고 보병으로 갈 수 있다고 말하곤 했다." 그는 자신의 수석 항법사인 너터의 성과에 흡족한 나머지, 자신의 최고 항법사, 폭격수 또는 사수를 미래의 표적에 이르는 경로와 그 특성을 연구하는 각 전문가팀의 팀장으로 삼는 것이 일반적인 그의 정책이었다. 이런 정책들은 ― 빈번한 훈련 및 그의 확고하고 직접 해보는 리더십 스타일과 더불어 ― 항공기와 승무원의 희생은 최소화하면서 폭격의 정확성에 최고의 결과를 가져왔다. 공군이 대폭 확장하면서 르메이의 성공은 빠른 승진을 가져왔다. 1943년 5월 그는 대령으로 승진하고 4개 폭격기 부대를 책임진 비행단장이 되었다. 한 달 뒤 그는 사단장으로 올라가고 9월에 준장으로 승진함으로써 36세에 전 육군에서 최연소 장군이 되었다. 그가 크게 실망한 것은 지휘권 상승에 따라 그의 상관인 제8공군 사령관이 지상근무를 하라는 명령을 내린 것이었다. 새로 탄생한 장군이 너무 귀중하기 때문에 비행기를 타고 폭격 공격을 직접 선도하는 위험을 지게 할 수 없었기 때문이다.[30]

유럽의 공중전이 승리의 길을 가고 있는 것이 분명해지자 공군은 또 다른 큰일을 위해 르메이가 필요했다. 공군에서 '가장 혁신적인 문제 해결사'로 인정을 받은 그를 노르망디 상륙작전이 성공한 직후 유럽에서 빼냈다. 1944년 3월 소장으로 승진한 그는 6월 말 미국으로 귀국하여 대일본 전쟁의 마지막 공격을 준비했다. 공군참모총장 헨리 H. '햅' 아놀드(Henry H. 'Hap' Arnold, 1886~1950) 장군은 개인적으로 새로 승진한 2성 장군에게 인도 기지에 있는 제20공군을 맡도록 선택했다. 그는 르메이에게 특별한 도전을 주었다. 즉, 새로운 강력한 무기인 B-29 중폭격기의 늘어나고 있는 문제를 해결하라는 것이었다. 수퍼포트리스(Superfortress)라고 하는 B-29는 당시 가장 선진적인 비행기로서 거대한 능력과 많은 신기술을 갖고 있었다. 이 비행기는 지금까지 제조된 폭격기중 최초로 가압된 것이고 최초의 고고도 중폭격기로서 3만 피트에서 재급유없이 3,700마일을 운항할 수 있었다. 최고 속도는 시속 350마일이었으며 2만 파운드의 폭탄을 운반할 수 있었다. 이는 B-17 적재량의 3배였다.

　하지만 이 잠재적인 초강력 병기는 두 가지 근본적인 문제를 안고 있었다. 즉, 모든 기계적 결함이 해결되기 전에 서둘러서 운항하게 되었으며 설계가 너무 복잡해서 승무원이 기존 훈련보다 훨씬 더 많은 훈련을 받지 않고는 작동을 할 수 없었다. 전쟁 기간 동안 도입된 어느 다른 비행기보다 훈련 중 사고가 훨씬 더 많았다는 것이 냉혹한 결과였다. 수많은 B-29를 보유한 부대를 이끌기 위해 인도로 가기 전에 르메이는 새로운 폭격기를 비행하고 시험 조종사와 정비사로부터 문제를 파악하기 위해 훈련 시설을 먼저 보아야 된다고 고집했다. 그는 그 앞에 놓인 과제가 힘든 도전임을 충분히 깨달았다. 그리고 B-29는 다른 환경에서 비행할 때 새로운 문제를 계속 제시했다.[31]

　르메이는 인도의 카라그푸르 시에 있는 그의 새로운 본부에 도착하여 1944년 8월 제20공군의 사령관으로 취임했다. B-29의 기계적 문제를 처리하고 승무원을 훈련하는 일에 추가하여 그의 작전지역은 CBI 전역으로 알려진 중국, 버마 및 인도를 커버했다. 이 방대한 지역은 군수 블랙홀이었다. 모든 것 – 폭탄, 예비부품, 연료 및 식품 – 을 아주 먼 곳에서 비행기로 공수해 와야 했다. 표적은 히말라야 산맥을 넘어 비행해야 중국에 있는 전진 기지와 만주 및 일본 본토까지 도달할 수 있었다. 전투에 사용되는 1갤런을 운반하기 위해 7갤런이 필요했다는 엄연한 사실이 기지 위치가 황당했음을 잘 보여주었다. 이런 장애물에도 불구하고 르메이는 곧 폭격기 비행임무를 수행, 한 부대를 제외하고 다른 어느 중폭격기 부대보다 성적이 우수했다. 지중해에 있던 그 예외적 부대는 날씨가 훨씬 더 좋고 더 효율적인 군수시스템을 갖고 있었다.[32]

워싱턴에서 공군본부는 일본 본토를 본격적으로 공격하기 위해 B-29를 사용하라는 압력을 점점 더 받고 있었다. 새로 해방된 마리아나 군도에서 제21공군은 원하는 결과를 달성하지 못했다. 1945년 1월 아놀드 장군은 성과가 부진한 부대를 지휘하는 자신의 친구를 면직시키고 더 공격적이고 효과적인 르메이를 그 자리에 투입해야 할 필요성을 느꼈다. 마리아나 군도에서 최대 섬인 괌은 전년 8월에 치열한 전투를 치른 다음 일본으로부터 탈환했다. 해군이 그 섬을 지배하면서 필요한 모든 보급품, 탄약 및 연료를 반입했다. 또 건설 일정도 해군이 통제했는데, 이 일정의 우선순위가 르메이를 격노하게 했다.

이 섬의 전략적 가치는 일본에 대한 B-29의 대규모 공격 기지였다. 5개의 대규모 공군기지의 활주로가 건설되었지만 공군을 지원하기 위한 것은 별로 건설된 게 없었다. 해군 건설단은 전역 사령관과 섬 사령관을 위한 멋있는 주택을 완공하고 아울러 장교용 테니스 코트를 건설했다. 르메이는 건설 감독관으로부터 '획득한' 5쪽의 우선순위 목록에 수록된 — 공군 승무원을 위한 막사, 장교 숙소 및 상황실, 비행기의 지상 지원을 위한 시설 — 공군이 필요로 하는 것을 보았을 때 화가 나서 씩씩거렸다. 르메이가 화를 더 나게 한 것은 고위 해군 지휘관들이 자기들 하고 싶은 대로 하는 군사 의전이었다. 르메이가 도착하고 나서 곧 전역 사령관과 섬 사령관으로부터 만찬 초대를 받았다. 그런 다음 잠수함 함장으로부터 요트에서 식사하자는 초청을 받았다. 이 호화 선박은 밴더빌트 가로부터 전시용으로 징발된 것이었다. 르메이는 형식적인 사교 행사를 몹시 싫어했으며 매일 최대한의 시간을 업무에 집중하기를 원했다. 하지만 이런 반갑지 않은 상황에서 그는 기회를 보았다. 그는 만찬에 참석할 때마다 주름이 있는 공군 정복을 입고 행동거지를 잘 하려고 노력했다. 그런 다음 호스트를 초청하여 자기 텐트에서 참모들과 식사를 함께 했다. 거기서 그들은 모든 공군 장교 및 사병들과 똑같이 통조림 레이션을 먹었다. 그의 메시지는 통했으며 나중에 그는 다음과 같이 썼다. "결국 그들은 우리가 필요로 하는 시설을 내놓았다. 그리고 그들은 우리를 위해 훌륭한 막사를 지었다."[33]

괌에서 보낸 최초 7주 동안 르메이의 폭격기는 대일본 전투에서 전임자와 별다름 없는 결과를 달성했다. 그는 고고도 정밀 폭격이 왜 효과적이지 못했는지 그 이유를 찾기 위해 진력했다. 일본 상공의 일기가 큰 문제였다. 언제나 두꺼운 구름으로 뒤덮였으며 최악의 요소는 3만 피트 상공에서 시간당 150~200마일로 부는 강한 제트기류 바람이었다. 때문에 폭탄이 목표물을 빗나갔다. 르메이는 그가 도착하기 바로 전에 찍은 핵심 표적 지역의 정찰 사진을 조사했다. 사진은 '다음 2년 동안 유일하게 수정같이 맑은 날' 찍은 것이었다. 사진에 의하면 일본의 전쟁 산업은 작은 공장과 가정에 광범위하게 산재되어 있고 대부분의 건물이 목조였다. 그가 인도에 있었을 때 폭격기가 중국에 있는 대규모 보급기지를 새로운 소이탄으로 대량 파괴한 것을 기억했다. 그는 괌에 있는 정보장교로부터 일본은 야간 전투기 능력이 없고 대공포는 2만 피트 이상의 표적을 타격하도록 설계되었다는 것을 알았다. 이 모든 요소를 종합하여 그는 새로운 접근법의 윤곽을 그렸다.[34]

신뢰하는 비행단장인 토마스 파워(Thomas Power, 1905~1976) 대령의 조력을 받아 르메이는 일본을 공격하기 위해 극적으로 새로운 전술을 세밀하게 마련했다. 고고도의 주간 정밀 폭격 대신 그는 도쿄에 대한 야간 공격으로 지역 표적을 대상으로 B-29의 거대한 파도를 보낼 예정이었다. B-29는 소이탄을 갖고 5,000~7,000피트 상공에서 비행할 것이었다. 폭격기들은 더 이상 밀집대형으로 비행하지 않을 것이며 시차를 두어 세 번에 걸쳐 공격, 네이팜탄과 소이탄의 공중 폭발이 꾸준히 이어졌다. 1945년 3월 9일 오후 파워는 세 그룹으로 된

B-29 346대를 이끌고 도쿄로 날아갔다. 공격은 대성공이었다. 12대의 폭격기만 상실했으며 96명이 사망하거나 실종되었다. 적의 피해는 엄청났다. 폭풍처럼 번지는 불이 도쿄 중심 16평방마일을 파괴했으며 추정 사망자는 10만 명이었다. 전쟁의 나머지 기간 동안 200만 명이 이 도시를 버렸다. 전후 미국 전략폭격 조사팀이 측정한 공격 효과는 간결하게 다음과 같이 기술했다. "아마도 인류 역사상 6시간 동안의 화재로 인한 인명 손실이 최대였을 것이다." 일본군이 이오 섬과 여타 일본 본토에 가까운 섬에서 죽음을 무릅쓰고 싸움을 계속하고 있던 점을 감안하여 르메이는 전쟁을 단축시키고 생명을 구하는 길이라고 이 대규모 공격을 자신과 부하들에게 정당화했다. 그는 값비싼 시가를 물고 공격 성공을 축하하고 즉시 승무원들이 다른 도시를 공격하도록 재촉하기 시작했다. 2~3일 간격으로 소이탄이 동이 날 때까지 4번 공격해서 같은 결과를 얻었다.[35]

전쟁의 마지막 몇 달 동안 르메이는 일본에 대한 공중 및 지상 공격을 지원하기 위해 장시간 동안 일했다. 매주 유럽과 인도에서 새로운 폭격기와 승무원이 도착하고 항공기를 정비하는 새로운 시스템의 도움을 받아 그는 2~3일마다 수백 대의 B-29가 일본 도시를 계속 공격하게 했다. 또한 이오 섬과 오키나와에서 공중폭격으로 해병대를 지원했다. 해군의 요청에 의해 제20공군은 본토 섬의 항구와 접근로에 1만 2,000개의 새로 설계된 지뢰를 뿌려 놓음으로써 중요한 원자재 운반의 90%를 막았다.

르메이는 개인적으로 원자탄 공격을 준비하는 부대가 티니안 섬에 특수 시설을 건설하는 일을 지원하고 8월 6일과 9일 원자탄을 투하하는 데 B-29 한 대의 단독 비행을 제안했다. 일본 지도자들이 항복 조건을 제한하려고 협상하고 있을 때 르메이는 8월 13일자 《타임》지 표지인물로 보도되었다. 입에 시가를 물고 근엄하며 쏘아보는 얼굴로 그의 뒤에는 하늘에 B-29의 비행운이 떠 있는 사진의 캡션은 다음과 같았다. "B-29의 르메이: 일본은 독일이 받은 폭격의 두 배를 받고 지탱할 수 있을까?" 일본 천황은 8월 15일 전국에 내보낸 라디오 방송에서 항복을 선언했다. 다음날 점령 준비가 시작되었다. 르메이는 일본에 상륙한 최초의 연합군 비행기를 타고 있었으며 9월 2일 거행된 공식 항복 조인 식에서 그는 다른 고위 사령관들과 함께 전함 미주리호 갑판에 서 있었다. 일본대표들이 항복문서에 서명한 후 얼마 되지 않아 462대의 거대한 B-29 대형이 도쿄만 상공을 날았는데, 이는 천둥처럼 과시한 것이었다.[36] 르메이는 제2차 세계대전의 몇 명 안 되는 공군의 영웅으로 등장했다. 미국 공군의 상관들은 그에게 고위 지도자 자리를 마련하기 시작했다. 그의 최초 전후 보직은 국방부의 연구개발 담당 부책임자였다. 그의 주요 목표는 미국을 항공과 우주 기술의 선두에 서게 하는 것이었다. 그는 공군 예산에서 1,000만 달러를 할당하여 미사일 연구를 개시하고 연구개발회사(RAND)를 창립함으로써 이런 방향으로 몇몇 중요한 조치를 취했다. RAND는 공군력의 전략과 기술에 관한 선도적 전문지식의 원천이 되었으며 궁극적으로 핵 억지, 상호 확증 파괴, 핵무기 통제를 위한 이론적 기초를 개발하는 데 중심적인 역할을 수행하게 된다. 그는 몇몇 분야에서 핵무기 정책 형성에 일조했다. 그는 합참의 핵실험 관련 소위원회의 위원장이 되고, 핵폭탄 처리 및 무장을 위해 공군 장교 훈련 프로그램을 개시했으며, 대소련 초기 전쟁 계획에 핵무기를 추가하는 데 참여했다. 그의 워싱턴 활동 가운데 중요한 것으로 의회와 예산과정에 관해 배우고 의회의 위원회에서 여러 번 증언, 연구와 무기 개발을 위한 예산배정을 정당화시켰다. 1947년 7월 26일 군부의 동료들과 함께, 르메이는 대통령의 국가안전보장법 서명을 축하했다. 이 법률에 의해 국방부와 독립된 공군이 창설되었다. 이때는 자제력이 강한 장군이 곤드레만드레 취해서 제멋대로 행동한 드문 경우 중 하나였다.[37]

1947년 10월 르메이는 다시 대서양을 건너가 미 공군 유럽사령부를 맡았다. 독일 비스바덴에 있는 중요한 자리에 앉으면서 그는 중장으로 승진, 공군의 최연소 3성 장군이 되었다. 그는 독일에 도착하자마자 곧장 현지 문제에 개입하게 되었다. 문제는 침체된 경제, 높은 실업률, 식량 및 모든 기초 생필품 부족에서 비롯된 것이었다. 1948년 4월 그는 유럽 경제회복을 위한 마셜 플랜의 시발을 다뤘다. 중요한 준비 조치 중 하나는 무역과 산업 재건을 개선하기 위해 베를린에 있는 영국, 프랑스, 미국 점령지역을 통합하는 것이었다. 소련 지도자들은 중부 및 동부 유럽 정부들이 마셜 플랜에 참가하는 것을 방해했으며, 서베를린을 미국 자본주의의 시범사업으로 삼는 데 강력하게 반대했다. 6월 24일 소련 군대는 베를린으로 통하는 모든 육상 및 수상 루트를 봉쇄함으로써 주민을 굶주리게 하고 연합국 점령 정부를 좌절시키려고 시도했다. 미국 점령지대 군정장관인 루서스 클레이(Lucius Clay, 1898~1978) 장군은 봉쇄를 타개하기 위해 장갑 호송대 파견을 제안한 반면 르메이는 베를린에 공급을 재개하기 위한 공수를 지지했다. 트루먼 대통령은 클레이의 제안은 너무 위험하기 때문에 공군의 건의를 승인했다. 르메이는 이 과업에 투입할 수 있는 수송기 숫자를 늘리기 위해 신속하게 움직이고 거대한 공급 활동을 시작했다. 이는 베를린 공수로 알려지게 되었다. 봉쇄가 장기간 지속될 것이 분명해지자 그는 비행기를 더 많이 가져오고 공군 수송 책임자가 공수를 직접 지휘토록 했다. 곧 공군은 하루 24시간 일정으로 1,000회를 운항, 서베를린에 식량, 연료, 장비를 가져갔다. 공수가 원만하게 이뤄지자 새로 부임한 공군참모총장 호이트 반덴버그 장군은 르메이를 워싱턴으로 불러 들여 또 다른 중대한 자리인 전략공군사령부의 사령관으로 임명했다. 새로운 보직에서 르메이는 공격적인 소련의 행동으로 제기된 미국과 유럽의 이익에 대한 도전에 큰 우려를 하게 되었다. 또한 그는 새로운 사령부에서 소련의 그런 행동이 신속하고 확고하게 저지되어야 한다는 강력한 신념을 가졌다.[38]

커티스 르메이가 전략공군사령부의 활성화를 포함한 가장 힘든 보직에 거듭 발탁된 이유를 말하면서 공군 역사학자 허만 S. 월크(Herman S. Wolk)는 다음과 같이 설명했다. "르메이는 폭격기 업무를 하려고 태어난 사람이었다. 그는 단순히 그 일을 대단히 잘 하는 사람이었다. 그는 문제를 찾아내고 정조준해서 해결하는 방법을 알았다. [그는] 자신이 일할 줄 안다는 것, 즉 부하들이 하늘에 있을 때 그들을 지휘하고 보호할 줄 안다는 것을 부하들에게 확신시키는 능력이 있었다. 성공이 성공을 부른다. 그의 부하들은 그가 임무를 최소 손실률로 성취할 수 있다는 것을 알았다. 그들은 그가 업무적으로 최고라는 것을 알기 때문에 그를 위해 기꺼이 비행했다"(강조는 원문대로임).[39]

전략공군사령부 탈바꿈하다

데이턴 연습 이후 르메이와 그가 신뢰하는 참모들은 비효율적인 사령부에 동기를 부여하고 재편하는 긴 과정을 시작했다. 비록 그는 참모총장으로부터 핵 타격부대를 활성화하라는 권한을 부여받아도 사용할 수 있는 추가 자원이 별로 없다는 것을 알았다. 해리 트루먼은 대통령으로 방금 선출되어 새 임기를 시작했으며 인플레를 잡고 예산 적자를 감축하는 데 전념하고 있었다. 대통령의 의제에서 핵심적인 요소는 국방비 지출을 150억 달러로 제한하는 것이었다. 르메이는 그가 갖고 있는 인원과 장비로 일을 해야 했다. 그는 전시 중 영국, 인도, 괌에서 사령관으로 부임하면서 개발했던 리더십 개념에 본능적으로 의지했다. 전 승무원이 하나의 팀으로 일하되 각 팀원은 특정한 역할을 가졌다. 조종사, 항법사, 폭격수, 레이더 기사, 기관총 사수, 정비사를 위한 특수과정을 세웠다. 표적분석에 시간을 뺏기지 않고 바로 작전을 수행할 수 있도록 선도 팀을 선발하여 특정한 표적을 깊이 연구시켰다. 각 승무원은 사고를 줄이는 수단으로 이륙 전 살펴봐야 할 점검표를 갖고 있었다. 각 단위부대는 배운 교훈을 적용하기 위해 반복 연습을 끊임없이 했으며 항공기 운항시의 고도와 제한된 정보를 최대한 전시 조건과 유사하게 했다.[40]

르메이의 리더십은 팀워크와 단위부대의 자발성을 바탕으로 했다. 그는 비행단장들에게 목표에 대한 일반적인 지시를 내리고 결과에 대해서는 그들이 책임을 지도록 했다. 성공적인 혁신은 칭찬을 받고 다른 비행단들이 채용하도록 넘겨졌다. 그는 큰 소리를 내는 일이 별로 없었다. 그는 연습성과가 나쁜 단위 부대에는 제대로 하라는 지시를 내렸다. 성과가 반복적으로 나쁘면 해당자는 전략공군사령부에서 퇴출되었다. 단위부대가 실패를 계속하면 지휘관이 교체되었다. 단위부대들은 야간과 일기불순 상황에서 경쟁하여 폭격 정확도, 사격, 항법 등을 겨루었다. 그는 공군 인사부장을 설득하여 많은 숫자의 진급 결원을 전략공군사령부에 넘겨주도록 하고, 어느 부하가 연습 성과가 뛰어나면 즉시 진급시키는 데 그런 결원을 이용했다. 몇 달 동안 경쟁에서 평가 시스템의 상위 15% 내를 유지하는 승무원 팀은 전원이 진급했다.

지휘관들과 장병들이 가장 조바심을 낸 르메이의 혁신은 작전 준비 태세 점검이었다. 전략공군사령부 본부 팀은 종종 사령관이 앞장서서 예고 없이 기지에 날라와 비행단장에게 전쟁 계획을 이행하라는 명령을 내렸다. 본부 팀장은 몇 시간 동안 출동준비가 얼마나 효과적으로 진행되는지 관찰한 후 작전을 취소하고 그 부대를 칭찬하거나 추가 연습을 지시했다. 적어도 한 번 있었던 일이지만 비행단장이 골프 옷을 입고 뒤늦게 나타나면 그는 곧 좋아하는 스포츠를 마음껏 할 수 있는 시간을 가지게 될 것이었다.[41]

장교와 사병의 빠른 이직을 억제하기 위해 르메이는 흔한 원격지 전략공군사령부 기지의 생활여건을 개선하기 위해 열심히 뛰었다. 그가 오프트 필드에 도착했을 때 생활여건이 원시적인 것을 발견했다. 부하들이 가구도 별로 없는 루핑 판잣집에 거주하며 시원찮은 간이 구내식당 음식을 먹고 있었다. 르메이는 오마하의 현지 기업들과 시민단체를 만나 장병들의 생활을 좀 더 개선하기 위해 도움을 요청했다. 충분한 주택 개발이 최우선이었다. 그는 기혼 장병과 그 가족들을 위해 조립식 주택을 설계하고 건설할 자금을 예산에서 찾아냈다. 공군장병은 현지 건설 업체의 지원을 받아 조립하는 데 일조를 했다. 독신자들을 위해서 그는 2인실과 2인실 사이에 욕실이 있는 막사를 설계했다. 그렇게 함으로써 부하들이 전략공군사령부의 24시간 경계태세 유지를 위한 야간 근무 시 전통적인 개방 막사에서 불가능한 취침과 휴식을 취할 수 있게 되었다. 현지 양조장 주인의 주도로 기업단체가 가족과 독신자들을 위한 주택에 가구를 공급할 자금을 모았다. 르메이는 음식을 개선하기 위해 일류 호텔들과 협상하여 공군 요리사가 호텔 주방장으로부터 맛있는 식사 준비를 배우도록 했다. 르메이는 자동차 엔진 수리를 좋아하는 자신의 취향도 살릴 겸 원하는 장병들이 자가용을 수리하거나 목공을 할 수 있도록 취미 작업장을 마련했다. 시간이 흐르면서 전략공군사령부 산하 모든 기지에 이런 개선조치가 확산되었으며, 이는 경험 있는 장교와 사병들의 잔류 비율을 높이는 데 주효한 것으로 판명되었다.[42]

1949년 4월 핵무기 운반 임무를 놓고 해군과 공군 간 지겨운 싸움이 일반인들도 알 수 있도록 터져 나왔다. 그렇게 된 것은 루이스 존슨 국방장관이 해군의 최초 초대형 항공모함 건조계획을 취소했기 때문이다. 이 거대한 항공모함은 원자폭탄 투하 작전을 수행할 수 있는 비행기가 이륙할 수 있도록 설계되었으며, 이는 합참의 권고에 따라 대통령이 핵 타격 임무를 공군에 부여한 결정에 대한 직접적인 도전이었다. 의회에서 청문회를 두 번 개최하면서 드러난 충돌의 초점은 공군이 부정하게 4개의 항공기 계약을 취소함으로써 B-36 장거리 폭격기를 더 많이 구입했는데 이는 해군이 필요로 하는 초대형 항공모함을 저지하려는 시도였다는 해군의 비난이었다. 또한 해군제독들은 B-36은 감춰진 심각한 결함이 있어 소련의 방공망을 침투할 수 없다고 비난에 가세했다. 비록 양 군 간 싸움이 언론의 논쟁 파동을 발생시켰지만, 궁극적으로 공군이나 전략공군사령부에 별 영향을 끼치지 못했다. 왜냐하면 해군의 주장이 해군차관보의 보좌관이 작성한 익명의 문서에 근거한 것이 드러났기 때문이다. 증언에 의하면 이 문서는 완전히 소문과 잘못된 비난에 근거한 것이었다. 이와 같은 '해군제독들의 반란'으로 인해 해군작전부장이 파면당하고 몇몇 여타 제독들이 퇴역했다. 그것은 공군의 승리이자 전략공군사령부의 핵 타격 임무의 명백한 승리였다.[43]

청문회에서 르메이는 B-36의 가치에 대해 한 번 증언했지만 해군의 비난에 대응하는 데 주요 역할을 하지는 않았다. 이와 같이 해군의 힘겨루기가 실패하자 그가 이미 갖고 있던 해군에 대한 존경심 결여가 더욱 악화되었다. 그의 태도에 대해 자주 인용되는 사례가 있다. 어느 대위가 브리핑을 하면서 소련을 '적(enemies)'이라고 언급하자 그는 말을 막고 다음과 같이 언명했다. "젊은이, 소련은 우리의 적수(adversaries)이고 해군이 우리의 적(enemy)이야."[44]

전략공군사령부의 능력과 전쟁 계획

1954년 내내 전략공군사령부는 네 가지 유형의 폭격기를 운용했다. 르메이가 1948년 가을 사령관으로 부임했을 때 전략공군사령부는 486대의 B-29를 보유하고 있었다. 우리는 르메이가 어떻게 새로운 폭격기의 여러 문제를 해결하기 위해 1944년 중국, 버마, 인도 전역에 보임되었는지를 보았다. 비행기의 설계 및 엔진의 힘과 안정성을 개선하는 작업이 계속되었다. 네 번째 모델인 B-29D가 1945년 5월 도입되었으며 성능이 대폭 개선된 것을 보여줬다. 세계대전이 끝난 후 이 모델은 B-50으로 다시 명명되었다. 르메이가 부임했을 때 전략공군사령부는 35대의 B-50과 전시에 사용된 다수의 구형 모델을 보유하고 있었다.[45]

전쟁 기간 중 항공기술은 많은 분야에서 발전했지만 국가적 우선순위는 B-24, B-29와 같이 입증된 항공기의 생산 극대화에 있었다. 차기 장거리 폭격기 B-36의 개발과 시험은 생산이 지연된 분명한 사례였다. 이 비행기를 위한 계약은 1941년 10월 발주되었으며 왕복 1만 마일 운항하고 1만 파운드의 폭탄을 적재할 수 있는 새로운 등급의 중폭격기 생산을 요구했다. 이 비행기는 최대 고도 3만 5,000피트, 공중 속도는 적어도 시간당 240마일을 달성해야 했다. 1946년 8월에 실시된 B-36의 최초 시험비행은 광범위한 문제를 드러냈다. 합격판정이 난 B-36D는 1949년 3월 최초 시험비행을 하기 전 수많은 변경을 거쳤다. 초기 모델의 6개 프로펠러 엔진에 4개 제트 엔진을 추가함으로써 이 시 제품은 현저하게 개선되었다. 이 비행기는 1만 파운드의 폭탄을 적재하고 고 도 4만 4,000피트까지 올라가 시간당 406마일을 비행하며 5,000마일을 비행하 고 기지로 돌아올 수 있는 것이었다. 거대한 규모와 적재 용량에도 불구하고 B-36D는 주요한 결점을 갖고 있었다. 계속 운용하려면 대규모 정비가 필요했 다. 이보다 더 심각한 것은 이 비행기가 도입될 무렵 MiG-15 등 당시 소련이 운용하는 제트 전투기가 속도와 고도에서 필적할 수 있었으며 새로 등장할 차 세대 MiG-17은 손쉽게 미국기를 격추할 수 있었다. 전략공군사령부 지도자들 은 B-36이 잠정적인 폭격기라는 것을 깨달았다. 하지만 이 비행기는 몇 년 동 안 도움이 되었으며, 공군은 385대를 구매했다. 이 중 1/3은 정찰 임무용으로 제작되었다. 좀 더 선진적인 올제트 폭격기의 도입과 더불어 이 비행기들은 1959년까지 모두 퇴역하게 되었다. B-36기는 한 대도 전투에 참가하지 않았 다.[46]

전략공군사령부 재고에 차후 추가된 것은 올제트 엔진의 B-47 스트라토제 트 중거리 폭격기였다. 1943년 보잉이 초기에 제안한 것은 대단한 발전을 약 속하지 않았지만 전쟁이 끝난 후 독일 과학자들과 엔지니어들이 제트 엔진과 기체 설계를 혁신했다는 정보가 완전히 새로운 제안을 하게 했다. 새로운 개념 은 유선형의 후퇴익을 가진 폭격기의 동력 제공을 위해 6개의 제트 엔진을 필 요로 했다. B-29와 같이 B-47에서 다수의 새로운 설계 요소의 도입은 많은 수 정과 변경을 필요로 했다. 새로운 폭격기는 1952년 10월까지 운용되지 못했 다. 공군력 학자 필립 메이링거(Phillip Meilinger)가 주장하는 바와 같이 "스트 라토제트는 기다릴 가치가 있었다. 지금까지 제조된 가장 아름다운 폭격기 중 하나인 B-47은 매끈하고 빨랐으며 기민했다". 이 비행기는 최고 시속이 600마 일이고 상승 한도가 3만 3,000피트이며 폭탄 적재량이 2만 5,000파운드이고 전투 반경이 2,000마일이었다. 이 비행기는 수율 24메가톤의 새로운 마크 36 원자탄 하나를 운반할 수 있지만 초기 수소폭탄은 운반할 수 없었다. 르메이는

그림 14.1 커티스 르메이 장군은 1954년 11월 30일 오마하의 전략공군
사령부 본부에서 유럽연합군 최고사령부 부사령관 자작 몽고메리 육
군원수에게 전략공군사령부의 최신 중폭격기 B-52를 설명하고 있다.

이 비행기를 그의 '노역 말 폭격기'라고 했다. 1953년 말경 전략공군사령부는
329대의 B-47를 보유했으며 전체적으로 2,000대가 건조되었다. 해외기지에서
운용되는 스트라토제트는 1950년대 초의 핵폭탄 운반 수단으로 지정되었으며,
이에 못지않게 중요한 것은 이 비행기의 설계 특성이 고도로 성공적인 차기 중
폭격기 B-52를 제작하는 데 사용되었다는 점이다(그림 14.1 참조).[47]

　　전략공군사령부는 핵 타격 임무를 띠고 있기 때문에 B-36을 대체하여 항속
거리가 멀고 폭탄 적재용량이 더 큰 중폭격기를 필요로 했다. 1946년 1월 공군
지휘부는 보잉사와 제트 엔진의 중폭격기를 개발하기 위한 계약을 협상했다.

표 14.2 **미국 전략공군사령부 산하 항공기 수, 1946~1954**

연도	폭격기	공중급유기	전투기	정찰기
1946	148	-	85	31
1947	319	-	350	35
1948	556	-	212	58
1949	525	67	161	80
1950	520	126	167	112
1951	669	208	96	173
1952	857	318	230	193
1953	762	502	235	282
1954	1,082	683	411	410

주: - = 미상

자료: Phillip S. Meilinger, *The Formation and Early Years of the Strategic Air Command, 1946-1957: Why the SAC Was Formed* (Lewiston, NY: Edwin Mellen Press, 2013), 339

보잉의 최고 설계팀은 B-47의 일부 선진 요소를 활용하고자 했지만 공군이 요구하는 속도와 적재 용량을 획득하기 위해 좀 더 강력한 엔진을 개발해야 했다. 터보프롭 엔진은 중폭격기를 위해 불충분한 추진력을 생산한다는 것을 발견한 후 그들은 엔진 전문가들에게 힘이 더 센 새로운 순수한 제트 엔진을 설계하도록 압력을 가했다. 그런 다음 보잉팀은 후퇴익을 가진 기체에 4쌍의 새로운 엔진 8개를 썼다. 몇 달 동안 시험하고 수정을 한 후 B-52는 1952년 4월 최초의 시험비행을 했으며 좋은 결과가 기대되었다. B-36보다 작았지만 여전히 대형 비행기였다. 즉, 길이가 152피트, 날개폭 185피트였다. 최초의 운용 모델 B-52B는 1954년 3월 취역했다. 전략공군사령부는 1955년 말 최초로 B-52 18대를 받았다. 새로운 폭격기는 신속하게 전략공군사령부의 새로운 역용마가 되어 1950년대 중반부터 지금까지 사용되고 있다. 수리되고 개선된 버전이 이라크와 아프가니스탄 전쟁에서 사용되었다. 가장 효과적인 모델은 1961년에 도입된 B-52H이다. 최대 속도는 시간당 650마일이고 폭탄 적재량은 7만 파운드이며 상승 한도는 5만 피트이고 재급유 없이 8,800마일의 거리를 비행한다. 모든 모델을 망라하여 총 744대가 생산되었으며 이 중 76대가 아직도 현역에 있다.[48] 〈표 14.2〉와 〈표 14.3〉은 전략공군사령부의 연도별 항공기

표 14.3 미국 전략공군사령부 폭격기 유형별 보유대수, 1946~1954

연도	B-29	B-50	B-36	B-47	총계
1946	148	-	-	-	148
1947	319	-	-	-	319
1948	486	35	35	-	556
1949	390	99	36	-	525
1950	286	196	38	-	520
1951	340	219	98	12	669
1952	417	224	154	62	857
1953	110	138	185	329	762
1954	-	78	209	795	1,082

주: - = 미상

자료: Phillip S. Meilinger, *The Formation and Early Years of the Strategic Air Command, 1946-1957: Why the SAC Was Formed* (Lewiston, NY: Edwin Mellen Press, 2013), 340.

보유현황을 보여준다.

상당한 수의 B-52를 확보할 때까지 르메이와 그의 참모들은 항공기와 승무원의 최저 손실로 소련에 대한 성공적인 공격 전략을 짜기 위해 많은 선택지를 갖고 실험했다. 이런 이니셔티브에 포함된 것은 공중 재급유를 위한 공중급유기 사용, 적의 요격기와 맞서기 위한 전투기 호위 및 수리와 재급유를 위한 해외 기지였다. 이런 노력은 각각 치명적인 문제로 타격을 받았다. 공중급유기는 B-47의 속도와 고도로 비행할 수 없었다. 전투기들은 폭격기와 동행하는 데 부적합한 고도, 항속거리 및 속도를 가졌으며, 해외 기지는 적의 선제공격에 취약했다. 미국은 영국, 스페인, 모로코, 터키 및 괌을 시작으로 기지를 건설하고, 나중에 캐나다, 뉴펀들랜드 및 그린란드로 확장했다. 전략공군사령부는 전투기 호위 문제를 해결하지 못하고 결국 전투기 비행단을 다른 사령부에 넘겼다. 1957년 제트 공중급유기 KC-135가 도입되면서 B-52의 대륙 간 항속거리 문제만큼은 해결 가능했다. 이 새로운 제트 급유기와 함께 개발된 공격 전략은 미국에서 임무 발진, 표적으로 향하는 도중의 공중 재급유 및 수리와 귀환 중 재급유를 위한 해외기지 기착을 필요로 했다. 전략공군사령부는 1958년 이런 전략을 충분히 실행할 수 있었다. 당시 충분한 숫자의 B-52와 KC-135를 보유

표 14.4 **미국 전략공군사령부의 유형별 공중급유기 보유, 1949~1954**

연도	KB-29	KB-97	합계
1949	67	-	67
1950	126	-	126
1951	187	21	208
1952	179	139	318
1953	143	359	502
1954	91	592	683

주: - = 미상

자료: Phillip S. Meilinger, *The Formation and Early Years of the Strategic Air Command, 1946–1957: Why the SAC Was Formed* (Lewiston, NY: Edwin Mellen Press, 2013), 340.

표 14.5 **미국 전략공군사령부의 유형별 전투기 보유대수, 1946~1954**

연도	P-51	P-80	F-82	F-84	F-86	합계
1946	85	-	-	-	-	85
1947	230	120	-	-	-	350
1948	131	-	81	-	-	212
1949	-	-	81	-	80	161
1950	-	-	-	167	-	167
1951	-	-	-	96	-	96
1952	-	-	-	230	-	230
1953	-	-	-	235	-	235
1954	-	-	-	411	-	411

주: - = 미상

자료: Phillip S. Meilinger, *The Formation and Early Years of the Strategic Air Command, 1946–1957: Why the SAC Was Formed* (Lewiston, NY: Edwin Mellen Press, 2013), 341.

했다. 그 이전에 소련 표적에 대해 대규모 핵 공격을 시도했다면 모스크바의 더 발전된 제트 전투기와 지대공 미사일에 의한 우월한 방어에 직면했을 것이다.[49] 〈표 14.4〉와 〈표 14.5〉, 〈표 14.6〉은 전략공군사령부의 공중급유기, 전투기, 정찰기 보유 현황을 보여준다.

소련이 원자탄 실험을 성공한 이후 합참은 전쟁 계획 개발에 더 집중했다. 1949년 10월 합동 비상전쟁계획 개요 OFFTACKLE은 72개 무기의 예비 공격 능력을 남겨두고 220개 원자탄을 사용하여 104개 소련 도시 표적을 공격한다

표 14.6 미국 전략공군사령부의 유형별 정찰기 보유대수, 1946~1954

연도	F-2/9/13	RB-17	RB-29	RB-45	RB-50	RB-36	RB-47	합계
1946	31	-	-	-	-	-	-	31
1947	35	-	-	-	-	-	-	35
1948	-	24	30	4	-	-	-	58
1949	-	18	62	-	-	-	-	80
1950	-	-	46	27	19	20	-	112
1951	-	-	30	38	40	65	-	173
1952	-	-	18	22	39	114	-	193
1953	-	-	8	-	38	137	99	282
1954	-	-	-	-	12	133	265	410

주: - = 미상

자료: Phillip S. Meilinger, *The Formation and Early Years of the Strategic Air Command, 1946-1957: Why the SAC Was Formed* (Lewiston, NY: Edwin Mellen Press, 2013), 341.

는 구체적 계획하에 표적 목록을 갱신했다. 한국전쟁이 중국의 개입으로 치열해진 1950년 11월 부록으로 추가된 표적 목록은 소련의 연료, 전력 및 원자력 산업에 공격을 더 집중시켰다. 1951년 봄 커티스 르메이는 표적 목록이 더 큰 타격을 입힐 수 있는 도시 지역의 지정된 산업에 한정되어야 한다고 합참에서 성공적으로 주장했다. 역사가 데이비드 앨런 로젠버그(David Alan Rosenberg)의 주장에 따르면, 1951년 중반 확정된 이 결정으로 전략공군사령부가 '핵전쟁을 위한 작전 기획을 지배하는 부대'가 되었다.[50]

전쟁계획이 이와 같이 개선되었음에도 불구하고 소련의 전쟁 수행능력을 마비시키기에 불충분한 계획이었다. 1950년 1월 합참의 기술 자문위원회인 무기체계평가단이 핵전쟁 계획에 대한 평가를 대통령에게 보고했다. 무기체계평가단의 제1조사서는 표적의 위치, 소련의 방공능력, 전쟁 계획 이행으로 입힐 손해 등에 관한 미국의 정보 부족을 논했다. 평가단은 계획된 공격이 비용은 많이 들고 성과는 제한적일 것이라는 결론을 내렸다. 폭격기의 50~70%만 귀환할 것이며 표적이 된 산업시설의 1/2~2/3에 큰 타격을 입힐 것이다. 전쟁 계획을 성공적으로 실행하는 데 필요한 능력 — 대량의 B-52 폭격기와 KC-135 공중급유기, 공중 정찰 개선, 전자적 대항 장치 및 폭격 기술 향상 — 은 모두 1958년까지

갖춰지지 못할 것이었다.[51]

한국전쟁 발발 전야에 트루먼 행정부 지도자들은 소련을 미국의 유일한 잠재적인 적으로 보았으나 향후 수년 동안에는 아무런 전쟁도 일어나지 않을 것으로 믿었다. 군의 고급 장교들과 폴 니츠와 같은 일부 민간인들은 소련이 새로 갖게 된 핵 역량이 안보에 미치는 함의에 대해 우려를 하고 있었다. 의회의 공화당 지도자들과 언론의 지원을 받은 이 관리들은 수소폭탄을 개발하고 NSC 보고서 68에 반영될 변화된 안보 상황을 조사한다는 결정을 얻어낼 수 있었다. 공군은 48개 비행단 전력 이상의 폭격기를 구입하고 방공망을 구축하기 위해 추가 예산을 배정하라는 압력을 가했다. 하지만 대통령은 국방 지출보다 인플레와 국내정치에 더 신경을 쓰고, 1951회계연도의 국방비 한도 130억 달러를 굳게 지키고 다음 연도에 추가로 약 10억 달러 삭감할 것을 제안했다. 1954년 4월 24일 공군장관 스튜어트 사이밍턴(Stuart Symington, 1901~1988)은 긴축적인 예산 제한에 항의하여 사임했다.[52]

이 시점에서 전략공군사령부는 여전히 미완성 상태였다. 즉, 제1선에서 적을 억지하고 미국을 방어하는 군부대로 지정되었지만 기술과 예산 제약으로 이런 임무를 수행할 수 없었다. 르메이의 사령부는 폭격기를 500대 이상 보유하고 있었지만, 절반 이상이 제2차 세계대전 당시의 노후한 B-29였다. 사용 가능한 항공기 가운데 B-50(갱신된 B-29) 196대와 B-36 38대도 있었다. 총 대수 중 원폭 가능 비행기는 224대였고 263개 전투태세 승무원 팀과 18개 원자폭탄 조립 팀이 있었다. 미국은 모든 유형의 핵무기를 450개 비축하고 있었지만, 실물은 원자력위원회가 뉴멕시코 주 로스웰 외곽에 보관하고 있어서 전략공군사령부가 사용하려면 조립하는 데 수주일이 걸릴 것이었다.[53]

전략공군사령부와 한국전쟁

한국전쟁 초기 북한군이 한국군과 소규모 미군을 몰아붙여 한반도 남부로 내려올 때 맥아더 장군은 전략공군사령부 폭격기의 지원을 긴급하게 요청했다. 공군참모총장은 전략공군사령부의 2개 B-29 폭격기 비행단이 북한군의 남하를 저지하는 작전에 참여하라는 명령을 내렸다. 2개 비행단이 추가로 합류했다. 나중에 합류한 항공정찰 대대와 함께 이 부대들이 극동공군 폭격기 사령부를 구성하게 되었다. 사령관은 에메트 '로지' 오도넬(Emmett 'Rosie' O'Donnell, 1906~1971) 소장이었는데 그는 르메이가 가장 신뢰하는 고급 장교 중 한 명이었다. 사령부의 최초 임무는 통신 허브, 수송 센터, 산업시설 따위의 전략적 표적에 집중했다. 1950년 말까지는 이런 전략적 표적 중 하나를 제외한 모든 표적이 여러 차례에 걸친 공습으로 타격을 받았다. 르메이는 극동에 가장 오래된 항공기를 보냈음에도 불구하고 이런 임무 부여에 반대했다. 주 임무는 소련에 대한 전쟁 억지였기 때문에 전략공군사령부의 자원을 불필요하게 분산시키는 것으로 보았기 때문이다. 그는 나중에 자기의 태도를 다음과 같이 묘사했다. "나는 휘둘러야 할 지팡이를 잘라서 너무 많은 토막이 되는 것을 원치 않는다."[54]

7월 11일부터 시작해서 북한군의 무자비한 공격으로 유엔군이 부산 방어선으로 밀려내려 가자 폭격기 사령부의 우선순위가 '전장의 근접 공중 지원과 차단'으로 바뀌었다. B-29의 지속적인 폭격은 전술항공기의 공격과 결합하여 부산을 성공적으로 방어하는 데 결정적인 역할을 했다. 1950년 11월 1일 공중전의 역학관계는 소련의 신형 전투기 MiG-15가 중국 표시를 달고 소련 조종사가 조종하여 나타남으로써 바뀌었다. 빠르고 기동성이 있는 이 전투기들이 느릿느릿 움직이는 B-29에는 치명적인 것으로 판명되었다. 이때부터 폭격기 공격은 제한된 숫자의 미군 F-86 제트 전투기가 동반하거나 의당 가시성이 줄어든 야간에 출격했다. 전쟁의 나머지 기간 동안 전략공군사령부 부대의 주요 목표는 근접 공중 지원과 제공권 유지였는바, 실제로는 중국이 북한에 건설한 34개

비행장의 운용을 저지하는 데 집중했다.[55]

1952년과 1953년에 전장에서 교착상태가 지속되자 합참은 폭격기 사령부에 표적 선택지를 추가하도록 요청했다. 소련과 중국으로 하여금 휴전협상에 진지하게 임하도록 압력을 가하려는 것이었다. 표적선정 팀은 신속하게 몇몇 가치가 높은 목표물을 확인하고 1952년 6월 B-29는 압록강 상의 수력발전소 11개를 파괴하여 북한 전역을 2주 동안 암흑의 세계로 만들었으며 만주에 대한 전력 공급을 23% 감소시켰다. 8월과 9월 중 폭격기들은 북한 전역의 정유 공장과 저유소를 폭격하고 다시 수도 평양의 시설들을 타격했다. 이런 공격에도 불구하고 휴전회담에 진전이 없자 B-29는 1953년 5월 북한의 댐과 제방 시스템을 파괴함으로써 수십만 평의 논이 물에 잠기고 철로와 도로가 유실되었다. 3월 초 스탈린이 사망한 뒤 모스크바의 집단지도체제는 전쟁을 끝내기로 결정하고 중국에 한국에서 합의에 이르도록 지시했다. 1953년 7월 27일 유엔군 사령관, 북한군 사령관, 중국 지원군 사령관이 휴전협정에 조인했다. 전쟁을 종결하는 평화 조약이 없이 북한과 한국의 중무장한 군대가 1950년 전쟁이 시작된 38선 근처의 비무장지대 건너에서 서로 대치하고 있었다.[56]

전략공군사령부가 한국전쟁에서 기여한 것은 출격회수가 2만 1,000번, 폭탄 투하량이 16만 톤이었다. 철도, 교량, 도로 교차점에 대한 차단 공격이 표적의 80%를 차지했으며, 지상 작전 지원이 13%였다. 3년 동안 지속된 전투에서 폭격기 사령부는 적의 포화에 24대의 항공기를 상실했으며 627명의 승무원이 전사 또는 실종되었다. 노후한 B-29는 한국전이 마지막 임무였으며 1954년 11월 전략공군사령부에서 모두 퇴역했다. 주로 지상군이 전투를 벌인 전쟁에서 르메이의 폭격기는 중요하지만 제한된 지원을 제공했다.[57]

한국전쟁이 전략공군사령부에 미친 영향

한국전쟁이 전략공군사령부에 미친 주요 영향은 지휘부로 하여금 점증하는 소련의 미국에 대한 위협에 대처하는 방안에 예민하게 집중하도록 강요한 것이었다. 소련의 에어쇼에 새로운 폭격기의 시제품이 정기적으로 등장하고, 정보 판단서에 의하면 핵무기 비축이 증가할 것으로 예측되었다. 커티스 르메이와 부하 지휘관들은 항공기 설계와 기술, 폭격 정확도, 소련 공격의 억지 및 필요할 때 퇴치를 위한 승무원 훈련에서 우위를 유지하기 위해 집중적으로 작업을 했다. 공군의 지도자들과 의회 내 공군 지지자들 그리고 언론은 트루먼 행정부를 설득하여 전쟁이 발발하기 훨씬 이전에 공중 운반 핵전략을 채택하도록 했다. 한국전쟁 — 소련이 침략에 맞서는 서방의 단결과 의지를 탐색하기 위해 전쟁을 일으킨 것으로 광범위하게 받아들여짐 — 은 전략공군사령부의 역량을 구축하는 막대한 예산 투입을 정당화시켰다. 전시 예산 배정이 전략공군사령부의 폭격기 비행대를 1950년 520대(절반 이상이 노후한 B-29)에서 1954년 1,082대로 확장했다. 이와 함께 이후 30년 동안 타격부대인 전략공군사령부의 중핵을 담당할 B-52의 기본 설계와 기술이 마련되었다.[58]

폭격기 숫자가 늘어나고 증원된 조종사와 승무원이 훈련을 통해 고도의 전투태세를 갖춤에 따라 르메이는 중요한 두 분야에서 전략공군사령부의 핵 임무 통제권을 강화했다. 원자력위원회가 모든 핵무기를 관장하기 때문에 전략공군사령부가 적시에 효과적으로 핵 임무를 수행할 수 없다는 것이 1947년 공군이 육군에서 독립하여 창설된 이래 일관된 공군의 주장이었다. 공군본부에서 우려하는 점은 원자력위원회 시스템하에서 상당수의 폭격기와 어쩌면 핵무기 자체도 이륙하기 전에 소련의 공격으로 파괴될 수 있다는 것이었다. 그 해 11월 제8공군이 전쟁 계획을 실행하는 연습을 했는데, 원자력위원회가 폭탄을 조립해서 폭격기로 이전하는 절차가 너무 느리고 번거로워서 공군의 주장이 입증되었다. 하지만 원자력위원회가 핵무기에 대한 문민 통제를 규정한 입법적 수권에 매달려서 양보를 거절했다. 르메이는 전략공군사령부를 맡은 이후 1948년 12월 이전 절차를 시험하기 위해 유사한 연습을 명령했다. 과정이 좀 더 원활하게 진행되었지만 여전히 너무 느렸다. 다시 원자력위원회는 꼼짝하지 않았다.[59]

소련과의 전쟁 위협이 고조된 한국전쟁으로 인하여 워싱턴이 생각을 고쳤다. 1951년 초 중국군이 유엔군을 38선 이남으로 밀고 내려오고 상당한 수의 소련 병력이 북한과의 국경 근처에 집결하고 있다는 보고가 있자 르메이는 공군참모총장에게 무기 관장 문제를 다시 청원하도록 촉구했다. 3월에 반덴버그 장군은 대통령에 보낸 서신에서 대부분의 핵무기를 전략공군사령부로 이관해야 된다는 강력한 주장을 폈다. 그렇게 해야 임박한 전쟁에 시의 적절한 대응이 가능하다고 했다. 이와 같이 좀 더 다급한 환경하에서 트루먼은 공군의 논리를 받아들이고 대통령이 핵무기 사용의 명령을 내릴 수 있는 유일한 권한을 가짐으로써 문민 통제가 유지된다는 이유로 그의 결정을 정당화했다. 그 후 수주 동안 필요할 때 한국에서 사용하기 위해 9개의 핵폭탄이 오키나와의 전략공군사령부로 이관되었다. 그 후 2년 동안 유럽과 중동의 지역 사령부는 자체의 핵무기 공급을 받았다. 한국전쟁이 끝났을 때 이런 조치들은 전략적 준비태세에서 상당한 진전을 의미했다.[60]

르메이가 핵 임무를 확보하는 데 이룬 두 번째의 주요한 성공은 전략공군사령부를 위한 표적 선정 과정에서 필수 통제권을 획득한 것이었다. 1948년 핵실험 후 몇 년 동안 핵무기 비축량이 늘어남에 따라 육군과 해군은 표적 선정에서 어떤 역할을 수행하려는 노력을 증대했다. 특히 육군은 중부 및 동부 유럽에서 소련지상군의 진격 속도를 늦추거나 방해하기 위해 핵 타격력 배치를 원한 반면, 해군은 소련 연안의 항구와 조선소에 대한 공격을 모색했다. 1950년 8월 합동참모본부는 세 가지 표적에 우선순위를 부여함으로써 이런 논란을 해결하려고 했다. 즉, 핵 임무를 가진 소련 공군 부대, 지상군 저지 및 무기, 전기, 유류와 원자탄을 생산하는 산업 중심지가 우선이었다. 르메이는 정보 부족으로 인하여 처음 두 개 카테고리는 확인하기가 불가능하다고 주장했다. 이용 가능한 폭탄의 숫자가 제한적인 점을 감안하여 그는 초기의 강력한 일격은 도시의 산업 중심지에 초점을 맞춰야 한다고 주장했다. 그런 곳에 대부분의 공장이 소재하고 있으며 좌표가 알려져 있었다. 1951년 7월 합동참모본부는 동의하고 전략공군사령부는 몇 년 동안 전쟁 계획에서 표적 선정 과정을 지배했다.[61]

커티스 르메이의 장기 경력에서 쌓은 최대 업적은 전략공군사령부를 변모시켜 세계 최상의 준비태세를 갖춘 최강의 억지력을 구축한 것이었다. 그는 1951년 10월 4성 장군이 되었으며, 1957년 매우 성공적인 전략공군사령부 지휘를 끝마치고, 그 해 그는 워싱턴에 돌아와 공군참모차장이 되었다. 4년 후 그는 참모총장이 되어 1961~65년까지 그 직을 수행했다. 1950년대 중반 무렵 공군은 국방예산의 절반 정도를 차지했으며 전략공군사령부는 그중에서 최고의 사령부로서 대규모 전쟁 발발 시 '최초의 결정적 타격'을 가하는 임무를 맡았다.[62]

르메이의 성공은 미리 정해진 것이 아니었다. 그는 가난한 집안에서 태어나 큰 주립대학을 고학으로 다니면서 보통의 학업성적을 냈다. 그는 육군을 지배하는 웨스트포인트 출신들이 똘똘 뭉치는 분위기에서 운신이 쉽지 않았다. 그가 젊은 시절 비행기에 매료되어 항공대를 자신의 육군 병과로 선택한 것이 행운이었다. 이 새로 생긴 육군 병과는 무기 또는 전술에 대한 확립된 교리가 없었으며, 에너지와 상상력을 갖고 성과를 내는 젊은 장교에게 문이 열려 있었다. 르메이는 열심히 일하면서 군대의 필요에 따라 새로운 기술을 채택하고 아울러 배경이 다양한 다수의 부하들을 이끌어 문제를 해결하는 놀라운 능력을 발전시켰다. 그는 제2차 세계대전에서 겪은 경험을 바탕으로 신형 항공기에 미검증 전술을 적용하는 동시에 어렵고 위험한 여건에서 고도의 효율성을 발휘하도록 승무원 팀을 조직하고 훈련하는 자기의 시스템을 확립했다.

전략공군사령부에서 르메이는 전시의 교훈과 수완을 적용하여 집중력이 떨어지고 기능을 제대로 발휘하지 못하는 부대를 세계 일류 군사 조직으로 탈바꿈시켰다. 그는 국방지출을 제한하려는 트루먼의 집착과 핵무기 비축량 증가를 십분 활용하여 미국 공군, 특히 전략공군사령부가 국방의 제일선으로서 육군과 해군을 앞서도록 했다. 한국전쟁은 팽창된 예산을 제공함으로써 그의 꿈을 실현토록 하고 전략공군사령부가 잠재력을 충분히 발휘하도록 했다.

르메이가 가진 무력은 냉전 시대 빈발한 제한전에는 전략적으로 적합하지 않았다. 그는 국가가 전쟁에 처하면 군대는 총력을 기울여 적에게 결정타를 날려야 한다고 믿었다. 그는 1941년부터 1945년까지 겪은 전면전에서 국가가 필요로 하는 전사였다. 하지만 한국에서 그는 소이탄 사용을 정치적으로 억제하고 만주에 있는 중국과 소련 기지 폭격을 금지하며 핵무기 사용을 거부한 데 대해 짜증을 냈다. 그가 만일 핵무기로 맹폭하자고 제안했더라면 한국에서 싸우는 연합군을 분열시키고 나토의 단결을 심각하게 훼손했을 것이다. 그는 소련과의 전쟁을 회피하면서 북한군과 중국군을 저지하는 데 필요한 복잡한 정치적 균형을 인정하지 않았다. 명예롭게도 그는 정치지도자들이 정책을 결정하고 군의 사령관으로서 그의 임무는 그 정책을 집행하는 것이라고 믿었다. 전략공군사령부에서 근무하는 동안 그의 더 극단적인 견해는 근본적으로 공군 사회 내부에 머물러 있었다. 하지만 나중에 참모총장으로서 그의 전략과 전쟁에 대한 개념은 로버트 맥나마라(Robert McNamara, 1916~2009) 국방장관과 무수하게 충돌하는 바람에 결국 린든 존슨(Lyndon Johnson, 1908~1973) 대통령이 사임을 요구하기에 이르렀다.

15

이고리 쿠르차토프,
소련의 핵무기를 개발하다

 제2차 세계대전이 막판에 이르렀을 때 소련의 핵 과학은 서방과 비교할 때 항공과학 여건과 유사하게 저개발 상태였다. 1930년대에 소련의 물리학은 수준이 높아 많은 사람이 영국(세계의 선두로 인정됨), 프랑스, 미국 다음가는 것으로 평가했다. 하지만 스탈린의 숙청과 전투용 무기 개량을 요구하는 전시 수요 때문에 기초 연구를 위한 자원이 급격하게 감소했다. 화학자들은 더 우수한 폭발물을 개발해야 했으며 물리학자들은 레이더와 자기 기뢰 대응책에 집중했다. 또한 전쟁으로 인해 소련 과학자들은 쳐들어오는 독일군을 피해 우랄 산맥 너머로 철수하지 않을 수 없었다.

 물리학자들은 생물학자들처럼 집중적인 표적이 되지는 않았어도 상당수가 강제노동수용소로 보내졌다. 레닌그라드에서만 100명 이상이 수용소로 보내졌다. 일자리를 지킨 사람들조차 실험장비가 많지 않은 열악한 조건에서 전공 분야가 아닌 일을 해야 했다. 게다가 그들은 두 가지 내재적으로 불리한 점을 갖고 있었다. 원자 구조에 관한 이론과 우라늄의 속성을 실험하기 위해 그들은 수십억 루블이 들어가는 사이클로트론과 원자로 따위의 대형 기계를 건설해야 했다. 또한 물리학자들의 연구는 다루는 물질이 너무 미세하여 눈에 보이지 않고 너무 위험해서 취급할 수가 없었다. 출처는 불분명하겠지만 스탈린의 의심 많은 성격과 전시 우선순위에 비추어 맞는 이야기는, 1941년 11월 영국이 수 년이 지나면 전쟁을 종식시킬 수 있는 원자탄 개발 작업을 하고 있다는 런던 주재 첩보원의 보고를 베리야가 스탈린에게 하자 독재자가 이를 완전히 무시해버렸다고 기술하고 있다. 스탈린은 다음과 같이 언명했다. "독일은 이미 볼로콜람스크(모스크바 북서쪽 60마일에 위치)에 와 있네. 그런데 자네는 몽상을 늘어놓고 있단 말이야! 나는 이런 소리를 믿지 않아. 아무도 본 적이 없는 일종의 화학원소를 사용해서 전쟁을 승리할 수 있다는 소리를 자네도 믿으면 안 되지. 이게 자네에게는 순전히 선전에 불과한 것으로 보이지 않나? 우리 과학자들이 육군을 위해 새로운 무기를 개발하고 있는데 이들의 주의를 일부러 산만하게 하려는 수작이 아닌가?"[1]

그렇게 제한적이고 험악한 여건에서 수행하는 작업은 소련 과학자들에게 엄청난 도전을 제기했다. 하지만 실용적인 리더십, 창조적인 연구 기량, 위대한 개인의 용기 덕분에 조그만 집단의 물리학자들, 화학자들과 엔지니어들은 핵무기 개발을 추동하면서 부딪치는 광범위한 장애를 극복했다.

초기에 취한 조치들

볼셰비키 혁명이 일어나가 전에 물리학은 소련 과학계에서 취약한 학문 중 하나였던 반면 화학과 수학은 오랫동안 확고한 명성을 누렸다. 현대 러시아 물리학의 발전은 주로 아브람 F. 요페(Abram F. Ioffe, 1880~1960)의 수고였다. 1880년 우크라이나의 조그만 도시에서 태어난 요페는 상트페테르부르크 공과대학에서 공부하고 1905년 박사학위를 받기 위해 엑스선을 발견한 빌헬름 뢴트겐(Wihelm Conrad Röntgen, 1845~1923)의 지도하에 유전(誘電) 결정체의 전도율에 관해 연구했다. 요페는 상트페테르부르크의 공과대학으로 돌아와 반도체에 관한 중요한 연구를 한 다음 1913년 교수로 임명을 받았다. 제1차 세계대전 기간 동안 그는 전기와 음극선의 자기장에 관한 작업을 계속했고, 1918년 9월 볼셰비키 정부를 승인한 최초의 과학자들 중 한 명이 되었다. 새로운 물리학에 관한 그의 연구와 가르침은 다수의 유능한 학생들을 끌어들였으며, 1921년 그는 레닌그라드 물리기술연구소의 소장으로 임명받았다. 그가 가르친 제자들이 다수 이 연구소의 연구원이 되었다. 제자들 중 두 명은 노벨상을 받았는데 그들은 표트르 카피차(Peter Kapitsa, 1894~1984)와 니콜라이 세묘노프(Nikolai Semenov, 1896~1986)였다. 그리고 다른 연구원들도 물리학에서 찬란한 경력을 쌓았다.[2]

요페는 러시아의 물리학에서 주요한 기관 설립자가 되었다. 비록 그는 훌륭한 과학자로 인정을 받았다고 할지라도 최대의 강점은 스승이자 인재의 발굴자이며 급속하게 확장하는 물리학 분야의 장려자였다. 레닌그라드는 21세기 초 러시아 지성인들의 중심지였으며, 이 도시에 있는 학술원의 존재는 이 지역과 연구소들을 가장 재능 있는 학생들을 끌어들이는 자석으로 만들었다. 학술원은 1918년 요페를 준회원으로 선출했으며 2년 후 정회원이 되었다. 요페는 교육기관에서 최우수 학생과 교수들을 선발하여 자신의 연구 실험실에 충원하는 데 탁월했다. 그는 유럽의 주요 연구소와 광범위한 접촉을 유지하고 최우수 학생과 직원들을 케임브리지, 파리, 스트라스부르, 뮌헨에서 연구하도록 보냈다. 초기 소련 시절 운영자금이 부족했기 때문에 정부가 급속한 산업화에 우선순위를 두고 있는 점을 이용하여 산업에 혜택을 줄 응용 연구에 관한 새로운 실험실을 1924년 제안했다. 성공적이었다. 새로운 연구 실험실은 전력과 야금 산업을 위해 새로운 방법과 설비를 개발했다. 1930년 무렵 연구소와 산하 응용 물리학 실험실은 100명 이상의 물리학자를 고용했다. 그중 다수가 서방에서 공부한 사람들이었다. 또한 요페는 제1차 5개년 계획하에 산업 센터를 확장하고 있는 4대 지방 도시의 물리학 및 공학 연구소를 후원했다. 이 중 가장 성공적인 것은 우크라이나 북동부의 하르키우에 있는 것이었다. 소련의 핵 개발에 관한 주요 서방 학자인 데이비드 할로웨이(David Holloway)는 다음과 같이 주장한다. 1930년대 초반 요페의 "연구소는 양자역학이 물리학에 혁명을 일으켰을 때 유럽 물리학의 선도 센터가 되었다".[3]

1932년 중 쏟아진 핵물리학 발견이 소련 과학자들 사이에 큰 관심과 새로운 출발을 자극했다. 케임브리지의 캐번디시 실험실에서 제임스 채드윅(James Chadwick, 1891~1974)이 양자를 발견했으며, 그의 동료인 존 콕크로프트(John Cockcroft, 1897~1967)와 E. T. S. 윌슨(E. T. S. Wilson)은 리튬 핵을 쪼개서 알파 입자를 분리했다. 그 이론적인 근거는 러시아의 젊은 과학자 게오르기 가모프(Georgii Gamov, 1904~1968)가 진척시킨 것이었다. 캘리포니아대학교 버클리 캠퍼스의 어니스트 O. 로렌스(Ernest O. Lawrence, 1901~1958)는 양성자를 120만 전자볼트의 에너지로 가속할 수 있는 사이클로트론을 만들었다. 캘리포니아 공과대학의 칼 앤더슨(Carl Anderson, 1905~1991)은 양전자를 발견했으며, 컬럼비아대학의 해롤드 유리(Harold Urey, 1893~1981)는 중수소를 발견했다. 핵 연구에서 이와 같은 돌파구는 하르키우에서 그리고 레닌그라드의 라듐 연구소에서 새로운 노력을 기울이게 했다. 요페는 1932년 12월 자신의 연구소에 핵 부서를 창설하고 곧 30살이 될 이고리 쿠르차토프(Igor Kurchatov, 1903~1960)를 새로운 부서의 책임자로 임명했다. 일부 물리학자들은 연구 분야를 바꿔 핵 그룹에 합류했다. 1934년경 핵 부서에 30명의 연구원이 4개 연구실에서 일하고 있었다. 1934년 봄 엔리코 페르미(Enrico Fermi, 1901~1954)가 작성한 각종 원소의 중성자 폭발에 관한 설명을 읽은 쿠르차토프는 일련의 동위원소를 중성자로 방사능 처리한 효과를 검사하는 데 연구의 초점을 맞추었다. 다음 2년 동안 쿠르차토프와 그의 동료들은 인공 방사능의 여러 가지 양상에 관한 논문을 17개 발표했다.[4]

물리학의 발전을 위해서는 유감스럽게도, 핵물리학이 새로운 발견의 물결과 더불어 급속하게 확장되고 있는 바로 그때 과학자들에 대한 소련 정부의 요구사항이 많아지기 시작했다. 공산당 관리들은 항상 과학자들을 의심했다. 그것은 그들이 자본주의 서방과 유대를 갖고 있고 소련 정부에 대한 충성심이 미심쩍었기 때문이었다. 당시 과학자들은 서방 동료들과의 접촉에 제한을 받고 정권에 대한 충성을 요구받았다. 1933년 요페는 외국 여행이 금지되었는데, 아마도 그의 젊은 동료 게오르기 가모프가 서방으로 넘어간 결과였을 것이다. 다음 해 케임브리지에 12년 있었고 캐번디시 연구소의 실험실 책임자로 재직 중인 표트르 카피차는 모스크바에 있는 동료를 방문하러 왔다가 러시아에 머무르라는 명령을 받았다. 1934년 정부는 과학원을 레닌그라드에서 모스크바로 옮기고 새로운 물리학 연구소도 함께 갔다. 이 연구소는 요페의 연구소에서 최상급 물리학자를 여럿 빼내려다 실패했다. 과학원은 물리학과 산업 간의 관계를 검토하기 위해 1936년 3월 특별 회의를 개최했다. 당 지도자들로부터 상세한 지침을 받은 원로 물리학자들이 국가의 산업화 우선 정책을 별로 뒷받침하지 못하는 비실용적인 이론을 추구한다고 요페 연구소를 공격했다. 심한 압력을 받은 요페는 일부 비판을 용인했지만 자기 연구소의 업무를 방어하려고 노력했다. 하지만 부득불 그 후 몇 달 동안 그는 일부 연구를 국방기술 개선하는 데로 돌렸다. 1937~38년간 숙청작업이 가속화되면서 수석연구원들 대부분이 체포되자 하르키우 연구소의 토대가 무너졌다. 레닌그라드에서 100명의 물리학자들이 체포되었다. 이 중에는 요페 연구소의 여러 부서 책임자들도 들어 있었다. 숙청은 물리학을 포함한 과학 공동체 전체에 상당한 영향을 미쳤다.[5]

데이비드 할로웨이의 주장에 의하면, 수많은 장애물에도 불구하고 "소련의 핵물리학이 1930년대에 높은 수준에 도달했다". 원자핵에 관한 학술회의가 1933년과 1937년에 두 차례 개최되었는데, 이 둘을 비교하면 그 사이의 진전을 알 수 있다. 첫 번째 회의에서 요페는 자신의 젊은 동료들을 일부 유럽의 빼어난 물리학자들에게 알리고 싶었다. 논문 발표자 중에는 케임브리지의 폴 디랙(Paul Dirac, 1933년 노벨물리학상 수상), 파리에서 온 프레데리크 졸리오 퀴리(Frederic Joliot-Curie, 부인과 함께 1935년 노벨화학상 수상), 로마의 프랑코 라세티(Franco Rasetti, 1901~2001), 취리히의 빅토어 바이스코프(Victor Weisskopf, 1908

~2002) 등이 있었다. 회의에 참석한 소련 물리학의 떠오르는 별 중에는 유리 카리톤(Iulii Khariton, 1904~1996), 이고리 쿠르차토프, 레브 아시모비치(Lev Artsimovich, 1909~1973), 알렉산드르 레이픈스키(Aleksandr Leipunskii, 1903~1972) 등이 있었다. 4년 후 열린 회의에서 요페는 자랑스럽게 공표하기를 소련에는 핵물리학 전공자가 100명이 넘는다고 했다. 이는 1933년 숫자보다 4배 증가한 것이었다. 또 그는 이들의 논문 다수가 '기초적으로 중요한' 논문이라고 말했다. 변화된 정치 분위기를 반영하여 1937년 회의에는 외국인 물리학자가 한 명도 참석하지 않았다.[6]

핵분열이 발견되자 즉각 소련의 물리학자들이 서방의 동료들과 마찬가지로 우라늄과 토륨의 핵분열에 관한 다양한 실험에 착수했다. 영국과 독일에서 연구가 성공하자 과학자들은 원자탄 제조 가능성이 이전에 생각했던 것보다 더 높다는 확신을 갖게 되었다. 이 정보를 미국에서의 핵분열 연구의 진전과 합쳐서 ≪뉴욕타임스≫ 기자 윌리엄 로렌스(William Laurence, 1888~1977)는 원자폭탄 제조 가능성에 관한 중요한 기사를 썼다. 그는 독일 과학자들이 이미 그런 프로젝트에 관한 작업을 하고 있다는 점을 강조했다. 로렌스의 기사는 1940년 5월 5일 일요판 ≪뉴욕타임스≫의 제1면에 게재되었다. 그리고 희귀한 우연의 일치로 예일대 역사학자 조지 베르나츠키(George Vernadsky, 1897~1972)가 이 기사를 보고 소련의 유명한 지구화학자 겸 과학원 회원인 자신의 아버지 블라디미르 베르나츠키(Vladimir Vernadski, 1863~1945)에게 기사 사본을 보냈다. 아버지 베르나츠키는 이 보도를 과학원 관리들과 화학 및 야금 산업 위원회 위원장이며 부총리인 니콜라이 불가닌에게 전달했다. 정부는 우라늄 위원회를 설치하여 우라늄을 찾아 채굴하고 핵분열과 동위원소분리에 관한 연구를 계획하도록 했다. 1940년 11월 200여 명의 과학자들이 모스크바에 모여 핵물리학에 관한 회의를 일주일 동안 개최했다. 핵분열에 관한 주요한 논문을 발표하면서 이고리 쿠르차토프는 지난해의 연구 결과를 논의한 후, 소련 정부가 연쇄반응을 성취하려는 경쟁에서 이기기 위해 이 프로젝트에 거대한 국가 자원을 할애할 필요가 있다는 점을 강조했다. 비록 젊은 물리학자들이 핵분열 연구를 열심히 진행하려고 했지만 고위 학술원 회원들과 정부 관리들은 필요한 자원 투입을 내키지 않아 했다. 그 이유는 군의 현대화 요구가 거센 상황에서 적시에 결과가 나올 것이라고 확신할 수 없었기 때문이었다.[7]

1940년 6월 프랑스가 함락되면서 유럽 대륙이 대부분 나치 독일 치하에 들어갔다. 영국은 포위된 상태였고 다수의 모스크바 사람들은 러시아가 다음 차례로 희생타가 될 것으로 느꼈다. 자원이 부족한 상태인데도 불구하고 소련의 과학은 약간의 진전을 이룩했다. 레닌그라드에 있는 라듐 연구소에 소형 사이클로트론이 건설되어 1940년 말 가동을 개시했다. 쿠르차토프의 실험실에서 일하는 두 명의 젊은 물리학자가 중성자 폭발 없이 우라늄 238(U-238)의 동시적인 핵분열에 성공했다. 이는 레닌그라드, 코펜하겐, 프린스턴의 주요 물리학자들이 일찍이 발전시킨 이론의 최초 실증이었다. 카리톤과 한 동료가 실험 데이터를 이용하여 나중에 원자로 설계에 유용하다고 판명될 우라늄의 연쇄반응 이론을 개발했다. 과학원이 핵분열 연구 계획에 자금 지원을 거절한 데 실망한 쿠르차토프는 요페 연구소 내에 대형 사이클로트론을 건설하는 데 집중했다. 빌딩이 거의 완공단계에 있고 기계가 제조되고 있을 때 독일의 침공이 시작되어 핵물리학의 기초 연구가 모두 중단되었다. 사이클로트론은 1944년 9월까지 가동될 수 없었다.[8]

전쟁의 요구사항

1941년 6월 22일 새벽 동이 트기 전에 독일은 3개 전선에서 대규모로 소련을 기습 공격했다. 1937~38년간에 걸친 숙청으로 붉은 군대 지도부가 와해되고 대핀란드 겨울전쟁에서 소련군이 형편없는 성과를 보인 다음 스탈린은 군대를 재건하기 위한 작업을 했다. 그는 히틀러가 소련을 공격할 것으로 인식하고 있었지만 영국을 굴복시킨 다음에 공격해올 것으로 보고 1942년 이전에는 쳐들어오지 않을 것으로 확신했다. 전략적 기습을 성공시키기 위해 300만 독일군이 핀란드, 루마니아 등 동맹국으로부터 50만 병력을 증원받아 급속도로 진격했다. 전쟁 발발 첫 주에 독일 공군은 소련 비행기 4,000대 이상을 파괴했다. 7월 중순까지 독일군은 소련 영토 깊숙이 진격했으며 60만 명 이상의 포로를 잡았다. 스탈린은 소련 국가와 그 자신의 통치에 대한 위협이 얼마나 심각한지를 깨달았을 때 충격과 공황 상태에 빠졌다.

소련이 초기에 막대한 손실을 입었음에도 불구하고 전쟁 결과는 아직 확정되지 않았다. 히틀러의 전략은 초기에 대규모 공격을 감행하여 2개월 내에 소련을 무력화시킨다는 전제에 근거했다. 독일의 동부 전선에는 예비사단이 없었으며 추가 병력이나 장비도 공급되지 않았다. 붉은 군대는 서서히 회복되어 진지를 고수하기 시작했다. 12월 무렵 독일군은 모스크바 공격을 준비했으며 소련은 최초의 반격을 개시했다. 한편 모스크바의 공산당 지도부는 스탈린을 중심으로 재결집하여 전시 내각을 구성하고 6월 30일 국가방위위원회를 창설했다. 스탈린이 위원장인 이 위원회에는 부위원장 뱌체슬라프 몰로토프, 명목상 군부 대표인 클리멘트 보로실로프(Klimenti Voroshilov, 1881~1969) 원수, NKVD 수장 라브렌티 베리야, 중앙위원회 서기 게오르기 말렌코프(Georgii Malenkov, 1902~1988) 등이 포함되었다.[9]

독일이 침공한 직후 소련 과학자들은 자기들의 지식과 에너지를 전시동원에 바치겠다고 제안했다. 국가방위위원회는 연구소의 업무를 조직하고 국가방위를 지원하기 위한 연구 제안을 평가하기 위해 과학기술위원회를 설치했다. 위원회에는 요페, 카피차, 니콜라이 N. 세메노프와 같은 주요 물리학자와 화학자들이 포함되었다. 세메노프는 1931년 레닌그라드 화학물리학연구소 소장이 되기 전에 요페 연구소에서 10년 동안 근무했었다. 독일군의 신속한 진격으로 모든 연구소는 급격한 변화를 겪지 않을 수 없었다. 수많은 젊은 과학자와 기술자들이 군에 입대했다. 전쟁이 시작된 지 한 달 만에 요페 연구소는 130명의 연구원이 붉은 군대에 들어갔다. 모든 연구소가 직원을 철수시키고 가능한 한 많은 장비를 동부의 안전 지역으로 옮겼다. 요페 연구소는 대부분의 물리학연구소들과 함께 7월과 8월에 타타르스탄의 카잔으로 옮겼다. 물리학연구소들은 거의 모든 기초 연구를 중단하고 업무의 약 90%를 전쟁 수행에 전념했다. 쿠르차토프는 핵분열 연구를 끝내고 실험실을 폐쇄했다. 수개월 동안 그는 크림 반도에서 독일의 기뢰로부터 선박을 보호하기 위해 선박의 자기(磁氣)를 없애는 작업을 해서 크게 성공했다. 1942년 초 그는 카잔으로 이동했지만 악성 폐렴에 걸려 회복하는 데 2개월이 걸렸다. 그는 업무에 복귀했을 때 기다란 검정색 곱슬곱슬한 수염을 길러 평생 동안 그렇게 지냈다. 그는 동료들에게 말하기를 독일이 패망할 때까지 수염을 깍지 않겠다고 약속했다. 그때부터 그는 '수염'으로 불렸다. 물리기술연구소에서 그의 새 직책은 탱크와 병력수송 장갑차의 방어 개선 임무를 부여받은 장갑실험실의 실장이었다.[10]

대부분의 물리학자가 군 지원에 전념했지만, 쿠르차토프 실험실의 한 전직 직원이 핵분열 연구를 위한 열정을 억누를 수 없었다. 1940년 초 동시적인 핵분열을 발견한 물리학자들 중 한 명인 게오르기 플료로프(Georgii Flerov, 1913 ~1990)는 군에 입대했지만 6개월 동안 항공공학을 연구한 후 핵분열 연구를 재개하기를 원했다. 그는 요페를 설득하여 카잔에서 열린 세미나에서 발표를 허락받았다. 폭탄 제조 방법으로서 고속 중성자 연쇄반응을 조사하자는 그의 주장은 과학원의 몇몇 유명 회원을 포함한 일단의 물리학자들로부터 환영을 받았다. 하지만 궁극적으로 그들은 이 연구가 전쟁의 결과에 영향을 미치는 조기 결과를 산출할지에 대해서는 확신을 하지 못했다. 28세의 플료로프는 이런 반응을 받았다고 해서 단념할 사람이 아니었다. 그는 쿠르차토프에게 장문의 호소문을 썼으며, 나중에는 과학기술위원회 위원장인 세르게이 카프타노프(Sergei Kaftanov)에게 서신을 보냈지만 두 사람 중 어느 누구도 회신을 하지 않았다. 그래서 그는 1942년 4월 스탈린에게 직접 편지를 써서 그의 제안에 대한 유효성을 결정할 수 있는 고위 과학자들의 회합을 촉구했다. 이 편지는 카프타

노프에게 전달되어 나중에 행동을 취할 구실로 이용되었다.[11]

소련 과학자들과는 대조적으로 1941년 영국과 미국의 최고 물리학자들은 핵무기 제조가 가능하며 전쟁의 결과를 결정하는 데 일조할 수 있다는 결론을 내렸다. 영국 정부는 1941년 9월 대규모 폭탄 프로젝트를 시작했다. 다음 달 워싱턴은 가속화된 연구를 개시했으며 1942년 6월 맨해튼 프로젝트를 최우선 사업으로 확장했다. 프랭클린 루스벨트 행정부는 뉴멕시코 주 로스앨러모스, 테네시 주 오크리지, 워싱턴 주 핸포드에 거대한 연구 및 생산 시설을 건설했다. 미국의 연구가 영국의 작업을 앞서나갔을 때인 1943년 8월 비로소 양국 간 완전한 협력이 구축되었다. 영국의 주요 과학자들이 미국의 맨해튼 프로젝트로 이동했으며 곧 캐나다와 프랑스 연구자들이 합류했다. 기초 시설이 완성되자마자 미국과 그 동맹국 과학자들은 사용가능한 원자탄 개발경쟁에서 승리를 향한 급진전을 이루었다.[12]

1941년 9월부터 스탈린과 그의 정보수장 베리야는 영국과 미국의 연구가 진행되는 각 단계를 신속하게 파악했다. 소련은 효과적인 선전과 공격적인 포섭을 추진하면서 대공황의 경제 위기를 이용하여 서방의 이상주의적인 지식인들을 대거 스파이로 채용함으로써 세계 최고의 첩보망을 구축했다. 특히 케임브리지 5인방이 끼친 피해가 컸다. 그들은 1930년대 케임브리지대 재학 중 포섭되어 나중에 영국 재무부, 비밀정보부와 외무부에서 공직자로 근무했다. 그 중에는 워싱턴 주재 영국대사관에서 핵심 요직을 차지한 자도 있었다. 영국이 원자탄을 개발하기로 결정했다는 첩보를 처음 제공한 것은 케임브리지 5인방 중 '다섯 번째'인 존 케언크로스였다. 그는 행키 경의 개인비서였다. 행키는 내각 과학자문위원회의 국방군 패널 의장으로서 모드 위원회(Maud Committee) 보고서의 패널 검토를 감독했다. 이 보고서는 우라늄 폭탄이 2년 내 제조가능하다는 결론을 내리고 개발 과정에서 취할 조치를 건의했다. 9월 25일 내무인민위원회(NKVD) 런던 주재관(거점장)인 아나톨리 고르스키(Anatolii Gorskii)가 핵연구 프로그램 개시 결정에 관해 모스크바에 긴급하게 보고서를 발송하고 일주일 후 모드 보고서 자체의 복사본을 전달했다. 소련 지도부는 핵 프로그램에 관해 다른 정보 출처도 가지고 있었다. 독일 태생의 귀화한 영국 시민인 클라우스 푹스(Klaus Fuchs, 1911~1988)는 영국의 원자탄 개발에 참여하고 있는 물리학자로서 GRU, 즉 소련 총참모부 군사정보국에 그 프로젝트에 관한 첩보를 자발적으로 제공했다. 푹스는 맨해튼 계획에 참여한 영국 팀의 일원으로서 1943년 12월 로스앨러모스로 이동했는데 모스크바에 매우 도움이 되는 보고서를 제공했다. 여타 캐나다 및 미국 국적의 요원들도 다양한 가치의 정보를 소련 정보기관에 제공했다. 스파이 활동은 영미 공조 노력의 속도를 보여주고 어느 연구 방법이 성공적이고 어느 것이 그렇지 못한지를 보여줌으로써 소련의 원자탄 프로그램에 중요한 것으로 판명되었다.[13]

소련 지도자들은 핵무기 프로그램이 영국, 미국, 독일에서 시작되었다는 보고를 받고도 행동이 느렸다. 최초 보고는 1941년 가을 도착했다. 당시 모스크바는 포위된 상태였으며 정부 기관 대부분은 쿠이비셰프로 탈출했다. 스탈린과 베리야는 런던에서 수집된 정보가 소련의 전쟁 수행에 도움이 되지 않는 프로그램에 부족한 자원을 쓰도록 의도된 역정보라고 믿은 증거가 있다. 그 결과 베리야는 런던과 뉴욕으로부터 상세한 보고를 받은 1942년 3월에야 이 정보에 대응하는 방법을 제안하는 메모를 스탈린에게 보냈다. 그는 모든 핵 연구를 지도할 고위 위원회를 구성하고 주요 과학자들로 하여금 정보 보고를 평가토록 하자고 건의했다. 그 위원회는 설치되지 않았지만, 1942년 말까지 뛰어난 과학자들의 자문이 진행되었다. 비록 과학자들 대부분이 우라늄 연구 프로그램이 전쟁을 결정할 성과를 산출하지 못할 것이라는 이유에서 그 프로그램 창설에 반대했지만, 과학기술위원회의 세르게이 카프타노프 위원장과 부위원장은 스탈린에게 원자탄 프로젝트에 착수해야 한다고 건의했다. GRU 보고서밖에 보지 못한 카프타노프는 자신의 건의에 대한 근거를 묻는 스탈린에게 주로 플료로프의 서신에 의존하여 답변했다. 7월 초 스탈린은 우라늄 연구 프로그램의 시작을 승인했다. 그리고 며칠 뒤 남서부 전선에 있던 플료로프가 소환되어 후속 조치를 자문했다. 8월에 이 물리학자는 고속 중성자 연쇄반응에 관한 연구를 재개하도록 카잔에 있는 그의 옛 연구소로 다시 발령을 받았다. 스탈린은 독일군의 모스크바 공격을 물리치고 시간을 내서 영국과 독일의 원자탄 프로그램의 함의를 고려한 후 핵연구 재개를 결정했지만, 관료들에게는 플료로프의 강력한 서신을 그 결정의 표면적 이유로 삼도록 고무했다. 런던과 뉴욕의 정보보고를 공유한 소련 관리들은 극소수였다.[14]

1942년 9월 28일 국가방위위원회는 공식적으로 핵 연구 재개를 승인하고 그 프로그램에 제한된 자원을 배정했다. 이후 카프타노프와 몇몇 동료들이 프로그램의 연구 의제와 지휘자 후보를 결정하는 데 꼬박 3개월이 걸렸다. 그들은 이런 문제들을 8명의 주요 물리학자들과 함께 논의했다. 쿠르차토프는 이 그룹과 만나기 위해 모스크바로 두 번 불려갔으며 그들의 요구에 따라 연구프로그램을 작성하고 그가 선호하는 참여인사 명단을 만들었다. 좀 뒤에 미하일 페르부킨(Mikhail Pervukhin, 1904~1978) ─ 부총리 겸 화학산업 담당 인민위원 ─ 이 이 과정에 합류했다. 전기공 출신의 원로 볼셰비키인 페르부킨은 몰로토프가 보여준 영국의 핵 연구에 관한 정보를 읽고 쿠르차토프를 포함하여 몇 명의 잠재적인 프로젝트 책임자와 만났다. 1943년 1월 몰로토프는 페르부킨이 추천한 후보자 명단을 받은 후 쿠르차토프에게 만나자고 했다. 몰로토프는 프로젝트의 새로운 리더에 관한 결정을 언급하면서 다음과 같이 말했다. NKVD는 "나에게 믿고 맡길 만한 물리학자들 명단을 주었다". 카피차는 원자탄은 전쟁 이후의 프로젝트라고 선언했고, 요페는 그런 일을 하기에는 너무 늙어서 할 수 없다고 했다. 몰로토프는 다음과 같이 기술했다. "간단히 말해서 나에게 남은 사람은 어느 누구에게도 알려지지 않은 가장 젊은 쿠르차토프뿐이었다. 그를 불러서 대화를 해보았는데, 좋은 인상을 받았다." 2월에 국가방위위원회는 원자력에 관한 프로그램으로 페르부킨과 쿠르차토프가 제출한 계획을 승인했다. 페르부킨과 쿠르차토프가 프로젝트를 감독하게 되었다. 프로젝트는 모든 핵연구를 수행할 새로운 실험실을 모스크바에 설립하는 것이었다. 1943년 3월

10일 쿠르차토프는 핵 프로그램 책임자로 공식 임명되었다.[15]

장군

이고리 쿠르차토프는 40세가 된 지 며칠 되칠 되지 않아 원자탄을 제조하는 프로그램을 맡게 되었다. 그는 이 과업이 소련의 현 여건에서 가능한 일인지 확신하지 못했으며, 자기는 이 일을 하는 데 적임자가 아니라는 것을 깨달았다. 카피차와 요페 같은 물리학자는 업적이 많고 잘 알려져 있었다. 그는 과학원 회원도 아니었다. 1938년 준회원으로 지명되었을 때 그는 선출되지 않았으며, 몇 달 후 과학원은 핵연쇄반응에 관한 그의 연구 프로그램에 대해 자금지원을 거절했다. 하지만 핵심 당국이 그를 선정한 데는 확고한 이유가 있었다. 물리학자들 가운데 그는 요페 연구소에서 핵 연구 부서를 이끈 귀중한 경험을 갖고 있었다. 그는 강력한 리더십과 관리 기량을 보여주었다. 그는 러시아 밖에서 일한 적이 없었다. 비록 당원은 아니었어도 그는 결코 공산당의 권위에 도전한 적이 없었다.[16]

쿠르차토프가 임명을 받은 후 카잔으로 돌아왔을 때 그는 동료들과 솔직한 토론을 하면서 자기가 이와 같이 중대한 새로운 프로그램을 지휘할 자격이 있는지 의심스럽다는 말을 했다. 그의 친구 겸 전기 작가인 이고르 골로빈(Igor Golovin)이 기술한 바와 같이 그의 걱정거리가 모두 해소되었다. 그의 동료들이 다음과 같은 결론을 내렸다. "그렇다면 어째서 당신은 성공하지 못한 적이 없습니까? 당신이 항상 일을 진척시키고 성과를 내는 것은 어째서입니까? 당신은 '장군'입니다. 그리고 당신이 이 작전을 진두지휘해야 합니다!"[17]

쿠르차토프의 리더십과 대인관계의 능숙함을 효과적으로 보여주는 사례가 1937년과 1940년 사이 레닌그라드에서 있었다. 그가 중성자 에너지를 측정하는 방안을 필사적으로 찾고 있을 때 버클리에서 루이스 앨버레즈(Luis Alvarez,

1911~1988)가 사이클로트론으로 이 실험을 성공적으로 수행했다는 보도를 읽었다. 인근의 라듐 연구소는 소형 사이클로트론을 건설하고 있었지만 작동시키는 데 어려움을 겪고 있었다. 요페의 연구 그룹과 치열한 경쟁관계인데도 불구하고 쿠르차토프는 라듐 연구소 직원을 설득한 끝에 그들의 승낙을 받고 문제해결을 시도했다. 곧 새로운 동료가 된 그가 열의와 창의적 접근법을 보인 결과, 책임을 맡았다. 그는 연구원들에게 임무를 부과하고 기술적인 문제를 해결하기 위해 외부 전문가를 데려오고 사이클로트론이 작동하도록 모든 선택지를 시도했다. 잘 돌아가지 않던 기계가 1939년 연구를 위해 작동하기 시작했으며, 1940년 말 무렵 완전히 가동되었다. 유럽에서 최초로 성공한 사이클로트론이었다.[18]

쿠르차토프는 러시아 중심 지역에서 가족이나 부의 혜택 없이 성장했다. 1903년 남부 우랄에서 측량사인 아버지와 교사인 어머니 사이에서 태어난 쿠르차토프는 9살 때 가족과 함께 크림 반도의 심페로폴로 이주했다. 그는 지방 김나지움에서 공부한 다음 타우리디안 대학에 들어갔다. 거기서 그의 물리학 교육은 평탄치 못했다. 그런 다음 그는 조선을 공부하기 위해 페트로그라드로 갔다. 하지만 일 년 후 아버지가 정치 활동 때문에 유배되자 가족을 돕기 위해 집으로 돌아와야 했다. 그는 곧 이전 물리학 교수의 조수로 일하기 위해 바쿠로 이동했다. 1925년 그는 일생일대의 기회를 갖게 되었다. 그의 이전 동급생인 키릴 시넬리코프(Kirill Sinel'nikov)는 요페 연구소에서 일하고 있었는데 쿠르차토프를 연구원으로 천거했다. 요페는 쿠르차토프를 연구소에 채용하여 자신의 실험실에서 유전체 물리학을 연구하도록 임무를 부여했다. 레닌그라드에서 새 일을 맡은 쿠르차토프는 몇몇 발견을 해서 물리학자로서 명성을 쌓았다. 하지만 1932년에 그는 실용적인 반도체 분야에서 급성장하는 핵물리학 분야로 옮기기로 결정했다. 그해 12월 요페는 쿠르차토프를 연구소의 새로운 핵 부서 책임자로 임명했다.[19]

쿠르차토프가 부서 책임자가 되었을 무렵 그는 프로젝트 책임자로서 명성이 자자했으며 관련 과제를 정리해서 명령을 내렸다. 동료들은 이미 그를 '장군'이라고 불렀다. 동료들은 그의 지시를 적극적으로 받아들였다. 왜냐하면 그는 공정하고 훌륭한 유머감각을 가졌으며 일을 동료들과 공유했기 때문이다. 쿠르차토프의 인생은 물리학을 중심으로 회전했다. 그는 친구이자 직장 동료인 시넬리코프의 여동생 마리나와 1927년 결혼했다. 그들이 만났을 때 연구에 중독된 물리학자들을 잘 알고 있는 그녀는 실험실에서 저녁을 보내는 남편에 곧 적응했다. 원자탄 프로젝트를 위해 쿠르차토프와 합류한 물리학자들 대부분은 자기 동생 보리스를 포함하여 이전에 그와 함께 일한 적이 있는 사람들이었다. 쿠르차토프의 친구들은 그를 우호적이고 유머감각이 있는 매너 뒤에 집중력이 강하고 진지한 사람으로 기억했다. 인생 후반기에 그보다 젊은 동료인 이고르 골로빈이 쿠르차토프를 할로웨이에게 "여러 겹의 인성을 가진 사람이며 그렇기 때문에 비밀 작업에 이상적으로 잘 맞는 사람"으로 묘사했다.[20]

　요페 연구소의 핵 부서에서 일하면서 쿠르차토프는 중요한 문제를 광범위하게 연구했다. 그가 한 실험에는 붕소와 리튬에 대한 양성자 빔의 효과, 동위원소에 중성자를 쏟아 부음으로써 창조된 인공 방사능, 상이한 원소 핵에 의한 중성자 흡수 등이 들어 있었다. 캐번디시 실험실의 물리학자 모리스 골드하버(Maurice Goldhaber, 1911~2011)는 1930년대 쿠르차토프의 작업에 대해 다음과 같이 말했다. "나는 항상 러시아의 원자력에서 가장 중요한 사람은 쿠르차토프라고 추측했다. 왜냐하면 나는 그의 논문을 읽었기 때문이다. … 쿠르차토프의 연구소에서는 항상 흥미로운 논문이 나왔다." 1937~38년 숙청기간 동안 쿠르차토프는 연구를 지속하고 외국 여행을 회피했다. 해외여행 때문에 많은 동료 과학자들이 추방되거나 처형당했다. 독일이 소련을 침략했을 때 그는 실험실을 폐쇄하고 전쟁 수행 대열에 합류하여 처음에는 해군을 위해 기뢰방지 기술을 개발하고 그런 다음 장갑 실험실 책임자로 활동했다. 이런 모든 활동을 통해 그리고 원자탄 프로젝트 책임자를 물색하는 동안 쿠르차토프는 항상 아브람 요페의 강력한 지지를 받았다.[21]

그가 성공하는 데 필수적인 것으로 판명된 특성 중 하나는 고도로 중앙집중화된 소련 시스템에서 핵심 관리들의 지지를 획득하고 유지할 필요성을 이해한 것이었다. 쿠르차토프가 원자탄 프로젝트의 과학 책임자로 선발되었을 때 그의 운명을 좌우할 수 있는 국가방위위원회의 두 위원, 몰로토프와 베리야의 지지를 받는 것이 필수임을 깊이 인식했다. 그의 임명이 공식적으로 승인이 나기 전에 쿠르차토프는 몰로토프 부총리에게 말하기를 자기는 폭탄을 개발하는 데 어느 길을 가야 할지 확신하지 못하고 성공여부도 장담하지 못한다고 했다. 부총리는 그에게 영국에서 보낸 정보를 보여주기로 했는데, "쿠르차토프가 크렘린에 있는 내 사무실에서 며칠 동안 앉아서 이런 자료들을 조사했다"라고 후일 기술했다.[22]

몰로토프도 베리야도 핵물리학을 이해하지 못한다는 것을 인식하고 쿠르차토프는 미하일 페르부킨의 신뢰와 지지를 얻는 데 주력했다. 페르부킨은 그의 직속상관이었으며, 프로그램을 담당하는 최고 관리 몰로토프에게 보고하고, 런던에서 오는 정보를 제공하는 베리야에게 보고했다. 1943년 3월 7일 쿠르차토프는 페르부킨에게 보낸 장문의 수기메모에서 핵연구의 현황을 요약하고, 영국의 연구에 관한 정보가 핵분열에 관한 지식에 무슨 보탬이 되었는지를 설명했으며, 새 프로그램에 필요한 연구를 단계별로 제시했다. 그런 다음 그는 정보문서에 언급된 것의 의미를 분석하기 위해 공개 문헌을 철저하게 조사했다. 그 정보문서는 원자탄 제조에 플루토늄(원소기호 94번)의 동위원소가 U-235의 대안이 될 수 있다는 것을 지적했다. 그런 다음 쿠르차토프는 3월 22일 페루부킨에게 두 번째 메모를 썼다. 거기서 그는 플루토늄 동위원소를 사용하면 폭탄 제조를 더 단순하고 신속하게 할 가능성이 있다고 주장했다. 그 이유는 그렇게 하면 핵분열 가능 U-235를 얻으려고 동위원소를 분리하는 길고 복잡한 과정을 회피할 수 있기 때문이었다. 그는 자신의 프로그램상 플루토늄 방식을 탐색할 수 있으려면, 먼저 상당한 물량의 우라늄을 확보하고 대형 사이클로트론을 건설할 필요가 있음을 지적했다. 그리고 그는 미국의 연구현황에 관해 4개의 질문을 작성하여 정보요원들이 답해주기를 바랐다. 쿠르차토프가 지지를 획득하기 위해 전개한 활동은 곧 결과를 보여줬다. 몰로토프는 그의 회고록에서 들려주기를 이 물리학자가 비밀 보고서는 '우리가 꼭 부족한 것을 채워주는 놀라운 자료'라고 언명했다. 이 원로 볼셰비키가 쿠르차토프를 스탈린에게 소개했다. 스탈린은 '모든 종류의 지원'을 약속했다. 몰로토프는 다음과 같이 결론을 내렸다. "우리는 그의 안내를 받기 시작했다."[23]

쿠르차토프는 또한 많은 사람이 추구했지만 성공한 사람은 별로 없는 베리야의 신뢰를 획득하려고 했다. 그는 영국의 연구에 관한 정보를 읽으면서 필기한 후 페르부킨에게 보낼 메모를 따로 적었다. 그런 다음 그는 자신이 필기한 것을 페르부킨의 비서에게 주어 파쇄하라고 했다. 그는 연구 프로젝트를 짤 때 출처를 드러내지 않으면서 정보를 사용해야 했다. 그는 브레인스토밍 회의 및 대화중에도 출처 암시를 누락시킴으로써 철저하게 보안을 지켰다. 몇 달에 걸친 힘든 작업 후에 쿠르차토프 팀은 원자로를 가동하여 최초로 자동으로 계속되는 핵 연쇄반응을 얻는 데 성공했다. 며칠 후 베리야는 가동 중인 원자로를 보고 싶었지만, 몇 개 다이얼이 돌아가고 계측기가 원자로의 위험한 상태를 기록하는 것만 보게 되어 실망했다. 그가 원자로를 보러가겠다고 하자 쿠르차토프는 벌벌 떨면서 대답하기를 그것은 너무 위험해서 불가능하다고 했다. 쿠르차토프는 보안 총책의 이런 실망에 대처하는 방식을 미리 준비하고 있었다. 그는 베리야가 새로운 전투기의 시험 비행, 새로운 탱크의 기동을 참관하는 습관이 있다는 것을 인식하고 베리야와 그의 막료들에게 과학의 연구에는 다양한 이론과 설계를 시험하면서 여러 번에 걸친 실험 실패가 일어날 수 있으며, 이런 일은 장비를 사보타주하는 것이 아니라 정상적임을 주의 깊게 설명했다. 또 그는 일부 실험 실패에는 커다란 위험이 동반할 수 있다는 점을 강조했다. 비록 팀은 이런 설명으로 다소의 시간을 벌었다고 할지라도 베리야는 여전히 의심이 뿌리깊이 박힌 우두머리였다.[24]

쿠르차토프는 요페 연구소 출신의 젊은 동료들에게 가장 크게 의존했어도 몇몇 자리를 확실히 잡은 물리학자들의 협력을 받을 필요가 있었다. 과학원 회원들로서는 이러한 협력이 아주 미묘한 과제였다. 그들은 쿠르차토프가 그 자리에 임명된 것과 그의 광범위한 권위를 시기하고 있었기 때문이다. 비탈리 클로핀(Vitali Khlopin, 1890~1950)의 경우 특히 도전적이었다. 쿠르차토프보다 13살 많은 그는 레닌그라드 라듐 연구소 소장이고 과학원 회원이었다. 클로핀은 국가방위위원회가 핵분열 연구를 재개하기로 결정을 내리기 전 토론에 끼지 못한 데 화가 나서 1943년 1월 15일 카프타노프에게 서신을 보내 자기가 이 프로그램의 중심적 역할을 맡아야 한다고 주장했다. 원자력 문제에 관한 해법이 무엇이든, "내가 맡은 소련 과학원의 라듐 연구소가 이 작업에 기초적으로 참여해야 하고, 나 자신도 직접 참여해야 한다"라고 그는 주장했다. 그는 동위원소 분리를 주요한 이슈로 꼽으면서 라듐 연구소가 이 연구의 수행을 맡아야 된다고 선언했다. 과학 책임자인 쿠르차토프와 그가 신뢰하는 동료들은 주력 연구 분야를 개발하여 핵심 과제를 자기들끼리 분담했다. 이후 쿠르차토프는 클로핀의 감정을 달래기 위해 라듐 연구소가 방사된 우라늄에서 플루토늄을 분리해내는 일을 맡도록 강권했다. 쿠르차토프는 이 요청에 곁들여 클로핀의 역할을 '우리 방사 화학의 창시자'라고 표현하여 과찬했다. 클로핀은 이 배정을 받아들여 프로그램에 협조했으며 결국 배정된 임무를 완수했다. 아이러니하게도 쿠르차토프는 그의 동생 보리스에게 똑같은 문제에 천착하도록 요구했으며, 1946년 보리스는 새로 완성된 사이클로트론을 이용하여 방사된 우라늄에서 플루토늄을 최초로 분리했다.[25]

아브람 알리카노프(Abram Alikhanov, 1904~1970)의 완전한 협력을 얻는 것은 다른 종류의 이슈들과 관련이 있었다. 알리카노프는 요페 연구소에서 쿠르차토프와 동년배였으며 물리학자로서 더 많은 성공을 거뒀다. 1943년 초 그는 과학원의 준회원으로 선출되었으며 원자탄 프로젝트의 과학 책임자 후보로서 면접을 보았다. 카프타노프의 차석인 S. A. 발레진(S. A. Balezin)은 다음과 같이 기록했다. 알리카노프는 '이 일을 정말로 맡고 싶어 했지만' 이 자리에 천거된 쿠르차토프보다 더 좋은 인상을 주지 못했다. 알리카노프는 이 프로그램에 참여하기를 원했으나 쿠르차토프 직속으로 일하지는 않겠다고 분명히 했다. 쿠르차토프가 고안한 해결책은 페르부킨과의 첫 면담 등 초기의 기획 회의에 알리카노프를 참여시키는 것이었다. 이후 쿠르차토프는 알리카노프에게 의제의 중요한 일부인 중수형 원자로를 건설하도록 요청했지만, 그것은 쿠르차토프가 최우선 순위를 둔 플루토늄 경로가 아니었다. 알리카노프의 어려움은 소련에 중수를 생산하는 공장이 없고 전쟁이 끝난 이후까지 이런 건설을 위한 자원을 구할 수 없을 것이라는 데 있었다. 알리카노프는 1945년 자신의 실험실을 갖게 되어 소련 최초의 중수형 원자로를 건설하는 데 성공했다.[26]

쿠르차토프는 전후 오랫동안 자원 부족에 허덕일 나라에 잘 맞는 또 다른 자질을 가졌다. 그는 자신의 프로그램을 진전시키기 위해 최상위 권력에 도전하는 대담성을 가졌다. 쿠르차토프는 연구원들이 1년 이상 노력한 후에도 별 진전이 없자 화가 나고 우울했다. 그는 스탈린의 수석 부하인 몰로토프가 프로그램이 필요로 하는 개인적 리더십을 발휘하지 못하자 특별히 실망했다. 1944년 5월 19일 그는 스탈린에게 보낸 놀랄 만한 호소문에서 핵 프로젝트가 성공하려면 국가가 최우선적으로 자원과 인원을 배정해야 한다고 선언했다. 첨부 편지에서 페르부킨은 쿠르차토프의 청원에 동의하고 다음과 같이 언급했다. "외국을 따라 잡기 위해 우리는 우라늄 문제의 개발을 국가의 제1급 중요사업으로 해야 합니다." 이를 달성하기 위해 그는 프로그램 감독을 베리야에게 넘기는 방안을 제시했다. 원자탄 프로젝트가 시급한 문제가 아니라고 생각한 몰로토프는 베리야가 이미 군수산업을 담당하고 있는 것을 알기 때문에 굳이 반대하지 않았다. 몰로토프는 페르부킨의 편지 위에 다음과 같이 적었다. "중요함 — 스탈린 동지에게 보고할 것." 권한의 이전은 스탈린에게도 긴급하지 않은 게 분명했다. 왜냐하면 아무런 조치가 취해지지 않았기 때문이다.

지원을 더 잘 받는 데 몸이 단 쿠르차토프는 1944년 9월 29일 베리야에게 더욱 상세한 요구사항을 적었다. 그는 지난 달 맨해튼 프로젝트에 관한 새로운 첩보 보고서 3,000쪽을 읽었다고 보고하면서 전례 없는 과학·기술 인재 집단이 대단히 중요한 발견을 했다는 점을 강조했다. 미국의 진전과 비교해볼 때 소련의 발전은 "정말로 만족스럽지 못합니다". 그는 이 프로그램에 '통합된 리더십'이 결여되어 있다고 불평하고 필수적인 원자재, 기계 및 과학자가 절대적으로 필요하다고 했다. 그는 자기가 현재 수행하고 있는 프로젝트의 중요성을 알아보지 못하는 여타 기관들로부터 협조가 부족한 데 대해 통렬히 비판했다. 끝으로 그는 베리야에게 기존 업무가 막중함에도 이 프로젝트를 추가로 맡아 "세계 문화에서 위대한 우리나라의 가능성과 중요성에 상응하게 일이 추진되도록 지시를 내려달라"고 요청했다. 이 호소가 주효하여 베리야가 새로운 권한을 갖기 위해 움직이기 시작했다. 1944년 12월 3일 국가방위위원회는 모든 핵 프로젝트를 NKVD 감독하에 둔다는 명령을 내렸다.[27]

제한된 조치들

쿠르차토프는 비록 그가 원하는 행정 구조를 얻었어도 자원 문제를 해결하는 데는 한 해가 더 걸렸다. 소련 지도부는 쿠르차토프가 반복적으로 지원을 더 달라고 청원해도 들어줄 수 없는 세 가지 기본적인 이유가 있었다. 가장 중요한 것은 베를린을 향해 중부 및 동부 유럽을 가로질러 진격하는 붉은 군대를 지원하기 위해 가용한 모든 자금과 인력을 총동원할 필요성이었다. 또한 스탈린과 베리야가 미국의 핵무기 개발 진척에 관한 정보보고를 불신한 것도 쿠르차토프에 대한 지원을 제한하는 방향으로 작용했으며, 다른 고위 관리들도 정도는 낮으나 그 정보를 불신했다. 마지막으로 작용한 요인은 과학자들의 동기와 충성심에 대해 모든 정부 지도자들이 갖고 있는 의심이었다. 과학자들 대부분은 공산당원이 아니었으며 그들은 정치 엘리트들이 이해하지 못하거나 진가를 알아보지 못하는 작업에 몰두하고 있었다.[28]

쿠르차토프의 첫째 과업은 프로젝트 연구 의제의 주요 요소들을 산출하기 위해 핵심 그룹의 물리학자들을 모스크바에 모으는 일이었다. 이 그룹에 들어간 인사들은 율리 B. 카리톤(Iulii B. Khariton, 1904~1996), 아이삭 K. 키코인(Isaak K. Kikoin, 1908~1984), 아브람 아리카노프, 야코프 젤도비치(Iakov Zel'-dovich, 1914~1987), 알렉산더 I. 레이푼스키(Aleksandr I. Leipunskii, 1903~1972), 게오르기 N. 플레로프(Georgii N. Flerov, 1913~1990)였다. 이 그룹 구성원들이 설정한 초기의 주요 목표는 원자로를 건설하고 대량의 우라늄 동위원소를 분리하는 방법을 개발하는 것이었다. 대형 사이클로트론 건설 책임을 맡은 레오니드 M. 네메노프(Leonid M. Nemenov)와 쿠르차토프의 동생 보리스였다. 의제가 확정되자 쿠르차토프는 늘어나는 직원을 수용할 장소를 물색하다가 1941년 가을 지진학연구소 직원들이 철수한 건물을 찾아냈다. 이 건물은 모스크바 피제프스키 길에 위치해 있다. 연구소가 커지자 볼샤야 깔루즈스까야 거리에 있는 또 다른 버려진 빌딩을 차지했다. 곧 이어 쿠르차토프는 직원과 장비를 완전히 갖춘 제2실험실을 수용할 새로운 건물을 찾기 시작했다. 그는 실버 호수의 북서부 교외에 부분적으로 완성된 3층짜리 빌딩을 발견하고 새로운 시설의 신속한 건설을 추진하기 시작했다. 1944년 4월 연구소가 새로운 빌딩을 사용하기 시작했을 때 직원 숫자는 74명이었다. 이 중 과학자는 22명이었으며 엔지니어, 기계공과 경비원들도 있었다. 그들은 제한된 실험을 했으며 자극이 되는 세미나를 개최하여 연쇄반응에 관한 여러 이론을 토론했지만 그들의 작업은 장비, 원자재 및 가구조차 부족해서 제약을 받았다. 정부는 쿠르차토프를 원자탄 프로젝트 소장으로 선정하고 연구소를 과학원 산하 기관으로 만들었다. 1943년 9월 정부는 다음 조치로서 새로 임명된 소장을 위해 과학원에 특별한 직위를 마련하여 정회원이 되도록 했다. 몇몇 원로 회원들의 반대가 있었음에도 불구하고 그렇게 했다.[29]

전쟁의 최종 2년 동안 카리톤이 팀장인 프로젝트의 이론 팀은 연쇄반응을 일으켜 지속시키는 방안과 우라늄 동위원소를 가장 효율적으로 분리하는 방법을 연구했으며, 여타 팀들은 필요한 장비와 원자재를 획득하는 데 집중했다. 어려움이 커지는 순서대로 본 세 가지 주요한 문제는 대형 사이클로트론을 건설하고 흑연을 정제하며 우라늄을 캐서 정제하는 일이었다. 1941년 초 요페 연구소에서 사이클로트론에 대한 작업이 시작되었지만 독일의 침공으로 중단되고 말았다. 직원들이 카잔으로 철수하기 전에 핵심 부품을 연구소 경내에 묻었다. 그리고 레닌그라드는 872일 동안 포위상태로 있다가 1943년 1월 말에 풀려났다. 그 이후 곧 쿠르차토프는 네메노프와 엔지니어 한 명을 황폐한 도시로 보내 사이클로트론의 부품 중에서 찾을 수 있는 것은 무엇이든지 회수하라고 했다. 그들은 발전기, 정류기 및 여타 부품을 찾았다. 가장 중요한 것은 전선에서 3킬로미터 떨어진 공장에서 75톤짜리 전자석을 발견한 것이었다. 그들은 이런 물건들을 두 대의 화물차에 실은 다음 최근 독일 전선을 뚫고 개통된 철도로 모스크바로 보냈다. 네메노프 팀은 1년 넘게 여타 핵심 부품을 제조하고 기계를 조립하는 데 전념하여 1944년 9월 말 기계 가동이 시작되었다. 다음 달 말경 보리스 쿠르차토프는 사이클로트론에서 방사된 질산 우라늄으로부터 플루토늄의 최초 극소량을 분리하는 데 성공했다.[30]

쿠르차토프는 미국 물리학 저널을 보고 우라늄 동위원소로 연쇄반응을 달성하려면 조기 및 불완전 폭발을 방지하기 위해 감속재 역할을 할 어떤 다른 요소가 필요하다는 것을 알았다. 그가 본 정보보고에 의하면 영국과 미국 과학자들은 감속재로 중수와 흑연을 사용하고 있었다. 핵심 그룹이 초기에 결정한 것 중 하나는 우라늄-흑연 핵심을 가진 원자로를 건설하기로 한 것이었다. 이는 주로 소련이 중수 공급이 부족했기 때문이다. 페르부킨 휘하 직원의 도움을 받아 이 프로젝트는 1943년 가을 수 톤의 흑연을 받았지만 실험에 의하면 불순물을 너무 많이 함유하여 감속재로 사용할 수 없었다. 생산 공장이 문제가 많은 재와 붕소를 제거할 수 없다고 공표하자 제2실험실의 물리학자들은 정제과정을 창조해야 했다. 이런 새로운 기법을 사용해도 공장은 고르지 못한 결과를 산출했으며, 인도받을 때마다 흑연의 순도를 시험해야 했다. 이러한 지연으로

인해 필요한 순도의 흑연은 1945년 늦여름 이후에야 구할 수 있었다.[31]

우라늄 광석의 충분한 공급처를 찾는 것이 쿠르차토프에게 가장 필요한 사항이었으며 탐색은 좌절감을 줄 정도로 지지부진했다. 우라늄 찾기는 1940년 7월 시작되었다. 당시 정부는 블라디미르 베르나츠키와 비탈리 크로핀의 권고를 받아 그 유용한 광석의 매장지를 찾기 위해 우라늄 문제위원회를 설치했다. 위원회의 작업은 독일의 침공으로 성공하지 못하고 소량의 우라늄만 확보되었다. 이에 쿠르차토프는 1943년 4월 페르부킨에게 편지를 써 핵분열 연구를 진척시키고 원자로를 건설하기 위해 우라늄 광석 50~100톤이 필요하다고 했다. 정부가 100톤을 생산하라고 지시했지만 희귀 및 미세 금속연구소는 무게 1킬로그램의 순수 우라늄 금속 주괴를 1944년 11월 완성했다. 1945년 9월에 서야 중앙아시아에서 우라늄의 대규모 탐사작업이 시작되었다.[32]

우라늄 부족 문제는 중앙아시아가 아니라 중부유럽에서 해결되었다. 1945년 3월 체코슬로바키아의 에드바르트 베네시(Edward Benes, 1884~1948) 대통령은 모스크바와 비밀 협정을 체결, 자기 나라의 현재와 미래의 모든 우라늄광을 소련에 인도하기로 했다. 전쟁 전에 체코 광산은 세계의 주요 우라늄 공급원의 하나로 매년 20톤을 생산했다. 두 달 후인 5월 2일 붉은 군대가 베를린을 점령한 바로 그날 NKVD 연대장이 이끄는 소련 물리학자 팀이 NKVD 중령 제복들을 입고 독일의 핵 연구 상황을 조사하고 발견될 수 있는 우라늄을 모두 손에 넣기 위해 템펠호프 공항에 내렸다. 이 팀에는 카리톤, 키코인, 네메노프, 플레로프가 함께 했다. 그들은 몇 명의 잔류 독일 핵물리학자들(가장 기량이 뛰어난 선임 과학자들은 남부 미국 점령지역으로 달아났다)로부터 독일도 원자탄 제조에서 그리 멀리 가지 못한 것을 알았다. 여러 날 동안 고통스럽게 수색한 다음 그들은 드디어 베를린 교외 무두질 공장에 저장된 산화 우라늄 130톤을 찾아냈다. 이 물량이 원자로 연료로 사용되어 소련 원자탄에 쓰일 첫 플루토늄이 생산되었다. 나중에 쿠르차토프는 카리톤에게 말하기를 이 발견으로 '약 1년'을 절약했다고 말했다. 아이러니하게도 소련 팀은 훨씬 더 많은 물량을 2주 차이로 놓쳤다. 4월 17일 영미 합동부대는 나중에 소련이 점령한 지역으로 신속하게 들어가 스타스푸르투에 있는 공장에서 우라늄 광석 1,100톤을 노획했다. 맨해튼 프로젝트는 이 노획된 광석을 사용하여 히로시마에 투하된 원자탄(암호명: 리틀 보이)의 핵심 용 U-235를 생산했다.[33]

이 시점에서 페르부킨과 쿠르차토프는 스탈린에게 직접 편지를 써서 정부가 핵 프로그램을 최우선 사업으로 해야 된다고 촉구했다. 미국이 7월 10일 플루토늄 폭탄을 실험할 예정이라는 클라우스 푹스의 보고에도 불구하고 이 프로젝트에 궁극적인 권한을 갖고 있는 리더들 – 스탈린, 몰로토프, 베리야 – 은 이런 호소를 무시했다. 유럽 전쟁에 관한 수수께끼 같은 질문은 어째서 소련 지도자들이 원자탄 제조를 중시하지 않았는가 하는 것이다. 고위 KGB 장교로부터의 증거를 인용하여 데이비드 할로웨이는 몇몇 그럴듯한 이유를 시사했다. 베리야와 스탈린은 정보 보고를 신뢰하지 않았고 이 프로젝트에서 일하는 과학자들을 의심했다. 또한 그들은 이와 같이 복잡한 프로젝트와 관련된 과학과 기술에 대한 이해가 부족했다. 할로웨이는 다음과 같은 결론을 내렸다. "이 유야 어찌 되었든지 간에 분명한 것은 … 스탈린, 베리야, 몰로토프 중 어느 누구도 원자탄이 곧 국제 관계에서 수행할 역할을 이해하지 못했다." 이런 태도를 바꾸는 데는 극적인 사건이 있어야 했다.[34]

히로시마 원폭의 충격

히로시마를 일격에 파괴한 원자탄의 효과가 그러한 극적인 사건을 제공했다. 소련 정부 내 특별한 부문에서는 히로시마로 인해 원자탄 프로젝트를 전면적으로 급격하게 가속화시켰지만, 스탈린과 고위 관리들은 정치와 군사 무대에서 신무기의 중요성에 대해 대중에게 최소한의 관심을 나타내는 공개적 반응을 계속 보였다. 히로시마 원폭이 투하되기 훨씬 이전부터 모스크바의 대위싱턴 관계는 이미 냉각되고 있었다. 1945년 1월 외무 담당 인민위원을 역임한 워싱턴 주재 대사 막심 리트비노프(Maksim Litvinov, 1876~1951)가 스탈린에게 보고하기를, 미국이 "무기 대여를 이용하여 우리가 받아들일 수 없는 경제적·정치적 보상을 받으려 할 것"으로 생각된다고 말했다. 실제로 무기 대여는 5월 유럽에서 승리하자마자 종료됨으로써 스탈린이 미국 특사로 온 해리 홉킨스(Harry Hoipkins, 1890~1946)에게 신랄한 불평을 해댔다. 스탈린이 루마니아와 폴란드의 자유선거에 합의한 얄타협정을 반복적으로 위반함으로써 그해 봄 내내 여러 가지 난관이 이어졌다. 1990년대 비밀이 해제된 문서에 의하면 스탈린은 맨해튼 프로젝트를 비밀에 부친 미국의 동기를 의심하고 있었다. 그는 그 진척 상황에 대해 정기적으로 스파이 보고를 받았으며 앨라모고도 근처에서 실험할 계획인 것도 알고 있었다. 하지만 그는 7월에 개최된 포츠담 회담에서 회의 후 트루먼이 무심코 미국이 강력한 신무기를 갖고 있다고 발언했을 때 아무런 반응을 보이지 않았다.[35]

원자탄이 또 다른 무기에 불과하다는 스탈린의 공개적 자세와 대조적으로 그가 정부 내에서 취한 행동은 깊은 우려와 함께 원자탄을 가능한 한 조속히 제조할 필요성을 드러냈다. 그가 취한 첫 번째 이니셔티브는 일본과의 전쟁에 소련이 참전할 날짜를 앞당기는 것이었다. 스탈린은 트루먼에게 8월 중순 붉은 군대가 태평양전쟁에 가세할 것이라고 약속했으나, 8월 6일 원자탄이 히로시마에 투하됨으로써 소련이 참전하여 그가 얄타회담에서 약속받은 영토와 특전을 주장하기도 전에 일본이 항복할 것을 우려했다. 스탈린은 만주 시간으로 8월 9일 자정 몇 분 후에 소련군을 발진시켰다. 몇 시간 후 미국은 플루토늄 폭탄을 나가사키에 투하했다. 붉은 군대가 만주를 거쳐 한국으로 신속하게 남진할 때 일본은 강화를 제의하기 시작했다. 8월 16일 일본 정부가 연합국의 강화 조건을 수락함으로써 주요 전투 행위는 중단되었다.[36]

히로시마 원폭에 대한 스탈린의 두 번째 중요한 반응은 8월 중순 쿠르차토프와 군수품 인민위원인 보리스 바니코프(Boris Vannikov, 1897~1962)를 불러 원자탄을 완성하기 위해 최대한 노력하도록 명령한 것이었다. 긴급성을 강조하기 위해 그는 다음과 같이 언명했다. "히로시마가 전 세계를 뒤흔들었다. 균형이 파괴되고 말았다." 그는 이 프로젝트를 위해 국가의 모든 자원을 이용하라면서 다음과 같이 말했다. "만약 어린아이가 울지 않으면 어머니는 애가 무엇을 필요로 하는지 모른다. 필요한 것은 무엇이든지 요청하라. 거절되는 일이 없을 것이다." 8월 20일 국가방위위원회는 확장된 프로그램을 관리하기 위해 새로운 구조를 만들었다. 베리야가 위원장인 특별위원회가 원자무기에 관한 '모든 일'을 지휘하게 되었다. 이 특별위원회의 실무기관으로 각료회의 제1총국(First Chief Directorate)이 신설되고, 총국장 바니코프 휘하에 쿠르차토프와 페르부킨 등이 차석으로 포진했다. 쿠르차토프를 제외한 차석들은 산업 경영자들로서 건설, 광산, 운송, 모든 유형의 전쟁 물자 생산 등 대형 프로젝트를 조직한 경험을 폭넓게 가지고 있었다. 또 베리야는 각 공장과 연구기관의 책임자 주변에 배치한 NKVD 장군들을 기반으로 하여 자신의 독자적인 감독체제를 수립했다. 쿠르차토프는 기술 문제의 자문을 제1총국 내부에 있는 과학기술위원회에 의존했다. 수많은 기관에 새로운 활동을 하라는 명령이 하달되었다. 캐나다, 미국, 일본에서 활동하는 정보요원들은 투하된 폭탄과 그로 인해 발생한 피해에 관해 상세한 정보를 수집하라는 지시를 받았다. NKVD가 구금한 독일 과학자들은 흑해 연안에 있는 2개 연구소에서 동위원소 분리작업을 하라는 임무를 부여받았다. 쿠르차토프와 그의 동료들은 소련의 오지 비밀도시에 새로운 연구소, 즉 우라늄과 플루토늄 금속공학을 연구할 기관을 건설할 계획을 세웠다. 중앙아시아에는 채광과 정제 시설을 세우고 카자흐스탄에는 시험장을 건설할 계획도 세웠다. ― 모두가 강제노동수용소 인력에 의해 건설되고 운영될 특별수용소였다. 히로시마와 나가사키에서 입수된 보고와 증거 ― 녹은 바위 조각과 심하게 불에 탄 인간의 손 포함 ― 는 모스크바로 보내져 정부 고위층에 광범위하게 회람되었다.[37]

쿠르차토프가 해야 할 중요한 과제는 프로그램의 여러 측면을 감독할 산업

그림 15.1 소련 핵 연구프로그램 소장인 이고리 쿠르차토프는 그의 혁혁한 행정 능력 때문에 '장군'으로 널리 알려져 있다. 그와 절친한 동료들은 명백한 이유 때문에 그를 가리켜 '수염'이라고 했다. 사진에서 그는 3개의 사회주의자 노동 영웅 메달과 레닌 상 메달을 달고 있다. 1954년 경. 자료: 쿠르차토프 하우스 박물관, 모스크바

및 보안 관리자들에게 과정의 매 단계를 비전문가의 용어로 설명하는 일이었다. 여기에 포함된 것은 동위원소 분리공장 및 플루토늄 생산 원자로가 원자탄 제조에 왜 필수적인 요소인지를 대전 기간 중 탱크와 포탄을 생산하는 산업을 관리했던 사람들과 NKVD에서 고위 장교로 국내 보안 활동을 했던 사람들에게 설명해주는 일이었다. 쿠르차토프와 그의 동료 간부들인 카리톤, 키코인, 알리카노프 및 아르치모비치는 모두 교관 노릇을 했으며, 때에 따라서 설명이 너무 기술적이라 관리자들이 잘 이해하지 못할 때에는 쿠르차토프가 개입해서

더 이해하기 쉬운 용어로 설명을 다시 했다. 쿠르차토프는 베리야와 바니코프에게 과학 자문관 역할도 했다. 할로웨이는 다음과 같이 주장했다. "그가 베리야를 위해 일하고 바니코프 및 [그 밑의 제2인자] 자베니아진과 협력을 하며 과학계 동료들의 신뢰와 충성을 유지할 수 있었던 것은 쿠르차토프가 조직자로서 비상한 자질을 가졌다는 증거이다"(그림 15.1 참조).[38]

여러 나라에 나가 있는 정보요원들에게 원자력 연구와 필수 금속의 소재에 관해 보고하라는 명령이 하달되자 너무나 많은 자료가 수집되어 베리야는 수집물을 관리하기 위해 새로운 시스템을 창조해야 했다. 그는 NKGB 내에 S 부서를 설립하여 입수되는 정보를 번역, 평가, 배포토록 했다. 새로운 부서의 책임자는 NKGB 장교 파벨 수도플라토프(Pavel Sudoplatov, 1907~1996)였다. 그는 1940년 멕시코에서 레온 트로츠키(Leon Trotskii, 1879~1940)의 암살을 조직한 자로 유명했다. 모스크바대학교 출신의 젊은 이론물리학자인 이아코프 테르레츠키(Iakov Terletskii, 1912~1993)가 채용되어 루비안카에서 근무를 시작했다. 그의 업무는 타자기로 친 1만 쪽에 달하는 보고서 중에서 적합한 자료를 평가해서 배포하는 것이었다. 책임이 막중해진 쿠르차토프는 이 이상 더 첩보 자료를 받을 수 없었다. 그 대신 테르레츠키가 중요한 문서를 쿠르차토프와 그의 수석 보좌진에 배포했다. 정보보고서가 프로젝트의 여러 부분의 설계와 건조를 결정하는 데 큰 영향을 미쳤으며, 특히 동위원소 분리가 저속의 별도 궤도에서 진행되도록 결정하는 데 일조했다. 가장 중요한 것으로, 1945년 6월과 9월 클라우스 푹스가 보낸 2개의 대형 보고서는 플루토늄 방식의 원자탄에 노력을 집중해야 된다는 것을 적시했다. 푹스는 보고서에서 플루토늄 폭탄의 재료, 치수, 설계 개요 등 모든 필수적인 요소들을 기술했다. 폭탄의 설계에 관한 여타 유용한 자료는 또 다른 첩자인 데이비드 그린글라스로(David Greenglass, 1922~2014)부터 입수되었다. 그는 로스앨러모스에서 기계수리공으로 일한 또 다른 첩자였다. 베리야가 푹스가 보낸 보고서의 종합적인 성격을 보고하자 스탈린은 쿠르차토프에게 미국의 플루토늄 폭탄 설계를 세밀하게 복제하라고 명

령했다.[39]

　히로시마 원폭의 최종 결과는 과학과 기술에 자원 배분이 크게 증대한 것이었다. 히로시마에 대한 최초 보고를 받은 즉시 정치국은 1946~50년 기간의 새로운 5개년 계획의 작성을 지시했다. 이 계획에서 제안된 과학을 위한 자원은 주로 원자탄 계획을 지원하는 것이었지만, 자금이 투입될 여타 군사 프로젝트는 레이더, 로켓, 제트 엔진 개발이었다. 스탈린은 원자탄 프로젝트를 논의하기 위해 1946년 1월 25일 저녁 늦게 크렘린에서 쿠르차토프, 몰로토프, 베리야와 회합했다. 그는 플루토늄 폭탄을 위해 미국 설계를 복제하기로 한 자기 결정을 재확인하고 이 과업을 위해 필요한 모든 자원을 가용토록 했다. 이 독재자는 계속해서 신속한 결과가 나와야 될 필요성을 강조하고 이 치열한 작업 기간 동안 과학자들로부터 완전한 충성심을 기대한다고 말했다. 그는 추가해서 말하기를 봉급을 인상하여 과학자들의 생활을 개선할 계획이라고 했다. 이에 따라 다차(시골 별장)와 자동차를 소유할 수 있을 것이었다. 그리고 주요 업적에 대한 포상을 제안했다. 스탈린이 약속을 지켜 3월에 과학자들은 과거 봉급보다 2~3배 더 많이 받았다. 1946년의 전체 과학예산은 전년보다 3배 더 많았다. 쿠르차토프에게는 엄청난 선물이 있었다. ― 제2호 실험실의 새로운 부지에 방이 8개인 2층 집이 주어졌다. 유명한 건축가가 이탈리아 스타일로 설계한 이 집은 대형 유리창에 창틀은 훌륭한 목재이고 대리석 벽난로, 조각 나무 세공의 마루, 인상적인 중앙 계단이 있다. 건설은 1946년 초 시작되고 쿠르차토프와 그의 아내는 그해 11월 이사했다. 자작나무와 소나무 숲속에 자리 잡은 우아한 이 집은 동료들이 '삼림 감독관의 오두막'이라고 불렀다.[40]

　쿠르차토프가 1월에 스탈린을 만나고 얼마 지나지 않아 베리야는 보안업무에 대한 거의 총체적인 권한을 축적한 데 대해 독재자의 의심을 사게 되었다. 스탈린은 보안수장이 고위직을 전적으로 조지아 출신 충성파로 구성한 것을 비판한 후 그를 이름뿐인 높은 자리로 승진시켜 쫓아냈다. 그는 1946년 3월 베리야를 정식 정치국원 겸 각료회의 부의장으로 승진시켰다. 스탈린은 NKVD

(내무인민위원회)와 NKGB(국가안보인민위원회)를 인민위원회가 아니라 정부 부처로 만들어 그 관료적 권위를 높였다. 따라서 NKVD는 MVD(내무부)가 되고 NKGB는 MGB(국가보안부)가 되었다. 베리야는 그 부처에 직접 권한을 갖지 못하고 그의 조지아 출신 간부들은 러시아인으로 대체되었다. 스탈린의 피해망상적 논리는 명백했다. — 베리야는 이제 정부의 최우선 프로젝트에 완전한 책임을 지고 MGB로부터 핵 정보를 계속 받겠지만 프로젝트와 베리야 자신은 MVD의 감시를 받을 것이다. MVD 간부들은 독재자 덕에 승진했다.[41]

핵 인프라 구축

원자탄 프로그램이 마침내 정부의 최우선 사업으로 선정되었기 때문에 이제 그 감독자들은 4년간에 걸친 전면전으로 극심하게 파괴되고 지칠 대로 지친 나라에서 완전한 핵 산업을 건설해야 했다. 조직자들이 대량의 우라늄 공급원을 찾아 채광하고 정제하는 당면 과제는 중대하고 시간이 걸리는 일이었다. 본격적으로는 1945년 9월에 시작된 우라늄 추동 역시 가장 노동집약적인 일이었다. 소련 전역과 동독, 체코슬로바키아, 폴란드까지 걸친 채광 활동은 최대 36만 명(대부분 죄수들)이 참여했는데, 그들 대다수가 동유럽에서 일했다. 거기서 가장 생산성이 있는 매장량이 발견되었다. 1948년에 생산수요를 충족시킬 수 있는 우라늄 공급이 시작되었으며, 소련의 광원을 찾기 위한 집중적인 노력이 1950년대까지 계속되었다. 여타 금속에서 우라늄광을 선광하여 폭탄의 중핵부에 쓸 금속으로 정제하는 과정을 개발하는 데는 더욱 지속적인 노동이 필요했다. 베리야는 이 어려운 임무를 니콜라우스 릴(Nikolaus Riehl, 1901~1990)에게 맡겼다. NKVD는 1945년 6월 그를 몇몇 동료와 함께 모스크바로 데려왔다. 그는 상트페테르부르크 태생으로 러시아어를 유창하게 하고 전시에 베를린 교외에서 우라늄 정제 프로그램을 관리했었다. 릴과 그의 팀은 소련군이 독일에서 가져온 기계 일부를 사용해서 작업하던 중 두 단계, 즉 선광작업과 금속으로 제련하기 위한 우라늄 분쇄작업에서 문제에 봉착했다. 그는 소련 과학자들로부터 도움을 받고 최근 미국에서 발표된 보고서에서 증거를 찾아 작업 진도를 지체시킨 문제를 해결했다. 1946년 10월 무렵 그의 공장은 매주 3톤의 금속우라늄을 생산, 연쇄반응을 일으키려는 프로그램 활동에 사용할 수 있게 했다.[42]

쿠르차토프의 아주 많은 핵심 과학자들에게 어떤 지침을 준 미국 보고서는 이른바 스미스 보고서다. 프린스턴 물리학자 헨리 D. 스미스(Henry D. Smith)가 쓴 이 보고서는 제목이 군사 목적용 원자력이란 제목이 달렸는데 1945년 8월 11일 미국 정부가 발행한 이 보고서는 비밀 부분을 삭제하고 맨해튼 프로젝트의 역사를 기술했다. 이 보고서 발행은 일본에 두 개의 원자탄이 투하된 직후 투명성을 시도한 것이었다. 소련의 타스 통신에 제공된 여섯 부가 즉시 모스크바로 보내졌다. 텍스트는 러시아어로 번역되어 1946년 1월 30일 3만 부를 발간했다. 비록 보고서 발행 전에 원고를 검토한 미국의 과학자들과 정책 입안자들이 고도로 민감한 정보를 모두 삭제했다고 생각했을지라도 도움이 되는 논평이 남아 있었으며, 클라우스 푹스와 여타 정보요원이 제공한 정보와 통합되어 소련 프로그램에 이득을 안겼다.[43]

쿠르차토프는 실험용 원자로를 건설하는 중요한 분야를 직접 지휘했는데, 그 원자로는 플루토늄을 생산하는 대형 원자로에 쓰일 연료 원소들의 순도와 가장 효율적인 결합을 검증하기 위한 것이었다. 1943년 이래 흑연과 우라늄이 부족해서 지연된 다음 원자로에 대한 진정한 작업은 1946년 초에 겨우 시작되었다. 연말까지 원자로 팀이 11명에서 76명으로 확대되었다. 직원과 관리자들은 원자로를 F-1(Fizicheskii-1, Physical-1)이라고 불렀다. 1월에 쿠르차토프는 원통형의 금속우라늄 막대(슬러그) 1차분을 받았다. 이 소량의 막대를 흑연 감속재와 함께 시험한 후 과학자들은 막대의 순도 수준이 고르지 못하다는 결론을 내렸다. 그들은 꼬박 수 주 동안 매우 중요한 우라늄 막대의 일관성 있는 순도 수준을 얻을 방법을 개발한 후, 제조공장에 새로운 기법을 사용토록 지시했다. 이런 실험들이 제2실험실 부지의 두 개 텐트에서 진행되고 있는 동안, 원자로가 설치될 벽돌 건물의 건설이 시작되었다. 건물의 중심에 원자로가 들어갈 대형 구덩이를 23피트 깊이로 팠는데, 이는 오퍼레이터들을 방사선으로부터 차단하기 위한 것이었다. 건물은 가로 130피트, 세로 50피트이고 2층 높이였으며 터널로 지하통제실로 연결되었다. 통제실을 방사선으로부터 보호하기 위해 '붕소와 파라핀 혼합물을 속에 채운 벽돌과 납 블록으로' 사방 벽을 만들었다. 건물이 1946년 6월에 완공되었으며 변전소가 2개 신설되어 전력을 공급했다.[44]

원자로 심에 흑연 블록들을 격자형으로 설치했는데, 각 블록의 구멍 속에는 우라늄 막대를 끼워 놓았다. 순수 흑연 블록이 각 블록을 통째로 둘러싸기 때문에 핵분열 하는 중성자가 다음 막대에 있는 제2의 U-235 핵을 건드리기 전에 흑연과 부딪쳐 감속할 여유가 생기며 이어서 연쇄반응을 지속한다. 중성자 흡수율의 정확한 측정과 함께 시행착오를 통해 블록 사이의 거리를 결정하고 자동으로 지속하는 연쇄반응을 달성하는 데 몇 층의 블록이 필요한지를 결정했다. 핵분열 과정은 3개의 카드뮴 제어봉으로 관리되었다. 연쇄반응을 개시하려면 블록 더미의 중앙에 있는 제어봉 위치를 점차 올리면 되었다. 이 과정을 중단하려면 제어봉을 완전히 낮추면 되었다. 8월경 400톤의 필요한 흑연이 현장에 확보되었으며, 원자로의 자그만 첫 단계를 조립하는 중노동이 시작되었다. 이는 영속적인 연쇄반응을 일으키기에는 충분치 아니했을 것이나, 몇 층을 더 신속하게 추가해야 하는지 결정할 수 있는 측정치를 주었을 것이다. 11월경 과학자들은 제4차 조립이 작동할 것을 확신하고 순수 흑연과 우라늄이 적재된 흑연 블록 층을 추가로 쌓기 시작했다. 12월 24일 저녁 61번째 층이 완성될 때까지 추가했다. 크리스마스 날 62번째 층이 설치되었다. 쿠르차토프는 그날 오후 원자로 통제를 인수했으며 4명의 최측근을 제외하고 통제실에 접근하지 말라는 명령을 내렸다. 그는 점진적으로 제어봉을 올리면서 4인치씩 올릴 때마다 중성자 강도를 기록하기 위해 잠시 멈췄다. 마침내 오후 6시 그가 제어봉을 2인치 더 올리자 계측기들이 웅웅거리는 소리를 내고 불빛이 꾸준히 타올랐다. 쿠르차토프는 조용히 언명했다. "이제 우리는 해냈습니다." 북미 이외 지역에서 최초의 원자로가 1946년 크리스마스 날 본격적으로 가동되었다.[45]

유럽 최초의 원자로 완성은 두 형태의 도전을 받았다. 위에서 언급한 바와 같이 첫 도전은 베리야가 크리스마스 지나고 며칠 뒤에 원자로가 가동하는 것을 보자고 했을 때였다. 베리야는 시끄러운 계측기들과 번쩍이는 불빛만 보고 실망하여 잔뜩 의심만 했다. 골로빈과 스미르노프는 다음과 같이 글로 썼다. "베리야는 쿠르차토프가 그에게 사기를 치고 있다고 의심하기 시작했다." 이런 의심은 프로그램을 항시 지켜보는 내무부(MVD) 관리들도 마찬가지였다. 골로빈과 스미르노프는 최종적인 결론으로 다음과 같이 언급했다. "만약 원자탄이 폭발하지 않으면 팀 전체가 곤경에 처할 것임을 누구나 알고 있었다."[46]

다른 논란은 쿠르차토프의 업적이 감소하는지 그 여부를 둘러싸고 전개되었다. 감소론의 이유는 그가 미국 워싱턴 주 핸퍼드 국립연구소에 건설하기 위해 시카고대학교에서 설계한 실험용 원자로에 관해 스파이 활동을 통해 알게 된 것을 단순히 복제했다는 것이었다. 이런 논란이 일어난 근거는 아놀드 크라미시(Arnold Kramish, 1923~2010)의 1959년 책 『소련의 원자력』이다. 이 책은 핸퍼드 305 원자로와 소련 F-1의 사양을 면밀하게 비교함으로써 두 원자로가 현저하게 유사하다는 것을 보여줬다. 한 가지 현저한 차이는 F-1은 우라늄을 45톤 사용한 데 반해 핸퍼드 305는 27톤을 사용했다. 크라미시가 정확하게 분석했듯이 그 차이는 소련 우라늄 막대가 불순한 결과였다. 크라미시는 1958~59년에 구할 수 있는 단편적인 증거를 평가하면서 스파이들이 쿠르차토프의 F-1을 위해 설계 사양을 제공했음을 강력하게 시사하고 있다.[47]

비밀이 해제된 기록을 이용한 후속 연구에 의하면 소련의 원자탄 프로그램에 간첩들이 기여한 바에 대해 추가 정보가 많다. 크라미시 이론을 뒷받침하는 가장 직접적인 증거는 알렉산더 바실리예프(Alexander Vassiliev)가 제공한 것이었다. 그는 미국에서 원자탄에 관해 간첩들이 수집한 정보를 담은 MGB 파일을 방대하게 기록하여 1990년대 초 들고 나왔다. 그의 폭로에 의하면, 케임브리지의 캐번디시 연구소에서 일한 이주 오스트리아 물리학자 엥겔베르트 브로다(Engelbert Broda, 1910~1983)가 MGB의 첩자였다. 브로다는 시카고대학교 금속공학연구소에서 설계한 원자로 계획을 런던 주재 소련 공작관에게 제공했다. 1944년 3월 29일 런던 주재 KGB 거점장은 이 계획을 모스크바에 보내면서 여기에는 "원자로를 건설하는 데 필요한 모든 정보가 담겨 있으며 특별히 중요하다"고 언명했다. 핸포드 305 원자로의 설계는 1943년 6월 시카고대 금속공학연구소에서 시작되어 건설은 1944년 3월 워싱턴 주 핸포드에서 완공되었다. 바실리프의 기록이 출간되기 10여 년 전에 저술한 리처드 로드(Richard Rhodes)는 F-1 설계가 첩보활동의 덕을 보았을지 모른다는 크라미시 주장을 받아들였지만, 쿠르차토프와 그의 동료들이 일련의 중성자 흡수율을 시험하고 가장 효율적인 모델을 찾기 위해 몇몇 격자형 설계를 건축했으며 성공적인 연쇄반응을 달성하기 위해 흑연과 우라늄의 정제과정에서 결정적인 개선을 했다고 이어서 주장한다. 그가 내린 설득력 있는 결론은 미국의 연구로부터 상당한 도움을 받아 소련 프로그램은 상당한 진척을 했다는 것이다.[48]

쿠르차토프는 일찍이 1945년 5월 플루토늄 생산단지를 계획했으나 그런 계획이 고출력 수준을 계속 유지할 수 있는 대형 원자로를 설계하는 데 새로 상당한 문제를 초래할 것임을 깨달았다. 1946년 6월 그는 니콜라이 돌레즈할(Nikolai Dollezhal, 1899~2000)에게 원자로 설계의 도움을 요청했다. 그는 화학기계제작연구소 소장이며 열병합발전소 전문가였다. 다수의 새로운 문제가 해결되어야 했다. 예를 들면 냉각수 계통을 어떻게 구축할지, 플루토늄을 분리하기 위해 방사된 우라늄 연료막대를 어떻게 제거할지, 부식을 방지하기 위해 연료막대를 어떻게 봉인할지, 오퍼레이터를 보호하기 위해 어떻게 원격 통제를 수립할지, 흑연 격자와 연료막대의 수직 구멍을 어떻게 배열하지 등이었다. 최

대의 난제는 연료막대를 봉인(canning)하고 알루미늄 냉각 튜브를 건설하는 것이었다.[49]

챌리아빈스크-40이라고 명명된 새로운 도시가 우랄 산맥 동쪽에 건설되었는데, 근처에 테차 강과 대형 발전소, 4개의 강제노동수용소가 있었다. 벌목이 되고 도로가 건설된 다음 도시건설이 1946년 여름 시작되었으며 MVD 소장 감독하에 7만 명의 죄수들이 노동을 했다. 경비원으로 일한 한 병사의 기술에 의하면, 이 도시가 3개의 동심원 지대로 건설되고 각 지대는 철조망과 경비원으로 둘러싸였다. 외곽지대는 과학자와 엔지니어, 기술자들(일부는 가족 동반)이 거주하고 중간 지대는 병사와 죄수들이 거주했다. 중심 지역은 원자로와 원격 통제실이 들어 있는 대형 건물이 차지했다. 원자로 자체는 죄수들이 수작업으로 파낸 60피트 깊이 구덩이의 지하에 위치했다. 10피트 두께의 벽이 내부의 원자로를 감싸고 물탱크로 그 구덩이를 둘러쌌다.[50]

원자로가 들어선 건물이 1947년 말경 완공되었으며, 다음 해 초 쿠르차토프와 바니코프는 챌리아빈스크-40으로 이사를 와서 현장에 있는 철도 객차에서 생활했다. 원자로 건설 자재는 모스크바에서 가져왔으며 원자로 심에 필요한 대량의 흑연은 단지 내의 새로 지은 공장에서 생산되었다. 새 도시에서의 작업은 훈련된 인력, 특히 화학자 및 엔지니어가 부족하여 몇 개월 지연되었다. 원자로의 조립은 3월에 시작되었다. 3개월 동안의 집중적인 작업 끝에 원자로가 세워지고 설비와 통제 시험이 시작되었다. 발전 원자로는 6월 7일 임계상태에 이르고 몇 단계를 거쳐 연료와 전력 생산을 늘렸다. 1948년 6월 22일 설계 수준 10만 킬로와트에 이를 때까지 그렇게 했다. 연료막대의 봉인이 부식되면서 심각한 문제가 발생했는데, 더욱 중요한 것은 막대가 부풀고 주름이 짐으로써 방전관에 걸리게 되었다. 원자로가 폐쇄되고 우라늄이 제거되었다. 문제를 상당히 분석한 다음 해결책을 발견하여 원자로를 수정하게 되었다. 재건설된 원자로는 1948년 말 가동에 들어갔다.[51]

골로빈은 더 이상 설명을 하지 않고 다음과 같이 촌평을 했다. "그의 생애에서 가장 어려운 시기인 1948년 8월 쿠르차토프는 소련공산당 당원이 되었다."
이는 어쩌면 베리야가 쿠르차토프와 그의 직원들에게 원자로의 부풀어 오른
연료막대로 인한 재앙을 놓고 사보타주 가능성에 대해 날카로운 질문을 던진
결과일지 모른다. 하지만 우리는 추측을 할 뿐이다.[52]

사용가능한 플루토늄 생산의 여타 단계는 첼리아빈스크-40에서 동시에 진
행되었다. 두 번째 시설이 방사된 우라늄 막대로부터 플루토늄을 분리하는 일
을 맡았다. 미국 핸포드 연구소에서 성공적으로 사용된 침전법에 따라 과학자
들은 막대를 질산에 넣어 용해시켰다. 이로 인해 대량의 방사능 크세논과 요오
드 가스가 배출되어 높은 굴뚝을 통해 넓은 지역으로 확산되었다. 이 과정에서
기술과 안전 면에서 복잡한 문제가 드러나 1949년 초에 이르러 이를 해결한 뒤
에야 시설이 플루토늄을 생산하기 시작했다. 플루토늄을 정제하고 금속으로
변환하도록 설계된 시설은 건설 중이었기 때문에 이 과정에 쓰일 기계가 임시
시설에 설치되었다. 1949년 2월 질산으로 녹인 첫 플루토늄 용액이 나왔다. 이
용액을 정제하여 4월 중순 금속공학 팀에 보냈으며, 6월 무렵 원자탄 한 발을
위한 플루토늄이 충분히 생산되었다.[53]

비록 쿠르차토프가 내폭형(implosion) 플루토늄 폭탄에 대한 작업을 직접 지
시했지만, 그는 과학자 팀을 조직하여 다른 비밀도시에서 핵무기를 만드는 대
체 방안들을 추구했다. 하나는 포격형(gun) 우라늄 폭탄을 제조하기 위해 동위
원소 분리와 우라늄 농축에 집중했다. 다른 하나는 전력생산을 위해 중수 원자
로 구축에 집중했다. 세 번째는 수소폭탄 개발을 위한 프로그램을 시작했다.
수소폭탄, 즉 열핵융합 폭탄이 가장 중시된 방안이었다. 그것은 1948년 1월 모
스크바에 있는 과학원 물리학연구소에서 원로 물리학자이며 나중에 노벨상을
탄 이고리 탐(Igor Tamm, 1895~1971)의 주도하에 시작되었다. 그는 뛰어난 젊
은 물리학자들 팀을 선발했다. 여기 포함된 인사들은 안드레이 사하로프(And-
rei Sakharov, 1921~1989), 세미온 벨렌스키(Semyon Belensky), 비탈리 긴즈부르
크(Vitaly Ginzburg, 1916~2009)였다. 1948년 말경 사하로프는 수소폭탄을 위한

단층 케이크 설계 개념을 이미 개발하고 개선했다. 이 아이디어는 에드워드 텔러(Edward Teller, 1908~2003)가 독자적으로 로스앨러모스에서 생각했던 것이다. 다음 해 초 베리야의 강요에 의해 사하로프는 율리 카리톤(Iulii Khariton, 1904~1996)과 함께 일하기 위해 사로프에 있는 아르자마스-16으로 옮겨갔다.[54]

아르자마스-16에서의 주요한 작업은 내폭형 플루토늄 폭탄을 위한 폭발 메커니즘의 구축과 실험이었다. 모스크바 동쪽 250마일 떨어진 원격지에 1946년 설립된 새로운 연구소는 오래된 정교회 수도원 장소에 세워졌고 강제노동수용소 근처에 있었다. 강제노동수용소의 노동자들이 건설 등 중노동에 동원되었다. 카리톤은 기폭(detonation)과 폭발(explosion)을 전문으로 하는 화학자와 물리학자들을 직원으로 선발했다. 그들이 하는 일은 기폭 시 플루토늄을 압축하여 연쇄반응을 일으킬 플루토늄 영역을 담을 고폭 상자를 만드는 것이었다. 이 과정에서 가장 복잡한 국면은 모든 지점에 균등한 힘이 동시에 가해지도록 플루토늄을 압축하기 위해 분산된 충격파를 집중된 구면파로 전환시키는 렌즈 시스템을 설계하는 것이었다. 연쇄반응이 100만분의 1초 단위로 정확하게 제때 시작하도록 보장하기 위해 플루토늄 영역의 중심에 중성자 발생장치를 세우는 것이 여기에 관련된 결정적인 요소였다. 여러 번에 걸친 실험과 수정을 거친 다음 1949년 봄 이런 단계들이 마무리되고 원격 통제 센터로부터 기폭을 위한 전기시스템의 건설이 완성되었다.[55]

전쟁으로 황폐화된 소련에서 3년 만에 완전히 새로운 원자산업을 구축한 것은 경이로운 업적이었다. 그것은 소련이 과학과 공학 인재를 확보하고 있고 지도부의 최우선 프로젝트에 자원을 집중시킬 수 있는 명령경제 체제임을 실증한 것이었다. 하지만 원자탄을 제조하기 위한 단기 속성 계획은 비용이 엄청나게 많이 들어갔다. 가장 광범위한 피해는 채광과 건설공사에 동원된 죄수 노동자들의 건강이었다. 죄수들 가운데 방사능 노출, 사고, 영향실조 또는 질병으로 사망한 자들에 대한 정확한 통계는 없지만 36만 명으로 추산되는 채광과 건설공사에 동원된 죄수들 중 집으로 돌아온 사람들이 별로 없었다는 게 분명한 결과였다. 방사능 물질을 취급한 사람들에게 적절한 안전복과 안전장비가 부족했다는 것이 값비싼 대가를 치른 또 다른 요인이었다. 원자로, 우라늄과 플루토늄의 화학적 분리와 정제 그리고 폭탄 조립에 종사한 과학자, 엔지니어 및 기술자들은 1949년부터 시작해서 방사선 병과 암 발생을 빈번하게 보고했다. 원자산업 창조의 마지막 대가는 심각한 환경파괴였다. 단지 한 예만 든다면 첼리아빈스크-40 복합단지는 1948년과 1951년 사이 고준위 및 중준위 방사성 폐기물을 7,600만 입방미터 방출했다. 이 폐기물이 현지 강으로 흘러 들어가 1만 명의 지역 주민들을 이전시키고 여타 도시와 마을을 위해 새로운 수원지에서 물을 공급해야 했다. 적어도 6개의 여타 원자 생산 시설이 있었으며 여기에 추가하여 유사한 오염을 발생시킨 우라늄 광산이 중앙아시아와 중부 및 동부 유럽에 있었다.[56]

최초의 핵실험

비록 카리톤이 나가사키에 투하된 플루토늄 폭탄 팻맨(Fat Man)의 설계 명세서를 가지고 있었지만, 그는 폭탄이 자기들이 개발한 재료로 작동하는지를 가능한 한 확인하기 위해 자신의 팀원들이 직접 모든 계산을 하고 실험을 했다고 강조했다. 아르자마스-16의 과학부장으로서 그는 점화에 이은 폭발 진행의 모든 요소를 점검하고 또 점검하라고 지시했다.[57]

쿠르차토프의 과학자들과 엔지니어들은 과학적 요구와 시간적 압박에 시달린 데다 보안요원들과 당 관리들의 끊임없는 의심을 받으면서 작업을 해야 했다. 이를 분명히 보여주는 일화가 많지만 하나만 보자. 아나톨리 알렉산드로프(Anatolii Aleksandrov, 1903~1994)가 첼리아빈스크-40에서 플루토늄 반구(半球)에 관한 최종 작업을 하고 있을 때 페르부킨이 일단의 장군들 및 시설장과 함께 도착했다. 그가 무슨 일을 하고 있는지 설명한 다음 알렉산드로프는 다음과 같이 썼다.

> 그들은 이상한 질문을 했다. "당신은 왜 그것이 플루토늄이라고 생각하는가?" 나는 말하기를 그것을 획득하기 위한 전 기술 과정을 알고 있으며, 그렇기 때문에 그것이 플루토늄이며 다른 것일 수 없다고 확신한다! "하지만 당신은 왜 쇳조각이 그것을 대체할 수 없다고 확신하는가?" 내가 플루토늄 한 조각을 알파선용 계수기에 갖다 대자 즉시 치직 소리가 나기 시작했다. 나는 말했다. "보십시오. 알파선이 작용하고 있습니다." 누군가 다음과 같이 말했다. "하지만 그 표면에 플루토늄을 문질렀을지 모르며 그래서 치직 소리가 난 것이다." 나는 화가 나서 그 조각을 들고 그들에게 내밀었다. "만져보세요. 뜨겁습니다!" 그들 중 한 명이 쇳조각을 데우는 데 오래 걸리지 않는다고 말했다. 그때 나는 "아침까지 앉아서 지켜보시고 플루토늄이 여전히 뜨거운지 확인하세요. 하지만 나는 자러가겠습니다"라고 대꾸했다. 이제야 납득이 된 그들이 떠났다.[58]

두 개의 플루토늄 반구가 1949년 6월 첼리아빈스크-40에서 완성된 후 아르자마스-16으로 운송되었다. 거기서 게오르기 플료로프(Georgii Flerov, 1913~1990)는 위험한 실험을 실시했다. 이 실험은 반구가 높은 폭발 압력을 받을 때 임계질량에 도달하도록 보장하는 것이었다. 플료로프의 실험이 성공적으로 종결되었을 때 쿠르차토프는 폭탄을 실험할 준비가 되었다고 크렘린에 보고하고, 카자흐스탄 내 실험장으로의 이송 승인을 요청했다.[59]

실험을 승인하기 전에 스탈린은 주요 과학자들과 엔지니어들이 모스크바로 와서 그에게 준비상황을 보고하라고 지시했다. 그들은 한 사람씩 총리와 베리야를 만났다. 쿠르차토프가 첫 번째이고 그다음은 카리톤이었다. 카리톤이 평생 한 번 만난 스탈린에게서 받은 질문은 확보된 플루토늄을 반으로 나누어 강도가 약한 폭탄 두 개를 만들면 실험 후에 하나가 남지 않겠느냐는 것이었다. 신경이 곤두선 이 물리학자는 폭탄 설계상 현재의 중핵부에 들어간 플루토늄이 전량 필요하기 때문에 가능하지 않을 것이라고 답변했다. 스탈린은 이 대답을 받아들이고 더 이상 논의하지 않았다. 쿠르차토프와 카리톤은 스탈린이 제2의 폭탄을 원한다는 데 주목하여 실험하기 전에 서둘러서 플루토늄을 더 많이 생산하고 중핵부를 하나 더 제작했다. 스탈린은 새로운 탱크나 항공기에 대해 브리핑을 받을 때 기술적인 질문을 많이 한 것과 대조적으로 핵과학자들에게는 기술적인 질문을 던지지 않았다. 실제로 쿠르차토프는 나중에 다음과 같이 언급했다. "내가 스탈린과 면담하고 있을 때 그가 몹시 지루해한다는 인상을 받았다. 나는 말을 아주 짧게 하고 빨리 끝냈으며 가급적 입을 다물었다. 그는 기술에 대해서는 한 마디도 묻지 않았다. [그의 생각을 느낀 것이지만] 나는 성가신 파리처럼 윙윙거리고 있었으며 그는 내가 빨리 끝내주기를 바랐다."[60]

폭탄 실험 시간이 다가옴에 따라 주요 원자 도시의 보안이 강화되었다. 시민 대부분의 경제상황과 비교할 때 과학자들의 봉급과 생활상태가 대단히 좋았음에도 불구하고 의심과 공포 분위기가 삶을 불편하게 했다. 아르자마스-16에서 대규모 단지는 주변이 철조망과 경비원으로 둘러싸여 있었다. 특별 허가를 받지 않고는 아무도 떠날 수 없었다. 비밀엄수가 철저히 시행되고 연구정보는 서로 영향을 주지 않도록 차단되었다. 안드레이 사하로프가 아르자마스-16에 도착했을 때 다음과 같은 소리를 들었다. "어디나 비밀이 있다. 당신과 관련이 없는 것은 모르면 모를수록 당신을 위해 더 좋은 일이다." 쿠르차토프, 카리톤, 젤도비치와 같은 수석 과학자에게는 경호원들이 붙었는데, 이들은 안전을 제공하지만 밀고자 역할도 했다. 카리톤이 몇 년 뒤 인터뷰에서 말하기를 "베리야의 부하들이 없는 데가 없었다". 고발이 장려되었는데, 이는 1930년대의 숙청을 연상시켰다. 카리톤이 쿠르차토프의 생일을 축하하기 위해 만찬에 참석했을 때 베리야의 간부 요원이 위협하듯이 다음과 같이 말했다. "당신을 고발하는 투서가 얼마나 많은지 알기나 해!" 그는 그 은근한 협박을 제대로 가한 후 "하지만 나는 그런 고발을 믿지 않는다"고 부언했다. 참석자 모두가 깨달았듯이, 보안기관이 원하면 언제든지 고발 투서를 활용할 수 있기 때문에 위험이

상존해 있었다.[61]

　'세계주의자들'에 대한 탄압이 1949년 11월 시작되었는데, 이 활동이 또한 물리학자 등 과학자들을 위협했다. 이념적 순수성을 강요하기 위한 이 활동은 유대인 및 서방과 유대를 갖고 있는 지식인들을 겨냥했다. 쿠르차토프가 정기적으로 비난을 받은 것은 그의 주변에 유대인 과학자들이 많았고 서방과학자, 저작물과 관련된 과학자들이 많았기 때문이었다. 카리톤이 특히 위험에 처했다. 그는 유대인이었고 케임브리지에서 박사학위를 받았으며 양친이 볼셰비키가 정권을 장악한 다음 러시아를 탈출했다. 1948년 8월 스탈린의 적극적인 지지를 받은 트로핌 리센코(Trofim Lysenko, 1898~1976)는 부르주아가 마르크스-레닌주의를 무효화하려고 멘델의 유전학을 날조했다고 주장하면서 유전학을 생물학과 농학에서 추방하는 운동을 주도했다. 정부와 가까운 철학자들과 물리학자들 사이에서도 그와 유사하게 물리학에 대한 외국의 영향을 공격하자는 선동이 있었다. 이 시점에서 쿠르차토프는 예방조치를 취했다. 그의 동료인 이고르 골로빈은 원자탄을 만드는 마지막 단계에 관한 그의 책에서 다음과 같이 썼다. "1948년 8월 쿠르차토프는 그의 생애에서 가장 어려운 이 시기를 맞아 소련공산당의 당원이 되었다."[62]

　물리학이 정화되기를 갈망하여 600명의 전문가들이 참가하는 전국회의가 집중적으로 추진되었는데, 여기서 소련 물리학에 적합한 개념들을 논의할 예정이었다. 이런 회의 추진은 1930년대 모스크바대학교의 물리학자들과 과학원 물리학자들 간 투쟁의 연장이었다. 수사적인 수준에서 볼 때, 상대성과 양자역학 이론이 서방의 작품으로서 변증법적 유물론과 양립할 수 없는 오류라는 모스크바대 학자들의 주장을 놓고 싸움이 벌어졌다. 하지만 근본적으로 볼 때, 대학교 인사들이 격분한 이유는 과학원이 최고 물리학자들을 영입하고 정부의 연구 지원금을 대부분 가져갔으며 아울러 원자 프로젝트에서 모든 주요한 자리를 차지한 데 있었다. 과학원의 원로 물리학자들이 반격을 가했지만 효과가 별로 없었다. 쿠르차토프 등 3명의 저명한 물리학자가 베리야에게 전국

회의 취소를 촉구했을 때 비로소 반격이 성공했는데, 그들은 그 회의가 소련 물리학을 훼손하고 플루토늄 폭탄 완성을 지연시킬 것이라는 이유를 들었다. 베리야는 이 문제를 스탈린에게 들고 갔다. 스탈린은 회의가 3월 21일 개최되기 수일 전에 취소에 동의했다. 폭탄제조 작업을 하는 물리학자들에 대해 스탈린은 보안수장에게 다음과 같이 말했다. "그들을 평화롭게 내버려둬라. 우리는 나중에 언제라도 그들을 총살할 수 있다." 소련의 물리학은 국익에 도움이 되었기 때문에 독립된 지적 분야로 살아남았다. 러시아의 전형적인 아이러니지만, 과학원 물리학자 레프 란다우(Lev Landau, 1908~1968)가 소련 물리학이 옹호된 것은 '핵 억지가 성공한 최초 사례'라고 언명했다.[63]

원자탄은 1948년 8월 늦게 카자흐스탄의 스텝지대에서 실험되었다. 세미팔라틴스크-21이라고 명명된 도시가 동일한 이름의 도시 북서쪽 85마일 떨어진 곳에 건설되었다. 나중에 이름이 쿠르차토프로 바뀌었다. 실험 장소는 새로운 도시 남쪽 43마일이었다. 실험장 건설은 2년 전에 시작되었다. 폭탄은 콘크리트 토대 위에 세워진 100피트 높이의 철탑 꼭대기에서 폭발시킬 계획이었다. 인근의 철근 콘크리트 작업장에서 폭탄을 조립한 후 선로 위의 기중기로 철탑으로 옮길 예정이었다. 폭탄의 파괴력을 검사하기 위해 노동자들이 작은 목조 건물들, 4층짜리 벽돌집들, 교량, 터널, 급수탑 등을 건설했다. 철탑으로부터 다양한 거리에 철도 기관차, 자동차, 탱크, 대포 등을 갖다놓았다. 동물들은 철탑 인근의 실외 우리와 울타리 친 헛간에 놔뒀다. 방사능 수준과 충격파 압력을 측정할 도구들을 광범위하게 배치하고, 폭발을 기록하기 위해 고속 카메라를 설치했다.[64]

쿠르차토프는 5월에 세미팔라틴스크-21에 도착했다. 핵실험 책임자인 그는 실험을 준비하는 수천 명의 과학자, 엔지니어, 노동자들 외에 최대한의 보안을 유지하기 위해 파견된 군부대도 책임지고 있었다. 쿠르차토프와 카리톤은 모든 폭탄 부품의 검사를 감독하고 폭파와 관련된 모든 사람이 자기 역할을 숙지하도록 그리고 장비와 통신이 제대로 작동하도록 보장하기 위해 두 번에 걸친 완벽한 예행연습을 실시했다. 실험을 실시하기 며칠 전 베리야가 행사를 참관할 예정인 군부와 정부의 고위 관리들로 구성된 국가위원회 의장 자격으로 도착했다. 보안수장이 내무부(MVD) 장교단을 거느리고 등장함으로써 모든 사람이 다가오는 핵폭탄 실험에 따라 자신의 안전과 어쩌면 목숨까지 결정된 것임을 잠시라도 망각할 수 없게 되었다.[65]

암호명 첫 번째 번개(First Lightening)인 실험은 1949년 8월 29일 오전 6시에 실시될 예정이었다. 엔지니어들은 오전 2시부터 폭탄을 철탑으로 옮겼으며, 물리학자들은 바깥 표면의 고폭 블록 속에 64개의 뇌관을 삽입하고 여기에 불을 붙일 케이블을 연결했다. 폭탄이 작업장 밖으로 옮겨지자 베리야는 몇 시간 동안 잠을 자러 갔지만, 쿠르차토프는 다시 한 번 실험의 세부사항을 점검하기 위해 지휘 벙커로 돌아왔다. 제로 지점(핵폭탄이 터지는 지점_ 옮긴이)으로부터 6마일 떨어진 곳에 위치한 지휘소는 높은 제방 뒤에 차폐되었다. 과학자들과 고위 군 장교들을 위한 여타 관측 벙커는 실험장에서 북쪽과 남쪽으로 몇 마일 더 떨어졌다. 이슬비가 내리고 시야가 좋지 않아 실험이 오전 7시까지 연기될 수밖에 없었다. 폭발 30분 전 카운트다운이 시작되었을 때 쿠르차토프와 간부급 동료 및 관리자들은 베리야와 그의 위원들과 함께 지휘 벙커에서 대기했다. 쿠르차토프가 왔다 갔다 하자 결코 낙관주의자가 아닌 베리야가 비난조로 발언했다. "이고리, 아무 일도 일어나지 않을 것이야." 물리학자는 대답했다. "그렇게 생각하지 않습니다. 우리는 분명히 해낼 것입니다."[66]

폭발이 완벽하게 일어났다. 번쩍하는 빛이 몇 초 동안 온 지역을 뒤덮었고, 실험 장소에서 하얀 불덩이가 솟았으며, "충격파가 벙커를 때려 굉음이 울렸다". 안도한 쿠르차토프는 자부심이 넘쳐 선언하기를 "됐다, 됐어!" 베리야는 쿠르차토프와 카리톤을 끌어안고 앞이마에 입맞춤을 했다. 모두가 기쁨의 함성을 지르고 서로서로 축하했다. 그런데도 보안수장은 의심을 억누를 수 없었다. 그는 전화기로 달려가서 MVD 과학자들 중 한 명을 불러냈다. 1946년 7월 비키니 섬에서 실시된 미국의 핵실험을 참관했었던 그 과학자가 지금은 북쪽

관측소에 있었다. 베리야가 그에게 물었다. "이것이 미국 것과 같아 보였나? 우리가 잘못 한 일은 없나? 쿠르차토프가 우리를 속이는 것 아니야? 똑같은가? 좋지! 좋아!" 베리야는 직접 스탈린에게 긍정적인 결과를 보고하기 위해 즉시 크렘린으로 전화를 걸었다. 그 독재자가 아직 취침 중이라는 경고를 받았음에도 불구하고 그는 "긴급 상황이다"라고 하면서 깨우라고 고집했다. 짜증이 난 스탈린이 전화를 받고 말하기를 "원하는 게 뭐야? 왜 전화를 걸어?" 실험이 성공했다는 소리를 듣자마자 그는 "이미 알고 있네"라고 하면서 전화를 끊었다. 화가 머리끝까지 난 베리야는 근무 중인 장군에게 다음과 같이 분통을 터트렸다. "너는 여기서도 나를 염탐하는구나! 네놈을 가루로 갈아버리고 말겠다!"67

베리야가 씩씩대고 있는 동안 과학자들이 방사선 강도를 기록하고 흙 샘플을 수거하기 위해 납을 입힌 탱크 두 대를 타고 제로 지점으로 갔다. 보건부 차관 겸 방사선방호청 청장인 A. I. 부르나지안(A. I. Burnazian)이 폭발 지역으로 들어가는 탱크를 책임지고 있었다. 그는 다음과 같이 썼다. "원자탄이 거치된 철탑은 콘크리트 지반과 함께 사라졌다. 금속은 증발했다. 철탑이 있던 자리에 거대한 분화구가 입을 크게 벌렸다. 주변의 노란색 모래흙은 응고되어 유리로 변해 탱크바퀴 밑에서 무시무시하게 탁탁 소리를 냈다." 부르나지안은 지휘 벙커로 돌아오는 도중에 쿠르차토프와 그의 수석 과학자들을 만났는데, 그들은 실험 장소를 조사하기 위해 방호되지 않은(납을 입히지 않은_ 옮긴이) 경트럭을 타고 오고 있었다. 그날 늦게 쿠르차토프는 실험에 관해 보고서를 손으로 써서 비행기 편에 스탈린에게 보냈다. 측정에 의하면, 그 폭발의 출력(yield)이 TNT 2만 톤에 상당했으며, 앨러모고도(미국 뉴멕시코 주 남부의 도시로 근처 사막에서 1945년 7월 최초의 원폭 실험을 했음_ 옮긴이)에서 실험한 것과 나가사키에 투하된 것과 거의 같았다.68

주요 과학자들과 관리자들은 풍성한 상과 명예를 받았다. 스탈린은 10월 29일 포상을 승인하는 각료회의 포고령에 서명했다. 데이비드 할로웨이에 의하면 베리야가 기초한 포고령은 다음과 같이 논리적이지만 으스스한 원칙에 근거한 것이었다. "실패할 경우 총살감인 자들이 이제 사회주의 노동의 영웅이 되었다. 무기형을 받을 자들이 레닌 훈장을 받게 되었다. 이하에는 기타 등등의 명단이 있다." 13명의 과학자가 최고 영예인 사회주의 노동 영웅을 받았다. — 예를 들면 쿠르차토프, 카리톤, 젤도비치, 플레로프, 칼로핀 그리고 독일인 니콜라우스 릴이다. 릴은 우라늄을 정제하여 금속으로 제조하는 과정을 개발했다. 최고 수상자들은 현금도 듬뿍 받고 고급 자동차(쿠르차토프와 카리톤은 최고급 모델 ZIS-110을, 다른 수상자들은 포베다를 받음)를 받았다. 그들은 제1급 스탈린상 수상자로 지정되어 소련 내에서 그들 자신과 가족들에게 무료 교통이 제공되고 자녀에게 무료 교육이 제공되었으며 모스크바 교외의 별장도 받았다. 원자 프로젝트의 책임자인 쿠르차토프는 크림 반도에 별장 하나를 받았다. 직책이 낮은 직원들은 여타의 메달과 상을 받았다.[69]

최초의 원자탄 제조는 이런 소련의 과학자들과 관리자들의 획기적인 업적이었다. 1945년 8월 국가의 최우선 과제로 착수한 지 4년 만에 성공적인 실험을 성취한 것이었다. 미국에서 루스벨트가 원자탄 개발을 위해 최대한 노력을 경주하기로 1941년 10월 결정한 후 소요된 기간보다 3개월이 더 걸렸을 뿐이다. 원자탄 개발 프로젝트에 들어간 비용은 막대했다. 예를 들어 소련이 추정한 1950년도 비용은 국내총생산 6,000억 루블 가운데 1.3%를 차지한 80억 루블이었다. 흥미로운 것은 당시의 CIA 추정치가 거의 같은 결론에 도달했다는 것이다. 소련경제가 당면한 도전은 엄청났다. 지도자들은 전쟁으로 황폐한 국가에서 원자산업을 통째로 발전시켜야 했다. 억압과 공포에 기초한 정치체제를 감안할 때 스탈린은 베리야로 하여금 전체 프로젝트를 맡아서 추진토록 할 만큼 능수능란했다. 결국 베리야는 업적이 더 많고 훈장을 더 많이 받은 물리학자들보다 쿠르차토프를 과학 책임자로 선정하는 영감을 받았다. 쿠르차토프는 핵물리학에 조예가 깊은 데다 비상한 조직 기량과 사람에 대한 판단력까지 겸비했다. 그는 프로그램 진행과정을 체계화하고 각 부문을 이끌 과학자를 체계적으로 선발했으며, 산업 관리자들, 베리야의 의심 많은 요원들 그리고 과학자들과 잘 협력하는 능력을 보여주었다. 이에 못지않게 중요한 것은 스탈린과 베리야에게 진행상황을 계속 보고하고 필요한 지원을 받은 능력이었다.[70]

원자탄을 개발하는 데 최대의 장애물은 충분한 우라늄 공급원을 찾기 힘든 것이었다. 소련 과학자들은 이론과 실험 작업에서 능력이 출중하고 흑연, 우라늄, 플루토늄의 분리와 정화에 필요한 기계를 설계하고 제작하는 일을 종종 수작업으로 하면서 임기응변의 재주가 뛰어남을 보여줬다. 우라늄 부족으로 진척이 중단된 적이 여러 번 있었다. 끝으로 소련의 프로그램이 미국과 영국에서 취득한 정보로부터 얼마나 많은 이득을 보았느냐 하는 문제가 있다. 소련과 미국 전문가들이 최선을 다해 추정한 바에 의하면, 클라우스 푹스와 여타 첩자들이 입수한 정보로 쿠르차토프와 그의 동료들이 원자탄 제조 경주에서 18개월을 절약했다. 하지만 그 정보가 없었더라도 물리학자들은 히로시마에 투하된 것과 유사한 포격 결합형 U-235 원자탄을 외부의 도움 없이 1951년에 개발하고 실험했을 것이다.[71]

무기생산 확대

내폭형 원자탄의 설계를 개선하려는 작업이 첫 핵실험 전에 시작되었다. 1951년 9월 실험된 이 폭탄은 최초 모델의 2/3 무게로 2배의 핵 출력을 냈다. 1951년 10월 Tu-4 폭격기에서 투하된 폭탄의 복합 플루토늄 코어를 만들기 위해 고농축 U-235를 추가한 결과, 약간 더 높은 핵 출력이 나왔다. 1953년 부양 코어 설계로 상당히 발전된 내폭형 폭탄이 중거리 IL-28 폭격기에서 투하 실험되었다. 이 소형화된 시제품이 낸 출력은 복합 코어 설계의 70%였지만 폭탄 무게가 그 38%밖에 되지 않았다. 부양 설계 플루토늄 폭탄은 유럽 전장의 전술적 용도에 적합했다. 이 기간 동안 최종 주요 발전은 1953년에 실시된 강화된 열핵(수소)폭탄 실험이었다. 이 모델은 삼중 수소로 강화된 우라늄 탄피 속

표 15.1 소련의 핵무기 숫자, 계획 및 비축 1949~1954

연도	무기 계획	무기 비축
1949	2	1
1950	7	10
1951	18	35
1952	30	40
1953	42	68
합계(1954년까지)	99	154

자료: Table compiled by Alexey Katukhov from data given by L. D. Riabeva, ed., Atomnyi proekt SSSR: Dokumenty i materialy, *The atomic project of the Soviet Union: Documents and materials*, 7 vols. (Moscow: Nauka, Fizmatlit, 1999), book 3, 342-44, and book 5, 342.

에 중수소화 리튬을 코어로 사용했다. 핵 출력이 이전 실험보다 10배 높았다. 그것은 진정한 수소폭탄이 아니었지만 궁극적인 목표를 향한 중요한 단계였다. 이고르 탐과 안드레이 사하로프가 지향한 그 목표는 1955년 11월 2단계 수소폭탄 실험을 통해 달성되었다. 당시 이들이 설계한 폭탄은 160만 톤의 핵 출력을 생산했는데, 이는 대충 1949년 최초 실험한 폭탄의 100배 위력이었다.[72]

여러 무기 설계 팀이 중량 대 출력 비율을 개선하는 한편, 첼리아비스크-40에 있는 새로운 시설이 핵분열 물질 생산을 극적으로 증대시켰다. 1953년 6월 무렵에는 그 단지 내에 4기의 플루토늄 생산 원자로, 한 기의 삼중 수소 생산 원자로, 우라늄-233을 만드는 한 기의 중수로가 가동되었다. 이런 원자로들은 연간 플루토늄 620파운드, 삼중 수소 1,550파운드, U-233 44파운드를 생산했다. 기체 확산 공장에서 농축 우라늄을 생산하기 위해 상당한 노력이 경주되었다. 에너지 소비가 많고 동위원소 분리과정이 비효율적이었기 때문에 1951년이 되어서야 농축 우라늄 생산이 본격화되었다. 1954년까지 생산량이 350% 증가하여 연간 1,730파운드에 달했다.[73]

이러한 핵분열 물질의 생산 증대에 힘입어 과학자들과 기술자들이 핵무기 비축을 늘렸다. 소련은 1954년 초 154개의 핵무기를 보유했다. 이는 계획 목표를 55개 초과한 것이었다(표 15.1 참조). 1954년 2월 16일 CIA가 추정한 소련의 비축 무기 숫자는 핵분열 물질 추정량으로부터 가능한 여러 가지 출력 조합을 근거로 계산한 것이었다. CIA분석관들은 동위원소 분리 능력에 대한 증거가 부족하여 확보된 U-235 물량 추정치가 불확실하다는 것을 인정했다. 그들이 최선을 다해 작성한 시나리오에 의하면, 1953년 말까지 소련은 각각 4만 톤의 핵 출력을 가진 복합 및 플루토늄 설계의 핵무기를 180개 비축했다. 그들은 우라늄 농축 프로그램이 플루토늄 생산 수준에 뒤지고 있다는 것은 정확하게 가정했지만 동위원소 분리 능력을 과대평가함으로써 너무 많은 무기가 비축되었다고 예측한 결과를 초래했다.[74]

핵분열 물질 생산의 지속적인 증가와 핵분열 및 융합무기 실험의 연속적인 성공은 소련 과학과 엔지니어링의 대성공이었다. 그것은 또한 복수의 연구 프로그램을 동시에 지원한 스탈린의 결정이 입증되었다. 이러한 성공과 지원이 복합적으로 작용한 결과, 플루토늄과 농축 우라늄 설계로 일단의 운반 가능한 원자탄이 생산되고 사용가능한 열핵 무기 개발이 급진전되었다. 원자탄 개발 시 미국 설계를 주의 깊게 따라서 한 것과 달리 소련 물리학자들은 열핵 무기 개발은 자신들의 독특한 길을 추구했다. 미국은 1952년 11월 1일 너무 커서 공중으로 운반할 수 없는 수폭 장치를 거치시켜 시험했는데, 이는 주로 에드워드 텔러가 로스앨러모스에서는 최대 출력의 핵분열 무기에 집중해야 한다고 고집하는 바람에 지연된 것이었다. 소련은 9개월 뒤인 1953년 8월 12일 폭격기가 운반할 수 있는 더욱 발전된 수소 무기를 실험했다. 마침내 미국은 진정한 2단계 수소폭탄 실험을 비키니 아톨에 있는 캐슬 브라보 실험장에서 1954년 3월 1일 시행했다. 소련은 1955년 11월 22일 비슷한 초강력 폭탄을 실험함으로써 열핵무기 격차를 없앴다. 이 시점부터 핵무기 경쟁이 무기의 숫자와 유형 양면에서 확대되었는데, 이 경쟁은 전장무기와 전술무기에서 그리고 그 규모에서 지나치게 극단으로 치닫는 것이었다.[75]

중요한 의문은 여전히 남아 있다. ― 소련의 과학자들과 엔지니어들이 그렇게 심혈을 기울여 개발한 핵무기를 스탈린은 어떤 데 사용할 생각이었는가?

스탈린의 전략과 핵무기의 역할

제2차 세계대전이 끝난 후 몇 년 동안 스탈린은 전쟁 기간 동안 소련과 영미가 겪은 경험에서 교훈을 이끌어냈다. 그는 조국의 방어에 대규모의 보병과 기갑부대가 최고라는 일념을 확인했다. 그는 제트 엔진 전투기와 지상군 작전을 지원하는 폭격기를 도입하는 등 전술 공군력 강화를 지속했다. 독일과 일본이 패망하는 데 영국과 미국의 전략폭격이 기여했다는 것을 조사한 다음 그는 상당한 자원을 대규모의 레이더 네트워크의 지원을 받는 신설 방공부대에 투입하라고 명령했다. 위에서 논의한 바와 같이 그는 최고의 비행기 설계사들에 압력을 넣어 서구와 미국의 표적에 핵무기를 운반할 수 있는 장거리 전략폭격기를 개발하도록 했다. 이런 노력은 Tu-4를 건조하기 위해 B-29를 복사함으로써 시작했으며 Tu-95로 발전했다. 1946년부터 시작해서 소련 지도자는 장거리 미사일 개발을 촉구했다. 독재자로부터의 압력이 가중되고 있음에도 불구하고 선도적인 미사일 설계사인 세르게이 P. 코로레프(Sergei P. Korolev, 1907~1966)는 원하는 대륙 간 항속거리를 확보하기에 충분한 추진력을 가진 미사일 엔진을 만들면서 투폴레프가 당면했던 것과 유사한 문제에 봉착했다. 1953년 3월 스탈린이 사망한 직후 코로레프는 R-5 미사일을 성공적으로 실험했다. — 하지만 사거리는 750마일에 불과했다. 아이러니하게도 소련 군부는 핵무기를 운반할 전략폭격기 또는 미사일을 갖기 전에 상당한 양의 핵무기를 비축했다.[76]

스탈린은 또 다른 세계대전이 일어나면 핵무기가 결정적이 될 것으로 믿은 적이 없다. 그의 원칙에 따라 소련의 군사 분석관들은 핵폭탄이 후방지역에 있는 표적을 파괴할 수 있지만 산재된 요새의 지상군에는 효과가 별로 없을 것이라고 주장했다. 소련은 유럽과 중동에 있는 미국 공군기지를 공격하기 위해 단거리 폭격기를 사용하고, 방공에 의존하여 국내 도시 및 산업에 대한 피해를 제한한다는 계획을 세웠다. 베를린 사태와 서유럽 각국의 재무장과 함께 나토가 창설되어 서방과의 긴장상태가 고조되자 소련은 동독의 군사력을 강화하고 자체 해군력을 증강하며 중부 및 동부 유럽 동맹국의 군사력을 팽창하는 정책으로 바꿨다. 미국이 핵전략을 강력하게 믿고 전략공군사령부를 엄청나게 증강시켰음에도 불구하고 스탈린은 핵무기가 대규모 전쟁에서 결정적인 요인이 되지 못한다는 자신의 신념에 집착했다. 그는 이탈리아 사회당 당수 피에트로 넨니(Pietro Nenni, 1891~1980)에게 1952년 7월 미국은 전쟁 승리에 필요한 대규모 육군이 부족하다고 하면서 다음과 같이 언명했다. "우리가 뉴욕을 파괴하는 데 핵무기로 충분하지 않은 것과 똑같이 미국이 모스크바를 파괴하는 데도 핵무기로 충분하지 않습니다. 우리는 모스크바를 점령하고 뉴욕을 점령하기 위해 육군이 필요합니다."[77]

원자탄은 스탈린의 외교정책보다 그의 전략적 계산에 더 큰 영향을 미쳤다. 미국이 1945년 앨라모고도에서 최초의 핵실험을 했을 때부터 소련 지도자는 트루먼 행정부가 외교 우위를 위해 핵독점을 이용하려고 시도할 가능성이 있다는 사실을 경계했다. 스탈린은 핵 외교에 위축되지 말고 강경하게 대처하기로 결심했다. 그는 데이비드 할로웨이(David Holloway)가 '신경전(war of nerves)'이라고 부른 것을 수행하고자 했다. 이 정책은 독일, 폴란드, 이란에서 서방과 대결을 초래했으며, 트루먼과 대부분의 미국 지도자들로 하여금 소련이 저지되어야 할 팽창주의 세력임을 확신시키는 원치 않는 결과를 가져왔다. 그렇지만 크렘린의 독재자는 자기 나라가 서방과 전쟁을 할 태세가 되어 있지 않다는 것을 깨닫고 공격적인 정책을 완화했다. 그는 도를 넘어 대규모 전쟁을 도발하는 일이 없도록 주의를 기울였다. 그가 주의를 기울였다는 최초의 증거는 1946년 이란 위기였으며, 2년 후 베를린 봉쇄 해결에서 더욱 분명하게 되었다.[78]

한국전쟁은 이러한 논법의 예외인 것으로 보일지 모르지만 그렇지 않다. 1949년 소련이 원자탄 실험에 성공한 것이 북한의 남침을 스탈린이 지원하게 된 한 요인인 것은 사실이다. 하지만 우리는 이 지원이 어떻게 관리되었는지를 기억해야 한다. 한국에 대한 트루먼과 애치슨의 성명과 정책으로부터 스탈린은 미국이 한국에 개입하지 않을 것이라고 믿은 충분한 이유가 있었다. 그럼에도 불구하고 그는 소련군이 전투에 직접 개입하지 않도록 조심했다. 북한이 전쟁을 도맡아서 할 것으로 기대되었으며 일이 잘못될 경우 중공군이 개입해서 구해주도록 되어 있었다. 예기치 않은 미국의 개입이 발생하고 미군 주도의 유엔군이 북한에 대해 승리하기 직전이었을 때 중화인민공화국은 스탈린이 발행한 재보험증서(후원 약속)를 존중하여 소련 지도자가 제한적인 역할을 유지하면서 미국과의 전쟁을 회피하도록 허용했다.

16

월터 베델 스미스, CIA를 개혁하고 확장하다

제2차 세계대전이 끝날 무렵 몇 달 동안 워싱턴 관리들은 전후 국제문제에서 미국이 확장된 역할을 수행할 준비를 했다. 그들은 유엔, 국제통화기금, 세계은행을 세우기 위한 계획을 수립했다. 외교활동과 경제적 개입이 미국의 국제 위상을 높일 것이었다. 미국은 해외 군사개입 증대를 계획하지 않았다. 전쟁이 종식된 직후 트루먼 대통령은 각 군의 대대적인 동원해제를 지시했다.[1]

대통령이 특별히 합의에 도달하기 어렵다고 본 분야는 해외정보 정책이었다. 한국전쟁의 압력 때문에 어떤 유형의 정보기관이 설치되고 어떻게 조직해야 될 것인지에 관한 결정을 내리지 않을 수 없게 되었다. 이 정책결정이 교착상태에 처한 몇 가지 이유가 있었다. 일반적으로 미국인들은 정부가 스파이 활동에 개입한다는 개념에 대해 불편하게 생각했다. 정책입안자들도 결정을 내려야 할 다급한 필요성이 없었다. 가장 중요한 것은 전쟁 기간 동안 무수한 정부 부처와 기관들이 정보 부서를 개발하고 전후에도 이런 권한을 포기하려 들지 않았다. 실제로 전쟁의 마지막 몇 달 동안 국무부, 재무부, 전쟁부, 해군, 연방수사국(Federal Bureau of Investigation, FBI), 전략정보실(Office of Strategic Service, OSS), 예산실에서 정보활동을 지속하고 종종 확장하려는 계획이 작성되었다.[2]

수많은 이해관계와 계획이 충돌하는 가운데 트루먼은 합동참모본부의 제안을 선택했다. 합참의 제안은 군부에서 합의한 해법을 반영했다. 그렇게 함으로써 트루먼은 국무부와 예산실의 다른 계획을 거부했다. 1946년 1월 22일 그는 국무장관과 전쟁장관 그리고 해군에 국가정보청(National Intellligence Authority)의 창설을 지시하는 서한을 내려 보냈다. 이에 따라 설립될 중앙정보단(Central Intelligence Group, CIG)은 대통령이 임명할 중앙정보장(Director of Central Intelligence, DCI) 휘하에 두고 각 부처에서 제공하는 직원과 시설로 구성될 예정이었다. 중앙정보장은 정보자문위원회(Intelligence Advisory Board, IAB)를 구성할 각 부처의 정보기관 수장들과 모든 중요한 계획과 보고서에 관해 협의할 것이 요구되었다. 트루먼이 보낸 서한에서 윤곽을 드러낸 느슨한 구조는 다수의 기본적인 질문에 답을 제시하지 않았다. CIG의 임무는 각 부처 정보기관들의 활동을 조정하고 전략 및 국가 정책과 관련된 각 부처의 생산물을 종합하여 국가안전보장회의(NSC)와 대통령에 보고하는 것이었다. 하지만 중앙정보장과 CIG는 소규모 인원으로 자체적으로 정보를 수집할 수 없어서 IAB와 긴밀하게 협력해야 했다. IAB 구성원의 주된 임무는 자기 부처를 위해 정보를 수집하고 분석하는 일이었다. 더욱이 CIG는 국내 수사 또는 국내보안 기능이 금지되었다. 이 규정은 명백히 FBI와 각 군의 방첩활동 권한을 보호하기 위해 고안된 것이었다.[3] 1946년 1월 대통령은 초대 중앙정보장으로 해군소장 시드니 W. 수어스(Sidney W. Souers, 1892~1973)를 선택했다. 수어스는 트루먼 서한의 근거가 된 합참의 제안을 기초했었다. 그는 CIG가 설립되고 새로 상임 중앙정보장이 선임될 때까지 수개월 동안만 봉직하기로 동의했다. 중앙정보장으로 5개월 동안 일하면서 그는 IAB 구성원들의 지원과 협조를 얻는 데 집중했다. 6월에 호이트 S. 반덴버그 중장이 수어스의 후임 중앙정보장으로 임명되었다. 혁혁한 공을 세운 육군항공대 사령관인 그가 이 자리를 맡은 주된 이유는 독립된 군으로 탄생할 것이 예상되는 공군의 참모총장이 되는 데 보탬이 될 것으로 보았기 때문이었다. 반덴버그는 이 자리를 맡고 있는 동안 자기 아이디어를 CIG에 쏟아 넣기를 원했다. 그의 기본 목표는 비밀공작을 시행하고 연구와 분석을 수행하며 NSC와 대통령을 위해 자체 보고서를 작성할 종합적인 중앙정보기관을 창설하는 것이었다. 반덴버그는 트루먼이 수권한 것보다 훨씬 더 강력한 CIG 구축을 모색했다. 이 기관은 각 부처 정보부서의 권력을 대폭 제약할 것이었으며, 그렇기 때문에 IAB의 모든 구성원이 강력하게 저항했다. 그 결과 반덴버그가 중앙정보장으로 재직한 11개월 동안 자문위원회 구성원들과 논쟁이 그칠 날이 없었다.[4]

한편, 각 군을 개편하고 NSC와 CIA를 연방기관으로 승인하는 법안이 1947년 제출되었다. 1947년 7월에 국가안전보장법이 통과되어 대통령이 서명했다. 이 법에 따라 20세기 나머지 기간 동안 국가안전보장 기관들의 구조가 정해졌다. 이 법에 따라 국방장관 직책이 생기고 공군이 독립했으며 NSC와 CIA가 법적인 권한을 갖게 되었다. 이 법은 1949년에 수정되어 국방장관의 권한을 강화하고 국방부를 창설했다. 호이트 반덴버그는 1947년 5월 중앙정보장 직책을 그만두었으며 10월에 4성 장군이 되어 새로 생긴 공군의 참모차장이 되었다. 그는 1948년 4월 참모총장으로 올라갔다.[5]

정보장교로 경력을 쌓은 로스코 H. 힐렌쾨터(Roscoe H. Hillenkoetter, 1897~1982) 해군소장이 세 번째 중앙정보장이 되었다. 신임 중앙정보장은 임무 수행에서 두 가지 중요한 장애물에 부딪쳤다. IAB는 여전히 적극적으로 중앙정보장의 권한 확대를 반대하고 있는 처지였으며 힐렌쾨터는 위원회의 모든 군부 위원보다 계급이 더 낮았다. 비록 국가안전보장법의 문구가 더욱 강력한 CIA를 뒷받침하고 IAB에 대해서는 일절 언급하지 않았어도 힐렌쾨터는 그들의 업무를 정보자문위원회(Intelligence Advisory Committee, IAC)로 존속시키고 자신의 권한에 대한 몇몇 제한을 받아들임으로써 위원들의 지지를 획득하려고 했다. 중앙정보장이 IAC를 수용하고자 하는 노력을 기울였음에도 불구하고 필요한 협조를 구하는 데 실패하자 수 주 동안 갈등을 겪은 후 그는 국방장관에게 결정을 내려주도록 호소했다. 포레스탈과 여타 NSC 위원들은 대통령에 외부

위원회를 임명하도록 건의했다. 외부위원회가 CIA의 구조와 실효성, 여타 부처 및 기관들과의 관계, 직원의 자질, 생산물의 품질 등을 검토한다는 방안이었다. 1948년 1월 트루먼은 포레스탈의 건의를 승인하고 정부에서 다양한 업무 경험이 있는 3명의 뉴욕 법률가로 검토위원회를 구성했다. 위원장은 이전 OSS의 고위 간부였던 앨런 W. 덜레스(Allen W. Dulles, 1893~1969)가 맡고 위원은 오마 브래들리 장군의 정보보좌관 출신인 윌리엄 H. 잭슨(William H. Jackson, 1901~1971) 그리고 포레스탈의 군사보좌관 출신인 마티아스 코레아(Matthias Correa, 1910~1963)였다. 포레스탈은 범죄수사와 안보 문제에 관해 광범위한 일을 했었다.[6]

덜레스 보고서

세 명의 위원과 소규모 직원들이 조사와 면담 활동을 거쳐 보고서를 작성하는 데 꼬박 1년 걸렸다. 1949년 1월 1일 NSC에 제출된 그 보고서는 현재의 국제정세가 제2차 세계대전 이전 그 어느 때보다 더 극적으로 위험하다는 전제에서 출발했다. 그 보고서는 스파이 및 전복 활동과 같은 소련의 공격 전술 증대, 소련 진영의 폐쇄성, 소련이 핵무기 역량을 조기 확보할 전망 등을 거론했다. 검토위원회의 주장에 따르면, 이제 정보는 상시 필수품이 되었으며, 전통적인 군사 평가를 넘어 정치·경제·과학 정세를 포함해야 한다. CIA는 여타 기관들의 정보활동을 조정하고 최고 품질의 국가정보판단서를 생산하는 임무에 실패했다. CIA는 군사정보기관들의 업무와 경쟁하거나 복제할 것이 아니라 그들의 업무를 조정하고 국가 정책과 관련된 최종 생산물에 관해 협조해야 한다. 검토위원회의 비판은 예리하고 직접적이었다. "중앙정보부의 주요 결함은 그 방향, 행정 조직 및 성과 면에서 볼 때 부에 주어진 기능, 특히 정보 조정과 정보 판단서 생산을 충분히 수행하지 못하고 있다. 그 결과 중앙정보부는 오래된 기존의 정부부처 정보기관들과 경쟁하면서 정보를 생산하는 또 하나의 정보기관이 되는 경향을 보였다."[7]

검토위원회는 CIA가 난관에 처한 것은 CIA의 요구사항에 관해 정책입안자들의 명확한 지침이 없는 데다 기존 정보기관들의 방해가 있었기 때문이라는 점을 인정했다. 하지만 보고서 저자들은 이런 문제를 해결하고 주어진 임무를 수행하는 책임은 CIA에 있다고 단언했다. 그들은 실패의 구체적 책임이 중앙정보장 힐렌쾨터의 '부적절한 지휘'에 있다고 지적했다. 검토위원회는 국가정보판단서 작성에 상당한 관심을 보였다. 검토위원회는 CIA 내 정보판단국 설치를 요청하고 모든 주요 정보기관이 이 정보판단서를 작성하는 데 참여해서 승인하도록 강력하게 건의했다. 보고서는 특히 CIA와 FBI 간 방첩활동 조정을 개선하도록 촉구했다. 결론적으로 저자들은 차기 중앙정보장은 민간인이 임명되어야 한다고 강력하게 주장했다. 보고서는 상당한 파장을 몰고 왔다. 2명의 유명한 정보 역사가는 다음과 같이 주장했다. "덜레스 보고서는 정보공동체 역사상 가장 영향력 있는 외부 평가 중 하나였다. 이 보고서가 성공한 적잖은 요인은 저자들이 의회와 백악관의 의도가 중앙정보부로 하여금 공작과 분석을 모두 조정토록 하는 것임을 이해한 데 있었다. ― 다시 말해서 그들은 중앙정보부 명칭에 들어 있는 '정보(intelligence)'의 정의는 공작활동과 분석활동을 모두 포함해야 한다는 점을 이해했다."[8]

NSC의 요청에 따라 국무장관과 국방장관이 덜레스 보고서에 대한 중앙정보장과 IAC 위원들의 광범위한 반응을 검토하고 조치사항을 건의했다. 새로 임명된 국무장관 애치슨과 국방장관 제임스 포레스탈은 둘 다 강력하고 중앙집중화된 CIA를 선호했으며, 이런 확신을 담아 보고서를 작성했다. 그들은 덜레스 보고서가 제안한 기구 개편 및 혁신을 거의 모두 채택할 것을 건의했다. ― 다만 하나의 중요한 예외가 있었다. 그들은 국가정보판단서를 자문위원회 위원들과 중앙정보장이 승인해야 된다는 견해에 대해 강력하게 반대했다. 그 이유는 그런 과정을 거치게 되면 희석되고 타협된 판단서가 생산된다는 것이었다. 그 대신 그들은 중앙정보장이 IAC와 협의를 거친 다음 최종 결정을 내릴 것을 강조했다. 1949년 7월 7일 NSC는 두 장관의 보고서를 NSC 보고서 50으로 받아들였다. 여기에는 중앙정보장이 국가정보판단서에 관해 최종 권한을 갖는다는 조항이 포함되어 있다.[9]

비록 NSC가 힐렌쾨터에 대한 덜레스 보고서의 비판이 "너무 심하다"는 것을 알았으며 중앙정보장이 여타 정보기관들을 조정할 권한과 국가정보판단서의 최종 결정권을 가지도록 승인했지만, NSC 50의 결론은 그의 정신을 "으스러뜨렸다". 이런 관찰을 한 것은 당시 CIA 대표로 NSC에 파견되어 근무하고 있던 러드웰 리 몬태규(Ludwell Lee Montague)였다. 몬태규는 자신이 쓴 공식 역사서에서 다음과 같이 계속 주장한다. "힐렌쾨터는 자극을 받아 덜레스 보고서와 NSC 50이 요구한 '솔직한 리더십'을 발휘하기는커녕 심리적으로 위축되었는데, 여전히 상냥하게 남을 대했지만 주도적인 리더십 발휘는 전보다 꺼렸다." 정보공동체의 개혁이 더욱 복잡하게 된 것은 고위 관리들이 소련의 최초 원자탄 실험에 어떻게 대응하고 수소폭탄 연구를 가속화할 것인지 여부를 놓고 논란에 휩싸여 있었기 때문이었다. 그 결과, 무능한 힐렌쾨터를 교체하지 않고 있다가 전혀 예기치 못한 북한의 남침이 개혁을 강요했다.[10]

도전

해리 트루먼이 CIA 수장으로 누구를 선택하든지 간에 임무가 분명하지 않고 확고한 리더십의 전통이 없는 기관을 맡게 될 것이었다. CIA는 예산이 많고 강력한 리더들이 있는 여러 관료기관과 경쟁했다. 경쟁기관들 가운데는 기존의 군사 정보기관들이 있었고 과거 OSS의 연구 및 분석 부서를 인수한 국무부, 국제적 권한까지 가지려고 하는 FBI가 있었다. 행정부 내에는 해외정보에 대해 몇몇 다른 개념이 있었다. CIA 역사서를 비판적으로 집필한 팀 와이너(Tim

Weiner)에 의하면 대통령 자신은 단지 '일일 정보보고를 하는 글로벌 뉴스 서비스'를 원했다. 일부 민간 및 군부 관리들 — 다수가 OSS에서 전시 경험을 했다 — 은 소련의 전술에 맞서기 위해 정치적 교란과 사보타주 등 적극적인 비밀공작을 원했다. 이와 반대로 자기 기관에 비밀활동 부서를 갖고 있는 중앙정보장 힐렌쾨터는 평화 시에 타국 내에서 안정을 해치는 비밀공작을 수행하는 정책에 반대했다.[11]

신임 CIA 부장이 당면한 최대의 실제적인 문제는 1946년 이후 냉전이 고조되면서 적극적인 조치를 요구하는 압력으로 인해 생긴 CIA 비밀활동 프로그램이었다. 이 프로그램은 감독을 받지 않았고 법적인 수권과 예산 승인도 없었다. 전례가 없는 이 평시 프로그램이 어떻게 시작되었는가는 지독히 고통스러운 이야기이다. 1948년 5월 4일 조지 C. 마셜 국무장관의 소련 문제 수석자문관인 조지 F. 케넌이 트루먼 독트린과 마셜 플랜과 함께 시작된 스탈린 대응 전략을 완성하기 위해 새로운 비밀공작 프로그램을 제안했다. 이 비밀 계획은 최근 체코슬로바키아에서 공산쿠데타가 발생하고 소련군이 베를린의 서방 점령지역에 대한 육로 접근을 막았을 때 제안되었다. 케넌의 건의는 고위 정책입안자들 사이에서 환영을 받았으며, 이 프로그램은 1948년 6월 18일 승인된 NSC 보고서 10/2가 폭넓게 임무를 부여하면서 수립되었다. 비밀공작단이 CIA에 입주하여 나중에 정책조정실(Office of Policy Coordination, OPC)이라는 의도적으로 오도하는 명칭을 받았다. 힐레쾨터 제독이 이 프로그램에 반대한다는 부분적 이유에서 OPC 실장은 국무장관과 국방장관에게 보고하도록 되어 있었다. 그들은 적극적인 후원자들이었다.[12]

독일에서 소련의 방해가 점증하자 미국, 영국, 프랑스는 1948년 6월 초 마셜 플랜에 완전히 참여하는 서독 국가를 창설하기 위해 자국 점령지역을 통일하기로 합의했다. 모스크바는 이런 조치에 강력하게 항의했으며, 서방 열강이 병합된 지역에서 새로운 화폐를 도입하자 소련군이 베를린을 육상으로 완전히 봉쇄했다. 새로운 독일 화폐의 가장 적극적인 옹호자는 국무부의 점령지 담당 부차관보 프랭크 위즈너(Frank Wisner, 1909~1965)였다. 미시시피 주 출신의 뉴욕 기업 변호사인 그는 OSS를 위해 루마니아와 점령된 독일에서 비밀공작을 주도했었다. 그가 OPC의 책임자가 된 것은 케넌, 마셜, 포레스탈이 선택한 것이 분명하다. 그는 1948년 9월 1일 취임한 즉시 야심찬 사업전략을 개발하고 초기 10명의 요원을 급속하게 확대하기 시작했다.[13]

여타 국가안보 담당 관리들과 달리 위즈너는 OPC에서 근무한 첫 몇 년 동안 자금에 대한 걱정을 하지 않았다. 마셜 플랜의 입안자들은 스파이 활동비용을 위해 이상적인 해결책을 고안했다. 5년 동안 130억 달러를 수권하고 배정한 법률은 수원 국가가 자국 화폐로 그에 상응하는 금액의 대충자금을 조성하도록 요구했다. 국별 원조계획은 대충자금의 5%를 행정비용으로 따로 때어놓도록 조건을 명시했다. 프랭크 위즈너는 협상을 통해 이러한 행정자금이 OPC에 제공되도록 했는데, 이는 마셜 플랜 사무실이 있는 각국에서 공작에 필요한 현지화폐를 추적 불가능하게 조달하는 수단이었다. 그렇게 해서 1948~53년 기간 OPC의 활동을 위해 대략 6억 8,500만 달러를 사용할 수 있었다.[14]

갓 40세가 된 프랭크 위즈너는 치열하고 성급한 성격에 경쟁심이 매우 강했다. 그는 OPC에서 근무한 첫 달 동안 매일 야근하다시피 해서 다가오는 5년 동안 일할 거대한 계획을 수립했다. 그는 OSS의 옛 전우들과 변호사, 은행원 및 일류대학 갓 졸업자를 − 신념과 애국심이 있고 활동 의욕이 있는 자는 누구든지 − 고용하기 시작했다. 1년 내에 그의 소규모 인원이 450명으로 늘어났으며 곧 CIA 나머지 인원을 능가했다. 첫 3년 동안 그는 47개 해외 거점을 개설했다. 대부분의 해외 거점에는 두 명의 CIA 거점장이 있었다. 한 명은 특수공작실을 위해 첩보를 수집하는 요원들을 관리하고 다른 한 명은 OPC의 비밀 활동을 관장했다. 두 거점장 사이에 각자가 맡은 임무의 가치를 둘러싼 설전과 유능한 요원을 확보하려는 경쟁이 치열하게 벌어지기도 했다.[15]

위즈너가 첫 해에 시작한 공작 중에 서부 유럽에 있는 요원들이 중도 우파 정치인, 출판인, 언론인, 장성, 스파이 수장, 노조 지도자에게 지원 현금을 제공토록 한 일이 있었다. 그는 프랑스와 이탈리아에서 기독교 민주당과 천주교 지도자들로부터 협조를 얻는 데 성공했다. 이들을 통해 철도, 항만 등의 중요한 노조에서 공산당의 영향을 깨버렸던 것이다. 마르세유에서 공산당 항만 노동자들이 마셜 플랜 원조물자와 군사 장비의 하역을 거부했을 때 OPC 요원들은 코르시카 마피아를 고용하여 파업을 해산시키고 하역 작업을 하게 했다. 위즈너는 중부 및 동부 유럽에 침투하여 공산당 지배에 대한 저항을 자극하는 데 특별한 관심을 쏟았다. 그의 부하들은 중부 및 동부 유럽과 소련 망명자들을 채용하여 그들의 본국에서 간첩활동과 파괴공작을 수행하도록 했다. 정치적인 측면에서 OPC는 세계문화자유회의(Congress for Cultural Freedom)를 설립하고 자금을 지원했다. 이 조직은 각종 회의, 신문 및 월간 ≪인카운터(Encounter)≫와 같은 잡지에서 민주주의와 자유기업을 옹호하는 지식인들을 지원했다. 위즈너는 케넌과 자신의 옛 OSS 상관인 알렌 덜레스의 자문을 받아 '라디오 자유 유럽'을 시작할 계획을 수립했다. 중부 유럽과 동부 유럽 망명자들이 운영한 이 방송국은 모국으로 뉴스 및 문화 프로그램을 내보냈다.[16]

1949년 2월 이런 공작이 아무런 법적 권한과 직접적인 예산 확보 없이 수행되고 있다는 점을 우려한 중앙정보장 힐렌쾨터는 핵심적인 의회지도자들에게 이런 활동을 뒷받침할 입법을 촉구했다. 상하원 군사위원회의 몇몇 터줏대감들은 비밀공작이 공산주의 침략을 저지하는 데 유용한 수단이며 의회의 법적 보호를 받을 가치가 있다는 데 동의했다. 하원 군사위원회의 손꼽히는 공화당 의원인 듀이 쇼트(Dewey Short, 1898~1979, 공화당 미주리)는 초당파적인 리더십을 보이자는 견해를 다음과 같이 표명했다. "우리가 이 법안에 대해 말을 적게 하면 할수록 우리 모두에게 좋을 것입니다." 의회는 5월 27일 힐렌쾨터가 기초한 1949년 중앙정보부법을 자구 수정만 하고 조용히 통과시켰다. 이 법률은 당시 강력한 반공분위기를 반영하여 CIA에 아주 폭넓은 권력을 부여했다. CIA는 미국 내에서 비밀경찰을 운용하는 것을 제외하고 필요하다고 생각하는 일은 무엇이든지 할 수 있게 되었다. 의회가 국방부에 예산을 은닉된 자금을 소

위원회 승인을 통해 제공하는 한 그렇게 할 수 있게 되었다.[17]

새 법의 한 조항은 외국인이 국가안보에 유익하면 과거 행적을 불문하고 100명까지 영주권을 주어 미국으로 데려올 수 있는 권한을 CIA에 부여했다. 대통령이 이 법에 서명한 바로 그날 특수공작실 실장은 미콜라 레베드(Mikola Lebed, 1909~1998)라는 우크라이나 군벌을 미국으로 데려오는 조치를 취했다. 그는 제2차 세계대전 시 나치 편에서 싸웠으며 법무부에 의해 전범으로 분류되어 있었다. 7월에 CIA는 독일의 라인하르드 겔렌(Reinhard Gehlen, 1902~1979) 장군이 운영하는 정보단 관장 책임을 육군으로부터 인수했다. 겔렌은 히틀러 군대의 동부전선 정보 책임자였다. 레베드와 겔렌 둘 다 파시스트 망명자 집단을 지휘했지만 그들의 반공 신념과 소련군과의 전투 경험 때문에 그들은 미국의 바람직한 파트너가 되었다. 장차 겔렌의 정보단이 서독의 연방정보기관으로 탄생할 연방정보부(Bundesnachrichtendienst)의 핵심이 된다. 불행히도, 동독과 소련 정보기관이 겔렌의 정보단에 일찍이 침투했었으며, 겔렌의 방첩 책임자가 여러 해 동안 KGB를 위해 일했다는 사실이 여러 해 뒤에 밝혀졌다.[18]

법적인 승인과 예산이 확보됨에 따라 특수공작실과 OPC는 1949년 6월 이후 비밀공작을 대폭 확장하게 되었다. 우크라이나 망명자들을 지하 저항단체와 협력을 구축하도록 낙하산으로 모국에 투입시키려고 수차례 시도했다. 또한 위즈너는 알바니아인 망명자 팀들을 본국으로 보내 사보타주를 수행하도록 했다. OPC는 뮌헨을 활동 거점으로 하여 러시아, 폴란드 및 발트 3국의 해외 망명자들을 본국으로 파견했다. 이런 요원들은 대부분 상륙 직후 살해되었다. 일부는 죄수로 수감되어 거점장에게 거짓 보고를 통해 역정보를 계속 흘리도록 이용되었다. 그렇게 광범위하게 실패한 데는 두 가지 이유가 있었다. 난민 캠프에 있는 소련 스파이들이 망명자 단체에 침투했던 것이다. 그리고 비밀공작 보안을 책임진 CIA 직원 제임스 J. 앵글톤(James J. Angleton, 1917~1987)이 워싱턴 주재 영국대사관의 간부인 킴 필비(Kim Philby, 1912~1988)와 이런 임무에 관한 정보를 공유했다. CIA와 원자력위원회를 담당한 영국 연락관 필비는 모스크바의 미국 내 최고 스파이로 밝혀졌다. 모든 임무 보안이 출발부터 훼손되었다. 이 기간에 전체적으로 CIA의 망명자 요원 수백 명이 살해되었다.✧ 당시에 사려 깊은 평가 작업이 이뤄지지 않았고 언론보도도 허용되지 않았다. 비밀이 해제된 CIA 역사는 "5년 동안 임무가 수포로 돌아간 후 CIA는 이런 접근 방법을 중단했다"[19]라고 무미건조하게 인정했다.

CIA는 소련이나 그 위성국에 망명자들을 침투시키는 공작이 실패한 데다 공산정부 내에 믿을 만한 스파이를 심지 못했다. 예외는 동독이었다. 그 나라에서 몇몇 출처가 유용한 첩보를 보내왔다. 미국은 소련, 북한 또는 중화인민공화국 내의 활동에 관한 정보가 극히 적었다. 동아시아에서 미국의 가장 가까운 동맹은 타이완의 장제스와 한국의 이승만이었다. 두 사람은 조종하는 데 능숙했고 부패가 극심한 정권의 수반이었다. 그들의 정보요원들이 중국 본토와 북한 내 동향에 관한 보고를 많이 공급했지만, 완전히 조작된 것이 아니라도 거의 모든 보고가 이기적이고 부정확했다. 몇 년 뒤 타이완 주재 CIA 파견관 제임스 릴리(James Lilley, 1928~2009)가 인터뷰에서 다음과 같이 언명했다. "우리는 제2차 세계대전처럼 되고 있다고 생각했다. 하지만 우리는 거짓말, 사기, 기만 및 함정에 빠져 들었다. 우리들은 어른들 게임 속에 있는 어린애였다." 최대의 타격은 동아시아에서 유일하게 유용한 정보 출처인 신호정보의 상실이었다. 1950년 봄 김일성이 남침의 지원을 받기 위해 스탈린 및 마오쩌둥과 협상을 하고 있는 바로 그때, 워싱턴 외곽의 암호해독 센터에서 근무하는 소련 스파이가 중국과 북한주재 소련 대표단이 받는 암호전문에 사용된 암호를 미국

✧ 필비가 보낸 정보는 제 때에 알바니아에 전달되었고, 이들은 해안에 포위망을 구축했다. 전투원을 포위해 몇 사람이 죽이고 대부분은 포로로 잡았다. 첫 번째 작전에 이어 1950년 봄에 두 번째 공작이 이어졌다. 이번에는 낙하산병을 침투시켰다. 이 작전 역시 사전에 알바니아에 알려졌고, 침투 시도는 완전히 패배했다. 자료: 유리 모딘, 『나의 케임브리지 동지들: KGB 공작관의 회고록』, 2013, 한울, 255쪽_옮긴이

이 해독했다고 모스크바에 보고했다. 암호가 재빨리 변경되었고 미국 정보는 완전히 먹통이 되었다.[20]

1947년 국가안전보장법에 의해 창립된 지 3년이 되었지만 CIA는 어느 모로 보나 거의 완전한 실패작이었다. CIA는 체코슬로바키아에서 발생한 쿠데타, 베를린 봉쇄, 소련의 원자탄 실험, 북한의 남침 또는 중국의 한국전쟁 개입에 대해 예측하여 대통령에게 알리지 못했다. 처음에 임명된 세 명의 CIA부장은 기존 정보기관들과 생산적인 업무관계를 발전시키거나 NSC와 대통령에게 보고할 정보 판단서를 생산하기 위해 각 정보기관과 조정하는 메커니즘을 발전시키지 못했다. 1950년 무렵 급속하게 확장된 비밀공작 프로그램은 연간 수백만 달러를 쓰면서 아무런 실질적인 결과도 내지 못하고 수백 명의 외국인 요원들의 생명을 희생시키고 있었다. 트루먼 대통령은 유가치 정보 입수가 절실했다. 그가 CIA를 정상 궤도에 올려놓기 위해 누구를 선택했는지를 알면 놀랍다.

아이크를 위한 악역

월터 베델 '비틀' 스미스(Walter Bedell 'Beetle' Smith, 1895~1961)는 1895년 인디애나폴리스 주의 '그럭저럭 살 만한 집안'에서 태어났다. 그는 어린 시절 정상적인 즐거움을 누리면서 유복하게 살았으며 학교 성적도 좋았다. 하지만 1919년 아버지의 사업이 급격하게 몰락하여 타격을 받자 가족이 심각한 경제적 압박을 받았다. 그의 전기 작가 D. K. R. 크로스웰(D. K. R. Crosswell)은 다음과 같이 주장한다. "비틀은 13살이 될 때까지 따뜻하고 안정된 가정에서 자랐다. 가족이 갑자기 어려운 환경에 처한 것은 그에게 예상치 못한 충격으로 다가왔다. 그는 아직도 소년일 때 성인의 책임을 두 어깨에 져야 했다. 그가 소년 시절에 받은 이 정신적 외상이 타인에 대한 의존심을 박살냈지만 그에게 충성심과 자립의 교훈을 불어 넣었다." 가족의 살림살이에 보탬이 되고자 그는 자동차 공장의 노동자로 파트타임 일을 해야 했다. 그는 영어와 수학 및 기술직 선행학습 과목의 성적이 좋아 일류 공립 고등학교에 입학이 허가되었다. 그러나 1학년을 마치고 나서 공부에 흥미를 잃고 성적도 떨어졌다. 청소년기에 들어서자 학업과 일로 인한 스트레스를 받아 그의 성격이 급격하게 변했다. 냉소적인 유머 감각을 지니고 활기찼던 소년이 내성적이고 침울하며 무례하기까지 한 청년이 되었다.[21]

스미스의 고등학교 생활 나머지 2년 동안 그의 기회가 더욱 줄어들었다. 1911년 그는 자기 집 근처에 있는 소다수 판매소에서 두 번째 파트타임 일자리를 잡았다. 그해 만 16살이 되면서 그는 자격이 되는 첫날 인디애나 주 방위군에 입대, 군인이 되겠다는 어린 시절의 꿈을 이루고 공부로부터 다시 멀어졌다. 1913년 그의 아버지가 폐인이 되어 일을 그만두자 심각한 타격이 왔다. 비틀은 고등학교에서 졸업할 학점을 간신히 따자마자 중장비 제조업체의 풀타임 금형 제작자로 취직했다. 가족을 위해 주 소득자가 되어야 하는 책임 때문에 버틀러대학교 입학 지원을 철회하지 않을 수 없었다. 그는 마음속에 품고 있던 웨스트포인트 입학을 위해 경쟁할 수 없을 뿐만 아니라 가족의 금전적인 필요성 때문에 지방 대학교도 다닐 수 없게 되었다. 그의 정규 교육은 18살에 끝났다.[22]

비틀에게 다른 기회가 닫힌 이때 그의 인생에 두 가지 긍정적인 측면이 찾아왔다. 그는 한 여성을 만나 사랑에 빠졌다. 메리 엘리너 (노리) 클라인이라는 이름의 그녀는 세 블록 떨어져 살았지만 그 동네는 더 부유한 다른 세상이었다. 그녀와 비틀은 천주교를 함께 믿었으며 그녀의 부모가 그의 장래성을 신통치 않게 생각함에도 불구하고 계속 만났다. 그의 인생에서 다른 활력소는 인디애나 주 방위군 중대에서 진급을 빨리 한 것이었다. 그는 군인으로서 처신과 성과가 좋아 병장으로 조기 승진했으며, 1913년 3월 도시가 홍수로 비상사태에 처했을 때 대단히 효과적인 리더십을 발휘하여 18세의 나이에 중대 선임하사관으로 승진했다. 그는 자기 중대를 인디애나 주에서 최고의 부대로 만들기 위해 연습과 훈련 시에 부하들을 심하게 압박했는데, 아마도 너무 심했을 것이다. 병사들은 그에게 악담을 하고 그의 엄격한 규율에 저항했지만, 이런 저항은 그를 더욱 강력하게 밀어붙이도록 했을 뿐이다. 그의 중대가 남서부 멕시코 접경지대의 판초 비야(Pancho Villa) 반군을 토벌하는 원정대에 합류하도록 동원되었을 때, 비틀은 가족을 부양하는 가장으로서 본부 근무 인원으로 남아야 했다. 그의 부대는 몇 차례 술판을 벌여 그가 없는 것을 틀림없이 축하했을 것이다.[23]

1913~16년 기간 비틀 스미스의 성격을 형성한 것은 그의 어려운 가정 형편이었다. 크로스웰은 다음과 같이 썼다. "그는 싸우길 좋아하고 개인감정 표현이 서툴렀으며 부자들을 선망했는데, 한마디로 반사회성이 강한 비밀스러운 외톨이었다." 그의 좋은 성격도 이 기간에 형성되었다. 그는 '분석적이고 기억력이 좋은' 탁월한 머리를 갖고 있었다. 그는 가족과 교회에 매우 충실했으며, 권위를 존중하고 말이 분명하고 직설적이었다. 그가 갖고 있는 가장 뚜렷한 강점은 '의문의 여지가 없는 충성심과 뛰어난 업무 능력'이었다. 훗날 그와 함께 일한 사람들은 그의 긍정적인 자질을 곧바로 알아보지 못했다. 왜냐하면 비틀은 엄한 훈련교관처럼 보이는 것을 늘 선호했기 때문이었다. 그는 상당한 욕구 불만에 차 있었다.[24]

비틀 스미스의 군 경력은 미국이 제1차 세계대전에 참전하면서 열렸다. 1917년 4월 선전포고 후 병력동원의 일환으로 그는 장교 후보학교에 입학하도록 지명되었다. 훈련을 받으러 떠나기 직전 그는 7월에 노리 클라인과 결혼했다. 단기 훈련 프로그램을 마치고 소위가 된 스미스는 유럽행 배에 승선했다. 그는 마른 강에서 독일의 공격을 저지하고 있는 프랑스 사단에 합류했다. 전투에 참가한 지 36시간 만에 부상을 당한 비틀은 워싱턴으로 돌아와 새로운 프랑스 파병 연대를 준비하는 육군 참모부에 들어갔다. 1918년 11월 휴전이 됨에 따라 그는 몇 달 동안 아이오와 주에 있는 캠프 다지에서 보내면서 1개 사단의 동원해제를 관리했다. 대부분의 젊은 장교들과 달리 그는 육군에 잔류하기를 원했다. 그렇게 하려면 시험을 치러야 했다. 스스로 놀랍게도 그는 응시자 1만 4,000명 중 합격한 5,200명에 속해 정규 장교로 임관되었다. 그는 또한 운 좋게 새로 획득한 중위 계급을 유지하게 되었다.[25]

웨스트포인트 졸업생이 지배하는 양차 대전 사이의 작은 육군에서 스미스가 진급할 전망은 제한적이었다. 사회적으로 잘 어울리지 못하고 대학 학위도 없는 처지에 그는 각 보직에서 중요한 기량을 습득하되 상관에게 자신의 가치를 입증하기 위해 동료들을 능가하기로 결심했다. 여가 시간에 자신의 짧은 정규 교육을 보충하기 위해 역사, 철학, 문학, 군사에 관한 책을 광범위하게 읽었다. 이후 스미스는 보직을 거칠 때마다 중요한 수업을 받았다. 즉, 어떻게 주방위군 장정을 훈련하여 군인으로 만드는지, 전쟁부 예산이 어떻게 편성되는지, 필리핀처럼 들썩이는 아시아 속국에 주둔한 미군 문제를 어떻게 풀 것인지 등이었다. 대위로 진급한 비틀은 조직과 행정 면에서 재능을 보인 덕분에 근무성적 평가에서 높은 점수를 받았으며 나아가 조지아 주 포트 베닝에 있는 육군보병학교에 입교하라는 귀중한 보직명령까지 받았다.[26]

그의 전기를 쓴 크로스웰에 의하면 "스미스가 보병학교에서 보낸 2년은 그의 경력에서 가장 귀중한 것으로 판명되었다". 왜냐하면 이 학교에서 '후일 그의 인생에 가장 큰 영향'을 미치게 될 조지 C. 마셜 대령과의 짧지만 중요한 만남이 이루어졌기 때문이다. 어느 날 부사령관 겸 교수부장인 마셜이 한 수업을 참관했을 때 마침 비틀이 마른 강 전투에 관해 발표하고 있었다. 이 대령은 그의 분석이 설득력 있고 간결한 것을 발견하고 부관에게 스미스가 훌륭한 교관감이라고 암시했다. 다음 해 스미스는 오마 브래들리 소령이 담당하는 무기 과정에서 조교로 일했다. 스미스에 대해 좋은 인상을 받은 브래들리는 나중에 다음과 같이 말했다. 비틀은 "절대적으로 총명하고 분석적인 머리를 갖고 있다". 교관 생활을 마친 다음 그는 자원하여 캔자스 주의 포트 레버워스에 있는 지휘참모학교에 가게 되었다. 2년 과정의 이 학교는 고위 지휘관이 되기 위한 필수 단계였다. 그는 열심히 공부하여 웨스트포인트 졸업생들과 보조를 맞출 수 있다는 것을 보여줬지만 위궤양에 걸린 채 졸업하는 대가를 치렀다. 반에서 3등을 한 그는 최고 자리로 올라가는 마지막 중요한 과정인 "육군대학 입학 티켓을 거머쥐었다". 1930년대 말 그가 전념한 임무는 전술학과 무기학을 가르치고 육군대학에 다니는 것이었다. 드디어 1939년 1월 1일 그는 소령으로 진급했는데, 육군에서 복무한 지 21년이 넘었다.[27]

히틀러의 공세 정책이 유럽을 전쟁의 소용돌이로 몰아넣을 위협을 가하자 스미스의 경력이 곧 질주하기 시작했다. 비틀을 전쟁 준비의 중심에 서게 한 요인은 그가 육군의 여러 학교에서 확립한 명성이었다. 조지 C. 마셜 장군이 1939년 9월 1일 육군참모총장이 되었다. 이날은 독일군이 폴란드를 침공함으로써 제2차 세계대전이 발발한 날이었다. 마셜은 보병학교 시절 부하 중 한 명인 오마 브래들리 중령을 비서관으로 데려와 개인 참모로 삼았다. 미국이 참전할 경우에 대규모 동원을 준비하는 일이 마셜에게 폭주하자 3인 비서실이 우편과 메시지를 분류하여 적절한 응답자에게 교부하고 회신의 2/3 이상을 직접 기초했다. 마셜은 두 비서관이 제출한 초안을 보고 거의 다 뜯어고쳐야 했기 때문에 짜증이 났다. 그래서 그는 명확하고 간결한 회신을 쓸 수 있는 영어 잘하는 장교를 찾아보라고 했다. 브래들리는 그런 일을 할 사람으로 비틀을 강력하게 추천했다. 그러면서 총장에게 포트 베닝에서 깊은 인상을 주었던 비틀을 상기시켰다. 마셜은 브래들리의 제안을 받아들여 스미스 소령을 참모총장실 비서관으로 발령을 내라고 지시했다. 1939년 1월 워싱턴에 도착한 스미스는 급속하게 쌓이는 도전을 맞이했다.[28]

마셜은 대단히 요구사항이 많은 상사였지만 비틀 스미스는 몇 명 안 되는 비서진의 일원으로서 성공할 수 있는 재능과 경험을 갖췄다. 장군은 참모들이 주도적으로 문제를 스스로 해결하고 오직 큰 문제만 자기에게 가져오기를 원했다. 한 참모가 어떤 문제에 대한 결정을 했을 때 그는 총장에게 조치한 사항을 간략하게 보고하면 되었고, 총장은 그 조치를 전폭 뒷받침했다. 참모들이 마셜에게 문제를 들고 올 때는 긍정적인 면과 부정적인 면을 모두 검토한 후 건의사항과 문제 제시를 한 페이지 내로 압축하는 철저한 준비를 거쳐야 했다. 마셜 밑에서 근무하게 된 장교들 중 준비를 제대로 하지 않거나 우유부단한 자들은 곧 교체되었다. 비틀은 이런 근무 환경에서 대성했다. 상사에게 제출해야 될 가능성이 있는 모든 문제에 관해 상세한 내역을 통달하느라 초과 근무를 했다. 그는 거의 사진과 같은 기억력을 갖고 있었다. 그리고 명료한 건의사항을 곁들여 간결하게 글을 썼다. 그는 기억력과 분석 기량에 힘입어 2시간 동안 프레젠테이션을 메모 없이 듣고도 1쪽짜리 요약과 평가를 쓸 수 있었다. 이런 능력 때문에 마셜은 대통령 면담 시 비틀을 데리고 갔다. 왜냐하면 프랭클린 루스벨트는 개인 면담을 하는 동안 메모를 허용하지 않았기 때문이다. 또 마셜 총장은 백악관과 연락할 때, 특히 루스벨트가 가장 신뢰하는 보좌관 해리 홉킨스와 연락할 때 스미스를 썼다.[29]

비틀 스미스는 탁월한 기억력을 가진 서기 이상의 역할을 했다. 그는 상황을 분석하고 대담한 제안을 하는 결단력과 자신감을 가졌다. 전쟁부 장관이 참모총장에게 보낸 자동차 세일즈맨을 비틀이 처리한 일은 마셜이 좋아한 사례 가운데 하나였다. 세일즈맨은 새로운 모델의 '작고 낮은 무개트럭'을 판촉하고 있었다. 스미스는 트럭 사양을 조사하고 보병과 기병 부대를 지휘하는 몇몇 동료들과 함께 점검한 후 중무기를 다룬 자기 자신의 경험에 입각하여 야전 시험용으로 40대 구매를 건의하기로 결정했다. 그는 몇몇 장성들과 회의를 하고 있는 총장한테 들어가 간단하게 트럭 성능을 설명하고 전투 시 기관총과 박격포를 운반하는 데 유용한 보탬이 될 것이라고 보고했다. 마셜은 즉석에서 그의 제안을 승인했다. 그렇게 해서 '지프(Jeep)'는 전쟁을 하는 수년 동안 그리고 그 이후에도 육군의 필수적인 수송 수단 중 하나가 되었다.[30]

비틀은 비록 비서실에서 하급 장교에 불과했지만 가장 체계적이고 효과적인 참모로 마셜의 눈에 들었다. 그렇게 된 것은 주로 그가 총장이 대부분의 문제에서 무슨 조치를 원하는지 이해하는 능력과 자기 상사가 더 큰 문제를 처리하도록 자유를 주기 위해 본인이 해결할 수 있다고 생각하는 문제를 기꺼이 떠맡는 의지가 있었기 때문이었다. 그가 능률적이고 신중한 방식으로 일을 한 결과 비틀은 곧 마셜과 해리 홉킨스 및 루스벨트의 영향력 있는 보좌관인 버나드 바루크(Bernard Baruch) 사이의 연락관이 되었다. 1940년 4월 비틀은 중령으로 진급하고 그해 여름 무렵 크로스웰에 의하면 마셜의 '수석 해결사'가 되었다. 그는 프랑스가 함락된 다음 영국을 원조하기 위한 무기대여법의 의회 승인과 예산확보에 일조했으며, 1941년 8월 그는 비서실장이라는 중요한 자리에 임명되고 대령으로 진급했다. 전쟁 준비가 가속화됨에 따라 스미스는 비서실장의 역할을 확대하여 업무가 과중한 참모총장에게 올라오는 첩보와 면담 요청을 걸러내는 '문지기'가 되었다. 그 과정에서 그는 육군의 전쟁 준비의 모든 면에서 전문가가 되었다. 일본군이 1941년 11월 진주만을 공격했을 때 스미스는 '마셜의 사실상의 참모총장'으로서 입지를 굳혔다. 그의 역할은 곧 이보다 더 확장되었다.[31]

독일과 이탈리아가 삼국동맹 조약상의 일본에 대한 공약을 초월하여 12월 11일 미국에 전쟁을 선포하자 프랭클린 루스벨트가 안고 있던 거대한 정치적 문제가 해결되었다. 미국이 두 개의 전선에서 큰 전쟁을 벌이게 되자 하루 밤 사이에 전 국민이 일치단결하고 고립주의를 외치는 목소리가 대부분 잠잠해진 것이었다. 그렇지만 정부와 국민은 여러모로 전쟁 준비가 되어 있지 않았다. 전쟁 기간 대부분 워싱턴 주재 영국 군사사절단의 단장으로 있던 육군원수 존 딜 경(Sir John Dill, 1881~1944)이 미국은 "전쟁이 무엇인지 개념이 전혀 없으며 미국 군대는 상상 이상으로 준비가 부족하다"고 단언했다. 미국은 통합된 군사력이 없었다. 전쟁부와 해군부는 상호 조정이 전혀 없었으며, 정말이지 서로를 최대 라이벌로 여겼다. 정보, 병참 또는 보급과 관련하여 육군과 해군 간 협조가 전혀 없었다. 영국 총리 윈스턴 처칠이 필사적인 영국을 위한 원조를 교섭하고 전쟁의 대전략을 발전시키기 위해 군사 대표단을 이끌고 워싱턴을 방문했다. 대표단은 12월 22일 도착해서 3주 동안 머물면서 핵심 지도자들 회의를 12번 했다. 2년여 동안 전쟁을 수행해왔고 육해 연합참모진을 통해 완전하게 통합된 군대를 보유한 영국 인사들은 체계적이지 못하고 일손이 부족한 미국 관리들과 업무를 협의하는 것이 힘들었다.[32]

암호명이 아카디아인 워싱턴 회담은 양측에 스트레스가 많았던 것으로 판명되었다. 하지만 회담이 끝날 무렵 양국 정부는 전략과 조직에 관해 중요한 합의를 이끌어냈다. 넓은 맥락에서 볼 때, 영국 측은 추축국을 물리치고 세계 강국으로 생존하기 위해 미국의 전면적인 지원을 획득해야 했으며, 따라서 미국인들이 신속하게 움직이도록 하는 데는 인내심이 필요하다는 것을 알면서도 병력과 보급품을 긴급하게 요구했다. 미국 측 인사들은 현대전에 대한 준비태세를 전혀 갖추지 못했다는 것을 인정하지 않는 입장이었다. 전략적 우선순위에 관해 양측은 유럽을 공세 행동의 첫 번째 전역으로 삼기로 합의하고 첫 공격은 북아프리카의 독일군을 겨냥하는 것을 검토한다는 데 합의했다. 전쟁 수행 조직과 관련하여 영국 측은 자신들이 선호하는 위원회에 의한 지휘 원칙을 포기하고 미국 측이 고집한 각 전역별 지휘 일원화를 받아들였다. 종합적인 군사정책은 워싱턴에 본부를 두는 연합참모부(CCS)에서 수립하도록 했다. 장기적으로 가장 중요한 사항은 아카디아가 루스벨트와 처칠 간 긴밀하고 신뢰하는 관계를 생성한 것이었다. 이 관계는 장차 양 동맹국 간 발생하는 문제를 해결하는 데 일조하게 된다.[33]

양국 지도자 간 관계를 넘어 회담을 통해 몇몇 중요한 통찰이 나왔다. 처칠은 루스벨트 다음으로 마셜이 긴밀한 협조를 구축하는 데 가장 중요한 인물임을 인식하게 되었다. 미군 참모총장과 존 딜 경이 관계를 돈독히 함으로써 연합참모부에서 영미 간 조정이 원활하게 될 조짐을 보였다. 당시 마셜은 참모조직을 강화할 즉각적인 필요성을 이해했으며, 대통령은 1942년 2월 대통령령으로 합동참모본부를 창설하고 비틀 스미스를 사무국장으로 임명했다. 또한 마셜은 미국이 워싱턴 주재 영국 군사사절단과 관계를 원만하게 유지할 유능하고 신뢰할 수 있는 관리자의 필요성을 인식하고 스미스를 연합참모부의 공동 사무국의 국장으로 선택하게 되었다. 이제 스미스는 두 개의 대단히 활동적인 그룹을 조정하게 되었으며 관계자들 모두 그가 마셜의 사람이라는 것을 알고 있었다. 이와 같이 이중적인 책임을 맡게 됨으로써 그는 또 다시 승진을 해서 2월 초 준장이 되었다.

스미스는 영국과 이해와 협조를 촉진하라는 마셜의 지시를 진지하게 받아들였다. 이는 스미스가 영국 사절단의 사무국장인 비비안 다이크스(Vivian Dykes) 준장을 즉각적으로 좋아하게 됨으로써 쉽게 풀렸다. 스미스는 포트 마이어에 있는 자기 사무실 옆방에 다이크스가 일할 수 있는 공간을 마련해주고 노리(스미스의 부인)도 종종 만찬과 휴일 소풍에 다이크스를 초대하는 등 그를 챙겼다. 이런 친밀한 관계가 성립된 결과 비틀은 정기적으로 대하는 미국인들과 영국인들 사이에 대조적인 평판을 얻게 되었다. 그의 미군 동료들은 임무와 지시사항을 전달하는 그가 딱딱하고 때로는 거칠기조차 하다고 본 반면, 영국인들은 그를 빼어난 유머 감각을 가진, 온화하고 격의 없으며 단호하고 '적극적인 협조자'로 보았다. 네 사람이 영미동맹의 군사협력을 구축하는 데 결정적인 역할을 수행했다. 마셜과 딜 사이의 '진정한 파트너십'이 연합참모부를 이끌었다. 스미스와 다이크스는 세부사항을 조율하면서 연합참모부가 원만하게 운용되도록 했다. 크로스웰은 다음과 같이 단언했다. "그 어느 누구도 카리스마가 있는 다이크스가 수수께끼 같은 스미스와 죽이 맞으리라고 예측할 수 없었지만 실제로 그렇게 되었다."[34]

아카디아 회의 이후 5개월 동안 스미스는 영국의 승인을 획득할 미국의 전략을 고안하는 데 대부분의 시간을 보냈다. 대통령은 미국의 지상군이 1942년 가을 언젠가 독일군과 교전할 것을 요구했다. 마셜은 1942년 또는 다음 해 초 제한된 규모로라도 영국해협을 횡단해서 공격하는 방안을 추진했다. 영국은 전황이 점점 더 악화되고 있었다. 영국군이 리비아의 토브룩에서 독일군과 이탈리아군에 패배하고 인도양에서 일본군에 패배했다. 영국 지도자들은 소련이 붕괴되고 그렇게 되면 독일부대가 서부 유럽 장악을 강화하기 위해 이동할 여력이 생길 것으로 우려했다. 런던의 계획을 더욱 복잡하게 만든 것은 미국 군대가 훈련과 상륙정이 부족한 데다 전투 경험 있는 지휘관이 없는 등 전투태세를 갖추지 못했다고 인지한 것이었다.

7월에 런던에서 열린 최종 담판에서 영국은 1942년 영국해협 횡단 작전을 거부하고 루스벨트가 원하는 대로 가을에 독일군과 교전하기 위해 북아프리카 공세를 주장했다. 스미스와 다이크스가 각자 동료들을 설득하여 서로 상대편이 느끼는 현실을 인정함으로써 양측은 가까스로 7월 24일 가을에 북아프리카 공세를 벌이자는 데 합의했다. 작전의 암호명은 토치로 하고 지휘는 미국인이 맡기로 했다. 다음날 마셜은 드와이트 아이젠하워 중장에게 토치 작전의 사령관이 될 가능성이 높다고 알려줬다. 이미 유럽 주둔 미군사령관으로 런던에 있던 아이젠하워는 비틀 스미스를 그의 참모장으로 보내줄 것을 반복적으로 요청했다. 그 후 6주 동안 마셜은 스미스를 워싱턴에 붙잡아 두고 토치 작전의 규모와 개시 날짜에 관한 결정을 중개하게 했다. 스미스는 드디어 9월 7일 런던에 도착함으로써 아이젠하워는 큰 한숨을 놓았다.[35]

비틀의 성년기에 가장 큰 영향을 준 기간은 마셜의 개인 참모로 보낸 시간이 첫 번째이고 아이젠하워와 보낸 3년이 두 번째였다. 모든 사람에게 아이크라는 애칭으로 불리는 아이젠하워는 대단히 복잡한 성격의 소유자였다. 외견상 그는 따뜻하고 낙관적이며, 매력적이고 매우 사교적이었다. 내면적으로 그는 남들이 자기를 좋아하기를 바라는 강박관념에 사로잡혀 있었고, 모든 유형의 사람들을 이해하는 데 통달했으며, 그들을 자기 마음대로 조종하는 데 매우 능숙했다. 아이크는 상관이나 동료들과의 갈등을 회피했으며, 어렵고 감사받지 못할 업무를 예외 없이 타인에게 떠넘겼다. 그는 주요한 결정의 결과가 불분명할 때에는 우유부단할 때가 종종 있었으며, 고약한 성미를 대체로 억누르고 있었다. 포커를 아주 잘하는 아이크의 끊임없는 미소는 그의 의도가 무엇인지 누구도 낌새를 챌 수 없게 했다.

스미스는 가치관과 지능이 아이크와 유사했으나 개성은 전혀 달랐다. 그는 대인관계에서 신중했으며 타인이 자기를 좋아할 필요가 없었다. 그는 지시하거나 질책할 때 진지했으며 종종 직설적이었다. 그는 인물 판단의 명수였고 남의 강점과 약점을 재빠르게 분별했다. 매력적이고 따뜻할 수 있는 그는 비비안 다이크스와 같이 몇몇 취향이 같은 사람에게만 이런 품성을 드러냈다. 스미스와 가까운 사람들은 그를 '딱정벌레(Beetle)'라고 불렀다. 그의 중간 이름을 갖고 일종의 장난을 친 것인데 그의 '과다활동(hyperactivity)'을 강조한 것이었다. 그는 이 별명을 환영했으며 "그의 개인 메모지에는 조그만 검정 딱정벌레가 양각되어 있었다". 하지만 그는 자기가 요구하는 기준을 충족하지 못하는 동료들에게는 따끔하게 대했다. 복잡한 업무를 신속하게 정리하는 대담한 행정가인 그는 어려운 임무를 기꺼이 떠맡았다. 크로스웰은 다음과 같이 주장한다. "스미스는 아이젠하워가 일부러 손을 대지 않을 분야에서 핵심적인 정책 결정을 내릴 때가 많았다. 대부분이 군정과 민사 업무와 관련된 일이었다. 사실상 스미스는 사령부의 '총지배인'이자 아이젠하워의 외무장관 역할을 수행했다." 특히 처칠과 프랑스인들을 다룰 때 그러했다. "여러모로 보아 아이크는 '좋은 경찰(good cop)'이고 비틀은 '나쁜 경찰(bad cop)' 역할을 하기 위해 태어난 사람이었다."[36]

런던에서 스미스는 즉시 미군 본부 참모부를 조직하는 일에 뛰어들고 그런 다음 영국군과의 연합군 합동참모부를 구성하는 일에 착수했다. 아이젠하워는 유럽 주둔 미군사령관과 지중해 연합군 최고사령관직을 수행했다. 아이크의 요청에 따라 스미스는 양 본부의 참모장 역할을 하면서 거의 모든 문제에서 사령관을 대변했다. 그는 유능한 참모진을 구성할 때 영국군보다 미군이 더 어렵다는 것을 알았다. 영국군은 이미 전쟁을 3년 동안 해온 처지라 대단히 유능한 참모 장교의 풀을 갖고 있었기 때문이다. 미군 장교들은 두 가지 태생적인 문제를 안고 있었다. 참모 장교로서 훈련과 경험을 겸비한 인력이 극히 적었다. 미국 육군은 기능별 국으로 조직되어 있어 보급과 정보 전문가들은 전쟁부에 있는 소속 국장을 통해 일을 하고 각 사령부 수준에서 통합이 이뤄지지 않았다. 스미스는 통합된 사령부 참모부에서 특히 이 두 전문가 그룹이 협조토록 하는 데 지속적인 어려움을 겪고 있었다. 동시에 신규 미군부대가 영국 기지로 쏟아져 들어오고 있었으며, 북부 아프리카 침공 계획은 독일군을 조기 공격하라는 루스벨트와 마셜로부터의 압력을 받아 속도를 내고 있었다.[37]

미군부대의 훈련이 단축되고 장비와 선박이 부족한 데도 불구하고 1942년 11월 8일 침공이 개시되었다. 미군과 영국군은 나치의 앞잡이인 프랑스의 비시정부군이 점령하고 있는 모로코와 알제리의 세 지점에 상륙했다. 상륙은 별 탈 없이 진행되었으며 프랑스 부대가 변변찮은 저항 후 항복했다. 하지만 곧 미군의 결함이 대가를 치렀다. 통솔력이 형편없는 데다 수송과 보급이 제대로 되지 않아 독일군과 이탈리아군과의 접전에서 연속 패배했기 때문이다. 스미스는 보급문제를 해결하기 위해 집중적으로 작업을 했다. 3월에 트럭, 무기, 탄약 및 철도장비가 대량으로 도착함에 따라 승기를 잡을 수 있었다. 숫자가 많은 연합군이 추축군을 몰아붙였으며, 5월 중순 궁지에 몰린 추축군은 항복하고 말았다. 토치 작전은 메이저 스포츠에서 시즌 시작 전에 하는 게임과 비교될 수 있다. ― 미군부대가 실수를 많이 저질렀지만 결국 효율성이 높아진 군대가 되었으며 대폭 개선된 병참은 연합군 승리의 큰 몫을 한 것으로 판명되었다. 비틀 스미스는 이러한 조직의 시련에 대처하는 데 있어서 중심에 있었다.[38]

서부 유럽에서 추축국에 압박을 계속 가하고 소련이 받는 압력을 덜어주기 위해 연합국은 신속하게 시실리 침공을 준비했다. 7월 10일 대규모의 영국군과 미군이 여러 지점에 상륙했는데 시작부터 지휘계통의 혼선으로 인해 작전이 방해를 받았다. 아이젠하워는 부대장들에게 종합적인 전략 계획을 부과하지 않고, 최고사령관으로서 지상의 여러 지휘센터가 전과 경쟁을 벌이도록 허용했다. 추축국 군대보다 병력이 8대 1로 많았는데도 불구하고 영미군은 섬을 함락하는 데 38일이 걸리고 적이 이탈리아 본토철수 작전을 성공시키는 것을 막지 못했다. 스미스는 혼란 상황에서 질서를 유지하기 위해 노력했지만 참을 성 없는 처칠이 자주 끼어드는 바람에 중단되고 말았다. 그는 다음 차례로 남부 이탈리아 공격을 위한 여러 가지 계획을 짜느라 많은 시간을 보냈지만 워싱턴과 런던으로부터의 지시사항은 매일과 같이 바뀌었다.[39]

스미스는 전황을 파악하고 지휘관들과 면담하기 위해 시실리를 7월 말 방문했지만 중요한 외교적인 임무를 맡기 위해 아이젠하워의 부름을 받고 졸지에 알지에를 방문하게 되었다. 로마에서 비토리오 에마누엘레 3세(Victor Emmanuel III, 1869~1947)는 베니토 무솔리니(Benito Mussolini, 1883~1945) 총리를 제거하고 체포했으며 후임으로 피에트로 바돌리오(Pietro Badoglio, 1871~1956) 원수를 앉혔다. 이로 인해 이탈리아가 전쟁으로부터 철수할 가능성이 열렸다. 새로운 이탈리아 정부 각료들은 평화를 원했지만 자신들의 협상력을 너무 과대평가했다. 이탈리아 정부는 몇 개의 파당으로 분열되어 있었으며, 스미스는 두 개의 다른 그룹의 군사 대표들과 리스본에서 협상할 때 자기 자신이 이탈리아 희가극 속의 배우처럼 느껴졌다. 스미스는 군사적 휴전만 논의할 수 있는 권한을 가졌지 더 광범위한 강화 조건을 협상할 권한은 없었다. 그는 총리를 대표하는 이탈리아 장군에게 이탈리아의 지위나 대독 항전 참가 논의는 나중에 정치지도자들이 결정할 사항이라고 말하고, 실제의 무조건 항복 정책에 대한 언급을 주의 깊게 피했다. 이탈리아 사람들이 독일의 보복을 얼마나 무서워하는지를 듣고 스미스는 나치가 이탈리아 전체를 인수하는 것을 방지하기 위해 휴전 발표와 연합군의 침공을 조심스럽게 조율해야 한다는 것을 알았다. 그는 이탈리아 장군을 로마로 돌려보내면서 시실리로 돌아와 휴전협정에 서명하려면 총리의 승인을 받아 오라는 지침을 주었다.[40]

스미스가 알지에로 돌아와 아이크에게 협상에 대해 보고를 한 후 상황이 위험스럽게 변하고 말았다. 육군참모총장을 대표하는 또 다른 이탈리아 장군이 리스본에 나타나 영국대사와 협상을 모색했다. 영국대사는 런던의 잘못 판단한 지시에 따라 이 장군에게 최근 루스벨트와 처칠이 합의한 무조건 항복을 요구하는 문건을 건넸다. 이 뉴스는 아이크와 스미스에게 청천벽력이었다. 만약 이런 요구사항이 로마에 전해지면 군사적 휴전을 하고자 하는 그들의 시도가 즉시 거부될 것이라고 염려했다. 스미스는 영국 외교관을 설득하여 이탈리아 장군으로부터 요구사항 사본을 돌려받고, 연합군 군사기지 순방을 빙자하여 그를 지브롤터를 경유하여 알지에로 보냈다. 이탈리아 장군은 거기서 억류되어 집중적인 조사를 받았다. 스미스는 이탈리아 장군에게 압력을 가해 상관에게 휴전 조건 수락을 촉구하는 편지를 쓰게 했다. 스미스는 영국과 미국 외교관과 함께 총리를 대표하는 장군을 만나러 시실리로 갔는데, 이때 이탈리아 참모총장이 보낸 장군을 데리고 갔다. 스미스는 로마에서 온 대표가 휴전협정에 서명할 권한이 없다는 것을 바로 알아차렸다. 그럼에도 서명 조건으로 이탈리아 대표는 왕과 정부 및 수도의 안전을 보장한다는 연합군의 중요한 약속을 원했다.[41]

스미스는 이런 약속을 일언지하에 거절하고 연합군은 휴전이 되든지 안 되든지 간에 침공을 한다고 언급했다. 사전 휴전협정이 체결되지 않으면 영미 외교관들은 더욱 혹독한 항복 조건을 요구할 게 분명했다. 스미스는 당시 독일이 이탈리아에 19개 사단을 주둔시키고 있다는 것을 알고 자기가 모든 카드를 쥐고 있다는 것을 확신했다. 아이크의 승인을 받은 그는 로마 정부에 안전을 보장하겠다고 제안했으며 이탈리아 대표들은 안도한 것처럼 보였다. 스미스는 그들에게 바돌리오 정부가 이런 조건으로 휴전을 9월 2일 자정까지 받아들여야 한다고 말했다. 이탈리아 장군들은 로마로 비행기를 타고 돌아갔으며, 상당한 논의를 거친 다음 총리가 조건을 수락했으며 9월 2일 시실리에서 휴전협정에 서명할 대표를 보내겠다는 답을 보냈다.[42]

스미스는 곧 더 많은 이탈리아의 술책을 극복해야 된다는 것을 알았다. 바돌리오의 대표인 주세페 카스텔라노(Giuseppi Castellano, 1893~1977) 장군이 마지막 순간에 도착했다. 휴전협정 서명을 요청받은 그는 그렇게 할 서면 권한이 없으며 '세부적인 군사협력을 조율하러' 왔다고 인정했다. 스미스는 격노했으며, 카스텔라노가 이를 알게 되었다. 스미스는 대응방안을 결정하는 동안 이 이탈리아 장군과 보좌관을 경비원이 지키는 텐트에 억류했다. 그는 고위 지휘관들과 상의한 후 이탈리아인들에게 압력을 가하기 위해 자신의 '아마추어 연극'을 연출했다. 약간 지체된 다음 신장이 크고 압도하는 풍채의 대장 해럴드 알렉산더 경(Sir Harold Alexander, 1891~1969)이 정장 군복을 입고 유사한 복장을 한 아일랜드 경비병의 호위를 받아 도착했다. 이 영국 장군은 카스텔라노가 휴전협정에 서명할 권한 없이 왔다는 것을 알고 화를 불같이 내고 이탈리아 장군을 스파이라고 하면서 체포하라고 명령했다. 알렉산더는 이러한 배신을 응징하기 위해 연합군 폭격기가 다음날 로마를 파괴할 것이라고 위협했다.

알렉산더가 성을 내며 나가버린 다음 한참 있다 영국 외무부 대표인 해럴드 맥밀런(Harold Macmillan, 1894~1986)이 카스텔라노에게 말하기를 이런 낭패에서 빠져나갈 유일한 방도는 총리에게 협정에 서명할 긴급 권한을 달라고 전문을 치는 것이라고 했다. 그렇게 했으나 즉각적인 응답을 받지 못했다. 왜냐하면 바돌리오가 휴전을 승인한 데 대한 책임을 지기를 두려워했기 때문이었다. 9월 3일 아침 일찍 스미스는 총리에게 다시 전문을 치게 하고 더 기다렸다. 또다시 로마로부터 애매한 답변이 왔을 때 스미스는 자신이 직접 바돌리오에게 전문을 보내 완전무결한 체결 권한을 요구했다. 마침내 9월 3일 오후 5시 원하는 승인이 도착하자 15분 내에 휴전협정이 체결되었다. 알렉산더 장군이 주최한 축하 만찬이 있은 다음 스미스는 카스텔라노에게 강화 조건을 모두 제시했다. 무조건 항복을 요구하는 그 강화 조건을 듣고 이탈리아 장군은 경악과 실망을 금치 못했다.[43]

이탈리아를 항복시킨 이 일화는 비틀 스미스의 대담하고 노련한 협상 솜씨와 상관인 드와이트 아이젠하위와의 특이한 관계를 많이 보여줬다. 토치 작전 초기 아이크는 북아프리카 주재 비시정부의 고위 대표인 프랑수아 다를랑(Francois Darlan, 1881~1942) 제독과 협상을 개시, 프랑스 식민지 영토를 통제하고 있는 연합군과 협력하는 대가로 그를 그 지역 주둔 프랑스군의 고위 사령관으로 만들었다. 이런 흥정이 일반에게 알려지자 영국과 미국 정치인들 및 언론으로부터 악랄한 비시 파시스트와 손을 잡았다는 데 대해 격렬한 항의가 일어났다. 크로스웰은 다음과 같이 주장한다. "다를랑 사건으로 몹시 덴 아이젠하워는 역병처럼 정치적 연루를 회피했다." 이후의 활동에 관해서는 아이크가 자신의 명성을 보호하기 위해 실패, 당혹과 어쩌면 사령관직 해임으로 끝날 수도 있는 정치적·외교적 임무를 비틀 스미스에게 맡겼다.

아이크의 결정 결과, 스미스는 이탈리아 대표들과 매우 고통스러운 일련의 협상을 처리했다. 그는 비밀 임무를 띠고 리스본으로 가서 카스텔라노를 만났고, 이탈리아 참모총장 대표를 알지에로 따돌려 그가 실제의 항복 조건에 대해서 입을 다물도록 처리했으며, 시실리에서 여러 번에 걸친 회담을 통해 카스텔라노를 압박함으로써 결국 바돌리오 총리가 휴전협정 서명을 승인하게 만들었다. 이 협정으로 이탈리아는 전쟁에서 빠졌다. 놀라운 사실은 스미스가 이런 모든 일을 성취함에 있어서 젊은 장성으로서 콧대 세기가 이를 데 없는 최고위 장군 여러 명을 동원했다는 것이다. 스미스는 2성 장군으로 진급한 지 얼마 되지 않은 데 반해 알렉산더와 몽고메리는 4성 장군이었으며 패튼은 3성 장군이었다. 이런 활동에 대해 스미스는 영국과 미국 관리들로부터 극찬을 받았다. 하지만 이탈리아 정부와의 관계가 계속 취약하여 그가 수행한 역할의 자세한 내용은 여러 해 동안 비밀로 남아 있었다.[44]

이탈리아로 진격하는 연합군으로서는 불행히도 이탈리아 문제가 전혀 해결되지 않았다. 상륙작전은 계획대로 진행되었지만 바돌리오 정부는 연합군을 지원하겠다는 약속을 전혀 행동으로 옮기지 않았다. 이탈리아가 배신하자 아이젠하워는 로마에 약속한 안전보장을 취소하고 이탈리아가 더 오래 비밀로 지키기를 바랐던 휴전협정 체결을 공표했다. 한동안 혼선을 겪은 독일은 강경 대응책을 써서 무솔리니를 감옥에서 풀어주고 그를 괴뢰정부 수반으로 임명하는 한편, 남부 이탈리아의 굳건한 방어를 준비했다. 영미의 전략은 이미 프랑스 침공을 준비하는 것으로 옮겨가고 있었다. 육군과 해군 부대는 1944년 늦은 봄 영국해협을 횡단하는 대규모 공격을 위해 영국으로 철수하기 시작했다. 아이젠하워는 암호명 오버로드(Overlord)로 정해진 침공의 최고사령관으로 임

명되고 스미스는 그의 참모장이었다.[45]

　12월에 런던으로 옮긴 스미스는 1944년 첫 3개월 동안 영국과 미국 장교들을 제대로 결합시킨 대규모 참모진을 조직하고 충원하는 일을 했다. 그는 이탈리아에 관한 공로를 인정받아 1월에 중장으로 승진했다. 스미스는 효율적인 사령부 참모진을 구성하는 데 개인적인 외교를 엄청나게 펼쳐야 했다. 왜냐하면 영국군은 전쟁 경험이 더 많고 우수한 참모 시스템을 갖고 있다고 생각했으며, 반면에 미국군은 꾸준히 최대 군사력이자 무기와 보급의 최대 공급원으로서 전쟁 수행을 주도할 권리가 있다고 믿었기 때문이었다. 공군원수 아서 테더 경(Sir Arthur Tedder, 1890~1967)을 제외하고 영국 장교들은 모두 스미스가 조직력, 협의, 효율성이 훌륭하다고 칭찬한 반면, 미국군은 그가 영국의 견해를 우선하고 자신의 동료들을 더 혹독하게 대한다고 느꼈다. 3월 중순 스미스는 연합국 원정군 최고사령부(Supreme Headquarters Allied Expeditionary Force, SHAEF)로 알려진 사령부를 런던 교외 부시 파크로 옮겨 더 많은 공간을 갖게 되고 화이트홀(Whitehall, 런던에서 많은 관공서가 있는 거리_ 옮긴이)에 있는 영국 부처들의 엄격한 통제에서 벗어났다. 런던 시내에서 나이트클럽을 즐기던 미군 장교들이 새로운 장소에서 저녁 활동을 할 수 없게 되었다고 불평을 해대자 스미스는 퉁명스럽게 대답했다. "왜 일을 하지 않나? 나는 일이 다야." 침공계획을 수립하는 내내 스미스는 아이젠하워의 우선사항을 실행하고 최고사령관으로서 그의 완전한 권위에 대한 여하한 도전에도 그를 보호하는 데 집중했다.[46]

　오버로드 작전의 수석 기획관으로서 스미스는 수많은 복잡한 문제를 처리해야 했다. 가장 중요한 것은 얼마나 많은 침공 병력을 노르망디 해안으로 수송해야 첫 한 달 동안 치열한 전투를 버티면서 해안교두보를 확보할 수 있을 것인가를 결정하는 일이었다. 이런 분석에 포함시켜 5월 말까지 얼마나 많은 상륙정이 확보될 것인가 그리고 얼마나 많은 물량의 보급품이 매일 운반되어야 할 것인가를 추정했다. 또한 양국 공군의 중앙 집중화된 통제를 놓고 영국인들과 논란이 있었으며, 프랑스 부대의 역할 및 연합군 통제하의 프랑스 영토 행정을 둘러싸고 프랑스군 지도자 샤를 드골(Charles de Gaulle, 1890~1970)과 갈등이 지속되었다. 이런 문제와 다수의 사소한 문제에 더하여 아이크는 또 스미스에게 처칠, 몽고메리, 패튼의 빈번한 요구사항을 처리하라고 시켰다. 이런 모든 문제를 처리하느라 매일 16시간 동안 집중적으로 일을 해야 했기 때문에 스미스는 녹초가 되었다. 5월 초 그는 위에 염증이 생긴 위궤양으로 고생을 많이 했다.[47]

독일 방위군을 성공적으로 기만한 데다 폭풍우 치는 날씨가 잠시 잠잠해진 틈을 이용하여 노르망디 침공이 1944년 6월 6일 시작되었다. 그해 나머지 기간 동안 연합군이 노르망디를 벗어나 서서히 진군함에 따라 스미스는 군수 문제에 집중하고 전투의 방향은 아이젠하워와 작전 참모들에게 맡겼다. 1944년 가을 내내 보급과 수송 문제가 매우 심각하게 되어 연합군의 진격이 멎게 되었다. 1월 말 무렵 대부분의 문제가 봉합되었으며 보급품과 새로운 사단이 전방의 연합군에 투입되었다.

해방된 프랑스 영토가 점점 더 늘어남에 따라 스미스는 임시정부를 수립하여 이끌겠다는 드골 장군의 반복된 청원을 처리해야 했다. 그런 결정은 수개월 동안 지연되었다. 왜냐하면 루스벨트와 처칠이 연합국이 프랑스의 새로운 지도자를 선정해서는 안 된다고 결정했기 때문이다. 그 대신 프랑스가 완전히 해방된 다음 총선에 의해 결정될 일이라는 것이었다. 그렇지만 더 이상 지연할 수 없는 형편이 되었다. 왜냐하면 프랑스 국민이 드골을 열광적으로 환영하는데다 드골이 군사문제에서 연합군 사령관들과 협조하고 있었기 때문이었다. 스미스는 자신이 주도하여 미국 외교관들과 궁극적으로는 대통령이 드골을 프랑스 임시정부 수반으로 인정하도록 설득하는 계획을 세웠다. 이 계획은 10월 23일 미·영·소 3대국과 다른 5개국 정부에 의해 실행되었다.[48]

스미스는 곧 자신이 독일에 대한 최후의 공세 전략을 놓고 격심하게 다투는 영국과 미국 지도자들 사이의 중간에 처한 것을 발견했다. 연합군이 북아프리카를 침공한 이래 영국 관리들은 언제나 전쟁의 정치적 차원에 초점을 맞추고 글로벌 강국으로서의 지위를 유지하려고 했다. 처칠과 그의 장군들은 대독 항전에서 주도적 역할을 수행하기를 원하는 동시에 중동과 남아시아에서 제국을 보호하기 위한 군사력을 보전하려고 했다. 이와 대조적으로 미국은 전쟁의 목표가 적의 전투력을 파괴하는 것이라고 생각하고 정치적 문제는 추축국이 모두 패배한 다음에 처리해야 된다고 주장했다. 1944년 무렵 영국의 군사력과 경제력이 심하게 고갈되어 런던의 지도자들은 전쟁을 가능한 한 조속히, 가능한 한 사상자를 덜 내면서 끝내기를 원했다. 이로 인해 영국 지도자들은 베를린을 공격하여 독일의 조기 항복을 받아 내기 위해 여러 미군부대를 포함한 연합군이 몽고메리 육군원수 휘하에 집중시키는 방안을 거듭 추진했다.

미국 지도자들은 소련이 동쪽에서 대규모 공세를 벌이는 동안 가급적 많은 독일군 부대를 묶어두기 위해 여러 지점을 동시에 공격하여 서부전선 전반에 걸쳐 독일을 압박한다는 고전적 공세 전략을 선호했다. 이제 미국이 전쟁을 위해 단연코 가장 많은 병력, 보급품과 무기를 공급하고 있기 때문에 워싱턴의 지도자들은 전략을 수립하고 연합군을 지휘하겠다고 고집했다. 아이젠하워와 스미스가 개발한 전략은 연합참모부(CCS)와 3대 연합국 지도자들이 몇 달 전에 승인했었다.[49]

그럼에도 불구하고, 처칠과 루스벨트가 스탈린을 만나러 얄타로 가는 도중에 영국 지도자들은 1945년 1월과 2월 몰타 섬에서 황급하게 개최된 회의에서 대립을 유발했다. 영국군 참모총장이며 참모장위원회 의장인 육군원수 앨런 브룩 경(Sir Allan Brooke, 1883~1963)이 아이젠하워의 전략을 변경하고 몽고메리 지휘하에 베를린을 마무리 공격하는 계획에 동의하라는 싸움을 주도했다. 또한 그는 처칠이 좋아 하는 장군인 육군원수 해롤드 알렉산더 경이 프랑스 내 모든 지상군의 사령관이 되어야 한다고 주장했다. 브룩의 발언은 예리하고 개인적이었으며, 그의 반감 일부는 프랑스 침공을 주도하는 임무가 미군에 주어진 것을 1년 전 처칠로부터 듣고 나서 매우 실망한 데서 비롯되었다. 그전에 영국 총리는 브룩에게 소중한 자리를 주기로 세 번에 걸쳐 약속한 바 있었다.

처음에는 조지 마셜이 오버로드 작전의 최고사령관이 될 예정이었다. 하지만 루스벨트가 전반적인 전쟁 수행을 관리하도록 워싱턴에 남아달라고 요청하는 바람에 아이젠하워가 프랑스 내 침공과 공세를 지휘할 최고사령관이 되었다. 불쾌감을 공유한 합동참모본부를 대신하여 마셜과 해군 작전부장 어네스트 J. 킹(Ernest J. King, 1878~1956) 제독이 반격을 가했는바, 아이젠하워를 부당하게 비판했다고 브룩을 거세게 공격하고 계속해서 몽고메리가 너무 신중하고 오만하며 항명한다고 질책했다. 자기의 주장을 관철하기 위해 마셜은 아이젠하워가 미국만이 아니라 연합국의 사령관이며 그렇기 때문에 루스벨트를 설득해서 그를 직접 접촉하지 않도록 했다는 점을 강조했다. 이와 대조적으로 처칠은 끊임없이 합의된 절차를 위반하고 아이젠하워와 크고 작은 문제로 논쟁했다. 회의는 아침에 다시 만날 계획 외에는 아무런 결정을 내리지 못하고 종료되었다.[50]

회의에서 아이젠하워를 대표한 스미스는 긴 저녁식사를 한 다음 자기 방에서 속을 끓이다가 교착상태를 깨트리기로 결심했다. 브룩이 방으로 돌아간 자정 직후 스미스는 그의 생각을 바로잡아 주기 위해 직접 찾아갔다. 스미스는 아이젠하워의 전략을 방어하고 그의 계획은 영국-캐나다 군단을 거느리고 미군을 함께 운용하는 몽고메리의 대단한 추진력을 감안했으며 프랑크푸르트에 대한 2차 공격을 추가했다는 점을 지적했다. 그는 브룩의 최고사령관으로서 아이크의 성과에 대한 비판에 이의를 제기하고 다음과 같은 위협적인 발언으로 결론을 내렸다. "만약 영국이 알렉산더를 지상군 전체 사령관으로 만들어 아이젠하워를 불신임하겠다고 고집한다면 아이크는 사임할 것이 분명하다"고 말했다. 브룩은 아이젠하워를 대체할 생각은 없다고 하면서 한 발 물러섰다. 그 자리에 있던 이안 제이콥(Ian Jacob, 1899~1993) 소장은 그 후의 인터뷰에서 다음과 같이 말했다. "앨런 브룩 경에 그와 같이 감히 맞서는 일은 아무나 할 수 있는 일이 아니었다. ─ 그는 그야말로 만만찮은 인물이었다. 하지만 비틀 스미스가 그렇게 말했으며 명백히 의도한 것이었다! 브룩은 멍멍했다." 마지막 몰타 회의에서 CCS는 전략을 승인했으며 이후 처칠과 루스벨트가 그 결정을 승인했다. 나중에 브룩은 자신의 일기에 다음과 같이 보냈다. "내가 전날 저녁에 베델 스미스와 대화를 함으로써 여하튼 그가 아이크 전략의 위험을 상당히 잘 알고 있다는 것을 보여줬으며, 스미스가 아이크를 인도하는 영향력을 행사할 것이라는 데 만족스럽게 생각했다."[51]

2월에 시작한 연합군의 최후 공세는 5월 초 독일의 붕괴를 향해 척척 가속화되었다. 유럽 전쟁의 이 마지막 단계에서 비틀 스미스는 독일 점령과 민간정부 수립을 위한 계획, 독일에 점령된 네덜란드 지역에서 360만 명의 민간인이 대량 아사할 위험 그리고 모든 독일군의 항복을 처리하느라 몹시 바빴다. 연합국 간에 그리고 독일인들과 항복조건을 협상하는 일은 대단히 힘들고 스트레스가 많았다. 나중에 스미스는 5월 첫 주가 가장 부산한 전쟁 기간이었다고 기록했다. 당시 그와 그의 참모들은 항복의 세부사항과 여타 위기를 처리하느라 24시간 내내 일했다.

4월 30일 히틀러가 자결한 데 이어 독일 정부의 새로운 수반은 전쟁을 종결하기 위한 최선의 방법을 모색하기 시작했다. 5월 4일 북서부의 독일군은 몽고메리에게 항복했다. 그리고 독일군 고위 장교는 적절한 서류에 서명한 후 모든 독일군이 무조건 항복할 태세가 되어 있지만 소련군의 무서운 응징을 피하기 위해 서방군에 항복하기를 원한다고 넌지시 영국군에 알렸다. 독일군 대표단은 잔여 독일 대부대의 항복을 스미스와 협상하기 위해 랭스에 있는 아이젠하워 사령부에 비행기로 왔다. 연합국 정치지도자들이 독일과의 강화와 관련된 정치적 문제를 해소하지 못했기 때문에 스미스는 — 아이크의 승인을 받아 — 이탈리아인들에게 취했던 동일한 접근방법을 사용했다. 즉, 군사적 항복의 협소한 조건만 구체화하고 '무조건 항복' 조건과 '분할'을 부과할 가능성을 열어 놓았다. 이는 워싱턴의 일부 인사들이 옹호한 것이었다. 독일군 대표단은 더 많은 부대가 서방 연합군에 항복할 수 있도록 항복 조건 동의를 지연시키려고 했

지만 아이젠하워는 스미스에게 지시하기를 각 전선에 있는 모든 독일군이 동시에 항복할 것을 요구했다.[52]

독일 측이 더 지체하려고 하자 스미스는 이탈리아 측에 했던 것처럼 심리적 압박에 의지했다. 그는 참모들로 하여금 연합군과 독일군 부대의 위치를 보여주는 현황 지도와 현재의 독일군 포로 숫자(400만 이상)를 표시하는 온도계 형태의 차트를 상황실에 비치하도록 했다. 스미스의 사무실에는 참모들이 현재의 부대 배치를 보여주는 새 지도를 그의 책상 위에 깔아놓았는데, 그 지도 위에 그린 두 개의 큰 화살 표시는 동서 양쪽에서 독일군 진영을 관통하는 협공을 보여줌으로써 완전한 재앙을 예고하는 것이었다. 독일군 대표단이 연합군 사령부에 도착했을 때 한동안 상황실에서 기다리도록 했다. 거기서 그들은 자기들이 난관에 처한 군사 상황과 이미 포로가 된 수많은 동료들을 깊이 생각해볼 수 있었다. 그런 다음 독일군 대표단은 스미스 사무실로 안내되어 그들의 사정을 호소할 때 스미스 책상 위에 있는 새로운 지도를 내려다보게 되었다. 스미스는 모든 독일군 부대가 각 전선에서 동시에 항복해야 된다는 점을 강조하고 낙심한 독일 군인들에게 각지의 모든 독일군 부대가 제네바협정에 따라 대우를 받을 것임을 확약했다. 독일 군인들이 자국 정부 수반에게 이런 조건을 보고하는 한편 스미스는 이런 조건에 대한 소련의 승인을 기다렸다. 긴장된 하루가 지난 5월 6일 양측으로부터 긍정적인 답변이 왔다.[53]

이 시점에서 독일군 대표단이 되돌아왔다. 단장은 전쟁 기간 내내 육군 작전참모부장이었던 알프레트 요들(Alfred Jodl, 1890~1946) 중장이었다. 그는 서부전선에서만 항복하겠다는 기존 요구를 재천명하고 항복을 이행하기 위해 24시간 휴전을 요청했다. 스미스는 이런 요구를 단호하게 거절하고 독일군은 전 전선에서 동시에 항복하고 이런 조건을 자정까지 받아들여야 되며, 그렇지 않으면 연합군이 전선을 봉쇄하고 공격작전을 재개할 것이라고 말했다. 아이크는 스미스에게 독일군이 항복을 이행하는 데 48시간을 허용하겠다는 것을 추가하도록 승인했다. 자정 직후 독일 정부 수반으로부터 체결 승인이 났다. 양측 대표단은 2시간 후에 모여서 10분간 얘기를 나눈 후 각국 장교들이 5월 7일 오전 2시 41분에 항복문서에 서명했다. 비틀 스미스는 미국을 대표하여 서명했다. 다음날 전쟁장관 헨리 L. 스팀슨(Henry L. Stimson, 1867~1950)은 그에게 다음과 같은 전문을 보냈다. "귀하야말로 이 역사적인 문서에 서명할 적임자이다."[54]

커티스 르메이와 같이 비틀 스미스는 제2차 세계대전의 도가니 속에서 자신의 리더십과 관리 방법을 형성했다. 그는 치열하고 매우 효율적인 사람이었으며 자기 자신과 동료들에게 엄격했다. 그는 외국인, 방문객, 부하 장교와 사병들에게는 매력적이고 배려하는 사람으로 보였을 수 있다. 하지만 그의 기본 스타일은 엄하게 일을 시키는 사람이었다. 부하들이 그의 높은 표준을 충족시키지 못하면 날카롭고 무자비하게 비판할 때가 종종 있었다. 1945년 늦은 봄 유럽에서 전쟁이 끝났을 때 스미스는 몇 달 모자란 50세였다. 그는 탈진했으며 몇 차례 위장병이 나서 몸무게가 크게 줄었다. 휴식을 취한 다음 건강이 나아졌지만 그가 절실하게 원한 몇몇 자리를 가을에 다른 사람이 차지함에 따라 실망상태에 빠졌다. 그가 원했던 자리는 유럽 전역(戰域) 사령관과 독일 군정장관이었다. 연말에 마셜에 이어 육군참모총장이 된 아이젠하워는 스미스를 워싱턴으로 데려와 작전 및 기획 참모부장으로 임명했다. 새로운 자리에 안착하기 전에 대통령은 전혀 다른 도전적인 자리에 그를 발탁했다.[55]

트루먼은 스미스를 주 소련대사로 임명했다. 대통령은 모스크바와 협조적인 관계를 유지하고 싶어 했기 때문에 스탈린과 그의 수석 외교관들인 뱌체슬라프 몰로토프, 안드레이 비신스키에 의해 뒤흔들리지 않을 단호한 군인이라야 그런 일을 가장 잘할 수 있다고 믿었다. 마셜과 아이젠하워는 모두 다 적임자를 임명했다고 칭찬했다. 소련 지도자들에 대해 좀 더 솔직하게 평을 한 아이크는 다음과 같이 말했다. "그것 참 쌤통이다." 스미스는 1946년 3월 말 모스크바에 도착했다. 조지 F. 케넌이 그 유명한 '긴 전문'을 국무부에 보내고 나서 한 달 만이었다. 이 중대한 분석과 다음해 ≪포린 어페어스≫지에 게재된 'X'

논문에서 이 대리대사는 억압적인 소련 정권은 태생적으로 팽창주의이며 미국은 소련의 중대한 국익 분야에서 봉쇄정책으로 이런 경향에 대응해야 된다고 주장했다. 케넌은 스미스가 도착하고 나서 한 달 더 모스크바에 머물렀으며, 새로 부임한 대사는 케넌의 소련 정책 평가를 신속하게 인정했다. 4월 5일 크렘린을 처음 방문한 스미스는 스탈린과 몰로토프가 차갑고 미국 정책에 대한 의심이 확고부동하다는 것을 발견했다. 그가 미국은 중요한 국제문제에서 소련과 협력하기를 원하지만 공격적인 행위에 대해서는 적절하게 대응할 것이라고 말하자 소련 통치자는 미국이 이란에서 석유 이권을 획득하려는 소련 정부의 시도를 방해하고 영국과 '확고한 대소련 동맹'을 형성한 데 대해 비난했다. 그런 일은 처칠이 미주리 주 풀턴에서 행한 연설에서 '스탈린 자신과 소련에 대한 비우호적이고 부당한 공격'을 하도록 허용함으로써 실증되었다고 했다. 그것은 상서로운 시작이 아니었다.[56]

스미스는 1949년 3월까지 3년간 대사직을 수행했다. 이 기간 동안 행정부는 케넌의 건의를 채용하고 트루먼 독트린과 마셜 플랜 따위의 기념비적인 프로젝트를 통해 봉쇄정책을 시행했다. 유럽의 경제회복 계획이 실시된 지 3개월도 되지 않은 1949년 6월 소련은 베를린의 서방 점령지역에 대한 육상접근을 봉쇄했다. 소련이 점령 열강을 베를린으로부터 굶겨 몰아내려는 노력의 배후에는 서방이 점령한 3개 지역에 서독 정부를 세우려는 서방 정부의 계획을 교란시키려는 주목적이 있었다. 오히려 서방 열강은 10개월 동안 서베를린에 대규모로 식량과 연료를 공수하는 데 협력했다. 봉쇄 초기부터 스미스는 소련과 위기 종식을 협상하고 서방의 베를린 접근 보장을 합의하기 위해 모스크바 주재 영국 및 프랑스 대사와 긴밀하게 협력했다. 대사들은 스탈린과 개별적으로 만난 다음 몰로토프와 다섯 차례 만나서 합의하려고 노력했지만 소련은 베를린에 대한 완전한 접근을 요구하고 서독 국가를 수립할 권리가 있다는 서방 정부의 주장을 받아들이려 하지 않았다. 1948년 말 무렵 스미스는 적대적이고 비생산적 상황이 된 모스크바를 떠나고 싶어 했다. 그는 12월에 워싱턴으로 돌아와 전통에 따라 선거 후 대통령에 사직서를 제출했다. 그는 위장병을 치료하기 위해 월터리드 종합병원을 몇 달 동안 들락날락했다. 트루먼은 마침내 3월에 스미스의 사표를 수리하고 국무부 고위직을 제의했다. 스미스는 이 제의를 거절하고 현역 복귀를 요청했다.[57]

대통령은 스미스의 요청을 받아들여 제1군 사령관으로 임명했다. 사령부는 육군 요새지인 어퍼 뉴욕 만 내의 거버너즈 섬에 있었다. 실제로 이 자리는 공로가 큰 고위 장성들이 퇴역 직전에 배치되는 곳으로서, 스미스는 모스크바 주재 대사로서의 경험을 글로 쓰는 데 대부분의 시간을 보냈다. 11월에서 시작하여 그가 쓴 글이 《뉴욕타임스》와 《새터데이 이브닝 포스트》에 연재물로 수록되었으며, 이야기 전체는 『나의 모스크바 생활 3년』이란 제명으로 1950년 초 책으로 발간되었다. 소련 붕괴 이후 공개된 모든 문서와 비교해볼 때 1946~49년간 이 나라와 그 지도자들에 대한 스미스의 묘사는 놀랍도록 정확하다. 그가 본 소련은 지독한 전쟁 폐허에서 서서히 회복하고 있는 단조로운 나라로서 정부가 식량, 연료 및 다수의 생활필수품을 배급했다. 공산당은 사회 각계각층을 지배하고 지식층 반체제 인사와 정치적 반대자들을 극심하게 탄압했다. 당의 정치국이 나라를 통치하고 관료조직을 통제했다. 정치국의 12명 내지 14명 위원은 능력이 있고 열심히 일했으며 자기들에게 출세 기회를 준 스탈린에게 충성했다. 정치국 내에서 정책과 과정에 관해 이견이 있었으며, 스탈린은 '절대적인 독재자'는 아니라고 할지라도 '결정권을 가진 이사회 의장'과 같았다. 1946년 스미스가 소련 지도자와 네 번에 걸친 긴 면담 중 첫 번째 만남을 가졌을 때 스탈린은 67세였고 15년 동안 권좌에 있었다. 그의 정적들은 진짜든 가상이든 모두 제거되었다. 스미스는 조지 케넌, 찰스 보렌, 포이 콜러(Foy Kohler, 1908~1990) 등 전문가들과의 토론과 자신의 관찰에 근거하여 스탈린을 "대담하지만 신중하고, 의심이 많고 복수심이 강하고 쉽게 화를 내지만 냉정하게 무자비하고 인정사정없이 현실적이었으며, 목표가 분명할 때 단호하고 신속하게 계획을 실행했지만 상황이 불분명할 때는 전술적으로 인내하고 신중했다"라고 묘사했다. 그 지도자는 시민들을 만나거나 소련 영토 밖으로 여행하지 않았기 때문에 그가 가진 정보는 모두 정치국원이나 개인 참모 등 신뢰할 만한 측근을 통해 받은 것이었다. 스미스는 스탈린에게 가는 보고서를 통제하는 이 소그룹에 대해 가능한 한 많이 알려고 노력했다.[58]

소련의 정책에 관해 스미스는 자신이 모스크바에서 3년 동안 경험한 바에 의해 지도자들의 "궁극적인 목표는 … 세계혁명과 공산당의 세계지배"라는 결론에 도달하게 되었다고 언명했다. 그는 다음과 같이 예상했다. "대서양조약(나토) 회원국들이 흔들림 없이 긍정적으로 프로그램을 추진한다면 소련이 가까운 장래에 의도적인 군사 공격에 의존하지는 않을 것이다. 소련 지도부가 유리한 승산 없이 도박하지는 않을 것이다." 나토의 중요성과 새로운 군사원조 프로그램을 강조하면서 그는 다음과 같이 말했다. "지속적인 세계평화를 보장할 여건을 조성하기 위해 가장 필요한 일 하나를 꼽으라면 조화롭게 함께 살고 정치적·경제적·군사적으로 협조하는 일단의 강력하고 자유로우며 씩씩하고 진보적인 국가들을 유럽에 재건하는 일일 것이다." 결론적으로 그는 독자들에게 장기적으로 이런 정책을 지속할 태세를 갖추도록 촉구했다. "근본적인 사실은 우리가 앞으로 오랫동안 지속될 자유로운 생활방식을 지키기 위해 투쟁을 계속하지 않을 수 없다는 것이다. 우리는 감히 우리 스스로 거짓된 안보 의식을 조금도 허용해서는 안 된다. 우리는 소련의 전술이 우리를 약화시키고 짜증나게 하며 약점을 계속 탐색하려고 시도할 것임을 예상해야 하며, 전례가 없을 정도의 확고부동함과 인내력을 배양해야 한다."[59]

스미스는 이 책이 출간된 지 얼마 되지 않아서 심각한 건강 위기에 처했다. 고통이 끊이지 않는 데다 몸무게가 정상적인 174파운드에서 135파운드로 감소했다. 의사들은 큰 수술을 해서 위의 절반을 제거해야 된다고 했다. 그는 월터 리드 병원(미국 육군 병원_옮긴이)에 석 달 반 동안 입원했다. 퇴원한 다음에도 긴 회복기와 물리 치료 및 특별한 음식 섭취가 필요했다. 스미스가 아직 병원에 입원해 있을 때 트루먼 대통령이 병문안을 와서 CIA 부장이 될 것을 촉구했다. 그는 과거에도 한 번 그랬듯이 이 제안을 거절했다. 한국전쟁이 발발하고 국가가 비상사태에 처하게 되자 대통령이 긴급하게 재차 요구했다. 아직 몸이 약한 이 군인은 이런 환경하에서 최고통수권자를 세 번째 거역할 수가 없어서 원치 않는 임무를 떠맡는 데 동의했다. 그는 친구에게 다음과 같이 편지를 썼다. "나는 최악의 사태를 예상하네. 그래서 나는 실망하지 않을 것이라고 확신하네."[60]

계획 수립

스미스가 할 수 없이 1950년 7월 CIA의 수장이 되었을 때 그는 누가 이 기관의 문제를 가장 잘 파악하고 있고 든든한 차석으로 봉직할 수 있는지 자문을 구하기 위해 시드니 W. 수어스 해군 소장을 찾았다. CIA를 조사하기 위한 덜레스 위원회를 설립하는 데 관여했던 현직 NSC 사무국장으로서 수어스는 즉시 윌리엄 H. 잭슨(William H. Jackson)을 추천했다. 3인 조사위원 중 한 명이었던 잭슨은 그중에서 가장 균형이 잡힌 인사로 생각되었다. 그는 영국정보기관의 구조와 운용을 조사했으며, 전쟁 기간 동안 오마 브래들리 장군의 정보참모차장으로 복무했다. 그 직책에 있을 때 그는 자기 보스가 비틀 스미스를 'SHAEF의 괴물'이라고 싫어하는 것을 받아들였었다. 뉴욕의 '21클럽'에서 점심식사를 하며 스미스가 잭슨에게 CIA를 개편할 권한을 줄 테니 차장직을 수락하라고 촉구했을 때 잭슨의 반응은 부정적이었다. 스미스는 국가가 제3차 세계대전을 맞이할 수 있는 시점에서 중차대한 일을 수행하기 위해 잭슨의 경험이 필요하다고 설득하는 매력을 뽐냈다. 결국 잭슨은 제대로 기능하는 정보기관을 만드는 어려운 과업을 맡기 위해 보수가 많은 대형 투자은행의 수장직을 그만두기로 동의했다. ― 그가 내건 조건은 조직 개편을 전권을 가지고, 6개월 동안만 근무하며, 스미스의 악명 높은 신랄한 공격에서 면제된다는 것이었다.

스미스는 이런 조건들을 선뜻 받아들이고 8월 14일 중앙정보장[DCI, 정보공동체를 통합하는 수장으로서 CIA 부장이 겸임했으나, 2004년 이후 독임제 국가정보장(DNI)으로 바뀜_ 옮긴에으로 임명되었을 때 같은 날 잭슨이 그의 차석이라고 성명을 발표했다.61

한국전쟁이 지속되고 있으며 미국 정보기관들이 지리멸렬한 상태에 처한 것이 분명한 실정을 감안하여 상원은 스미스의 임명을 긴급사항으로 취급했다. 그는 8월 24일 상원군사위원회에서 증언했으며 상원은 28일 그의 임명을 만장일치로 인준했다. 스미스는 수술 후 회복이 필요했기 때문에 10월 27일까지 중앙정보장으로서 임무를 시작하지 못했다. 그는 여전히 미 육군의 중장으로 현역이었다.62

스미스는 CIA 부장으로서 공식적인 업무를 시작하기 전에 체력을 회복하는 동안 CIA의 현황과 각 부처 정보기관들과의 관계에 관한 정보를 수집했다. 그는 맨 먼저 CIA의 법무 자문위원인 로렌스 휴스턴(Lawrence Houston)과 조직 및 부서장들의 성과에 관해 협의하고 그가 중앙정보장으로서 당면하게 될 문제에 관한 보고서를 요청했다. 휴스턴이 8월 29일 일련의 문제들을 상세하게 기술한 보고서를 제출했다. 그 보고서에 의하면, 중앙정보장이 국가정보판단서의 내용을 조율하고 최종적으로 판단할 구체적 권한이 없는 점과 각 부처 정보기관들이 NSC 보고서 50에서 규정한 대로 국가정보판단서 작성과 관련하여 요청받은 자료를 제출하고 그 초안에 대해 실질적인 검토의견을 내며 중앙정보장의 권한을 인정해야 하나 이를 거부하고 있는 점이 근본적인 문제였다. 휴스턴의 주장에 따르면, 중앙정보장이 CIA의 성과를 개선하기 위해 선의와 협조에 의존할 수는 없지만 유용한 국가정보판단서의 작성 과정을 지휘할 권한을 NSC로부터 분명하게 받는 것이 필요했다. 법무 자문위원은 보고서에 첨부한 7개 부록을 통해 그가 확인한 문제의 사례들을 적시하고 그에 대한 처방전을 제시했다. 또한 스미스는 전시 OSS 수장을 지낸 윌리엄 도노반(William Donovan, 1883~1959), 알렌 덜레스 그리고 여러 CIA 간부들과 논의를 했다. 새로운 자리에 부임한 스미스는 국무장관, 국방장관을 만나고 그런 다음 10월 12일 NSC 위원들과도 만났다. 그는 NSC 50의 요구사항을 수행할 것이라고 NSC 위원들에게 말했다. ─ 단 하나의 예외는 NSC 50에서 요구한대로 비밀 업무를 담당하는 두 부서를 병합하는 것이 바람직하지 않다는 그의 발언이었다. 그 두 부서는 첩보를 은밀하게 수집하여 분석하는 특수 공작실(OSO)과 적극적인 교란 공작을 운용하는 정책조정실(OPC)이었다. NSC는 지침에서 이 변경을 승인하고 스미스가 무엇을 계획하고 있는지 더 이상 캐묻지 않았다.[63]

정보공동체 조정

스미스는 중앙정보장으로서 본격적인 업무를 시작하기 전에 관련 자료를 읽고 관계자와 논의를 한 결과, 정보자문위원회와 만족스런 관계를 성립하는 것이 첫 번째 도전임을 파악했다. 덜레스 보고서와 NSC 50은 자문위원회 위원들과 중앙정보장 사이의 갈등이 대통령을 위해 시의 적절하고 확실한 판단보고서를 생산하는 데 주요한 장애물이라고 명백하게 적시했다. 국무장관과 국방장관은 NSC 50을 승인하면서 중앙정보장이 그 명칭이 의미하는 바와 같이 국가정보판단서 내용의 최종 조정자가 되어야 한다는 견해를 강력하게 지지했다. 스미스는 정보공동체의 수장 역할을 강화하기 위해 NSC로부터 그리고 필요하면 의회로부터 구체적 권한을 받으라는 로렌스 휴스턴의 충고를 따르지 않기로 했다. 이는 아이젠하워가 연합국의 정치 및 군사 지도자들과의 관계를 교묘하게 처리하는 것을 옆에서 지켜보고, 케네스 스트롱(Kenneth Strong) 준장이 북아프리카와 나중에 유럽에서 여러 나라의 각 군 대표들로 구성된 정보참모부를 협조적 리더십으로 이끄는 것을 본 경험을 반영했다. 그 대신 그는 강력한 리더라는 자신의 평판과 대통령과 의회로부터 정보자문위원회와 상호존중과 협력 관계를 발전시키라는 승인에 의지하기로 결정했다. 이런 접근방법

을 채용할 기회가 예상보다 빨리 왔다.[64]

스미스가 부임하고 둘째 날인 10월 10일 일과가 끝나갈 무렵 대통령으로부터 웨이크 섬에서 맥아더 장군과 논의할 쟁점에 관해 6개의 판단보고서를 올리라는 긴급 지시를 받았다. 백악관은 트루먼이 그 태평양 섬 기지로 떠나야 되기 때문에 20시간 내에 이런 판단보고서를 필요로 했다. 이 보고서들은 중국이나 소련이 한국전쟁에 대규모로 개입할 위험성, 중국이 타이완, 인도차이나 혹은 필리핀을 공격할 위험성, 극동에서 소련과 중국의 전반적인 능력 및 의도 등을 분석하는 것이었다. 스미스는 정보자문위원회의 모든 위원에게 직접 전화를 걸어 저녁 7시에 자기 사무실에서 열리는 회의에 참석하라고 했다. 한 위원이 저녁식사 시간이기 때문에 참석할 수 없다고 하자 스미스는 "군기 빠진 신병을 혼내는 훈련 하사관 말투로 그를 계도했다"고 몬태규가 기술하고 있다. 7개 정보기관 리더들(자문위원들)이 대통령의 요구사항을 듣고 긴급성을 인식하여 국방부로 복귀한 후 요구받은 판단보고서를 작성할 6개 합동 작업팀을 구성했다. 스미스는 CIA 조사평가실의 러드웰 몬태규에게 작업팀에 합류해서 기관별 평가의 취합을 감독하라고 지시했다. 같이 밤새도록 전격적으로 작업한 판단보고서의 결론은 모두가 부정적이었다. 가장 다급한 문제에 관해 분석관들은 다음과 같이 말했다. "중공이 한국전에 전면 개입할 가능성은 계속 고려되어야 하지만, 세계대전으로 가겠다는 소련의 결정이 없는 한 1950년 중 그런 개입은 없을 것인바, 이는 우리가 아는 모든 요인을 검토하여 내린 결론이다. 이 기간 동안의 개입은 북한군에 비밀 지원을 지속하는 데 국한될 것으로 보인다." 판단보고서 묶음이 대통령의 여행에 맞춰 적시에 백악관에 전달되었다. 이처럼 우연하게 이루어진 신임 중앙정보장과 정보자문위원회의 최초 협업은 서두른 것이었지만, 스미스는 바로 이런 유형의 집단적 노력을 일상적인 절차로서 확립하고자 했다.[65]

스미스 장군은 10월 20일 정보자문위원들과 최초의 공식적인 회합을 가졌다. 중앙정보장으로서 그가 내린 몇몇 초기 결정을 설명하면서 국무장관과 국방장관이 NSC 50을 시행하기 위한 방법을 추가로 논의할 필요가 없다는 데 동의했다고 말했다. 그리고 그 지침의 권고사항을 '신속하게' 실행하겠다고 했다. 다만 NSC가 승인한 결정인 특수공작실과 정책조정실의 합병은 하지 않기로 했다. 그리고 그는 국무장관과 국방장관으로부터 정책조정실이 부처로부터 지침을 계속 받도록 승인을 받았지만 어디까지나 중앙정보장의 '권한과 통제하에 활동할 것'이라고 보고했다. 신임 부장은 두 개의 중요한 분야에서 자신의 권한을 확인한 다음 자문위원회와의 관계에 대해 언급했다. 향후 위원회는 더 자주 그리고 '더 오랫동안' 만나게 될 것이라고 말하고, 위원들은 '신속하게 협력할 준비가 되어 있어야' 한다고 선언했다. 다음으로 스미스는 국가정보판단서를 편찬하는 민감한 문제를 언급했는데, 윌리엄 H. 잭슨(William H. Jackson) 차장이 작성한 메모 중에서 덜레스 위원회 보고서를 그대로 인용한 구절을 읽었다. 이 구절은 CIA가 국가정보판단서를 조율하고 생산하기 위해 모든 정보기관으로부터 최고의 첩보를 입수할 '분명한 의무와 책임'이 있다고 확고히 했다.

이러한 집단적 노력을 조직하고 지휘하기 위해 스미스는 CIA 내에 국가정보판단실을 설치한다고 발표했다. 별도의 조사보고실은 '국가안전보장회의(NSC) 지침에 의해 특정된 분야의 공동 관심사'에 관한 조사를 담당하게 되었다. 향후 정보자문위원회는 국가정보판단서를 위원회에서 채택된 주제의 우선순위 목록에 따라 생산하기로 합의했다. 국가정보판단실이 국가정보판단서의 전체적인 줄거리를 잡고 해당 기관은 정해진 일정 내에 자료를 제출하게 되었다. 국가정보판단실은 이 자료로 제1차 초안을 작성하여 각 기관의 검토의견과 수정을 받으며, 다시 제2차 초안을 작성하여 정보자문위원회에 제출, 논의와 승인을 거치게 되었다. 최근에 대통령이 요구한 사례와 같이 위기 판단보고서를 작성할 경우에는 그 사례에서 쓰인 절차가 반복될 것이었다. 이 개막 회의에서 스미스는 몇몇 중요한 분야에 권위를 확립했으며 국가정보판단서 생산을 위한 새로운 협력에 대해 정보자문위원회의 승인을 획득했다. 몬태규는 다음과 같이 결론을 내렸다. "그날 오후 그의 업무 수행은 능수능란했다."[66]

CIA와 정보자문위원회 간 협조는 스미스가 협동할 것을 확고하게 요청한 후 순조롭고 효율적으로 이뤄졌다. 1950년 말까지 10개의 판단보고서가 새로 완성되었다. 그 절반은 소련과 중국 세력권의 잠재적인 위협에 관한 것이었으며 나머지 절반은 중국의 한국전 개입과 서유럽의 안보 역량에 관한 것이었다. 이제 스미스는 CIA 자체를 개편하고 대통령과 NSC 주요 멤버의 요구사항을 충족하는 데 전념할 수 있게 되었다.[67]

지휘 체계 강화

스미스가 CIA에 부임했을 때 CIA가 봉건영주들에 의해 형편없이 관리되고 있다는 것을 알았다. 세계 강국인 미국의 정책결정권자들이 필요로 하는 정보를 제공할 역량을 갖추어 정보공동체의 중추적 역할을 수행할 조직을 만들기 위해 그는 3개의 최우선 목표를 설정했다. 스미스는 부장이 CIA를 완전히 장악할 수 있도록 관리를 중앙집중화하기를 원했다. 그는 정보를 매력적인 경력직으로 발전시킨다는 목표하에 각 부서장과 그 부하들의 자질과 헌신을 제고하기 위해 꾸준히 노력했다. 그리고 그는 부서장들 사이의 협력이 요구되는 문화를 발전시키려고 노력했는데, 그렇게 되면 부서장들이 공동의 임무를 수행한다는 협동정신에 의해 상호 이견을 해소할 것이었다. 중국이 '지원군' 인해전술로 미국과 연합군을 38선 이남으로 밀어냄으로써 국가가 위기에 처한 상황에서 스미스는 아무리 신속하게 개혁해도 지나치지 않을 것이라고 인식했다.

스미스는 이제 판이한 수장이 CIA를 맡았다는 것을 알리기 위해 10월에 개최한 첫 직원회의에서 다음과 같이 조용하게 말함으로써 모든 사람의 주목을 끌었다. "여기서 여러분 모두를 보게 되니 흥미롭습니다. 지금부터 몇 달 뒤 여러분 중 얼마나 많은 사람이 여기 있을지 보는 것은 더 흥미로울 것입니다."[68]

스미스의 CIA 개편 능력을 제약하는 한 가지 문제는 기능 장애를 일으키는 사무실 배치였다. 1950년 10월 CIA는 여기저기 흩어진 10개 건물에 입주해 있었으며 NW 구역 E Street 2430에 있는 과거 OSS 본부를 본청사로 사용했다. 이 건물들 가운데 23번가의 언덕 서쪽에 있는 오래된 벽돌 건물 4동과 내셔널 몰의 언덕 자락에 있는 전시 임시 건축물 4동이 있었다. 특수공작실과 정책조정실 사무실이 입주한 임시 건물은 링컨기념관의 반사 연못을 건너 내셔널 몰의 반대편에 위치하여 더 떨어져 있었다. 다음 해 4월 정책조정실이 폭발적으로 확대되어 인근에 있는 2개의 임시 건물과 1개의 레크리에이션 센터가 추가로 필요하게 되었다. 이렇게 직원들이 분산됨에 따라 스미스가 각 부서를 면밀히 감독하려는 노력이 제약을 받았다. 이로 인해 특히 비밀공작에 대한 통제가 난관에 처했다. 그러나 전쟁에 따른 긴급한 요구로 인해 당분간 중앙정보장의 계획은 암담한 청사배치에 적응할 필요가 있었다.[69]

그가 취한 초기 조치는 직접 그와 함께 일할 훌륭한 핵심 인사를 영입하는 것이었다. 기본 계획은 연합국 파견군 최고사령부에서 그를 위해 일을 잘한 인맥을 CIA에 배치하는 것이었다. 차장인 빌 잭슨(Bill Jackson)은 스미스가 아이크를 위해 했던 것과 같이 최고 실무책임자 역할을 했다. 그는 모든 의사결정에 참여하고 특별 프로젝트에도 동원되었다. 부장의 몇 명 되지 않는 개인 참모진은 CIA를 잘 알고 전쟁 기간 동안 브래들리 장군의 정보 참모로 잭슨과 함께 일했던 부장 비서실장이 운영했다. 그 비서실장은 모든 약속 일정을 잡고 모든 중요한 통신, 회합, 대화를 매일매일 기록했으며, 부장의 결정사항을 실무 담당자들에게 전달하고 이행 결과를 점검했다. 스미스는 정책조정실의 프랭크 위스너(Frank Wisner)가 운영하는 비밀공작의 급팽창을 통제하려면 전문가의 도움이 필요하다는 것을 알았다. 정책과 조직에 대한 견해 차이에도 불구하고 그는 알렌 W. 덜레스를 설득하여 간부진에 합류하도록 했다. 처음에는 자문역이었으나 나중에 기획 담당 차장이 되어 정책조정실과 특수공작실을 담당했다. 스미스는 처음 3개월 동안 차장들과 각 부서를 책임진 차장보들을 매일 만나 우선순위를 정하고 부장으로서 지휘권을 행사했다. 나중에는 잭슨이 이런 회의를 주재하기 시작했다. 1951년 3월 이후에는 부장 비서실장이 부서 장들을 소집하여 세 명의 분야별 차장들이 잭슨과 스미스와 회동하는 회의를 준비했다. 스미스는 트루먼이 주장해서 1951년 7월 1일 4성 장군으로 승진함으로써 이런 변화를 이끌 입지가 강화되었다.[70]

여타의 몇몇 행정 조치는 내부의 고위직 승진 후보자들에 대한 스미스의 평가와 업무관할 문제 해결에 따라 이루어졌다. 취임 첫 해 스미스는 두 개의 부서 그룹을 신설하여 각각 차장이 이끌게 했다. 첫째는 광범위한 행정업무를 처리하는 행정 담당 차장이었다. 잭슨이 CIA를 사직하고 알렌 딜레스가 1951년 8월 후임을 맡았을 때 스미스는 6개 부서를 ― 그중 일부는 잭슨이 감독했었다 ― 정보분석국으로 통합하여 정보 담당 차장(DDI)이 이끌게 했다. 정보분석국이 하는 일은 온갖 출처로부터의 정보 수집, 대통령 일일 브리핑 작성, 다른 정보 기관들과의 관계 조율, 기본적인 정보·과학 조사, 국가정보판단서 작성 등이었다. 스미스와 잭슨은 고품질의 국가정보판단서 생산을 매우 중시하여 빼어난 학자들을 채용했다. 예를 들면 하버드대의 윌리엄 랭어(William Langer, 1886 ~1959), 예일대의 셔먼 켄트(Sherman Kent, 1903~1896), 캘리포니아대 버클레이 캠퍼스의 레이몬드 손태그(Laymond Sontag, 1897~1972)가 그런 경우였다. 학자들과 정보 담당 차장 간 문제가 불거지자 스미스는 최종 국가정보판단서의 작업일정과 생산은 정보 담당 차장에게 맡기되 그 보고서의 핵심을 자신에게 직접 보고하도록 관계자들에게 지시했다. 스미스는 자신의 조율과 협력 정책이 확실하게 시행되어 새로운 CIA 문화로 정착되도록 하기 위해 3개의 다른 부서 ― 인사, 훈련 및 통신 ― 로부터 초기에는 직접 보고를 받았다.[71]

1951년 3월부터 시작해서 스미스는 잭슨, 3명의 분야별 차장, 비서실장 및 한두 명의 관련 부서장과의 일일 회의를 통해 행정적으로 통제했다. 실제로는 이런 회의 시간 대부분이 비밀활동을 관리하는 데 할애되었다. 이런 활동은 한국전쟁 초기에 급속하고 위험스럽게 확대되었다. 채용 기준이 느슨하고 훈련이 매우 짧았으며 행정도 엉성했다. 이러한 세 기능을 모두 정책조정실이 통제했으며 여타 부서와 통합되지 않았다. 스미스는 이 세 분야를 모두 개혁하려고 했다. 덜레스 및 위스너와 일련의 싸움을 벌인 후 그는 개혁에 성공했다. 그 후에도 기획국 지휘부가 노골적으로 선을 넘지는 않으면서 최대한 자기들의 지시 영역을 넓혔다.[72]

　전문 교신이 하나의 극단적인 사례를 보여주었다. 중국의 한국전쟁 개입 이후 비밀활동과 해외 거점이 급증하면서 해외에서 들어오는 전문의 양이 급증했다. 스미스는 1952년 초 해외 요원들이 보내는 모든 전문이 기획국으로 직송된다는 것을 알고 화가 단단히 났다. 기획국은 이런 전문을 담당관들에게 배포하고 어떤 전문을 부장에게 보낼 것인지를 결정했는데, 때에 따라서는 첫 배포 후 며칠 지나서 부장에게 전문을 보냈다. 스미스는 1952년 8월 공작국 개편의 일환으로서 이런 절차를 바꾸라고 지시했다. 이제 모든 전문이 부장실에 있는 몇 명의 직원에게 보내져 그들이 부장 상보용을 포함하여 배포 방법을 결정하게 되었다. 이러한 변경으로 인해 전문 내용이 이해될 수 있으려면 메시지에 언급된 요원의 이름을 드러낼 필요가 있었다. 이러한 요원 노출은 격렬한 논쟁을 일으켰으며 비틀 스미스의 '폭발적인 발언'이 있은 다음 겨우 해소되었다.[73]

　1952년 봄 스미스는 NSC 50에서 요구한대로 CIA를 개편하고 그 결과를 NSC에 보고했다. 그는 그 지침의 요구사항들이 "모든 면에서 실질적으로 수행되었다"고 서두에서 언급했다. '전체적인 조직개편의 범위'를 실증해 보이기 위해 그는 부장으로 부임한 1950년 10월의 조직도표와 1951년 12월 31일 현재의 것을 첨부했다. 스미스는 그가 근무한 15개월 동안 몇몇 부서가 새로 설치되었으며, 특히 국가정보판단실 창설로 국가정보판단서 생산이 개선된 것이 압권임을 강조했다. 또한 보고서에 언급된 현용정보실과 조사·보고실은 '범정부경제정보위원회'와 더불어 소련 진영에 관한 경제정보활동을 조율하는 데 집중했다. 이전에는 24개 정부기관에 분산된 업무였다. 그는 보고서 말미에 국방부 내에 '범정부감시위원회'가 "적의 어떠한 도발 징후도 끊임없이 정기적으로 검토한다"고 기술하고, '고급 인력' 풀을 구축하기 위해 직무훈련 프로그램을 수립했다고 언급했다.[74]

중앙정보장은 NSC의 요구에 의해 새로운 분야에 대한 4개의 특별 보고서를 요약해서 보고했다. 그가 심혈을 기울여 상술한 보고서는 비밀 활동에 관해 '중앙정보부의 책임을 새로 정의한' 것이었다. 그는 지난 3년 동안 필요성 증가에 따라 "CIA의 비밀공작이 3배로 증가했으며 내년에는 우리의 정보활동 예산이 3배 더 필요할 것"이라고 지적했다. 이런 공작은 전 세계에 걸쳐 진행되었으며 심리전부터 준군사활동, 전략물자 비축 및 '전쟁 발생 시 이용할 도피·회피 네트워크와 잔류활동' 조직화에 이르기까지 다양했다. 스미스 부장은 CIA가 자금과 인원을 추가로 제공받으면 이러한 새로운 책무를 달성할 수 있을 것이라고 언급하면서 NSC 위원들에게 다음 세 가지를 이해하라고 직설적으로 요구했다. 즉 첫째, 이런 새로운 임무는 CIA의 '정보 책임'을 수행하는 데 '필수적'이 아니다. 둘째, CIA는 이런 과업을 부여받은 것은 다른 어느 기관도 "그런 일을 떠맡을 수 없기 때문이었다". 셋째, 비밀활동은 "CIA의 1차적인 정보 기능 수행에 필연적으로 나쁜 영향을 미칠 것이며 CIA 안전에 위험을 계속 가중시키고 있다. 유감스럽게도 (나의 개인적인 관점에서 볼 때) 조정과 보안상의 이유 때문에 이런 활동을 여타 비밀공작과 분리하는 것은 실행 불가능한 것으로 보인다".[75]

결론적으로 스미스는 CIA 정보의 '정확성과 적시성'을 제한하는 두 가지 요인을 강조했다. 첫째, 소련의 보안 시스템이 깊고 강력하다는 것이었다. 그렇기 때문에 미국이 동맹국들과 협력하에 모든 노력을 기울인다 해도 기습공격을 사전에 확실하게 경고할 수 없다는 것이었다. 둘째, CIA가 다양한 협력기관에 의존하고 있다는 것이었다. CIA는 "기본적으로 협력하는 정부기관들이 생산하는 첩보를 조립하는 공장이며, 최종 제품은 필연적으로 이런 협력기관들이 기여하는 첩보의 품질에 의존하고 있다".[76]

이와 같이 솔직한 보고서를 NSC에 제출하면서 스미스 부장은 CIA의 조직

그림 16.1 1951년 1월 17일 미국 중앙정보부(CIA) 부장 월터 베델 스미스 중장(오른쪽)이 한국 대구에 도착하여 현재의 군사 정세에 관해 맥아더의 정보참모인 찰스 A. 윌로비 소장(왼쪽) 및 미8군 사령관 매슈 B. 리지웨이 중장(가운데)과 협의하고 있다. 자료: 미국 육군 사진, 국가기록원

개편에 대한 설명을 넘어 네 가지 기본적인 논점을 제시했다. 첫째, 그는 정보의 수집과 분석이 CIA의 일차적인 임무라는 자신의 견해를 강조했다. 둘째, 비밀공작은 이런 임무에 '필수적'이 아님을 지적했다. 셋째, 비밀공작의 급속한 팽창이 CIA의 기본 임무 수행 능력을 위협하고 있다는 우려를 표명했다. 넷째, 이런 활동에 드는 비용은 이를 필요로 하는 정부기관이 ─ 즉, 국방부와 국무부가 ─ 전적으로 지불해야 한다고 주장했다(그림 16.1 참조).

비밀공작 처리

스미스는 유럽에서 아이젠하워의 참모장 시절에 연합국 정보요원들의 활동을 추축국 점령 지역 내의 저항 단체들과 조정하는 업무를 수행했는데, 그때부터 비밀공작에 대해 비판적인 시각을 갖고 있었다. 그는 이런 임무가 비효율적이며 전투부대가 쓸 자원을 전용한다고 믿었다. 이런 판단은 정보공동체 수장 시절까지 이어졌다. 그는 CIA의 주된 책무는 최고 정책결정권자가 결정을 내리는 데 필요로 하는 정보를 생산하는 것이라고 굳게 믿고 있었다. 정보공동체 수장으로서 그는 "추진을 요청받은 비밀공작이 다양하고 방대한 데 경악했다"고 몬태규는 주장하고 있다. 한국전쟁 때 정부 내에서 비밀공작을 통해 소련 진영을 불안정하게 만드는 활동을 대폭 강화해야 된다는 목소리가 요란했다. 이러한 압력 때문에 스미스는 비밀공작 수준을 낮추기가 어려웠다. CIA 부장으로 재직한 마지막 2년 반 동안 그는 이런 활동의 숫자를 줄이고 품질통제를 강화하기 위해 두 개의 전선에서 지속적인 싸움을 전개했다. 첫째 전선은 합참과의 근본적인 싸움이었다. 합참은 전투 지역에서 벌어지는 게릴라전을 통제하려 했고, 나중에는 첩보를 수집하는 비밀활동까지 포함하여 모든 비밀공작을 통제하려고 시도했다. 두 번째 전선은 CIA 주로 내부에서 벌어졌는데, 그는 알렌 덜레스와 프랭크 위스너가 적극 후원하는 비밀공작을 억제하고 축소하려고 노력했다. 결국 그는 합동참모본부와의 싸움에서는 이겼지만 기획국이 운영하는 비밀공작은 품질을 개선하는 데 그칠 수밖에 없었다.[77]

중국의 개입으로 한국전쟁이 신속하게 끝나지 않을 것으로 보이자 NSC 참모진은 NSC 68에서 '심리전'이라고 명명한 업무를 어느 부처 또는 기관이 통제해야 되느냐를 놓고 논쟁을 벌였다. 이 용어는 선전, 비밀 스파이 활동, 비밀공작을 망라했다. 1950년 12월 NSC 참모진은 모든 종류의 비밀공작 제안서를 평가하고 승인할 심리전전략위원회(Psychological Strategy Board)의 창설을 제안했다. 부처 간 위원회가 이 제안을 검토하고 수정했으며 NSC가 승인한 다음 대통령이 1951년 4월 4일 재가했다. 심리전전략위원회는 세 명의 고위 관리, 즉 국무부 차관 제임스 웹(James Webb), 국방부 부장관 로버트 로벳 그리고 CIA 부장으로 구성되었다. 위원회는 사무국을 두고 사무국장은 대통령이 임명하게 되었다. 위원들은 비틀 스미스를 위원장으로 선택했다.[78]

5월 8일 '비밀공작의 범위와 속도'에 관한 메모에서 스미스는 NSC를 설득하여 비밀공작 후원기관들 사이에 책임 소재를 명확히 하려고 시도했다. 그의 좀 더 구체적인 목표는 전쟁지대에서 모든 준군사 및 게릴라 활동을 CIA가 아니라 국방부에 맡기는 것이었다. 그는 부분적으로만 성공했다. 광범위한 기관 간 토론에서 합동참모본부가 전쟁 지대에서의 모든 비밀공작에 대한 통제권을 획득하려고 시도했으나 실패했다. 1951년 10월 23일 결정된 NSC 지침에 따라 CIA 부장이 심리전전략위원회의 승인을 받아 모든 비밀공작을 수행할 권한을 가지며 CIA 정책조정실이 비밀공작을 대폭 늘리게 되었다. 또한 심리전전략위원회는 주요 비밀공작의 '소망성 및 타당성'과 아울러 범위와 속도를 결정하고 이런 공작을 수행하기 위해 국무부와 국방부로부터 충분한 지원을 확보하도록 의무화되었다. 이와 같이 길어진 관료기관의 싸움은 알렌 덜레스와 프랭크 위스너의 승리였다. 그들은 정보를 수집하는 비밀활동과 적극적인 비밀공작은 동일한 형태의 비밀 전쟁의 일부로서 서로 밀접하게 연관되어 있다고 일관되게 주장했었다. 합동참모본부는 전시 비밀공작의 대부분을 인수하려고 시도했으나 실패했다. 하지만 국무부와 국방부는 CIA 지휘하에 자금과 장비, 인원을 제공해야 했다.[79]

1951년 10월 결정된 '비밀공작의 범위와 속도'에 관한 지침은 정책조정실의 비밀활동을 대폭 줄이려는 스미스의 노력이 실패했음을 의미했다. 실제로 NSC 10/5로 관료기구에 알려진 이 짧막한 문서는 장차 CIA 내에서 광범위한 비밀활동이 팽배할 것임을 알리는 신호였다. 이런 변화는 CIA의 지도부와 조직 개편에 반영되었다. 1951년 8월 윌리엄 잭슨이 업계로 돌아가기 위해 차장직을 사퇴하고 그 자리에 알렌 덜레스가 임명되었다. 프랭크 위스너는 기획 담당 차장으로 올라갔다. 1951년 상반기 내내 덜레스와 위스너는 스미스가 천명한 정책에 역행하여 특수공작실과 정책조정실의 활동을 통합하려고 꾸준히 추진했었다. 이 과정이 원만하게 진행되지 않은 것은 특수공작실 직원들이 독자성을 유지하려고 노력했기 때문이었다. 그들은 스스로 능숙한 정보 전문가로 자부했으며, 열성이 지나친 아마추어로 간주되는 정책조정실 공작관들이 너무 많은 봉급과 빠른 승진을 누리고 자유분방한 방법을 쓴다고 개탄했다. 해외 거점에서 양 부서 간 경쟁이 가열되었는데, 정책조정실 소속 직원들은 더 많은 보수를 받고 위험하기는 해도 더 신나는 일을 하면서 특수공작실과 별도로 협조자들을 채용했다.

1952년 1월 마침내 스미스는 두 부서의 합병을 수용했다. 임무와 지휘권한을 놓고 본부에서 싸움이 더 있은 다음 1952년 7월 15일 스미스는 '비밀활동 조직'에 관한 지침으로 최종적인 합병을 발표했다. 새로운 조직은 "CIA의 장기적인 첩보활동 임무가 우발적이고 긴급한 다수의 비밀공작에 함몰되는 것을" 방지할 지휘부 직책들을 만들었다. 공작 책임자 리처드 헬름스(Richard Helms, 1913~2002)는 특수공작실 출신이었으며, 해외정보활동을 관리할 사무실이 별도로 설치되었다. 기획국 내의 여타 부서들은 정치·심리전(기본적으로 정책조정실 업무), 준군사 공작, 기술 지원 및 행정을 각각 담당했다.[80]

비밀공작의 확대

1948년 6월 NSC 10/2가 채택된 후 CIA의 비밀공작이 급속도로 증가하기 시작했다. 이는 전년 4월 이탈리아 선거에 비밀리에 개입하여 성공한 것을 기반으로 했다. 당시 CIA는 중도우파 후보들에 대한 광범위한 선전과 정치적 지원을 통해 위협적인 공산당의 승리를 저지했다. 트루먼 대통령은 심리전의 강력한 옹호자였다. 심리전에는 은밀한 선전과 정치활동이 포함되는 것으로 이해되었다. 마셜 장관과 조지 F. 케넌을 포함한 많은 국무부 관리들이 이런 견해를 공유했다. 다수의 국방부 고위 관리들은 좀 더 파괴적인 공작을 원했다. — 예를 들어 사보타주, 소련 진영 내 지하 저항단체 형성, 필요할 때 준군사활동 등을 원했다. 이런 임무들은 정책조정실의 권한사항이었다. 이곳은 1948년 9월 위스너가 실장으로 부임하면서 공작원들을 적극적으로 채용하기 시작했다. 의회에서 CIA 예산을 검토하는 몇몇 의원들도 적극적인 정책조정실 조치를 지원했다. 소련이 최초로 핵실험을 하고 한국전쟁이 발발한 후, 정책조정실에 대한 공작 요구가 급증했다.[81]

비틀 스미스가 부장으로 부임했을 때 정책조정실의 프로젝트가 효과적인 통제 없이 확대되고 있었다. 1951년 초 "위스너의 공작이 한국전쟁 개시 이래 5배로 증가했다"고 팀 웨이너(Tim Weiner)가 주장하고 있다. 위스너는 매월 수백 명의 대학생들을 고용하여 몇 주 동안 특공대 훈련소에 보냈다가 해외로 반년 동안 파견했으며, 그들을 순환시키고 대체하기 위해 더 많은 신참을 보냈다. 그는 전문적인 훈련, 병참이나 통신을 외관상 갖추지 않고 전 세계적으로 활동하는 군대를 만들려고 했다. 윌리엄 잭슨이 사임하고 알렌 덜레스가 정보담당 차장이 된 후, 스미스 부장은 위스너를 모든 비밀공작을 책임지는 기획담당 차장으로 승진시키는 것 외에는 선택의 여지가 없었다. 웨이너에 의하면 "두 사람이 제안한 첫 CIA 예산을 보고 그는 깜짝 놀랐다. 규모가 1948년 예산에서 11배로 늘어난 5억 8,700만 달러였다. 4억 달러 이상이 위스너의 비밀공작 몫이었는데, 첩보활동과 분석 예산을 합친 것의 3배였다."[82]

스미스는 비밀공작 대부분이 유럽에서 시행되고 소련과 그 위성국가들에 집중된다는 것을 알았다. 공작원 채용의 가장 중요한 무대는 서부 유럽에 산재되어 있는 난민수용소와 망명 공동체였다. 위스너의 젊은 공작관들은 이런 집단에서 공작원들을 물색했다. 공작원들은 신속하게 훈련을 받고 본국으로 돌아가 소련군의 동원에 관해 보고하고 저항과 사보타주 세포를 조직하는 임무를 받았다. 최대 공작 중 하나는 우크라이나인들을 모집해서 본국으로 파견하여 카르파티아 산맥에 기지를 둔 게릴라 여단과 합류토록 한 것이었다. 이들 용병 공작원들은 거의 모두 체포되었으며, 그중 일부는 전향하여 담당 공작관에게 역정보를 흘려보냈다. 결국에는 1954년 소련의 공격 이후 모두 다 살해되었다.

이와 같이 일련의 임무가 실패한 데는 여러 원인이 있었다. 하나의 문제는 망명단체에 침투한 소련 정보기관이 미국 공작원이 된 망명자들을 다수 식별할 수 있었다. 이들 중 일부는 잡혀서 뮌헨에 있는 CIA 거점에 역정보를 제공했다. 이런 보고서는 나중에 '제지 공장'에서 나온다고 묘사되었다. CIA에 채용된 소련 공작원이 이중간첩이 되어 곧 있을 임무를 파견대에 관해 보고한 경우도 있었다. 좀 더 심각한 문제는 CIA의 해외정보 및 영국의 MI6와 같은 우방 정보기관과의 연락 업무를 담당하는 책임자 제임스 J. 앵글턴(James J. Angleton)이 워싱턴 주재 MI6 간부인 킴 필비와 빈번하게 만나 소련 진영 내 모든 공작 내역을 공유한 것이었다. 비극적인 사실이지만, 킴 필비는 미국 내 소련의 최고 스파이였다. 유럽에 있는 소련 요원이 공산 진영으로 귀환하는 CIA 공작원들을 몰랐어도 필비가 모스크바로 보낸 보고 때문에 그들의 임무는 물론 어쩌면 그들의 생명까지 돌연 끝났을 것이 분명하다.[83]

또한 폴란드와 알바니아에서 벌인 대규모의 준군사 공작도 극적으로 실패했다. 폴란드의 저항 단체인 자유독립운동(폴란드어 약자 WIN)은 활동 요원이 500명이고 유사시 소련군의 서방 진격을 지체시킬 태세를 갖춘 인원이 10만 명에 달한다고 주장했다. CIA 정책조정실 공작원들이 1950년 여름부터 시작해서 WIN 지도자들이 소련의 붉은 군대에 맞서 계획한 작전에 사용할 수 있도록 군사장비, 라디오 및 돈을 전세 비행기로 투하했다. 1952년 12월 폴란드 정부 라디오 방송은 보안군이 공산정권에 반란을 일으키도록 후원하려는 영국과 미국의 시도를 분쇄했다고 발표했다. 사실 WIN은 정통성이 있는 저항단체로 출발했지만, 1947년 폴란드 국내 보안기관에 넘어갔으며 그 이후로는 위장단체로 운영되어왔다. CIA가 투하한 장비와 자금은 억압적인 폴란드 정부가 수

혜자였다.

알바니아에서 벌어진 낭패는 근원이 달랐지만 종말은 마찬가지였다. 영국과 미국의 정보기관 기획관들은 이탈리아, 그리스 및 이집트에 있는 규모가 큰 왕당파 알바니아인 망명자들을 준군사 공작원 팀으로 파견, 내란을 일으켜 공산정권을 전복시키기 위한 현지 저항단체를 조직하기로 결정했다. 1950년 봄부터 시작해서 일련의 팀이 공중, 육지, 바다를 통해 알바니아로 파견되었다. 사실상 전원이 도착하는 족족 잡히고 말았다. 실패를 반복했음에도 불구하고 이런 임무는 1954년 알바니아 정부가 공개 재판을 열어 영국과 미국의 체제전복 시도를 어떻게 저지했는지를 보여줄 때까지 계속되었다. 이와 같이 완전 실패를 한 이유는 이번에도 킴 필비 때문이었다. 필비는 1951년까지 워싱턴에서 그 공작을 후원한 사람들 중 하나였으며 런던 본부로 돌아와서는 그 공작의 감독관이 되었다. 팀 웨이너는 다음과 같이 비난했다. "통틀어 CIA의 외국인 공작원 수백 명이 1950년대에 러시아, 폴란드, 루마니아, 우크라이나, [알바니아] 및 발트 제국에서 죽음으로 내몰렸다. 그들의 운명에 대한 기록이 없다. 전해지는 이야기가 없으며, 실패에 대한 평가로 불이익을 당한 사람도 없다. 그들의 임무는 미국의 국가적 생존 문제로 간주되었다."[84]

스미스가 비밀공작의 효험에 대해 의문을 갖고 있었다는 것을 감안하면 그가 중앙정보부장이 되었을 때 제안이 엉성하고 실패할 것이 분명한 임무를 알고도 왜 중단시키지 않았는가 하는 질문이 당연히 제기될 것이다. 그의 대응이 늦어진 데는 여러 이유가 있었다. 그는 덜레스와 위스너에게 수십 건에 달하는 공작 결과에 관해 거듭해서 엄하게 캐물었음에도 불구하고 상세한 활동 범위나 빈번한 실패에 대해 보고를 받지 못했다. 몹시 바쁜 전시 환경에서 단순히 그는 유럽에서 벌어지고 있는 일에 대해 충분히 파악할 수 없었다. 중국이 대규모로 한국전에 참가한 이후 워싱턴은 한반도에서 패배 시 쫓겨나게 될 전망에 직면하게 되었다. 유럽을 공격하지 못하도록 소련 지도자들을 단념시키는 노력은 최고의 찬사를 받을 만한 일이었으며 미국 대통령과 그 보좌관들이 신속하게 지지했다. 스미스가 파악한 자신의 가장 중요한 과업은 봉건영주들이 판치는 역기능적 CIA를 전문적 정보기관으로 탈바꿈시키는 것이었다. 그는 이런 목표를 향해 꾸준하게 나아갔으며 그 과정에서 실패도 받아들여야 했다.

그의 이런 태도에 대한 정확한 모습은 1951년 5월과 6월 영국 MI6의 보고서 처리에서 나타났다. MI6 보고서는 킴 필비가 동료 KGB 요원인 가이 버제스(Guy Burgess)와 도널드 맥클린(Donald Maclean)의 탈출을 도운 소련 스파이라는 강한 의혹을 제기했다. 스미스는 킴 필비와 긴밀하게 협력했던 간부들로부터 CIA 주재 영국 연락관으로서 그의 활동에 대한 평가를 취합하여 그가 CIA 공작과 미국 국익에 심각한 타격을 입힌 소련 스파이가 거의 확실하다고 결론지었다. 스미스는 MI6 수장('C'로 알려진)에게 대단히 강경한 개인 편지를 보내 필비의 파면을 요구했다. 그렇지 않으면 미국은 영국과의 특별정보관계를 종료하겠다고 했다. 영국은 CIA 부장의 요구를 수용하여 필비를 파면했다. 이 뉴스가 CIA 내에서 퍼져 나가자 충격은 심대했다. 많은 직원들이 반역적인 영국 요원에게 너무 헤프게 협력을 제공했다고 생각되는 동료들을 비난했다. 내부 소란이 공개되어 매카시즘에 더욱 불을 붙이게 되는 것을 원치 않은 비틀 스미스는 이제 갓 태어난 기관의 평판을 보호하기 위해 사건 전모를 비밀 뚜껑으로 덮었다.[85]

CIA 평판에 대한 스미스의 우려는 1952년 말에도 이어졌다. 당시 그는 한국에서 발생한 대형 정보실패에 관한 보고서를 묻어버렸다. 서울에 새로 부임한 CIA 거점장 존 리몬드 하트(John Limond Hart)는 서울 거점에서 관리하는 요원들의 성과 불량에 관해 3개월 동안 조사했다. 그는 보수지급 명부에서 이중첩자와 정보 날조자들을 모두 제거한 후 서울 거점의 활동정지를 건의했다. 한 CIA 차장이 감사차 출장해서 스미스 부장의 확고한 부정적 답변을 전달하면서 다음과 같이 말했다. "이제 새로 생긴 기관으로서 명성이 아직 확립되지 않은 CIA가 북한 정보를 수집할 수 없다고 다른 정부기관에, 특히 경쟁력이 뛰어난 군 정보기관에 인정할 수야 없지요."[86]

1952년 여름 정책조정실의 공작이 과다하다는 것을 안 스미스는 일부 준군사 공작의 실패가 공개되었을 때 조치를 취하지 않을 수 없었다. 그는 진행 중인 공작과 새로운 프로젝트 제안을 검토하기 위해 5개 지역에 각각 신임하는 대표 ― 대부분이 군 장성 ― 를 파견하는 방안을 강구했다. 이들 고위 대표들 중 가장 활동적인 인물은 루시안 K. 트러스콧(Lucian K. Truscott) 중장이었다. 제2차 세계대전 당시 강인한 사령관으로서 훈장을 많이 받은 그는 베를린으로 가서 특수공작실과 정책조정실 공작을 모두 점검했다. 트러스콧은 문제가 있는 프로젝트를 다수 찾아냈다. 폭발 잠재성이 가장 큰 것은 이중간첩 용의자로부터 자백을 받아 내기 위해 잔인한 심문 기법과 마인드 컨트롤 약물을 사용하는 비밀 감옥 프로그램이었다. 9/11 사건 후 사용된 비밀감옥의 원조 격인 이들 비밀감옥은 독일, 일본, 파나마 운하지대(최대의 비밀 감옥)에서 운용되었다. 이러한 공작에 관한 기록이 대부분 파기되었지만 남아 있는 단편적 기록에 의하면 러시아인들을 파나마로 데려가고 북한인들을 일본으로 데려가서 무자비하게 심문하고 헤로인, 암페타민 그리고 최근에 발견된 환각제(LSD)를 갖고 실험을 했다. 1948년 시작된 감옥 프로그램은 한국전 발발과 함께 대폭 확대되어 1950년대 말까지 운용되었다. 덜레스, 위스너와 헬름스는 비밀 감옥 프로그램을 감독했는데, 스미스와 일부 다른 고위 관리들이 그 프로그램에 관해 모르고 승인했다고는 보기 어렵다.[87]

트러스콧이 취소한 다수의 프로젝트 중에는 '젊은 독일인들'이라고 하는 저항단체를 지원하는 사업이 있었다. 서독인 2만 명을 거느린 이 조직은 구 '히틀러 청년' 회원들이 주도했다. 그들은 소련의 침공을 저지하는 데 사용하기 위해 서독 전역에 무기와 라디오를 묻었다. 하지만 그들은 위험한 의제를 내부적으로 가지고 있었다. 지도자들은 전쟁이 나면 암살할 서독의 중도 민주주의 정치인들의 명단을 작성했다. 이 단체와 암살 명단이 공개되어 대형 스캔들로 비화하면서 CIA의 지원 취소와 조직 해산으로 이어졌다.

트러스콧이 점검한 또 다른 프로젝트는 프랭크 위스너에 빼앗겨서 없어졌다. 그것은 동독의 '자유법학자위원회'와 관련된 프로젝트였다. 변호사 등 젊은 법조인들로 구성된 이 단체는 1952년 7월 서베를린에서 개최될 국제 법학자대회에서 공개할 계획으로 국가범죄 기록을 정리했다. 프로젝트를 담당하는 특수공작실 직원의 반대를 무릅쓰고 위스너는 이 단체를 무장 지하단체로 전환시키겠다는 정책조정실 직원의 계획을 승인했다. 이 프로젝트가 슬픈 종말을 맞이한 것은 소련 군인들이 단체 지도자를 납치하여 고문을 통해 다른 회원들을 실토하게 만들었을 때였다. 회원들이 모두 회의가 열리기 직전에 체포되었다. 이와 같이 두 CIA 부서 간 벌어진 경쟁의 결과는 저항단체 공작을 허술하게 기획하여 결국은 실패하는 바람에 유용한 선전·교란 임무가 희생된 것이었다. 비록 스미스의 고위 대표들의 기록이 완벽하지 않더라도 그들은 5개 지역 전체적으로 자신들이 검토한 제안과 프로젝트의 약 1/3을 취소했다. 스미스 자신은 1952년 가을 파리로 여행하는 스탈린의 암살계획을 취소하는 결정적인 조치를 취했다. 덜레스와 위스너는 이 프로젝트를 승인했지만, 스미스는 시도할 경우 발생할 엄청난 정치적 문제를 보고 논의를 끝냈다. 나중에 밝혀진 바와 같이 그 소련 독재자는 파리로 여행하지 않았다.[88]

아시아에서 벌인 비밀공작

CIA가 아시아에서 비밀공작을 벌인 것은 유럽에서보다 훨씬 더 큰 문제를 야기했다. 아시아 전체적으로 CIA가 파견한 주재관들이 극히 적었다. 왜냐하면 극동군사령관으로서 맥아더 장군이 자기 영역에서 CIA 공작을 금지했기 때문이다. ― 제2차 세계대전 중 전략정보실(OSS)을 쫓아낸 조치와 똑같았다. 설상가상으로 모스크바와 중국, 북한 간의 통신을 잡은 신호정보가 차단되었는데, 이는 워싱턴에서 활동하는 소련 스파이가 미군이 소련 암호를 해독했다는 것을 알아냈기 때문이었다. 중국군이 탐지당하지 않으면서 대규모로 한국전에 개입한 후, 스미스는 1951년 도쿄로 긴급하게 날아가 맥아더 장군을 설득하여 역내 CIA 주재관들과 협력하도록 했다. 몇 주 뒤 일본에 주요 거점과 훈련센터가 설치되었다.

한편, 프랭크 위스너는 신규 요원 수백 명을 채용해서 훈련했다. 1951년 초까지 한국에 1,000명, 타이완에 300명을 파견했다. 이들 젊은 요원들 가운데 윌리엄스 대학을 갓 졸업한 도널드 그레그(Donald Gregg)는 용병 교관이 되었다. 급하게 준군사공작 훈련을 받은 그레그는 중부 태평양에 있는 사이판 섬에 2,800만 달러를 들여 새로 지은 훈련기지로 파견되었다. 그는 나중에 한 인터뷰에서 다음과 같이 말했다. "나는 난민촌에서 강건한 한국 농촌 소년들을 뽑아왔는데, 그들은 용감하지만 규율이 없었고 영어를 한 마디도 하지 못했다. 나는 그들을 즉석 미국 정보요원으로 변신시키려고 노력했다. CIA는 조잡하게 구상한 임무에 그들을 파견했으나 길어진 사망자 명단 외에 얻은 것이 별무했다." 그는 자기가 겪은 경험을 다음과 같이 요약했다. "우리는 무슨 짓을 하고 있는지 몰랐다. … 그것은 최악의 무모한 활극이었다. 우리는 한국인과 중국인 그리고 수많은 낯선 이방인들을 훈련하여 한국인을 북한에 투하하고 중국인을 한국 국경 바로 북쪽의 중국에 투하했다. 우리가 이 사람들을 투입하지만 다시는 이들로부터 소식을 받지 못할 것이 뻔했다."[89]

한국에서 수많은 CIA 임무가 실패한 것은 훈련이 엉망이고 거점 간부들이 날조된 보고서를 보냈기 때문이다. 1951년 2월부터 4월까지 한국에서 공작 책임자였던 OSS 출신 한스 토프트(Hans Tofte)는 북한에서 월남한 1,200명을 훈련시켜서 유격대원으로 북파했다. 그들의 임무는 정보를 수집하고 사보타주를 수행하고 격추된 미군기의 승무원을 구출하는 일이었다. 44개 팀으로 편성된 그들은 4월과 11월 사이에 보트와 낙하산으로 북한에 투입되었다. 토프트는 그들의 성공적인 활동에 관한 장문의 보고서를 정기적으로 본부에 타전했다. 하지만 실제로 이들 준군사 공작원들은 거의 모두 살해되었거나 붙잡혀서 CIA 거점에 거짓으로 보고해야 했다. 살아서 돌아온 자는 하나도 없었다.[90]

1952년 봄과 여름에 서울 거점장 육군 대령 앨버트 해니(Albert Haney)는 낙하산으로 북한에 투입된 1,500여 명의 한국인 공작원들이 정보수집과 유격대 활동에서 혁혁한 공을 세웠다는 긍정적인 보고를 보냈다. 1952년 9월 존 리몬드 하트(John Limond Hart)가 후임 거점장이 되었을 때 그는 로마 거점에서 신뢰할 수 없는 알바니아인 공작원들을 관리한 경험이 있었기 때문에 날조와 역정보 문제를 경계했다. 그는 해니가 서울 거점에서 지휘한 200명의 CIA 직원들 가운데 한국말을 하는 사람이 아무도 없었다는 사실을 알았다. 해니 휘하의 이들 직원은 북한에서 활동하는 수백 명의 공작원을 관리하기 위해 한국인들을 계약직 공작원으로 고용하여 정보수집과 유격대 활동을 감독하게 했었다. "기적적인 업적을 달성했다"는 전임자의 보고를 미심쩍게 생각한 하트는 3개월 동안 해니가 주장한 근거를 조사했다. 그 결과, "그가 물려받은 거의 모든 한국인 공작원이 자신의 보고를 날조했거나 비밀리에 공산당을 위해 일했음이 밝혀졌다. 서울 거점이 지난 18개월 동안 전선에서 받아 CIA 본부로 보낸 모든 보고가 면밀히 계산된 기만이었다". 하트가 더 알아낸 바에 의하면, 야전에서 감독하는 모든 한국인 공작원들이 "북한 내 '자산'으로 파견된다고 해서 넉넉한 CIA 보수를 받아 한동안 유복한 생활을 했던 사기꾼들이었다. 우리가 한국인 공작원들로부터 받은 거의 모든 보고는 우리의 적으로부터 온 것이었다".[91]

우리는 이 장의 앞에서 본 바와 같이 하트가 서울 거점 폐쇄를 건의했지만 비틀 스미스가 이를 묵살했는데, 당시 스미스는 CIA 집안 청소를 하면서도 신생 정보기관으로서 CIA의 평판을 보호해야 한다는 이유에서 그렇게 묵살한 것이었다. 한국전쟁이 끝난 다음 용감한 공군 대령 제임스 G. L. 켈리스(James G. L. Kellis)가 드와이트 아이젠하워 대통령에게 개인 서신을 써서 어떻게 CIA가 서울에서 발생한 이런 대 실패를 덮어버렸는지 그리고 어떻게 당시 CIA 부장인 알렌 덜레스가 의회 증언에서 사실을 왜곡했는지를 폭로했다. 위스너 휘하에서 준군사 공작 책임자였던 켈리스는 덜레스가 의회 증언에 앞서 "북한 내 'CIA의 유격대'가 적의 통제하에 있음"을 보고받았다고 그 서신에 쓰고 "CIA가

사기를 당하고 있다"고 부언했다. 웨이너는 다음과 같은 결론을 내렸다. "북한에 침투하지 못한 것은 CIA 역사상 최장기간 진행된 정보실패 사례로 남아 있다."[92]

중국에서의 공작도 한국에서와 마찬가지로 성공하지 못했다. 중국의 한국전쟁 참전은 CIA 등 미국 정부를 공황상태에 빠지게 했다. 정책조정실 기획관들은 중국 내 정보자산이 거의 없음에도 불구하고 새로운 마오쩌둥 정권을 뒤흔드는 압박을 가하고 싶었다. 타이완에 있는 장제스의 정보요원들과 홍콩 및 본토의 각종 프리랜스 활동가들이 공산당을 상대로 한 저항 활동에 100만 명의 국민당 지지자들이 합류할 것이라는 보고와 함께 신속한 반응을 보였다. 이런 보고들이 확인되지 않았고 대부분 사리를 도모하는 청원이었음에도 불구하고 CIA는 본토에 수백 명의 중국인 공작원들을 투입하여 대량의 무기와 보급품을 중국 북서부의 무슬림 부족들에게 보냈다. 하버드 대학원생 마이클 코(Michael Coe)는 1950년 가을 채용되어 타이완에 있는 웨스턴 엔터프라이즈라고 하는 CIA의 위장단체(front group)에 파견되어 몇 달을 보냈다. 조그만 연안 섬에 있는 국민당 정보 팀의 일부로 8개월을 보낸 다음 그는 1년 이상 타이베이에서 근무하면서 매우 막연한 지시를 받은 공작원들을 중국 본토에 파견하는 일을 했다. 그가 나중에 인터뷰에서 당시의 경험을 기술한 바에 의하면, 그는 600여 명의 동료들과 "자체 PX가 있고 장교 클럽이 있는 외부인 출입제한 구역"에서 지냈다. 그는 말하기를, 모든 활동이 "돈 낭비였다. [CIA]는 국민당이 파는 가짜상품을 사고 있었다". 활성화되기를 기다리는 대규모 유격대는 없었다.[93]

국민당의 부패와 기만에 여러 번 혼이 났음에도 불구하고 CIA 관리들은 본토에는 국민당과 공산당을 모두 반대하는 '제3의 세력'이 있다고 주장하는 망명자들의 말을 믿었다. 1951년 4월부터 1952년 말까지 정책조정실은 20만 명의 유격대를 대표한다고 자처하는 여러 단체에 무기와 지원을 제공하는 데 1억 달러를 투자했다. 1952년 7월 이런 저항 투사들을 접촉하려는 시도가 문서

상으로는 훌륭했으나 결국 재앙으로 막이 내렸다. 4명의 중국인 공작원 팀이 만주에 낙하산으로 투입되었다. 4개월 후 그들은 유격대에 관해 첩보를 입수했다고 무전을 치면서 자신들을 구출할 구조팀을 보내라고 요청했다. 이는 매복이었다. 그 공작원 팀이 중공군에 붙잡혀서 이중간첩으로 전향한 것이었다. CIA의 타이베이 거점은 처음으로 공작 임무를 수행하는 두 젊은 직원 딕 펙토우(Dick Fectear)와 잭 다우니(Jack Downey)를 C-47 수송기를 태워 파견했는데, 목적은 그 팀을 데려와서 디브리핑을 실시하는 것이었다. 비행기가 특수 밧줄로 팀원을 잡기 위해 급강하하자 중공군의 기관총이 불을 뿜어 타격을 받았다. 조종사들은 비행기가 추락하는 바람에 죽었다. 펙토우와 다우니는 붙잡혀서 재판을 받고 혹독한 환경에서 감옥 생활을 각각 19년, 20년 했다. 그들은 미국이 중화인민공화국을 승인할 때 닉슨 대통령의 특별 청원으로 마침내 풀려났다. 이 비극적인 이야기의 더 깊은 내용은 수년 뒤 공개되었다. 타이베이의 같은 부서에 있던 한 공작관이 구조를 요청하는 공작원 팀의 두 메시지에 쓰인 말이 이상하다고 생각했으며 그 팀이 이중간첩으로 전향한 것이 '90%' 확실하다고 보았다. 그는 이런 우려를 공작 단장에게 제기했으나 퇴짜를 맞고 구조활동이 그대로 진행되었다. 비행기가 돌아오지 못하자 그 단장은 이와 같은 의심을 다시는 입에 올리지 말라고 그에게 엄명했다.[94]

1951년 초 위스너의 극동 부서는 북부 미얀마에서 생긴 기회를 활용하여 중공군을 압박할 공작에 착수했다. 국민당 장군 리미(李彌, 1902~1973)는 중국 국경 근처의 버마에서 1,500명의 부하를 거느리고 고립되어 있었다. 그는 공산군에 대한 공격을 개시할 것이라고 하면서 무기와 돈을 요구했다. NSC와 대통령은 비틀 스미스의 반대에도 불구하고 그의 요구를 받아들였다. CIA는 리미 여단을 강화하기 위해 타이완의 국민당 병력을 훈련시켜 무기 및 보급품과 함께 버마에 투하했다. 리미가 군대를 이끌고 중국으로 들어갔지만 인민해방군에 의해 궤멸되고 버마로 후퇴했다. CIA가 무기와 보급품을 더 대주고 공격을 촉구했지만 그들은 거부했다. 위스너의 극동 담당 부하인 리처드 G. 스틸웰

(Richard G. Stilwell, 1917~1991) 대령이 스미스 부장에게 리미가 중국으로 들어갈 예정이라고 보고했다가 며칠 후 아직 중국으로 들어가지 않았다고 수정 보고했다. 스틸웰에 의하면 스미스 부장은 냉소적인 반응을 보였다. "그 녀석이 한 일이라고는 스케이트를 타고 국경을 잘못 들락거린 것밖에 없군." 드러난 바와 같이 리미의 군대는 전투를 포기하고 산악 지형인 황금의 삼각지대 (Golden Triangle, 타이·버마·라오스의 국경 접촉지대)에 정착하여 현지 여인들과 결혼했으며, 양귀비를 재배하여 결국 세계 아편의 약 1/3을 공급하는 마약 제국을 창건했다. 리미 집단은 나중에 버마 정부와 충돌했다. CIA의 개입을 의심한 버마 정부는 미국과의 외교관계를 단절하고 50년에 걸친 대서방 고립정책을 시작했으며, 매우 강압적인 군사정권을 발전시켰다. 1952년 4월 스미스는 극동군 사령관 매슈 리지웨이 장군에게 편지를 써 일련의 공작 실패에 대해 사과했다. 그는 다음과 같이 말했다. "기회를 상실했다고 한탄한들 아무런 소용이 없습니다. … 과거의 실패를 변명하지도 않겠습니다. 저는 고통스런 경험을 통해 비밀공작은 전문가가 할 일이지 아마추어가 할 일이 아니라는 것을 알았습니다."[95]

CIA는 한국과 중국에서 공작원을 운용하여 성공한 예가 극히 드물었다. 정보 용어로 인간정보(human intelligence, HUMINT) 활동은 극동에서 '대실패'였다. 그 복합적인 이유는 훈련이 엉성했고 운영 경험이 없었으며 가난한 병사와 욕심 많은 첩보 장사꾼들의 충성심이 유동적이었기 때문이었다. 빼어난 정보사학자인 크리스토퍼 앤드류(Christopher Andrew)는 신호정보(signals intelligence, SIGINT)가 유엔군이 적의 강점과 움직임에 관해 첩보를 입수하는 단연 최고의 출처였다고 주장한다. 그는 존 하트(John Hart)가 다음과 같이 말한 것을 인용한다. "신호정보는 한국에서 거의 유일하게 가치 있는 정보였다." 신호정보는 1950년 말 중국과 북한군의 진로를 파악하는 데 유용한 것으로 판명되었으며, 1951년 중국군이 대공세를 취하기 전 병력 증강 상황을 발견했다. 또한 신호정보는 1950년 말 소련 조종사들이 MiG-15기를 운항하고 있음을 확인했다. 1951년 3월에는 다수의 소련 폭격기가 만주 기지에 있다는 것을 밝혀냈다. 미국에서 신호정보는 소련의 첩보활동을 찾아내는 데 결정적인 증거를 제공했다. 예를 들면 원자탄 스파이 로젠버그 부부와 영국인 스파이 도널드 맥클린과 가이 버제스의 활동에 관한 것들이다.[96]

한국전쟁이 1951년 여름 교착상태에 빠짐에 따라 비틀 스미스는 정보공동체의 수장으로서 신호정보에 관해 군 정보기관의 협조를 얻을 수 없다는 데 점차 좌절감을 느꼈다. 그는 모든 통신정보(COMINT, 신호정보의 하위 개념으로서 주로 통신 도청에 의지함_옮긴이)의 관리를 철저하게 재검토해야 된다는 데 대해 조금씩 트루먼의 지지를 받아냈다. 이리하여 조지 A. 브라우넬(George A. Brownell)이 위원장을 맡고 국무부와 국방부 및 CIA의 고위 관리들이 참가하는 위원회가 창설되었다. 이 위원회는 1952년 6월 보고서에서 육군보안국을 강화하고 중앙정보장(DCI)이 주도적으로 신호정보 활동과 여타 정보활동을 조정하는 방안을 강력하게 건의했다. 11월 트루먼은 1급 비밀 지침을 통해 이 제안을 실행하라는 명령을 내리고 강화된 육군보안국을 국가안보국(National Security Agency, NSA)으로 명명했다. 스미스 중앙정보장은 미국의 통신정보 활동을 조정하고 강화하는 이 중요한 조치를 주동적으로 추진했다.[97]

스미스의 유산

비틀 스미스는 중앙정보부(CIA) 부장을 겸직하는 중앙정보장(DCI)으로 부임했을 때 엄청난 문제에 부딪쳤다. 그가 물려받은 CIA는 충분한 감독 없이 비밀공작 사업을 급속하게 확대하는 바람에 제 기능을 다하지 못하고 있었다. 그는 미국 정보기관이 몇 차례 대단한 실패로 허덕일 때 직을 맡았으며 취임 후 6주 내에 중국이 한국전쟁에 대규모로 개입한다는 정보를 파악하지 못함으로써 또 다른 실패를 맛보았다. 스미스는 정보공동체 수장을 겸직함에도 불구하고 각 군 정보기관과 FBI로부터 협조를 거의 받지 못했다. 이 기관들은 대부분의 중요 첩보에 대해 CIA와 공유하기를 거부했다. 그리고 그는 위의 절반을 제거하는 대 수술을 받은 직후였으며 여전히 위궤양으로 고통을 겪고 있었다.

하지만 스미스는 잘만 이용할 수 있다면 유리한 점도 몇 가지 갖고 있었다. 그는 대통령과 그의 핵심 국가안보 보좌진인 딘 애치슨과 조지 마셜의 전폭적인 지원을 받았다. 특히 마셜은 스미스의 주된 경력 멘토였으며 국방장관으로 정부에 복귀한 지 얼마 되지 않았었다. 위기 상황에서 그는 개혁을 위임받았으며, 행정부가 원하는 조치를 담아 덜레스 보고서로 승인된 청사진을 가지고 있었다. 그리고 아이젠하워의 전시 참모장으로 근무했기 때문에 거대한 조직을 개편하고 동기를 부여하는 일에 광범위한 경험을 가지고 있었다.

스미스가 거둔 가장 중요한 업적 하나는 CIA를 현대 정보기관으로 탈바꿈시킨 것이었다. 그가 탈바꿈시킨 CIA의 구조와 절차는 1970년대 중반 처치 위원회의 보고서에 따른 개혁 시까지 거의 그대로 유지되었다. 그는 대통령과 국가안보 지도자들을 위한 전략정보 생산에 주도적인 역할을 했다. 이 분야에서 가장 중요한 것은 국가정보판단서와 대통령 일일 브리핑이었다. 그는 각 군 정보기관과 FBI로부터 협력을 얻는 일에 그리고 제대로 기능하는 정보공동체를 창설하는 과정에서 상당한 성공을 거두었다. 그리고 CIA를 전문 경력직으로 만드는 데 실질적인 조치를 취했다.

스미스는 지속적으로 많은 노력을 기울였음에도 불구하고 타당성 검토를 통해 비밀공작을 억제하는 데는 제한적인 진척밖에 이루지 못했다. 알렌 덜레스와 프랭크 위스너가 적극적으로 후원한 공작이 실패한 데 대해 분노를 터트리고 통렬한 비난을 퍼부었지만 이를 통제하는 데는 효과가 별로 없었다. 그의 무력했던 것은 주로 한국의 전략적 가치가 제한적이라는 태도가 팽배한 데다 한국인과 중국인 공작원들의 목숨을 걱정하지 않았기 때문이었다. 팀 와이너는 알렌 덜레스의 연설을 논하면서 이러한 사고방식을 다음과 같이 묘사했다. "덜레스로서는 아시아가 항시 지엽적인 문제였다. 그는 서방 문명을 위한 진짜 전쟁은 유럽에 있다고 믿었다." 1952년 5월 '자유 유럽을 위한 전국 위원회' 회의가 프린스턴 호텔에서 개최되었는데, 덜레스는 믿을 만한 친구들이 참석한 그 비밀회의 개막 연설에서 다음과 같이 주장했다. "결국 우리는 한국에서 10만 명의 사상자를 냈다. … 우리가 이런 사상자를 받아들이고자 한다면 나는 철의 장막 뒤에서 몇 명의 사상자 또는 몇 명의 순교자가 나온다고 해도 걱정하지 않을 것이다. … 우리는 몇 명의 순교자를 낼 수밖에 없다. 몇 사람은 죽을 수밖에 없다."[98]

스미스의 업적은 해리 트루먼과 개인적으로 가까운 관계 덕이 컸다. 트루먼 대통령은 제1차 세계대전 중 포병대위로 근무할 때부터 대부분의 장군들, 특히 웨스트포인트 출신들을 경력 관리에만 신경 쓰는 사람들이라고 의심했다. 하지만 그는 조지 마셜을 매우 아꼈으며 스미스가 그의 제자라는 것을 알았다. 또한 그는 스미스가 자기처럼 자수성가한 사람이라는 것을 존중했다. 그들이 상호 존중한 결과, 스미스는 매주 화요일 아침 대통령과 정기적으로 독대했다. 전쟁 중 가장 어려운 시기에 그는 전투서열 지도를 가져와 NSC의 목요일 회의에서 합참의장 오마 브래들리 장군이 발표하는 것보다 더 솔직하게 전쟁 현황을 보고했다. 한번은 스미스가 부장으로서 재가를 요청받은 한 비밀공작의 적법성에 대해 걱정하자 트루먼은 자기 책상에서 종이 한 장을 꺼내 중앙정보장이 어떤 결정을 해도 완전히 용서한다는 간단한 메모를 써주면서 서명만 하고 날짜는 기입하지 않았다. 이것은 대통령의 지지 표시로서 가능한 가장 강력한 것이었다. 이런 수준의 지지 덕분에 스미스는 통신정보 기관을 강화하여 국가안보국을 설립하는 싸움에서 최종적으로 승리했으며, 이는 그의 최대 업적 중 하나였다.[99]

17

한국전쟁, 냉전을 격화시키다

이 연구의 주요 논지는 트루먼 행정부가 한국전쟁 발발 후 초기 6개월 동안 내린 일련의 결정이 냉전을 두 초강대국 간 무력 경쟁으로 변환시켰다는 것이다. 워싱턴의 지도자들은 이런 결과를 예상하지도 않았고 원하지도 않았지만 한국에서 발생한 사건에 대응을 했다. 결정적인 전환점은 1950년 10월 중국의 한국전 개입이었다. 미국의 대응을 추동한 잘못된 가정은 중화인민공화국이 모스크바의 소련 지도자들의 완전한 통제하에 있다는 믿음이었다. 상황을 더욱 복잡하게 만든 것은 소련이 중국의 '지원군'에 필요한 모든 원조를 제공하면서 자체의 전략무기 프로그램을 가속화하기로 결정한 것이었다.

하지만 북한이 한국을 남침한 1950년 6월 미국은 아시아에서 전쟁할 준비가 전혀 되어 있지 않았다. 양 당 지도자들은 자국의 주된 이익이 안정되고 번영하는 서유럽의 안보에 있다고 보았다. 트루먼 행정부는 소련의 베를린 봉쇄를 좌절시켰으며 서독 국가를 창건했고 방위동맹을 협상하여 나토를 만들었다. 유럽은 각국 경제가 개선되면서 안전하고 정치적으로 안정된 것으로 보였다. 하지만 행정부와 의회 인사들이 자국의 안보를 지킨다고 생각했던 두 요소가 결국 불충분한 것으로 드러났다. 그들은 미국이 비축한 상당량의 핵무기가 적의 군사적 침략을 억지할 것이라고 확신했다. 그리고 6년 동안의 세계대전으로 인한 파괴와 고갈로 인해 소련과 정면 대결하는 일은 적어도 5년, 아마도 10년 또는 15년 동안 없을 것이라고 생각했다. 그 결과, 대통령과 의회 내 대다수는 폴 니츠가 국가안전보장회의(NSC) 보고서 68에서 요구한 재래식 전력과 핵전력의 대대적 증강에 동의할 태세가 아니었다.

일본이 항복한 이후 미군은 급속하게 동원을 해제하여 수백만 명의 군인들이 민간 생활로 복귀했다. 대량의 군 장비가 폐기되거나 잉여물자로 판매되거나 유럽 동맹국에 군사원조로 제공되었다. 공군만이 적정한 전투태세를 갖추었는데, 이는 주로 커티스 르메이의 전략공군사령부에 해당하는 평가였다. 미국은 첨단 모델의 B-29를 배치하면서 장거리 폭격기 면에서 소련에 비해 상당한 우위를 점했다. 또한 공군은 B-52를 개발 중이었다. 1952년 4월 최초 시험비행이 예정된 이 혁신적인 항공기는 전략적 폭격기의 역량 한도를 바꿀 것이었다. 하지만 한국에서 소련 신예기 MiG-15기와의 공중전이 보여준 바와 같이 미국은 제트 전투기 기술에서 소련에 뒤떨어져 있었다. B-29는 값비싼 대가를 치렀다. 왜냐하면 미국의 호위 전투기가 신예 MiG기의 상대가 되지못해 B-29가 야간에만 비행해야 했기 때문이다. 육군과 해군은 순전히 평시 상태에 있었으며 작전 훈련이나 신형 장비를 위한 예산이 극히 제한되었다. 미군과 연합군을 위해 수백만 개의 무기, 보급품 및 군복을 생산했던 전시 산업이 모두 소비재 생산으로 전환되었다. 그런 업체들이 한국에서 사용될 탱크, 트럭, 곡사포와 항공기를 제조하려면 재정비하는 데 몇 달이 걸릴 것이었다.

미국의 정보기관들은 임무 수행 면에서 군대보다 훨씬 더 무능했다. 최고 정책결정자들은 소련, 중국, 북한에 관해 정보기관으로부터 유용한 첩보를 거의 받지 못했다. 이들 국가에 투입된 수많은 공작원들은 신분이 금방 드러나 제거되거나 전향하여 허위 보고를 보냈다. CIA, 각 군 정보기관 및 FBI 간 협조가 거의 없었다. 신호정보는 소련이 중국 및 북한과 통신하는 것을 알아내는 최고의 출처였는데, 그런 신호정보가 1950년 봄 돌연 차단되었다. 당시 소련 스파이가 미국 육군의 암호 분석관들이 소련의 암호코드를 해독했다고 보고하자 모스크바는 바로 암호코드를 바꿨다.

　정치적으로 트루먼 행정부는 (장기간의 야당생활로 정권을 다시 잡기 위해) 필사적인 공화당으로부터 지속적인 공격을 받고 있었다. 공화당은 다섯 번 연속으로 대통령 선거전에서 패배했다. 81차 의회에서 민주당은 양원 모두 다수당이었지만 공화당과 일부 민주당 의원들이 상원의원 조지프 매카시의 행정부 공격을 강력하게 지지했다. 당시 매카시 의원은 행정부가 정부 요직에 있는, 특히 국무부 내에 있는 공산주의자들을 보호하고 있다고 공격했다. 트루먼은 예산 적자와 인플레를 걱정한 나머지 1951회계연도 예산요구서에서 국방 지출을 130억 달러로 삭감하기를 원했다. 그는 국방 지출이 경제성장에 장애가 된다고 보았다. 트루먼 대통령은 자신의 신념을 분명히 보여주기 위해 장거리 폭격기 구매를 위한 8억 달러 지출을 거부했는데, 그 지출은 의회가 대통령의 1950회계연도 세출예산안에 추가한 항목이었다.

　소련도 대규모 전쟁을 벌일 만한 상태가 아니었다. 전쟁으로 인해 소련 서부 지역 대부분이 황폐화되었다. 6년에 걸친 참혹한 전쟁으로 인민은 기진맥진한 상태였고 연료, 식량 및 소비재 부족에 따른 고통이 지속되었다. 그렇지만 스탈린과 정치국은 상당한 입지를 이미 구축해놓았다. 지난 20년 동안 스탈린은 소련 정부와 정치 기관들을 완전히 장악했다. 스탈린 휘하의 설계자들, 과학자들, 엔지니어들은 고농축 우라늄과 플루토늄 무기 개발에 상당한 진척을 보이고 있었다. 그들은 또한 전자공학과 금속공학 분야에서 심각한 한계가 있음에도 불구하고 미국을 겨냥하여 핵무기를 운반할 수 있는 장거리 폭격기 개발에 진척을 보이고 있었다. 소련 정부는 세계에서 가장 크고 가장 전문화된 정보기관(역정보 활동 포함)을 운용했다. 예를 들어 모든 서방 주요국의 정부 요직에 소련 스파이가 침투했다. 소련은 중화인민공화국 및 북한과 국경을 접했다. 그리고 이보다 더 중요한 점은 이들 종속국가가 모스크바로부터 군사적·경제적 원조를 받는 대가로 지정학적 위험을 감수하겠다는 것이었다.

　새로 탄생한 중화인민공화국 정부는 영토를 완전히 통제하지 못했으며 서방 군사 대국과 전쟁을 할 태세를 갖추지 못했다. 인민해방군은 여전히 도시와 서부 지방에서 무장 세력을 진압하고 인민의 지지를 획득하기 위한 노력을 하고 있었다. 경제는 14년에 걸친 대일 항전과 4년 동안의 내전으로 파탄상태였다. 마오쩌둥은 혁명적인 인민 전쟁 전술로 훈련된 거대한 군대를 거느리고 있었지만 무기와 장비는 형편없었다. 중국의 정책을 결정하는 가장 중요한 요인은 아시아에서 공산혁명의 영도자가 되고자 하는 마오쩌둥의 강력한 욕망이었다. 그런 욕망에 기름을 부은 것은 역경 속에서도 자신의 의지를 관철할 수 있는 능력에 대한 엄청난 자기 확신이었다.

소련이 지원한 북한 정권은 최근에야 겨우 국가와 정치 기구에 대한 통제를 강화했으며, 김일성은 국가 지도자로서 검증되지 않았고 권력을 잡고자 하는 몇몇 경쟁관계의 파벌이 있었다. 김일성은 생애의 대부분을 국외에서 보내고 초보적인 한국어밖에 구사하지 못함에도 불구하고 한반도를 적화 통일하는 지도자가 되겠다는 불타는 야심을 품고 있었다. 38세의 통치자는 남한을 정복하겠다는 강박관념에 휩싸여 침공 시 부딪칠 수 있는 여러 문제를 보지 못했다. 비록 김일성 군대가 남한 군대보다 더 강력하고 준비가 잘 되었어도 여전히 한계가 있었다. 중국 내전에서 마오쩌둥 편에서 싸웠던 7만 2,000여 명의 김일성 군대는 북한 내에서 조직되어 훈련을 제대로 받지 못한 부대들과 통합되지 않았다. 조선인민군은 일본, 중국, 소련으로부터 획득한 다양한 유형의 무기를 사용했다. 이와 같이 다양한 무기는 탄약 공급에 심각한 문제를 야기했다. 북한군은 남한 깊숙이 작전할 수 있는 병참과 지상 수송이 충분하지 않았다. 김일성의 전략은 남한의 공산 유격대 20만 명이 들고 일어나 침공군에 합세할 것으로 기대했지만 서울의 이승만 정부는 1950년 봄 이런 무리들을 진압하는 데 성공했다. 이런 요인들을 무시한 채 김일성은 서울을 함락하고, 남한 공산주의자들이 일으킬 반란의 도움을 받아 일주일 내로 남한을 패배시킬 수 있다고 스탈린을 설득할 수 있었다. 김일성은 모스크바로부터 보급품과 중화기 및 고문관들을 받았지만 스탈린은 소련군은 전쟁에 참여하지 않는다는 점을 분명히 했다. 만약 문제가 불거지면 마오쩌둥이 필요한 예비 병력을 제공할 것이었다.

북한군의 남침으로 전쟁이 발발한 후 전투의 현실과 부딪쳤을 때 모든 당사자들의 희망과 기대가 붕괴되었다. 미국이 한국을 지원하겠다고 신속하게 결정했다. 3개월 만에 유엔의 위임을 받아 활동하는 미국 주도의 다국적군이 중국 및 소련과 접경한 북한 국경까지 치고 올라갔다. 한 달 뒤 중공군이 참전한 것은 마오쩌둥이 이중 도박을 건 결과였다. 마오쩌둥은 스탈린과의 담판에서 세게 밀어붙일 수 있을 것이라고 계산했지만, 결국에는 소련 지도자에 의해 궁지에 몰려 북한의 공격을 뒷받침할 수밖에 없게 되었다. 마오쩌둥의 두 번째 도박은 이러한 의무를 수용하더라도 적의 최후 저항을 제압하여 점령하는 임무 중에서 고작 제한된 일부만 맡을 것이라는 계산이었다. 미국이 참전한 이후, 마오쩌둥은 약속을 지키기 위해 한국전에 개입하기로 결정하면서 전시 비상사태를 이용하여 국내의 혁명적 숙청을 가속화하고 민족주의를 강조하여 자신의 정부에 대한 지지를 결집시키기로 결심했다. 미군이 조선인민군을 격파하기 직전에 마오쩌둥은 중국을 위한 자신의 야심찬 목표를 달성하기 위해 즉시 행동할 필요가 있다는 결론을 내렸다. 그는 전투를 벌이더라도 중국 영토가 아니라 한국에서 벌이는 편이 났다고 판단했다. 이러한 여러 결정의 맥락을 면밀히 검토해보면 냉전 양상이 어떻게 바뀌었는지 드러날 것이다.

워싱턴의 승부수

해리 트루먼이 한국전 개입을 즉시 결정함에 따라 북한의 남침을 후원한 두 공산국은 계획을 수정하지 않을 수 없게 되었다. 미국은 정책을 훨씬 더 크게 변경해야 했다. 대통령과 수석 보좌관들은 미국이 우방 국가를 얼마나 지원할지 그 의지를 시험하기 위해 소련이 남침을 조직했다고 믿었다. 만약 미국이 한국에서 무력 대응을 하지 않는다면 서부 유럽이나 이란에서 공산주의자들의 공세가 더 심해질 것이라고 그들은 생각했다. 미국의 정치지도자들이 거의 모두 대통령의 한국 지원 결정을 지지했으며 대중도 마찬가지였다. 정부 내에서 정보 관리들은 북한의 군대와 무기 증강을 전혀 파악하지 못하고 북한 정권의 의도를 오판한 것을 걱정하고 당혹스러워했다. 군사 및 외교 지도자들은 이승만이 공격할 가능성이 더 높다고 생각해서 탱크, 대포 및 전투기를 제공하지 않은 것을 후회했다.

한국전에서 미국의 군사적 대응은 점진적으로 진화했다. 처음에 행정부는 남진하는 북한군과 그 보급로를 폭격기로 공격하라는 명령을 내렸다. 조선인민군의 탱크와 대포의 위력 앞에서 한국군이 수일 만에 붕괴하자 맥아더 장군은 일본에 주둔한 모든 부대를 긁어모았으며, 대통령은 이 병력으로 북한군의 남진을 저지하라고 명령을 내렸다. 미군과 한국군 잔여 부대가 부산 주변의 구석으로 밀렸을 때 워싱턴은 인천에 상륙하여 포위하겠다는 맥아더의 대담한 계획을 승인했다. 동시에 미국은 전략 예비군을 제외하고 미국 내에서 가용한 모든 군대를 모아 한국으로 급파했다. 인천상륙작전이 대성공을 거두자 맥아더는 북한군의 남쪽 보급로를 신속하게 차단하고 대규모의 조선인민군을 포로로 잡았다.

워싱턴에서 행정부는 북한군을 완전히 파괴하고 전반적인 미군 역량을 확장할 준비를 했다. 트루먼은 군비를 대폭 증강하자는 NSC 68 제안을 승인하고 의회는 1951회계연도 국방 세출예산 133억 달러와 제1차 추경 예산 117억 달러를 승인하여 총 250억 달러를 각 군에 제공했다.

9월 말 시점에서 국가안보 지도자들이 일련의 과오를 범하기 시작한 것은 맥아더의 전략적 판단을 과신한 데다 또 다시 재앙적인 정보 실패가 발생한 데 연유했다. 극동군사령관 맥아더는 적이 만주로 도피해서 재편하고 재무장하기 전에 조선인민군을 38선 넘어 압록강 국경까지 추격할 것을 강력하게 주장했다. 합동참모본부는 맥아더의 작전 재량에 사소한 제약을 가했으나 맥아더는 이를 무시했다. 고압적인 장군은 휘하 병력을 분리시킴으로써 더욱 취약하게 만들어버렸다. 10군단과 해병 제1사단 및 몇몇 한국군 부대를 한반도 동해안을 따라 북상시키는 한편, 제8군은 서해안을 따라 올라감으로써 가운데 있는 산간 지역에 커다란 틈이 생겼던 것이다. 중국군 부대가 만주에 운집해 있다는 군사정보가 보고되었을 때, 맥아더 사령부 참모들과 워싱턴의 분석관들은 그들이 한국전에 개입하려는 것이 아니라 중국 영토를 지키기 위해 배치되었다는 결론을 내렸다. 며칠 후 선두 부대의 정보장교들이 포로로 잡힌 병사를 심문하여 중국군 사단 소속임을 확인했다고 보고했지만, 맥아더의 참모들은 이런 해석을 받아들이지 않고 만주에 거주하는 조선족이거나 소규모 중국 지원군이 틀림없다고 주장했다.

한편, 펑더화이는 진격해오는 미군과 연합군에 덫을 놓았다. 10월 19일부터 대규모의 인민해방군 병사들이 야간에 다리를 건너 한국으로 진입했다. 그들은 10월 25일 8군과 몇몇 한국군 부대에 대한 기습 공격을 감행, 많은 사상자를 내고 미군의 오른쪽 측면을 취약하게 만들었다. 여타의 제한적 공격이 11월 6일까지 발생했다. 그날 중국군은 한발 뒤로 물러나 동서 양 갈래로 분리된 연합군의 중간 산악지대에 방어 태세를 구축했다. 맥아더의 정보참모들은 여전히 소규모 지원군 부대만 참전했다고 확신하면서 한국에 3만 5,000명 정도의 인민해방군 병력이 들어왔다고 주장했다. 중국의 상세한 역사서를 보면 11월 중순 현재 38만 8,000명의 중국군이 유엔군 사단과 대치하고 있었음을 알 수 있다. 맥아더는 북한군과 이른바 중국 동맹군을 끝장내고 싶어서 11월 15일 압록강까지 승리를 기대한 돌격을 시작했다. 맥아더 사령관은 병사들에게 "크리스마스는 집에서"라고 외쳤는데, 나중에 이 말은 자만심의 고전적 표현이 되었다. 펑더화이는 9일 후 대규모 공격을 감행함으로써 준비했던 올가미를 씌웠다. 연합군은 지리멸렬하게 평양 이남으로 밀려 났다. 후퇴하면서 사상자가 5만 명이나 발생했는데, 그중에 동상자가 많았던 것은 조기 한파가 지속된 탓이었다. 미군과 연합군은 방한복과 방한 장비가 없었던 것이다.

중국의 개입으로 패주하게 된 후, 트루먼 행정부는 전략을 철저하게 재검토했다. 대통령이 재촉하고 애치슨, 마셜, 로벳이 주도한 국가안전보장회의(NSC)는 한국의 위기가 제3차 세계대전의 진정한 서막일 가능성이 있다는 결론을 내렸다. 한국을 방어하고 예상되는 소련의 침략으로부터 유럽을 보호할 재원을 획득하기 위해 그들은 의회와 미국 국민을 향해 국가가 '최악의 상황(worst case)'을 상정한 비상사태에 처해 대규모 국방력 증강을 필요로 한다는 주장을 펴기로 결정했다. 그들의 전략적 검토는 소련이 주된 위협이며, 유럽은 미국 본토 다음으로 방어할 첫 번째 우선지역이고, 한국에서 전략적 주도권을 다시 잡은 다음 한반도를 분단된 상태로 놔두고 분쟁을 종식시킬 협상을 추구할 것임을 강조했다. 이러한 결정은 한국전은 제한전쟁이 될 것이며, 손상된 맥아더의 전력을 복원시킬 필요가 있고, 군사력 증강은 지속될 것임을 의미했다. 또한 미국 지도자들은 모든 형태의 비밀공작 확대를 승인했는데, 이로써 소련과 그 위성국가들에 대한 공세적 정책에 드는 비용이 늘어나게 되었다. 거의 언급되지 않은 사실이지만, 매카시즘이 지속적으로 대두된 것이 전략적 검토가 진행되는 내내 전 세계적으로 공산주의 세력의 진출에 단호하게 맞서도록 고무하는 무언의 압력으로 작용했다.

클레멘트 애틀리 총리가 이끄는 영국 사절단이 12월 초 워싱턴을 방문함으로써 미국 행정부의 최근 결정이 굳어졌다. 미국 정부는 필요할 때 원자무기를 사용할 선택지를 열어놓겠다는 트루먼의 경솔한 발언에 대해 영국 측이 심각한 우려를 표명하자 트루먼은 그 강력한 무기 사용을 결정하기 전에 미국의 가장 가까운 동맹국과 협의하기로 약속하지 않을 수 없었다. 이 약속과 한국을 통일하려는 추가 노력을 포기하기로 동의한 것은 영국의 요구에 대한 유일한 양보였다. 트루먼 대통령은 중화인민공화국을 외교적으로 승인하고 맥아더 유엔군 사령관을 교체하자는 제안을 거부했다. 그리고 그는 영국 대표단에게 아시아와 유럽의 동맹국들이 직면한 문제의 근원, 즉 소련에 집중하라고 설교했다.

미국 행정부가 한국에서 주도권을 되찾기 전에 발생한 두 사건이 다시 워싱턴을 강타하여 위기 분위기를 심화시켰다. 제8군 사령관 월턴 H. 워커 중장이 전략적 철수를 지휘하던 중 12월 23일 후퇴하는 군인과 피난민이 뒤엉킨 혼란스런 한국 도로 상에서 지프차 사고로 졸지에 사망했다. 후임으로 임명된 매슈 B. 리지웨이 중장은 한국에서 그를 기다리고 있는 엄청난 도전에 대비하기 위해 서둘러서 도쿄로 갔다. 리지웨이가 맥아더 장군으로부터 현황 설명을 듣고 한국에서 사령관으로 부임한 직후 펑더화이는 12월 31일 제2차 공세를 개시했다. 유엔군을 한반도에서 내몰려는 이 대담한 작전이 가능한 한 많은 영토를 확대하려는 워싱턴에 부담을 가중시켰다. 리지웨이는 자신의 소임을 다해 제8군을 재편하고 활력을 불어넣었으며 행정부가 추진한 168억 달러의 제2차 추경 세출법안이 1951년 1월 6일 의회를 통과했다. 이 예산은 NSC 68에서 요구한대로 전력을 대폭 증강하기 위한 재원이 되었다.

리지웨이 장군이 계획한 다음 단계 전쟁은 자연적인 방어선을 38선 이북으로 올리기 위한 공세였다. 그는 주도면밀하게 기획된 이 공세를 취하면서 기갑, 포병 및 공군 작전을 긴밀하게 연계시켜 통합된 공격전술을 구사했는데, 이는 계속되는 전쟁 대가를 더 치르게 하여 3개 공산 정부가 휴전협상에 응하도록 압박했다. 이러한 일련의 공세를 취하는 동안 맥아더와 워싱턴 관리들 사이에 중국으로 폭격을 확대하고 원자무기를 사용하는 문제를 둘러싸고 열띤 논란이 있었다. 맥아더가 의회 내 공화당 지지를 호소하자 더 이상 참을 수 없게 된 트루먼 대통령이 그 유엔군사령관을 1951년 4월 11일 해임하고 리지웨이를 승진시켜 도쿄에 있는 극동군사령부까지 겸임하게 했다. 이러는 과정에서 미국 관리들은 원자무기를 선제 사용하지 않고 한국에서 제한전쟁을 유지한다는 이전의 결정을 확인했다. 유엔군은 1951년 6월 말 무렵 적당한 방어선에 도달했으며 7월 초 정전 협상이 시작되었다. 회담은 휴전선과 포로 교환문제로 교착상태에 빠지면서 2년 이상 끌었다. 1952년 11월 드와이트 아이젠하워가 미국 대통령으로 당선되고 1953년 3월 스탈린이 사망한 후에야 소련과 중국 지도자들이 협정을 체결할 태세가 되어 1953년 7월 27일 정전협정이 체결되었다.

전략적 증강

한국전쟁 기간 동안 딘 애치슨은 정부의 우선순위가 국방을 재구축하고 서부유럽의 안보를 강화하는 데 집중되도록 했다. 그 이전 수년 동안 그는 트루먼 독트린과 마셜 플랜을 강력하게 지지했으며, 유럽 동맹국들의 경제통합을 옹호한 주요 인사였다. 애치슨은 소련의 유럽에 대한 위협의 중대성을 강조하면서 독일연방공화국(서독)을 서방 기구에 포함시키는 노력을 주도하고 서독을 나토 회원국으로서 재무장시키기 위해 영국, 프랑스 지도자들과 집중적으로 협의했다. 그는 나토동맹을 정치적 보장을 위한 느슨한 기구에서 제대로 기능하는 방위동맹으로 변환시키는 작업을 조율했는데, 새 나토는 미국인 최고 사령관이 이끄는 다국적 참모부를 두고 유럽 주둔 미군 6개 사단을 포함하여 전속 군대를 보유하는 동맹이었다. 애치슨은 전략적 증강 재원에 대한 의회의 지지를 획득하는 데 조지 마셜 및 로버트 로벳과 긴밀하게 협조했다. 그는 일찍부터 CIA의 개혁과 확충을 지지하고 소련 진영에 대한 CIA의 비밀공작 사업이 급팽창하는 것도 지지했다. 그는 지중해와 중동에서 미국의 이익 보호를 확대하면서 그리스와 터키를 나토에 가입시키고 유럽, 터키, 북아프리카에서 전략공군사령부 폭격기의 기지 사용권을 획득했다.

한국에서 전쟁이 교착상태에 빠지자 워싱턴과 모스크바의 군사 지도자들은 자국의 전략적 군사력을 증강하는 데 집중했다. 양측은 장거리 폭격기와 다양한 유형의 핵무기를 개발하는 여러 가지 방안을 추진했으며, 양측 모두 계획하거나 바랐던 것보다 더 많은 자원을 이런 사업에 투입했다. 미국은 폭격기와 핵무기에서 모두 앞선 것이 분명했다. 1954년 무렵 미군은 B-52 폭격기를 실전배치하고 유럽에 배치된 전술 원자탄과 원자포 등 핵무기를 소형화했다. 커티스 르메이는 한국전쟁 덕에 늘어난 예산을 사용하여 전략공군사령부가 소련에 대한 핵 억지 전략에서 주된 공격 역할을 수행하도록 준비시켰다. 그는 공군 지휘부에 압력을 넣어 1950년과 1953년 사이 사령부 산하 비행단을 48개에서 83개로 늘리는 재원을 확보했으며 그다음 2년 동안 126개 비행단으로 늘린다는 약속도 함께 받아냈다. 또한 그는 소련 도시와 군사시설에 대한 잠재적 공격에 대비하여 항공승무원들에게 공중 재급유와 해외기지를 사용하는 훈련과 연습을 시켰다.

미국은 또한 효율적인 정보기관을 발전시키는 데 상당한 진전을 보았다. 월터 베델 스미스는 국가정보판단서위원회를 실력 있는 분석관들로 채워 정치지도부에 대폭 개선된 보고서를 제공했다. 그는 비밀활동을 계속 확대했으며 보다 낭비적이고 위험한 일부 임무를 취소했다. 그런데도 CIA의 정보수집 활동은 행정부가 원하는 만큼 성공적이지 못했다. 그 이유는 스파이 활동 기술이 형편없었고 소련 진영의 방첩기관이 엄청나게 우월했기 때문이다. 비밀공작은 훨씬 더 비효과적인 것으로 판명되었으며, 대부분의 공작원들이 유용한 첩보 수집이나 교란 활동을 벌이기도 전에 생포 또는 살해되거나 반미로 전향했다. 소련과 그 동맹국들은 모든 정보활동 면에서 분명한 우위를 점했다.

소련의 대응

스탈린의 정보기관들이 이룬 중요한 업적 하나는 미국의 대륙 간 폭격기 B-29 및 원자탄 개발에 관해 신속하게 보고받은 것이었다. 1943년 초 스탈린은 과학자들과 엔지니어들에게 유사한 무기의 개발에 착수하라는 지시를 내렸다. 하지만 소련은 당시 나치군의 침공에 맞서 생존 투쟁을 벌이는 와중에 있었기 때문에 이런 프로젝트는 독일이 패배할 때까지 제한된 자원밖에 지원받지 못했다. 소련의 초기 전략폭격기 프로그램은 보통 수준의 목표를 설정했다. 1943년 9월 항공부는 안드레이 투펠로프에게 항속거리 3,700마일에 폭탄 적재량 10톤의 폭격기를 설계하고 제작하라는 명령을 내렸다. 1942년 9월 최초의 시험 비행을 한 미국의 B-29는 항속거리 5,600마일에 폭탄 적재량 10톤이었다. 하지만 투펠로프에게 부과된 요구사항은 당시 소련 기술의 역량을 초과하는 것이었다. 그의 설계 팀은 자동화된 통제, 가압된 선실 및 항속거리와 적재 사양을 충족할 만큼 강력한 엔진을 개발하기가 대단히 어려웠다.

독일이 항복한 지 한 달도 안 지나서 스탈린과 베리야는 고유한 전략폭격기 프로젝트를 포기하기로 결정하고 투펠로프에게 B-29를 모든 면에서 복제하라고 명령했다. 소련은 이런 미국 폭격기 3대를 보유했는데, 시베리아에 비상착륙한 B-29를 반환하라는 워싱턴의 요청을 크렘린이 거절한 것이었다. 스탈린과 그의 보좌관들이 히로시마와 나가사키에 대한 원자탄 공격의 군사적·정치적 중대성을 이해했을 때, 전략폭격기와 원자탄 개발이 갑자기 긴급해졌다. 일본이 공식적으로 항복한 1945년 9월 2일 직후 도쿄 만에서 462대의 B-29가 저공비행으로 축하한 데서 드러난 미국 공군력이 압박을 더했다.

하지만 B-29의 역설계와 복사는 소련 지도부가 생각했던 것보다 훨씬 더 어려운 것으로 판명되었다. 가장 기본적인 차원인 도량형부터 소련의 모든 기계 공구와 도구들은 미터법을 사용함으로써 인치와 파운드를 사용하는 영미식과 달랐다. 투펠로프의 엔지니어들은 미국의 전자공학, 금속 합금, 플라스틱 공학 및 미로 같은 배선을 따라하거나 대체하는 방법을 배워야 했다. 1949년 5월 신형 Tu-4가 공군에 취역하기까지 4년의 노고가 들었다. 한국전쟁에서 입증되었듯이, 이 폭격기는 곧 구식이 되어 신형 제트 전투기에 취약했다. B-29를 복제하는 과정을 밟다보니 자연히 소련의 항공산업이 현대화되었다. 하지만 동시에 이에 자극받은 미국이 촘촘한 레이더 시설과 전투기 기지로 방공망을 구축하여 모스크바가 띄울 수 있는 어떤 공중 공격도 패퇴시킬 수 있게 되었다.

복수의 설계와 엔지니어링 팀을 운용한 투펠로프는 여러 프로젝트를 동시에 추진했다. 가장 성공적인 공격용 제품은 Tu-16으로 명명된 중거리 폭격기였다. Tu-4의 기술과 새로운 설계 개념을 결합한 이 다부진 비행기는 후퇴익의 터보 엔진을 달고 항속거리 4,000마일에 적재량이 3톤이었다. 1952년에 최초 시험 비행을 한 Tu-16은 수소폭탄을 투하한 최초의 소련 폭격기였다. 이 폭격기는 유럽과 아시아의 미군 기지를 위협했으며, 아프가니스탄에서 집중적으로 사용되었다. 이보다 성공하지 못한 비행기는 장거리 폭격기 Tu-85였다. 피스톤 엔진으로 동력을 공급받은 이 폭격기는 항속거리가 7,500마일이었으나 너무 느려서 제트 요격기의 공격에 살아남을 수 없었으며 1951년 11월 개발이 취소되었다.

투펠로프는 효율적인 장거리 폭격기 제작 작업을 계속했으며 불충분한 엔진 추진력이 여전히 최대 장애였다. 그는 1951년 2월 새로운 설계에 착수했다. 그는 신중하게 계산한 결과, 제트 엔진으로는 스탈린이 요구한 항속거리, 속도 및 적재량 요건을 충족할 수 없었다. 그가 이런 사실을 독재자에게 보고하자 기분이 상한 스탈린은 다른 설계자가 터보제트 동력의 폭격기를 제안해서 그 폭격기를 제작할 설계국 전체를 그에게 맡겼다고 대답했다. 이런 결정으로 인해 블라디미르 미아시스체프(Vladimir Miasishchev, 1902~1978)가 1951년 3월 개발에 착수하여 설계한 불행한 운명의 M-4 폭격기가 탄생했다. 초기 모델이 1954년 노동절 행진 시 비행했지만 엔진에 큰 문제가 있어 추락했다. 1957년 무렵 개선된 모델이 생산되었지만 엔진이 여전히 문제였으며, 35대만 제조하고 다음 해 취소되었다.

결국 투펠로프는 자신의 폭격기 Tu-95를 완성했다. 이 폭격기는 항속거리가 바람직한 8,200마일에 달하고 각기 맞물려 돌아가는 4쌍의 프로펠러에 8개 터보프롭 엔진을 장착한 특이한 설계를 사용했다. 이 폭격기는 미국 본토에 있는 대부분의 목표물까지 원자탄을 운반할 수 있었다. 하지만 1957년 취역했을 때 이 폭격기 역시 제트 전투기에 취약했으며 주로 정찰, 대잠수함전 그리고 나중에 아프가니스탄 전쟁에서 폭격하는 데 사용되었다. 1959년 취소될 때까지 총 175대의 각종 모델이 제작되었다. 미국에서 소련의 폭격기 역량에 관한 정보판단이 부풀려져 이른바 '폭격기 격차'가 발생했는데, 이로 인해 공중 방어를 더욱 강화하게 되었다.

소련의 핵무기 프로그램도 전략폭격기 개발처럼 취약한 경제, 원시적인 기술 상태, 보안 기관의 끊임없는 의심과 참견 등 모든 어려움을 겪었다. 그리고 핵무기 프로그램이 맞이한 도전은 두 가지 더 있었다. 즉, 소요 비용이 엄청난 데다 개발 진도를 가시화할 수 없었다. 그 비밀 프로그램에 대해 알고 있는 최고위 관리들 중 기초 물리학을 이해하는 사람이 없었다는 사실은 이고리 쿠르차토프와 그의 동료들에게 엄청난 문제였다. 비록 원자탄 프로젝트가 미국과 대충 같은 시기인 1942년 말 시작되었어도 우선순위가 높아진 것은 히로시마와 나가사키에 원폭이 투하된 다음이었다. 그때서야 스탈린과 그가 가장 신뢰하는 부하들이 핵무기의 정치적·군사적 효용을 알았다. 스탈린이 1946년 1월 25일 몰로토프, 베리야, 쿠르차토프를 만났을 때 비로소 핵 프로그램이 정권의 최우선 순위가 되었다. 당시 스탈린 총리는 쿠르차토프에게 필요한 것은 무엇이든지 요구하라고 지시하고 프로그램에 참여하고 있는 수석 과학자들의 봉급을 2~3배 인상하도록 위임했다.

쿠르차토프는 네 가지 주요 문제를 연구의제로 설정했다. 각 개발 팀이 추진할 4대 과제는 사이클로트론 건설, 여러 유형의 원자로 건설, 흑연정화 외에 대규모 우라늄 광산을 찾아 이물질로부터 고품질 광석을 분리해내는 방법을 배우는 것이었다. 연구자들은 이들 분야에서 모두 예기치 않은 문제에 부딪쳤다. 원자로를 건설하는 데는 독일에서 채용한 팀이 혁신적인 작업을 할 필요가 있었다. 이 팀 덕분에 첫 원자로에 감속재로 쓰일 흑연을 정제하는 과정이 만들어졌다. 1946년 크리스마스 날 첫 원자로가 임계점에 도달했을 때 최초로 중요한 성취가 이루어졌다. 로스앨러모스에 있는 클라우스 푹스가 입수한 유용한 정보에 근거하여 쿠르차토프는 내폭형 플루토늄 폭탄을 만드는 것이 동위원소를 분리하여 우라늄 무기를 만드는 것보다 훨씬 더 빠르다는 것을 알았다. 플루토늄 폭탄 작업의 대부분이 첼리아빈스크-40이라고 하는 급조된 비밀도시에서 이뤄졌다. 쿠르차토프는 플루토늄 폭탄 관련 작업을 직접 지휘하는 한편, 여타 팀들은 비밀도시에서 다른 접근방법을 취했다. 이런 프로젝트에는 포격형 U-235 폭탄 조립, 전력 생산용 중수로 건설 및 수소폭탄 제조를 위한 우라늄 농축이 포함되었다. 하지만 주요한 문제가 생산 원자로에서 가공된 조사 우라늄으로부터 플루토늄을 분리시키는 데서 발생했다. 이런 문제는 1949년 초에 해결되었다.

최초의 플루토늄 폭탄이 1949년 8월 29일 실험되었다. 대성공이었다. 소련은 전체 핵 산업을 일으키는 데 3년이 걸렸다. 명령 경제를 이용하여 수십만 명의 노동자를 동원, 연구 및 생산 시설을 위한 일단의 비밀도시를 건설했다. 물리학자들이 이런 노력을 주도하고 당면한 문제를 해결했다. 미국 맨해튼 프로젝트에서 빼낸 스파이들의 보고 덕분에 소련은 플루토늄 폭탄 제조에 18개월을 절약했을 것이다. 하지만 소련 과학자들이 당시 포격형 우라늄 폭탄과 수소폭탄을 설계하고 제조하는 데는 그와 같은 정보의 도움이 없었다는 점을 주목할 필요가 있다. 1953년경 소련은 약 150개의 다양하고 강력한 핵무기를 비축했으나 그것을 운반할 폭격기와 미사일이 아직 개발 중이었다. 스탈린은 이러한 핵 역량 보유가 중요하다고 생각했어도 전면전에서 결정적일 것이라는 생각은 하지 않았다. 그와 군의 수장들이 계속 의지한 것은 포병과 전술 공군의 엄호를 받는 거대한 지상군과 기갑부대였다. 이보다 더 중요한 것은 스탈린이 소련은 대규모 전쟁을 벌일 준비가 되어 있지 않다는 것을 알고 그런 분쟁에 휘말리는 것을 피하는 예방책을 강구했다는 점이다.

냉전을 격화시키다

한국전쟁이 발발한 지 70년이 된 지금 우리는 한국전쟁의 모든 당사자들이 결정했던 선택을 이해할 수 있는 출처가 많다. 최근의 공식 역사서와 새로운 문서 덕분에 트루먼 행정부의 결정에 관해 우리가 아는 이야기가 더 풍성해졌다. 소련과 중국의 정책에 관해 새로 발굴된 문서에 의하면, 김일성이 스탈린에게 전쟁 지원을 거듭 요청하고 한국전쟁을 개시했다. 소련 독재자는 북한의 남침을 지원하는 위험을 제한하기로 마음먹었다. 그는 미국과의 전면전을 확고하게 회피했다. 더욱이 — 스탈린이 미국의 미흡한 전투태세를 알고 있었고 워싱턴의 정책결정에 관해 빼어난 스파이들의 정보를 갖고 있었다는 점에서 볼 때 — 그는 미국이 한국전에 개입할 가능성이 거의 없다고 생각했다. 조그만 위험이라도 피하기 위해 스탈린은 김일성에게 소련군은 전쟁에 개입하지 않을 것이라고 말하고 대신 마오쩌둥을 조종했다. 그 결과, 마오쩌둥이 북한군이 곤경에 처하면 뒷받침하겠다고 동의함으로써 일종의 재보험증권을 들었다. 스탈린의 행동을 감안할 때 트루먼이 본능적으로 한국전에 참전하기로 한 결정은 오늘날의 관점에서 보면 옳았다. 그렇지만 의회의 승인을 받지 않고 참전함으로써 그는 나중에 자신의 부담으로 되돌아오고 미래의 행정부에 위험한 선례가 되는 값비싼 실수를 저질렀다.

미국으로서는 마오쩌둥이 워싱턴 관리들이 거의 모르는 와일드카드(wild card)였다. 그들은 마오쩌둥과 중화인민공화국이 크렘린의 열성적인 도구라고 생각했다. 그들은 마오쩌둥이 모스크바와 중소 우호동맹 상호원조 조약을 어렵게 협상한 사실이나 그 중국 지도자가 김일성을 지원하기로 약속한 사실을 전혀 알지 못했다. 워싱턴의 정책입안자들과 도쿄의 맥아더 참모들은 마오쩌둥이 1950년 7월 미국이 전쟁을 어떻게 수행하든지 상관없이 한국전에 개입하기로 개인적으로 결심한 것을 전혀 알 수 없었다. 또한 그들은 그 중국 지도자가 자기의 야심찬 목표를 달성하기 위해 수십만 명의 사상자를 감수할 것이라고는 상상할 수 없었다. 트루먼 행정부가 맥아더에게 38선을 넘어 지리멸렬한 북한군을 분쇄하도록 지시한 것은 당시 워싱턴이 가진 정보에 비추어 정당한 것이었다.

하지만 극동군사령관과 워싱턴 지도자들은 수십만 명의 인민해방군이 압록강 국경선 바로 넘어 중국 동북부에 집결해 있다는 확실한 정보를 갖고 있었다. 그 이후 인민해방군 병사들이 북한에서 전투하고 있다는 증거를 접하고도 맥아더는 중국이 참전하리라고 진지하게 생각하지 않았다. 그는 적어도 자신의 전략에 좀 더 신중을 기했어야 했으며 보급선을 한계에 이를 때까지 확장하면서 주력 부대를 둘로 나누지 말았어야 했다. 미국의 정치 및 군사 지도자들은 중국과 소련의 역량과 의도에 관한 정보가 매우 빈약한 상황에서 지역사령관이 취약한 공세를 개시하도록 허용함으로써 전략의 기본 원칙을 위배했다. 합동참모본부, NSC와 대통령은 맥아더가 중국 국경까지 진격하는 고위험을 억제하는 확고한 조치를 취했어야 했다.

이와 같은 값비싼 실수를 제외하면 트루먼 행정부의 전반적인 한국전쟁 전략은 건전했다. 유럽은 최우선 지역이었으며 유럽 국가들은 광범위한 군사력 증강으로부터 최대의 이득을 보았다. 한국에서 제한전쟁을 하기로 결정한 것은 중국이 개입한 다음 현명한 선택이 되었다. 비록 이 결정으로 인해 한반도가 미해결 분쟁지역으로 남았어도 중국과 어쩌면 소련과의 더 큰 전쟁이 벌어질 현실적 가능성이 회피되었다. 또한 제한전쟁으로 인해 중국에 대해 핵무기를 쓰자는 맥아더의 청원을 거부하게 되었다. 이는 미·소 간 전략적 경쟁이 확대되는 가운데서도 핵무기의 '선제 사용 금지' 정책을 확립하는 중요한 선례가 되었다.

하나의 큰 의문이 남아 있다. 미국의 전략적 증강이 전부 필요했는가? 이는 외교관들과 학자들이 아직도 의견의 일치를 보지 못하는 쟁점이다. 저자는 소련에 관한 미국의 주요 전문가들 중 한 명인 찰스 E. 볼렌 대사가 1973년에 쓴 다음과 같은 글의 인용을 승인받아 이 책의 결구로 삼는다. "우리를 세계적인 군사·정치 강대국으로 만든 것은 한국전쟁이지 제2차 세계대전이 아니었다." 이러한 판단은 이 노련한 외교관이 쓴 회고록 중 한 대목에 들어 있다. 그 회고록에서 그는 미국이 군사력을 대폭 증강한 것은 소련의 의도를 과장되게 판단한 데 근거한 실수였다고 주장한다. 그는 나아가 다음과 같이 주장한다. "나토의 군사화는 현명한 정책이 아니었다. 미국이 군사 예산을 약간만 늘렸어도 유럽의 우리 우방들을 안심시키는 데 충분했을 것이다."[1]

미국의 전략적 증강에 관해 증거를 검토한 저자의 판단은 그와 다르다. 스탈린이 핵무기와 장거리 폭격기 개발에 투입한 엄청난 자원과 트루먼 행정부가 필요한 예산 확보를 위해 의회의 승인을 받는 데 겪은 난관을 분석한 저자는 다음과 같은 결론을 내렸다. 행정부로서는 미국이 강력한 전략적 우위를 확보하지 않으면 한국전쟁이 세계대전으로 발전할 수 있다고 주장하는 것이 필요했다. 만약 행정부가 전략공군에 중점 투자하지 않고 전략공군사령부의 비행대와 병행하여 좀 더 균형 잡힌 지상군과 해군 전력을 구축했더라면, 미국이 훨씬 더 우위를 확보했을 것이다. 조지 마셜 장군은 국방장관으로 봉직한 마지막 몇 달 동안 이런 균형 잡힌 접근방법을 취할 것을 촉구했다. 미국 지도자들이 최악의 상황을 주장한 것은 NSC 68에서 승인된 프로그램의 완전 이행에 필요한 재원을 확보하려는 목적상 정당했다.

트루먼 행정부는 중국이 대규모 참전한 후인 1950년 12월 제2차 추경 세출 법안 통과를 위해 처음으로 최악의 상황을 주장했는데, 이때 관리들은 제3차 세계대전에 직면했다고 실제로 믿었다. 이런 믿음은 CIA 보고서에 의해 일부 정당화되었다. 그 보고서에 의하면, 저우언라이가 12월 5일 "유엔군이나 중국군이 한국을 떠나지 않는 한, 제3차 세계대전이 불가피하다"고 선언했다. 이 보고서를 읽은 직후 트루먼은 일기에 다음과 같이 적었다. "제3차 세계대전이 다가온 것처럼 보인다." 이어서 1951년 하반기 들어 높은 국방비 세출이 지속되는 데 대한 의회의 저항이 심화되자 애치슨, 마셜과 로벳은 정당화 근거로서 최악의 상황을 계속 원용해야 1952년 국방 재원 법안이 통과될 것이라고 확신했다. 그들의 판단은 정확했다. 여러 해가 지난 지금 보면 ─ 소련의 전략적 야망, 높은 지출 수준, 엄청난 수의 사상자 발생을 감내하겠다는 중국의 의지 등에 관해 문서검색이 가능함 ─ 중기적으로 중국과의 확전 전망이 정말로 최악의 상황이었다는 것이 분명하다.[2]

이제 우리는 소련 지도자들이 추진한 야망과 방위계획을 보고 트루먼 대통령과 그의 보좌진이 전략적 우위를 유지하는 데 필요한 추가 세출을 획득하기 위해 제시했던 최악의 상황을 쉽게 정당화하게 된다. 중국의 한국전 개입 이후 트루먼 행정부가 내린 결정은 근본적으로 냉전의 양상을 바꿨다. 이후 모스크바의 공격적인 구상은 스탈린 사후에도 지속되고 1962년에 발생한 쿠바 미사일 위기로 위험의 절정에 달했다. 한국전쟁으로 증강된 당시 미국의 공군력과 해군력이 제공한 수단에 힘입어 존 F. 케네디 대통령은 소련으로 하여금 굴복하고 쿠바에서 핵무기와 미사일을 철수하도록 강제하는 강압 외교를 구사할 수 있었다. 그 대형 위기에 관해서는 광범위한 국제적 맥락에서 전략적 문제를 집중적으로 다루는 또 다른 책이 나올 만하다.

연대기

1941

9월: 영국 정부 핵무기에 관한 연구 시작

10월: 미국 정부 핵무기에 관한 연구 시작

1942

6월: 루스벨트 대통령 맨해튼 프로젝트 착수로 핵 연구 가속화. 1943년 가을 영국, 프랑스, 캐나다 과학자 및 엔지니어 미국으로 이동, 프로젝트에 합류

9월 28일: 소련 국가방위위원회, 영국 및 미국 프로그램에 대한 첩보 보고 받고 자극받아 소규모 핵 연구 프로그램 재개 승인

1943

3월 10일: 이고리 쿠르차토프, 소련 핵 프로그램 책임자로 임명됨. 안드레이 투펠로프, 항속거리 6,000킬로미터, 폭탄 적재량 10톤의 전략폭격기 설계하도록 명령을 받음. 그에게 알려지지 않은 이 비행기는 원자탄의 운반체였음

1944

4월: 쿠르차토프와 핵 프로그램은 모스크바에 있는 새로운 빌딩 입주. 총 인원 74명, 이 중 과학자 25명

12월 3일: NKVD 수장 라브렌티 베리야, 쿠르차토프의 요구에 의해 핵 프로그램 감독
　　관으로 임명됨

1945

6월 5일: 스탈린, 투펠로프에게 1943년에 시작된 전략폭격기 작업을 중단하라는 명령
　　을 내리고 그 대신 포획된 미국의 B-29를 복사하라고 명령. 프로젝트 완성에 2년의
　　말미를 줌

8월 20일: 스탈린은 히로시마와 나가사키에 투하된 미국 원자탄의 정치적·군사적 효
　　과가 거대하다는 것을 보고난 후 핵 프로그램의 급격한 가속화를 승인함

9월: 클라우스 훅스가 6월과 9월 로스앨러모스에서 보낸 보고서는 미국의 플루토늄 폭탄
　　의 설계와 명세의 상세한 기술을 제공함. 그는 우라늄 무기를 추구하는 것보다 더 신속
　　한 과정으로서 플루토늄 폭탄을 개발해야 된다고 소련 지도자에게 강력히 촉구함

1946

1월 25일: 스탈린은 몰로토프, 쿠르차토프를 만나 가속화된 핵 프로그램을 위한 계획
　　을 마무리 짓고 과학자들의 봉급을 2~3배 인상할 의도를 발표

12월 25일: 쿠르차토프의 핵 원자로는 임계점에 도달함 ― 북미 이외 지역에서 최초.
　　그는 개인적으로 원자로 건설을 지시하고 임계점에 도달했을 때 통제를 했음

1947

3월 12일: 해리 S. 트루먼 대통령은 트루먼 독트린을 발표, 미국은 공산주의의 확산을
　　봉쇄할 의도임을 발표함

6월 5일: 마셜 플랜 발표됨. 그리고 중부 및 동부 유럽 국가들 ― 소련 포함 ― 합류하
　　도록 초청됨. 동부유럽의 모든 국가들은 소련의 압력하에 이 제안을 거부함

7월 26일: 트루먼은 국가안전보장법 1947에 서명함. 국방부 장관 자리와 공군을 독립
　　된 군종으로 창설하고 국가안전보장 위원회와 CIA에 법적 권한을 제공함

1948

1월: 소련 핵 프로그램은 물리학자 이고리 탐 주도하에 수소폭탄에 대한 연구 시작

3월 17일: 영국, 프랑스, 벨기에, 네덜란드 및 룩셈부르크는 브뤼셀 조약을 체결, 집단 안전보장기구 설립. 트루먼 행정부는 이를 지원

6월: 소련과 유고슬라비아 간 분열

6월 18일: 국가안전보장회의 NSC 10/2로 비밀공작 계획 승인. 정책조정실이란 명칭을 달게 된 그룹은 CIA에 근거를 둠

6월 22일: 최초의 소련 플루토늄 생산 원자로 새로 건설한 비밀도시 체리아빈스크-40 에서 지속적인 가동을 위한 설계 수준 달성. 핵연료 슬러그의 충돌 문제로 원자로 재설계하게 되고 생산은 1948년 말에 재개됨

6월 24일: 베를린 봉쇄 시작

8월 15일: 대한민국 건국

9월 9일: 조선인민공화국(북한) 건국

10월 9일: 커티스 E. 르메이 중장 전략공군사령관으로 임명됨

1949

1월 1일: CIA 개혁과 정보공동체에 관한 덜레스 보고서 국가안전보장회의에 제출됨

3월 초: 김일성은 모스크바에서 조셉 스탈린을 만나 군원물자와 경제원조를 요청함

3월: 루이스 존슨 국방장관으로 임명됨

4월 4일: 벨기에, 캐나다, 덴마크, 프랑스, 아이슬란드, 이탈리아, 룩셈부르크, 네덜란드, 노르웨이, 포르투갈, 영국, 미국 북대서양조약 체결 — 따라서 나토 설립

5월: B-29 복제품인 Tu-4 소련 공군에서 운항 개시. 항속거리 1,700마일로 일방통행 임무로 미국 서부 표적 공격 가능. 미국 전투기 능력을 고려할 때 미국 표적에 위협을 제기하지 않음

5월 27일: 의회 CIA 법 1949 통과, 비밀공작을 위한 법적 권한과 전용 예산 제공

6월: 소련 핵 프로그램 폭탄 제조용 플루토늄 충분히 제공

6월 4일: 소련, 북한에 군사 원조 제공 합의

6월 29일: 미국의 한국 점령 종료 및 모든 잔여 전투병력 철수

7월: B-36D 생산 개시. 6발의 피스톤 엔진과 4발의 제트 엔진을 장착한 전략폭격기는 시간당 최고속도 406마일, 폭탄 적재량 1만 파운드, 상승한도 4만 4,000피트

8월 29일: 소련은 최초의 원자탄을 성공적으로 실험했음

9월 2일: 존 J. 맥클로이 초대 독일 주재 미국 고등판무관으로 임명됨

9월 23일: 트루먼 대통령은 소련이 성공적으로 원자탄 실험을 했다고 공표

9월~1950년 6월: 중국의 내란 기간 동안 공산당을 지원한 조선족 군대 4만 7,000명 북한으로 귀국, 전투 경험 제공. 이들은 김일성 침공군의 핵심을 형성

10월 1일: 마오쩌둥 중화인민공화국 선포

10월 6일: 트루먼 대통령 상호 방위원조 계획을 승인하는 법안에 서명. 이 법은 정부에 연합국과 우방국에 13억 달러의 군사 원조 권한 부여. 이 중 75%는 나토의 유럽 회원국에 제공됨

10월 7일: 독일민주공화국(동독) 건국

12월 16일: 마오쩌둥 중화인민공화국의 수반으로 최초의 공식 외교 방문을 위해 모스크바 도착. 2월 14일까지 머물면서 중소 우호동맹 상호원조 조약 체결을 위해 협상

1950

1월 1일: 폴 니츠 미국 국무부 정책기획실장 취임

1월 5일: 트루먼 대통령, 미국은 타이완에서 공산당에 저항하는 중국군에 군사원조를 제공하지 않을 것임을 발표

1월 12일: 미국 국무장관 딘 애치슨과 트루먼 행정부는 아시아의 강화된 안보 경계선 공포. 이는 한국과 타이완을 미국의 이익에 중대한 것으로 지정된 지역에서 기술적으로 제외함

1월 25일: 전 국무부 관리 앨저 히스는 비밀 공산당 조직원이며 소련 스파이라는 혐의를 받고 위증죄로 기소됨

1월 27일: 프랑스에서 상호방위원조 계획 추진을 위한 협정 체결. 미국 군사원조 팀이 5월 파리에서 활동 개시

1월 30일: 이오시프 스탈린 김일성에게 남침 계획 논의 의사 통보

1월 31일: 국가안전보장회의 특별 위원회는 트루먼 대통령에게 미국은 수소폭탄을 개발하고, 미국의 전략 계획 검토를 건의함. 이 검토 결과 NSC 68의 초안이 작성됨

2월 20일: 상원의원 조지프 매카시는 상원에서 공산주의자들이 국무부에 침투했다고 주장하는 연설을 함. 제2차 적색 공포 시작됨

3월 8일: 국무부 직원들의 충성심을 조사하는 티딩스위원회 청문회 개시

3월 30일: 김일성 모스크바에 도착하여 소련 지도자들과 3주 동안 논의하고 스탈린과 세 번 만남. 스탈린 김일성이 마오쩌둥의 동의를 받는 조건으로 남침 계획을 암묵적으로 승인함

4월: 소련의 대북한 군사 원조 대폭 증가

4월 9일: 프랑스 외무장관 로베르 쉬망은 유럽석탄철강공동체 창립을 위한 쉬망 계획 발표. 이는 회원국의 석탄과 철강 산업을 관리하기 위한 6개국 컨소시엄임

5월 13~16일: 김일성 베이징을 방문, 마오쩌둥을 만나 북한의 남침 계획에 대한 중국의 지원 확약을 받음. 5월 15일 마오쩌둥은 미국이 전쟁에 개입 시 북한을 지원하는 데 동의함

6월 1일: 트루먼 대통령은 FY 1951 군사원조로 12억 달러만 지출할 것을 요청

6월 25일: 북한이 남한을 침략. 유엔안보리, 특별회의를 개최하여 한반도에서 전투 중지와 북한군의 38도선 철수 결정. 미국이 요구한 정전요구결의안 채택

6월 27일: 트루먼 대통령은 의회와 대중에게 한국을 지원하기 위해 미국 공군과 해군을 파병하기로 한 결정을 알림

6월 27일: 한국의 이승만 대통령과 내각 수도 서울에서 피난. 미 공군 북한군에 공격 개시. 유엔안전보장이사회는 회원국에 한국 원조 요청

6월 28일: 북한군 서울 점령

6월 29일: 맥아더 장군 자신의 결단으로 38선 이북 공군기지를 타격하라는 명령을 내

림. 이는 합참이 그런 작전을 승인하기 하루 전임. 유엔안보리, 한국 군사지원 결의안 채택

6월 30일: 트루먼 대통령, 일본 주둔 미 지상군의 한국 배치 승인

7월 7일: 유엔안보리, 유엔군사령부 설치할 것과 미국 측에 사령관 임명 요청하는 결의안 채택. 유엔군 사령부 설치하고 사령관에 맥아더 장군 임명

7월 19일: 승인된 총 군사인력은 FY 1951 국방예산상의 150만에서 210만 명으로 41% 증가. 트루먼 대통령, 최초로 의회에 한국의 위기에 대해 언급하고 그의 결정에 대한 승인이 아니라 전쟁 수행을 위한 입법과 추가 예산을 요구함

7월 24일: 의회는 FY 1951 1차 추가경정 국방예산 심의 시작. 국방예산은 130억 달러에서 250억 달러로 증가

7월 말: 중국군 26만 명 북한 국경 지대에 집결

7월 31일: 트루먼 대통령은 유럽 방어를 강화하라는 압력을 받는 가운데 나토 사령부에 독일군을 포함시키는 아이디어 연구 승인

8월 중순: 국무부는 유럽에 대한 마셜 플랜 원조의 지속을 나토 산하에 유럽 주둔 미군을 4~6개 사단 추가 파병하고 총사령관을 미군이 맡도록 하는 것과 연계하자고 국방부에 제안

8월 18일: 트루먼 대통령, 월터 베델 스미스 중장을 신임 중앙정보부장으로 임명했다고 발표. 그는 10월 7일 부임

8월 25일: 맥아더 장군은 타이완의 전략적 중요성과 미군기지가 타이완에 있어야 된다고 강조하는 성명서 발표. 성명서는 미국의 공식 정책과 배치되어 다음날 트루먼 대통령은 맥아더에 성명 철회를 요구

9월 3일: 플레방 계획의 진화를 위해 장 모네는 친구인 프랑스 총리 르네 플레방에게 편지를 써 유럽 석탄철강 공동체 창립을 위한 플레방 계획에 국방 요소를 가미하라고 촉구

9월 9일: 트루먼 대통령은 나토군에 합류하기 위해 미국의 지상군을 추가 파병할 의도 발표

9월 11일: 트루먼 대통령 NSC 81/1 승인. 이에 따라 대통령의 사전 승인 조건으로 군대의 38선 월북 진격 허락

9월 12~14: 딘 에치슨 국무장관은 뉴욕에서 영국 외무장관 어네스트 베빈과 프랑스 외무장관 로베르 쉬망을 만나('빅 3'로 알려짐) 미국의 유럽에 대한 군대와 재정 지원 확대 약속은 단일 패키지로 나토 사령관을 미군이 맡고 독일의 재무장과 연계될 것을 제안함

9월 15일: 미군 인천상륙작전 감행

9월 21일: 조지 C. 마셜 국방장관으로 취임

9월 27일: 의회 FY 1951 국방예산 133억 달러, 제1차 추가경정 예산 117억 달러, 합계 250억 달러 통과

9월 27일: 조지 마셜과 합참은 맥아더 장군의 38선 넘어 북진 승인

9월 29일: 미국과 한국군 서울 재탈환

9월 30일: 김일성, 소련의 직접 군사 원조 요구

9월 30일: 트루먼 대통령은 NSC 68의 결론 — 군사비 지출 증가, 수소폭탄 개발, 대소련 강경 자세 — 을 승인하고 정책으로 추진할 것을 지시

10월 1일: 한국군 일방적으로 38선 이북 진격. 스탈린, 마오쩌둥에게 중국군의 북한 진주 요구. 김일성 중국의 한국전쟁 군사 개입 요청

10월 7일: 유엔군 38선 너머 북진 개시

10월 14일: 소련은 중국군에 무기와 장비 차관 제공 및 중국 도시와 예비군을 보호하기 위해 16개 제트 전투기 항공 연대 파견 약속

10월 19일: 총 26만 명의 중국 지원군 북한 진입 시작. 11월에 추가로 12만 명 북한 진입

10월 24일: 프랑스 의회, 병력 10만 명 규모의 통합 유럽방위군 창설을 위한 플레방 계획 승인. 이 군대는 나토와 별개이며 사령관은 유럽 장군이 맡고 유럽 국방장관에 보고하게 되어 있음. 국방장관은 유럽 의회에 보고할 책임이 있음. 비록 독일군은 방위군에 포함될 것이라고 해도 사단 규모의 독일 부대가 없고 독일군 참모도 없을 것임

10월 25일: 제1차 중국 공세 시작

11월 1일: NSC 68 계획을 위한 5개년 예산은 1,910억 달러에 달할 것으로 계산됨

11월 1일: 소련 조종사가 탑승한 MiG-15 제트 전투기 압록강 상에 나타나 미국 폭격기
와 호위 전투기 공격 개시

11월 21일: 미군 선발대 북한-중국 국경 근처 압록강 도달

11월 24일: 맥아더 이른바 최종 공세 시작. 같은 날 중국군 대규모 반격 개시, 유엔군
부대 후퇴 강요

11월 28일: 유엔군의 패배로 인해 워싱턴 관리들은 한국전쟁의 전략적 평가에 긴급하
게 착수

12월 4~8일: 영국 총리 클레멘트 애틀리가 이끄는 사절단 워싱턴 방문, 트루먼 행정부
가 전쟁을 조기 종결하도록 설득. 거의 모든 제안은 거부됨

12월 5일: 저우언라이는 베이징 주재 동독 대사에게 다음과 같이 선언. 12월 7일자 CIA
보고에 의하면 "유엔군이나 중국군이 한국을 떠나려 하지 않는 한 제3차 세계대전
은 필연적이다".

12월 8일: 협상을 지속한 다음 프랑스 정부는 스포포드 계획을 받아들였음. 이는 타협
안으로 나토에 미국이 새로 참여하고 유럽의 국방공동체를 설립하려는 플레방 계획
을 미국이 지원하는 것임. 그 대신 프랑스는 독일의 재무장 원칙과 나토에 독일 연
대 전투 팀의 포함을 받아들이기로 함

12월 18~19일: 브뤼셀 회담에서 북대서양이사회는 나토 내 유럽군에 독일군 참가에 대
한 국방위원회의 건의를 승인하고 트루먼 대통령에 유럽연합군 최고사령관으로 드
와이트 아이젠하워 장군을 임명해줄 것을 요청. 대통령은 12월 18일 신속하게 그를
임명

12월 19일: 트루먼 대통령은 유럽의 나토군을 증강하기 위해 미군을 증파할 것이라고
대중에 공표

12월 20일: 트루먼의 발표는 강력한 반대를 불러 일으켜 '대토론'을 촉발함. 전직 대통
령 허버트 후버는 미군의 유럽 증파를 반대하며, 그 대신 공군과 해군의 증강과 서

반구의 방어에 집중하고 미국의 이익을 지키기 위해 원자무기에 의존할 것을 요구했음

12월 23일: 월튼 H. 워커 중장 한국에서 지프차 사고로 사망. 후임 미8군 사령관으로 매슈 B. 리지웨이 중장이 임명됨

12월 25일: 38선 이북 대부분의 영토가 북한과 중국군에 다시 넘어감

12월 31일: 펑더화이 제3차 공세를 시작, 유엔군을 한강 이남으로 밀어냄

1951

1월 4일: 서울 다시 공산군에 점령당함

1월 5일: 유명한 공화당 상원의원 로버트 A. 태프트(오하이오 주)는 상원에서 후버의 주장을 지지하고 트루먼이 유럽에 군대를 보내려는 계획은 도발적이고 헌법에 위배한 처사라고 비난하는 연설을 함. 그 이유는 대통령은 평화 시 해외 군대 파견을 하려면 의회의 승인을 받을 필요가 있기 때문이라고 함

1월 6일: 의회는 국방부를 위해 FY 1951 제2차 추경예산 161억 달러의 세출 법안을 통과시킴. 대통령은 이를 법으로 서명

1월 8일: 상원의원 케네스 훼리(공화당 네브래스카)는 의회가 승인할 때까지 유럽에 지상군을 배치해서는 안 된다는 것이 상원의 의식임을 언급하는 결의안을 제출. 이는 대통령의 권한 제한에 관한 유명한 공공 토론을 촉발함

1월 15일: 미군은 반격을 시작함

1월 29일: 합동참모본부는 4개 사단을 유럽에 파병할 것을 건의. 트루먼 대통령은 이 숫자를 승인하고 즉시 공표하지 않도록 지시

2월 11일: 중국은 제4차 공세를 시작했지만 재편된 유엔군은 반격을 가해 상당히 성공했음

2월 15일: 미군의 유럽 증파 결정에 관해 합동 청문회가 상원 외교관계 및 군사 위원회에서 개최됨

2월 중순: 트루먼 행정부는 전쟁 수행에 관해 의견의 일치를 봄. 미군은 군사 상황을 개

선하기 위해 전투를 지속하고 그런 다음 휴전을 모색함. 또한 중국이나 소련과의 확
전을 회피할 것임. 한국은 제한전쟁이 될 것이며, 유럽은 여전히 최우선 지역이 될
것임

3월: 공군참모총장 호이트 반덴버그 장군이 트루먼에 핵무기 보호 관리 준비 문제 때
문에 원자력위원회에서 전략공군사령부로 이전을 승인토록 촉구. 대통령은 이전을
승인함

3월 15일: 유엔군 서울 재탈환

3월 24일: 맥아더 장군, 중국은 평화 해결을 협상하거나 그렇지 않으면 전쟁 확장에 직
면하게 된다고 대언론 공식 발표. 이로 인해 트루먼은 격노하고 연합국 외교관들 사
이에 우려를 자아냄

4월 2일: 상원의원 존 L. 맥클레란(민주당 아리조나)이 제안한 훼리 결의안에 대해 '추
가 의회 승인 없이' 4개 사단만 파병될 수 있다는 수정안 49대 43으로 통과

4월 4일: 상원 훼리 결의안 수정안 69대 21로 통과. 상원의원 태프트를 포함하여 공화
당 상원의원 절반 이상 찬성표를 던짐. 이는 원칙적으로 유럽에 4개 사단을 배치하
고 아울러 유럽연합국 최고사령관으로 아이젠하워 장군 임명을 승인함

4월 11일: 트루먼 대통령, 맥아더를 사령관직에서 해임하고 매슈 리지웨이 장군을 후
임으로 임명

4월 22일: 펑더화이, 제5차 공세 개시. 유엔군은 일부 지상을 내주었지만 서울을 지키
고 공산군에 대규모 사상자를 발생시킴

5월 3일: 소련은 한국에서 휴전 논의를 할 수 있다는 암시를 미국에 주기 시작함

5월 16일: 트루먼 대통령, 64억 달러 규모의 FY 1951 제4차 추경예산 법안에 서명함으
로써 FY 1951의 총 국방예산은 482억 달러에 달하고 군대 규모는 150만 명에서 330
만 명으로 늘어남

6월: 미국이 주도한 독일의 유럽방어군 참여 관련 회담이 고등판무관과 서독 대표자들
의 참석하에 본 교외 피터스버그 호텔에서 열렸음. 회담은 12개 독일 사단 ─ 탱크,
대포 및 전술 공군 부대 참여 ─ 이 나토의 일부가 되어야 한다는 결론을 내림. 프랑

스가 피터스버그 계획을 거부함으로써 미국이 직접 참여하지 않는 유럽방위공동체 협상은 통합 유럽방위군 창설 선택지만 남게 됨

6월 말: 한국에서 전투는 교착상태에 빠짐

6~7월: NSC 68하에 수립된 국가안전 프로그램이 검토됨. 이 검토로 8월 8일 NSC 114를 채택하게 됨. 여기서 판단한 것은 한국전쟁 발발 전에 NSC 68을 작성할 때 생각했던 것보다 소련의 위협이 더욱 임박했다는 것임

7월: 전략공군사령부는 핵 표적 목록을 통제하게 되고 좌표가 알려진 도시 산업 표적에 집중함

7월 10일: 1차 휴전 회담이 개성에서 열림. 휴전 회담은 2년 동안 간헐적으로 열림

7월 30일: 트루먼 대통령, 독일의 동등한 권리 요구와 프랑스의 안보 필요성을 모두 다 만족시키는 유럽 방어를 강화하기 위해 존 맥클로이와 주 프랑스 미국대사 데이비드 브루스가 작성한 계획을 실행하자는 국무부 제안을 승인. 나중에 NSC 115로 명명된 이 계획의 실행을 위해서는 유럽방위공동체에 미국이 전폭적인 지원을 제공하며, 유럽 군대를 군사적으로 유능하게 만드는 데 일조를 하도록 아이젠하워 장군을 이용하는 한편, 독일 부대를 포함시키고 독일 주권의 대부분 요소를 회복하기 위해 계약상 동의를 협상

9월 17일: 로버트 로벳, 조지 마셜 후임으로 국방장관에 임명됨

10월 18일: FY 1952 수정된 국방예산 604억 달러 통과. 1945년 이래 승인된 최대 국방예산

10월 23일: 국가안전보장회의 NSC 10/5 '비밀공작의 범위와 속도' 승인. 이는 타협을 나타냄 — 중앙정보부장은 모든 비밀공작에 대한 통제권을 지니고 전쟁지대에서 공작을 통제하려는 합참의 시도를 이겼지만 수행될 비밀공작의 숫자와 유형을 제한하려는 싸움에서는 졌음

1952

1월 21일: 트루먼 대통령은 의회에 FY 1953 국방예산 486억 달러 요청

2월: 리스본에서 개최된 북대서양회의에서 딘 애치슨은 연합국의 더 높은 군사 수준 약속을 얻어내는 데 성공했지만 정부들은 곧 이런 약속을 무시했음

2월 18일: 그리스와 터키 나토 가입

4월: Tu-16 첫 시험비행을 함. 이 중거리 폭격기는 쌍발 터보제트 엔진과 후퇴익을 갖고 시간당 최고 속도 590마일, 항속거리 4,000마일, 폭탄 탑재량 3톤임. 이 폭격기는 수소폭탄을 투하할 수 있는 최초의 소련 항공기임

5월 26일: 10개월 간 협상을 한 다음 미국, 영국, 프랑스는 서독과 계약협정을 체결. 미국 상원은 그해 7월 1일 계약협정 승인

5월 27일: 독일, 프랑스, 이탈리아, 베네룩스 국가들 유럽방위공동체 조약 체결

7월 10일: FY 1953 443억 달러 규모 국방예산 법률로 서명됨. 총 국방예산 470억 달러.

10월: B-47E 운항 시작. 이 전략폭격기는 6발 터보제트 엔진을 장착하고 후퇴익이며 시간당 최대속도 600마일, 최대 고도 3만 3,000피트, 전투 행동반경 2,000마일, 폭탄 적재량 2만 5,000파운드임. 이 비행기는 1950년대 초 핵 운반체로 지정됨. 공중 재급유 시설을 가진 해외 기지에서 운항

1953

3월 5일: 이오시프 스탈린 사망

7월 27일: 한국 휴전 조약 체결, 적대행위 공식으로 종식

1954

3월: B-52B 미 공군에서 운항 개시. 전략공군사령부 1955년 말 최초 B-52B 그룹 인수

3월 1일: 미국 2단계 수소폭탄 실험

7월: 10대의 M-4 전략폭격기 중대 모스크바 에어쇼에서 비행. 이 4발 엔진 터보제트 폭격기는 항속거리 6,000마일로 서방 대사관 소속 무관들의 큰 관심을 끌었음. 하지만 심각한 엔진 및 전기 문제로 미국에 위협을 제기하지 않음

8월 30일: 수개월간에 걸친 논란 끝에 프랑스 국회는 유럽방위공동체 조약과 독일과의

계약 협정을 319대 264로 부결시킴

1955

11월 22일: 소련 2단계 수소폭탄 실험

1957

9월: Tu-95 전략폭격기 소련공군 운용 개시. 이 터보프롭, 후퇴익 폭격기는 엔진 8기를
쌍으로 장착하고 시간당 최대속력 562마일, 항속거리 8,200마일로 저속 비행. 미국
의 공중 방어를 고려하면 너무 속도가 느려 폭격기로 사용될 수 없지만 정찰비행기
로 수십 년간 운항됨

옮긴이의 글

　돌이켜보면 나는 왜 북한군이 침략을 개시한 당일 밤 서울에 도착하지 못했는지 이해할 수 없었다. 왜냐하면 그들은 장비와 기동력이 막강하고 공중을 장악한 반면, 남한은 전혀 공중방어를 하지 못했기 때문이다. 북한군이 서울을 점령하는데 3일 반이 걸렸는데 실제로 왜 그리 오래 걸렸는지 이해하기 어렵다.

　여러 가지 요인이 복합작용을 했다고 생각한다. 첫째는 남한군이 예상외로 완강하게 저항했다. 단 하나의 부대도 항복하지 않았다. 둘째는 그날 새벽 폭우가 쏟아지는 바람에 공군이 활동을 하지 못하고 탱크 이동이 제약을 받았다. 내 생각에 북한 공산주의자들의 (당초) 의도는 서울로 돌입하여 정부를 포획하고, 그런 다음 전 세계에 대고 이승만과 그의 정부는 한국국민의 지지를 받지 못한다고 알리며, 그리고 유엔이나 자유세계가 손을 쓰기 전에 모든 문제를 즉시 해결하려는 것이었을 것이다.

존 무초 초대 주한 미국대사

　(북한) 문제를 군사적으로 해결한다면 그것은 믿을 수 없는 규모로 비극적이될 것이다. 그렇기 때문에 우리는 이런 상황을 타개하는 방법을 찾기 위해 유엔, 중국, 일본, 한국과 함께 노력하고 있다.

제임스 매티스 미국 국방장관(제26대)

금년은 한국전쟁이 발발한 지 70주년이 되는 해이다. 그동안 한국전쟁에 관한 책이 미국에서 간헐적으로 발간되면 한국에서 번역, 출판되곤 했다. 이런 책들은 전쟁의 전개와 휴전에 이르기까지의 과정에 관한 것들이 주를 이뤘다. 소련이 붕괴된 다음에는 이전 공산국가들의 기밀문서 기록에서 이 전쟁과 관련된 사실들이 새롭게 많이 나타났다. 이에 따라 이른바 한국전쟁에 관한 수정주의 이론이 설 자리를 잃게 되었다.

이번에 새로 나온 이 책을 통해 한국전쟁을 다시 보는 이유는 미국의 국제관계, 안보 분야 싱크탱크인 윌슨 센터에서 40여 년간 국제안보프로젝트 연구를 해온 사무엘 F. 웰스 박사가 1991년 설립된 냉전국제역사 프로젝트의 일환으로 생긴 북한국제문서 프로젝트에서 접할 수 있는 기밀문서와 관계자의 회고록 등 최근 자료를 십분 활용하여 그동안 비밀에 가려 석연치 않았던 사실들을 밝혀냈기 때문이다. 그리고 한국전쟁이 어떻게 냉전 격화의 단초가 되었는지를 추적했다. 당면한 안보 문제의 분석에 있어서 최근의 역사적 경험을 접목하는 것에 주력한 필자는 이 책을 기술하는 데 4명의 주연과 12명의 조연에 대한 역할과 특성을 다룸으로써 책에 역동성을 주었다.

우선 스탈린이 한국전쟁 초기에 보인 이해할 수 없는 행보가 밝혀졌다. 그는 처음부터 미국과 중화인민공화국 간의 전쟁을 유도한 것이다. 클라크 장군은 그의 회고록에서 "1950년 1월 12일 중국의 본토가 중국공산당의 지배하에 들어간 이상 자유중국이 보유하고 있는 유엔 안전보장이사회의 상임이사국 대표권을 중화인민공화국으로 넘겨야 한다는 결의안을 이사회에 제출했으나 부결되자 유엔 안전보장이사회의 출석을 보이콧하고 모스크바로 돌아간 소련의 말리크 대표가 6·25가 터지고 안전보장이사회에서 한국전쟁과 관련된 주요한 결의가 내려질 때 나타나지 않다가 1950년 8월 1일에 나타난 것은 참으로 불가사의한 일이었다"라고 했다.

소련 외무차관 안드레이 그로미코는 스탈린에게 소련대표가 유엔 안보이사회에 복귀하여 거부권을 행사토록 하자고 건의했으나 거절당했다. 또한 스탈린은 체코 대통령 클레멘트 고트발드에게 소련대표를 안보리에 참석시키지 않는 이유는 미국이 한국전에 깊이 개입함으로써 유럽에 신경을 쓰지 못하도록 하기 위한 의도라고 설명했다.

새로 나타난 사실은 스탈린이 1945년 2월 강대국 간 얄타협정(일본에 관한 소련·미국·영국 3국 협정)을 체결하고, 1945년 8월 14일 국민당 정부와 '중소 우호동맹'을 체결하여 획득한 뤼순 해군기지 조차, 다롄에 대한 권리, 시베리아 철도 연결 권리를 새로 탄생한 중화인민공화국과 중소 우호동맹 상호원조 조약을 협상하면서 마오쩌둥의 강력한 거부로 경제적으로나 정치적으로 매우 중요한 원동(遠東) 영토를 포기하고 만 것이다.

그 대신 스탈린은 김일성이 집요하게 요청한 남침계획을 승인함으로써 동아시아에서 부동항을 확보하는 목표를 달성하고, 한반도를 지배하면서 자신에게 의존하는 동맹국을 갖고, 장차 부활하게 될 일본을 막아줄 방패의 구축 가능성을 보았던 것이다. 만주에 대한 기존 권리를 포기하게 한 마오쩌둥을 응징하기 위해 김일성의 남침계획이 시행 단계에 잘못될 경우 중화인민공화국이 북한을 지원하도록 끌어들인 것이다.

그렇기 때문에 스탈린은 김일성의 남침계획을 내내 승인 보류하다가 중국과의 협정을 체결하자마자 승인하고 유엔 안보이사회에는 소련대표 말리크가 참석하지 못하도록 한 상태에서 유엔군의 파병을 포함한 중요한 결의가 이뤄지도록 함으로써 미국과 중국이 한국에서 전쟁을 하도록 유도한 것이 분명하게 드러났다. 김일성이 1951년 휴전을 승인해달라고 했을 때 스탈린은 거절했다.

한편, 마오쩌둥은 지금까지 알려진 바와 같이 맥아더 장군의 인천상륙작전이 성공한 것을 보고 한국전 개입에 나선 것이 아니고, 이미 1950년 7월 초 미국이 한국전에 참전하는 것을 보고 동북변방군 사령부를 설치하고 7월 말까지 병력 26만 명을 배치 완료했다. 마오쩌둥은 7월 중순까지 미국과의 대결이 불가피할 것으로 보고 그 대결의 장을 중국이 아니라 한국으로 확정한 것이다.

다만 중화인민공화국이 설립된 지 채 1년도 안된 상태에서 세계 최강국인 미국과 일전을 불사하겠다는 데 대해 정치국원들의 반대가 심하여 이들을 설득하는 데 8~9월을 보내고 10월 19일 중국지원군이 압록강을 건너 참전하게 된 것이다. 마오쩌둥은 한국전쟁을 이용하여 공산당 정부의 지배와 정통성을 강화했다.

한국전쟁에 관한 정보 전쟁에서 미국과 한국은 완전히 실패했다. 반면 소련은 영국 정보부의 미국 CIA 파견관 킴 필비와 영국 외교부 극동국의 가이 버제스가 미국 정부의 안보기밀 문서를 통째로 입수하여 전달한 바람에 미국의 동향 및 미래 전략까지 손바닥 들여다보듯 파악하고 있었다. 한국의 경우 1950년 6월 25일자 《동아일보》를 보면 어느 구석에도 38선에 이상 징후가 있다는 기사가 하나도 없다. 당시 한국군 수뇌부는 북한의 동향에 비추어 인민군의 침공 위협과 그 가능성에 대해 깊이 우려하고 있었으나 구체적으로 언제 침공을 해올 것인지 판단을 하지 못했다. 6월 24일에는 육군 장교구락부(용산 참모학교 건물을 수리해서 만든 것, 미8군 본부가 있던 자리) 개관기념연회를 열어 한국군의 고급장교와 주요 지휘관 등이 주말을 한껏 즐기고 있었다.

반면에 김일성은 1950년 5월 29일 북한주재 소련대사 시티코프를 만나 남침 준비상황을 보고하면서 남한이 인민군의 전투태세 준비에 대해 정보를 전혀 파악하지 못하고 있음을 확인해주었다. 정보가 새지 않도록 6월 말 이전에 침공을 개시할 것임을 알렸다. 시티코프는 5월 30일 전반적인 대남 침공 준비상황을 소련정치국에 보고했다.

미국이 이와 같이 한국전쟁 주역인 북한, 소련, 중국에 관한 정보가 없었던 것은 우선 3개국 수도에 HUMINT(human intelligence, 인간정보) 망이 전혀 구축되지 않았고 SIGINT(signal intelligence, 신호정보)는 1950년 초 워싱턴에서 활약한 소련 첩자가 미국이 소련과 중국 간 암호정보를 해독하고 있다는 사실을 파악하고 본국에 알려 암호가 바뀜으로써 그때 이래 양국 간 또는 3국 간 비밀교신상황을 전혀 파악하지 못했다.

미국은 "정보 역량이 제한되어 워싱턴 관리들은 공산 열강 사이의 교묘한 술책들에 관한 정보를 갖고 있지 못했다. ─ 예를 들면, 마오쩌둥이 스탈린과 벌인 논쟁적인 협상, 남한 침공의 지원을 위한 김일성의 끊임없는 청원, 그리고 남침을 승인하고 마오쩌둥에게 북한을 지원하도록 요구한 스탈린의 결정 같은 것들을 까맣게 모르고 있었던 것이다". 그뿐만 아니라 신생 CIA는 한국전쟁 중 북한과 중국을 상대로 인간정보 활동을 전개했으나 대실패한 사례가 이 책에 적나라하게 기술되어 있다.

한편, 한국은 북한이 남침할 경우를 대비하여 군사원조를 해줄 미국 당국에 북한의 군비확충 및 남침태세에 관한 정보를 제대로 알리는 데 실패했다. 워싱턴의 핵심적인 관리들은 북한의 남침을 두려워하지 않고 오히려 남한이 내부의 인플레, 부정부패 및 정치적 내분으로부터 주의를 돌리기 위해 북침 가능성을 경계한 형편이었다.

1950년 11월과 12월 중화인민지원군이 인해전술로 대거 참전하자 트루먼은 결국 전 세계를 적화시키기 위해 스탈린이 제3차 세계대전을 일으킬 것으로 추정했다. 따라서 미국은 유례없는 군사력 증강에 착수했으며, 이에 질세라 소련도 군비 확충에 나섰다. 말하자면 한국전쟁은 1989년 소련이 멸망할 때까지 양 초강대국 간 엄청난 무력 경쟁을 벌인 단초를 제공한 셈이다. 소련은 기본적인 경제력을 갖추지 못한 상태에서 무리한 군수산업 투자를 벌이다 결국 멸망한 것이다. 산업 전체 역량이 대륙 횡단 전폭기 개발과 핵무기 개발에 미치지 못하자 보안책임자의 진두지휘하에 과학자들과 자원을 총동원하여 실행한 실태가 이 책에 상세하게 다뤄져 있다.

미국은 1950년 말 영국과의 정책 협의에서 '유럽 우선 정책'을 고수하고 한국전쟁은 통일이 아니라 현상을 유지하는 결정을 내렸다. 그 결과 2019년 랜드(RAND)연구소 아로요센터가 발표한 짧은 보고서 「한반도의 당면 4대 문제」에 의하면 북한은 2020년 말 핵탄두를 20~100개 보유할 것으로 추정된다고 했다. 이제 핵무기를 보유한 북한은 그렇지 않았을 때와는 전혀 다른 심각한 안보 문제를 한국과 주변국가에 제기하고 있다.

이 시점에서 우리에게 뼈저린 교훈을 주는 것은 1951년 4월 19일 미국 상하양원 합동회의에서 맥아더 장군이 한 고별연설에서 상기한 역사의 교훈이다.

"일단 전쟁을 걸어오는 경우에는 가능한 한 모든 수단을 강구하여 전쟁을 조속하게 종결시키는 길밖에는 없습니다. 전쟁의 최종 목표는 승리에 있으며 결말 없는 전쟁을 무작정 계속하는 데에 있는 것이 아닙니다. 전쟁에서 승리를 대신할 수 있는 것은 아무것도 없습니다. 여러 가지 이유에서 중공에 대하여 유화정책을 쓰자고 주장하는 사람들도 있습니다. 그러나 그들은 역사의 분명한 교훈을 모르기 때문입니다. 역사가 주는 교훈에 의하면 유화정책은 새롭고 보다 피비린내 나는 전쟁을 유발할 따름입니다. 역사의 교훈에 따르면 목적이 수단을 정당화시킨 예는 하나도 없으며 유화는 위장된 평화를 가져올 뿐입니다. 협박과 마찬가지로 유화는 상대방으로 하여금 새롭고도 보다 큰 대가를 계속 요구하게 만들 뿐이며 종국에는 역시 협박의 경우와 마찬가지로 폭력이 유일한 해결책이 되게 마련입니다."

이 책을 옮기면서 세 분의 전폭적인 지원을 받았다. 저자인 사무엘 F. 웰스 박사는 영어 원문이 한글로 잘 이해되지 않는 부분을 여러 번에 걸쳐 상세하게 설명해주었다. 제1부 '한국전쟁'은 한울엠플러스의 김창희 기획위원이 일일이 원문을 대조해가면서 번역된 문장의 뜻이 잘 전달되도록 하는 데 많은 도움을 주었다. 한국정보평론연구소의 박동철 소장은 제2부 '냉전의 시대'에서 소련의 대륙 간 폭격기와 원자탄 개발 그리고 CIA의 발전사 등에서 사용된 전문용어를 제대로 풀어 쓰는 등 원문이 한국 독자에게 잘 이해되도록 하는 데 진력해 주었다. 세 분께 심심한 사의를 표한다.

그럼에도 불구하고 옮긴 책에 나타나는 모든 오류는 전적으로 옮긴이의 책임이다.

2020년 10월
박행웅

주

1. 스탈린, 아시아에서 전쟁 도발을 승인하다

1 John Barber and Mark Harrison, "Patriotic War, 1941–5," in *The Cambridge History of Russia, vol. III*, ed. Ronald Grigor Suny (Cambridge: Cambridge University Press, 2006), 225–42; Abbott Gleason, ed., *A Companion to Russian History* (New York: Wiley-Blackwell, 2009), 409.

2 Barber and Harrison, "Patriotic War," 233–2; Naum Jasny, "A Close-Up of the Soviet Fourth Five-Year Plan," *Quarterly Journal of Economics 66* (May 1952): 139–71.

3 Adam B. Ulam, *Stalin: The Man and His Era* (New York: Viking Press, 1974), 369–462; David E. Murphy, *What Stalin Knew: The Enigma of Barbarossa* (New Haven, CT: Yale University Press, 2005), xviii–xx.

4 Svetlana Alliluyeva, *Only One Year* (New York: Harper & Row, 1969), 141–47, 387.

5 Roy A. Medvedev, "New Pages from the Political Biography of Stalin," in *Stalinism: Essays in Historical Interpretation*, ed. Robert C. Tucker (New York: W. W. Norton, 1977), 226.

6 Anastas Ivanovich Mikoian, *Tak Bylo: Razmyshleniia o minuvshem* (Moscow: Vagrius, 1999), 530–33; Milovan Djilas, *Conversations with Stalin* (New York: Harcourt, Brace & World, 1962), 152; Oleg Troianovskii, *Cherez gody i rasstoianiia: Istoriia odnoi sem'i* (Moscow: Vagrius, 1997), 148.

7 Nikita S. Khrushchev, *Khrushchev Remembers* (Boston: Little, Brown, 1970), 297–99; Mikoian, *Tak Bylo*, 534–37.

8 S. M. Shtemenko, in *Vstrechi so Stalinym*, ed. Pavel Aleksandrovich Zhuravlev (Moscow: Al'ternativa, 2004), 358; Troianovskii, *Cherez gody*, 159; Felix Chuev,

Molotov Remembers: Inside Kremlin Politics—Conversations with Felix Chuev (Chicago: Ivan R. Dee, 1993), 211.

9 Mikoian, *Tak Bylo*, 527, 530–33.

10 Khrushchev, *Khrushchev Remembers*, 299–305; Djilas, *Conversations with Stalin*, 76, 92, 153.

11 *Both quotations are in Cold Peace: Stalin and the Soviet Ruling Circle, 1945–1953*, by Yoram Gorlizki and Oleg Khlevniuk (New York: Oxford University Press, 2004), 54.

12 Gorlizki and Khlevniuk, *Cold Peace*, 45, 52–59.

13 Gorlizki and Khlevniuk, *Cold Peace*, 46–50, 58–65; Djilas, *Conversations with Stalin*, 73–74.

14 Gorlizki and Khlevniuk, *Cold Peace*, 74–78. The resolutions to replace Molotov and Mikoyan were voted on at a Politburo meeting at Stalin's dacha attended by Georgy Malenkov, Laventy Beria, and Nikolai Bulganin. When canvassed by telephone, all the other members voted in favor of the resolutions, including the two ministers being fired.

15 Gorlizki and Khlevniuk, *Cold Peace*, 78–79.

16 Ulam, *Stalin*, 706–14; Gorlizki and Khlevniuk, *Cold Peace*, 79–87.

17 Gorlizki and Khlevniuk, *Cold Peace*, 88–89.

18 Gorlizki and Khlevniuk, *Cold Peace*, 113.

19 Gorlizki and Khlevniuk, *Cold Peace*, 113–19. In December 1954, a special open tribunal was held in Leningrad for Abakumov and his colleagues. They were found guilty of falsifying evidence in the Leningrad Affair and were condemned to death. See Ulam, *Stalin*, 711.

20 Gorlizki and Khlevniuk, *Cold Peace*, 89–94, quotation at 94; Chuev, *Molotov Remembers*, 232–33.

21 Gorlizki and Khlevniuk, *Cold Peace*, 101–08, 119–20, quotation at 107.

22 Mikoian, *Tak Bylo*, 517, 530–33; Khrushchev, *Khrushchev Remembers*, 307–15; William Taubman, *Khrushchev: The Man and His Era* (New York: W. W. Norton, 2003), 216–22; Alliluyeva, *Only One Year*, 379.

23 William Taubman, *Stalin's American Policy: From Entente to Detente to Cold War* (New York: W. W. Norton, 1982), 172–75, quotation at 175; Vladislav Zubok and

Constantine Pleshakov, *Inside the Kremlin's Cold War: From Stalin to Khrushchev* (Cambridge, MA: Harvard University Press, 1996), 50–51, 103–08.

24 Taubman, *Stalin's American Policy*, 175–77; Gorlizki and Khlevniuk, *Cold Peace*, 31–38; Zubok and Pleshakov, *Kremlin's Cold War*, 125–33; Robert Dallek, *The Lost Peace: Leadership in a Time of Horror and Hope, 1945–1953* (New York: Harper Collins, 2010), 251–52.

25 Jeronim Perović, "The Tito-Stalin Split: A Reassessment in Light of New Evidence," *Journal of Cold War Studies 9* (Spring 2007): 32–63; Zubok and Pleshakov, *Kremlin's Cold War*, 134–36; Taubman, *Stalin's American Policy*, 181–82, quotation at 182.

26 Marshall D. Shulman, *Stalin's Foreign Policy Reappraised* (New York: Atheneum, 1965), 36–38; Zbigniew Brzezinski, "The Pattern of Political Purges," *Annals of the American Academy of Political and Social Science 317* (May 1959): 79–87.

27 Taubman, *Stalin's American Policy*, 182–87; Zubok and Pleshakov, *Kremlin's Cold War*, 50–52; Dallek, *Lost Peace*, 256–60; Melvyn P. Leffler, *A Preponderance of Power: National Security, the Truman Administration, and the Cold War* (Stanford, CA: Stanford University Press, 1992), 214–17.

28 Taubman, *Stalin's American Policy*, 187–92; Zubok and Pleshakov, *Kremlin's Cold War*, 51–53; Dallek, *Lost Peace*, 259–63; Leffler, *Preponderance of Power*, 318.

29 David Holloway, *Stalin and the Bomb: The Soviet Union and Atomic Energy, 1939–1956* (New Haven, CT: Yale University Press, 1994), 265; Leffler, *Preponderance of Power*, 333–38.

30 Ulam, *Stalin*, 688–94; Henry Kissinger, *On China* (New York: Penguin Press, 2011), 113–15. Jiang Jieshi is the current transliteration for the older Chiang Kai-shek.

31 Ulam, *Stalin*, 695.

32 Zhihua Shen and Danhui Li, *After Leaning to One Side: China and Its Allies in the Cold War* (Washington and Stanford: Woodrow Wilson Center Press and Stanford University Press, 2011), 5–10.

33 Shen and Li, *After Leaning to One Side*, 10–13, quotation at 11. For the latest details from Moscow archives on the Sino-Soviet treaty negotiations, see Zhihua Shen and Yafeng Xia, *Mao and the Sino-Soviet Partnership, 1945–1959: A New History* (Lanham, MD: Lexington Books, 2015), 52–56. Henry Kissinger begins his profile of

Zhou Enlai by saying: "In some sixty years of public life, I have encountered no more compelling figure than Zhou Enlai." Kissinger, *On China*, 241‒55.

34 Shen and Li, *After Leaning to One Side*, 12‒15; for a different assessment of the Sino-Soviet negotiations, see Kissinger, *On China*, 117.

35 Dae-Sook Suh, *Kim Il Sung: The North Korean Leader* (New York: Columbia University Press, 1988), 30‒105; Yeongtae Im, *Fifty-Year History of North Korea, vol. 1, Liberation to Chollima Movement* (Seoul: Deulnyeok Publications, 1999), 27 (in Korean).

36 Conversation between Stalin and a delegation from North Korea led by Kim Il-sung, March 7, 1949, Archives of the President of Russia, in "The Korean Conflict, 1950‒953: The Most Mysterious War of the 20th Century—Based on Secret Soviet Archives," by Evgeniy P. Bajanov and Natalia Bajanova, unpublished typescript, n.d., copy in archives of North Korea International Documentation Project, Woodrow Wilson Center, 17‒18; T. Shtykov to A. Vyshinsky (telegram), January 19, 1950, Stalin to Shtykov (telegram), January 30, 1950, in "To Attack, or Not to Attack? Stalin, Kim Il Sung, and the Prelude to War," by Kathryn Weathersby, *Cold War International History Project Bulletin, No. 5*, Woodrow Wilson Center, Spring 1995, 1‒9, quotation at 9.

2. 김일성, 남침을 계획하다

1 Bruce Cumings, *The Origins of the Korean War, vol. I, Liberation and the Emergence of Separate Regimes, 1945‒1947* (Princeton: Princeton University Press, 1981), 120‒121.

2 Bruce Cumings, *The Korean War: A History* (New York: Modern Library, 2010), 3‒4, 41‒42, 103‒5; Allan R. Millett, *The War for Korea, 1945‒1950* (Lawrence: University Press of Kansas, 2005), 44‒45.

3 Cumings, *Korean War*, 104‒17; Millett, *War for Korea*, 44‒46.

4 Millett, *War for Korea, 1945‒1950*, 47‒48; Cumings, *Origins of the Korean War, I*, 190‒91.

5 Cumings, *Korean War*, 108‒112, at 109; Millett, *War for Korea, 1945‒1950*, 52‒71.

6 Robert J. Donovan, *Conflict and Crisis: The Presidency of Harry S Truman, 1946‒1948* (New York: W. W. Norton, 1977), 284, 288‒91; Cumings, *Korean War*, 109‒12.

7   Cumings, *Origins of the Korean War, I*, 351–81.

8   Cumings, *Korean War*, 112–13; Millett, *War for Korea, 1945–1950*, 148–55.

9   Millett, *War for Korea, 1945–1950*, 142–48; Cumings, *Korean War*, 121–31. Based on extensive research in US military records containing interviews with US and Korean officials, prisoners, and survivors, Millett places significantly greater emphasis on communist leadership of the revolt than Cumings, who relies more heavily on Korean sources.

10 Cumings, *Korean War*, 138–42; Millett, *War for Korea, 1945–1950*, 166–75, 198–212.

11 Cumings, *Korean War*, 139–45; NSC 48/2, "The Position of the United States With Respect to Asia," December 30, 1949, in *Foreign Relations of the United States 1949, VII Part 2* (Washington: US Government Printing Office, 1976), 1215–20. Hereafter, throughout the book, these Foreign Relations volumes are simply referred to as Foreign Relations with the year.

12 Andrei Lankov, *From Stalin to Kim Il-sung: The Formation of North Korea, 1945–1960* (New Brunswick, NJ: Rutgers University Press, 2002), 17, 58–59.

13 Lankov, *From Stalin to Kim Il-sung*, 50–53; Haruki Wada, *North Joseon* (Paju, South Korea: Dolbaegae, 2002), 38–41; Charles K. Armstrong, *The North Korean Revolution, 1945–1950* (Ithaca, NY: Cornell University Press, 2003), 27–28. The nom de guerre Kim Il-sung was adopted about 1935. The historical background of the founding leader of North Korea is difficult to establish because official historians of the regime rewrote his biography frequently to obscure or eliminate influences from Christian, Chinese, and Soviet sources in order to present Kim Il-sung as the heroic military genius who singlehandedly created North Korea.

14 Suh, *Kim Il Sung*, 17–38; Wada, *Joseon*, 53–60; Lankov, *From Stalin to Kim Il-sung*, 54–57.

15 Armstrong, *North Korean Revolution*, 26, 38–41; Suh, *Kim Il Sung*, 60–61; Lankov, *From Stalin to Kim Il-sung*, 12–22.

16 Cumings, *Origins of the Korean War, I*, 401–7; Suh, *Kim Il Sung*, 61–68; Armstrong, *North Korean Revolution*, 66–70; Lankov, *From Stalin to Kim Il-sung*, 19–27.

17 Lankov, *From Stalin to Kim Il-sung*, 2–3; Suh, *Kim Il Sung*, 62–63.

18 Wada, *Joseon*, 83; Suh, *Kim Il Sung*, 68–69, 72, 95–102; Cumings, *Origins of the Korean War, I*, 409–13; Lankov, *From Stalin to Kim Il-sung*, 29–47; for a detailed

analysis of Kim Il-sung's "democratic reforms," see Armstrong, *North Korean Revolution*, 71–106, 136–65.

19 Suh, *Kim Il Sung*, 70–71, 74–94; Wada, *Joseon*, 83–84.

20 Shtykov to Foreign Minister Molotov, February 3 and 4, 1949, Stalin's conversation with Kim and North Korean delegation, March 5, 1949, Archives of the President of Russia; Evgeniy Bajanov and Natalia Bajanova, "The Korean Conflict, 1950–953: The Most Mysterious War of the 20th Century—Based on Secret Soviet Archives," unpublished typescript, n.d., copy in archives of North Korea International Documentation Project, Woodrow Wilson International Center for Scholars, 3–6, at 6; Millett, *War for Korea, 1945–1950*, 204–12; Bruce Cumings, *The Origins of the Korean War, vol. II, The Roaring of the Cataract, 1947–1950* (Princeton, NJ: Princeton University Press, 1990), 388–406.

21 Cumings, *Origins of the Korean War, II*, 358–374; Kim Il-Sung to Stalin, April 28, 1949, Shtykov to Stalin, May 1, 1949, Soviet Ministry of Armed Forces to Shtykov, June 4, 1949, Archives of the President of Russia, Bajanov and Bajanova, "Korean Conflict," 54–6; Chen Jian, *China's Road to the Korean War: The Making of a Sino-American Confrontation* (New York: Columbia University Press, 1994), 110–11; Millett, *War for Korea, 1945–1950*, 243–44.

22 Stalin to Shtykov, January 30, 1950, Report on Kim Il-sung's visit to the USSR, March 30–April 25, 1950, International Department of the Central Committee of the Communist Party, Archives of the President of Russia, in Bajanov and Bajanova, "The Korean Conflict," 36, 40–2; Kapitsa, quoted in Shen and Li, *After Leaning to One Side*, 29.

23 Roshin (Soviet ambassador in Beijing) to Stalin, May 13, 1950, Archives of the President of Russia, Stalin to Mao, May 14, 1950, Archives of the Soviet Foreign Ministry, Bajanov and Bajanova, "Korean Conflict," 48–1.

24 Roshin to Stalin, May 15 & 16, 1950, Archives of the President of Russia, Bajanov and Bajanova, "Korean Conflict," 51–3; Shen and Li, *After Leaning to One Side*, 30–32.

25 Millett, *War for Korea, 1945–1950*, 193–96, 241–44, 249.

3. 트루먼, 미국의 참전을 굳히다

1 Robert J. Donovan, *Tumultuous Years: The Presidency of Harry S Truman, 1949–1953* (New York: W. W. Norton, 1982), 98–99; Richard G. Hewlett and Francis Duncan, *Atomic Shield, 1947–1952* (Washington: US Atomic Energy Commission, 1972), 362–69; Dean Acheson, *Present at the Creation: My Years in the State Department* (New York: W. W. Norton, 1969), 321, 355, 362; Paul H. Nitze, "Recent Soviet Moves," February 8, 1950, in *Foreign Relations of the United States, 1950, vol. I* (Washington: US Government Printing Office, 1977), 145; Melvyn P. Leffler, *A Preponderance of Power: National Security, the Truman Administration, and the Cold War* (Stanford, CA: Stanford University Press, 1992), 312–13.

2 Leffler, *Preponderance of Power*, 304–17; Donovan, *Tumultuous Years*, 123, 131–32.

3 Donovan, *Tumultuous Years*, 114–127.

4 Alonzo L. Hamby, *Man of the People: A Life of Harry S. Truman* (New York: Oxford University Press, 1995), 278–84.

5 Donovan, *Tumultuous Years*, 14; Hamby, *Man of the People*, 467–78.

6 Hamby, *Man of the People*, 7–199 passim.

7 Hamby, *Man of the People*, 200–273 passim; *Time*, March 8, 1943, 13–15; *Look*, May 16, 1944, 26–27.

8 Donovan, *Conflict and Crisis*, 72–93. We now know that Stalin was well aware of the US progress in developing an atomic bomb from his spies in the Manhattan Project. See Christopher Andrew and Oleg Gordievsky, *KGB: The Inside Story of Its Foreign Operations from Lenin to Gorbachev* (New York: HarperCollins, 1990), 311–17.

9 Leffler, *Preponderance of Power*, 100–140, at 109; Donovan, *Conflict and Crisis*, 187–97, 219–28.

10 Donovan, *Conflict and Crisis*, 275–91, 357–68, at 284.

11 Donovan, *Conflict and Crisis*, 395–418, at 416 and 418; Hamby, *Man of the People*, 445–51.

12 Donovan, *Conflict and Crisis*, 415–31, at 430; Hamby, *Man of the People*, 452–63, at 459.

13 To win the farm vote, Truman exploited a provision in a Republican-passed farm bill that prohibited the government from adding storage facilities for grain if the

harvest exceeded current commercial capacity. A bumper harvest developed over the summer, and farmers lost money by having to sell their expanded yields of corn and wheat at low prices due to the lack of storage facilities. Truman attacked the grain elevator operators and large grain traders who profited from the farmers' distress. Donovan, *Conflict and Crisis*, 420–23, 432–39; Hamby, *Man of the People*, 463–66.

14 Leffler, *Preponderance of Power*, 260–65, at 264 and 265; Samuel R. Williamson Jr. and Steven L. Rearden, *The Origins of US Nuclear Strategy, 1945–1953* (New York: St. Martin's Press, 1993), 93–95.

15 Dean Acheson had served as undersecretary of state from 1945 to 1947 and played a central role in the formulation of the Truman Doctrine and the Marshall Plan. Acheson, *Present at the Creation*, 257–63, 277293; Robert L. Beisner, *Dean Acheson: A Life in the Cold War* (New York: Oxford University Press, 2006), 130–34, 143–45; Leffler, *Preponderance of Power*, 277–86, at 277 and 285.

16 The Allied airlift to West Berlin continued until September 30 to build up adequate supplies in case of a new blockade. The total cost of the US portion of the airlift was $224 million in 1949 dollars. Leffler, *Preponderance of Power*, 280–86; Steven L. Rearden, *The Formative Years, 1947–1950: History of the Office of the Secretary of Defense, vol. I* (Washington: Historical Office, Office of the Secretary of Defense, 1984), 285–308, 472–79; Acheson, *Present at the Creation*, 267–293; W. R. Smyser, *From Yalta To Berlin: The Cold War Struggle Over Germany* (New York: St. Martin's Press, 1999), 73–6 .

17 Gordon H. Chang, *Friends and Enemies: The United States, China, and the Soviet Union, 1948–1972* (Stanford, CA: Stanford University Press, 1990), 11–21; Leffler, *Preponderance of Power*, 85–88, 127–30, 169–70, 246–51, 291–95.

18 US Department of State, *The China White Paper, August 1949*, reissued (Stanford, CA: Stanford University Press, 1967), xvi; for a detailed study of the China lobby, see Ross Y. Koen, *The China Lobby in American Politics* (New York: Harper & Row, 1974); Chang, *Friends and Enemies*, 35–41; Leffler, *Preponderance of Power*, 295–98.

19 Leffler, *Preponderance of Power*, 298–99; for an excellent, detailed account of the Allied occupation of Japan, 1945–1952, see John W. Dower, *Embracing Defeat:*

Japan in the Wake of World War II (New York: W. W. Norton, 1999).

20 Leffler, *Preponderance of Power*, 300‒303.

21 Millett, *War for Korea, 1945‒1950*, 186‒93, at 187; Leffler, *Preponderance of Power*, 251‒53, 300; Donovan, *Tumultuous Years*, 179‒81.

22 Rearden, *Formative Years*, 361‒72; Leffler, *Preponderance of Power*, 304‒8.

23 Leffler, *Preponderance of Power*, 305‒8.

24 Robert M. Blum, *Drawing The Line: The Origin of the American Containment Policy in East Asia* (New York: W. W. Norton, 1982), 135‒77; Rearden, *Formative Years*, 230‒38; NSC Report 48/2, "The Position of the United States With Respect to Asia," December 30, 1949, US Department of State, *Foreign Relations of the United States, 1949, vol. VII, part 2* (Washington: US Government Printing Office, 1976), 1215‒20.

25 David S. McLellan, *Dean Acheson: The State Department Years* (New York: Dodd, Mead, 1976), 204‒6, at 206.

26 Acheson's main point with regard to South Korea was to urge Congress to pass an aid bill to assist the Rhee government in establishing a sound economy. Dean G. Acheson, "Crisis in Asia: An Examination of US Policy," *US Department of State, Bulletin, XXII* (January 23, 1950), 111‒18, at 115; McLellan, *Acheson*, 206‒15; Donovan, *Tumultuous Years*, 136‒38.

27 Shen and Li, *After Leaning to One Side*, 13‒14; Chen Jian, *China's Road to the Korean War: The Making of the Sino-American Confrontation* (New York: Columbia University Press, 1994), 101‒2; Andrew and Gordievsky, *KGB*, 393‒95.

4. 조지프 매카시, 공포정치를 팔아먹다

1 Richard M. Fried, *Men Against McCarthy* (New York: Columbia University Press, 1976), 43‒44, at 44; Richard M. Fried, *Nightmare in Red: The McCarthy Era* (New York: Oxford University Press, 1990), 121‒23. This version of the Wheeling speech is reprinted in US Senate, Subcommittee of the Committee on Foreign Relations, *A Resolution to Investigate Whether There Are Employees in the State Department Disloyal to the United States. Hearings Pursuant to S.Res. 231, 81st Cong., 2d Sess., 1950*, 1759‒67 (referred to hereafter as The Tydings Committee Hearings/Report).

2 Alonzo L. Hamby, *Man of the People: A Life of Harry S. Truman* (New York:

Oxford University Press, 1995), 530.

3   Fried, *Men Against McCarthy*, 45–51; Robert J. Donovan, *Tumultuous Years: The Presidency of Harry S Truman, 1949–1953* (New York: W. W. Norton, 1982), 164.

4   Fried, *Men Against McCarthy*, 33–35.

5   Arthur Herman, *Joseph McCarthy: Reexamining the Life and Legacy of America's Most Hated Senator* (New York: Free Press, 1999), 30; David M. Oshinsky, *A Conspiracy So Immense: The World of Joe McCarthy* (New York: Oxford University Press, 2005), 32; Fried, *Men Against McCarthy*, 35.

6   Richard H. Rovere, *Senator Joe McCarthy* (Berkeley: University of California Press, 1959), 97, 102; Arnold Beichman, "The Politics of Self-Destruction," *Policy Review 135* (February–March 2006): 70–72.

7   Robert Griffith, *The Politics of Fear: Joseph R. McCarthy and the Senate* (Amherst: University of Massachusetts Press, 1987), 26–28; Fried, *Men Against McCarthy*, 37–43; Fried, *Nightmare in Red*, 122–123; Herman, *Joseph McCarthy*, 51.

8   Ross Y. Koen, *The China Lobby in American Politics* (New York: Harper & Row, 1974), 29–55; Donovan, *Tumultuous Years*, 29–31.

9   Koen, *China Lobby*, 33–35; Donovan, *Tumultuous Years*, 29–31.

10 Allen Weinstein, *Perjury: The Hiss-Chambers Case* (New York: Random House, 1997), 3–8, 62–72, 116–38; Donovan, *Tumultuous Years*, 31–32.

11 Weinstein, *Perjury*, 141–513 passim; Donovan, *Tumultuous Years*, 133–35.

12 Weinstein, *Perjury*, 337–513 passim, at 512 and 513; Hamby, *Man of the People*, 521–23; Alger Hiss, *In the Court of Public Opinion* (New York: Alfred A. Knopf, 1957); Alger Hiss, *Recollections of a Life* (New York: Henry Holt, 1988); Allen Weinstein and Alexander Vassiliev, *The Haunted Wood: Soviet Espionage in America—The Stalin Era* (New York: Random House, 1999); John Earl Haynes and Harvey Klehr, *Venona: Decoding Soviet Espionage in America* (New Haven, CT: Yale University Press, 2000). The most recent volume on the case is from a retired Defense Intelligence Agency analyst, Christina Shelton, *Alger Hiss: Why He Chose Treason* (New York: Threshold Editions, 2012). Emblematic of the secrecy culture permeating postwar Washington is the fact that the head of the Armed Forces Security Agency (predecessor of the National Security Agency), the FBI director, and the chairman of the Joint Chiefs of Staff knew the contents of the Venona

telegrams but refused to tell President Truman. See Daniel Patrick Moynihan, *Secrecy: The American Experience* (New Haven, CT: Yale University Press, 1998), 62–73.

13 Koen, *China Lobby*, 171.

14 Hamby, *Man of the People*, 453.

15 Fried, *Men Against McCarthy*, 48–49, at 49.

16 Fried, *Men Against McCarthy*, 49–53; Donovan, *Tumultuous Years*, 164–65.

17 Donovan, *Tumultuous Years*, 162–65; Fried, *Men Against McCarthy*, 59–63.

18 Fried, *Men Against McCarthy*, 53–58, 68, 93, at 57.

19 Fried, *Men Against McCarthy*, 61–63.

20 Fried, *Men Against McCarthy*, 64–67, at 67 and 68; Robert L. Beisner, *Dean Acheson: A Life in the Cold War* (New York: Oxford University Press, 2006), 305–7; David S. McLellan, *Dean Acheson: The State Department Years* (New York: Dodd, Mead, 1976), 225–27; Letters to the Times, *New York Times*, March 27, 1950.

21 Fried, *Men Against McCarthy*, 67–70, at 69 and 70; Donovan, *Tumultuous Years*, 170.

22 Robert P. Newman, *Owen Lattimore and the "Loss" of China* (Berkeley: University of California Press, 1992), 22–204 passim; Eric Pace, "Owen Lattimore, Far East Scholar Accused by McCarthy, Dies at 88," *New York Times*, June 1, 1989; Griffith, *Politics of Fear*, 76.

23 Fried, *Men Against McCarthy*, 71–74; Griffith, *Politics of Fear*, 77–84.

24 Beisner, *Dean Acheson*, 307–8; McLellan, *Dean Acheson*, 232; Fried, *Men Against McCarthy*, 74–85.

25 *The Tydings Committee Report*, 151–54, 159–63, 167; Fried, *Men Against McCarthy*, 85–89, at 86 and 88–89.

26 Donovan, *Tumultuous Years*, 165; Fried, *Men Against McCarthy*, 60–63, 89–94, at 89; Newman, *Owen Lattimore*, 300.

27 Ellen Schrecker, *Many Are the Crimes: McCarthyism in America* (Boston: Little, Brown, 1998), 158–59; Newman, *Owen Lattimore*, 318–81 passim; Beisner, *Dean Acheson*, 308–13; Fried, *Men Against McCarthy*, 93–94, 129–40, 156–69.

28 Griffith, *Politics of Fear*, 216–35, 254–69 ; Fried, *Men Against McCarthy*, 169–81, 188–92, 247–53, 279–88, 297–300, 310–15; Oshinsky, *Conspiracy So Immense*, 457–71.

29. Fried, *Nightmare in Red*, 119.

30 Rovere, *Senator Joe McCarthy*, 148-49. Rovere wrote widely read articles on McCarthy's activities as they occurred for The New Yorker and published a revised version as a book in 1959. In a second edition, in 1996, this volume remains one of the most pungent and readable accounts of a tragic era.

5. 폴 니츠, 경종을 울리다

1 Samuel R. Williamson Jr. and Steven L. Rearden, *The Origins of US Nuclear Strategy, 1945-1953* (New York: St. Martin's Press, 1993), 101-11; Richard G. Hewlett and Francis Duncan, *Atomic Shield, 1947-1952: A History of the US Atomic Energy Commission, vol. II* (Washington: Atomic Energy Commission, 1972), 161-65; Melvyn P. Leffler, *A Preponderance of Power: National Security, the Truman Administration, and the Cold War* (Stanford, CA: Stanford University Press, 1992), 271.

2 Hewlett and Duncan, *Atomic Shield*, 373-394, at 394; Williamson and Rearden, *Origins*, 111-16; David Alan Rosenberg, "American Atomic Strategy and the Hydrogen Bomb Decision," *Journal of American History 66* (June 1979): 62-87.

3 Hewlett and Duncan, *Atomic Shield*, 394-405; Paul Nitze, memorandum of December 19, 1949, Records of the Policy Planning Staff, RG 59, National Archives, Washington; Williamson and Rearden, *Origins*, 117-25.

4 Report by the Special Committee of the NSC to the President, January 31, 1`950, President to the Secretary of State, January 31, 1950, *Foreign Relations, 1950, I*, 513 -17, 141-42.

5 Hewlett and Duncan, *Atomic Shield*, 371-80; General Omar Bradley, "This Way Lies Peace," *Saturday Evening Post, 222* (October 15, 1949), 168-96.

6 Hewlett and Duncan, *Atomic Shield*, 378-86, at 379. For detailed evidence on the US Navy's opposition to an atomic strategy and the activity of the Joint Chiefs of Staff in urging rapid development of the H-bomb, see Rosenberg, "American Atomic Strategy."

7 Kennan served as both counselor and director of the Policy Planning Staff from October 1 until December 31, 1949. Paul Nitze assumed the latter post on January 1, 1950. Discouraged over recent trends in department policy, Kennan had asked

on September 29, 1949, to give up his duties on the Planning Staff as soon as possible and to retire the following June. Two months later, he stated in his diary that his decision to retire rested on the fact that his view of diplomatic priorities was not shared by the secretary of state or by the senior officials who would advise him, so he felt it best for him to leave government service. See George F. Kennan, *Memoirs, 1925-1950* (Boston: Little, Brown, 1967), 468.

8 Kennan, "International Control of Atomic Energy," January 20, 1950, *Foreign Relations, 1950, I*, 22-29. For the evolution of Kennan's views on nuclear weapons up to this point, see John Lewis Gaddis, *George F. Kennan: An American Life* (New York: Penguin Press, 2011), 374-81.

9 Kennan, "International Control," 35-6.

10 Kennan, "International Control," 37-0.

11 Kennan, "International Control," 40-4. In his *Memoirs*, Kennan says that this personal memorandum was "in its implications one of the most important, if not the most important, of all the documents I ever wrote in government." In recounting his arguments from memory, Kennan contends mistakenly that he made a plea against development of a thermonuclear bomb. He argued against first use of atomic weapons, but made no mention of thermonuclear development. See Kennan, *Memoirs*, 471-76.

12 Gaddis, *Kennan*, 381. In his *Memoirs*, Kennan says he "did not believe in the reality of a Soviet military threat to Western Europe." Kennan, *Memoirs*, 464; see comments on Kennan's draft paper by Arneson, Rusk, Hickerson, and Nitze, *Foreign Relations, 1950, I*, 1-17.

13 Robert A. Pollard, *Economic Security and the Origins of the Cold War, 1945-1950* (New York: Columbia University Press, 1985), 153-56, 224, 228-32; Louis Fisher, *Presidential Spending Power* (Princeton, NJ: Princeton University Press, 1975), 162-63; Alonzo L. Hamby, *Man of the People: A Life of Harry S. Truman* (New York: Oxford University Press, 1995), 398-400, 514; Congressional Quarterly, *Congress and the Nation, 1945-1964* (Washington: Congressional Quarterly, 1965), 253-54.

14 Congressional Quarterly, *Congress and the Nation*, 253-54.

15 Paul H. Nitze, *From Hiroshima to Glasnost: At the Center of Decision—A Memoir* (New York: Grove Weidenfeld, 1989), x-xv, at xii.

16 Nitze, *From Hiroshima to Glasnost*, xv–xxii; Steven L. Rearden, *The Evolution of American Strategic Doctrine: Paul H. Nitze and the Soviet Challenge* (Boulder, CO: Westview Press, 1984), 2.

17 Nitze, *From Hiroshima to Glasnost*, 6–37; Rearden, *Evolution*, 2–3.

18 Nitze, *Hiroshima to Glasnost*, 37–43; Nicholas Thompson, *The Hawk and the Dove: Paul Nitze, George Kennan, and the History of the Cold War* (New York: Henry Holt, 2009), 64–66, at 66. Thompson points out that in this instance, Nitze "let his conclusions outrun his facts" and confirm a preconceived view that atomic bombs were "just another weapon."

19 Rearden, *Evolution*, 3; Nitze, *Hiroshima to Glasnost*, 43–45; United States Strategic Bombing Survey, *Summary Report (Pacific War)* (Washington: US Government Printing Office, 1946), 30–32.

20 Nitze, *Hiroshima to Glasnost*, 46–77; Thompson, *Hawk and the Dove*, 80–82.

21 Thompson, *Hawk and the Dove*, 94–97, 101–9; Nitze, *Hiroshima to Glasnost*, 82–92.

22 President to the Secretary of State, January 31, 1950, *Foreign Relations, 1950, I*, 141–42. Chaired by Paul H. Nitze, the State-Defense Policy Review Group consisted of ten other regular members and four occasional participants. Representing the Department of State were Nitze, George H. Butler, Carlton Savage, Harry H. Schwartz, and Robert Tufts of the Policy Planning Staff; and R. Gordon Arneson, special assistant to the undersecretary for atomic energy policy. The Defense representatives included Major General James H. Burns (ret.), assistant to the secretary of defense for foreign military affairs; Major General Truman H. Landon, the US Air Force member of the Joint Strategic Survey Committee of the Joint Chiefs of Staff; Najeeb E. Halaby, director of the Office of Foreign Military Affairs; and Robert LeBaron, chairman of the Military Liaison Committee to the Atomic Energy Commission and adviser to the secretary of defense on atomic energy affairs. The National Security Council was represented by its executive secretary, James S. Lay Jr. Among those attending at least one meeting were Joseph Chase and Adrian S. Fisher of the State Department, Lt. Col. William Burke of Defense, and S. Everett Gleason of the NSC. From its first meeting on February 8, this group labored steadily until it had a working draft to present to selected outside experts by

February 27. Evidence suggests that this draft closely resembled the final report, except that it lacked the section on atomic armaments and the conclusion.

23 Policy Planning Staff, Record of Meeting on February 2, 1950, Nitze, "Recent Soviet Moves," February 8, 1950, *Foreign Relations, 1950, I*, 142–43, 145–47.

24 US Department of State, *Bulletin*, January 23, 1950, 114–15; February 20, 1950, 274; March 20, 1950, 427; and March 27, 1950, 473–78.

25 Lt. Gen. Alfred M. Gruenther to Deputy Secretary of Defense, January 31, 1950, Records of the Office of the Secretary of Defense, RG 330, Department of Defense; CIA Report (ORE 91–94), "Estimate of the Effects of the Soviet Possession of Atomic Bomb upon the Security of the United States and Upon the Probabilities of Direct Soviet Military Action," February 10, 1950, RG 330.

26 LeBaron, memorandum for secretary of defense, February 20, 1950 (based on a report by Maj. Gen. Kenneth D. Nichols and Brig. Gen. Herbert B. Loper), Halaby, memorandum for secretary of defense, February 24, 1950, RG 330; Hewlett and Duncan, *Atomic Shield*, 415–16.

27 Kennan, draft memorandum to secretary of state, February 17, 1950, *Foreign Relations, I*, 1950, pp. 160–67. The counselor communicated these views orally to the secretary, and left the draft memorandum for the information of the Policy Planning Staff. Kennan also took to the public his argument for a multifaceted program of containment against a Soviet threat that was essentially political in nature. See George F. Kennan, "Is War with Russia Inevitable? Five Solid Arguments for Peace," Department of State, *Bulletin*, February 20, 1950, 267–71, 303. This article was reprinted in *The Reader's Digest* for March 1950.

28 Francis H. Russell, memorandum for assistant secretary of state for public affairs, March 6, 1950, Barrett, memorandum for undersecretary of state (James E. Webb), March 6, 1950, *Foreign Relations, 1950, I*, 185–87.

29 State-Defense Policy Review Group, Record of Meetings with Oppenheimer and Conant, *Foreign Relations, 1950, I*, 168–82.

30 State-Defense Policy Review Group, Record of Meeting with Lovett, *Foreign Relations, 1950, I*, 196–200. The other three consultants were Chester I. Barnard, Henry R. Smyth, and Ernest O. Lawrence; for their positive reactions, see *Foreign Relations, 1950, I*, 190–95, 200–201. Of all the suggestions made by these six

consultants, the only change that can be identified is the removal from the final version of the objective "restoring freedom to the victims of the Kremlin," which had so disturbed Conant.

31 Nitze, memorandum for secretary of state, March 22, 1950, memorandum of conversation at the Department of State, March 22, 1950, *Foreign Relations, I*, 202–6; Nitze, *Hiroshima to Glasnost*, 94–95; Halaby, memorandum for secretary of defense, February 24, 1950, RG 330; Burns, memorandum for secretary of defense, March 13, 1950, RG 330; Rearden, *Evolution*, 24–25.

32 Johnson to senior officials of Defense Department, March 31, 1950, Johnson to President, April 11, 1950, RG 330; Robert L. Beisner, *Dean Acheson: A Life in the Cold War* (New York: Oxford University Press, 2006), 238–41; Acheson, *Present at the Creation*, 373–74. Acheson's account of these events contains several errors; for details, see Samuel. F. Wells Jr., "Sounding the Tocsin: NSC 68 and the Soviet Threat," *International Security 4* (Autumn 1979): 131n26.

33 "NSC 68," April 7, 1950, *Foreign Relations, 1950, I*, 237–38; the full report can be found at 235–92.

34 NSC 68, *Foreign Relations, 1950, I*, 239–40.

35 NSC 68, *Foreign Relations, 1950, I*, 242. For the text of NSC 20/4, see *Foreign Relations, 1948, I*, part 2, 662–69.

36 NSC 68, *Foreign Relations, 1950, I*, 244.

37 NSC 68, *Foreign Relations, 1950, I*, 245–46, 249–52.

38 NSC 68, *Foreign Relations, 1950, I*, 263–64.

39 NSC 68, *Foreign Relations, 1950, I*, 265–66.

40 NSC 68, *Foreign Relations, 1950, I*, 267–71.

41 NSC 68, *Foreign Relations, 1950, I*, 276–81.

42 NSC 68, *Foreign Relations, 1950, I*, 282–85.

43 NSC 68, *Foreign Relations, 1950, I*, 285–92.

44 For the reactions of these and other State Department policymakers, see NSC 68, *Foreign Relations, 1950, I*, 213–21, 225–26.

45 Despite the claim in his memoirs of no involvement with NSC Report 68, Bohlen returned from his new post as minister in Paris to evaluate the study. See Charles E. Bohlen, *Witness to History* (New York: W.W. Norton, 1973), 290, and Bohlen,

memorandum for Nitze, April 5, 1950, *Foreign Relations, 1950, I*, 221–25.

46 *Foreign Relations, 1950, I*, 213–26 passim; the Thompson and Bohlen statements are at 214 and 225, respectively.

47 Truman to James S. Lay Jr. (executive secretary of the NSC), April 12, 1950, Lay to Ad Hoc Committee on NSC 68, April 28, 1950, *Foreign Relations, 1950, I*, 234–35, 293–96.

48 James S. Lay, Jr., memorandum of discussion at 1st meeting of Ad Hoc Committee on May 2, 1950 and 4th meeting on May 12, 1950, *Foreign Relations, 1950, I*, 297–98, 312–13.

49 Frank Whitehouse, memorandum for Gen. James H. Burns, May 22, 1950, Louis Johnson, memorandum for service secretaries and senior defense officials, May 25, 1950. RG 330; Steven L. Rearden, *The Formative Years, 1947–1950: History of the Office of the Secretary of Defense, vol. I* (Washington: Historical Office, Office of the Secretary of Defense, 1984, 534–35; unsigned memorandum from National Security Resources Board, May 29, 1950, W. J. McWilliams, memorandum of discussion at meeting of under secretary of state's advisory committee, June 6, 1950, *Foreign Relations, 1950, I*, 316–24.

50 James S. Lay Jr., report to the NSC, September 30, 1950, *Foreign Relations, 1950, I*, 400.

51 John Paton Davies, quoted by Gaddis, *Kennan*, 392.

52 Acheson, *Present at the Creation*, 374; Beisner, *Dean Acheson*, 243–46.

6. 북한, 남침을 개시하다

1 Charles K. Armstrong, *The North Korean Revolution, 1945–1950* (Ithaca, NY: Cornell University Press, 2003), 237–39.

2 Armstrong, *North Korean Revolution*, 231–35; Wada Haruki, *Kin Nichisei to Manshu konichi senso [Kim Il Sung and the Anti-Japanese War in Manchuria]* (Tokyo: Heibonsha, 1992), 377.

3 Armstrong, *North Korean Revolution*, 233; Bruce Cumings, *The Origins of the Korean War, vol. II, The Roaring of the Cataract, 1947–1950* (Princeton, NJ: Princeton University Press, 1990), 443–55.

4 Chen Jian, *China's Road to the Korean War: The Making of the Sino-American*

Confrontation (New York: Columbia University Press, 1994), 106–10, at 108 and 109; Cumings, *Origins of the Korean War, II*, 358–64.

5   Chen, *China's Road to the Korean War*, 110–11; Armstrong, *North Korean Revolution*, 234; Cumings, *Origins of the Korean War, II*, 363–64.

6   Chen, *China's Road to the Korean War*, 111.

7   Armstrong, *North Korean Revolution*, 233; Cumings, *Origins of the Korean War, II*, 446–47; Kim Il-sung to Stalin, April 28, 1949, Shtykov to Stalin, May 1, 1949, USSR Ministry of Armed Forces to Shtykov, June 4, 1949, Archives of the President of Russia, in the "The Korean Conflict, 1950–953: The Most Mysterious War of the 20th Century—Based on Secret Soviet Archives," by Evgeniy Bajanov and Natalia Bajanova, unpublished typescript, n.d., copy in archives of North Korea International Documentation Project, Woodrow Wilson International Center for Scholars, 54–56.

8   Shtykov to Stalin, June 22, 1949, Stalin to Shtykov, October 30, 1949, Shtykov to Stalin, October 31, 1949, Stalin to Shtykov, November 20, 1949, Archives of the President of Russia, in "Korean Conflict," by Bajanov and Bajanova, 10–2; Allan R. Millett, *The War for Korea, 1950–1951: They Came from the North* (Lawrence: University Press of Kansas, 2010), 46–47.

9   Shtykov to Stalin, January 1, 1950, Archives of the President of Russia, in "Korean Conflict," by Bajanov and Bajanova, 56; Millett, *War for Korea, 1950–1951*, 47; Sergei N. Goncharov, John W. Lewis, and Xue Litai, *Uncertain Partners: Stalin, Mao, and the Korean War* (Stanford, CA: Stanford University Press, 1993), 147.

10   Millett, *War for Korea, 1950–1951*, 48–50; Wada Haruki, *Hanguk Chonjaeng [The Korean War]* (Korean translation of Japanese edition) (Seoul: Changbi, 1999), 67–69.

11   Millett, *War for Korea, 1950–1951*, 48–50; Shtykov to Stalin, May 29, 1950, Archives of the President of Russia, in "Korean Conflict," by Bajanov and Bajanova, 57.

12   Wada, *Hanguk Chonjaeng*, 100, 337; Robert A. Scalapino and Chong-sik Lee, *Communism in Korea: Part I* (Berkeley: University of California Press, 1972), 394; Millett, *War for Korea, 1950–1951*, 49–50; Shtykov to Stalin six cables, June 12–21, 1950, Stalin to Shtykov, June 21, 1950, Archives of the President of Russia, in "Korean Conflict," by Bajanov and Bajanova, 58–60.

13 The detailed reports of North and South Korean military capabilities come from the semiannual report by the US Army KMAG of June 15, 1950, various US and South Korean intelligence estimates of KPA strength, and North Korean documents captured by US forces when they advanced to Pyongyang and beyond in the fall of 1950. Millett, *War for Korea, 1950–1951*, 29–31, 51; James F. Schnabel, *Policy and Direction: The First Year—The United States Army in the Korean War* (Washington: Office of the Chief of Military History, US Army, 1972), 36–40; Armstrong, *North Korean Revolution*, 235.

14 Millett, *War for Korea, 1950–1951*, 30–37, 51, at 37; Chen, *China's Road to the Korean War*, 110–11; Zhihua Shen and Yafeng Xia, *A Misunderstood Friendship: Mao Zedong, Kim Il-sung, and Sino-North Korean Relations, 1949–1956* (New York: Columbia University Press, 2018), 30.

15 Zhihua Shen and Danhui Li, *After Leaning to One Side: China and Its Allies in the Cold War* (Washington and Stanford: Woodrow Wilson Center Press and Stanford University Press, 2011), 32–35, at 32; Goncharov, Lewis, and Xue, *Uncertain Partners*, 152–53.

16 Millett, *War for Korea, 1950–1951*, 85–89.

17 Schnabel, *Policy and Direction*, 70; Millett, *War for Korea, 1950–1951*, 27–28, 89–96.

18 Millett, *War for Korea, 1950–1951*, 96–100, at 97 and 99.

19 Millett, *War for Korea, 1950–1951*, 100–106.

20 Doris M. Condit, *The Test of War, 1950–1953: History of the Office of the Secretary of Defense, vol. II* (Washington: Historical Office, Office of the Secretary of Defense, 1988), 47–51; Millett, *War for Korea*, 1950–1951, 85–86, 110–21.

7. 트루먼, 정책을 뒤집다

1 Allan R. Millett, *The War for Korea, 1950–1951: They Came From the North* (Lawrence: University Press of Kansas, 2010), 37–45. Millett gives a detailed analysis of intelligence activities leading up to the outbreak of hostilities and why they failed to forecast the conflict.

2 Millett, *War for Korea, 1950–1951*, 38–43, at 43.

3 Associated Press, "Bradley, Johnson in Tokyo For Talks," *New York Times*, June

18, 1950; Associated Press, "Bradley and Johnson Hear MacArthur on Asian Security," *New York Times*, June 19, 1950; Lindesay Parrott, "Tokyo Conference Is Held In Secrecy," *New York Times*, June 20, 1950; Bruce Cumings, *The Origins of the Korean War, vol. II, The Roaring of the Cataract, 1947–1950* (Princeton, NJ: Princeton University Press, 1990), 500–507; Millett, *War for Korea, 1950–1951*, 21–22. A survey of the *New York Times*, *Washington Post*, and *Los Angeles Times* for June 18–24 shows no mention of heightened tension in Korea.

4   Associated Press, "McCarthy Charges Peurifoy 'Pay-Off,' " *New York Times*, June 16, 1950; William S. White, "81 Files On Loyalty Held Inconclusive," *New York Times*, June 24, 1950; Rusk, quoted by Donovan, *Tumultuous Years*, 182.

5   Donovan, *Tumultuous Years*, 187–89; Hamby, *Man of the People*, 533.

6   Hamby, *Man of the People*, 533–35; Donovan, *Tumultuous Years*, 191–92.

7   Muccio to secretary of state, June 25, 1950 (2 cables), *Foreign Relations, 1950, VII*, 129, 132–33, at 133; Donovan, *Tumultuous Years*, 192–93; Hamby, *Man of the People*, 534–35.

8   Barbour to secretary of state, June 25, 1950, Dulles and Allison to secretary of state, June 25, 1950, Muccio to secretary of state, June 26,1950, *Foreign Relations, 1950, VII*, 139–43, at 139, 140, 142; Donovan, *Tumultuous Years*, 194.

9   Dean Acheson, *Present at the Creation: My Years in the State Department* (New York: W. W. Norton, 1969), 404; Donovan, *Tumultuous Years*, 194–96; ; Robert L. Beisner, *Dean Acheson: A Life in the Cold War* (New York: Oxford University Press, 2006), 338–40; James F. Schnabel and Robert J. Watson, *The Korean War, History of the Joint Chiefs of Staff—The Joint Chiefs of Staff and National Policy, vol. III (2 parts)* (Washington: Office of Joint History, Office of the Chairman of the Joint Chiefs of Staff, 1998), part one, 31–32.

10 Resolution adopted by UN Security Council, June 25, 1950, Office of Intelligence Research, Intelligence Estimate on Korea, June 25, 1950, *Foreign Relations, 1950, VII*, 155–56, 148–54, at 155–56, 149, 154; Donovan, *Tumultuous Years*, 196–97.

11 Hamby, *Man of the People*, 535–36; Donovan, *Tumultuous Years*, 197–98, at 197; memorandum of General MacArthur on Formosa, June 14, 1950, *Foreign Relations, 1950, VII*, 161–65; Acheson, *Present at the Creation*, 405–6.

12 Schnabel and Watson, *Korean War*, 34–35; memorandum of Blair House convert-

sation by Ambassador at Large Philip Jessup, June 25, 1950, *Foreign Relations, 1950, VII*, 157–61, at 158 and 160; Acheson, *Present at the Creation*, 406–7; Donovan, *Tumultuous Years*, 198–99, at 199.

13 Muccio to secretary of state, June 26, 1950, *Foreign Relations, 1950, VII*, 170; statement by the president on the violation of the 38th Parallel in Korea, June 26, 1950, *Public Papers of the President, 1950* (Washington: US Government Printing Office, 1965), 491–92.

14 Donovan, *Tumultuous Years*, 204–5.

15 Bohlen to Kennan, June 26, 1950, *Foreign Relations, 1950, VII*, 174–75; George F. Kennan, *Memoirs, 1950–1963, vol. II* (Boston: Little, Brown, 1972), 3–4.

16 Schnabel and Watson, *Korean War*, 36–38, at 37; Beisner, *Dean Acheson*, 342–43; Muccio to secretary of state, June 27, 1950 (received June 26), memorandum of Blair House conversation by Ambassador Jessup, June 26, 1950, *Foreign Relations, 1950, VII*, 173, 178–83.

17 Memorandum of Blair House conversation, June 26, 1950, *Foreign Relations, 1950, VII*, 180–83, at 183.

18 Memorandum of conversation by Ambassador Jessup, June 27, 1950, statement issued by the president, June 27, 1950, resolution adopted by UN Security Council, June 27, 1950, *Foreign Relations, 1950, VII*, 200–203, 211, at 202; Donovan, *Tumultuous Years*, 208–9, at 209.

19 Schnabel and Watson, *Korean War*, 42–44, at 43 and 44; Donovan, *Tumultuous Years*, 210–11.

20 Millett, *War for Korea*, 1950–1951, 122.

21 Schnabel and Watson, *Korean War*, 44–45, 47.

22 Millett, *War for Korea*, 1950–1951, 124.

23 Schnabel and Watson, *Korean War*, 45–47; minutes of NSC meeting, June 29, 1950, NSC meetings, President's Secretary's Files, Harry S Truman Library, Independence, Missouri; Donovan, *Tumultuous Years*, 211–12, at 212.

24 MacArthur to JCS and secretary of state, June 30, 1950, *Foreign Relations, 1950, VII*, 248–49, at 249.

25 Memorandum of teletype conference, June 30, 1950, *Foreign Relations, 1950, VII*, 250–53, at 251; Donovan, *Tumultuous Years*, 214–15.

26 Glenn D. Paige, *The Korean Decision [June 24–30, 1950]* (New York: Free Press, 1968), 257–21; Donovan, *Tumultuous Years*, 216–18; Beisner, *Dean Acheson*, 345–47; Schnabel and Watson, *Korean War*, 49–52.

27 Millett, *War for Korea, 1950–1951*, 132–55, at 154.

28 Millett, *War for Korea, 1950–1951*, 135–38.

29 Donovan, *Tumultuous Years*, 249–53; Millett, *War for Korea*, 138–40, 151–67, 186–201. Despite the need for more troops, the president and his secretary of defense remained reluctant to order a broad mobilization. Congress extended authority for the draft by a year in June, and reservists were called up in late July and August. But no longer-term solution to the manpower shortage was developed until later in the fall. See Schnabel and Watson, *Korean War*, 77–79.

30 Millett, *War for Korea*, 215–31; Schnabel, *Policy and Direction*, 125–38.

31 Robert Dallek, *The Lost Peace: Leadership in a Time of Horror and Hope, 1945–1953* (New York: HarperCollins, 2010), 313.

32 Donovan, *Tumultuous Years*, 219–24, at 219.

8. 더글러스 맥아더, 모험을 감행해서 승리하다

1 Glenn D. Paige, *The Korean Decision (June 24–30, 1950)* (New York: Free Press, 1968), 221–26; Allan R. Millett, *The War for Korea, 1950–1951: They Came From the North* (Lawrence: University Press of Kansas, 2010), 123; Melvyn P. Leffler, *A Preponderance of Power: National Security, the Truman Administration, and the Cold War* (Stanford, CA: Stanford University Press, 1992), 363–64.

2 Leffler, *Preponderance of Power*, 363–64; Forrest C. Pogue, *George C. Marshall: Statesman, 1945–1959* (New York: Viking Press, 1987), 420–23, 436–39.

3 Quoted by Robert J. Donovan, *Tumultuous Years: The Presidency of Harry S Truman, 1949–1953* (New York: W. W. Norton, 1982), 219–21, at 220 and 221; Robert L. Beisner, *Dean Acheson: A Life in the Cold War* (New York: Oxford University Press, 2006), 347–49.

4 Dean Acheson, *Present at the Creation: My Years in the State Department* (New York: W. W. Norton, 1969), 414–15; Donovan, *Tumultuous Years*, 220–24; Alonzo L. Hamby, *Man of the People: A Life of Harry S. Truman* (New York: Oxford University Press, 1995), 539. For a persuasive argument by a top constitutional

specialist that Truman had no legal basis to act in this "police action," but that Congress accepted with minor complaint his fait accompli, see Louis Fisher, "The Korean War: On What Legal Basis Did Truman Act?" *American Journal of International Law 89* (January 1995): 21–39.

5　Hamby, *Man of the People*, 248–60; Donovan, *Tumultuous Years*, 257–59, at 258 and 259.

6　D. Clayton James, *The Years of MacArthur, vol. III, Triumph and Disaster, 1945– 1964* (Boston: Houghton Mifflin, 1985), 452–54, at 454; Donovan, *Tumultuous Years*, 259–60, at 260.

7　James, *Years of MacArthur, III*, 454–57, at 454 and 457; Donovan, *Tumultuous Years*, 260–62; Beisner, *Dean Acheson*, 350–51.

8　Memorandum of conversation by Troy L. Perkins, deputy director of the office of Chinese affairs, August 25, 1950, with note about Zhou Enlai letter of August 24, secretary of state to certain diplomatic offices including sections of MacArthur message to VFW, August 26, 1950, memorandum by Lucius D. Battle, special assistant to secretary of state, record of events of August 26, 1950, *Foreign Relations, 1950, VI*, 450–54; Donovan, *Tumultuous Years*, 259–63.

9　Battle memorandum on events of August 26, 1950, *Foreign Relations, 1950, VI*, 454 –60; Millett, *War for Korea*, 1950–1951, 213–14; Donovan, *Tumultuous Years*, 263– 65, at 264.

10　Donovan, *Tumultuous Years*, 265–67.

11　James F. Schnabel and Robert J. Watson, *The Korean War, History of the Joint Chiefs of Staff: The Joint Chiefs of Staff and National Policy, vol. III* (2 parts) (Washington: Office of Joint History, Office of the Chairman of the Joint Chiefs of Staff, 1998), 73–74, at 73.

12　Schnabel and Watson, *Korean War*, 74–79; Condit, *Test of War*, 223–225.

13　Doris M. Condit, *The Test of War, 1950–1953—History of the Office of the Secretary of Defense, vol. II* (Washington: Historical Office, Office of the Secretary of Defense, 1988), 225–27, at 227.

14　Condit, *The Test of War*, 227–30, at 228.

15　Condit, *The Test of War*, 230–33; NSC 68/2, September 30, 1950, *Foreign Relations, 1950, I*, 400.

16 Millett, *War for Korea*, 1950–1951, 207–10.

17 Robert Debs Heinl Jr., *Victory at High Tide: The Inchon-Seoul Campaign* (Washington: Naval & Aviation Publishing Co. of America, 1979), 38–40; Millett, *War for Korea*, 1950–1951, 208–10.

18 Heinl, *Victory at High Tide*, 40; Millett, *War for Korea*, 208–12.

19 Heinl, *Victory at High Tide*, 40–42, at 41 and 42; Millett, *War for Korea, 1950–1951*, 210–12, at 210. For those not familiar with the history of the French and Indian War, British General James Wolfe defeated his French counterpart, the Marquis de Montcalm, in this critical battle of 1759, which determined the outcome of the war and ultimately ended French rule in what became British Canada.

20 Heinl, *Victory at High Tide*, 41.

21 Heinl, *Victory at High Tide*, 10–11, at 11.

22 James, *Years of MacArthur, III*, 355–65, 371–74.

23 James, *Years of MacArthur, III*, 366–67.

24 Millett, *War for Korea*, 1950–1951, 68–70, at 69; James, *Years of MacArthur, III*, 61–62.

25 Millett, *War for Korea*, 1950–1951, 38–44.

26 James, *Years of MacArthur, III*, 355–56, 378–79; Millett, *War for Korea, 1950–1951*, 68.

27 James, *Years of MacArthur, III*, 359–60, 458–60, at 460; Millett, *War for Korea, 1950–1951*, 67–68, 167–68.

28 James, *Years of MacArthur, III*, 370.

29 James, *Years of MacArthur, III*, 370–71, at 371.

30 Heinl, *Victory at High Tide*, 17–24, 35–38, 55–56; Millett, *War for Korea, 1950–1951*, 244–46. Most of the South Korean conscripts were refugees who were rounded up by the US military police and sent to Japan to join the Seventh Division wearing the shirts, shorts, and sandals they had on when pressed into military service.

31 Heinl, *Victory at High Tide*, 52, 69; Millett, *War for Korea, 1950–1951*, 242, 248–49; James, *Years of MacArthur, III*, 471–79; Chen Jian, *China's Road to the Korean War: The Making of the Sino-American Confrontation* (New York: Columbia University Press, 1994), 147–49.

32 James, *Years of MacArthur, III*, 473–75.

33 Heinl, *Victory at High Tide*, 73–77, 87–89; Millett, *War for Korea, 1950–1951*, 248–49; James, *Years of MacArthur, III*, 474–75.

34 Heinl, *Victory at High Tide*, 80–82, 87–120; Millett, *War for Korea, 1950–1951*, 249–51.

35 Heinl, *Victory at High Tide*, 70–76, 102.

36 Heinl, *Victory at High Tide*, 132–41, 149–50, 225–58; James, *Years of MacArthur, III*, 481–85; Millett, *War for Korea*, 1950–1951, 250–56; J. Lawton Collins, *War in Peacetime: The History and Lessons of Korea* (Boston: Houghton Mifflin, 1969), 135–42, at 141–42.

37 Allison to Rusk, July 1, 1950, *Foreign Relations, 1950, VII*, 272.

38 Policy Planning Staff draft memorandum, July 22, 1950, *Foreign Relations, 1950, VII*, 449–54; Acheson to Embassy of Korea, July 14, 1950, *Foreign Relations, VII*, 387; Truman news conference, July 13, 1950, *Public Papers of the President, 1950*, 523.

39 Chen, *China's Road to the Korean War*, 125–37; Shen Zhihua, *Mao, Stalin and the Korean War: Trilateral Communist Relations in the 1950s* (London: Routledge, 2012), 138–42; Bohlen remarks in Minutes of Meeting of Representatives of France, the United Kingdom and the United States, August 4, 1950, *Foreign Relations, 1950, VI*, 420; Rusk to Douglas, August 13, 1950, *Foreign Relations, 1950, VI*, 432–33; Michael H. Hunt, "Beijing and the Korean Crisis, June 1950–June 1951," *Political Science Quarterly 107* (Fall 1992): 458–59; Hao Yufan and Zhai Zhihai, "China's Decision to Enter the Korean War," *China Quarterly 121* (March 1990): 100–102; Beisner, *Dean Acheson*, 395–98.

40 James S. Lay Jr. to NSC, July 17, 1950, draft memorandum from Defense Department, July 31, 1950, draft memorandum by John M. Allison and John K. Emmerson, Office of Northeast Asian Affairs, State Department, *Foreign Relations, 1950, VII*, 410, 506–7, 620–23, at 506 and 622.

41 Schnabel and Watson, *Korean War*, 95–98, 102; Leffler, *Preponderance of Power*, 376–77; NSC 81/1, September 9, 1950, approved by the president on September 11, *Foreign Relations, 1950, VII*, 712–21, at 716; Beisner, *Dean Acheson*, 398–99.

42 Donovan, *Tumultuous Years*, 269–77, at 271; James, *Years of MacArthur, III*, 484–87; Millett, *War for Korea, 1950–1951*, 274–75.

43 Schnabel and Watson, *Korean War*, 99-100; Marshall to Truman, September 27, 1950, *Foreign Relations, 1950, VII*, 792-93.

44 Marshall to MacArthur, September 29, 1950, *Foreign Relations, 1950, VII*, 826; Forrest C. Pogue, *George C. Marshall: Statesman 1945-1959* (New York: Viking Press, 1987), 457; Donovan, *Tumultuous Years*, 276; Millett, *War for Korea, 1950-1951*, 276-77; Beisner, *Dean Acheson*, 399-401.

9. 마오쩌둥, 인해전술로 개입하다

1 John K. Fairbank, "The Reunification of China," 14-23 (at 14), and Frederick C. Teiwes, "Establishment and Consolidation of the New Regime," 67-69, both in *The People's Republic, Part I: The Emergence of Revolutionary China, 1949-1965 — Volume 14, The Cambridge History of China*, ed. Roderick MacFarquhar and John K. Fairbank (Cambridge: Cambridge University Press, 1987).

2 Teiwes, "Establishment and Consolidation," 76-78; Mao Zedong, "Don't Hit Out in All Directions," June 6, 1950, in *Selected Works of Mao Tse-Tung* (Beijing: Foreign Languages Press, 1977), V, 35.

3 Fairbank, "Reunification of China," 22, 78-85; Mao, *Selected Works, V*, 29.

4 Teiwes, "Establishment and Consolidation," 73-76.

5 Chen Jian, *China's Road to the Korean War: The Making of a Sino-American Confrontation* (New York: Columbia University Press, 1994), 92-94.

6 Ibid., 94-96, at 96.

7 Teiwes, "Establishment and Consolidation," 83-92; Chen, *China's Road to the Korean War*, 137-41.

8 Chen Jian, "Reorienting the Cold War: The Implications of China's Early Cold War Experience, Taking Korea as a Central Test Case," in *The Cold War in East Asia, 1945-1991*, ed. Tsuyoshi Hasegawa (Washington and Stanford: Woodrow Wilson Center Press and Stanford University Press, 2011), 83-84, 89-90; Zhihua Shen and Yafeng Xia, "Leadership transfer in the Asian Revolution: Mao Zedong and the Asian Cominform," *Cold War History 14* (May 2014): 195-213.

9 Mao, "Carry the Revolution Through to the End," December 30, 1948, in *Selected Works, IV*, 306; Chen, *China's Road to the Korean War*, 93-102, at 101.

10 Chen, *China's Road to the Korean War*, 100-102.

11 Ibid., 102–6; Doris M. Condit, *The Test of War, 1950–1953—History of the Office of the Secretary of Defense, vol. II* (Washington: Historical Office, Office of the Secretary of Defense, 1988), 205–7; Melvyn P. Leffler, *A Preponderance of Power: National Security, the Truman Administration, and the Cold War* (Stanford, CA: Stanford University Press, 1992), 338–41, 346, 353–55.

12 Chen, *China's Road to the Korean War*, 106–11; Bruce Cumings, *The Origins of the Korean War, vol. II, The Roaring of the Cataract, 1947–1950* (Princeton, NJ: Princeton University Press, 1990), 358–64; Charles K. Armstrong, *The North Korean Revolution, 1945–1950* (Ithaca, NY: Cornell University Press, 2003), 234; Chen, "Reorienting the Cold War," 82.

13 Chen, *China's Road to the Korean War*, 106, 111–12; Chen, "Reorienting the Cold War," 86–87; Shen Zhuhua and Danhui Li, *After Leaning to One Side: China and Its Allies in the Cold War* (Washington and Stanford: Woodrow Wilson Center Press and Stanford University Press, 2011), 29–33.

14 Chen, *China's Road to the Korean War*, 94.

15 Ibid., 131.

16 Shu Guang Zhang, *Mao's Military Romanticism: China and the Korean War, 1950–1953* (Lawrence: University Press of Kansas, 1995), 58–59; Shen and Li, *After Leaning to One Side*, 34–35; Chen, *China's Road to the Korean War*, 135–37.

17 Zhihua Shen and Yafeng Xia, *Mao and the Sino-Soviet Partnership, 1945–1959: A New History* (Lanham, MD: Lexington Books, 2015), 69–73; Hasegawa, *Cold War in East Asia*, 82–84; Chen, *China's Road to the Korean War*, 128–41.

18 Shen and Li, *After Leaning to One Side*, 35; Chen, *China's Road to the Korean War*, 142–43.

19 Chen, *China's Road to the Korean War*, 143–45, at 143; Alan R. Millett, *The War for Korea, 1950–1951: They Came from the North* (Lawrence: University Press of Kansas, 2010), 234–35; Zhang, *Mao's Military Romanticism*, 62–63.

20 Chen, *China's Road to the Korean War*, 147–48, at 148; Zhang, *Mao's Military Romanticism*, 72–73.

21 Shen and Xia, *Mao and the Sino-Soviet Partnership*, 73–76; Chen, *China's Road to the Korean War*, 148–151, quotations at 150; Zhang, *Mao's Military Romanticism*, 64–67, 73; Zhou Enlai, *Zhou Enlai Jun Shi Wen Xuan [Selected Military Works of*

Zhou Enlai] (Beijing: People's Press, 1997), vol. 4, 44–45.

22 Chen, *China's Road to the Korean War*, 152–54.

23 Shen and Xia, *Mao and the Sino-Soviet Partnership*, 75–76; Shen and Li, *After Leaning to One Side*, 37–38; Chen, *China's Road to the Korean War*, 155–57.

24 Alexander V. Pantsov with Steven I. Levine, *Mao: The Real Story* (New York: Simon & Schuster, 2012), 12–17.

25 Ibid., 17–20, at 20.

26 Ibid., *Mao*, 28–40, at 38; Jung Chang and Jon Halliday, *Mao: The Unknown Story* (New York: Alfred A. Knopf, 2005), 10–14.

27 Pantsov and Levine, *Mao*, 31–52; Edgar Snow, *Red Star over China* (London: Victor Gollancz, 1937), 145–46, at 146.

28 Pantsov and Levine, *Mao*, 56–80; Snow, *Red Star*, 148–52.

29 Pantsov and Levine, *Mao*, 90–102, at 94; Snow, *Red Star*, 154–55; Chang and Halliday, *Mao*, 18–27.

30 Pantsov and Levine, *Mao*, 119–85; Chang and Halliday, *Mao*, 27–46.

31 Pantsov and Levine, *Mao*, 186–288; Gao Wenqian, *Zhou Enlai: The Last Perfect Revolutionary* (New York: PublicAffairs, 2007), 69–83; Chang and Halliday, *Mao*, 49–167.

32 Pantsov and Levine, *Mao*, 283–342; MacFarquhar and Fairbank, *People's Republic*, 59–60; Chang and Halliday, *Mao*, 184–269.

33 Pantsov and Levine, *Mao*, 345–48; Odd Arne Westad, *Decisive Encounters: The Chinese Civil War, 1946–1950* (Stanford, CA: Stanford University Press, 2003), 28–66, at 60; Chang and Halliday, *Mao*, 281–92.

34 Westad, *Decisive Encounters*, 69–199, at 198–99.

35 Mao to Stalin, January 13, 1949 in *Decisive Encounters*, by Westad, 215–18, at 218.

36 Westad, *Decisive Encounters*, 236–55; Chang and Halliday, *Mao*, 317322; Pantsov and Levine, *Mao*, 351–59.

37 Pantsov and Levine, *Mao*, 4, 326–30, 364–65, at 364; Chang and Halliday, *Mao*, 6–7, 13–14, 23–25, 148–50, 194–97, 332–33, at 333.

38 Chang and Halliday, *Mao*, 329–33, at 329, 331, 333.

39 Pantsov and Levine, *Mao*, 363–70.

40 Ibid., 367.

41 MacFarquhar and Fairbank, *People's Republic*, 59–63, at 61.

42 Shen and Li, *After Leaning to One Side*, 38; Chen, *China's Road to the Korean War*, 158–63.

43 Stalin's instructions to Kim Il-sung are summarized in his cable to Mao and Zhou Enlai, October 1, 1950, A. I. Matveev (a pseudonym for Zakharov) to Stalin, September 27, 1950, in "The Korean Conflict, 1950–1953: The Most Mysterious War of the 20th Century—Based on Secret Soviet Archives," by Evgeniy Bajanov and Natalia Bajanova, unpublished typescript, n.d., copy in archives of North Korea International Documentation Project, Woodrow Wilson International Center for Scholars, 72–74, 97–98; Chen, *China's Road to the Korean War*, 160–61; Shen and Li, *After Leaning to One Side*, 38; Zhihua Shen and Yafeng Xia, *A Misunderstood Friendship: Mao Zedong, Kim Il-sung, and Sino-North Korean Relations, 1949–1956* (New York: Columbia University Press, 2018), 35–42.

44 Chen, *China's Road to the Korean War*, 161–62; Shen and Li, *After Leaning to One Side*, 38–39, at 38.

45 Kathryn Weathersby, "The Soviet Role in the Early Phase of the Korean War: New Documentary Evidence," *Journal of American–East Asian Relations 2* (Winter 1993): 455–56, at 456; Shen and Li, *After Leaning to One Side*, 39; Shen and Xia, *Mao and the Sino-Soviet Partnership*, 77–78; Stalin to Mao, October 1, 1950, in "Korean Conflict," by Bajanov and Bajanova, 97–98.

46 Shen Zhihua, "The Discrepancy Between the Russian and Chinese Versions of Mao's 2 October 1950 Message to Stalin on Chinese Entry into the Korean War: A Chinese Scholar's Reply," *CWIHP Bulletin, nos. 8–9* (Winter 1996–97): 237–40; Shen and Li, *After Leaning to One Side*, 39.

47 Ibid., 238–39, at 239; Roshchin to Stalin, October 3, 1950, in "Korean Conflict," by Bajanov and Bajanova, 98–100.

48 Lin Biao, citing his illness, refused Mao's proposal that he serve as the commander of the Chinese volunteers in Korea. Zhang, *Mao's Military Romanticism*, 80–81; Shen and Li, *After Leaning to One Side*, 40.

49 Zhang, *Mao's Military Romanticism*, 81; Sulmaan Wasif Khan, *Haunted by Chaos: China's Grand Strategy from Mao Zedong to Xi Jinping* (Cambridge, MA: Harvard University Press, 2018), 57–59.

50 Zhang, *Mao's Military Romanticism*, 82; Shen and Li, *After Leaning to One Side*, 40–42.

51 Shen and Li, *After Leaning to One Side*, 41–42; Shen and Xia, *Mao and the Sino-Soviet Partnership*, 78; Stalin summarized this telegram to Mao and the reply in Stalin to Kim Il-sung, October 8, 1950, in "Korean Conflict," by Bajanov and Bajanova, 100–102.

52 Shen and Li, *After Leaning to One Side*, 42–43; Zhang, *Mao's Military Romanticism*, 83; Chen, *China's Road to the Korean War*, 196–200.

53 Shen and Li, *After Leaning to One Side*, 43; Chen, *China's Road to the Korean War*, 200–202, at 202; Zhang, *Mao's Military Romanticism*, 83–84; Khan, *Haunted by Chaos*, 59–61.

54 Shen and Li, *After Leaning to One Side*, 44; Zhang, *Mao's Military Romanticism*, 94; Mao Zedong, *Mao Zedong Jun Shi Wen Ji [Military Works of Mao Zedong]* (Beijing: Military Science Press and Zhong Yang Wen Xian Press, 1993), vol. 6, 108.

55 Stalin to Kim Il-sung, October 12 & 13, 1950, Bajanov and Bajanova, "The Korean Conflict," 102–103 with quotations; Shen and Li, *After Leaning to One Side*, 45.

56 Shen and Li, *After Leaning to One Side*, 45–46, quotation at 46; Shen and Xia, *Mao and the Sino-Soviet Partnership*, 78–81; Chen, *China's Road to the Korean War*, 207–209.

57 Yeh Wen-hain used the term "perpetually enigmatic" to describe Mao's behavior in the Korean War and later in comments at the conference "New Sources and New Perspectives on China's Frontiers during the Cold War," August 4, 2014, Woodrow Wilson International Center for Scholars.

10. 펑더화이와 매슈 리지웨이, 결전을 벌인 후 교착상태에 빠지다

1 Allan R. Millett, *The War for Korea, 1950–1951: They Came From the North* (Lawrence: University Press of Kansas, 2010), 300–302, 317–19, 334; Shu Guang Zhang, *Mao's Military Romanticism: China and the Korean War, 1950–1953* (Lawrence: University Press of Kansas, 1995), 86–94.

2 Millett, *War for Korea, 1950–1951*, 300–302, 312–13; Zhang, *Mao's Military Romanticism*, 89–92.

3 Zhang, *Mao's Military Romanticism*, 95–107; Millett, *War for Korea, 1950–1951*, 300

-305, at 301; Clay Blair, *The Forgotten War: America in Korea 1950–1953* (Annapolis, MD: Naval Institute Press, 2003), 375–402; Zhihua Shen and Yafeng Xia, *A Misunderstood Friendship: Mao Zedong, Kim Il-sung, and Sino-North Korean Relations, 1949–1956* (New York: Columbia University Press, 2018), 45–67.

4   Millett, *War for Korea, 1950–1951*, 306–10.

5   James F. Schnabel, *Policy and Direction: The First Year—The United States Army in the Korean War* (Washington: Office of the Chief of Military History, US Army, 1972), 266, 272; Millett, *War for Korea, 1950–1951*, 306.

6   NIE-2, "Chinese Communist Intervention in Korea," November 8, 1950, *Foreign Relations, 1950, VII*, 1101–1106; Millett, *War for Korea, 1950–1951*, 312–13.

7   Millett, *War for Korea, 1950–1951*, 313–15, at 314; Robert L. Beisner, *Dean Acheson: A Life in the Cold War* (New York: Oxford University Press, 2006), 406–7.

8   Schnabel, *Policy and Direction*, 257–82, 300–304; Zhang, *Mao's Military Romanticism*, 107–19; Millet, *War for Korea, 1950–1951*, 334–57, 373; Joseph C. Goulden, *Korea: The Untold Story of the War* (New York: Times Books, 1982), 311–81, at 317. For a dramatic account of the risky strategy developed by General Douglas MacArthur and his protégé, Major General Edward Almond, that led to the First Marine Division being trapped by a large Chinese force at Chosin Reservoir and how the marines under the inspired leadership of Major General Oliver Prince Smith fought their way out, see Hampton Sides, *On Desperate Ground: The Marines at the Reservoir—The Korean War's Greatest Battle* (New York: Doubleday, 2018).

9   Schnabel, *Policy and Direction*, 305–10; Millett, *War for Korea, 1950–1951*, 356–57, 372–73; Blair, *Forgotten War*, 436–556.

10 Memorandum of National Security Council meeting, November 28, 1950, *Foreign Relations, 1950, VII*, 1242–249; memorandum of meeting of Defense and State Department officials, December 1, 1950, *Foreign Relations, 1950, VII*, 1276–81; CIA memorandum, "Soviet Intentions in the Current Situation," December 2, 1950, *Foreign Relations, 1950, VII*, 1308–10, at 1310 (this memorandum was issued as NIE-11 on December 5, 1950); memorandum of Acheson-Franks conversation, December 4, 1950, *Foreign Relations, 1950, VII*, 1374–77; memorandum of Acheson meeting with senior staff, December 5, 1950, *Foreign Relations, 1950, VII*, 1382–86;

Millett, *War for Korea, 1950-1951*, 357-61; Beisner, *Dean Acheson*, 410-16.

11 Beisner, *Dean Acheson*, 417-419; minutes of meeting of Truman and Attlee, December 4, 1950, *Foreign Relations, 1950, VII*, 1361-74, at 1366, 1367, and 1395.

12 Lucius D. Battle, memorandum of discussion at British Embassy dinner on December 6, 1950, December 7, 1950, *Foreign Relations, 1950, VII*, 1430-32, at 1431; Beisner, *Dean Acheson*, 420-21; Robert J. Donovan, *Tumultuous Years: The Presidency of Harry S Truman, 1949-1953* (New York: W. W. Norton, 1982), 316-18; Millett, War for Korea, 1950-1951, 361-364.

13 See US Central Intelligence Agency, "President's Daily Report, December 7, 1950: 'Chou-En-lai's Views on World War," https://www.cia.gov/centerforthestudyof intelligence/foiaelectronicreadingroom/historicalcollections/, at koreanwarcollection /dailyreports/1950/1950-12-7.pdf; Truman diary entry, December 9, 1950, PSF, Truman Library.

14 Statement of Zhou Enlai, December 22, 1950, in Austen to Acheson, December 24, 1950, *Foreign Relations, 1950, VII*, 1594-98, at 1597; Millett, *War for Korea, 1950-1951*, 364-65.

15 Millett, *War for Korea, 1950-1951*, 365; Doris M. Condit, *The Test of War, 1950-1953—History of the Office of the Secretary of Defense, vol. II* (Washington: Historical Office, Office of the Secretary of Defense, 1988), 90-93; JCS to CICFE, December 29, 1950, *Foreign Relations, 1950, VII*, 1625-26.

16 Schnabel, *Policy and Direction*, 316-26; D. Clayton James, *The Years of MacArthur: Triumph and Disaster, 1945-1964, vol. III* (Boston: Houghton Mifflin, 1985), 550-56; Beisner, *Dean Acheson*, 421-22.

17 Peng Dehuai, *Memoirs of a Chinese Marshal: The Autobiograhical Notes of Peng Dehuai (1898-1974)*, trans. Zheng Longpu (Beijing: Foreign Languages Press, 1984), 1-5, 13-82; Jurgen Domes, *Peng Te-huai: The Man and the Image* (Stanford, CA: Stanford University Press, 1985), 9-17. Peng's Memoirs are based on notes written when he was under detention and in response to interrogations during the Cultural Revolution, 1966-74.

18 Peng, *Memoirs*, 5-6, 95-406 passim; Domes, *Peng Te-huai*, 18-37.

19 Domes, *Peng Te-huai*, 37-42; Barbara Barnouin and Yu Changgen, *Zhou Enlai: A Political Life* (Hong Kong: Chinese University of Hong Kong, 2006), 91-96;

Frederick C. Teiwes, "Peng Dehuai and Mao Zedong," *Australian Journal of Chinese Affairs, no. 16* (July 1986): 85–86; Peng, *Memoirs*, 407–47.

20 Domes, *Peng Te-huai*, 42–46; Barnouin and Yu, *Zhou Enlai*, 109–12; Peng, *Memoirs*, 448–71.

21 Domes, *Peng Te-huaii*, 46–47.

22 Teiwes, "Peng and Mao," 81–84; Peng, *Memoirs*, 7–8, 48–49, 226–31; Domes, *Peng Te-huai*, 47–48.

23 Peng, *Memoirs*, 286–302, 415–25; Domes, *Peng Te-huai*, 31–35, 73; Teiwes, "Peng and Mao," 84.

24 Teiwes, "Peng and Mao," 81, 84.

25 Peng, *Memoirs*, 479–84; Teiwes, "Peng and Mao," 84, 86; Barnouin and Yu, *Zhou Enlai*, 147–48; Domes, *Peng Te-huai*, 54–64.

26 Teiwes, "Peng and Mao," 89–92; Peng, *Memoirs*, 9–10, 485–520; Domes, *Peng Te-huai*, 77–124 passim.

27 Matthew B. Ridgway, *Soldier: The Memoirs of Matthew B. Ridgway* (Westport, CT: Greenwood Press, 1974), 19–28; George C. Mitchell, *Matthew B. Ridgway: Soldier, Statesman, Scholar, Citizen* (Mechanicsburg, PA: Stackpole, 2002), 1–10.

28 Mitchell, *Ridgway*, 11–36; Ridgway, *Soldier*, 45–46; Clay Blair, *Ridgway's Paratroopers: The American Airborne in World War II* (New York: Dial Press, 1985), 4–10, at 10.

29 Blair, *Ridgway's Paratroopers*, 5, 21, 80, at 5; Ridgway, *Soldier*, 53.

30 Blair, *Ridgway's Paratroopers*, 32–50, 70, at 32; Ridgway, *Soldier*, 53–54.

31 Blair, *Ridgway's Paratroopers*, 57–102; Ridgway, *Soldier*, 68–73.

32 Blair, *Ridgway's Paratroopers*, 102–11, at 110 and 111; Ridgway, *Soldier*, 73–80, at 74.

33 Blair, *Ridgway's Paratroopers*, 111–15.

34 Ibid., 115–43.

35 Ibid., 143–60, at 143; Ridgway, *Soldier*, 80–86, 93–98.

36 Blair, *Ridgway's Paratroopers*, 160–68, at 162; Ridgway, *Soldier*, 87–92.

37 Blair, *Ridgway's Paratroopers*, 177–209; Ridgway, *Soldier*, 100–101.

38 Kroos served with Ridgway throughout the Normandy operation, and after that the general encouraged him to leave for a combat unit so he could be promoted and

join the fighting. In September 1944, his glider was shot down in the attack on Arnhem, and Kroos spent the rest of the war in a German prisoner of war camp. Blair, *Ridgway's Paratroopers*, 196, 331, at 196.

39 Ibid., 213–97, at 294 and 295; Ridgway, *Soldier*, 102–4.

40 The Distinguished Service Cross is the second-highest award that can be given to a member of the US Army for bravery in combat. Blair, *Ridgway's Paratroopers*, 296–97.

41 Ibid., 298–301, 317–45.

42 Ibid., 345; Max Hastings, *Armageddon: The Battle for Germany, 1944–1945* (New York: Alfred A. Knopf, 2004), 36.

43 Blair, *Ridgway's Paratroopers*, 353–68, at 366; Ridgway, *Soldier*, 111–16; Hastings, *Armageddon*, 197–220.

44 Blair, *Ridgway's Paratroopers*, 368–406; Ridgway, *Soldier*, 116–22; Hastings, *Armageddon*, 220–29, at 225.

45 Blair, *Ridgway's Paratroopers*, 400–404, at 404; Ridgway, *Soldier*, 117–22, at 121.

46 Blair, *Ridgway's Paratroopers*, 409–25, at 416; Hastings, *Armageddon*, 228–37.

47 Blair, *Ridgway's Paratroopers*, 443–87, at 485 and 486; Hastings, *Armageddon*, 344–80, 418–19.

48 Blair, *Ridgway's Paratroopers*, 488–95, at 495; Hastings, *Armageddon*, 420–37.

49 Schnabel, *Policy and Direction*, 308–10, 315–25; Zhang, *Mao's Military Romanticism*, 120–32; Millett, *War for Korea*, 1950–1951, 380–89.

50 Schnabel, *Policy and Direction*, 306–8, 326–29; Millett, *War for Korea, 1950–1951*, 389– 92; Zhang, *Mao's Military Romanticism*, 136–40; Max Hastings, *The Korean War* (New York: Simon & Schuster, 1987), 189–90; Blair, *Forgotten War*, 570–668.

51 Schnabel, *Policy and Direction*, 329–30, Marshall quotation at 330; James F. Schnabel and Robert J. Watson, *The Korean War, History of the Joint Chiefs of Staff: The Joint Chiefs of Staff and National Policy, vol. III (2 parts)* (Washington: Office of Joint History, Office of the Chairman of the Joint Chiefs of Staff, 1998), 439–40; Beisner, *Dean Acheson*, 422–23; James, *Years of MacArthur, III*, 559.

52 Millett, *War for Korea*, 1950–1951, 399–416; Schnabel, *Policy and Direction*, 336–40; Zhang, *Mao's Military Romanticism*, 140–44.

53 James, *Years of MacArthur, III*, 582–85; Millett, *War for Korea, 1950–1951*, 414–15.

54 James, *Years of MacArthur, III*, 585–604; Millett, *War for Korea, 1950–1951*, 420–26; Beisner, *Dean Acheson*, 426–30; for a vivid description of the storm of criticism that met Truman's decision and the triumphal return of MacArthur to the United States and his speech before a joint session of Congress on April 19, see Donovan, *Tumultuous Years*, 355–62, at 361.

55 Millett, *War for Korea*, 1950–1951, 426–48; Zhang, *Mao's Military Romanticism*, 146–52.

56 Quoted by Scott S. Smith, "Gen. Matthew Ridgway Stopped the Communists Cold in Korea," *Investor's Business Daily*, April 23, 2016.

57 Sheila Miyoshi Jager, *Brothers at War: The Unending Conflict in Korea* (New York: W. W. Norton, 2013), 190–92; Millett, *War for Korea, 1950–1951*, 448–55; Hastings, *Korean War*, 228–31.

58 Dean Acheson, *Present at the Creation: My Years in the State Department* (New York: W. W. Norton, 1969), 529–33; George F. Kennan, *Memoirs, 1950–1963, vol. II*, (Boston: Little, Brown, 1972), 35–37; Beisner, *Dean Acheson*, 436–437; Millett, *War for Korea, 1950–1951*, 454–455.

59 For exchanges among the communist leaders, see Evgeniy Bajanov and Natalia Bajanova, "The Korean Conflict, 1950–1953: The Most Mysterious War of the 20th Century—Based on Secret Soviet Archives," unpublished typescript, n.d., copy in archives of North Korea International Documentation Project, Woodrow Wilson International Center for Scholars, 132–140; Acheson, *Present at the Creation*, 533–34; Millett, *War for Korea*, 1950–1951, 455–57; Jager, *Brothers at War*, 192–95.

60 Jager, *Brothers at War*, 195–200; Schnabel and Watson, *Korean War, III, part two*, 251–53.

61 The US charges were basically proven to be true, while those of the communists were found to be totally falsified. Jager, *Brothers at War*, 200–257; Schnabel and Watson, *Korean War, III, part two*, 16–180 passim; Beisner, *Dean Acheson*, 437–41; Shen and Xia, *Misunderstood Friendship*, 67–4.

62 Robert Dallek, *The Lost Peace: Leadership in a Time of Horror and Hope, 1945–1953* (New York: HarperCollins, 2010), 346–55; Jager, *Brothers at War*, 268–76; Kathryn Weathersby, "Stalin, Mao, and the End of the Korean War" in *Brothers in Arms: The Rise and Fall of the Sino-Soviet Alliance, 1945–1963*, ed. Odd Arne

Westad (Washington and Stanford: Woodrow Wilson Center Press and Stanford University Press, 1998), 107–10; USSR Council of Ministers, Resolution with draft letters to Mao Zedong, Kim Il-sung, and the Soviet delegation to the UN, March 19, 1953, *CWIHP Bulletin, nos. 6–7* (Winter 1995): 80.

63 Schnabel and Watson, *Korean War, III, part two*, 225–60; Jager, *Brothers at War*, 278–286; Dallek, *Lost Peace*, 350–53.

64 On Kim's purges, see Dae-Sook Suh, *Kim Il Sung: The North Korean Leader* (New York: Columbia University Press, 1988), 126–36; the most thorough compilation of casualties is in Wikipedia, which uses US, South Korean, Chinese, and Soviet sources. The figures for civilian casualties are estimates. See en.wikipedia.org/wiki/Korean_War.

65 Jager, *Brothers at War*, 311–12: Sulmaan Wasif Khan, *Haunted by Chaos: China's Grand Strategy from Mao Zedong to Xi Jinping* (Cambridge, MA: Harvard University Press, 2018), 60–62; Shen and Xia, *Misunderstood Friendship*, 75–76.

66 Henry Kissinger, *On China* (New York: Penguin Press, 2011), 147.

67 Craig Whitlock, "Hagel Visit to South Korea," *Washington Post*, October 2, 2013.

68 The literature on the Korean War is huge and diverse. For a well-written account of the war between the two Koreas up to the present, see Jager, *Brothers at War*; for the best coverage of all sides of military activity, see Millett, *War for Korea, 1950–1951*, with a final volume covering 1952–53; for an overall history of the war from a US perspective, see Goulden, *Korea;* for Mao's strategy, see Zhang, *Mao's Military Romanticism*. And for the interactions between Stalin, Mao, and Kim Il-sung, see Shen Zhihua, *Mao, Stalin and the Korean War: Trilateral Communist Relations in the 1950* (New York: Routledge, 2012); Zhihua Shen and Danhui Li, *After Leaning to One Side: China and Its Allies in the Cold War* (Washington and Stanford: Woodrow Wilson Center Press and Stanford University Press, 2011); Zhihua Shen and Yafeng Xia, *Mao and the Sino-Soviet Partnership, 1945–1959: A New History* (Lanham, MD: Lexington Books, 2015); and ; Shen and Xia, *Misunderstood Friendship*.

11. 조지 C. 마셜과 로버트 로벳, 미국의 증강을 지휘하다

1   Gen. Walter Bedell Smith, director of the CIA, to the president, November 1, 1950,

John P. Davies, memorandum on courses of action in Korea, November 17, 1950, Philip Jessup, memorandum on meeting at Pentagon, November 21, 1950, *Foreign Relations, 1950, VII*, 1025–26, 1178–83, 1204–8; Alan R. Millett, *The War for Korea, 1950–1951: They Came from the North* (Lawrence: University Press of Kansas, 2010), 313–15; Robert L. Beisner, *Dean Acheson: A Life in the Cold War* (New York: Oxford University Press, 2006), 409–10.

2   Millett, *War for Korea, 1950–1951*, 334–55.

3   Forrest C. Pogue, *George C. Marshall: Education of a General, 1880–1939* (New York: Viking Press, 1963), 19–69.

4   Pogue, *Marshall: Education*, 70–269 passim, at 268.

5   Pogue, *Marshall: Education*, 270–307.

6   Pogue, *Marshall: Education*, 307–33.

7   Frank A. Settle, *General George C. Marshall and the Atomic Bomb* (Santa Barbara, CA: Praeger, 2016), 4–5, at 4, 5; Forrest C. Pogue, *George C. Marshall: Ordeal and Hope, 1939–1942* (New York: Viking Press, 1966), 13–26.

8   Pogue, *Marshall: Ordeal*, 9–150 passim, at 11.

9   Pogue, *Marshall: Ordeal*, 261–24, at 408; D. K. R. Crosswell, *Beetle: The Life of General Walter Bedell Smith* (Lexington: University Press of Kentucky, 2012), 223–41.

10 Pogue, *Marshall: Ordeal*, 290–98; Walter Isaacson and Evan Thomas, *The Wise Men: Six Friends and the World They Made* (New York: Simon & Schuster, 2013), 194–207.

11 Pogue, *George C. Marshall: Statesman, 1945–1959* (New York: Viking Press, 1987), 149–50, at 150; Isaacson and Thomas, *Wise Men*, 60–64, 90–93, quotation at 64.

12 Isaacson and Thomas, *Wise Men*, 109–17, at 112.

13 Isaacson and Thomas, *Wise Men*, 183–207, at 194 and 195; Herman S. Wolk, "Lovett," *Air Force Magazine*, September 2006, 91–94; Pogue, *Marshall: Statesman*, 149–50.

14 Isaacson and Thomas, *Wise Men*, 337–38.

15 Pogue, *Marshall: Statesman*, 149–415 passim, quotations at 150; Isaacson and Thomas, *Wise Men*, 414–68 passim, at 418.

16 Philip Jessup, memorandum of conversation, December 1, 1950, *Foreign Relations,*

1950, VII, 1276–81, at 1276, 1277, 1279, 1281; Beisner, *Dean Acheson*, 410–12. The CIA estimate mentioned by General Smith was submitted on December 5, 1950, as NIE 11, "Soviet Intentions in the Current Situation," *Foreign Relations, 1950, VII*, 1308–10.

17 MacArthur to Joint Chiefs of Staff, December 3, 1950, Philip Jessup, memorandum of conversation, December 3, 1950, Lucius Battle, memorandum of secretary's staff meeting, December 4, 1950, *Foreign Relations, 1950, VII*, 1320–22, 1323–34, 1345–47, at 1321, 1326, 1346–47; Beisner, *Dean Acheson*, 412–16. George Kennan had been called back from his leave at the Institute for Advanced Study to advise Acheson on likely Soviet actions. For a discussion of the drafting and contents of his memorandum, see Kennan. *Memoirs, II*, 26–33.

18 In order to protect its rule of Hong Kong and its property and trading rights in China, the United Kingdom extended diplomatic recognition to the PRC on January 6, 1950. Philip Jessup, memorandum of conversation with British ambassador, December 4, 1950, William McWilliams, memorandum of conversation with senior staff, December 5, 1950, *Foreign Relations, 1950, VII*, 1374–77, 1382–86; Millett, *War for Korea, 1950–1951*, 361.

19 Memoranda on the Anglo-American discussions on policies for Korea and Asia, *Foreign Relations, 1950, VII*, 1361–74, 1392–1408, 1430–32, 1435–42, 1449–61, 1468–79, at 1395; Beisner, *Dean Acheson*, 417–21; Millett, *War for Korea, 1950–1951*, 361–64.

20 Truman diary entry for December 9, 1950, PSF, Truman Library; Joint Chiefs of Staff memorandum for secretary of defense, January 12, 1951, *Foreign Relations, 1951, VII*, 71–72, at 71; Millett, *War for Korea, 1950–1951*, 395–96.

21 Truman to MacArthur included in Joint Chiefs of Staff to MacArthur, January 13, 1951, *Foreign Relations, 1951, VII*, 77–78, at 77, 78; Millett, *War for Korea, 1950–1951*, 396–97.

22 Millett, *War for Korea, 1950–1951*, 388–92, 397–98, at 398; Beisner, *Dean Acheson*, 422–23.

23 Doris M. Condit, *The Test of War, 1950–1953—History of the Office of the Secretary of Defense, vol. II* (Washington: Historical Office, Office of the Secretary of Defense, 1988), 223–27, 230–36, at 232.

24 Nitze to Acheson, November 22, 1950, *Foreign Relations, 1950, I*, 418–420; Condit, *Test of War*, 235–37, at 237.

25 Condit, *Test of War*, 237–39; Truman, message to Congress requesting additional appropriations for defense, December 1, 1950, *Public Papers of the Presidents, 1950*, 728–31, at 730.

26 "Mr. Truman to the Country," *New York Times*, December 16, 1950; The 'Sense of Urgency,'" *New York Times*, October 29, 1950; George H. Gallup, *The Gallup Poll: Public Opinion, 1935–1971, 3 vols.* (New York: Random House, 1972), II, 949–55, at 949, 955.

27 "Taft's Speech Challenging Truman's Sending Troops Abroad," *New York Times*, January 6, 1951; "Hoover's Speech Presenting Defense Program for Peace," *New York Times*, February 10, 1951; "Here's the Bill: Is It Worth It?" *Chicago Tribune*, January 17, 1951; Walter Lippmann, "The Isolationist Tide," *Washington Post*, December 19, 1950.

28 Condit, *Test of War*, 243–49.

29 Condit, *Test of War*, 239; Congressional Quarterly, *Congress and the Nation, 1945–1964* (Washington: Congressional Quarterly, 1965), 260.

30 A third supplemental appropriation was passed for the FY 1951 budget, but it contained no funds for the Department of Defense. Condit, *Test of War*, 239–42; Congressional Quarterly, *Congress and the Nation*, 260, 265; Edward A. Kolodziej, *The Uncommon Defense and Congress, 1945–1963* (Columbus: Ohio State University Press, 1966), 129–39.

31 Condit, *Test of War*, 259–54; Congressional Quarterly, *Congress and the Nation*, 266.

32 Condit, *Test of War*, 256; Kolodziej, *Uncommon Defense*, 140–50, at 146, 147.

33 Condit, *Test of War*, 257–60, at 257; Kolodziej, *Uncommon Defense*, 148–52. The term "Organizer of Victory" is the subtitle of Forrest C. Pogue's third volume in his masterful biography of George C. Marshall covering his role as army chief of staff in World War II.

34 Condit, *Test of War*, 261–64, at 261; Kolodziej, *Uncommon Defense*, 150–52.

35 NIE 25, "Probable Soviet Courses of Action to Mid-1952," August 2, 1951, W. Park Armstrong Jr. to Acheson, August 6, 1951, *Foreign Relations, 1951, I*, 119–27, at

119, 120, 121, 127.

36 Bohlen to Nitze, July 28, 1951, *Foreign Relations, 1951, I*, 106–9, at 107, 108, 109.

37 NSC 114/1, "Preliminary Report by the NSC on Status and Timing of Current US Programs for National Security," August 8, 1951, James S. Lay Jr. to NSC, August 9, 1951, *Foreign Relations, 1951, I*, 127–59, at 132, 147; Condit, *Test of War*, 262–65.

38 NSC 114/1, August 8, 1951, *Foreign Relations, 1951, I*, 127–57, at 130, 150, 152.

39 Condit, *Test of War*, 261–62, 265–69; Congressional Quarterly, *Congress and the Nation*, 270.

40 Condit, *Test of War*, 269–79; Kolodziej, *Uncommon Defense*, 152–56; Congressional Quarterly, *Congress and the Nation*, 270. 41. Condit, *Test of War*, 279–84, at 282; Kolodziej, *Uncommon Defense*, 156–66; Congressional Quarterly, *Congress and the Nation*, 270–71.

12. 딘 애치슨, 유럽방위를 주도하다

1 Melvyn P. Leffler, *A Preponderance of Power: National Security, the Truman Administration, and the Cold War* (Stanford, CA: Stanford University Press, 1992), 277.

2 Doris M. Condit, *The Test of War, 1950–1953—History of the Office of the Secretary of Defense, vol. II* (Washington: Historical Office, Office of the Secretary of Defense, 1988), 395–400, 413; Irwin M. Wall, *The United States and the Making of Postwar France, 1945–1954* (Cambridge: Cambridge University Press, 1991), 190.

3 Thomas Alan Schwartz, *America's Germany: John J. McCloy and the Federal Republic of Germany* (Cambridge, MA: Harvard University Press, 1991), 38–58.

4 Schwartz, *America's Germany*, 1–57 passim.

5 Record of meeting of US ambassadors at Paris, October 21–22, 1949, *Foreign Relations, 1949, IV*, 485–88; Beisner, *Dean Acheson*, 253–54; Schwartz, *America's Germany*, 89–91, at 90.

6 Schwartz, *America's Germany*, 61–65; Wall, *United States and the Making of Postwar France*, 155–57; US negotiations over devaluation of the German mark, September 20– October 1, 1949, *Foreign Relations, 1949, III*, 448–77.

7 Schwartz, *America's Germany*, 33–39; Acheson to Truman, memorandum on German policy, March 31, 1949, *Foreign Relations, 1949, III*, 142–55; Dean Acheson, *Present at the Creation: My Years in the State Department* (New York: W.

W. Norton, 1969), 291–301.

8 Sherrill Brown Wells, "Robert Schuman," in *Encyclopedia of the European Union*, ed. Desmond Dinan (Boulder, CO: Lynne Rienner, 1998), 414–17; Jean-Pierre Rioux, *The Fourth Republic, 1944–1958* (Cambridge: Cambridge University Press, 1987), 142–44; Robert L. Beisner, *Dean Acheson: A Life in the Cold War* (New York: Oxford UniversityPress, 2006), 162–63; Acheson, *Present at the Creation*, 271–73; Acheson to Webb, September 26, 1949, *Foreign Relations, 1949, III*, 460–62, at 461 and 462.

9 Acheson to George Perkins, October 19, 1949, *Foreign Relations, 1949, IV*, 469–72, at 469 and 470.

10 Record of a meeting of US ambassadors at Paris, October 21–22, 1949, *Foreign Relations, 1949, IV*, 489–94, at 490 and 492.

11 Schwartz, *America's Germany*, 84–95; Leffler, *Preponderance of Power*, 313–47.

12 Beisner, *Dean Acheson*, 7–11; Robert J. Donovan, *Tumultuous Years: The Presidency of Harry S Truman, 1949–1953* (New York: W. W. Norton, 1982), 34–36; David S. McLellan, *Dean Acheson: The State Department Years* (New York: Dodd, Mead, 1976), 4–35.

13 McLellan, *Dean Acheson*, 1–13.

14 McLellan, *Dean Acheson*, 13–21.

15 Gaddis Smith, *Dean Acheson* (New York: Cooper Square, 1972), 10–24; Beisner, *Dean Acheson*, 11–23; McLellan, *Dean Acheson*, 44–56.

16 Smith, *Acheson*, 25–53; McLellan, *Dean Acheson*, 57–135 passim; Beisner, *Dean Acheson*, 24–79 passim.

17 McLellan, *Dean Acheson*, 142–49, 211–14; Donovan, *Tumultuous Years*, 34–36; Beisner, *Dean Acheson*, 88–90, at 89.

18 McLellan, *Dean Acheson*, 5; Beisner, *Dean Acheson*, 104–9; Donovan, *Tumultuous Years*, 34–36, at 36.

19 Beisner, *Dean Acheson*, 259–61; McLellan, *Dean Acheson*, 246–53.

20 Sherrill Brown Wells, *Jean Monnet: Unconventional Statesman* (Boulder, CO: Lynne Rienner, 2011), 128–62 passim, at 130; Douglas Brinkley, "Dean Acheson and Jean Monnet: On the Path to Atlantic Partnership," in *Monnet and the Americans: The Father of a United Europe and His US Supporters*, ed. Clifford P.

Hackett (Washington: Jean Monnet Council, 1995), 82–84; Beisner, *Dean Acheson*, 262–63; McLellan, *Dean Acheson*, 152–53; Acheson to Webb, May 9, 1950, chargé in Paris to Webb (transmitting the Schuman proposal), May 9, 1950, Acheson to Webb, May 10, 1950, *Foreign Relations, 1950, III*, 691–95.

21 Leffler, *Preponderance of Power*, 349–51; Steven T. Ross, *American War Plans, 1945–1950* (New York: Garland, 1988), 115–19; Beisner, *Dean Acheson*, 260–61, 263–65; Johnson to NSC with views of JCS, June 8, 1950, Truman to Acheson, June 16, 1950 (two memos), Acheson to NSC, July 3, 1950, *Foreign Relations, 1950, IV*, 686–95, at 688. Ross shows that, despite the lack of critical resources to implement it, the war plan OFFTACKLE of November 8, 1949, was approved by the Joint Chiefs of Staff in December 1949 and remained the basic US war plan against the Soviet Union until mid-1951.

22 Schwartz, *America's Germany*, 124–28, at 127; Beisner, *Dean Acheson*, 333–52; McLellan, *Dean Acheson*, 273–81, 327–28; Acheson, memorandum on cabinet discussion, July 14, 1950, *Foreign Relations, 1950, I*, 344–46, at 345.

23 Schwartz, *America's Germany*, 129–34; McLellan, *Dean Acheson*, 327–29; Beisner, *Dean Acheson*, 56–60; Gallup, *Gallup Poll, II*, 914, 932.

24 Acheson's suite at the Waldorf-Astoria Hotel was the site of many private meetings of the Big Three. Beisner, *Dean Acheson*, 362–67; Schwartz, *America's Germany*, 135; Acheson to Webb (for the president), September 15, 1950, *Foreign Relations, 1950, III*, 1229–31, at 1230; *Washington Post*, September 9, 1950; *New York Times*, September 10, 1950.

25 Beisner, *Dean Acheson*, 368–69; Schwartz, *America's Germany*, 135–40; McLellan, *Dean Acheson*, 329–32; Acheson to Webb, including North Atlantic Council, "Resolution on the Defense of Western Europe," September 26, 1950, *Foreign Relations, 1950, III*, 350–52.

26 Wells, *Jean Monnet*, 140–42; Schwartz, *America's Germany*, 128–33, 140–42; Beisner, *Dean Acheson*, 369–70; Condit, *Test of War*, 323–26.

27 Beisner, *Dean Acheson*, 370–72, at 370; Schwartz, *America's Germany*, 142–45, 150–52; Condit, *Test of War*, 325–32; Acheson to Bruce (for Schuman), November 29, 1950, Spofford to Acheson, December 8, 1950, *Foreign Relations, 1950, III*, 496–98, 528–30, at 497 and 498.

28 Schwartz, *America's Germany*, 145–46, 152, at 152. For Adenauer's views, see McCloy to Acheson, December 1, 1950, *Foreign Relations, 1950, IV*, 789–92.

29 Schwartz, *America's Germany*, 154–55.

30 US delegation, minutes of North Atlantic Council, December 19, 1950, Truman to Eisenhower, December 19, 1950, *Foreign Relations, 1950, III*, 595–605; Condit, *Test of War*, 332–35; Beisner, *Dean Acheson*, 373–74, at 373.

31 Leffler, *Preponderance of Power*, 390; Beisner, *Dean Acheson*, 452–53.

32 Condit, *Test of War*, 329–35; Beisner, *Dean Acheson*, 453.

33 McLellan, *Dean Acheson*, 337–40; Beisner, *Dean Acheson*, 449; Ronald J. Caridi, *The Korean War and American Politics: The Republican Party as a Case Study* (Philadelphia: University of Pennsylvania Press, 1968), 126.

34 Herbert Hoover, "Our National Policies in This Crisis," December 20, 1950, *Vital Speeches of the Day* (January 1, 1951), 165–67, at 166; Donald J. Mrozek, "Progressive Dissenter: Herbert Hoover's Opposition to Truman's Overseas Military Policy," *Annals of Iowa 43* (1976): 275–91; McLellan, *Dean Acheson*, 340–41.

35 McLellan, *Dean Acheson*, 341; Acheson, *Present at the Creation*, 488–90, at 490.

36 Sen. Robert A. Taft, "Constructive Criticism of American Foreign Policy Is Essential to the Safety of the Nation," January 5, 1951, *Congressional Record*, US Senate (82nd Cong., 1st Sess.), 54–69, at 61; McLellan, *Dean Acheson*, 341–42; James T. Patterson, *Mr. Republican: A Biography of Robert A. Taft* (Boston: Houghton Mifflin, 1972), 470–78.

37 McLellan, *Dean Acheson*, 343; Beisner, *Dean Acheson*, 449.

38 Eisenhower testimony, February 1, 1951, Committees on Foreign Relations and Armed Services, US Senate, "Assignment of Ground Forces of the United States to Duty in the European Area," *Hearings* (82nd Cong., 1st Sess.), 1–35; Condit, *Test of War*, 339–40.

39 Marshall testimony, February 15, 1951, Senate Committee on Foreign Relations, "Assignment of Ground Forces," *Hearings*, 38–42, 46–47, 67–69, at 40 and 41; Condit, *Test of War*, 340.

40 Acheson testimony, February 16, 1951, Senate Committee on Foreign Relations, "Assignment of Ground Forces," *Hearings*, 77–94, at 78, 79, and 85; Beisner, *Dean Acheson*, 451–52; McLellan, *Dean Acheson*, 344–46.

41 Beisner, *Dean Acheson*, 451.

42 Condit, *Test of War*, 340–41, at 341; McLellan, *Dean Acheson*, 346; Beisner, *Dean Acheson*, 452.

43 Schwartz, *America's Germany*, 210–26; Beisner, *Dean Acheson*, 452–54; Wall, *United States and the Making of Postwar France*, 204–212.

44 Schwartz, *America's Germany*, 226–78 passim; Wells, *Jean Monnet*, 151–54; Beisner, *Dean Acheson*, 589–99; Eisenhower to Marshall, July 18, 1951, Bruce to Acheson, July 19, 1951, NSC 115, "US Policy on Problems of the Defense of Europe and the German Contribution," July 30, 1951, *Foreign Relations, 1951, III*, 838–42, 849–52; Edward Fursdon, *The European Defence Community: A History* (New York: St. Martin's Press, 1980), 147, 186. The United States and the United Kingdom did not sign the EDC Treaty, but with France they attached a Tripartite Declaration extending NATO security guarantees to the EDC nations if any member faced a threat to its security.

45 Schwartz, *America's Germany*, 279–94; Wells, *Jean Monnet*, 176–79; Condit, *Test of War*, 377–84, 392–93; Beisner, *Dean Acheson*, 589–603.

46 Beisner, *Dean Acheson*, 602–5; Wall, *United States and the Making of Postwar France*, 265–96; Wells, *Jean Monnet*, 176–79; Simon W. Duke and Wolfgang Krieger, eds., *US Military Forces in Europe: The Early Years, 1945–1970* (Boulder, CO: Westview Press, 1993), 177–79.

47 Condit, *Test of War*, 347–67; Duke and Krieger, *US Military Forces in Europe*, 55–58, 173–79.

13. 안드레이 투폴레프, 전략폭격부대를 창설하다

1 Yu. A. Ostapenko, *Tovarishch ministr: Povest' o rukovoditele aviatsionnoi promy-shlennosti SSSR P. V. Dement'eve [Comrade Minister: A narrative about P. V. Dement'ev, the head of the aviation industry in the USSR]* (Moscow: Aerosphere, 2006), 60–68, at 60 and 67; A. Sul'anov, "Foreword" in *Reaktivnye samolety Vooruzhennyh Sil SSSR i Rossii [Soviet and Russian Turbojet Aircraft]*, by M. Arkhipova (Moscow: AST, 2002), 5.

2 Steven J. Zaloga, *The Kremlin's Nuclear Sword: The Rise and Fall of Russia's Stra-tegic Nuclear Forces, 1945–2000* (Washington: Smithsonian Institution Press, 2002),

4; quoted in *Dal'niaia Aviatsiia, pervye 90 let [Long-range aviation, the first 90 years], ed. V. Zotov* (Moscow: Polygon Press, 2004), 181.

3 V. Rigmant, *Samolety OKB A. N. Tupoleva [The aircraft of A. N. Tupolev's design bureau]* (Moscow: Rusavia, 2001), 111; Steven J. Zaloga, *Target America: The Soviet Union and the Strategic Arms Race, 1945–1964* (Novato, CA: Presidio Press, 1993), 34–35, 68; Christopher Andrew and Oleg Gordievsky, *KGB: The Inside Story of Its Foreign Operations from Lenin to Gorbachev* (New York: HarperCollins, 1990), 311 –20.

4 L. L. Kerber and Von Hardesty, *Stalin's Aviation Gulag: A Memoir of Andrei Tupolev and the Purge Era* (Washington: Smithsonian Institution Press, 1996), 20– 27; Yefim Gordon and Vladimir Rigmant, *OKB Tupolev: A History of the Design Bureau and Its Aircraft* (Hinckley, UK: Midland, 2005), 13.

5 Kerber and Hardesty, *Stalin's Aviation Gulag*, 28–35; Zaloga, *Target America*, 63– 64.

6 Kerber and Hardesty, *Stalin's Aviation Gulag*, 32; Zaloga, *Target America*, 63.

7 Kerber and Hardesty, *Stalin's Aviation Gulag*, 47–50, 64–73, at 72.

8 Kerber and Hardesty, *Stalin's Aviation Gulag*, 76–106; Rigmant, *Samolety OKB A. N. Tupoleva*, 31; Zaloga, *Target America*, 64.

9 Kerber and Hardesty, *Stalin's Aviation Gulag*, 107–25.

10 Kerber and Hardesty, *Stalin's Aviation Gulag*, 35, 40–46, 61–63, 100–104, 128–33, 135–39.

11 Kerber and Hardesty, *Stalin's Aviation Gulag*, 220–21, 157–58, at 158.

12 Kerber and Hardesty, *Stalin's Aviation Gulag*, 157–59, 221–24; Chuev, *Molotov Remembers*, 141.

13 Kerber and Hardesty, *Stalin's Aviation Gulag*, 154–67, 175–78, 191–92.

14 Kerber and Hardesty, *Stalin's Aviation Gulag*, 188–90, at 189.

15 Kerber and Hardesty, *Stalin's Aviation Gulag*, 190–91. Despite Lavrenti Beria's wellearned reputation for brutality, he was widely respected for his hard work, intelligence, and effective administrative ability—as demonstrated during World War II, when he supervised the relocation of defense industries beyond the Urals and managed wartime production across many industries. See Amy Knight, *Beria: Stalin's First Lieutenant* (Princeton, NJ: Princeton University Press, 1993), 112–13,

137-38.

16 Kerber and Hardesty, *Stalin's Aviation Gulag*, 210-11, at 211.

17 Kerber and Hardesty, *Stalin's Aviation Gulag*, 200-206, 213-19, 224-28; Zaloga, *Target America*, 66-67; Paul Duffy and Andrei Kandalov, *Tupolev: The Man And His Aircraft* (Warrendale, PA: SAE, 1996), 14.

18 Kerber and Hardesty, *Stalin's Aviation Gulag*, 238-46; Gordon and Rigmant, *OKB Tupolev*, 13; Robert Jackson, *Aircraft of World War II: Development, Weapons, Specifications* (Leicester, UK: Amber Books, 2003), 154; Zaloga, *Target America*, 67.

19 V. Rigmant, "Neizvestnaia 'Shest' desyatchetverka" [The Unknown "64"], *Aviatsiia i Kosmonavtika 1*(1996): 21-26; Zaloga, *Kremlin's Nuclear Sword*, 13; Christopher Andrew and Vasili Mitrokhin, *The Sword and the Shield: The Mitrokhin Archive and the Secret History of the KGB* (New York: Basic Books, 1999), 114; Gordon and Rigmant, *OKB Tupolev*, 13; Kerber and Hardesty, *Stalin's Aviation Gulag*, 247-55, at 248.

20 Rigmant, "Neizvestnaia," 27-28; Kerber and Hardesty, *Stalin's Aviation Gulag*, 255.

21 Rigmant, "Neizvestnaia," 27; Rigmant, "Samolety," 113; E. Podol'nyi, "V labirinte modernizatsii" [In the labyrinth of modernizations], *Kryl'ia Rodiny 10* (2004): 4; Zaloga, *Target America*, 71.

22 N. Iakubovich, "Nash otvet SShA" [Our answer to the USA], *Kryl'ia Rodiny 1* (2002);3; Rigmant, "Samolety," 112-14; Kerber and Hardesty, *Stalin's Aviation Gulag*, 255-56; L. Kerber and M. Saukke, "Ne kopiia, a analog" [Not a copy, but an analog], *Kryl'ia Rodiny 1* (1989): 25.

23 Kerber and Hardesty, *Stalin's Aviation Gulag*, 257-63, at 257; Zaloga, *Target America*, 71-72.

24 Kerber and Hardesty, *Stalin's Aviation Gulag*, 263-67; Kerber and Saukke, "Ne kopiia," 25; Rigmant, "Samolety," 117; Zaloga, *Target America*, 71-72.

25 Duffy and Kandalov, *Tupolev, 15*, 96-101; Kerber and Hardesty, *Stalin's Aviation Gulag*, 258-69, at 259; Zaloga, *Target America*, 71-74.

26 Podol' nyi, "V labirinte," 3; Kerber and Saukke, "Ne kopiia," 34; Rigmant, "Samolety," 117; Iakubovich, "Nash otvet," 4-5; Kerber and Hardesty, *Stalin's Aviation Gulag*, 269-70.

27 Rigmant, "Samolety," 118-20; Duffy and Kandalov, *Tupolev*, 108-10; Zaloga, *Target*

America, 74–79.

28 Duffy and Kandalov, *Tupolev*, 14–17, 108–10.

29 Rigmant, "Samolety," 126–28; N. Iakubovich, "Mertvorozhdennyi monstr" [The still-born monster], *Kryl'ia Rodiny 2* (1997): 4; Kerber and Hardesty, *Stalin's Aviation Gulag*, 279–83; V. Rigmant, "Tu-85: Konets evolyutsionnogo puti" [Tu-85: The end of evolution], *Aviatsiia i Kosmonavtika 7* (1997): 29.

30 Rigmant, "Tu-85," 30–31; N. V. Iakubovich and V. N. Lavrov, *Samolety V. M. Miasishcheva [The airplanes of V. M. Miasishchev]* (Moscow: Rusavia, 1999), 45–46, at 46; Zaloga, *Target America*, 79–80.

31 Iakubovich and Lavrov, *Miasishcheva*, 47; Kerber and Hardesty, *Stalin's Aviation Gulag*, 286; Rigmant, "Neizvestnaia," 30; Zaloga, *Target America*, 81.

32 Kerber and Hardesty, *Stalin's Aviation Gulag*, 286.

33 Iakubovich and Lavrov, *Miasishcheva*, 34–35, 43, 46–48; L. Seliakov, *Maloizvestnye stranitsy tvorcheskoj deiatel'nosti aviatsionnogo konstruktora Vladimira Mikhailovicha Miasishcheva [Little-known pages from the creative work of aviation designer Vladimir Mikhailovich Miasishchev]* (Moscow: AO ANTK im. A. N. Tupoleva, 1997), 13; Zaloga, *Target America*, 81–82, at 82.

34 Iakubovich and Lavrov, *Miasishcheva*, 49–66; Ostapenko, *Dement'eve*, 144, 155; S. Moroz, *Dal'nie bombardirovschiki M-4 i 3M [Long-range bombers M-4 and 3M]* (Moscow: Exprint, 2005), 5–6, 10–15; Zaloga, *Target America*, 82–85; CIA, "Main Trends in Soviet Capabilities and Policies, 1957–1962," NIE 11-4-57, November 12, 1957, 33.

35 Rigmont, "Samolety," 130–32; Iakubovich and Lavrov, *Miasishcheva*, 47; Kerber and Hardesty, *Stalin's Aviation Gulag*, 297–98; Piotr Butowski, "Tu-95/Tu-142 'Bear,'" in *Tupolev Bombers*, ed. David Donald and Rob Hewson (Norwalk, CT: AIRtime, 2002), 8; N. Kuznetsov, "Uchilsya u nego vsemu" [He taught me everything], in *Andrei Nikolaevich Tupolev: Grani derznovennogo tvorchestva [Andrei N. Tupolev: The limits of daring creation]* (Moscow: Nauka, 1988, 171–72.

36 Kerber and Hardesty, *Stalin's Aviation Gulag*, 299–303, at 302; Rigmant, "Samolety," 131–32.

37 Gordon and Rigmant, *OKB Tupolev*, 150–54; Yefim Gordon and Peter Davison, *Tupolev: Tu-95 Bear* (North Branch, MN: Specialty Press, 2006), 14–21, 96–97;

Duffy and Kandalov, *Tupolev*, 113–15.

38 Gordon and Rigmant, *OKB Tupolev*, 151.

39 Zaloga, *Target America*, 87–88; Allen W. Dulles, "Present and Planned Strengths of the US Air Force: Briefing on Air Intelligence," Subcommittee on the Air Force, US Senate Armed Services Committee, 12–13. CIA–RDP 80M01389R000400110009-4, CIA Records Search Tool (CREST), National Archives, College Park, MD; Dulles, Draft for Symington Committee, April 13, 1956, 7. CIA-RDP80M01389R00040011000 2-1, CREST.

40 Zaloga, *Target America*, 87–88.

14. 커티스 르메이, 전략공군사령부를 창설하다

1 Phillip S. Meilinger, *The Formation and Early Years of the Strategic Air Command, 1946– 1957: Why the SAC Was Formed* (Lewiston, NY: Edwin Mellen Press, 2013) (hereafter, Early Years of SAC), 70–78, 83–84, 100–101; Robert Frank Futrell, *Ideas, Concepts, Doctrine: A History of Basic Thinking in the United States Air Force, 1907–1964* (Maxwell Air Force Base, Ala.: Air University Press, 1974), 95–104.

2 Meilinger, *Early Years of SAC*, 76–88; Warren Kozak, *Curtis LeMay: Strategist and Tactician* (Washington: Regnery History, 2014), 279–85; Harry R. Borowski, *A Hollow Threat: Strategic Air Power and Containment Before Korea* (Westport, CT: Greenwood Press, 1982), 39–71, 87–88, 91–107, 137–49.

3 Meilinger, *Early Years of SAC*, 94–95, 118–20, at 120; Borowski, *Hollow Threat*, 145 –47.

4 Borowski, *Hollow Threat*, 145–46, at 146; Meilinger, *Early Years of SAC*, 119–20; Charles A. Lindberg, *Autobiography of Values* (New York: Harcourt Brace Jovano- vich, 1978), 220–23.

5 Borowski, *Hollow Threat*, 148–49; Meilinger, *Early Years of SAC*, 120.

6 Borowski, *Hollow Threat*, 163–65; Kozak, *Curtis LeMay*, 286–87, at 286; Meilinger, *Early Years of SAC*, 127–28.

7 Kozak, *Curtis LeMay*, 282–94, at 284; Borowski, *Hollow Threat*, 165–66.

8 Kozak, *Curtis LeMay*, 285–86; Borowski, *Hollow Threat*, 166–67; Meilinger, *Early Years of SAC*, 132; General Curtis E. LeMay with MacKinlay Kantor, *Mission with LeMay: My Story* (Garden City, NY: Doubleday, 1965), 432–33, at 433.

9   Kozak, *Curtis LeMay*, 286.

10 Kozak, *Curtis LeMay*, ix–xi, at ix; Thomas M. Coffey, *Iron Eagle: The Turbulent Life of General Curtis LeMay* (New York: Crown. 1986), 3–5, at 3.

11 Kozak, *Curtis LeMay*, 1–11, at 8 and 10; Barrett Tillman, *LeMay* (New York: Palgrave Macmillan, 2009), 4–5; Coffey, *Iron Eagle*, 185–94.

12 Kozak, *Curtis LeMay*, 11–17, 31–32; Coffey, *Iron Eagle*, 195–202; Tillman, *LeMay*, 5–6.

13 Kozak, *Curtis LeMay*, 19–41; Coffey, *Iron Eagle*, 206–23; Tillman, *LeMay*, 6–8.

14 Kozak, *Curtis LeMay*, 28–31, 41–43, at 42; Coffey, *Iron Eagle*, 216–17, 223–29; Tillman, *LeMay*, 9.

15 Kozak, *Curtis LeMay*, 43–53; Meilinger, *Early Years of SAC*, 15–34; Tillman, *LeMay*, 9–11.

16 Kozak, *Curtis LeMay*, 48–52; Meilinger, *Early Years of SAC*, 34–35, 58–59; Tillman, *LeMay*, 13–14.

17 Kozak, *Curtis LeMay*, 52–53; Coffey, *Iron Eagle*, 17, 41–43, 231–33; Tillman, *LeMay*, 14–15.

18 Kozak, *Curtis LeMay*, 52–58; Coffey, *Iron Eagle*, 231–40; Tillman, *LeMay*, 14–15; for an account of the earlier battle between Billy Mitchell and the navy, see Samuel F. Wells Jr., "William Mitchell and the Ostfriesland: A Study in Military Reform," *The Historian 26* (August 1964): 538–62.

19 LeMay, *Mission with LeMay*, 152–93; Kozak, *Curtis LeMay*, 58–64; Coffey, *Iron Eagle*, 240–43; Tillman, *LeMay*, 15–18; Hanson Baldwin, "War Games Show Air Force Is Weak: But Rapid Strides in 3 Years Are Evident," *New York Times*, May 15, 1938.

20 Kozak, *Curtis LeMay*, 53, 62–68; Coffey, *Iron Eagle*, 242–44; Tillman, *LeMay*, 18–20.

21 Gerhard L. Weinberg, *A World At Arms: A Global History of World War II* (New York: Cambridge University Press, 1994), 238–64; Robert Dallek, *Franklin D. Roosevelt and American Foreign Policy, 1932–1945* (New York: Oxford University Press, 1979), 269–313; Andrew Gilmour, "Escape from Dunkirk: Hitler's Four Strategic Mistakes," Newsweek, June 5, 2015, www.europe.newsweek.com/escape-dunkirk-hitlers-four-strategic-mistakes-328274.

22 Kozak, *Curtis LeMay*, 72–80, at 78; Coffey, *Iron Eagle*, 16–18; Tillman, *LeMay*, 21–25.

23 The flight surgeon told LeMay that Bell's palsy was due to sustained cold temperatures at high altitudes, but today we know that it is caused by a virus. In any event, the paralysis did diminish significantly over the next decade. Kozak, *Curtis LeMay*, 80–89, at 83; Coffey, *Iron Eagle*, 18–27, at 21; Tillman, *LeMay*, 24–26.

24 Kozak, *Curtis LeMay*, 94–96; Coffey, *Iron Eagle*, 29–30; Tillman, *LeMay*, 26–27.

25 Kozak, *Curtis LeMay*, 95–107, 114; Coffey, *Iron Eagle*, 28–36; Tillman, *LeMay*, 26–29.

26 Kozak, *Curtis LeMay*, 96, 109–12; Coffey, *Iron Eagle*, 36–38; Tillman, *LeMay*, 29.

27 Kozak, *Curtis LeMay*, 96–97; Coffey, *Iron Eagle*, 39–50.

28 Kozak, *Curtis LeMay*, 73, 121–22, 201, 390, at 121 and 201.

29 Kozak, *Curtis LeMay*, 112–63; Richard J. Overy, *The Air War, 1939–1945* (New York: Stein & Day, 1980), 122–26; Richard Overy, *The Bombers and the Bombed: Allied Air War Over Europe, 1940–1945* (New York: Penguin Press, 2015), 306–7; Office of Statistical Control, Headquarters, Army Air Force, *Army Air Force Statistical Digest: World War II* (1945), tables 35 and 100, www.ibiblio.org/hyperwar/AAF/StatDigest/index.html.

30 Kozak, *Curtis LeMay*, 116–65, at 118; Coffey, *Iron Eagle*, 47–102; Tillman, *LeMay*, 30–37.

31 The most serious problem with the B-29 appeared in early test flights, when engines caught on fire and dropped off the wing or caught the wing on fire, causing a crash. The latter occurred with the top test pilot and nine senior Boeing engineers aboard when the burning airplane crashed into a meat packing plant in downtown Seattle with a large number of casualties, including everyone on the plane. Kozak, *Curtis LeMay*, 165–79, at 165; Coffey, *Iron Eagle*, 103–11; Tillman, *LeMay*, 38–43.

32 Kozak, *Curtis LeMay*, 180–98; Coffey, *Iron Eagle*, 111–28; Tillman, *LeMay*, 43–52.

33 Kozak, *Curtis LeMay*, 198–210; LeMay, *Mission with LeMay*, 341–42, at 342; Coffey, *Iron Eagle*, 129–37.

34 Kozak, *Curtis LeMay*, 196–97, 210–14, at 196; Coffey, *Iron Eagle*, 137–56; Tillman, *LeMay*, 55–60.

35 Kozak, *Curtis LeMay*, 215–27, at 224; Coffey, *Iron Eagle*, 155–68; Tillman, *LeMay*, 60–63.

36 Kozak, *Curtis LeMay*, 238–59, at 255; Coffey, *Iron Eagle*, 168–82; Tillman, *LeMay*,

64-77.

37 Kozak, *Curtis LeMay*, 261-71; Lawrence Freedman, *The Evolution of Nuclear Strategy* (New York: St. Martin's Press, 1981), 178-207, 247-49, 258-61; Fred Kaplan, *The Wizards of Armageddon* (New York: Simon & Schuster, 1983), 55-124; Coffey, *Iron Eagle*, 252-57; Tillman, *LeMay*, 79-85.

38 The Berlin airlift continued until the Soviets lifted the blockade on May 12, 1949. Kozak, *Curtis LeMay*, 272-78; Coffey, *Iron Eagle*, 258-69; Tillman, *LeMay*, 85-91.

39 Quoted in a 2008 letter to the author, Kozak, *Curtis LeMay*, 166.

40 Kozak, *Curtis LeMay*, 290-93; Meilinger, *Early Years of SAC*, 133-39; Coffey, *Iron Eagle*, 280-84; Tillman, *LeMay*, 101-2.

41 Kozak, *Curtis LeMay*, 292-93, 300; Meilinger, *Early Years of SAC*, 139-40; Coffey, *Iron Eagle*, 293-94; Tillman, *LeMay*, 102-3.

42 Kozak, *Curtis LeMay*, 294-97; Meilinger, *Early Years of SAC*, 130-31; Coffey, *Iron Eagle*, 294-98.

43 Meilinger, *Early Years of SAC*, 140-50; Coffey, *Iron Eagle*, 284-90; Tillman, *LeMay*, 104-5; for the navy's side of this episode, see Jeffrey G. Barlow, *Revolt of the Admirals: The Fight for Naval Aviation, 1945-1950* (Washington: Naval Historical Center, 1994).

44 Meilinger, *Early Years of SAC*, 140.

45 Meilinger, *Early Years of SAC*, 255-56, 340.

46 Effective in 1950, the air force established a new class of heavy bomber with the B-36D; the B-29 and B-50 were redesignated medium-range bombers at this time. Meilinger, *Early Years of SAC*, 252-56; Meyers K. Jacobsen and Scott Deaver, *Convair B-36: A Comprehensive History of America's "Big Stick"* (Atglen, PA: Schiffer, 1997), 254-56.

47 Meilinger, *Early Years of SAC*, 257-59, at 257 and 258; Alwyn T. Lloyd, *Boeing's B-47 Stratojet* (North Branch, MN: Specialty Press, 2005), 62-72.

48 Meilinger, *Early Years of SAC*, 255-56; Kozak, *Curtis LeMay*, 303-4; Eric Adams, "How on God's Green Earth Is the B-52 Still in Service?" Wired, April 19, 2016, https://wired .com/2016/04/gods-green-earth-b-52-still-service/.

49 Ibid., 259-70, 340; Tillman, *LeMay*, 106-10.

50 David Alan Rosenberg, "The Origins of Overkill: Nuclear Weapons and American

Strategy, 1945–1960," *International Security* 7 (Spring 1983): 16–24, at 19; Samuel R. Williamson Jr. and Steven L. Rearden, *The Origins of US Nuclear Strategy, 1945–1953* (New York: St. Martin's Press, 1993), 162–68.

51 Williamson and Rearden, *Origins*, 104–5, 124; Steven T. Ross and David Alan Rosenberg, eds., *America's Plans for War Against the Soviet Union, 1945–1950, vol. 13, Evaluating the Air Offensive: the WSEG I Study* (New York: Garland, 1990), 158 –93; Meilinger, *Early Years of SAC*, 270–82.

52 Williamson and Rearden, *Origins*, 105–7, 111–37; Charles E. Egan, "Symington on Retiring, Finds Air Force Fighting Value Cut," *New York Times*, April 25, 1950.

53 See table 14.4; Borowski, *Hollow Threat*, 191; Meilinger, *Early Years of SAC*, 315.

54 The one identified strategic target that was not attacked was judged too close to the Soviet border to be safely bombed. Meilinger, *Early Years of SAC*, 224–30, at 225; Office of Air Force History, *Steadfast and Courageous: FEAF Bomber Command and the Air War in Korea, 1950–1953* (Washington: Office of Air Force History, 2000), 14–19.

55 From the start, US pilots suspected that the MiG-15s were flown by Soviets because of their skill; this was later confirmed. Meilinger, *Early Years of SAC*, 227, 242–44, at 227; Office of Air Force History, *Steadfast and Courageous*, 43–47.

56 Meilinger, *Early Years of SAC*, 242–44; Office of Air Force History, *Steadfast and Courageous*, 43–47; Korean War Armistice Agreement, July 27, 1953, http://news.findlaw.com/cnn/docs/korea/kwarmagr072753.html.

57 Meilinger, *Early Years of SAC*, 246–47; Office of Air Force History, *Steadfast and Courageous*, 56.

58 Meilinger, *Early Years of SAC*, 283–302; Williamson and Rearden, *Origins*, 189–95.

59 Meilinger, *Early Years of SAC*, 232–35; Richard Hewlett and Francis Duncan, *Atomic Shield, 1947–1952* (Washington: Atomic Energy Commission, 1972), 537–38; Kozak, *Curtis LeMay*, 281, 301; Coffey, *Iron Eagle*, 303–5.

60 Meilinger, *Early Years of SAC*, 236–38; Hewlett and Duncan, *Atomic Shield*, 538–39; Coffey, *Iron Eagle*, 305. 61. Williamson and Rearden, *Origins*, 165–68; Meilinger, *Early Years of SAC*, 304–11. 62. Meilinger, *Early Years of SAC*, 311–17, at 314.

1 Quoted by Steven J. Zaloga, *Target America: The Soviet Union and the Strategic Arms Race, 1945–1964* (Novato, CA: Presidio Press, 1993), 11.

2 David Holloway, *Stalin and the Bomb: The Soviet Union and Atomic Energy, 1939–1956* (New Haven, CT: Yale University Press, 1994), 11–12; Igor N. Golovin, *I. V. Kurchatov: A Socialist-Realist Biography of the Soviet Nuclear Scientist* (Bloomington, IN: Selbstverlag Press, 1968), 12–14.

3 Holloway, *Stalin and the Bomb*, 12–15, at 14; Golovin, *Kurchatov*, 13–16.

4 Margaret Gowing, *Britain and Atomic Energy, 1939–1945* (London: Macmillan, 1964), 17–20; Golovin, *Kurchatov*, 21–26; Holloway, *Stalin and the Bomb*, 34–39.

5 Holloway, *Stalin and the Bomb*, 16–24, 26–28, 41–46.

6 Golovin, *Kurchatov*, 21–31; Holloway, *Stalin and the Bomb*, 35, 47–48, at 47 and 48.

7 Holloway, *Stalin and the Bomb*, 49–67; Golovin, *Kurchatov*, 31–34; William L. Laurence, "Vast Power Source in Atomic Energy Opened by Science," *New York Times*, May 5, 1940; Zaloga, *Target America*, 7–8.

8 Golovin, *Kurchatov*, 32–34; Holloway, *Stalin and the Bomb*, 54–56, 70–75, 98.

9 Gerhard L. Weinberg, *A World At Arms: A Global History of World War II* (New York: Cambridge University Press, 1994), 264–69; John Erickson, *The Road to Stalingrad: Stalin's War with Germany, vol. 1* (New York: Harper & Row, 1975), 13–292 passim; John Erickson, "Threat Identification and Strategic Appraisal by the Soviet Union, 1930– 1941," in *Knowing One's Enemies: Intelligence Assessment Before the Two World Wars*, editor, Ernest R. May (Princeton, NJ: Princeton University Press, 1984), 409–23; Holloway, *Stalin and the Bomb*, 72–74.

10 Golovin, *Kurchatov*, 34–38; Holloway, *Stalin and the Bomb*, 72–75.

11 Holloway, *Stalin and the Bomb*, 76–79; Golovin, *Kurchatov*, 30–40.

12 Gowing, *Britain and Atomic Energy*, 45–89, 97–132, 167–77; Richard G. Hewlett and Oscar E. Anderson Jr., *The New World: A History of the United States Atomic Energy Commission, vol. 1, 1939–1946* (Berkeley: University of California Press, 1990), 29–49, 71–75; Holloway, *Stalin and the Bomb*, 79–81.

13 Christopher Andrew and Oleg Gordievsky, *KGB: The Inside Story of Its Foreign Operations from Lenin to Gorbachev* (New York: HarperCollins, 1990), 216–17, 293

-94, 311–20; Robert C. Williams, *Klaus Fuchs: Atom Spy* (Cambridge, MA.: Harvard University Press, 1987), 35–91; Holloway, *Stalin and the Bomb*, 79–83.

14 Campbell Craig and Sergey Radchenko, *The Atomic Bomb and the Origins of the Cold War* (New Haven, CT: Yale University Press, 2008), 47–48; Golovin, *Kurchatov*, 39–40; Holloway, *Stalin and the Bomb*, 83–86; Zaloga, *Target America*, 10–13.

15 Holloway, *Stalin and the Bomb*, 86–88, at 88; Golovin, *Kurchatov*, 40; Craig and Radchenko, *Atomic Bomb*, 49. One scholar argues that Pervukhin at Beria's initiative was involved in the decision process earlier; see Zaloga, *Target America*, 11–15.

16 Holloway, *Stalin and the Bomb*, 70; Richard Rhodes, *Dark Sun: The Making of the Hydrogen Bomb* (New York: Simon & Schuster, 1995), 63–65; Zaloga, *Target America*, 15.

17 Golovin, *Kurchatov*, 40–41, at 41.

18 Golovin, *Kurchatov*, 28–29; Holloway, *Stalin and the Bomb*, 40.

19 Rhodes, *Dark Sun*, 28–32; Holloway, *Stalin and the Bomb*, 35–38.

20 Holloway, *Stalin and the Bomb*, 38–39, 97–99, at 39; Rhodes, *Dark Sun*, 29–31.

21 Holloway, *Stalin and the Bomb*, 38–41, at 40; Rhodes, *Dark Sun*, 32–39.

22 Holloway, *Stalin and the Bomb*, 90–91, at 91; Rhodes, *Dark Sun*, 70–71.

23 Rhodes, *Dark Sun*, 71–77; Holloway, *Stalin and the Bomb*, 91–95, at 9.

24 Amy Knight, *Beria: Stalin's First Lieutenant* (Princeton, NJ: Princeton University Press, 1993), 139; Holloway, *Stalin and the Bomb*, 96–97, 141, 182; Rhodes, *Dark Sun*, 265–77.

25 Holloway, *Stalin and the Bomb*, 89, 99, 499, at 89 and 99; Rhodes, *Dark Sun*, 314.

26 Holloway, *Stalin and the Bomb*, 87, 97, 447, at 87; Rhodes, *Dark Sun*, 63–64, 69.

27 Craig and Radchenko, *Atomic Bomb*, 52–53; Holloway, *Stalin and the Bomb*, 102–3, 114–15, at 102 and 103; Rhodes, *Dark Sun*, 163.

28 Holloway, *Stalin and the Bomb*, 115; Craig and Radchenko, *Atomic Bomb*, 49–50, 60–61; Rhodes, *Dark Sun*, 54, 74.

29 Golovin, *Kurchatov*, 42–46; Holloway, *Stalin and the Bomb*, 97–100, 105–6; Rhodes, *Dark Sun*, 77–79.

30 Holloway, *Stalin and the Bomb*, 68, 98–99; Golovin, *Kurchatov*, 46–47; Rhodes, *Dark Sun*, 79, 148.

31 Holloway, *Stalin and the Bomb*, 91–94, 97, 100–101, 395; Rhodes, *Dark Sun*, 38, 70 –73, 80–81, 146; Golovin, *Kurchatov*, 47–48. During the war years, the Soviet Union imported between 4,000 and 6,000 tons of graphite a year from the United States to supplement the production of its own three plants.

32 Holloway, *Stalin and the Bomb*, 60–64, 100–103; Rhodes, *Dark Sun*, 146–48.

33 Holloway, *Stalin and the Bomb*, 108–12; Rhodes, *Dark Sun*, 160–62, at 162.

34 Holloway, *Stalin and the Bomb*, 114–15, at 115; Rhodes, *Dark Sun*, 163–64, 173–74; Williams, *Klaus Fuchs*, 78–80.

35 Craig and Radchenko, *Atomic Bomb*, 90–94; W. Averell Harriman and Elie Abel, *Special Envoy to Churchill and Stalin, 1941–1946* (New York: Random House, 1975), 317–19, 335–61, 426–31, 444–58; Vojtech Mastny, *Russia's Road to the Cold War: Diplomacy, Warfare, and the Politics of Communism, 1941–1945* (New York: Columbia University Press, 1979), 253–66; Holloway, *Stalin and the Bomb*, 116–17.

36 Craig and Radchenko, *Atomic Bomb*, 94–97; Holloway, *Stalin and the Bomb*, 125–32; Rhodes, *Dark Sun*, 176–78.

37 Holloway, *Stalin and the Bomb*, 129–35, at 129 and 132; Craig and Radchenko, *Atomic Bomb*, 95–96, 106–9; Rhodes, *Dark Sun*, 179; Golovin, *Kurchatov*, 49–52.

38 Avraamii P. Zaveniagin, in addition to being a deputy to Vannikov on the atomic project, also served under Beria as deputy commissar of internal affairs from 1941 to 1950 with the rank of colonel-general in the NKVD. Holloway, *Stalin and the Bomb*, 109–11, 136–37, 141, 453, at 141; Golovin, *Kurchatov*, 50–51.

39 Holloway, *Stalin and the Bomb*, 135–38; Rhodes, *Dark Sun*, 187–95, 217–21. In a series of exchanges with Beria and Stalin, Peter Kapitsa boldly challenged the decision to copy the American design instead of developing a Soviet solution, and he strongly criticized Beria's management of the project and his ignorance of basic physics. For this risky behavior, Stalin some months later removed Kapitsa from all official positions and had him placed under house arrest for eight years. But he prevented Beria from imprisoning and almost certainly killing the impetuous physicist. On these clashes, see Holloway, *Stalin and the Bomb*, 138–44; and Rhodes, *Dark Sun*, 196–97.

40 Holloway, *Stalin and the Bomb*, 144–49; Rhodes, *Dark Sun*, 213–14, 222–23.

41 Rhodes, *Dark Sun*, 257.

42 Holloway, *Stalin and the Bomb*, 172–80; Golovin, *Kurchatov*, 50; Rhodes, *Dark Sun*, 214. The only available estimates of the total manpower required by the atomic bomb program come from a 1950 CIA report. It contends that up to 460,000 people were engaged with most in mining and construction, about 30,000 in production, and 8,000 in research. Holloway finds these figures "plausible, and certainly of the right order of magnitude." See Holloway, *Stalin and the Bomb*, 172.

43 Rhodes, *Dark Sun*, 215–22; Holloway, *Stalin and the Bomb*, 173.

44 Rhodes, *Dark Sun*, 265–72, at 271; Golovin, *Kurchatov*, 52–54; Holloway, *Stalin and the Bomb*, 180–82.

45 Rhodes, *Dark Sun*, 270–75, at 275; Golovin, *Kurchatov*, 54–55; Holloway, *Stalin and the Bomb*, 181–82.

46 Igor N. Golovin and Yuri N. Smirnov, *It Began in Zamoskvorechie* (Moscow: Kurchatov Institute, 1989), quoted by Rhodes, *Dark Sun*, 275, 277; Holloway, *Stalin and the Bomb*, 182.

47 Kramish was a physicist who had worked on the Manhattan Project and later on the hydrogen bomb, and he had served with the Atomic Energy Commission as its liaison with the CIA. The book was written at the RAND Corporation and drew heavily on his connections with the intelligence community. See Arnold Kramish, *Atomic Energy in the Soviet Union* (Stanford, CA: Stanford University Press, 1959), 108–29; and Jascha Hoffman, "Arnold Kramish, Expert on Nuclear Intelligence, Dies at 87," *New York Times*, July 15, 2010.

48 John Earl Haynes, Harvey Klehr, and Alexander Vassiliev, *Spies: The Rise and Fall of the KGB in America* (New Haven, CT: Yale University Press, 2009), 65–67, 561n 50; Rhodes, *Dark Sun*, 267–75. Holloway, *Stalin and the Bomb*, 182, essentially dismisses the espionage argument in comparing the F-1 with Enrico Fermi's original reactor design of December 1942 rather than the later Hanford 305 design. He attributes the high number of similarities to the desire of two top physicists to build a reactor quickly from graphite and uranium and adds that the Smyth Report contained a detailed description of the 1942 Fermi design.

49 Holloway, *Stalin and the Bomb*, 183–84.

50 Rhodes, *Dark Sun*, 214, 314–15; Golovin, *Kurchatov*, 58–59; Holloway, *Stalin and the Bomb*, 184–85.

51 L. D. Riabeva, editor, *Atomnyi proekt SSSR: dokumenty i materialy [The atomic project of the Soviet Union: documents and materials]*, 7 vols. (Moscow: Nauka, Fizmatlit, 1999), book 3, 757‒59; Holloway, *Stalin and the Bomb*, 185‒87; Golovin, *Kurchatov*, 59‒62; Rhodes, *Dark Sun*, 314‒16, 331‒32.

52 Golovin, *Kurchatov*, 62; Rhodes, *Dark Sun*, 332.

53 Holloway, *Stalin and the Bomb*, 187‒89; Rhodes, *Dark Sun*, 351‒53.

54 Rhodes, *Dark Sun*, 242‒43, 332‒36; Holloway, *Stalin and the Bomb*, 189‒92.

55 Holloway, *Stalin and the Bomb*, 196‒200; Rhodes, *Dark Sun*, 352‒53.

56 Holloway, *Stalin and the Bomb*, 172, 192‒95; Rhodes, *Dark Sun*, 349‒51.

57 Holloway, *Stalin and the Bomb*, 197‒200.

58 Holloway, *Stalin and the Bomb*, 203; Rhodes, *Dark Sun*, 352.

59 Holloway, *Stalin and the Bomb*, 200; Rhodes, *Dark Sun*, 352.

60 Golovin, *Kurchatov*, 63; Holloway, *Stalin and the Bomb*, 200‒201, at 201; Rhodes, *Dark Sun*, 352‒53.

61 Holloway, *Stalin and the Bomb*, 201‒2, at 202; Rhodes, *Dark Sun*, 285‒89.

62 Golovin makes no mention of the agitation against Western concepts in physics; nor does he explain why Kurchatov chose to join the party at this time. Golovin, *Kurchatov*, 62; Holloway, *Stalin and the Bomb*, 202‒3, 206‒8.

63 Holloway, *Stalin and the Bomb*, 208‒13, at 211 and 213.

64 Rhodes, *Dark Sun*, 364‒65; Holloway, *Stalin and the Bomb*, 213‒14; Golovin, *Kurchatov*, 63‒64.

65 Holloway, *Stalin and the Bomb*, 214‒15; Rhodes, *Dark Sun*, 365.

66 Rhodes, *Dark Sun*, 364‒66, at 366; Holloway, *Stalin and the Bomb*, 215‒16; Golovin, *Kurchatov*, 63‒64.

67 Rhodes, *Dark Sun*, 366‒67, at 366 and 367; Holloway, *Stalin and the Bomb*, 216.

68 Holloway, *Stalin and the Bomb*, 214, 217‒18, at 217; Rhodes, *Dark Sun*, 367‒68.

69 Holloway, *Stalin and the Bomb*, 218‒19, at 218; Rhodes, *Dark Sun*, 368.

70 Riabeva, *Atomnyi proekt*, book 7, 556‒57; N. S. Simonov, *Voenno-promyshlenni kompleks SSSR v 1920‒1950 gody: Tempy ekonomicheskogo rosta, struktura, organizatsiia proizvodstva i upravleniie [The Soviet military-industrial complex from 1920 to 1950: Economic growth, structure, production, and management]* (Moscow: Rosspen, 1996), 242; CIA, "Memorandum: Military Expenditures and National

Income of the USSR," December 26, 1950, www.foia.cia.gov/sites/default/files/document_conversions/89801/DOC_0000969834.pdf; Holloway, *Stalin and the Bomb*, 220–21.

71 Holloway, *Stalin and the Bomb*, 222–23, 417n127.

72 Riabeva, *Atomnyi proekt, book 7*, 546–49, 572, 585; Zaloga, *Target America*, 94–106; Holloway, *Stalin and the Bomb*, 219, 303–9, 312–17; Rhodes, *Dark Sun*, 523–25.

73 Riabeva, *Atomnyi proekt, book 5*, 346–48; book 7, 552.

74 Riabeva, *Atomnyi proekt, book 5*, 342; NIE, "The Soviet Atomic Energy Program to Mid-1957," NIE 11-3A-54, February 16, 1954, in *Selected Estimates on the Soviet Union, 1950–1959*, editor, Scott A. Koch (Washington: Center for the Study of Intelligence of the Central Intelligence Agency, 1993), 13–17.

75 Rhodes, *Dark Sun*, 482–512, 541–42, 579–80; Holloway, *Stalin and the Bomb*, 305–17; Golovin, *Kurchatov*, 64–67.

76 Holloway, *Stalin and the Bomb*, 224–27, 231–37, 242–50; Zaloga, *Target America*, 34–35, 118–38.

77 Holloway, *Stalin and the Bomb*, 237–42, at 242.

78 Ibid.

16. 월터 베델 스미스, CIA를 개혁하고 확장하다

1   G. John Ikenberry, *After Victory: Institutions, Strategic Restraint, and the Rebuilding of Order After Major Wars* (Princeton, NJ: Princeton University Press, 2001), 163–214; G. John Ikenberry, "Political Structures and Postwar Settlements," in *New European Orders, 1919 and 1991*, edited by Samuel F. Wells Jr. and Paula Bailey Smith (Washington: Woodrow Wilson Center Press, 1996), 1–17.

2   Ludwell Lee Montague, *General Walter Bedell Smith as Director of Central Intelligence, October 1950–February 1953* (University Park: Pennsylvania State University Press, 1992) (hereafter, Smith as DCI), 1–17.

3   Truman to secretaries of state, war, and navy, January 22, 1946, *Foreign Relations, 1945–1950: Emergence of the Intelligence Establishment* (Washington: US Government Printing Office, 1996), 178–79; Montague, *Smith as DCI*, 25–26; Michael Warner and J. Kenneth McDonald, *US Intelligence Community Reform Studies since 1947* (Washington: Center for the Study of Intelligence of Central

Intelligence Agency, 2005), 3–5.

4 Montague, *Smith as DCI*, 27–30.

5 Montague, *Smith as DCI*, 34–35.

6 Montague, *Smith as DCI*, 9–14, 35–43; Warner and McDonald, *Intelligence Community Reform*, 8–9.

7 Warner and McDonald, *Intelligence Community Reform*, 8–10, at 9–10.

8 Warner and McDonald, *Intelligence Community Reform*, 10–11, at 10 and 11; Montague, *Smith as DCI*, 43–44.

9 Montague, *Smith as DCI*, 46–47.

10 Montague, *Smith as DCI*, 47–50, at 47; Warner and McDonald, *Intelligence Community Reform*, 11.

11 Tim Weiner, *Legacy of Ashes: The History of the CIA* (New York: Doubleday, 2007), 3–26, at 3; Montague, *Smith as DCI*, 40–50.

12 The new covert action program was initially called the Office of Special Projects, but its name was soon changed to the Office of Policy Coordination. Evan Thomas, *The Very Best Men: The Daring Early Years of the CIA* (New York: Simon & Schuster, 1996), 28–30, 354–55; Weiner, *Legacy of Ashes*, 22–29; Kennan, memorandum on the inauguration of political warfare, May 4, 1948, NSC Report 10/2, June 18, 1948, *Foreign Relations, 1945–1950: Intelligence*, 668–72, 713–15; W. R. Smyser, *From Yalta to Berlin: The Cold War Struggle Over Berlin* (New York: St. Martin's Press, 1999), 73–75.

13 Smyser, *From Yalta to Berlin*, 75–78; Weiner, *Legacy of Ashes*, 19–21, 28–31; Thomas, *Very Best Men*, 24–26.

14 Weiner, *Legacy of Ashes*, 28–31; Frank Wisner, memoranda of talks on counterpart funds and operations with senior Marshall Plan representatives in Paris and with John McCloy in Bonn, November 16, 1948–June 1, 1949, *Foreign Relations, 1945–1950: Intelligence*, 732–36; Michael J. Hogan, *The Marshall Plan: America, Britain, and the Reconstruction of Western Europe, 1947–1952* (New York: Cambridge University Press, 1987), 85–86, 152–55; Herman Van der Wee, *Prosperity and Upheaval: The World Economy, 1945–1980* (Berkeley: University of California Press, 1986), 43–47; Thomas, *Very Best Men*, 40–41, 87–88.

15 Thomas, *Very Best Men*, 15–19, 33–42; Weiner, *Legacy of Ashes*, 30–34.

16 Weiner, *Legacy of Ashes*, 33–36; Thomas, *Very Best Men*, 33–39; Burton Hersh, *The Old Boys: The American Elite and the Origins of the CIA* (New York: Charles Scribner's Sons, 1992), 253–66.

17 Weiner, *Legacy of Ashes*, 40.

18 Weiner, *Legacy of Ashes*, 41–42, 540–41; Thomas, *Very Best Men*, 35–36; Hersh, *Old Boys*, 266–71.

19 Weiner, *Legacy of Ashes*, 43–47, at 45; Thomas, *Very Best Men*, 27–39; Hersh, *Old Boys*, 269–81.

20 This compromise of signals intelligence on Soviet communications with Asia was later characterized in an NSA history as "perhaps the most significant intelligence loss in US history." This incident led to the creation two years later of the NSA. Weiner, *Legacy of Ashes*, 41–51, at 51; Thomas, *Very Best Men*, 50–51, at 51.

21 D. K. R. Crosswell, *Beetle: The Life of General Walter Bedell Smith* (Lexington: University Press of Kentucky, 2012), 109–13, at 109 and 112. 22. Crosswell, *Beetle*, 113–18.

23 Crosswell, *Beetle*, 115–19.

24 Crosswell, *Beetle*, 117–18.

25 Crosswell, *Beetle*, 121–42, 157.

26 Crosswell, *Beetle*, 143–62.

27 Crosswell, *Beetle*, 163–200, at 165, 169, 172, and 189.

28 Crosswell, *Beetle*, 200–206; Forrest C. Pogue, *George C. Marshall: Ordeal and Hope, 1939–1942* (New York: Viking Press, 1966), 7–8.

29 Crosswell, *Beetle*, 206–14

30 Crosswell, *Beetle*, 209–10, at 209.

31 Crosswell, *Beetle*, 211–28, at 211, 224, and 226.

32 Crosswell, *Beetle*, 227–34, at 234; Pogue, *Marshall: Ordeal and Hope*, 261–63.

33 Crosswell, *Beetle*, 233–40; Pogue, *Marshall: Ordeal and Hope*, 264–88.

34 Crosswell, *Beetle*, 238–55, 272, at 244 and 255.

35 Crosswell, *Beetle*, 257–92.

36 Crosswell, *Beetle*, 3–5, 314–18, at 5 and 318; Forrest C. Pogue, *The Supreme Command: The United States Army in World War II, the European Theater of Operations* (Washington: Office of the Chief of Military History, 1954), 33–35, 62–

65; Montague, *Smith as DCI*, 9.

37 Crosswell, *Beetle*, 287–312, 318–30.

38 Crosswell, *Beetle*, 330–433 passim.

39 Crosswell, *Beetle*, 450–67.

40 Crosswell, *Beetle*, 454–55, 469–78; for a full discussion of the frenzied Italian maneuvers, see Elena Agarossi, *A Nation Collapses: The Italian Surrender of September 1943* (Cambridge: Cambridge University Press, 2000).

41 Crosswell, *Beetle*, 478–82.

42 Crosswell, *Beetle*, 482–87, at 483.

43 Crosswell, *Beetle*, 487–93, at 488.

44 Crosswell, *Beetle*, 493–95, at 493; for the Darlan deal and its repercussions, see ibid., 334–52.

45 Churchill, visiting the White House after the Quebec Conference, was not taken aback by the Italian betrayal, exclaiming to Roosevelt: "That's what you would expect from those Dagoes." Crosswell, *Beetle*, 497–547, at 504.

46 SHAEF is the acronym for Supreme Headquarters, Allied Expeditionary Force. Ibid., 551–81, at 581.

47 Ibid., 583–626.

48 Ibid., 626–828 passim, 838–47.

49 Ibid., 682–92, 830–38, 847–58; Alex Danchev and Daniel Todman, eds., *War Diaries, 1939–1945: Field Marshal Lord Alanbrooke* (Berkeley: University of California Press, 2001), 401–11, 441–43, 462–66, 473–76, 481–88, 628–30; Alistair Horne, with David Montgomery, *Monty: The Lonely Leader, 1944–1945* (New York: HarperCollins, 1994), 298–321.

50 Crosswell, *Beetle*, 854–61; Danchev and Todman, *War Diaries: Alanbrooke*, 441–43, 651–52.

51 Crosswell, *Beetle*, 861–64, at 861; Danchev and Todman, *War Diaries: Alanbrooke*, 652–55, at 653.

52 Crosswell, *Beetle*, 915–18; Walter Bedell Smith, *Eisenhower's Six Great Decisions: Europe, 1944–1945* (London: Longmans, Green, 1956), 200–204; Horne, *Monty*, 335–38.

53 Smith, *Eisenhower's Six Great Decisions*, 204–5; Crosswell, *Beetle*, 918–19.

54 Smith, *Eisenhower's Six Great Decisions*, 205-6; Crosswell, *Beetle*, 919-24, at 924.

55 Montague, *Smith as DCI*, 5-6; Crosswell, *Beetle*, 9-17.

56 One sentence in Kennan's "long telegram" has a remarkably contemporary resonance: "The very disrespect of Russians for objective truth—indeed, their disbelief in its existence—leads them to view all stated facts as instruments for furtherance of ulterior purpose or another." Kennan to Byrnes, February 22, 1946, *Foreign Relations, 1946, vol. 6*, 701. Crosswell, *Beetle*, 17-21, at 18; Kennan to Byrnes, February 22, 1946, Smith to Byrnes, April 5, 1946, *Foreign Relations, 1946, vol. 6*, 696-709, 732-36, at 734; Walter Bedell Smith, *My Three Years in Moscow* (Philadelphia: J. B. Lippincott, 1950), 49-54.

57 The Federal Republic of Germany was established from the three Western occupation zones on May 23, 1949, two weeks after the Soviets lifted the blockade of Berlin. Crosswell, *Beetle*, 21-28; Montague, *Smith as DCI*, 6-7.

58 Smith, *My Three Years in Moscow*, 55-84, at 55 and 62-63; Crosswell, *Beetle*, 28-30; Stephen Kotkin, *Stalin: Waiting for Hitler, 1929-1941* (New York: Penguin Press, 2017), 9-33.

59 Smith, *My Three Years in Moscow*, 307-34, at 307, 333, and 334.

60 Crosswell, *Beetle*, 30-31, at 31; Montague, *Smith as DCI*, 54-56.

61 Montague, *Smith as DCI*, 9-12, 56-57.

62 Montague, *Smith as DCI*, 56.

63 Houston, memorandum for the record, August 29, 1950, *Foreign Relations, 1950-1955, The Intelligence Community* (Washington: US Government Printing Office, 2007), 29-32; Montague, *Smith as DCI*, 60-62.

64 The resistance of the departmental intelligence agencies to accepting leadership from the DCI and cooperating with the CIA was a typical bureaucratic reaction to attempts to centralize previously autonomous units. The state and navy departments had gained significant intelligence capability and influence during World War I, and the army and air force developed later. But all the departmental intelligence agencies felt that their budgets and missions were threatened by the creation of the CIA. It required several serious intelligence failures and the unanticipated war in Korea to force the necessary changes. Montague, *Smith as DCI*, 58-64, 120-23; Crosswell, *Beetle*, 33-35.

65 The IAC was composed of the heads of intelligence in the state, army, navy, and air force departments, the joint staff, AEC, and the FBI. Montague, *Smith as DCI*, 64 –66, at 65; Walter B. Smith, memorandum for the president, October 12, 1950, Michael Warner, editor, *The CIA under Harry Truman* (Washington: Central Intelligence Agency, 1994), 349–72, at 354.

66 Minutes of a meeting of the Intelligence Advisory Committee, October 20, 1950, *Foreign Relations, 1950–1955, Intelligence*, 47–52, at 48, 49, 50, and 51; Montague, *Smith as DCI*, 66–69, at 66.

67 Montague, *Smith as DCI*, 69–74.

68 Weiner, *Legacy of Ashes*, 49.

69 Montague, *Smith as DCI*, 200–201; Peter Grose, *Gentleman Spy: The Life of Allen Dulles* (Boston: Houghton Mifflin, 1994), 308.

70 Montague, *Smith as DCI*, 79–91; Hersh, *Old Boys*, 287–88; Crosswell, *Beetle*, 33–34; Warner, *CIA under Truman*, xlvi; Christopher Andrew, *For the President's Eyes Only: Secret Intelligence and the American Presidency from Washington to Bush* (New York: Harper Perennial, 1996), 192.

71 Montague, *Smith as DCI*, 92–95; Crosswell, *Beetle*, 35–36; Hersh, *Old Boys*, 288–89.

72 Montague, *Smith as DCI*, 95–100; Hersh, *Old Boys*, 289–91.

73 Montague, *Smith as DCI*, 100–102, at 102.

74 Smith, memorandum to the NSC, April 23, 1952, *Foreign Relations, 1950–1955, Intelligence*, 250–51.

75 Ibid., 252–53, at 253.

76 Ibid., 254.

77 Crosswell, *Beetle*, 692–93; Montague, *Smith as DCI*, 203–27, at 204.

78 Montague, *Smith as DCI*, 204–5.

79 Smith, memorandum to the NSC, May 8, 1951, NSC Report 10/5, "Scope and Pace of Covert Operations," October 23, 1951, *Foreign Relations, 1950–1955: Intelligence*, 141–48, 206–8; Montague, Smith as DCI, 205–11; Grose, Gentleman Spy, 308–10.

80 This reorganization also created a cable secretariat in the office of the DCI and had the communications and training offices report directly to the DCI. Montague, *Smith as DCI*, 217–27, at 227; Smith, memorandum on the "Organization of the

Clandestine Services," July 15, 1952, Warner, *CIA under Truman*, 465–67; Thomas Powers, *The Man Who Kept the Secrets: Richard Helms & the CIA* (New York: Alfred A. Knopf, 1979), 48–51.

81 Harry Rositzke, *The CIA's Secret Operations: Espionage, Counterespionage, and Covert Action* (New York: Reader's Digest Press, 1977), 148–54; Powers, *Man Who Kept the Secrets*, 28–33; Grose, *Gentleman Spy*, 300–302.

82 Weiner, *Legacy of Ashes*, 53.

83 Rositzke, *CIA's Secret Operations*, 167–71; Weiner, *Legacy of Ashes*, 43–46; Grose, *Gentleman Spy*, 311, 315–17.

84 Rositzke, *CIA's Secret Operations*, 166–73; John Prados, *Presidents' Secret Wars: CIA and Pentagon Covert Operations Since World War II* (New York: William Morrow, 1986), 45–52; Weiner, *Legacy of Ashes*, 45–47, 67–68; Grose, *Gentleman Spy*, 354–56.

85 After a delay of some months, MI 6 employed Philby again as a contract agent in Beirut under cover as a journalist. When further evidence of his work for the KGB came from a Soviet defector and a leak to the press by FBI director J. Edgar Hoover revealed some of the details of his treason, Philby defected to Moscow in January 1963. Ben Macintyre, *A Spy Among Friends: Kim Philby and the Great Betrayal* (New York: Broadway Books, 2014), 163–64, 256–75; Crosswell, *Beetle*, 38–41.

86 Weiner, *Legacy of Ashes*, 53–57; Andrew, *For the President's Eyes Only*, 193–94.

87 Hersh, *Old Boys*, 297–98; Weiner, *Legacy of Ashes*, 64–66.

88 Weiner, *Legacy of Ashes*, 66–67; Montague, *Smith as DCI*, 213; Grose, *Gentleman Spy*, 328–29; Hersh, *Old Boys*, 298.

89 Montague, *Smith as DCI*, 35; Prados, *Presidents' Secret Wars*, 67–68; Weiner, *Legacy of Ashes*, 54–55, at 55.

90 Weiner, *Legacy of Ashes*, 56; Prados, *Presidents' Secret Wars*, 68–69.

91 Weiner, *Legacy of Ashes*, 56–57, at 57; John Limond Hart, *The CIA's Russians* (Annapolis, MD: Naval Institute Press, 2003), 8–9, at 8 and 9.

92 Weiner, *Legacy of Ashes*, 58, quoting Kellis to Eisenhower, May 24, 1954.

93 Ibid., 59–60, at 60; Prados, *Presidents' Secret Wars*, 67–72.

94 Nicholas Dujmovic, "Two CIA Prisoners in China, 1952–1973," *Studies in Intelligence 50, no. 4* (2004); Weiner, *Legacy of Ashes, 60*, 551–53.

95 Weiner, *Legacy of Ashes*, 60–61, 553–54, at 61; Crosswell, *Beetle*, 38; Hersh, *Old Boys*, 300; Prados, *Presidents' Secret Wars*, 73–77.

96 Andrew, *For the President's Eyes Only*, 194–96, at 194.

97 Andrew, *For the President's Eyes Only*, 196–97.

98 Weiner, *Legacy of Ashes*, 62. Frank Wisner survived Smith's attacks, but at a high cost. He drank heavily, became erratic in behavior, lapsed into mental illness, and committed suicide in 1965 at the age of fifty-six years. See Hersh, *Old Boys*, 298–316; Weiner, *Legacy of Ashes*, 262–63.

99 Grose, *Gentleman Spy*, 327; Andrew, *For the President's Eyes Only*, 191–92.

17. 한국전쟁, 냉전을 격화시키다

1 Charles E. Bohlen, *Witness to History, 1929–1969* (New York: W.W. Norton, 1973), 305–4.

2 Truman diary entry, December 9, 1950, PSF, Truman Library.

참고문헌

Acheson, Dean. *Present at the Creation: My Years in the State Department*. New York: W. W. Norton, 1969.

Air Force History, Office of. *Steadfast and Courageous: FEAF Bomber Command and the Air War in Korea, 1950-1953*. Washington: Office of Air Force History, 2000.

Andrew, Christopher. *For the President's Eyes Only: Secret Intelligence and the American Presidency from Washington to Bush*. New York: Harper Perennial, 1996.

Andrew, Christopher, and Oleg Gordievsky. *KGB: The Inside Story of Its Foreign Operations from Lenin to Gorbachev*. New York: HarperCollins, 1990.

Andrew, Christopher, and Vasili Mitrokhin. *The Sword and the Shield: The Mitrokhin Archive and the Secret History of the KGB*. New York: Basic Books, 1999.

Armstrong, Charles K. *The North Korean Revolution, 1945-1950*. Ithaca, NY: Cornell University Press, 2003.

Bajanov, Evgeniy P., and Natalia Bajanova. "The Korean Conflict, 1950-1953: The Most Mysterious War of the 20th Century — Based on Secret Soviet Archives." Unpublished typescript, n.d., copy in archives of North Korea International Documentation Project, Woodrow Wilson International Center for Scholars.

Beisner, Robert L. *Dean Acheson: A Life in the Cold War*. New York: Oxford University Press, 2006.

Blair, Clay. *The Forgotten War: America in Korea, 1950-1953*. Annapolis, MD: Naval

Institute Press, 2003.

_____. *Ridgway's Paratroopers: The American Airborne in World War II*. New York: Dial Press, 1985.

Bohlen, Charles E. *Witness to History, 1929–1969*. New York: W. W. Norton, 1973.

Borowski, Harry R. *A Hollow Threat: Strategic Air Power and Containment Before Korea*. Westport, CT: Greenwood Press, 1982.

Chang, Jung, and Jon Halliday. *Mao: The Unknown Story*. New York: Alfred A. Knopf, 2005.

Caridi, Ronald J. *The Korean War and American Politics: The Republican Party as a Case Study*. Philadelphia: University of Pennsylvania Press, 1968.

Chen Jian. *China's Road to the Korean War: The Making of the Sino-American Confrontation*. New York: Columbia University Press, 1994.

Condit, Doris M. *The Test of War, 1950–1953: History of the Office of the Secretary of Defense, vol. II*. Washington: Historical Office of the Office of the Secretary of Defense, 1988.

Congressional Quarterly. *Congress and the Nation, 1945–1963*. Washington: Congressional Quarterly, 1965.

Chuev, Felix. *Molotov Remembers: Inside Kremlin Politics — Conversations with Felix Chuev*. Chicago: Ivan R. Dee, 1993.

Coffey, Thomas M. *Iron Eagle: The Turbulent Life of General Curtis LeMay*. New York: Crown, 1986.

Craig, Campbell, and Sergey Radchenko. *The Atomic Bomb and the Origins of the Cold War*. New Haven, CT: Yale University Press, 2008.

Crosswell, D. K. R. *Beetle: The Life of General Walter Bedell Smith*. Lexington: University Press of Kentucky, 2012.

Cumings, Bruce. *The Korean War: A History*. New York: Modern Library, 2010.

_____. *The Origins of the Korean War, vol. I, Liberation and the Emergence of Separate Regimes, 1945–1947*. Princeton, NJ: Princeton University Press, 1981.

_____. *The Origins of the Korean War, vol. II, The Roaring of the Cataract, 1947–*

1950. Princeton, NJ: Princeton University Press, 1990.

Dallek, Robert. *Franklin D. Roosevelt and American Foreign Policy, 1932–1945*. New York: Oxford University Press, 1979.

_____. *The Lost Peace: Leadership in a Time of Horror and Hope, 1945–1953*. New York: Harper Collins, 2010.

Danchev, Alex, and Daniel Todman, eds. *War Diaries, 1939–1945: Field Marshal Lord Alanbrooke*. Berkeley: University of California Press, 2001.

Djilas, Milovan. *Conversations with Stalin*. New York: Harcourt, Brace & World, 1962.

Donovan, Robert. *Conflict and Crisis: The Presidency of Harry S Truman, 1945–1950*. New York: W. W. Norton, 1977.

_____. *Tumultuous Years: The Presidency of Harry S Truman, 1949–1953*. New York: W. W. Norton, 1982.

Duffy, Paul, and Andrei Kandalov. *Tupolev: The Man And His Aircraft*. Warrendale, PA: SAE, 1996.

Duke, Simon W., and Wolfgang Krieger, eds. *US Military Forces in Europe: The Early Years, 1945–1970*. Boulder, CO: Westview Press, 1993.

Erickson, John. *The Road to Stalingrad: Stalin's War with Germany, vol. 1*. New York: Harper & Row, 1975.

Freedman, Lawrence. *The Evolution of Nuclear Strategy*. New York: St. Martin's Press, 1981.

Fried, Richard M. *Men Against McCarthy*. New York: Columbia University Press, 1976.

_____. *Nightmare in Red: The McCarthy Era*. New York: Oxford University Press, 1990.

Futrell, Robert Frank. *Ideas, Concepts, Doctrine: A History of Basic Thinking in the United States Air Force, 1907–1964*. Maxwell Air Force Base, AL: Air University Press, 1974.

Gaddis, John Lewis. *George F. Kennan: An American Life*. New York: Penguin Press,

2011.

Gallop, George H. *The Gallop Poll: Public Opinion, 1935–1971.* 3 vols. New York: Random House, 1972.

Golovin, Igor N. *I. V. Kurchatov: A Socialist-Realist Biography of the Soviet Nuclear Scientist.* Bloomington, IN: Selbstverlag Press, 1968.

Goncharov, Sergei N., John W. Lewis, and Xue Litai. *Uncertain Partners: Stalin, Mao, and the Korean War.* Stanford, CA: Stanford University Press, 1993.

Gordon, Yefim, and Peter Davison. *Tupolev: Tu-95 Bear.* North Branch, MN: Specialty Press, 2006.

Gordon, Yefim, and Vladimir Rigmant. *OKB Tupolev: A History of the Design Bureau and Its Aircraft.* Hinckley, UK: Midland Publishing, 2005.

Gorlizki, Yoram, and Oleg Khlevniuk. *Cold Peace: Stalin and the Soviet Ruling Circle, 1945–1953.* New York: Oxford University Press, 2004.

Goulden, Joseph C. *Korea: The Untold Story of the War.* New York: Times Books, 1982.

Gowing, Margaret. *Britain and Atomic Energy, 1939–1945.* London: Macmillan, 1964.

Griffith, Robert. *The Politics of Fear: Joseph R. McCarthy and the Senate.* Amherst: University of Massachusetts Press, 1987.

Grose, Peter. *Gentleman Spy: The Life of Allen Dulles.* Boston: Houghton Mifflin, 1994.

Hackett, Clifford P., ed. *Monnet and the Americans: The Father of a United Europeand His US Supporters.* Washington: Jean Monnet Council, 1995.

Hamby, Alonzo L. *Man of the People: A Life of Harry S. Truman.* New York: Oxford University Press, 1995.

Hart, John Limond. *The CIA's Russians.* Annapolis, MD: Naval Institute Press, 2003.

Hasegawa, Tsuyoshi, ed. *The Cold War in Asia, 1945–1991.* Washington and Stanford: Woodrow Wilson Center Press and Stanford University Press, 2011.

Hastings, Max. *Armageddon: The Battle for Germany, 1944–1945.* New York: Alfred A. Knopf, 2004.

_____. *The Korean War*. New York: Simon & Schuster, 1987.

Haynes, John Earl, Harvey Klehr, and Alexander Vassiliev. *Spies: The Rise and Fall of the KGB in America*. New Haven, CT: Yale University Press, 2009.

Heinl, Robert Debs, Jr. *Victory at High Tide: The Inchon-Seoul Campaign*. Washington: Naval and Aviation Publishing Company of America, 1979.

Herman, Arthur. *Joseph McCarthy: Reexamining the Life and Legacy of America's Most Hated Senator*. New York: Free Press, 1999.

Hersh, Burton. *The Old Boys: The American Elite and the Origins of the CIA*. New York: Charles Scribner's Sons, 1992.

Hewlett, Richard, and Francis Duncan. *Atomic Shield, 1947–1952*. Washington: Atomic Energy Commission, 1972.

Hogan, Michael J. *The Marshall Plan: America, Britain, and the Reconstruction of Western Europe, 1947–1952*. New York: Cambridge University Press, 1987.

Holloway, David. *Stalin and the Bomb: The Soviet Union and Atomic Energy*. New Haven, CT: Yale University Press, 1994.

Horne, Alistair, with David Montgomery. *Monty: The Lonely Leader, 1944–1945*. New York: Harper Collins, 1994.

Iakubovich, N. V., and V. N. Lavrov. Samolety V. M. *Miasishcheva [The airplanes of V. M. Miasishchev]*. Moscow: Rusavia, 1999.

Ikenberry, G. John. *After Victory: Institutions, Strategic Restraint, and the Rebuilding of Order After Major Wars*. Princeton, NJ: Princeton University Press, 2001.

Isaacson, Walter, and Evan Thomas. *The Wise Men: Six Friends and the World They Made*. New York: Simon & Schuster, 2013.

Jager, Sheila Miyoshi. *Brothers at War: The Unending Conflict in Korea*. New York: W. W. Norton, 2013.

James, D. Clayton. *The Years of MacArthur: Triumph and Disaster, 1945–1964, vol. III*. Boston: Houghton Mifflin, 1985.

Kaplan, Fred. *The Wizards of Armageddon*. New York: Simon & Schuster, 1983.

Kennan, George F. *Memoirs, 1925–1950, vol. I*. Boston: Little, Brown, 1967.

_____. *Memoirs, 1950–1963, vol. II*. Boston: Little, Brown, 1972.

Kerber, L. L., and Von Hardesty. *Stalin's Aviation Gulag: A Memoir of Andrei Tupolev and the Purge Era*. Washington: Smithsonian Institution Press, 1996.

Khan, Sulmaan Wasif. *Haunted by Chaos: China's Grand Strategy from Mao Zedong to Xi Jinping*. Cambridge, MA: Harvard University Press, 2018.

Khrushchev, Nikita S. *Khrushchev Remembers*. Boston: Little, Brown, 1970.

Kissinger, Henry. *On China*. New York: Penguin Press, 2011.

Knight, Amy. *Beria: Stalin's First Lieutenant*. Princeton, NJ: Princeton University Press, 1993.

Koch, Scott A., ed. *Selected Estimates on the Soviet Union, 1950–1959*. Washington: Center for the Study of Intelligence of the Central Intelligence Agency, 1993.

Koen, Ross Y. *The China Lobby in American Politics*. New York: Harper & Row, 1974.

Kolodziej, Edward J. *The Uncommon Defense and Congress, 1945–1963*. Columbus: Ohio State University Press, 1966.

Kotkin, Stephen. *Stalin: Waiting for Hitler, 1929–1941*. New York: Penguin Press, 2017.

Kozak, Warren. *Curtis LeMay: Strategist and Tactician*. Washington: Regnery History, 2014.

Lankov, Andrei. *From Stalin to Kim Il-sung: The Formation of North Korea, 1945–1960*. unswick, NJ: Rutgers University Press, 2002.

Leffler, Melvyn P. *A Preponderance of Power: National Security, the Truman Administration, and the Cold War*. Stanford, CA: Stanford University Press, 1992.

LeMay, Curtis, with MacKinlay Kantor. *Mission with LeMay: My Story*. Garden City, NY: Doubleday, 1965.

MacFarquhar, Roderick, and John K. Fairbank, eds. *The People's Republic of China, Part I: The Emergence of Revolutionary China, 1949–1965—Volume 14, The Cambridge History of China*. Cambridge: Cambridge University Press, 1987.

Macintyre, Ben. *A Spy Among Friends: Kim Philby and the Great Betrayal*. New

York: Broadway Books, 2014.

McLellan, David S. *Dean Acheson: The State Department Years*. New York: Dodd, Mead, 1976.

Mao Zedong. *Selected Works of Mao Tse-Tung, vol. V*. Beijing: Foreign Languages Press, 1977.

Meilinger, Phillip S. *The Formation and Early Years of the Strategic Air Command, 1946-1957: Why the SAC Was Formed*. Lewiston, NY: Edwin Mellen Press, 2013.

Mikoian, Anastas Ivanovich. *Tak Bylo: Razmyshleniia o minuvshem*. Moscow: Vagrius, 1999.

Millett, Allan R. *The War for Korea, 1950-1951: They Came From the North*. Lawrence: University Press of Kansas, 2010.

Mitchell, George C. Matthew B. *Ridgway: Soldier, Statesman, Scholar, Citizen*. Mechanicsburg, PA: Stackpole, 2002.

Montague, Ludwell Lee. *General Walter Bedell Smith as Director of Central Intelligence, October 1950-February 1953*. University Park: Pennsylvania State University Press, 1992.

Moroz, S. *Dal'nie bombardirovschiki M-4 i 3M [Long-range bombers M4 and 3M]*. Moscow: Exprint, 2005.

Nitze, Paul H. *From Hiroshima to Glasnost: At the Center of Decision—A Memoir*. New York: Grove Weidenfeld, 1989.

Oshinsky, David M. *A Conspiracy So Immense: The World of Joe McCarthy*. New York: Oxford University Press, 2005.

Ostapenko, Yu. A. *Tovarishch ministr: Povest' o rukovoditele aviatsionnoi promyshlennosti SSSR P. V. Dement'eve [Comrade Minister: A narrative about P. V. Dement'eve, the head of the aviation industry in the USSR]*. Moscow: Aerosphere, 2006.

Overy, Richard. *The Bombers and the Bombed: Allied Air War Over Germany, 1940-1945*. New York: Penguin Press, 2015.

Paige, Glenn D. *The Korean Decision [June 24-30, 1950]*. New York: Free Press,

1968.

Patterson, James T. *Mr. Republican: A Biography of Robert A. Taft.* Boston: Houghton Mifflin, 1972.

Pogue, Forrest C. *George C. Marshall: Education of a General, 1880–1939.* New York: Viking Press, 1963.

_____. *George C. Marshall: Ordeal and Hope, 1939–1942.* New York: Viking Press, 1966.

_____. *George C. Marshall: Statesman, 1945–1959.* New York: Viking Press, 1987.

Pollard, Robert A. *Economic Security and the Origins of the Cold War, 1945–1950.* New York: Columbia University Press, 1985.

Pantsov, Alexander V., and Steven I. Levine. *Mao: The Real Story.* New York: Simon & Schuster, 2012.

Powers, Thomas. *The Man Who Kept the Secrets: Richard Helms and the CIA.* New York: Alfred A. Knopf, 1979.

Prados, John. *Presidents' Secret Wars: CIA and Pentagon Covert Operations Since World War II.* New York: William Morrow, 1986.

Rearden, Steven L. *The Evolution of American Strategic Doctrine: Paul H. Nitze and the Soviet Challenge.* Boulder, CO: Westview Press, 1984.

_____. *The Formative Years, 1947–1950: History of the Office of the Secretary of Defense, vol. I.* Washington: Historical Office of the Office of the Secretary of Defense, 1984.

Riabeva, L. D., ed. *Atomnyi proekt SSSR: Dokumenty i materialy [The Atomic project of the Soviet Union: Documents and materials]. 7 vols.* Moscow: Nauka, Fizmatlit, 1999.

Rhodes, Richard. *Dark Sun: The Making of the Hydrogen Bomb.* New York: Simon & Schuster, 1995.

Ridgway, Matthew B. *Soldier: The Memoirs of Matthew B. Ridgway.* Westport, CT: Greenwood Press, 1974.

Rigmant, V. *Samolety OKB A. N. Tupolev [The aircraft of A. N. Tupolev's design bureau]*. Moscow: Rusavia, 2001.

Rioux, Jean-Pierre. *The Fourth Republic, 1944–1958*. Cambridge: Cambridge University Press, 1987.

Rosenberg, David Alan. "The Origins of Overkill: Nuclear Weapons and American Strategy, 1945–1960." *International Security 7* (Spring 1983).

Rositzke, Harry. *The CIA's Secret Operations: Espionage, Counterespionage, and Covert Action*. New York: Reader's Digest Press, 1977.

Ross, Steven T. *American War Plans, 1945–1950*. New York: Garland, 1988.

Rovere, Richard. *Senator Joe McCarthy*. Berkeley: University of California Press, 1959.

Schnabel, James F. *Policy and Direction: The First Year—The United States Army in the Korean War*. Washington: Office of the Chief of Military History, US Army,1972.

Schnabel, James F., and Robert J. Watson. *The Korean War, History of the Joint Chiefs of Staff: The Joint Chiefs of Staff and National Policy, vol. III (2parts)*. Washington: Office of Joint History of the Office of the Chairman of the Joint Chiefs of Staff, 1998.

Schwartz, Thomas A. *America's Germany: John J. McCloy and the Federal Republic of Germany*. Cambridge, MA: Harvard University Press, 1991.

Settle, Frank A. *General George C. Marshall and the Atomic Bomb*. Santa Barbara, CA:Praeger, 2016.

Shen Zhihua. *Mao, Stalin and the Korean War: Trilateral Communist Relations in the 1950s*. New York: Routledge, 2012.

Shen Zhuhua, and Danhui Li. *After Leaning to One Side: China and Its Allies in the Cold War*. Washington and Stanford: Woodrow Wilson Center Press and Stanford University Press, 2011.

Shen Zhihua, and Yafeng Xia. *Mao and the Sino-Soviet Partnership, 1945–1959: A New History*. Lanham, MD: Lexington Books, 2015.

_____. *A Misunderstood Friendship: Mao Zedong, Kim Il-sung, and Sino-North Korean Relations, 1949–1976*. New York: Columbia University Press, 2018.

Sides, Hampton. *On Desperate Ground: The Marines at the Reservoir, the Korean War's Greatest Battle*. New York: Doubleday, 2018.

Simonov, N. S. *Voenno-promyshlenni kompleks SSSR v 1920–1950 gody: Tempye-konomicheskogo rosta, struktura, organizatsiia proizvodstva i upravleniie [The Soviet military-industrial complex from 1920 to 1950: Economic growth, structure, production, and management]*. Moscow: Rosspen, 1996.

Smith, Walter Bedell. *Eisenhower's Six Great Decisions: Europe: 1944–1945*. London: Longmans, Green, 1956.

_____. *My Three Years in Moscow*. Philadelphia: J. B. Lippincott, 1950.

Smyser, W. R. *From Yalta to Berlin: The Cold War Struggle Over Germany*. New York: St. Martin's Press, 1999.

Snow, Edgar. *Red Star over China*. London: Victor Gollancz, 1937.

Suh, Dae-Sook. *Kim Il Sung: The North Korean Leader*. New York: Columbia University Press, 1988.

Taubman, William. *Khrushchev: The Man and His Era*. New York: W. W. Norton, 2003.

_____. *Stalin's American Policy: From Entente to Détente to Cold War*. New York; W. W. Norton, 1982.

Thomas, Evan. *The Very Best Men: The Daring Early Years of the CIA*. New York: Simon & Schuster, 1996.

Thompson, Nicholas. *The Hawk and the Dove: Paul Nitze, George Kennan, and the History of the Cold War*. New York: Henry Holt, 2009.

Tillman, Barrett. *LeMay*. New York: Palgrave Macmillan, 2009.

Troianovskii, Oleg. *Cherez gody i rasstoianiia: Istoriia odnoi sem'i*. Moscow: Vagrius, 1997.

Ulam, Adam B. *Stalin: The Man and His Era*. New York: Viking Press, 1974.

US Department of State. *Foreign Relations of the United States*. Various volumes. Washington: US Government Printing Office, 1968–84.

Van der Wee, Herman. *Prosperity and Upheaval: The World Economy, 1945–1980*.

Berkeley: University of California Press, 1986.

Wada, Haruki. *Hanguk Chonjaeng [The Korean War]*. Korean translation of Japanese edition. Seoul: Changbi, 1999.

Wada, Haruki. *North Joseon*. Paju, South Korea: Dolbaegae, 2002.

Warner, Michael, ed. *The CIA under Harry Truman*. Washington: Central Intelligence Agency, 1994.

Warner, Michael, and J. Kenneth McDonald. *US Intelligence Community Reform since 1947*. Washington: Center for the Study of Intelligence of Central Intelligence Agency, 2005.

Weinberg, Gerhard L. *A World at Arms: A Global History of World War II*. New York: Cambridge University Press, 1994.

Weiner, Tim. *Legacy of Ashes: The History of the CIA*. New York: Doubleday, 2007.

Weinstein, Allen. *Perjury: The Hiss-Chambers Case*. New York: Random House, 1997.

Gao Wenqian. *Zhou Enlai: The Last Perfect Revolutionary*. New York: Public Affairs, 2007.

Wall, Irwin M. *The United States and the Making of Postwar France, 1945-1954*. Cambridge: Cambridge University Press, 1991.

Wells, Samuel F., Jr. "Sounding the Tocsin: NSC 68 and the Soviet Threat." *International Security 4* (Fall 1979): 116-58.

Wells, Sherrill Brown. *Jean Monnet: Unconventional Statesman*. Boulder, CO: Lynne Rienner, 2011.

Westad, Odd Arne. ed. *Brothers in Arms: The Rise and Fall of the Sino-Soviet Alliance, 1945-1963*. Washington and Stanford: Woodrow Wilson Center Pressand Stanford University Press, 1998.

_____. *Decisive Encounters: The Chinese Civil War, 1946-1950*. Stanford, CA: Stanford University Press, 2003.

Williams, Robert C. *Klaus Fuchs: Atom Spy*. Cambridge, MA: Harvard University Press, 1987.

Williamson, Samuel R., Jr., and Steven L. Rearden. *The Origins of US Nuclear Strategy, 1945-1953.* New York: St. Martin's Press, 1993.

Zaloga, Steven J. *The Kremlin's Nuclear Sword: The Rise and Fall of Russia's Strategic Nuclear Forces, 1945-2000.* Washington: Smithsonian Institution Press, 2002.

_____. *Target America: The Soviet Union and the Strategic Arms Race, 1945-1964.* Novato, CA: Presidio Press, 1993.

Zhang, Shu Guang. *Mao's Military Romanticism: China and the Korean War, 1950-1953.* Lawrence: University Press of Kansas, 1995.

Zubok, Vladislav, and Constantine Pleshakov. *Inside the Kremlin's Cold War: From Stalin to Khrushchev.* Cambridge, MA: Harvard University Press, 1996.

지은이 **사무엘 F. 웰스**(Samuel F. Wells)

현재 우드로 윌슨 국제센터(윌슨 센터)의 선임 연구원이다. 노스캐롤라이나대학에서 학사학위를 받고 하버드대학에서 역사와 국제관계로 석사·박사학위를 받았다. 웰즐리대학에서 가르치고 노스캐롤라이나대학에서 13년간 교수 생활을 했다. 윌슨 센터에서 1977년에 국제안보 연구 프로그램을 설립하고 이를 1985년까지 감독했다. 그 이후 윌슨 센터 부소장을 지내면서 동시에 서유럽 연구 책임자로 근무했다.

주요 저술에 『경제 및 세계 권력: 1789년 이래 미국 외교 평가』(공편), 『전략 방어와 미소 관계』(공편), 『권력의 도전: 미국 외교 1900~1921』 등 다수가 있다.

옮긴이 **박행웅**

한국외국어대학교 영어과 및 동 대학원을 졸업했다. KOTRA 밀라노 및 류블리아나(슬로베니아) 무역관장과 정보기획처장, 그리고 한국출판협동조합 전무를 역임했다.

옮긴 책에 『소용돌이의 한국정치』(2000, 공역), 『최고의 햄버거 만들기』(2002), 『네트워크 사회의 도래』(2003, 공역), 『인터넷 갤럭시』(2004), 『네트워크 사회』(2009), 『구글, 유튜브, 위키피디아, 인터넷 원숭이들의 세상』(2010), 『마누엘 카스텔의 커뮤니케이션 권력』(2014), 『저작권 판매: 성공을 위한 가이드』(2017), 『트럼프의 미국 우선주의』(2019), 『미·중 분쟁의 실상』(2020) 등이 있다.

한울아카데미 2262

한국전쟁과 냉전의 시대

지은이 **사무엘 F. 웰스**
옮긴이 **박행웅**
펴낸이 **김종수**
펴낸곳 **한울엠플러스(주)**
편집책임 **배소영**

초판 1쇄 인쇄 **2020년 10월 30일**
초판 1쇄 발행 **2020년 11월 13일**

주소 **10881 경기도 파주시 광인사길 153 한울시소빌딩 3층**
전화 **031-955-0655**
팩스 **031-955-0656**
홈페이지 **www.hanulmplus.kr**
등록번호 **제406-2015-000143호**
ISBN **978-89-460-7262-6 93340 (양장)**
    978-89-460-6977-0 93340 (무선)
Printed in Korea.

※ 책값은 겉표지에 표시되어 있습니다.